U0838915

24years

24年匠心沉淀，虔诚如一

只为您轻松过关

1998-2022

轻松过关成长史

再升级 2022

《轻一》开创名师「轻一电台」，通栏排版，学习更高效。

飞跃 2016-2021

连续6年蝉联“天猫双11”图书考试行业销量冠军。
2020~2021年，连续2年登顶天猫教育行业榜首，“双11”销量破亿。

驰名 2001-2007

2001年《轻一》发行超千万册，被考生奉为「备考圣经」。
2007年东奥网校上线，书课同频，受百万考生热追。

诞生 1998

东奥诞生。
“轻松过关”品牌图书面世。

历经雕琢，方有绽放

这本《轻一》是如何诞生的？

STEP1

初稿研磨

每年考试结束，名师们就迅速围绕命题和趋势、时事热点，开启为期150余天的研讨，撰写。

STEP2

深度优化

初稿落成后，编著团队结合学员反馈与市场调研，优化内容和体验，迭代超30稿。

STEP3

融入变化

围绕教材变化，名师精解、精编新题。1道紧扣变化的好题，至少需投入6小时。

STEP4

三审三校

融入新变化的书稿，将历经教务团队再次严苛的校对、审核，终成定稿。

翻开这本《轻一》

名师伴您全程备考

名师将多年的教学经验灌注其中，
带您全阶段、全方位高效学习。

「五大模块」

带您跨越沟坎，轻松过关。

1 **方法：** *学习指南区*

——「开篇」分析最新考纲考情，
梳理框架，明确目标。

2 **重点：** *考点精讲区*

——「正文」全面渗透考点，
通过图、表、例题等形式，深入解读。

3 **点睛：** *关键提示区*

——「关键处」精妙点拨，
绘制图解，力破症结，应变自如。

4 **做题 / 巩固 / 强化：** *同步练习区*

—— 精编「同步练习」，
巩固考点，查漏补缺，高效提升。

5 **复盘：** *各章小结区*

—— 每章结尾处，凝练重点，
「知识卡」总结，音频讲解，及时复盘。

轻松过关® 1

2022年税务师职业资格考试

应试指导及全真模拟测试

税 法（Ⅰ）

（上册）

刘　颖　主编

东奥会计在线　编

北京科学技术出版社

本书封面具有正版标识，请认真识别

（1）本书封面附有一枚防伪标签，上有二维码，扫描并激活账户即可获赠正版图书超值专享服务。
（2）本书防伪标签为正版标识，若无此标识即盗版，请广大读者拒绝购买。
（3）盗版举报电话：400-627-5599。

“轻松过关”小程序

扫描右侧的二维码进入“图书伴学”小程序，开启名师课堂、精编试题在线学习。更有轻松拍考点、看解析、图书笔记一键收藏，马上扫码开启“轻松过关”图书伴学之旅。

图书在版编目（CIP）数据

2022年税务师职业资格考试应试指导及全真模拟测试．税法．Ⅰ：上下册／刘颖主编；东奥会计在线编．—北京：北京科学技术出版社，2022.5

（轻松过关．1）

ISBN 978-7-5714-2277-6

Ⅰ.①2… Ⅱ.①刘… ②东… Ⅲ.①税法—中国—资格考试—自学参考资料 Ⅳ.①F810.42

中国版本图书馆CIP数据核字（2022）第069840号

责任编辑： 韩 晖
责任校对： 贾 荣
装帧设计： 韩文静 晓 莉
责任印制： 张 良
出 版 人： 曾庆宇
出版发行： 北京科学技术出版社
社 址： 北京西直门南大街16号
邮政编码： 100035

电 话： 0431-87635566（编辑部）
010-66135495（总编室）
网 址： www.bkydw.cn
印 刷： 湖南天闻新华印务有限公司
开 本： 787 mm×1092 mm 1/16
字 数： 760千字
印 张： 35
版 次： 2022年5月第1版
印 次： 2022年5月第1次印刷

ISBN 978-7-5714-2277-6

定 价：97.00元（上下册）

编 委 会

主　编：刘　颖

编　委：（按姓氏笔画排序）

卢　玮　　兰　飞　　刘　畅

孙晓雪　　陈　然

目录

CONTENTS

上册

第一部分　复习方法与应试技巧

第二部分　考点精讲及同步训练

下册

第三部分　主观题演练及核心常考点

第四部分　全真模拟测试题及参考答案

01

第一部分
复习方法与应试技巧

复习方法与应试技巧

2022年是税务师职业资格考试的第八年，从“注册税务师”到“税务师”，不仅仅是名称的变化，不但考试性质从执业资格考试变为水平测试类考试，考试形式也从纸笔作答改为机考。近几年，我国税制改革轰轰烈烈，减税降费让税制频频变化，这些新变化给命题人和管理者带来了新的视角，也给考生和培训教师带来了新的挑战。

一、税法（Ⅰ）科目设置的特点以及与其他科目的关系

税务师职业资格考试的科目设置突出了专业性，在考试命题上将实操性与专业基础原理结合，重基础、重务实成为税务师职业资格考试的新标签。在税务师职业资格考试的五个科目中，有三个主要科目与税法直接相关，分别是税法（Ⅰ）、税法（Ⅱ）、涉税服务实务，统称“三税”；两个辅助科目分别是财务与会计、涉税服务相关法律。上述科目设置与对税务师的专业水平和知识层面的要求吻合。

（一）税法（Ⅰ）与税法（Ⅱ）的关系

税法（Ⅰ）与税法（Ⅱ）是并列关系。税法（Ⅰ）作为主科之一，内容包括税法基本理论，以及我国商品劳务税的基本政策，这些税种的计税依据与销售额、劳务服务额等流转额直接相关。税法（Ⅱ）科目也是税务师职业资格考试的主科之一，包括所得税、财产税、特定行为税等税种，这些税种的计税依据与所得额、财产价值或数量以及财产收益等相关。税法（Ⅰ）与税法（Ⅱ）分别体现不同税系、不同税种的政策法规，但是由于税法（Ⅰ）中的土地增值税和税法（Ⅱ）中的企业所得税都具有跨越多税种计算的特点，土地增值税计算的命题需要用税法（Ⅱ）中印花税、契税、耕地占用税的内容，企业所得税税前所扣除税金及附加的计算也涉及税法（Ⅰ）中的税种的内容，因此税法（Ⅰ）和税法（Ⅱ）的考试有2~3分的相互影响的内容。

（二）税法（Ⅰ）与涉税服务实务的关系

税法（Ⅰ）、税法（Ⅱ）与涉税服务实务是政策基础与具体实际操作应用的关系。涉税服务实务科目涵盖税收程序法、涉税会计、纳税申报具体操作、纳税检查、代理规范等内容，是税务师职业资格考试综合性最强、知识点最零碎的科目，复习难度较大，对考生的税法综合应用能力提出了较高的要求。税务师职业资格考试不像注册会计师全国统一考试那样划分专业阶段和综合阶段，但涉税服务实务带有明显的综合阶段考试的特征。涉税服务实务的考点中，许多是以税法（Ⅰ）、税法（Ⅱ）政策为基础的具体应用，以往年度考查涉税服务实务的命题内容中，有相当多的知识点出自税法（Ⅰ）和税法（Ⅱ）。在最近三年的考试中，涉税服务实务的命题内容中出自税法（Ⅰ）和税法（Ⅱ）的知识点分值达到43%~77%。因此，考生对税法（Ⅰ）、税法（Ⅱ）的掌握程度，对涉税服务实务

的掌握程度具有较大影响。

为此，建议考生一起报考税法（Ⅰ）、税法（Ⅱ）、涉税服务实务，因为涉税服务实务中关于纳税申报、纳税检查的内容是以税法（Ⅰ）、税法（Ⅱ）的政策为基础的，涉税服务实务中涉税会计处理的一些计算也需要税法（Ⅰ）和税法（Ⅱ）的政策。在考试中，“三税”的一些考点具有“你中有我、我中有你”的特点，同时备考，可以加深对科目之间一些重复知识点的印象，对科目间关联的知识点学得更加透彻，也可以提升复习备考的效率。

二、税法（Ⅰ）考试的题型、题量及各章的重要性

税法（Ⅰ）考试的题型分为单项选择题、多项选择题、计算题、综合分析题四种题型，其中单项选择题和多项选择题被称为客观题，计算题和综合分析题被称为主观题。税法（Ⅰ）考试各种题型都通过单项选择、多项选择的方式来体现。也就是说，计算题和综合分析题也是在考生计算出结果后，在备选项中选择正确答案。

（一）本科目题型、题量及分值

税务师职业资格考试实施机考以来，税法（Ⅰ）的题型、题量和分值做过几次调整，近五年题型、题量和分值处于相对稳定的状态。由于税法（Ⅰ）考试采用选择题的方式呈现，计算题和综合分析题也分解为若干小问采用了单选或多选的方式，我们按照每1小问算做1小题的统计方法，将2017年~2021年的命题情况统计如下表。

题型		题量及分值
客观题	单项选择题	1.5分×40题=60分
	多项选择题	2分×20题=40分
主观题	计算题	2分×4小题×2大题=16分
	综合分析题	2分×6小题×2大题=24分
合计		80小题140分 考试时间：150分钟

近五年考试命题中，40道单选题，每题1.5分，每题4个备选项只有1个正确答案。一些正确选项是可以从教材中直接找到出处的，但是一些选项需要通过计算确定是否正确。

20道多选题，每题2分，每题5个备选项中有2~4个正确答案，不可能5个都是正确答案。

2道计算题，每题含4个小题，每小题2分，共16分。以单项选择的方式呈现。往往涉及对几个步骤甚至几个税种的综合提问，如进口环节关税、增值税、消费税的合计数。

2道综合分析题，每题含6个小题，每小题2分，共24分。以单项选择和多项选择的方式呈现。

税法（Ⅰ）的四种题型的总分是140分，题量为80小题。对于一些复习比较充分的考生，读题、答题时间设置的比较合理，而这种分值结构也有利于考生拿分。单项选择题是考试中最容易拿分的题型，4个选项中只有1个正确答案，比多项选择题少了许多干扰，比计

算题少了耗时的计算。因此，60 分的单项选择题，使得考试的分值结构更加有利于考生得分且减轻了考生解题的时间压力。

（二）各章难度和重要性

税法（Ⅰ）考试命题的题型、题量及分值在各章的分布状况已基本形成固定模式，尽管各章的分值在不同年份有一定的变化，但是按照以往正常年份的命题分值与难易程度，预计2022 年教材各章大致的分值、复习难度、考试重要性如下表所示：

章	预计分值	复习难度	考试重要性
第一章　税法基本原理	4	★★	★★
第二章　增值税	66	★★★	★★★
第三章　消费税	15	★★	★★★
第四章　城市维护建设税、教育费附加及地方教育附加	4	★	★★
第五章　土地增值税	15	★★	★★★
第六章　资源税	15	★★	★★
第七章　车辆购置税	7	★	★★
第八章　环境保护税	6	★★	★★
第九章　烟叶税	3	★	★★
第十章　关税	5	★★	★★

注：★越多，表示该章的复习难度越大或对考试的重要性越高。

通过上述各章的分值分布状况，可以了解到，税法（Ⅰ）考试的命题是全面考查、章章有题，重点章节非常突出。

（1）增值税是税法（Ⅰ）考试的绝对重点章，这两年分值在 70 分以上，今年预计分值不低于 65 分。

（2）消费税、土地增值税、资源税是税法（Ⅰ）考试的重点章，每章分值一般在 12~18 分。

（3）税法基本原理，城市维护建设税、教育费附加及地方教育附加，车辆购置税，关税，环境保护税，烟叶税是税法（Ⅰ）考试的非重点章，分值一般在 10 分以下。

尽管各章分值高低能从一定程度上提示考生复习时对各章应有的重视程度，但是也必须注意到，关税尽管分值不高，但是关税计算结果的正确与否，直接影响进口环节增值税、消费税的计算，因此考生在复习时不可仅重视分值高的重点章而忽视分值低的章，一定要在全面复习的基础上突出重点，还要注意整体把握税法脉络。

三、税法（Ⅰ）考试的命题特点和经典考题示例

税务师职业资格考试，不仅考查对税法的理解、运用这些职业性要求的内容，也会涉及部分理论，也会考查时政热点中的税收政策，重基础、重原理、重应用的特点非常明显。

（一）税法（Ⅰ）考试的命题特点

近五年考题的难度不高，但考查细、题量大，要求考生有清晰的思路和熟练的解题技巧。其命题特点可归纳为以下三条：

（1）命题全面涉及、重点突出。税法（Ⅰ）考试章章有题是命题全面涉及的体现；重点突出是指重要税种在考试中会较多涉及，重要知识点在考试中也会较多涉及，一些重要知识点成为经常性考点，几乎年年涉及。

（2）考查政策把握、虚实兼具。税法（Ⅰ）考试涉及基础理论、理论的现实体现、税法政策、政策操作运用等内容，命题体现了理论与实践相结合的特点，考其然，也考其所以然，但更多侧重于对税法政策的理解和应用，对于政策法理的精神、各税种的规定和税款计算，都要全面把握。

（3）强调综合理解、透彻理解。税务师职业资格考试的部分题目综合性较强，无论是客观题还是主观题，都可以跨章节命题。即便是单项选择题、多项选择题，也可以涵盖多个税种，综合分析题的命题更是经常综合不同章节的知识点，这对考生综合运用知识的能力提出了挑战，要求考生透彻理解教材内容。2021 年的税法（Ⅰ）考题的综合性特征尤为突出。

（二）经典考题示例

税法（Ⅰ）考试主要考查对税法基础知识的掌握程度、对政策法规的基本规定的掌握程度、对政策的应用三方面内容。其中，考查对政策法规的基本规定的掌握程度和对政策的应用是考试内容的主体。以下示例的经典考题是考生考后回忆的考试真题。

（1）考查对税法基础知识的掌握程度的试题举例。

【真题 1 · 多选题】在我国现行税法体系中，以税收法律形式颁布的税种有（　　）。（2020 年）

A. 车船税　　B. 个人所得税

C. 环境保护税　　D. 增值税

E. 消费税

【题目分析】多项选择题的答案有 2~4 个是正确的，但在解题时，要注意得分规则：如果解题时有漏选但没有错选，可以得到选择的正确选项的分值；如果有错选，则本题目不能得分。因此，对于多项选择题的解答要慎重，以防止错选失分。本题目考查考生对我国税收法制化进程的基本了解。选项 ABC 已经以税收法律形式颁布，选项 DE 尚未完成立法。

【答案】ABC

【真题 2 · 多选题】税务规范性文件的特征包括（　　）。（2021 年）

A. 不具有可诉性

B. 与税务规章设定权一致

C. 适用主体的非特定性

D. 具有向后发生效力的特征

E. 属于非立法行为的行为规范

【题目分析】本题目考查考生对税务规范性文件特征的辨析和理解。税务规范性文件具有以下特征：（1）属于非立法行为的行为规范；（2）适用主体的非特定性；（3）不具有可诉性；（4）具有向后发生效力的特征。

【答案】ACDE

（2）考查对政策法规基本规定的掌握程度的试题举例。

【真题 1 · 单选题】一般纳税人购进货物发生下列情况，进项税额不得从销项税额中抵扣的是（　　）。（2021 年）

A. 用于分配给股东　　B. 用于对外投资

C. 发生正常损失　　D. 用于集体福利

【题目分析】本题目考查考生对增值税进项税不得抵扣规则的掌握程度。本题的答案能明确在教材上找到出处。选项 AB：属于纳税人视同销售行为，增值税"链条税"的特性使得销项税额要计、进项税额可抵。选项 C：发生正常损失，进项税额可以抵扣。

【答案】D

【真题 2 · 多选题】根据《中华人民共和国资源税法》规定，下列资源中属于资源税征税对象的有（　　）。（2020 年）

A. 锰矿原矿　　B. 人造石油

C. 钼矿原矿　　D. 钨矿原矿

E. 海盐

【题目分析】本题目考查考生对资源税征税范围的掌握程度。本题的答案能明确在教材上找到出处。选项 B：资源税的征税对象包括原油但不包括人造石油。选项 CD：钨矿和钼矿只有选矿列入征税对象，原矿未列入资源税征税对象。

【答案】AE

（3）考查对政策的应用的试题举例。

【真题 1 · 单选题】某生产企业为增值税一般纳税人（未实行农产品进项税额核定扣除），2021 年 3 月，从小规模纳税人购入初级农业产品，取得增值税专用发票上注明金额 100000 元、税额 1000 元，当月全部领用生产适用税率 13% 的货物。该批农产品可抵扣进项税额（　　）元。（2021 年）

A. 13000　　B. 9000　　C. 10000　　D. 1000

【题目分析】本题目考查增值税纳税人购进农产品计算抵扣进项税的政策运用。一般纳税人从依照3%征收率计算缴纳增值税的小规模纳税人购进农产品取得增值税专用发票的，以增值税专用发票上注明的金额和9%的扣除率计算进项税额；纳税人购进农产品用于生产或者委托加工13%税率货物的，按照10%的扣除率计算进项税额。但本题可知，小规模纳税人是按照享受优惠政策1%征收率开具的增值税专用发票，故不得享受上述政策，只能凭票面税额抵扣进项税额。

【答案】 D

【真题2·单选题】 某企业为增值税一般纳税人，2019年11月转让5年前自行建造的厂房，厂房对应的地价款为600万元，评估机构评定的重置成本价为1450万元，厂房6成新。该企业转让厂房计算土地增值税时准予扣除的项目金额是（　　）万元。（不考虑其他相关税费）（2020年）

A. 600　　B. 870　　C. 2050　　D. 1470

【题目分析】 本题属于主观化的客观题，需要运用公式计算得出结论。评估价格＝重置成本价×成新度折扣率＝1450×60%＝870（万元）。该企业转让厂房计算土地增值税时准予扣除的项目金额＝600+870＝1470（万元）。

【答案】 D

四、2022年教材主要变化

2022年税法（Ⅰ）教材的总体变化是政策更新，适当收录了截至2022年3月31日前出台的法律、法规和规章，删除了一些过时政策和非常规政策。2022年本科目教材主要变化如下：

章	主要变化
第一章　税法基本原理	1. 补充《关于进一步深化税收征管改革的意见》提出的改革内容 2. 补充当事人有权要求听证的处罚事项 3. 增加规范性文件合规审查的具体规定 4. 调整税收实体法制建设的具体内容 5. 将我国谈签、生效的国际税收协定的数据更新到2021年12月底
第二章　增值税	1. 明确网络平台道路货物运输经营者和实际承运人均应当依法履行纳税或扣缴税款义务 2. 将留抵税额退税政策适用范围扩大至小微企业、制造业等行业，并收录了留抵税额增量、存量都退税的新政策 3. 新增航空运输企业、铁路运输企业分支机构暂停预缴增值税 4. 新增其他税收优惠政策 5. 调整资源综合利用产品和劳务即征即退相关规定 6. 调整小规模纳税人阶段性减免优惠政策 7. 将加计抵减税收政策施行时间延长至2022年12月31日 8. 新增从事再生资源回收的一般纳税人销售其收购的再生资源，可以选择适用简易计税方法依照3%征收率计算缴纳增值税 9. 新增住房租赁企业向个人出租住房按5%征收率减按1.5%计算缴纳增值税 10. 删除部分过时政策

章	主要变化
第三章　消费税	1. 增加纳税人以回收的废矿物油为原料生产的润滑油基础油、汽油、柴油等工业油料免征消费税 2. 增加委托加工受托方不履行代收代缴义务的处罚规定 3. 增加办理消费税税款抵扣应提供的资料 4. 增加部分成品油征收进口环节消费税政策 5. 更正消费税出口退税公式
第四章　城市维护建设税、教育费附加及地方教育附加	1. 增加行政区划变更适用税率和申报时间的确定 2. 增加和调整多项税收优惠政策 3. 删除了一些过时政策
第五章　土地增值税	1. 细化纳税人、征税范围的解释 2. 明确房地产开发企业转让房地产扣除的税金也包括印花税 3. 增加税收优惠政策 4. 调整企业改制重组的相关规定
第六章　资源税	1. 补充了税收优惠中的一些概念说明 2. 调整可以在 50% 的税额幅度内享受减征资源税的“适用主体” 3. 新增海上开采的原油和天然气资源税由海洋石油税务管理机构征收管理
第七章　车辆购置税	将购置挂车减半征收车辆购置税的优惠政策时间延长到 2023 年 12 月 31 日
第八章　环境保护税	调整因排放污染物种类多等原因不具备监测条件的排污单位，其应税污染物排放量的计算方法
第九章　烟叶税	没有实质性变化
第十章　关税	1. 新增“2022 年我国对部分商品的进出口关税进行的调整” 2. 新增公式定价进口货物完税价格确定 3. 调整税收优惠政策

五、2022 年命题趋势预测

2022 年考试命题的总趋势仍然是全面涉及、章章有题、注重基础、注重基本政策，适度体现考点的综合性和实用性。

（一）题型、题量及各题分值预测

从近三年题型、题量的考查情况来看，单选、多选、计算、综合分析这四种题型是税法（Ⅰ）考试的传统题型，初步预计在 2022 年的考试命题中，题型、题量、各题分值会接近近三年的情况。

（二）试题难度预测

必须注意到，自 2017 年起，税法（Ⅰ）的考试没有“钻牛角尖”的偏题、怪题，考试命题重基础、重原理的特点非常明显，也使得税务师职业资格考试命题难易程度发生了明显变化，考试通过率大幅攀升，但 2021 年考题的综合性提升，考点更细腻，使得一些用死记硬背方式备考的考生难以适应。预计 2022 年税法（Ⅰ）的命题会继续把考点集中在基本概念、基本理论、基本计算、核心规则，适度体现考点的综合性和实用性，透彻理解知识点的考生会在考试中受益。因此笔者对试题难度的预测：考点注重基础；命题中规中矩；考点细腻，命题视角适度综合；难度不超去年。

（三）重点、难点预测

（1）增值税在考试中的分值依然很高，2021、2020 年考试中增值税的分值分别达到 70 分、78 分，该章的重要性持续显现。跨章节的税法应用依然是税法（Ⅰ）考试命题的重点，考生应掌握同一经营活动涉及多税种的相互关系和应纳税额的计算方法，关注考点之间的关系。各章节中知识点的联系是考试的难点，也是重点。

（2）土地增值税在近三年考试中的平均分值达到 17 分，土地增值税计算的配比性强，对考生思维的逻辑性提出较高要求。土地增值税计算过程中涉及增值税、城建税及附加、契税、耕地占用税、印花税等多个税种，其中有些税种是税法（Ⅱ）的内容。尽管该税种加大了税法（Ⅰ）的综合性，但该税种的综合性在近三年考试命题中都没有充分体现出来。

（3）消费税、资源税这两个税种与增值税的关系值得关注，纳税环节和相关计税依据的把握值得考生重视。在近三年考试中这两个税种的平均分值都在 10 分以上，且资源税销售额口径与增值税销售额口径的差异，以及资源税混合销售和混产销售的计算点，使得资源税命制主观题的条件非常充分。

（4）从历年命题规律看，新增知识点和新修订的知识点一直都是考试的重点，时政热点也在 2021 年考题中频频亮相，考生必须关注。本辅导书中包含了针对新增知识点编写的习题，帮助考生化繁为简。

六、税法（Ⅰ）的复习备考方法

税务师职业资格考试由准入类考试改为水平类考试之后，基于涉税服务行业发展和相关部门对人才的需求，考试的报名准入门槛也发生变化，一些大学毕业生加入到考生队伍中，以往考生队伍主要由税务干部、企业（含涉税服务）人员构成，这些年的考生队伍逐步发展为由税务干部、企业（含涉税服务）人员、大学毕业生三类人员构成，涉税服务行业的后备队伍愈发壮大。尽管考生特点不同，学习习惯不同，但上述税法（Ⅰ）考试命题特点要求考生必须全面复习、多做习题、透彻理解、融会贯通、活学活用。

（一）夯实学习基础，扎实备考，重在理解

税务师职业资格考试由准入类考试改为水平类考试之后，考试目的发生改变，从选拔准入变为水平测试，命题理念也发生了变化，由选拔性的难度改为对大众化常规政策测试的难度，考试不再是目的，而只是手段。近些年教材删减了一些有难度的知识点，也意味着考试命题会更加侧重基础知识和基本法规。近些年来，一些考生在备考时死记硬背、忽视理解、不愿思考，也有一些考生比较浮躁、忽视基础、不求甚解。近三年大量基础型考点的命题，

以及2021年客观题考点跨章节的特点，体现了税务师考试对考生复习备考的打牢基础、注重理解的引导，体现出中国注册税务师协会对涉税服务人员以考促学、不断提高的期待。

（二）尊重教材和考试大纲，处理好应试与应用的关系

在复习备考时，考生要尊重教材，学习和理解教材中的政策规定和解释；也要关注考试大纲，考试大纲上有对考试目标和政策把握程度的具体要求，考生要把握好“应试”与实际工作的不同角度。在实际工作中，各地在地方性税种的执行上存在一定的差异性，“营改增”政策的推进过程中，国家税务总局和各省市税务局也是不断在打“补丁”，但是考试只会按照全国统一规定的政策来命题和确定标准答案，不会考虑各地的“土政策”。

（三）关注教材变化，“点面”结合，抓大不放小

从历年命题情况看，教材中新增知识点比较容易命题，考生关注新教材的变化是非常必要的。2022年税法（Ⅰ）以2022年3月底为限收录调整了很多细碎的税收政策，考生要关注这些变化。

有些考生有一种错误认识，即认为集中精力学好增值税、消费税和土地增值税就能轻松过关了，这种抓大放小的想法是绝对要不得的。税法（Ⅰ）命题的侧重点的确存在规律，命题会突出重点章和重点知识点，大税种是备考的主攻方向。但是税务师职业资格考试的出题原则是章章有命题，这使得很多小税种章节的分值不容忽视，且小税种的很多政策简单明了，容易拿分，更何况一些小税种的计算会对大税种的计算产生影响，如烟叶税、关税都会对增值税、消费税的计算产生影响，增值税、城建税与附加对土地增值税的计算也有影响。因此，考生要在复习时把握好增值税等重点大税种的“面”和城建税等非重点小税种的“点”。“抓大不放小”应该是考生在复习时应有的理念，也是考生轻松过关的必要保障。

（四）要学会跨章节思考、追求知识点的融会贯通

考生在学习时要注意知识点的融会贯通。教材的编写是将独立的各税种按各章顺序编写，而考试命题会打乱知识点的排序，将跨章或跨节的知识点组合命题是近些年客观题和主观题的命题常态，也体现了考试的难度。这需要考生融会贯通，灵活地学习和掌握关联考点。例如，增值税销售额与消费税销售额的关系，委托加工业务中涉及的委托方与受托方的税收关系，进口环节关税与增值税、消费税、车辆购置税的关系，增值税与资源税、土地增值税的关系等，应联系起来在理解的基础上记忆。复习时对一些特别的内容要用直观或对比的记忆方法，注重理解记忆。

（五）要树立重点内容看考题、难点内容看例题的意识

考生要结合考试大纲的要求和以往考试命题的规律，明确自己的学习方向——了解（考试概率在10%以下）、熟悉（考试概率在30%左右）、掌握（考试概率在60%以上）三个层次。考生还要知道，对于教材的新增内容，一般都是考试重点。另外，学会在理解的基础上记忆，可以起到事半功倍的效果。

考生在备考时要处理好难点与重点的关系，要明白难点内容不一定是重点内容，要树立重点内容看考题、难点内容看例题的意识。由于重点内容是会在历年考试中多次重复命题

的，考生仔细研究以前年度的考题极为必要，只有研究以前考题才能发现税法（Ⅰ）各个重要命题点的出题规律和解题思路，才能适应考试难度和掌握经典考点。

对于教材中的难点内容，考试命题一般不会超越教材的例题，因此考生对难点内容对应的教材例题也要引起充分的关注，以往的一些有难度的考题往往是教材例题的简单变形，而教材上收录的一些例题也经常是以往考题的变形。教材例题与考题之间存在千丝万缕的联系，甚至去年一些考题也是基本复制了教材的例题，因此研究考题，把握重点，分析例题，突破难点是备考的必要一环。

（六）要有强化习题训练的行动，提升考试的适应性

复习备考税法（Ⅰ）仅靠听课是不够的，需要强化习题训练来发现盲点、强化记忆、弥补不足。这几年在考试之后，总有许多考生反映题目简单，但时间不够难以完成，这和平时习题演练不足是有一定关系的。习题演练是备考税法（Ⅰ）的必要步骤，通过练习既可以发现复习死角，有助于对知识点的深刻理解和全面掌握，又可以强化记忆和熟悉计算，提高解题速度。考生必须在做练习题方面有切实的行动，可以做近三年考试真题的综合分析、计算题，找到“实战”的感觉，更需要结合教材新增内容和重点内容，有针对性地做一些练习。通过习题训练考生可达到在考场上读题快速反应、解题得心应手的境界。

本书有相当一部分习题是以往考题在现行政策下的变形，还有一部分习题是针对现行政策所编写的，以方便考生复习演练。在这里向考生建议：(1) 做练习题时不要只做一遍，隔一段时间后再做一遍或数遍，考点印象会深刻，熟练度会增强；(2) 注意看解析，不论练习时自己做的是否顺利，都要看解析，熟悉其涉及的考点意图和政策规则，这能加强考生对税法（Ⅰ）规定的理解性记忆，提高考生的应变能力。

基于对税务师税法（Ⅰ）复习、考试的理解和感悟，笔者作出了上述考情分析和复习建议。这本辅导书融入笔者多年的辅导、授课经验，也融入了对考生轻松过关的热切期待。由于本书编写时间紧张，且笔者水平有限，书中如有疏漏和错误之处还请考生谅解，我们也会在东奥官网上及时更正。笔者由衷地期待这本辅导书能帮助考生理清思路、答疑解惑，期待更多的考生轻松过关！

第二部分

考点精讲及同步训练

第一章　税法基本原理

本章学习指南

一、考情概况

本章是税法（Ⅰ）比较重要的一章，内容包括税收实体法和税收程序法的基础理论，许多内容直接影响考生对随后章节和税法（Ⅱ）、涉税服务实务等相关课程的理解和掌握。没有税法基础的学员需要先学习本章打基础；有一些基础的学员应该将本章放在所有章节之后学习，以便考试时保持新鲜记忆。学习本章要注意边学习、边记忆，注意把握重点、把握规律、把握关键词。

税务师税法（Ⅰ）教材中的税法的原则、税法分类都与其他类别的考试教材不一样，这是由于税法原则和税法分类的内容都不是法定的，属于研究观点范畴，需要“考哪门课，看哪本书”。

近三年本章分值不断跌破最低分值，从 2017 年的 13 分，跌至 2020 年的 3.5 分。本章内容繁杂，有些考点不明显，考生复习时应在理解基础上进行记忆。近三年本章平均分值为 4 分，预计 2022 年本章分值为 4 分左右。

二、2022 年教材主要变化

1. 补充《关于进一步深化税收征管改革的意见》提出的改革内容。
2. 补充当事人有权要求听证的处罚事项。
3. 增加规范性文件合规审查的具体规定。
4. 调整税收实体法制建设的具体内容。
5. 将我国谈签、生效的国际税收协定的数据更新到 2021 年 12 月底。

三、基本结构框架

- 第一章 税法基本原理（一）
  - 税法概述
    - 税法的概念与特点 ★
    - 税法基本原则 ★★
    - 税法适用原则 ★★
    - 税法的效力 ★★
    - 税法的解释 ★★★
    - 税法的作用 ★
    - 税法与其他部门法的关系 ★

- 第一章 税法基本原理（二）
  - 税收法律关系
    - 税收法律关系的特点 ★
    - 税收法律关系的主体、客体、内容 ★★★
    - 税收法律关系的产生、变更、消灭 ★
  - 税收实体法与税收程序法
    - 税收实体法要素 ★★★
    - 税收程序法 ★★★
  - 税法的运行
    - 税收立法的概念 ★★
    - 税收立法权及程序 ★★
    - 税务规章 ★★
    - 税务规范性文件 ★★
    - 税收执法 ★★
    - 税收司法 ★
  - 税收制度沿革
    - 中国历史上的税收制度★
    - 新中国税收制度的建立与发展★

本章核心考点精讲

Unit 1

第一单元　税法概述

查看本单元视频，快速 GET 知识点

使用“会计云课堂”App 或“微信”扫码

01 税法的概念与特点（★）[1]

（一）税法的概念

税收和税法是两个既有联系又有区别的概念。

税法是指有权的国家机关制定的有关调整税收分配过程中形成的权利义务关系的法律规范总和。税法的调整对象是税收分配中形成的权利义务关系。

考点提示

这部分学习要注意以下几个问题：

（1）税收是经济学概念，侧重解决分配关系；税法是法学概念，侧重解决权利义务关系。

（2）有权制定税法的国家机关，在我国即全国人民代表大会及其常务委员会；在一定的法律框架下，地方立法机关往往拥有一定的税收立法权；获得授权的行政机关也是制定税法的主体构成者。

（3）税法有广义和狭义之分。广义的税法是各种税收法律规范形式的总和。从立法层次

[1] 为方便您在学习中可以快速了解知识点的重要程度，本书中将知识点进行分类。★★★代表重要知识点，★★代表次重要知识点，★代表非重要知识点。

上划分，则包括由全国人大及其常委会正式立法制定的税收法律，由国务院制定的税收法规或由省级人大制定的地方性税收法规，由有规章制定权的单位制定的税务部门规章。狭义的税法仅指经过全国人大及其常委会正式立法的税收法律。

经典题解

【例题 1 · 单选题】 在税收分配活动中，税法的调整对象是（　　）。

A. 税收分配关系　　B. 经济利益关系

C. 税收权利义务关系　　D. 税收征纳关系

【解析】 税收是经济学概念，侧重解决分配关系；税法是法学概念，侧重解决权利义务关系。税法的调整对象是税收分配中形成的权利义务关系。

【答案】 C

【例题 2 · 单选题】 税法是指有权的国家机关制定的有关调整税收分配过程中形成的权利义务关系的法律规范总和。从狭义税法角度看，有权的国家机关是指（　　）。

A. 全国人民代表大会及其常务委员会　　B. 国务院

C. 财政部　　D. 国家税务总局

【解析】 从狭义税法角度看，有权的国家机关是指全国人民代表大会及其常务委员会；BCD 选项均属于广义的税收立法机关。

【答案】 A

（二）税法的特点

一般特点	注意辨析区分
1. 从立法过程看，税法属于**制定法**	**不属于习惯法**
2. 从法律性质看，税法属于**义务性法规**	**不属于授权性法规**
3. 从内容看，税法具有**综合性**	**不是单一的法律**

经典题解

【真题3·单选题】关于税法的特点，下列说法正确的是（　　）。（2019年）

A. 从法律性质看，税法属于授权法

B. 从立法内容看，税法具有单一性

C. 从立法过程看，税法属于制定法

D. 从立法形式看，税法属于行政法规

【解析】选项A：从法律性质看，税法属于义务性法规，不属于授权性法规。选项B：从内容看，税法具有综合性，不属于单一法律，即税法是由实体法、程序法、争讼法等构成的综合法律体系。选项C：从立法过程看，税法属于制定法，而不属于习惯法，即税法是由国家制定的，而不是认可的。选项D：税法分为广义的税法和狭义的税法，狭义的税法仅指法律；广义的税法不仅仅包括法律，还包括法规和规章。

【答案】C

【真题4·多选题】关于税法属于义务性法规的说法，正确的有（　　）。（2015年）

A. 纳税人履行纳税义务与纳税人获得的权利不对等

B. 纳税人有依法申请行政复议的权利不需要先行履行纳税义务

C. 税法的综合性也是义务性法规的特点之一

D. 税法属于制定法是义务性法规的缺点

E. 强制性是义务性法规的显著特征

【解析】选项BCD：不符合义务性法规的规定。

【答案】AE

02 税法基本原则（★★）

税法原则是构成税收法律规范的基本要素之一，在一定政治、经济和社会条件下制定，是调整税收权利义务关系的法律规范的抽象和概括。是贯穿税收立法、执法、司法等全过程的具有普遍指导意义的法律准则。税法原则可以分为税法基本原则和适用原则两个层次。

考点提示

本部分内容是以往考试的重点，考生应先注意税法原则的两大分类——基本原则和适用原则，再对各类原则中的具体原则的现实体现有所认识。

税法基本原则——从法理学角度概括的税法基本原则，如表所示：

基本原则	解释及例题
税收法律主义	也称税收法定性原则，是指税法主体的权利义务必须由法律加以规定，税法的各类构成要素都必须且只能由法律予以明确规定，征纳主体的权力（利）义务只以法律规定为依据，没有法律依据，任何主体不得征税或减免税收。该原则具体可概括成：课税要素法定原则、课税要素明确原则和依法稽征原则

基本原则	解释及例题
税收法律主义	【例题 5 · 单选题】税收法律主义也称税收法定性原则。下列有关税收法律主义原则的表述中，错误的是（　　）。 A. 税收法律主义的功能侧重于保持税法的稳定性 B. 课税要素明确原则更多的是从立法技术角度保证税收分配关系的确定性 C. 课税要素必须由法律直接规定 D. 依法稽征原则的含义包括税务机关有选择税种开征和停征的权力 【解析】依法稽征原则即税务行政机关必须严格依据法律的规定稽核征收，而无权变动法定课税要素和法定征收程序。除此之外，纳税人同税务机关一样都没有选择开征、停征、减税、免税、退补税收及延期纳税的权力，即使征纳双方达成一致也是违法的。 【答案】D
税收公平主义	税收负担必须根据纳税人的负担能力分配，负担能力相等，税负相同；负担能力不等，税负不同 【例题 6 · 单选题】在没有正当理由的情况下对特定纳税人给予特别优惠，违背了税法基本原则中的（　　）。 A. 税收法律主义原则　　B. 税收公平主义原则 C. 税收合作信赖主义原则　　D. 实质课税原则 【解析】没有正当理由的情况下对一部分纳税人的特别优惠，很可能就是对其他纳税人的歧视，这种做法违背了税法基本原则中的税收公平主义原则。 【答案】B
税收合作信赖主义	也称公众信任原则，是指税收征纳双方的关系从主流上看是相互信赖、相互合作的，而不是对抗性的 【真题 7 · 单选题】下列各项中，体现税收合作信赖主义原则的是(　　)。(2013 年) A. 税法主体的权利义务必须由法律加以规定 B. 税收负担必须根据纳税人的负担能力分配 C. 没有充足证据税务机关不能对纳税人是否依法纳税有所怀疑 D. 应根据纳税人的真实负担能力决定纳税人的税负 【解析】选项 A 体现了税收法律主义原则，选项 B 体现了税收公平主义原则，选项 C 体现了税收合作信赖主义原则，选项 D 体现了实质课税原则。 【答案】C
实质课税原则	是指应根据纳税人的真实负担能力决定纳税人的税负，不能仅考核其表面上是否符合课税要件 【例题 8 · 单选题】税收实质课税原则的意义是（　　）。 A. 防止税务机关滥用权力，增加纳税人的负担 B. 有利于体现特别法优于普通法 C. 落实税收政策 D. 防止纳税人避税与逃避缴纳税款，增强税法适用的公正性 【解析】实质课税原则的意义在于防止纳税人的避税与逃避缴纳税款，增强税法适用的公正性。 【答案】D

03 税法适用原则（★★）

税法适用原则是实际运用税收法律规范解决具体问题所必须遵循的准则，如表所示：

适用原则	解释及例题
法律优位原则	也称行政立法不得抵触法律原则，其基本含义为法律的效力高于行政立法的效力，还可进一步推论为税收行政法规的效力优于税收行政规章的效力；效力低的税法与效力高的税法发生冲突时，效力低的税法即是无效的 **【例题 9·单选题】**以下不符合税法法律优位原则的说法是（　　）。 A. 法律的效力高于行政立法的效力 B. 我国税收法律与税收行政法规具有同等效力 C. 税收行政法规的效力高于税收行政规章的效力 D. 效力低的税法与效力高的税法发生冲突时，效力低的税法即是无效的 **【解析】**法律优位原则也称行政立法不得抵触法律原则，其基本含义为法律的效力高于行政立法的效力。 **【答案】**B
法律不溯及既往原则	即一部新法实施后，对新法实施之前人们的行为不适用新法，而只能沿用旧法 **【案例精析】**从 2019 年 4 月 1 日起，我国增值税基本税率由之前的 16% 调整为 13%，假定在 2019 年 10 月，某批发企业被税务机关查出其 2019 年第 1 季度隐瞒基本税率货物不含增值税销售额 100 万元。对补税时税率的判定不得适用新法 13%，而只能沿用旧法 16%，这属于法律不溯及既往原则。 **【相关链接】**税法溯及力涉及税法的时间效力问题
新法优于旧法原则	也称后法优于先法原则，即新、旧法对同一事项有不同规定时，新法的效力优于旧法 **【例题 10·单选题】**以下关于新法优于旧法原则的表述不正确的是（　　）。 A. 新法优于旧法原则也称后法优于先法原则 B. 新法优于旧法原则的适用，以新法生效实施为标志 C. 新法公布后尚未实施这段时间，仍沿用旧法 D. 新法优于旧法原则在税法中无例外地普遍适用 **【解析】**新法优于旧法原则在税法中普遍适用，但是当新税法与旧税法处于普通法和特别法的关系时，以及某些程序性税法引用“实体从旧，程序从新”原则时，可以例外。 **【答案】**D
特别法优于普通法原则	对同一事项两部法律分别订有一般规定和特别规定时，特别规定的效力高于一般规定的效力 **【例题 11·单选题】**税法适用原则中，打破税法效力等级限制的原则是（　　）。 A. 法律优位原则　　B. 法律不溯及既往原则 C. 特别法优于普通法原则　　D. 实体从旧，程序从新原则 **【解析】**特别法优于普通法原则打破了税法效力等级的限制，即居于特别法地位级别比较低的税法，其效力可高于作为普通法的级别比较高的税法。 **【答案】**C

适用原则	解释及例题
实体从旧，程序从新原则	即实体法不具备溯及力，而程序法在特定条件下具备一定溯及力 **【例题 12 · 单选题】**某纳税人 2016 年 5 月之前是营业税纳税人，“营改增”政策实施后转为增值税纳税人，企业自查发现 2016 年 3 月有一笔收入需补税，按税法规定应向主管税务机关补缴营业税，其遵循的税法适用原则是（　　）。 A. 法律优位　　B. 程序优于实体 C. 特别法优于普通法　　D. 实体从旧，程序从新 **【解析】**实体从旧、程序从新原则的含义之一是：实体法不具备溯及力。即在纳税义务的确定上，以纳税义务发生时的税法规定为准，实体性的税法规则不具有向前的溯及力。企业“营改增”之前的收入需要补营业税，虽然企业在“营改增”之后发现，但此时增值税的相关法律规定不具有向前的溯及力。 **【答案】**D **【案例精析】**2001 年 5 月起实施的《税收征管法》规定，企业在银行开设的全部账户都要向税务机关报告。按照程序法从新原则，不论是 2001 年 5 月以后设立的新企业还是以前设立的继续经营的老企业，不论是企业 2001 年 5 月以后开设的银行账号还是以前开设沿用下来的现存的经营用的银行账号都要向税务机关报告。新法实施前后的同种情况都要按照新的规定执行，这体现了程序法在一定情况下具备溯及力，即程序从新原则。
程序优于实体原则	即在税收争讼发生时，程序法优于实体法适用，以保证国家课税权的实现 **【例题 13 · 单选题】**为了确保国家课税权的实现，纳税人通过行政复议寻求法律保护的前提条件之一，是必须事先履行税务行政执法机关认定的纳税义务，否则不予受理。这一做法适用的原则是（　　）。 A. 程序优于实体　　B. 实体从旧，程序从新 C. 法律优位　　D. 法律不溯及既往 **【解析】**程序优于实体原则是关于税收争讼法的原则，其含义为：在诉讼发生时税收程序法优于税收实体法适用。即纳税人通过税务行政复议或税务行政诉讼寻求法律保护的前提条件之一，是必须事先履行税务行政执法机关认定的纳税义务，而不管这项纳税义务实际上是否完全发生。 **【答案】**A

04 税法的效力（★★）

税法的效力是指税法在什么地方、什么时间、对什么人具有法律约束力。其基本分类包括空间效力、时间效力、对人的效力。

基本分类	具体分类
1. 税法的空间效力	在全国范围内有效
	在地方范围内有效

基本分类		具体分类
2. 税法的时间效力	税法的生效（三种情况）	①税法通过一段时间后开始生效 ②税法自通过发布之日起生效 ③税法公布后授权地方政府自行确定实施日期，这种税法生效方式实质上是将税收管理权限下放给地方政府
	税法的失效（三种类型）	①以新税法代替旧税法（最常见） ②直接宣布某项税法失效 ③税法本身规定失效的日期
3. 税法对人的效力		属人主义原则
		属地主义原则
		属人、属地相结合的原则（我国采用此原则）

【相关链接】 税法时间效力还涉及到“溯及力”问题。一部新税法实施后，对其实施之前纳税人的行为是否适用，这是税法时间效力的重要内容。对法律溯及力的规定，概括起来包括有从旧、从新、从旧兼从轻、从新兼从轻四类基本原则。一般而言，税收实体法多采用从旧原则，禁止其具有溯及既往的效力；税收程序法多采用从新原则，这样便于税收征管，也对纳税人的实体权利不构成损害。在税法实践活动中，往往还坚持“有利溯及”的原则，即在对纳税人有利的环境下，坚持税法适用上的“从轻原则”。

经典题解

【例题 14 · 单选题】 在税法实践活动中坚持的“有利溯及”的原则，指的是在对纳税人有利的环境下，坚持税法适用上的（　　）。

A. 从旧兼从轻原则　　B. 从新兼从轻原则

C. 法律不溯及既往原则　　D. 从轻原则

【解析】 在税法实践活动中往往还坚持“有利溯及”的原则，即在对纳税人有利的环境下，坚持税法适用上的“从轻原则”。

【答案】 D

【例题 15 · 单选题】 在处理税法对人的效力时，我国税法采用（　　）原则。

A. 属人主义　　B. 属地主义

C. 属人或属地　　D. 属人和属地相结合

【解析】 在处理税法对人的效力时，我国税法采用属人、属地相结合的原则。凡我国公民，在我国居住的外籍人员，以及在我国注册登记的法人，或虽未在我国设立机构，但有来源于我国收入的外国企业、公司、经济组织等，均适用我国税法。

【答案】 D

05 税法的解释（★★★）

（一）税法解释的特点

税法的解释指其法定解释具有解释主体的专属性；内容的权威性；适用的针对性、普遍性和一般性。

经典题解

【真题 16 · 单选题】法定解释应严格按照法定解释权限进行，任何部门都不能超越权限进行解释，因此法定解释具有（　　）。（2011 年）

A. 全面性　　B. 专属性　　C. 判例性　　D. 目的性

【解析】法定解释应严格按照法定的解释权限进行，任何有权机关都不能超越权限进行解释，因此法定解释具有专属性。

【答案】B

（二）税法解释的分类

1. 按照解释权限划分，税法的法定解释可以分为立法解释、司法解释和行政解释。

解释权限分类	特点	解释主体	判案适用性
立法解释	通常是事后解释	（1）全国人大及其常委会解释税收法律 （2）国务院解释税收行政法规 【考点提示】由国务院经人大授权制定的税收暂行条例，其解释权归国务院负责，同时国务院还制定了经人大授权明确的税法实施条例 （3）地方人大及其常委会解释地方税收法规 【考点提示】由于目前地方税收立法权较小，因此这类立法解释仅限于少数经济特区或民族地区及个别税种	可作为判案依据
司法解释	在我国限于税收犯罪范围	包括“两高一共”——最高人民法院作出的审判解释、最高人民检察院作出的检察解释、由“两高”联合作出的共同解释	可作为办案与适用法律和法规的依据
行政解释	在执法中具有普遍约束力	国家税务行政主管机关——包括财政部、国家税务总局、海关总署执法过程中作出的解释	原则上不能作为判案的直接依据

经典题解

【例题 17 · 多选题】税法的解释按照解释权限划分可分为（　　）。

A. 立法解释　　B. 行政解释

C. 限制解释　　D. 司法解释

E. 字面解释

【解析】本题考核税法解释的分类。税法的解释按照解释权限划分可分为立法解释、司法解释、行政解释。

【答案】ABD

【例题 18 · 单选题】下列有关税法解释的表述中，正确的是（ ）。

A. 税法解释不具有针对性 B. 税法解释不具有专属性

C. 检察解释不可作为办案的依据 D. 税法立法解释通常为事后解释

【解析】选项 A：法定解释大多是在法律实施过程中，特别是在法律的适用过程中进行的，是对具体的法律条文、具体的事件或案件作出的，所以具有针对性；选项 B：一般来说，法定解释应严格按照法定的解释权限进行，任何有权机关都不能超越权限进行解释，因此，法定解释具有专属性；选项 C：司法解释的主体只能是最高人民法院和最高人民检察院，他们的解释具有法的效力，可以作为办案与适用法律和法规的依据；选项 D：事后解释是指税收法律、法规在实际执行和适用时发生疑问而由制定税收法律、法规的机关所作的解释，我们通常所说的税收立法解释是指事后解释。

【答案】D

【例题 19 · 单选题】下列税法解释中不能作为法庭判案直接依据的是（ ）。

A. 字面解释 B. 扩充解释 C. 行政解释 D. 司法解释

【解析】行政解释在行政执法中具有普遍的约束力，但是不具备与被解释的税收法律、法规相同的效力，原则上不能作为法庭判案的直接依据。

【答案】C

2. 按照解释的尺度不同，税法解释可分为字面解释、限制解释与扩充解释。

（1）字面解释——严格依税法条文的字面含义进行解释。

（2）限制解释——对税法条文所进行的窄于其字面含义的解释。

（3）扩充解释——对税法条文所进行的大于其字面含义的解释。

经典题解

【例题 20 · 多选题】国家税务总局《征收个人所得税若干问题的规定》将“习惯性居住地”解释为“是判定纳税义务人是居民或非居民的一个法律意义上的标准，而不是指实际居住或在某一个特定时期内的居住地”，这种解释属于（ ）。

A. 立法解释 B. 行政解释

C. 字面解释 D. 限制解释

E. 扩充解释

【解析】考核税法解释的具体表现，由国家税务总局作出的解释属于行政解释，用来判定纳税义务人是居民或非居民的一个法律意义上的标准，而不是实际居住或在某一个特定时期内的居住地来描述习惯性居住，属于解释尺度中的限制解释。

【答案】BD

【例题 21 · 单选题】有关税法的法定解释，下列表述正确的是（ ）。

A. 国务院制定的《税收征管法实施细则》属于税法行政解释

B. 税法司法解释只能由最高人民法院和最高人民检察院共同作出

C. 字面解释是税法解释的基本方法

D. 国家税务总局制定的规范性文件可作为法庭判案的直接依据

【解析】 本题考核税法的解释。国务院制定的《税收征管法实施细则》属于税法的立法解释，所以 A 选项错误；税法司法解释分为由最高人民法院作出的审判解释、由最高人民检察院作出的检察解释、由“两高”联合作出的共同解释三大类，所以 B 选项错误；字面解释是税法解释的基本方法，所以 C 选项正确；国家税务总局制定的规范性文件在执法中具有普遍约束力，但是不能作为法庭判案的直接依据，所以 D 选项错误。

【答案】 C

06 税法的作用（★）

税法的作用是指税法实施所产生的社会影响，可以从规范作用和经济作用两方面进行分析。

税法的两方面作用	具体体现
税法的规范作用	1. 指引作用
	2. 评价作用
	3. 预测作用
	4. 强制作用
	5. 教育作用
税法的经济作用	1. 税法是税收根本职能得以实现的法律保障
	2. 税法是正确处理税收分配关系的法律依据
	3. 税法是国家调控宏观经济的重要手段
	4. 税法是监督管理经济活动的有力武器
	5. 税法是维护国家权益的重要手段

07 税法与其他部门法的关系（★）

（一）税法与宪法的关系

宪法是一个国家的根本大法，属于母法，是其他法律的立法基础。税法属于部门法，其位阶低于宪法，税法从总体上讲是依据宪法制定的，这种对宪法的依从表现在直接依据宪法中有关税收的条款规范税法的相关内容和依据宪法的原则精神制定税法两个层面。

我国税法也是依据宪法制定的。宪法第五十六条规定“中华人民共和国公民有依照法律纳税的义务”。

（二）税法与民法的关系

民法作为最基本的法律形式之一，形成时间较早。税法作为新兴部门法与民法的密切联系主要表现在大量借用了民法的概念、规则和原则。但是税法与民法分别属于公法和私法体系，二者调整的对象不同、法律关系的建立及调整适用的原则不同、调整的程序和手段不同。

经典题解

【真题 22 · 多选题】关于税法与民法的关系，下列说法正确的有（　　）。（2019 年）

A. 民法与税法中权利义务关系都是对等的

B. 民法原则总体上不适用于税收法律关系的建立和调整

C. 税法大量借用了民法的概念、规则和原则

D. 涉及税务行政赔偿的可以适用民事纠纷处理的调解原则

E. 税法的合作依赖原则与民法的诚实信用原则是对抗的

【解析】选项 A：税收法律关系中，体现国家单方面的意志，权利义务关系不对等。选项 E：税法的合作依赖原则有民法诚实信用原则的影子，其原理是相近的，并非对抗的。

【答案】BCD

（三）税法与行政法的关系

1. 税法与行政法有着十分密切的联系。这种联系主要表现在税法具有行政法的一般特征：

（1）调整国家机关之间、国家机关与法人或自然人之间的法律关系；

（2）法律关系中居于领导地位的一方总是国家；

（3）体现国家单方面的意志，不需要双方意思表示一致；

（4）解决法律关系中的争议，一般都按照行政复议程序和行政诉讼程序进行。

2. 税法虽然与行政法联系密切，但又与一般行政法有所不同：

（1）税法具有经济分配的性质，并且是经济利益由纳税人向国家的无偿单向转移，这是一般行政法所不具备的；

（2）税法与社会再生产，特别是与物质资料再生产的全过程密切相连，不论是生产、交换、分配，还是消费，都有税法参与调节，其联系的深度和广度是一般行政法所无法相比的；

（3）税法是一种义务性法规，并且是以货币收益转移的数额来作为纳税人所尽义务的基本度量；而行政法大多为授权性法规，少数义务性法规也不涉及货币收益的转移。

（四）税法与经济法的关系

1. 税法与经济法有着十分密切的关系，表现在：

（1）税法具有较强的经济属性，即在税法运行过程中，始终伴随着经济分配的进行；

（2）经济法中的许多法律、法规是制定税法的重要依据；

（3）经济法中的一些概念、规则、原则也在税法中大量应用。

2. 税法与经济法之间也有差别：

（1）从调整对象来看，经济法调整的是经济管理关系，而税法的调整对象则含有较多的税务行政管理的性质；

（2）税法属于义务性法规，而经济法基本上属于授权性法规；

（3）税法解决争议的程序适用行政复议、行政诉讼等行政法程序，而不适用经济法中普遍采用的协商、调解、仲裁、民事诉讼程序。

（五）税法与刑法的关系

刑法是国家法律的基本组成部分。税法与刑法是从不同角度规范人们的社会行为。从一定意义上讲，刑法是实现税法强制性最有力的保证。二者调整对象不同、性质不同、法律责任追究形式不同。

2009年，我国刑法修正案将原来的“偷税罪”修改为“逃避缴纳税款罪”，《税收征管法》还未及时予以修正。

考点提示

我国刑法从概念表述角度，用“逃避缴纳税款”取代了“偷税”；从罪名角度，用“逃税罪”取代了“偷税罪”。

经典题解

【例题23·多选题】税法与刑法是从不同的角度规范人们的社会行为。下列有关税法与刑法关系的表述中，正确的有（　　）。

A. 税法属于权利性法规，刑法属于禁止性法规

B. 税收法律责任的追究形式具有多重性，刑事法律责任的追究只能采用自由刑与财产刑的刑罚形式

C. 刑法是实现税法强制性最有力的保证

D. 刑法有关“危害税收征管罪”的规定，体现了税法与刑法在调整对象上的衔接和交叉

E. 对税收犯罪和刑事犯罪的司法调查程序不一致

【解析】选项A：税法属于义务性法规，刑法属于禁止性法规；选项E：对税收犯罪和刑事犯罪的司法调查程序是一致的。

【答案】BCD

（六）税法与国际法的关系

被一个国家承认的国际税法也应该是这个国家税法的组成部分；各国立法时会吸取国际税法中合理的理论、原则及有关法律规范；国际法高于国内法的原则，使国际法对国内法的立法产生较大的影响和制约作用。如果让我们对税法与国际法的关系作出评价，应当说两者是相互影响、相互补充、相互配合的。

▶ Unit 2

第二单元　税收法律关系

查看本单元视频，快速GET知识点

使用“会计云课堂”App或“微信”扫码

01 税收法律关系的特点（★）

1. 主体的一方只能是国家。
2. 体现国家单方面的意志。
3. 权利义务关系具有不对等性。
4. 具有财产所有权或支配权单向转移的性质。

经典题解

【真题 24·单选题】下列关于税收法律关系特点的说法中，错误的是（　　）。（2016 年）

A. 具有财产所有权或支配权单向转移的性质

B. 主体的一方只能是国家

C. 权利义务关系具有不对等性

D. 税收法律关系的变更以主体双方意思表示一致为要件

【解析】税收法律关系的成立、变更、消灭不以主体双方意思表示一致为要件。

【答案】D

02 税收法律关系的主体、客体、内容（★★★）

要点	解释	提示
税收法律关系的主体	征税主体——国家是真正的征税主体，税务机关通过获得授权成为法律意义上的征税主体	税收法律关系的主体为双主体
	纳税主体——就是通常所称的纳税人，即法律、行政法规规定负有纳税义务的单位和个人	
税收法律关系的客体	是指税收法律关系主体的权利义务所指向的对象，一般认为，税收法律关系的客体就是税收利益，包括物和行为两大类	税收利益表现为纳税主体部分财产的单向转移，同时也表现为征税主体税收收入的无偿取得
税收法律关系的内容	是指税收法律关系主体所享受的权利和所承担的义务，主要包括纳税人的权利义务和征税机关的权利义务	双主体都有其权利义务

易错易混

纳税主体的划分方法：

划分方法	划分类别	说明
按纳税主体在民法中身份的不同划分	自然人、法人、非法人单位	不同种类的纳税主体，在税收法律关系中享受的权利和承担的义务也不尽相同
按征税权行使范围的不同划分	居民纳税人、非居民纳税人	

03 税收法律关系的产生、变更、消灭（★）

项目	主要内容
税收法律关系的产生	应以引起纳税义务成立的法律事实为基础和标志
税收法律关系变更的原因	（1）由于纳税人自身的组织状况发生变化 （2）由于纳税人的经营或财产情况发生变化 （3）由于税务机关组织结构或管理方式发生变化 （4）由于税法的修订或调整 （5）因不可抗力造成的破坏
税收法律关系消灭的原因	（1）纳税人履行纳税义务 （2）纳税义务因超过期限而消灭 （3）纳税义务的免除 （4）某些税法的废止 （5）纳税主体的消失

经典题解

【真题 25 · 多选题】下列属于引起税收法律关系变更原因的有（　　）。（2018 年）

A. 纳税人自身组织状况发生变化

B. 纳税人履行了纳税义务

C. 税法修订或调整

D. 纳税人经营或财产情况发生变化

E. 纳税义务超过追缴期限

【解析】引起税收法律关系变更的原因主要有以下几点：（1）由于纳税人自身的组织状况发生变化；（2）由于纳税人的经营或财产情况发生变化；（3）由于税务机关组织结构或管理方式发生变化；（4）由于税法的修订或调整；（5）因不可抗力造成的破坏。选项 ACD 能引起税收法律关系的变更；选项 BE 引起税收法律关系的消灭。

【答案】ACD

▶ Unit 3

第三单元　税收实体法与税收程序法

税法按职能作用分类，分为税收实体法和税收程序法。

按职能作用分类	特点及范围
实体法	特点：一税一法；税收要素固定 范围：货物劳务税法、所得税法、财产税法、行为税法
程序法	特点：规定征税和纳税程序 范围：税收确定程序、税收征收程序、税务稽查程序

01 税收实体法要素（★★★）

税收实体法要素主要有七个：纳税义务人、课税对象、税率、减免税、税收附加与加成、纳税环节和纳税期限。

1. 纳税义务人

（1）基本概念：纳税义务人简称“纳税人”，也称“纳税主体”，是税法规定的直接负有纳税义务的单位和个人，包括法人和自然人。

（2）相关概念：

①负税人：是指实际负担税款的单位和个人。

现实中，纳税人与负税人有时一致，有时不一致。纳税人与负税人不一致主要是由于价格与价值背离，引起税负转移或转嫁造成的。

②代扣代缴义务人：是指有义务从持有的纳税人收入中扣除其应纳税款并代为缴纳的企业、单位或个人。

③代收代缴义务人：是指有义务借助与纳税人的经济交往而向纳税人收取应纳税款并代为缴纳的单位。

④代征代缴义务人：是指因税法规定，受税务机关委托而代征税款的单位和个人。

⑤纳税单位：是指申报缴纳税款的单位，是纳税人的有效集合。

经典题解

【真题26·单选题】关于纳税人和负税人，下列说法正确的是（　　）。（2017年）

A. 流转税的纳税人和负税人通常是一致的

B. 所得税的纳税人和负税人通常是不一致的

C. 扣缴义务人是纳税人，不是负税人

D. 造成纳税人与负税人不一致的主要原因是税负转嫁

【解析】负税人，是指实际负担税款的单位和个人。现实中，纳税人与负税人有时一致，有时不一致。纳税人与负税人不一致主要是由于价格与价值背离，引起税负转移或转嫁造成的。流转税的纳税人和负税人通常是不一致的，所得税的纳税人和负税人通常是一致的。扣缴义务人，是指负有代扣代缴、代收代缴等义务的单位和个人，不是纳税人。

【答案】D

【例题27·多选题】下列情形中，企业应履行代收代缴税款义务的有（　　）。

A. 企业向员工支付工资

B. 企业受托加工应税消费品

C. 企业向境外支付特许权使用费

D. 烟草企业收购烟叶

E. 跨境电子商务企业零售商品

【解析】选项AC：企业支付款项应履行代扣代缴税款义务；选项D：不涉及代收代缴。

【答案】BE

2. 课税对象

（1）基本概念：课税对象又称征税对象，是税法中规定的征税的目的物，是国家据以征税的依据。课税对象体现不同税种征税的基本界限，决定着不同税种名称的由来以及各个税种在性质上的差别。

（2）重要作用：是构成税收实体法诸要素中的基础性要素，是一种税区别于另一种税的最主要标志。

（3）与课税对象相关的概念有计税依据、税源和税目。（新增）

与课税对象的相关概念辨析：

①计税依据

计税依据，又称税基，是指税法中规定的据以计算各种应征税款的依据或标准。计税依据在表现形态上一般有两种：价值形态和实物形态。

课税对象与计税依据的关系：课税对象是指征税的目的物，计税依据则是对目的物据以计算税款的依据或标准；课税对象是从质的方面对征税所作的规定，而计税依据则是从量的方面对征税所作的规定，是课税对象量的表现。

计税依据和课税对象有时是一致的，有时是不一致的。如：

税种举例	课税对象	计税依据	计税依据和课税对象的关系
所得税	所得额	所得额	一致
车船税	车辆、船舶	辆、整备质量、艇身长度、净吨位	不一致

经典题解

【例题 28・单选题】下列关于课税对象和计税依据关系的表述中，不正确的是（　　）。

A. 所得税的课税对象和计税依据是一致的

B. 计税依据是课税对象量的表现

C. 计税依据是从质的方面对征税作出的规定，课税对象是从量的方面对征税作出的规定

D. 我国城镇土地使用税的课税对象和计税依据是不一致的

【解析】课税对象是从质的方面对征税所作的规定，而计税依据则是从量的方面对征税所作的规定，是课税对象量的表现。

【答案】C

②税源

税源是指税款的最终来源，是税收负担的最终归宿。税源的大小体现着纳税人的负担能力。税源和课税对象有时是一致的，但对于大多数税种而言，税源和课税对象并不一致。

③税目

税目是课税对象的具体化，反映具体的征税范围，代表征税的广度。划分税目的主要作用：一是进一步明确征税范围；二是解决课税对象的归类问题，并根据归类确定税率。

税目一般可分为列举税目和概括税目两类。列举法又分为细列举和粗列举两类。概括法又分为大概括和小概括两类。

经典题解

【例题 29・多选题】税目是课税对象的具体化，反映具体的征税范围。在我国现行税法中，列示税目税率（额）表的税种有（　　）。

A. 消费税　　B. 印花税
C. 企业所得税　　D. 资源税
E. 增值税

【解析】 消费税、印花税、资源税都用列示税目税率（额）表的方式将税目和税率（额）统一表示出来。

【答案】 ABD

【例题 30·单选题】 税目一般可分为列举税目和概括税目两类。下列消费税中的税目属于粗列举税目的是（　　）。

A. 小汽车　　B. 鞭炮焰火
C. 其他酒　　D. 其他贵重首饰和珠宝玉石

【解析】 选项 A 属于细列举税目；选项 B 属于粗列举税目；选项 C 属于小概括税目；选项 D 属于大概括税目。

【答案】 B

3. 税率

税率是计算税额的尺度，代表课税的深度，关系着国家的收入多少和纳税人的负担程度。

税率的基本形式包括：比例税率、累进税率、定额税率。

我国现行税率有：比例税率、超额累进税率、超率累进税率、定额税率。

我国税种目前适用的税率	具体体现
比例税率	（1）产品比例税率——消费税的高档化妆品、小汽车、贵重首饰及珠宝玉石等 （2）行业比例税率——增值税的交通运输业、有形动产租赁服务等 （3）地区差别比例税率——城市维护建设税 （4）有幅度的比例税率——契税
超额累进税率	个人所得税的综合所得等
超率累进税率	土地增值税
定额税率	（1）地区差别定额税率——城镇土地使用税、耕地占用税等 （2）分类分项定额税率——车船税等

经典题解

【真题 31·多选题】 我国现行税收制度中，采用的税率形式有（　　）。（2014 年）

A. 超额累进税率　　B. 超率累进税率
C. 超额累退税率　　D. 超倍累进税率
E. 全额累进税率

【解析】 我国现行税收制度中，采用的累进税率形式有：超额累进税率、超率累进税率。

【答案】 AB

【真题 32·多选题】 下列关于税率的说法中，正确的有（　　）。（2018 年）

A. 环境保护税采用定额税率　　B. 城镇土地使用税采用地区差别定额税率
C. 车辆购置税采用幅度比例税率　　D. 土地增值税采用超率累进税率

E. 消费税采用地区差别比例税率

【解析】选项 C：车辆购置税采用统一的比例税率，为 10%。选项 E：消费税的税率有两种形式，一种是比例税率，一种是定额税率。适用从价定率的应税消费品，不同的应税消费品适用的比例税率不同，而不是采用地区差别比例税率。

【答案】ABD

（1）比例税率

比例税率是指对同一征税对象或同一税目，不论数额大小只规定一个比例，都按同一比例征税。税额与课税对象呈正比例关系。

（2）累进税率

累进税率是指对于同一课税对象，随数量的增大，征收比例也随之增高的税率，表现为将课税对象按数额大小划分等级，不同等级规定不同税率。

累进税率一般多在收益课税中使用，以有效调节收入，正确处理税收负担的纵向公平问题。

累进税率的具体形态		我国目前适用税种
额累（累进依据是绝对数）	全额累进税率	无
	超额累进税率	个人所得税的综合所得等
率累（累进依据是相对数）	全率累进税率	无
	超率累进税率	土地增值税

①全额累进税率

全额累进税率是以课税对象的全部数额为基础计征税款的累进税率。

全额累进税率的两个特点：一是对具体纳税人来说，在应纳税所得额确定之后，相当于按照比例税率征税，计算方法比较简单。二是税收负担不合理，特别是在各级征税对象数额分界处负担相差悬殊，可能发生增加的税额超过增加的征税对象数额的不合理现象，不利于鼓励纳税人增加收入。

【案例精析】假定下面这个累进税率表是全额累进税率表：

级数	课税对象级距	税率
1	36000 元以下（含）	3%
2	36000～144000 元（含）	10%
3	144000～300000 元（含）	20%

甲、乙、丙三人的征税对象数额分别为甲 36000 元、乙 36001 元、丙 144500 元，则按照全额累进税率计算税额的方法计算税额为：

甲应纳税额 = 36000×3% = 1080（元）

乙应纳税额 = 36001×10% = 3600.1（元）

丙应纳税额 = 144500×20% = 28900（元）。

我们可以发现，乙比甲课税对象数额增加 1 元，税额却增加 3600.1 − 1080 = 2520.1（元），税负变化极不合理。

②超额累进税率

超额累进税率是分别以课税对象数额超过前级的部分为基础计算应纳税额的累进税率。

超额累进税率的三个特点：一是计算方法比较复杂，征税对象数量越大，包括等级越多，计算步骤也越多；二是累进幅度比较缓和，税收负担较为合理；三是边际税率和平均税率不一致，税收负担的透明度较差。

【案例精析】 假定上述案例中的累进税率表是超额累进税率表，甲、乙、丙三人征税对象数额不变，则按照超额累进税率计算税额的方法计算税额为：

甲应纳税额 = 36000×3% = 1080（元）

乙应纳税额 = 36000×3% + 1×10% = 1080.1（元）

丙应纳税额 = 36000×3% +（144000 - 36000）×10% +（144500 - 144000）×20% = 11980（元）。

为了简化超额累进税率的计算，需要将“速算扣除数”设计在超额累进税率表中。所谓速算扣除数，是按照全额累进税率计算的税额与按照超额累进税率计算的税额相减而得的差数，事先计算出来附在税率表中，随税率表一同颁布。

结合上述两个案例，我们可知上述超额累进税率表的速算扣除数第一级为 0，第二级为 3600.1 - 1080.1 = 2520（元），第三级为 28900 - 11980 = 16920（元）。有了速算扣除数，再用超额累进税率计算应纳税额时，可以简化计算，本例丙应纳税额 = 144500×20% - 16920 = 11980（元）。

经典题解

【例题 33 · 单选题】 采用超额累进税率计算税额时，速算扣除数的作用主要是（　　）。

A. 解决累进临界点税负不合理问题　　B. 使计算更准确

C. 减缓税率累进的速度　　D. 简化计算

【解析】 速算扣除数是为了简化计税程序而按全额累进税率计算超额累进税额时所使用的扣除数额。

【答案】 D

【例题 34 · 单选题】 下图为应用超额累进税率计算应纳税额的图示（数轴代表应税收入），则级距为 1500 元至 2000 元，速算扣除数为（　　）元。

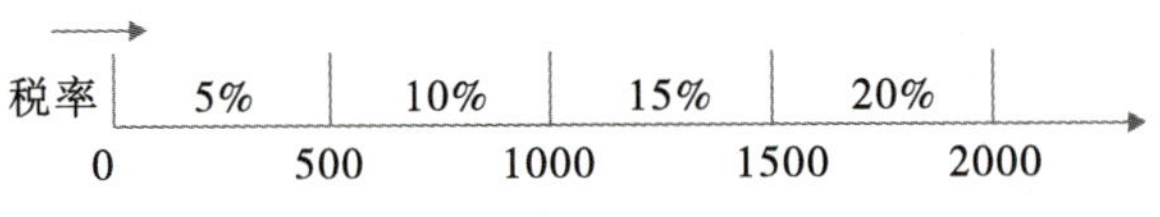

A. 250　　B. 110　　C. 100　　D. 150

【解析】 按照全额累进税率计算的应纳税额 = 2000×20% = 400（元）

按照超额累进税率计算的应纳税额 = 500×5% +（1000 - 500）×10% +（1500 - 1000）×15% +（2000 - 1500）×20% = 250（元）

则级距为 1500 元至 2000 元时，速算扣除数 = 400 - 250 = 150（元）。

【答案】 D

③与累进税率相关的特殊形态

超率累进税率是指以课税对象数额的相对率为累进依据，按超累方式计算应纳税额的税率。现行税制中的土地增值税即采用超率累进税率计税。

超倍累进税率是指以课税对象数额相当于计税基数的倍数为累进依据，按超累方式计算应纳税额的税率。超倍累进税率的计税基数是绝对数时，超倍累进税率实际上是超额累进税率，因为可以把递增倍数换算成递增额；是相对数时，超倍累进税率实际上是超率累进税率，因为可以把递增倍数换算成递增率。

考点提示

比例税率加征可以显现累进特征。

经典题解

【真题35·单选题】下列税率中最能体现税收负担纵向公平的税率形式是（　　）。（2014年）

A. 行业比例税率　　B. 超额累进税率

C. 地区差别比例税率　　D. 定额税率

【解析】累进税率可以更有效地调节纳税人的收入，正确处理税收负担的纵向公平问题。

【答案】B

（3）定额税率

定额税率又称固定税额，是根据课税对象的一定计量单位（如数量、重量、面积、体积等），直接规定固定的征税数额。

目前使用定额税率的税种包括：城镇土地使用税、耕地占用税、车船税、资源税中的部分资源产品、环境保护税、船舶吨税、关税中部分项目、消费税中部分应税消费品。

定额税率的基本特点是：税率与课税对象的价值量脱离了联系，不受课税对象价值量变化的影响。这使它适用于对价格稳定、质量等级和品种规格单一的大宗产品征税的税种。如果对价格变动频繁的产品采用定额税率，由于产品价格变动的总趋势是上升的，因此，产品的税负就会呈现累退性。

（4）其他形式的税率

其他形式的税率		含义	备注
①	名义税率	税法规定的税率	实际税率常常低于名义税率，其原因主要在于二个方面：计税依据与征税对象不一致；减免税政策的享受
	实际税率	实际负担率＝实际缴纳税额÷计税依据实际数额	
②	边际税率	边际税率＝△税额÷△收入	在比例税率条件下，边际税率等于平均税率；在累进税率条件下，边际税率往往大于平均税率，通过对边际税率与平均税率的比较，可表明税率的累进程度和税负的变化情况
	平均税率	平均税率＝∑税额÷∑收入	
③	零税率	以零表示的税率，表明课税对象的持有人负有纳税义务，但无须缴纳税款	零税率适用于两种情况，所得课税和商品课税（出口）；负税率主要用于负所得税的计算
	负税率	政府利用税收形式对所得额低于某一特定标准的家庭或个人予以补贴的比例	

经典题解

【真题36·单选题】下列关于边际税率的说法，正确的是（　　）。（2013年）

A. 在累进税率的前提下，边际税率等于平均税率

B. 边际税率的提高不会带动平均税率的上升

C. 边际税率是指全部税额与全部收入之比

D. 边际税率上升幅度越大，平均税率提高就越多

【解析】选项A：在累进税率条件下，边际税率往往要大于平均税率；选项B：边际税率的提高会带动平均税率的上升；选项C：边际税率是指在增加一些收入时，增加的这部分收入所纳税额同增加收入之间的比例，平均税率是指全部税额与全部收入之比。

【答案】D

【例题37·多选题】按照税收实体法要素的规定，下列表述正确的有（　　）。

A. 纳税人是税法中规定的负担税款的单位和个人，包括自然人和法人

B. 计税依据是课税对象量的体现

C. 在累进税率条件下，边际税率等于平均税率

D. 零税率表明纳税人仍负有纳税义务，但无须缴纳税款

E. 税目的作用之一是进一步明确征税范围

【解析】纳税人是税法中规定的直接负有纳税义务的单位和个人，而负税人是实际负担税款的单位和个人，纳税人与负税人不是等同概念，所以A选项不正确；在累进税率条件下，边际税率往往要大于平均税率，所以C选项不正确。

【答案】BDE

【例题38·单选题】下列关于税率的说法中，不正确的是（　　）。

A. 比例税率分为产品比例税率、行业比例税率、地区差别比例税率、有幅度比例税率

B. 名义税率和实际税率是分析纳税人负担时常用的概念

C. 负税率是政府利用税收形式对所得额低于特定标准的家庭或个人给予补贴的比例

D. 税率能够体现征税的广度

【解析】税率是计算税额的尺度，代表课税的深度。

【答案】D

4. 减税、免税

减税、免税是对某些纳税人或课税对象的鼓励或照顾措施。减税是从应征税款中减征部分税款；免税是免征全部税款。

（1）减免税的基本形式

基本形式	特点	具体表现
税基式减免	通过直接缩小计税依据的方式实现减税、免税，使用范围最广泛	起征点
		免征额
		项目扣除
		跨期结转

基本形式	特点	具体表现
税率式减免	通过直接降低税率的方式实行的减税、免税；适用于对行业、产品等“线”上的减免，在货物劳务税中运用的最多	重新确定税率
		选用其他税率
税额式减免	通过直接减少应纳税额的方式实行的减税、免税；一般仅限于解决“点”上的个别问题，在特殊情况下使用	全部免征
		减半征收
		核定减免率
		抵免税额
		另定减征税额

经典题解

【例题 39 · 单选题】 下列减免税中，属于税额式减免的是（　　）。

A. 免征额　　B. 项目扣除　　C. 核定减免率　　D. 跨期结转

【解析】 税额式减免具体包括全部免征、减半征收、核定减免率、抵免税额、另定减征税额等形式。

【答案】 C

考点提示

要注意区分起征点和免征额的异同。

【案例精析】 假定甲纳税人应税收入 1000 元；乙纳税人应税收入 2000 元；丙纳税人应税收入 3000 元，假定税率统一为 10%，在实行 2000 元起征点和 2000 元免征额两类情况下，其税额计算如下：

单位：元

纳税人	收入	实行 2000 元起征点		实行 2000 元免征额	
		计税依据	税额	计税依据	税额
甲	1000	0	0	0	0
乙	2000	2000	200	0	0
丙	3000	3000	300	1000	100

（2）减免税的分类

分类	特点
法定减免	由各税种基本法规定，具有长期的适用性
临时减免	又称为“困难减免”，主要是为了照顾纳税人某些特殊的暂时的困难，具有临时性的特点
特定减免	是法定减免的补充，分为无限期和有限期两种，大多为有限期

5. 税收附加与加成

如果说减税、免税是减轻税负的措施，那么与减免税相对应的，是加重税负的措施，包括税收附加与税收加成两种形式。

（1）税收附加也称地方附加，税收附加的计算方法是以正税税款为依据，按规定的附加率计算附加额。

（2）税收加成是根据税法规定的税率征税后，再以应纳税额为依据加征一定成数的税额；加征一成相当于加征应纳税额的 10%，十成相当于加征应纳税额的 100%。

经典题解

【例题 40 · 单选题】若某税种适用 20%的比例税率，按规定应纳税所得额超过 2 万元的部分，按应纳税额加征五成，当某纳税人应纳税所得额为 3.5 万元时，其应纳税额为（　　）万元。

A. 1.85　　B. 1.05　　C. 0.85　　D. 0.7

【解析】加征 5 成，就是在原计算出的应纳税额的基础上加征 50%。则应纳税额 = 2×20%+1.5×20%×（1+50%）= 0.85（万元）。

【答案】C

【例题 41 · 单选题】下列有关税收实体法要素的表述，正确的是（　　）。

A. 当纳税人收入达到起征点时，只就超过的部分征税

B. “个人转让著作权免征增值税”属于税基式减免

C. 起征点属于税基式减免

D. 税收加成征收的目的是为地方政府筹措财政收入

【解析】选项 A：当纳税人收入达到或超过起征点时，就其收入全额征税；选项 B：免征的形式属于税额式减免；选项 D：实行税收加成是为了调节和限制某些纳税人获取过多的收入或者是对纳税人违章行为进行的处罚措施。

【答案】C

6. 纳税环节

纳税环节是指税法规定的课税对象从生产到消费的流转过程中应当缴纳税款的环节。广义的纳税环节指全部课税对象在再生产中的分布情况，如资源税分布在生产环节，商品税分布在流通环节，所得税分布在分配环节。狭义的纳税环节是商品课税中的特殊概念。

按照纳税环节的多少，可将税收课征制度分为一次课征制和多次课征制。

经典题解

【真题 42 · 单选题】下列税种实行多次课征制的是（　　）。（2017 年）

A. 个人所得税　　B. 车辆购置税　　C. 企业所得税　　D. 增值税

【解析】一次课征制是指同一税种在商品流转的全过程中只选择某一环节课征的制度；多次课征制是指同一税种在商品流转全过程中选择两个或两个以上环节课征的制度。

【答案】D

7. 纳税期限

纳税期限是纳税人向国家缴纳税款的法定期限。纳税期限长短的决定因素在于：税种的性质、应纳税额的大小。

纳税期限有三种形式：(1) 按期纳税，如一般情况下的消费税；(2) 按次纳税，如耕地占用税；(3) 按年计征，分期预缴或缴纳，如企业所得税、房产税、城镇土地使用税。

注意纳税期限与缴款期限的联系与区别。

经典题解

【例题 43 · 多选题】 纳税期限是纳税人向国家缴纳税款的法定期限。下列有关纳税期限的表述正确的有（　　）。

A. 不同性质的税种，其纳税期限不同

B. 我国现行税法中的纳税期限只有按期纳税一种形式

C. 采取何种形式的纳税期限，与课税对象的性质有密切关系

D. 我国环境保护税实行按年征收的纳税期限

E. 房产税实行按年计算、分期缴纳的纳税期限

【解析】 不同性质的税种，其纳税期限不同，A 选项正确；我国现行税法中的纳税期限有按期纳税，按次纳税，按年计征、分期预缴或缴纳三种形式，B 选项错误；采取何种形式的纳税期限，与课税对象的性质有密切关系，C 选项正确；我国环境保护税实行按月计算、按季申报缴纳，不能按固定期限纳税的，可以按次纳税，D 选项错误；房产税实行按年计算、分期缴纳的纳税期限，E 选项正确。

【答案】 ACE

【真题 44 · 单选题】 下列各课税要素，与纳税期限的选择密切相关的是（　　）。（2011 年）

A. 纳税人　　B. 计税依据

C. 纳税环节　　D. 课税对象

【解析】 采取哪种形式的纳税期限缴纳税款，同课税对象的性质有着密切关系。

【答案】 D

02 税收程序法（★★★）

要点	内容解释
税收程序法的作用	(1) 保障实体法的实施，弥补实体法的不足；(2) 规范和控制行政权的行使；(3) 保障纳税人合法权益；(4) 提高执法效率
税收程序法的主要制度	(1) 表明身份制度；(2) 回避制度；(3) 职能分离制度；(4) 听证制度；(5) 时限制度

经典题解

【真题 45·多选题】税收程序法的主要制度包括（ ）。（2014 年）

A. 表明身份制度　　B. 回避制度

C. 职能分离制度　　D. 听证制度

E. 欠税管理制度

【解析】税收程序法的主要制度包括：表明身份制度、回避制度、职能分离制度、听证制度、时限制度。

【答案】ABCD

【真题 46·多选题】下列税收程序法的主要制度中，体现公正原则的有（ ）。（2011 年）

A. 职能分离制度　　B. 听证制度

C. 表明身份制度　　D. 回避制度

E. 时限制度

【解析】税收程序法中的回避制度、职能分离制度、听证制度，都体现了公正的原则。

【答案】ABD

考点提示

2021 年 1 月修订的《中华人民共和国行政处罚法》自 2021 年 7 月 15 日起施行，其第六十三条规定，行政机关拟作出下列行政处罚决定，应当告知当事人有要求听证的权利，当事人要求听证的，行政机关应当组织听证：①较大数额罚款；②没收较大数额违法所得、没收较大价值非法财物；③降低资质等级、吊销许可证件；④责令停产停业、责令关闭、限制从业；⑤其他较重的行政处罚；⑥法律、法规、规章规定的其他情形。（新增）

▶ Unit 4

第四单元　税法的运行

查看本单元视频，快速 GET 知识点

使用“会计云课堂”App或“微信”扫码

01 税收立法的概念（★★）

税收立法是指国家机关依照其职权范围，通过一定程序制定（包括修改和废止）税收法律规范的活动。税收立法是国家整个立法活动的组成部分，可作广义和狭义的划分。税收立法权的划分是税收立法的核心问题。

经典题解

【真题 47·单选题】关于税收立法的说法，正确的是（ ）。（2010 年）

A. 广义与狭义的税收立法的区别在于税务规章是否属于立法范畴

B. 制定税法是税收立法的组成部分，税收立法还包括修改、废止税法

C. 税收立法程序是税收立法的核心

D. 划分税收立法权的直接法律依据是《税收征收管理法》

【解析】选项 A：广义的税收立法指国家机关依据法定权限和程序，制定、修改、废止税收法律规范的活动；狭义的税收立法则是指全国人大及其常委会制定税收法律规范的活动；选项 C：税收立法权的划分是税收立法的核心问题；选项 D：划分税收立法权的直接法律依据是《宪法》和《立法法》。

【答案】B

02 税收立法权及程序（★★）

在我国，划分税收立法权的直接法律依据主要是《宪法》与《立法法》的规定。

广义税法	立法机关	举例	备注
税收法律	全国人民代表大会	中华人民共和国企业所得税法、中华人民共和国个人所得税法	国家主席签署主席令予以公布
	全国人民代表大会常务委员会	中华人民共和国车船税法、中华人民共和国环境保护税法、中华人民共和国烟叶税法、中华人民共和国船舶吨税法、中华人民共和国耕地占用税法、中华人民共和国车辆购置税法、中华人民共和国资源税法、中华人民共和国城市维护建设税法、中华人民共和国契税法、中华人民共和国印花税法、中华人民共和国税收征收管理法	
税收行政法规	国务院	个人所得税法实施条例、企业所得税法实施条例、税收征管法实施细则、增值税暂行条例、消费税暂行条例等	总理签署国务院令公布实施
税收地方法规	地方人大及其常委会	除少数民族地区、经济特区根据规定制定了部分税收法规之外，一般地方税收立法权仅限于个别小税种的取舍权和制定具体实施办法	——
具有法律效力的税法解释	全国人大及其常委会、高法、高检	税收立法解释、税收司法解释	——
税务规章	国务院税务主管部门	国家税务总局发布的第一部税务规章是 2002 年 3 月实施的《税务部门规章制定实施办法》	以国家税务总局令公布 一般自公布之日起 30 日后施行

考点提示

（1）在现行实体税种中，以国家法律的形式发布实施的有：企业所得税、个人所得税、车船税、环境保护税、烟叶税、船舶吨税、资源税、车辆购置税、耕地占用税、城市维护建设税、契税和印花税；除此之外其他各税种都是经全国人民代表大会及常委会授权。

（2）全国人民代表大会和全国人民代表大会常务委员会的立法都属于税收法律，法律级次相同。但考试还是要注意区分二者立法的具体情况。

经典题解

【真题48·单选题】 我国划分税收立法权的主要依据是中华人民共和国的（　　）。（2017年）

A.《税务部门规章制定办法》　　B.《宪法》和《立法法》

C.《税收征收管理法》　　D.《立法法》

【解析】 在我国，划分税收立法权的直接法律依据主要是《宪法》与《立法法》的规定。

【答案】 B

【真题49·多选题】 在我国现行税法体系中，以税收法律形式颁布的税种有（　　）。（2020年）

A. 车船税　　B. 个人所得税

C. 环境保护税　　D. 增值税

E. 消费税

【解析】 在现行实体税种中，以国家法律的形式发布实施的有：企业所得税、个人所得税、车船税、环境保护税、烟叶税、船舶吨税、资源税、车辆购置税、耕地占用税、契税、城市维护建设税和印花税。

【答案】 ABC

03 税务规章（★★）

为了规范税务部门规章制定工作，根据《立法法》和《规章制定程序条例》，国家税务总局于2002年2月1日发布《税务部门规章制定实施办法》（国家税务总局令第1号）。

考点提示

1. 注意权限范围。国家税务总局根据法律和国务院的行政法规、决定、命令，在权限范围内制定对税务机关和税务行政相对人具有普遍约束力的税务规章。

2. 注意制定依据。制定税务规章，应当符合上位法的规定，体现职权与责任相统一的原则，切实保障税务行政相对人的合法权益。

没有法律或者国务院的行政法规、决定、命令的依据，税务规章不得设定减损税务行政相对人权利或者增加其义务的规范，不得增加本部门的权力或者减少本部门的法定职责。

根据全面深化改革、经济社会发展需要以及上位法规定，及时组织开展税务规章清理工作。对不适应全面深化改革和经济社会发展要求、不符合上位法规定的税务规章，应当及时修改或者废止。

经典题解

【例题50·单选题】 关于税务规章，下列说法中正确的是（　　）。

A. 税务规章解释与税务规章不具有同等效力，但同属于立法解释的范畴

B. 税务规章一律可以溯及既往

C. 税务规章一般应当自公布之日起 30 日内施行

D. 税务规章以国家税务总局令公布

【解析】 选项 A：税务规章解释与税务规章分别属于不同的范畴，税务规章属于税收立法范畴，税务规章解释属于执法解释的范畴，税务规章解释与税务规章具有同等效力；选项 B：除另有规定外，税务规章不得溯及既往；选项 C：税务规章一般应当自公布之日起 30 日后施行。

【答案】 D

【真题 51 · 单选题】 关于税务规章规定的事项，下列说法正确的是（　　）。（2019 年）

A. 可以根据实际情况单独制定

B. 必须是在税务机关业务范围内的税收事项

C. 是指县以上税务机关依照法定职权制定并公布的事项

D. 可以重复法律已经明确规定的内容

【解析】 选项 A：只有法律或国务院行政法规等对税收事项已有规定的情况下，才可以制定税务规章。选项 C：税务规章，是指根据法律或者国务院的行政法规、决定、命令，在国家税务总局职权范围内制定的。选项 D：税务规章原则上不得重复法律和国务院的行政法规、决定、命令已经明确规定的内容。

【答案】 B

04 税务规范性文件（★★）

考点提示

学习这部分内容应注意以下几点：

1. 制定级别低，具有区域性。税务规范性文件，是指县以上税务机关依照法定职权和规定程序制定并发布的，影响纳税人、缴费人、扣缴义务人等税务行政相对人权利、义务，在本辖区内具有普遍约束力并在一定期限内反复适用的文件。

2. 税务规范性文件具有以下特征：（1）属于非立法行为的行为规范；（2）适用主体的非特定性；（3）不具有可诉性；（4）具有向后发生效力的特征。

3. 税务规范性文件设定权。税务规范性文件不得设定税收开征、停征、减税、免税、退税、补税事项，不得设定行政许可、行政处罚、行政强制、行政事业性收费以及其他不得由税务规范性文件设定的事项。税务规范性文件不得溯及既往，但是为了更好地保护税务行政相对人权利和利益而作出的特别规定除外。

4. 税务规范性文件制定权。县税务机关制定税务规范性文件，应当依据法律、法规、规章或者省以上税务机关税务规范性文件的明确授权；没有授权又确需制定税务规范性文件的，应当提请上一级税务机关制定。

各级税务机关的内设机构、派出机构和临时性机构，不得以自己的名义制定税务规范性文件。

5. 税务规范性文件可以使用“办法”“规定”“规程”“规则”等名称，但是不得称“条例”“实施细则”“通知”“批复”等。

6. 规范性文件由制定机关负责解释。不得将税务规范性文件的解释权授予本机关的内设机构或者下级税务机关。

7. 各级纳税服务部门、政策法规部门负责对税务规范性文件进行审查，包括权益性审核、合法性审核、世界贸易组织规则合规性评估。其中纳税服务部门负责权益性审核；政策法规部门负责合法性审核和世界贸易组织规则合规性评估。未经纳税服务部门和政策法规部门审查的税务规范性文件，办公厅（室）不予核稿，制定机关负责人不予签发。送审稿经纳税服务部门和政策法规部门审查通过的，按公文处理程序报制定机关负责人签发。（新增）

税务机关牵头与其他机关联合制定规范性文件，省以下税务机关代地方人大及其常委会、政府起草涉及税务行政相对人权利义务的文件，业务主管部门应当将文件送审稿或者会签文本送交纳税服务部门和政策法规部门审查。（新增）

经典题解

【真题52·多选题】税务规范性文件的特征包括（　　）。（2021年）

A. 不具有可诉性

B. 与税务规章设定权一致

C. 适用主体的非特定性

D. 具有向后发生效力的特征

E. 属于非立法行为的行为规范

【解析】税务规范性文件具有以下特征：（1）属于非立法行为的行为规范；（2）适用主体的非特定性；（3）不具有可诉性；（4）具有向后发生效力的特征。

【答案】ACDE

【真题53·单选题】关于税务规范性文件的制定，下列说法正确的是（　　）。（2020年）

A. 税务规范性文件以国家税务总局令公布

B. 县级税务机关的内设机构能以自己的名义制定税务规范性文件

C. 税务规范性文件的名称可以使用“实施细则”

D. 制定税务规范性文件的机关不得将解释权授予下级税务机关

【解析】选项A：税务规范性文件应当以公告形式发布。选项B：各级税务机关的内设机构、派出机构和临时性机构，不得以自己的名义制定税务规范性文件。选项C：税务规范性文件可以使用“办法”“规定”“规程”“规则”等名称，但是不得称“条例”“实施细则”“通知”“批复”等。

【答案】D

05 税收执法（★★）

执法，即法的执行。税收执法又称税收行政执法，也存在广义和狭义两种理解。通常意义上，都是指狭义的税收执法含义而言。

要点	主要规定
税收执法的特征	（1）税收执法具有单方意志性和法律强制力；（2）税收执法是具体行政行为；（3）税收执法具有裁量性；（4）税收执法具有主动性；（5）税收执法具有效力先定性；（6）税收执法是有责行政行为

要点	主要规定
税收执法基本原则	(1) 税收执法合法性原则具体要求包括：执法主体法定；执法内容合法；执法程序合法；执法根据合法 (2) 税收执法合理性原则具体是指行政行为的内容要求合理、适度、合乎理性
税收执法监督	税收执法监督的主体是税务机关，对象是税务机关及其工作人员，着眼点是“对内”，包括事前监督、事中监督和事后监督

经典题解

【真题 54 · 多选题】下列关于税收执法特征的说法，正确的有（　　）。(2012 年)

A. 具有单方面的意志性　　B. 具有被动性

C. 具有裁量性　　D. 是具体行政行为

E. 是无责行政行为

【解析】税收执法的特征包括：(1) 税收执法具有单方意志性和法律强制力；(2) 税收执法是具体行政行为；(3) 税收执法具有裁量性；(4) 税收执法具有主动性；(5) 税收执法具有效力先定性；(6) 税收执法是有责行政行为。

【答案】ACD

【真题 55 · 多选题】税收执法合法性原则的具体要求体现在（　　）。(2016 年)

A. 执法内容合法　　B. 执法程序合法

C. 执法主体法定　　D. 执法对象合法

E. 执法根据合法

【解析】税收执法合法性原则包括：执法主体法定；执法内容合法；执法程序合法；执法根据合法。

【答案】ABCE

【真题 56 · 单选题】关于税收执法监督，下列表述正确的是（　　）。(2017 年)

A. 税收执法监督的形式均为事中监督

B. 税收执法监督的主体是司法机关、审计机关

C. 税收执法监督的对象是税务机关及其工作人员

D. 税务机关的人事任免属于税收执法监督的监督范围

【解析】选项 A：税收执法监督包括事前监督、事中监督和事后监督。选项 B：税收执法监督的主体是税务机关。选项 D：税收执法监督的内容是税务机关及其工作人员的行政执法行为。非行政执法行为，如税务机关及其工作人员的非职务行为，或者税务机关的人事任免等内容均不是税收执法监督的监督范围。

【答案】C

【真题 57 · 多选题】下列行为中，属于税收执法监督中事后监督形式的有(　　)。(2010 年)

A. 税务规范性文件的合法性审核　　B. 税务行政复议应诉

C. 税收执法检查　　D. 重大税务案件审理

E. 税务稽查

【解析】选项 A：税务规范性文件的合法性审核是事前监督；选项 D：重大税务案件审理是事中监督；选项 E：税务稽查不属于税收执法监督，税收执法监督的对象是税务机关及其工作人员，着眼于对内，税务稽查主要是针对纳税人和其他税务行政相对人。

【答案】BC

06 税收司法（★）

税收司法仅指审判机关依法对涉税案件行使审判权，这是一般的传统表述，也是一种狭义的解释。

税收司法应使用广义的解释：税收司法是指各级公安机关、人民检察院和人民法院等国家司法机关，在宪法和法律规定的职权范围内，按照法定程序处理涉税行政、民事和刑事案件的专门活动。

税收司法遵循两项基本原则：独立性原则；中立性原则。

（一）税收行政司法

1. 概念：指法院等司法机关所受理的涉及税务机关的诉讼案件和非诉讼案件的执行申请等。

既包括涉税行政诉讼制度，也包括税务机关或法院所采取的强制执行程序制度。

2. 作用：维权+监督——法律上的一项救济性的制度安排，保障纳税人合法权益；通过对税务机关征税行为加以审查监督，督促其依法行政。

3. 目前税务行政诉讼的司法审查特点：一是以具体的税收行政行为为审查对象，相应排除了将抽象税收行政行为纳入税收行政诉讼的受案范围（将抽象行为也纳入是一种趋势，但是目前尚未做到）。二是对具体行政行为的审查，仅限于合法性审查（排除了适当性审查，而把适当性审查归入行政复议的范围，人民法院不能代替行政机关作出决定）。

经典题解

【真题 58·多选题】关于税收行政司法的说法，正确的有（　　）。（2010 年）

A. 保障纳税人的合法权益是税收行政司法制度的重要内容

B. 对税务机关作出的征税行为不服，属于税收行政诉讼具体的受案范围

C. 税收司法审查以税务机关行政行为作为审查对象

D. 税收抽象行政行为纳入税务行政复议和行政赔偿诉讼的范围

E. 税收司法审查仅限于合法性审查

【解析】税收司法审查以具体的税收行政行为作为审查对象。

【答案】ABDE

【真题 59·多选题】下列关于税收司法的说法中，正确的有（　　）。（2017 年）

A. 对税务机关作出的征税行为不服，属于税收行政诉讼具体的受案范围

B. 税收司法的中立性要求法院“不告不理”

C. 税收刑事司法以《刑法》和《刑事诉讼法》为法律依据

D. 保障纳税人的合法权益是税收行政司法制度的重要内容

E. 税收司法的主体是税务机关

【解析】从广义来理解，税收司法的主体是人民法院、人民检察院和公安机关等国家司法机关。

【答案】ABCD

（二）税收刑事司法

税收刑事司法是以《刑法》和《刑事诉讼法》为法律依据，以危及税收的行为为规制对象，以规制国家权力、保障当事人权利为目的的责任制度与程序制度。

1. 责任制度：税务刑事处罚是税收刑事责任的实现方式，包括对征纳双方的涉税违法行为在刑法层面的规制。

2. 程序制度：四机关参与，经历四阶段。

四机关——税务机关、公安机关、检察院和法院；

四阶段——案件移送、立案侦查、提起公诉、司法裁判。

（三）税收民事司法

税法与民法的关系在一定程度上体现出公法与私法的关系。

税收优先权、代位权和撤销权制度等，都是有关税收债权的重要保护制度。

▶ Unit 5

第五单元　税收制度沿革

查看本单元视频，快速 GET 知识点

使用“会计云课堂”App或“微信”扫码

01 中国历史上的税收制度（★）

重要朝代			有特点的税收制度及其改革	
奴隶社会	夏商周时期	夏 商 周	贡 助 彻	三种税收雏形
	春秋战国时期	公元前594年	鲁国——初税亩 中国税收从雏形进入成熟期	
封建社会	秦汉	公元前216年	“使黔首自实田”	
	唐朝		当时征收的税种主要包括：田赋——租庸调制、户税、地税 两税法改革——有利于平衡税负、合理负担、促进经济发展、巩固中央财政	
	宋朝		商税和田赋分开，商税管理体系基本确立 宋代商税分为“过税”（货物流通税）和“住税”（商品交易税）两大类 王安石变法涉及税收的改革是方田均税法，又称方田	

重要朝代		有特点的税收制度及其改革
封建社会	明朝	一条鞭法——增加了课税，均平了税负，简化了税制，由对人征税转为对物征税，由缴纳实物到缴纳货币
	清朝	摊丁入亩——是“一条鞭法”的继续和发展

经典题解

【真题 60·单选题】在我国赋税史上，首次由对人征税转为对物征税、由缴纳实物到缴纳货币的重大赋税改革是（　　）。（2009 年）

A. 两税法　　B. 摊丁入亩　　C. 初税亩　　D. 一条鞭法

【解析】明代著名的“一条鞭法”改革，增加了课税，均平了税负，简化了税制，由历代对人征税转为对物征税，由缴纳实物到缴纳货币，有利于促进社会分工和商品经济的发展。

【答案】D

【例题 61·单选题】宋朝著名的王安石变法，为解决以往各地田赋不均，税户隐田逃税，对各州县耕地进行清查丈量，核定各户占有土地的数量，然后按照地势、土质等条件分成等级地编制地籍及各项簿册，并确定各等级地的每亩税额，称为（　　）。

A. 过税　　B. 住税　　C. 方田　　D. 使黔首自实田

【解析】宋朝著名的改革是王安石变法，其中涉及税收的改革是方田均税法，又称方田。

【答案】C

02 新中国税收制度的建立与发展（★）

1950 年 1 月，新中国税收制度建立。

1954 年第一届全国人民代表大会通过的首部《中华人民共和国宪法》规定：“中华人民共和国公民有依照法律纳税的义务”，从而确立了税法最直接的宪法依据。

1956 年 5 月 3 日，第一届全国人大常委会第 35 次会议通过《文化娱乐税条例》，并以中华人民共和国主席令的形式颁布。这是我国最高立法机关正式建立以后首次通过的税收法律。

1958 年 6 月 3 日，第一届全国人大常委会第 96 次会议通过的《中华人民共和国农业税条例》，统一了我国的农业税法，农业税是我国修改最少，执行时间最长的一部单行税法。

1958 年 6 月 5 日，第一届全国人大常委会首次调整税收立法权，下放了部分税收立法权。

2014 年 6 月 30 日中共中央政治局通过《深化财税体制改革总体方案》，主要涉及“六税一法”的改革，即增值税、个人所得税、消费税、资源税、房地产税、环境保护税和税收征收管理法的改革。

从 2016 年 5 月 1 日起，生活服务业、金融业、建筑业、房地产业等四个行业全面进入“营改增”试点，至此，增值税全面开始实施，营业税完成历史使命。

2016 年 5 月 9 日扩大征税范围，对水征收资源税。

《税务行政处罚裁量权行使规则》自 2017 年 1 月 1 日起施行。

《中华人民共和国环境保护税法》，于 2018 年 1 月 1 日起实施。

2018 年 2 月，党的十九届三中全会开启了国税地税征管体制改革的新征程。2018 年 3

月，第十三届全国人大第一次会议审议通过的《国务院机构改革方案》，决定将省级和省级以下国税地税机构合并，具体承担所辖区域内各项税收、非税收入征管等职责。国税地税机构合并后，实行以国家税务总局为主与省区市党委和政府双重领导的管理体制。

2020年8月11日，第十三届全国人大常委会第二十一次会议通过《中华人民共和国城市维护建设税法》《中华人民共和国契税法》，自2021年9月1日起实施。

截至2021年12月底，我国已签订多边税收条约3个，对外正式签署109个避免双重征税协定，其中102个协定已生效；和我国香港、澳门两个特别行政区签署了税收安排，与我国台湾地区签署了税收协议。另外，我国与10个国家或地区签署了税收情报交换协定。这些双边协定对于防止国际避税和逃税也具有十分重要的意义。

2021年3月，中共中央办公厅、国务院办公厅印发《关于进一步深化税收征管改革的意见》（以下简称《意见》）。《意见》的主要目标是：到2022年，在税务执法规范性、税费服务便捷性、税务监管精准性上取得重要进展。到2023年，基本建成“无风险不打扰、有违法要追究、全过程强智控”的税务执法新体系，实现从经验式执法向科学精确执法转变；基本建成“线下服务无死角、线上服务不打烊、定制服务广覆盖”的税费服务新体系，实现从无差别服务向精细化、智能化、个性化服务转变；基本建成以“双随机、一公开”监管和“互联网+监管”为基本手段、以重点监管为补充、以“信用+风险”监管为基础的税务监管新体系，实现从“以票管税”向“以数治税”分类精准监管转变。到2025年，深化税收征管制度改革取得显著成效，基本建成功能强大的智慧税务，形成国内一流的智能化行政应用系统，全方位提高税务执法、服务、监管能力。

经典题解

【真题62·多选题】 1950年颁布的《全国税政实施要则》中设置但没有实际征收的税种有（　　）。（2011年）

A. 契税　　B. 遗产税

C. 房产税　　D. 薪给报酬所得税

E. 地产税

【解析】 限于当时实际情况，1950年颁布的《全国税政实施要则》中设置的薪给报酬所得税和遗产税并没有实际征收。

【答案】 BD

【真题63·单选题】 为深入推进税务领域“放管服”改革，2021年3月中办、国办印发的文件是（　　）。（2021年）

A.《纳税信用等级评定管理试行办法》

B.《税务行政处罚裁量权行使规则》

C.《关于进一步深化税收征管改革的意见》

D.《关于进一步加强税收征管工作的若干意见》

【解析】 为深入推进税务领域“放管服”改革，完善税务监管体系，打造市场化法治化国际化营商环境，更好服务市场主体发展，2021年3月，中共中央办公厅、国务院办公厅印发《关于进一步深化税收征管改革的意见》。

【答案】 C

本章小结

用“会计云课堂”App扫码学习

您已成功完成“第一章”的学习，本章共20个考点，您都学会了吗？

为了让您对本章有更清晰的理解，加倍巩固。本书作者刘颖老师将通过“电台音频课”的方式，带您回顾重要考点。

名师点拨，高效提分。

※ 欢迎扫码免费学习。

同步强化练习题

使用“会计云课堂”App或“微信”扫码快速做题、对答案、看解析、掌握解题思路，开启轻松过关之旅。

一、单项选择题

1. 关于税收和税法的概念，下列表述正确的是（　　）。
   A. 税法的调整对象是国家与纳税人之间的税收分配关系
   B. 国家征税依据的是其财产权力
   C. 真正征税的主体是税务机关，除了税务机关之外，任何机构和团体都无权征税
   D. 税收分配的客体是社会剩余产品

2. 税法的特点体现在许多方面，从立法过程来看，税法属于（　　）。
   A. 义务性法规　　B. 授权性法规
   C. 习惯法　　D. 制定法

3. 下列关于税法属于义务性法规的解释，正确的是（　　）。
   A. 税法是以规定纳税义务为核心构建的
   B. 税法是综合性法律体系
   C. 税法属于制定法
   D. 税法是国家制定的税收相关的法律规范总和

4. 下列选项中，不属于税法适用原则的是（　　）。
   A. 法律优位原则
   B. 新法优于旧法原则
   C. 实质课税原则
   D. 程序优于实体原则

5. 下列税法的原则中，作为税收争讼法的原则，为了确保国家课税权的实现，不因争议的发生而影响税款的及时、足额入库的是（　　）。

A. 程序优于实体原则
B. 税收合作信赖主义原则
C. 税收法律主义原则
D. 新法优于旧法原则

6. 税收法律关系产生的基础和标志是（　　）。
A. 税法的公布
B. 税法的实施
C. 引起纳税义务成立的法律事实
D. 税法草案的提出

7. 关于税收法律关系的特点，下列表述正确的是（　　）。
A. 作为纳税主体的一方只能是征税机关
B. 税收法律关系的成立、变更等以主体双方意思表示一致为要件
C. 权利义务关系具有对等性
D. 具有财产所有权单向转移的性质

8. 2009 年，在下列法律中，明确用“逃税罪”取代“偷税罪”概念的是（　　）。
A.《中华人民共和国宪法》
B.《中华人民共和国税收征收管理法》
C.《中华人民共和国刑法》
D.《中华人民共和国企业所得税法》

9. 关于税法的效力与原则，下列表述错误的是（　　）。
A. 效力低的税法与效力高的税法发生冲突，效力低的税法是无效的
B. 税法的空间效力最终归结为对时间的效力
C. 在诉讼发生时，适用税收程序法优于税收实体法原则，主要是为了确保国家课税权的实现
D. 我国税法对人的效力采用属人与属地相结合的原则

10. 税法的失效表明其法律约束力的终止，最常见的税法失效宣布方式是（　　）。
A. 直接宣布某项税法失效
B. 以新税法代替旧税法
C. 税法本身规定失效的日期
D. 由省税务机关决定失效日期

11. “纳税人兼营免税、减税项目的，应当单独核算免税、减税项目的销售额；未单独核算销售额的，不得免税、减税。”这体现了税法规范作用中的（　　）。
A. 指引作用　　B. 预测作用
C. 强制作用　　D. 教育作用

12. 税法与民法关系的陈述，下列各项错误的是（　　）。
A. 税法借用了民法的概念和规则
B. 税法调整手段具有综合性，民法的调整手段较单一，主要是以民事手段为主
C. 税法调整的是国家与纳税人之间的税收征纳关系，属于横向经济关系
D. 税法调整手段更多的是行政处罚和刑罚手段

13. 下列关于税收实体法要素的表述中，不正确的是（　　）。
A. 计税依据是从量的方面对征税所作的规定，是课税对象量的表现
B. 税目是课税对象的具体化，反映具体的征税范围，代表征税的广度
C. 税率是应纳税额与计税依据之间的比例，是计算税额的尺度，代表课税的深度
D. 课税对象是构成税收实体法诸要素中的基础性要素，是税收制度的核心和灵魂

14. 下列税种中，征税对象与计税依据一致的是（　　）。
A. 印花税　　B. 车船税
C. 消费税　　D. 企业所得税

15. 速算扣除数的作用主要是（　　）。
A. 确定应纳税额的基础
B. 减缓税率累进的速度
C. 使计算准确
D. 简化计税程序

16. 税额式减免是通过直接减少应纳税额的方式实行减免税，以下不属于税额式减免的是（　　）。
A. 免征额
B. 减半征收
C. 核定减免率
D. 另定减征税额

17. 税基式减免是指通过直接缩小计税依据的方式实现减免税的一种形式，下列不属于税基式减免的是（　　）。
A. 起征点　　B. 免征额
C. 跨期结转　　D. 核定减免率

18. 减免税作为税收优惠政策的核心内容，体现了税法的统一性与灵活性的有机结合。下列关于减免税的表述，正确的是（　　）。
A. 增值税即征即退是税基式减免税的一种形式
B. 增值税的减免税由全国人大规定
C. 免征额是税额式减免税的一种形式
D. 法定减免具有长期的适用性

19. 下列关于税务规章的制定程序，正确的是（　　）。
A. 立项、起草、审查、决定和公布
B. 立项、审查、决定和公布、起草
C. 立项、起草、决定和公布、审查
D. 立项、决定和公布、审查、起草

20. 我们通常所说的税收立法解释是指（　　）。
A. 事前解释　　B. 事后解释
C. 特殊解释　　D. 预防解释

21. 下列有关税务规范性文件的表述，正确的是（　　）。
A. 属于行政立法行为的规范，只对征税主体具有约束力
B. 具有向后发生效力的特征
C. 包括“批复”类的适用于特定主体的文件
D. 具有可诉性

22. 下列关于税务规章的表述中，正确的是（　　）。
A. 法律或国务院行政法规等对税收事项没有规定的情况下，可以制定税务规章
B. 税务规章解释与税务规章具有同等效力
C. 税务规章一般自公布之日起施行
D. 税务规章一律可以溯及既往

23. 国家税务总局制定的《税务行政处罚听证程序实施办法》属于（　　）。
A. 税收法律
B. 税务规章
C. 税收法规
D. 税收通则

24. 下列关于税收法规的说法中，正确的是（　　）。
A. 税收行政法规应在公布的15天内报全国人大常委会备案
B. 《中华人民共和国增值税暂行条例》属于税收法规
C. 《中华人民共和国消费税暂行条例实施细则》属于税收法规
D. 有权制定税收行政法规的机关是财政部

25. 我国古代奴隶社会时期，改革旧有田赋征收制度，不论公田、私田，一律按田亩多少征税的税法变革是（　　）。
A. 商朝的“助”

B. 周朝的“彻”
C. 春秋战国时期鲁国的“初税亩”
D. 夏朝的“贡”

26. 根据2021年3月，中共中央办公厅、国务院办公厅印发的《关于进一步深化税收征管改革的意见》，实现“深化税收征管制度改革取得显著成效，基本建成功能强大的智慧税务，形成国内一流的智能化行政应用系统，全方位提高税务执法、服务、监管能力”目标的年度是（　　）。
A. 2022年　　B. 2023年
C. 2025年　　D. 2028年

27. 一般情况下，税务规范性文件执行时间是（　　）。
A. 自发布之日起施行
B. 自制定之日起施行
C. 自发布之日起30日内施行
D. 自发布之日起30日后施行

28. 截至2021年12月底，我国政府签署的避免双重征税的税收协定覆盖的国家达到了（　　）个。
A. 102　　B. 109
C. 111　　D. 117

29. 根据2021年3月，中共中央办公厅、国务院办公厅印发的《关于进一步深化税收征管改革的意见》，到2023年，要完成分类精准监管的转变，实现从“以票管税”转变为（　　）。
A. “以账管税”　　B. “以数治税”
C. “信用管税”　　D. “风险治税”

二、多项选择题

1. 税法的特点体现在（　　）。
A. 从立法过程来看，税法属于习惯法
B. 从立法过程来看，税法属于制定法
C. 从法律性质看，税法属于授权性法规
D. 从法律性质看，税法属于义务性法规
E. 从内容看，税法具有综合性

2. 以下关于税法原则的表述正确的有（　　）。
A. 税法原则是构成税收法律规范的基本要素之一
B. 税法原则是调整税收权利义务关系的法律规范的抽象和概括
C. 税法基本原则是国家税收法治的理论基础
D. 税法基本原则是一定社会经济关系在税收法制中的体现
E. 税法基本原则建立在税收法律制度基础上

3. 关于税法的基本原则，下列表述正确的有（　　）。
A. 现代社会的税收法律主义的功能偏重于保持税法的稳定性与可预测性
B. 经济上的税收公平具备强制性的约束力，是制定税法的依据之一
C. 出于适当保留税务执法机关的自由裁量权、便于征收管理、协调税法体系的目的和立法技术上的要求，有时在税法中作出较模糊的规定是难免的
D. 经过法律解释含义仍不确切的概念是不能在税法中成立的
E. 税收公平主义赋予纳税人既可以要求实体利益上的税收公平，也可以要求程序上的税收公平的权利

4. 以下关于税法原则的表述，正确的有（　　）。
A. 法律优位原则属于税法适用原则
B. 法律上的税收公平与经济上要求的税

收公平接近但有明显不同

C. 税收合作信赖主义与税收法律主义存在一定的冲突

D. 实质课税原则的意义在于体现依照法定程序负担税款

E. 实体优于程序原则是为了确保国家课税权的实现

5. 下列关于税法原则的表述中，正确的有（　　）。

A. 税收法律主义可以概括成课税要素法定、课税要素明确和依法稽征三个具体原则

B. 税收合作信赖主义原则属于税法基本原则

C. 制定税法时禁止在没有正当理由的情况下给予特定纳税人特别优惠这一做法体现了税收公平主义原则

D. 税收行政法规的效力优于税务规章的效力体现了法律优位原则

E. 根据纳税人的真实负担能力决定纳税人的税负，不能仅考核其表面上是否符合课税要件，这体现的是税收公平主义原则

6. 关于税法的时间效力的陈述，下列选项正确的有（　　）。

A. 税法的时间效力仅指税法何时生效的问题

B. 对于重要税法的个别条款的修订和小税种的设置，目前大多采用自通过发布之日起生效的方式

C. 税法的失效宣布方式中，最常见的方式是新税法代替旧税法

D. 税法的失效宣布方式中，很少采用的方式是在税法条款中预先规定失效日期

E. 一般而言，税法实体法多采用从旧原则，禁止其具有溯及既往的效力

7. 税法时间效力的另一个问题是溯及力问题。一部新税法实施后，对其实施之前纳税人的行为是否适用，这里涉及税法时间效力非常主要的内容。对法律溯及力的规定，概括起来包括的基本原则有（　　）。

A. 从旧原则

B. 从新原则

C. 从旧兼从轻原则

D. 从新兼从轻原则

E. 从新兼从重原则

8. 下列属于引起税收法律关系消灭原因的有（　　）。

A. 纳税人履行纳税义务

B. 由于税法的修订或调整

C. 纳税义务的免除

D. 某些税法的废止

E. 因不可抗力造成的破坏

9. 按照解释尺度不同，税法解释可以分为（　　）。

A. 字面解释　　B. 限制解释

C. 基础解释　　D. 权威解释

E. 扩充解释

10. 关于税收法律关系，下列表述正确的有（　　）。

A. 税收法律关系的成立、变更等不以主体双方意思表示一致为要件

B. 税收法律关系的主体是国家最高权力机关

C. 税法规定的权利义务是不对等的

D. 某些税法的废止会引起税收法律关系的消灭

E. 税法的修订或调整，会引起税收法律关系的变更

11. 下列关于税法与其他部门法关系的陈述，正确的有（　　）。

A. 税法的调整手段具有综合性，民法以民事手段作为调整手段

B. 从一定意义上讲，刑法是实现税法

强制性最有力的保证
C. 税法属于义务性法规，经济法基本上属于授权性法规
D. 税法从总体上讲是依据宪法制定的
E. 税法和刑法是从不同角度来规范人们的社会行为，二者有联系但不密切

12. 下列各项中，属于税法的经济作用的有（　　）。
A. 税收根本职能得以实现的法律保障
B. 正确处理税收分配关系的法律依据
C. 国家调控宏观经济的重要手段
D. 预测和评价经济运行状况的有力工具
E. 维护国家权益的重要手段

13. 下列税种既有定额税率又有比例税率的有（　　）。
A. 消费税　　B. 车辆购置税
C. 资源税　　D. 增值税
E. 房产税

14. 税率是税收制度的核心和灵魂，下列关于税率的表述正确的有（　　）。
A. 定额税率与课税对象价值量大小成正比
B. 在累进税率条件下，边际税率往往高于平均税率
C. 通过名义税率与实际税率的比较，易于表明税率的累进程度和税负的变化情况
D. 超倍累进税率的计税基数是绝对数时，超倍累进税率实际上是超额累进税率
E. 相对于全额累进税率而言，超额累进税率的计算方法复杂，但累进程度比较缓和

15. 以下关于起征点和免征额的表述，正确的有（　　）。
A. 起征点是在征税对象的全部数额中免予征税的数额
B. 当征税对象超过起征点时，只就超过起征点的部分征税
C. 享受免征额的纳税人一般要比享受同额起征点的纳税人税负轻
D. 起征点可以照顾适用范围内的所有纳税人
E. 起征点只能照顾一部分纳税人

16. 关于税率及其形式，下列表述正确的有（　　）。
A. 在超率累进税率条件下，边际税率等于平均税率
B. 在通常情况下，实际税率低于名义税率
C. 负税率主要用于负所得税的计算
D. 定额税率不受课税对象价值量变化的影响
E. 在累进税率条件下，边际税率的提高会带动平均税率的上升

17. 按照税收实体法要素的规定，下列表述正确的有（　　）。
A. 课税对象是据以征税的依据，税源的大小体现着纳税人的负担能力
B. 跨期结转属于税基式减免
C. 在比例税率条件下，边际税率往往要大于平均税率
D. 税率是税收制度的核心和灵魂
E. 课税对象是从质的方面对征税所作的规定

18. 课税对象构成了税收实体法诸要素中的基础性要素，主要原因包括（　　）。
A. 课税对象反映具体的征税范围，代表征税的广度
B. 课税对象体现着各种税的征税范围
C. 课税对象规定着计算各种应征税款的依据
D. 其他要素的内容一般都是以课税对象为基础确定的
E. 课税对象是一种税区别于另一种税的最主要标志

19. 下列税收文件属于税收法规的有（　　）。
A.《中华人民共和国增值税暂行条例》
B.《中华人民共和国个人所得税法实施条例》
C.《中华人民共和国税收征收管理法》
D.《中华人民共和国企业所得税法》
E.《税务部门规章制定实施办法》

20. 税基式减免是指通过直接缩小计税依据实现减免税的一种形式，具体包括（　　）。
A. 起征点　　B. 免征额
C. 跨期结转　　D. 核定减免率
E. 减半征收

21. 根据税法基本原理的规定，下列说法中不正确的有（　　）。
A. 税收附加和税收加成是减轻纳税人负担的措施
B. 按税目设置方法划分，印花税的税目为列举税目
C. 个人所得税中综合所得适用的税率为超率累进税率
D. 烟酒生产企业是消费税的纳税人，国内消费者是消费税的负税人
E. 我国现行税法中，列举税目的方法分为细列举和粗列举两类

22. 下列属于税法解释要遵循法律解释的具体原则的有（　　）。
A. 文义解释原则
B. 立法目的原则
C. 合法、合理性原则
D. 适当性原则
E. 权责一致原则

23. 下列属于税收程序法的主要制度的有（　　）。
A. 表明身份制度　　B. 回避制度
C. 职能分离制度　　D. 听证制度
E. 追溯制度

24. 以下关于税收立法概念的理解，正确的有（　　）。
A. 税收立法权的程序，是税收立法的核心问题
B. 税收立法权的划分，是税收立法的核心问题
C. 税收立法必须经过法定程序
D. 制定税法是税收立法的全部内容
E. 修改、废止税法也是税收立法必要的组成部分

25. 以下关于税收立法的说法，正确的有（　　）。
A. 税收法律由全国人大及其常委会制定，由人大常委会公布
B. 税收法律的法律地位和法律效力仅次于宪法而高于税收法规、规章
C. 国务院通过行政法规实行的是决定制
D. 税收行政法规应在公布后的 30 日内报全国人大常委会备案
E.《中华人民共和国个人所得税法实施条例》属于税收行政法规

26. 以下税收法律中，由全国人民代表大会常务委员会表决通过立法的有（　　）。
A.《中华人民共和国环境保护税法》
B.《中华人民共和国船舶吨税法》
C.《中华人民共和国个人所得税法》
D.《中华人民共和国烟叶税法》
E.《中华人民共和国企业所得税法》

27. 关于税务规章，下列表述正确的有（　　）。
A. 税务规章应重复法律和国务院的行政法规、决定、命令已经明确规定的内容
B. 没有得到全国人大或国务院的明确授权，只有法律或国务院行政法规对税收事项已有规定的情况下，才可以制定税务规章

C. 税务规章一般应当自公布之日起30日后施行

D. 税务规章解释与税务规章具有同等效力

E. 税务规章由国务院负责解释

28. 下列有关税务规范性文件的说法，正确的有（　　）。

A. 税务规范性文件具有适用主体的特定性

B. 税务规范性文件与税务规章在制定程序和发布形式上存在区别

C. 纳税人在提请税务行政复议时，可附带提请对税务规范性文件的审查

D. 税务规范性文件具有向前发生效力的特征

E. 税务规范性文件必须以公告形式对外发布，否则对纳税人不具有约束力

29. 税务规范性文件名称可以使用（　　）。

A. 规程　　B. 条例

C. 通知　　D. 批复

E. 规定

30. 我国现行实体税种中，以国家法律的形式发布实施的有（　　）。

A. 城市维护建设税

B. 城镇土地使用税

C. 车辆购置税

D. 车船税

E. 船舶吨税

31. 根据2021年1月修订的《中华人民共和国行政处罚法》，行政机关拟作出下列行政处罚决定，应当告知当事人有要求听证的权利，当事人要求听证的，行政机关应当组织听证的有（　　）。

A. 批评告诫

B. 降低资质等级

C. 没收较大数额违法所得

D. 限制从业

E. 较大数额罚款

同步强化练习题参考答案及解析

使用“会计云课堂”App或“微信”扫码对答案、看解析、掌握解题思路，开启轻松过关之旅。

一、单项选择题

1. D　【解析】选项A：税法的调整对象是税收分配中形成的权利义务关系，而不是税收分配关系。选项B：国家征税依据的是其政治权力。选项C：国家是真正的征税主体，除我国现行法律明确规定了履行征税职能的行政机关外，没有法律明文授权，任何机关都不能成为征税主体，税务机关通过获得授权成为法律意义上的征税主体。

2. D　【解析】从立法过程来看，税法属于制定法。

3. A 【解析】本题目解题的要诀是要“答其所问”。选项BC表述的都是税法的特点；选项D表述的是税法的概念，均不是税法属于义务性法规的解释。只有选项A符合题意。

4. C 【解析】选项C属于税法基本原则。

5. A 【解析】程序优于实体原则是关于税收争讼法的原则，其基本含义为：在诉讼发生时税收程序法优于税收实体法适用。即纳税人通过税务行政复议或税务行政诉讼寻求法律保护的前提条件之一是，必须事先履行税务行政执法机关认定的纳税义务，而不管其纳税义务实际上是否完全发生。否则，税务行政复议机关或司法机关对纳税人的申诉不予受理。适用这一原则是为了确保国家课税权的实现，不因争议的发生而影响税款的及时、足额入库。

6. C 【解析】税收法律关系的产生应以引起纳税义务成立的法律事实为基础和标志。

7. D 【解析】选项A：构成税收法律关系主体的一方可以是任何负有纳税义务的法人和自然人，但是另一方只能是国家，纳税主体指的是纳税人，不是征税机关；选项B：税收法律关系的成立、变更、消灭只体现国家单方面的意志，不以主体双方意思表示一致为要件；选项C：纳税人和国家法律地位是平等的，但在权利义务方面具有不对等性；选项D：税收法律关系中的财产转移，具有无偿、单向、连续等特点，具有财产所有权或支配权单向转移的性质。

8. C 【解析】本题考核税法与刑法的关系中的改革动态。2009年2月28日，全国人大常委会表决通过了刑法修正案，用“逃税罪”替代了“偷税罪”的概念表述，C选项正确。

9. B 【解析】税法的空间效力、时间效力最终都要归结为对人的效力。

10. B 【解析】税法的失效通常有直接宣布某项税法失效、以新税法代替旧税法、税法本身规定失效的日期三种类型。其中，以新税法代替旧税法是最常见的税法失效宣布方式。

11. A 【解析】税法的指引作用让人们可以知道国家在税收领域要求什么，反对什么，什么是必须做的，什么是可以做或不可以做的，税法的制定为人们的行为提供一个模式、标准和方向。

12. C 【解析】税法调整的是国家与纳税人之间的税收征纳关系，属于纵向经济关系。

13. D 【解析】税率是应纳税额与计税依据之间的比例，是计算税额的尺度，代表课税的深度，关系着国家的收入多少和纳税人的负担程度，因而它是税收制度的核心和灵魂。

14. D 【解析】所得税的征税对象是所得额，计税依据也是所得额。

15. D　【解析】“速算扣除数”是为简化计税程序而按全额累进税率计算超额累进税额时所使用的扣除数额。

16. A　【解析】选项 A 属于税基式减免；选项 BCD 属于税额式减免。

17. D　【解析】税基式减免是通过直接缩小计税依据的方式实现的减税、免税，具体包括起征点、免征额、项目扣除以及跨期结转等。核定减免率属于税额式减免。

18. D　【解析】增值税即征即退没有缩小税基，所以选项 A 错误；《增值税暂行条例》是由全国人大授权国务院制定发布的，其减免税也不必由全国人大专门规定，所以选项 B 错误；免征额是税基式减免税的一种形式，所以选项 C 错误；法定减免体现了该税减免的基本原则规定，具有长期的适用性，应该选择 D 选项。

19. A　【解析】我国税务规章的制定程序主要包括：立项、起草、审查、决定、公布、解释、修改和废止。

20. B　【解析】我们通常所说的税收立法解释是指事后解释。

21. B　【解析】税务规范性文件属于非立法行为的行为规范，不仅约束税务行政相对人，而且约束税务机关本身，所以 A 选项错误；税务规范性文件适用主体具有非特定性且批复性质的文件不属于税务规范性文件，所以 C 选项错误；税务规范性文件属于抽象税务行政行为，不具有可诉性，所以 D 选项错误；税务规范性文件的效力往往是针对以后发生的人和事，即所谓向后发生效力，所以 B 选项正确。

22. B　【解析】选项 A：只有法律或国务院行政法规等对税收事项已有规定的情况下，才可以制定税务规章，否则，不得以税务规章的形式予以规定，除非得到全国人大或国务院的明确授权；选项 C：税务规章一般应当自公布之日起 30 日后施行，但对涉及国家安全、外汇汇率、货币政策的确定以及公布后不立即施行将有碍规章施行的，可以自公布之日起施行；选项 D：除另有规定外，税务规章不得溯及既往。

23. B　【解析】税务规章是指国家税务总局根据法律和国务院的行政法规、决定、命令，在权限范围内制定的对税务机关和税务行政相对人具有普遍约束力的规范性文件。《税务行政处罚听证程序实施办法》属于税务规章。

24. B　【解析】选项 A：税收行政法规应在公布后 30 日内报全国人大常委会备案。选项 C：《中华人民共和国消费税暂行条例实施细则》是由国务院税务主管部门制定的税收部门规章。选项 D：国务院是国家最高行政机关，依宪法和税收法律制定税收行政法规。

25. C　【解析】公元前 594 年（鲁宣公十五年），鲁国实行“初税亩”，改革旧有田赋征收制度，不论公田、私田，一律按田亩多少征税，也是我国历史上首次出现“税”字。

26. C 【解析】到2025年，深化税收征管制度改革取得显著成效，基本建成功能强大的智慧税务，形成国内一流的智能化行政应用系统，全方位提高税务执法、服务、监管能力。

27. D 【解析】税务规范性文件一般自发布之日起30日后施行。

28. B 【解析】截至2021年12月底，我国政府签署的避免双重征税的税收协定覆盖了109个国家，其中102个协定已生效。这些双边协定对于防止国际避税和逃税也具有十分重要的意义。

29. B 【解析】到2023年，基本建成“无风险不打扰、有违法要追究、全过程强智控”的税务执法新体系，实现从经验式执法向科学精确执法转变；基本建成“线下服务无死角、线上服务不打烊、定制服务广覆盖”的税费服务新体系，实现从无差别服务向精细化、智能化、个性化服务转变；基本建成以“双随机、一公开”监管和“互联网+监管”为基本手段、以重点监管为补充、以“信用+风险”监管为基础的税务监管新体系，实现从“以票管税”向“以数治税”分类精准监管转变。

二、多项选择题

1. BDE 【解析】税法的特点可以概括成如下几个方面：从立法过程来看，税法属于制定法；从法律性质看，税法属于义务性法规；从内容看，税法具有综合性。

2. ABCD 【解析】税收法律制度要建立在一定的税法原则基础上。

3. ACDE 【解析】经济上的税收公平往往是作为一种经济理论提出来的，可以作为制定税法的参考，但是对政府和纳税人尚不具备强制性的约束力。

4. ABC 【解析】ABC选项符合税法原则的表述。而实质课税原则的意义在于防止纳税人的避税与偷税，增强税法适用的公正性；程序优于实体原则是为了确保国家课税权的实现，不因争议发生而影响税款的及时、足额入库。所以DE选项不正确。

5. ABCD 【解析】选项E：根据纳税人的真实负担能力决定纳税人的税负，不能仅考核其表面上是否符合课税要件，这体现的是实质课税原则。

6. BCDE 【解析】选项A：税法的时间效力是指税法何时生效、何时终止效力和有无溯及力问题，而不单是何时生效问题；选项B：对于重要税法的个别条款的修订和小税种的设置，较易理解和掌握，因此大多采用自通过发布之日起生效的方式；选项D：税法的失效宣布方式中，很少采用的方式是税法本身规定失效日期。

7. ABCD 【解析】税法时间效力的另一个问题是溯及力问题。一部新税法实施后，对其实施之前纳税人的行为是否适用，这里涉及税法时间效力非常主要的内容。

对法律溯及力的规定，概括起来包括有从旧、从新、从旧兼从轻、从新兼从轻四个基本原则。

8. ACD　【解析】选项 ACD 能引起税收法律关系消灭；选项 BE 能引起税收法律关系变更。

9. ABE　【解析】按照解释尺度不同，税法解释可分为字面解释、限制解释、扩充解释。

10. ACDE　【解析】构成税收法律关系主体的一方可以是任何负有纳税义务的法人和自然人，但是另一方只能是国家。

11. ABCD　【解析】税法与刑法是从不同的角度规范人们的社会行为，但是二者的联系十分密切。

12. ABCE　【解析】税法的经济作用包括：是税收根本职能得以实现的法律保障；是正确处理税收分配关系的法律依据；是国家调控宏观经济的重要手段；是监督管理经济活动的有力武器；是维护国家权益的重要手段。

13. AC　【解析】增值税、车辆购置税、房产税均采用比例税率。

14. BDE　【解析】选项 A：定额税率不受课税对象价值量变化的影响。选项 C：通过名义税率与实际税率的比较，可确定纳税人的实际负担水平和税负结构；通过边际税率与平均税率的比较，易于表明税率的累进程度和税负的变化情况。

15. CE　【解析】选项 A：起征点是征税对象达到一定数额开始征税的起点；免征额是在征税对象的全部数额中免予征税的数额。选项 B：当纳税人收入达到或超过起征点时，就其收入全额征税；而当纳税人收入超过免征额时，则只就超过的部分征税。选项 D：起征点只能照顾一部分纳税人，而免征额则可以照顾适用范围内的所有纳税人。

16. BCDE　【解析】在比例税率条件下，边际税率等于平均税率；在累进税率条件下，边际税率往往大于平均税率，边际税率的提高还会带动平均税率的上升，边际税率上升的幅度越大，平均税率提高就越多，所以 A 选项错误；选项 BCDE 的表述是正确的。

17. ABDE　【解析】在比例税率条件下，边际税率等于平均税率；在累进税率条件下，边际税率往往要大于平均税率。

18. BDE　【解析】课税对象是构成税收实体法诸要素中的基础性要素，是因为：课税对象是一种税区别于另一种税的最主要标志，课税对象体现着各种税的征税范围，其他要素的内容一般都是以课税对象为基础确定的。

19. AB　【解析】选项 CD 属于税收法律；选项 E 属于税务规章。

20. ABC　【解析】税基式减免是通过直接缩小计税依据的方式实现的减税、免税，具体包括起征点、免征额、项目扣除以及跨期结转等。所以选项ABC属于税基式减免范畴；核定减免率和减半征收都属于税额式减免。

21. AC 【解析】选项A：税收附加和税收加成是加重纳税人负担的措施；选项C：个人所得税中综合所得适用的税率为超额累进税率。

22. ABC 【解析】税法解释要遵循法律解释的具体原则，包括：文义解释原则；立法目的原则；合法、合理性原则；经济实质原则；诚实信用原则。

23. ABCD 【解析】税收程序法的主要制度包括：（1）表明身份制度；（2）回避制度；（3）职能分离制度；（4）听证制度；（5）时限制度。

24. BCE 【解析】税收立法权的划分，是税收立法的核心问题；税收立法必须经过法定程序；制定税法是税收立法的重要部分，但不是全部内容，修改、废止税法也是其必要的组成部分。

25. BCDE 【解析】税收法律由全国人大及其常委会制定，由国家主席签署主席令予以公布。

26. ABD 【解析】选项CE由全国人民代表大会表决通过立法；选项ABD由全国人民代表大会常务委员会表决通过立法。

27. BCD 【解析】选项A：税务规章原则上不得重复法律和国务院的行政法规、决定、命令已经明确规定的内容。选项B：只有法律或国务院行政法规等对税收事项已有规定的情况下，才可以制定税务规章。否则，不得以税务规章的形式予以规定，除非得到全国人大或国务院的明确授权。选项C：税务规章一般应当自公布之日起30日后施行。选项D：税务规章解释与税务规章具有同等效力。选项E：税务规章由国家税务总局负责解释。

28. BCE 【解析】税务规范性文件具有适用主体的非特定性，所以选项A错误；税务规范性文件具有向后发生效力的特征，所以选项D错误。

29. AE 【解析】税务规范性文件可以使用“办法”“规定”“规程”“规则”等名称，但是不得称“条例”“实施细则”“通知”“批复”等。

30. ACDE 【解析】以国家法律的形式发布实施的实体税种有：企业所得税、个人所得税、车船税、环境保护税、烟叶税、船舶吨税、车辆购置税、耕地占用税、资源税、城市维护建设税、契税和印花税。

31. BCDE 【解析】本题属于今年教材新增知识点。行政机关拟作出下列行政处罚决定，应当告知当事人有要求听证的权利，当事人要求听证的，行政机关应当组织听证：①较大数额罚款；②没收较大数额违法所得、没收较大价值非法财物；③降低资质等级、吊销许可证件；④责令停产停业、责令关闭、限制从业；⑤其他较重的行政处罚；⑥法律、法规、规章规定的其他情形。

第二章 增值税

本章学习指南

一、考情概况

增值税是税务师考试税法（Ⅰ）最重要的章节，包含着大量的知识点。从历年考试情况来看，本章各种题型均有涉及，尤其多次与关税、消费税、城市维护建设税等税种混合出题。本章以前年度平均分值在55分左右，近两年本章的命题分值比较集中，2020年达到76分，2021年达到70分。

本章知识点多且具有一定的难度，重点、难点、考点都比较明显，进项税额的确定、销项税额的计算以及与其他税种（如消费税、城市维护建设税、关税、资源税、车辆购置税等）关联度等方面有一些较为常见和细腻的出题点。增值税的进项税、销项税、进项税额转出、应纳税额计算等知识点是每年必考的内容。2016年“营改增”全面完成后，增值税在我国税制体系中“一家独大”的地位突出，近些年来的多项政策调整，也使得该税种备受关注。预计2022年本章分值在66分左右。

二、2022年教材主要变化

1. 明确网络平台道路货物运输经营者和实际承运人均应当依法履行纳税或扣缴税款义务。

2. 将留抵税额退税政策适用范围扩大至小微企业、制造业等行业，并收录了留抵税额增量、存量都退税的新政策。

3. 新增航空运输企业、铁路运输企业分支机构暂停预缴增值税。

4. 新增其他税收优惠政策。

5. 调整资源综合利用产品和劳务即征即退相关规定。

6. 调整小规模纳税人阶段性减免优惠政策。

7. 将加计抵减税收政策施行时间延长至2022年12月31日。

8. 新增从事再生资源回收的一般纳税人销售其收购的再生资源，可以选择适用简易计税方法依照3%征收率计算缴纳增值税。

9. 新增住房租赁企业向个人出租住房按5%征收率减按1.5%计算缴纳增值税。

10. 删除部分过时政策。

三、基本结构框架

- **第二章 增值税（一）**
  - 增值税概述
    - 增值税与增值额 ★
    - 增值税的特点、建立和发展 ★★
  - 纳税人和扣缴义务人
    - 增值税纳税人与扣缴义务人的基本规定 ★★
    - 增值税纳税人的分类及依据 ★★
  - 征税范围
    - 我国现行增值税征税范围的一般规定 ★★★
    - 对视同销售行为的征税规定 ★★★
    - 增值税征税范围的特殊规定 ★★★
  - 税率和征收率
    - 我国增值税税率和征收率的基本规定 ★★★
    - 增值税的征收率 ★★★
  - 税收优惠
    - 法定免税项目 ★★
    - 特定减免税项目和临时减免税项目 ★
    - 即征即退政策 ★
    - 出版物的先征后退政策 ★
    - 扣减增值税规定 ★
    - 个人起征点和对小规模纳税人的特殊优惠 ★★★
  - 增值税计税方法 ★★★
  - 一般计税方法应纳税额的计算
    - 销项税额 ★★★
    - “营改增”关于销售额的特殊规定 ★★★
    - 可以从销项税额中抵扣的进项税额的一般规定——凭票抵扣 ★★★
    - 进项税额抵扣的特殊情况之一——计算抵扣 ★★★
    - 进项税额抵扣的特殊情况之二——核定抵扣 ★★
    - 进项税额抵扣的特殊限制条件 ★
    - 不得从销项税额中抵扣的进项税额 ★★★
    - 不得抵扣增值税进项税额的具体处理方法 ★★★
    - 固定资产处理的相关规定与政策衔接 ★★★
    - 应纳税额计算过程中当期的规定 ★★★
    - 几个特殊计税规则 ★★
    - 进项税额的加计抵减的特殊优惠政策 ★★★
    - 增值税期末留抵税额的退还政策 ★★
    - 增值税汇总纳税 ★

- **第二章 增值税（二）**
  - 简易计税方法应纳税额的计算
    - 简易计税方法计税规则 ★★★
    - 一般纳税人“营改增”项目按简易计税方法计税的规定 ★★★
    - 一般纳税人销售货物简易征税的规定 ★★★
  - 进口环节增值税政策 ★★
  - 特定企业（交易行为）的增值税政策
    - 转让不动产增值税征收管理 ★★
    - 提供不动产经营租赁服务增值税征收管理 ★★
    - 跨县（市、区）提供建筑服务增值税征收管理 ★★
    - 房地产开发企业销售自行开发的房地产项目增值税征收管理 ★★
    - 资管产品增值税的征收管理 ★★
  - 出口环节增值税政策
    - 适用增值税出口退（免）税的基本政策 ★
    - 增值税退（免）税办法 ★★
    - 增值税出口退税率 ★
    - 增值税退（免）税的计税依据 ★★★
    - 出口货物、劳务、服务增值税免抵退税的计算 ★★★
    - 增值税免退税的计算 ★★★
    - 适用增值税免税政策的出口货物、劳务、服务或无形资产 ★
    - 适用增值税征税政策的出口货物劳务 ★
    - 境外旅客购物离境退税 ★★
    - 综合保税区增值税一般纳税人资格管理 ★
    - 外国驻华使（领）馆及其馆员在华购物和服务退税 ★
    - 海南自由贸易港国际运输船舶有关退税政策 ★
    - 海南自由贸易港试行启运港退税政策 ★
  - 征收管理
    - 增值税纳税义务发生时间 ★★★
    - 纳税期限 ★
    - 纳税地点 ★
  - 增值税发票的使用和管理
    - 增值税发票的种类 ★
    - 增值税专用发票开具范围 ★★
    - 税务机关代开发票基本规定 ★
    - 增值税发票开具特殊规定 ★
    - 增值税异常扣税凭证管理 ★★
    - 机动车发票 ★
    - 收费公路通行费增值税电子普通发票（调整） ★
    - 增值税电子专用发票 ★

本章核心考点精讲

Unit 1

第一单元 增值税概述

查看本单元视频，快速GET知识点
使用“会计云课堂”App或“微信”扫码

01 增值税与增值额（★）

增值税是以单位和个人生产经营过程中取得的增值额为课税对象征收的一种税。

1. 不同角度对增值额的理解

角度		对增值额的理解
从理论上讲		增值额是企业在生产经营过程中新创造的那部分价值，即货物或劳务价值中v+m部分，在我国相当于净产值或国民收入部分
现实经济生活中	从一个生产经营单位来看	增值额是指该单位销售货物或提供劳务的收入额扣除为生产经营这种货物（包括劳务，下同）而外购的那部分货物价款后的余额
	从一项货物来看	增值额是该货物经历的生产和流通的各个环节所创造的增值额之和，也就是该项货物的最终销售价值

经典题解

【例题1·单选题】从理论上说，作为增值税课税对象的增值额是指（　　）。

A. v+m　　B. v　　C. m　　D. c+v+m

【解析】从理论上讲，增值额是企业在生产经营过程中新创造的那部分价值，即货物或劳务价值中的v+m部分，在我国相当于净产值或国民收入部分。

【答案】A

2. 增值额的实际运用

（1）实行增值税的国家，据以征税的增值额都是一种法定增值额，并非理论上的增值额。法定增值额可以等于理论上的增值额，也可以大于或小于理论上的增值额。造成法定增值额与理论增值额不一致的一个重要原因，是各国在规定扣除范围时，对外购固定资产的处理办法不同。

（2）各国计算增值税时都不是先求出各生产经营环节的增值额，然后再据此计算增值税，而是采取从销售总额的应纳税款中扣除外购项目已纳税款的税款抵扣法。

3. 增值税的类型

增值税按对外购固定资产处理方式的不同，可划分为生产型增值税、收入型增值税和消费型增值税。

增值税类型	特点	优点	缺点
生产型	课税基数大体相当于国民生产总值的统计口径，不允许扣除任何外购固定资产的价款，税基最大，但重复征税也最严重 法定增值额>理论增值额	保证财政收入	对固定资产存在重复征税；不利于鼓励投资
收入型	课税基数相当于国民收入部分，对外购固定资产价款只允许扣除当期计入产品价值的折旧费部分 法定增值额=理论增值额	一种标准的增值税	给凭发票扣税的计算方法带来困难
消费型 （我国 2009 年全面实施）	课税基数仅限于消费资料价值的部分，允许将当期购入的固定资产价款一次全部扣除	凭发票扣税，便于操作，也便于管理，最简便、最能体现增值税优越性	购进固定资产的当期因扣除额大大增加而减少财政收入

经典题解

【例题 2 · 单选题】 关于增值税的类型，以下说法正确的是（　　）。

A. 消费型增值税是一种标准的增值税

B. 收入型增值税的法定增值额大于理论增值额

C. 生产型增值税不利于鼓励投资，但可以保证财政收入

D. 消费型增值税给凭发票扣税的计算方法带来困难

【解析】 选项 A：收入型增值税是一种标准的增值税；选项 B：收入型增值税的法定增值额等于理论增值额；选项 D：收入型增值税给凭发票扣税的计算方法带来困难。

【答案】 C

【例题 3·多选题】按对外购固定资产处理方式的不同进行划分，增值税的类型有（　　）。

A. 生产型增值税　　B. 收入型增值税

C. 消费型增值税　　D. 积累型增值税

E. 分配型增值税

【答案】ABC

02 增值税的特点、建立和发展（★★）

1. 增值税的计税原理、特点和优点（★★）

要点	内容
增值税的性质	属于货物劳务税性质的税种 （1）以全部销售额为计税销售额，还同时实行税款抵扣制度 （2）税负具有转嫁性，增值税实行价外征税 （3）按产品或行业实行比例税率，主要作用在于广泛征集财政收入，而不是调节收入差距
增值税的计税原理	（1）按全部销售额计算税款，但只对货物或劳务价值中新增价值部分征税 （2）实行税款抵扣制度，对以前环节已纳税款予以扣除 （3）税款随着货物或劳务的销售逐环节转移，最终消费者是全部税款的承担者，纳税人与负税人相分离
增值税的计税方法	增值税的计税方法分为直接计算法和间接计算法两种类型： （1）直接计算法：是指首先计算出应税项目的增值额，然后用增值额乘以适用税率求出应纳税额。直接计算法按计算增值额的不同，又可分为加法和减法 （2）间接计算法：是指不直接根据增值额计算增值税，而是首先计算出应税项目的整体税负，然后从整体税负中扣除法定的外购项目已纳税款；是实行增值税的国家广泛采用的计税方法
增值税的特点	（1）不重复征税，具有中性税收的特征 （2）逐环节征税，逐环节扣税，最终消费者是全部税款的承担者 （3）税基广阔，具有征收的普遍性和连续性
增值税的优点	（1）能够平衡税负，促进公平竞争 （2）既便于对出口商品退税，又可避免对进口商品征税不足 （3）在组织财政收入上具有稳定性和及时性 （4）在税收征管上可以互相制约，交叉审计

经典题解

【例题 4 · 单选题】以下关于增值税的表述不正确的是（　　）。

A. 增值税属于货物劳务税性质的税种

B. 增值税实行价外征税

C. 增值税的作用是调节收入差距

D. 我国增值税采用的是其他实行增值税的国家广泛采用的间接计算法计算税额

【解析】选项 C：增值税的主要作用在于广泛征集财政收入，而不是调节收入差距。

【答案】C

2. 我国增值税制度的建立和发展（★）

1954 年法国成功地推行增值税后，对欧洲和世界各国都产生了重大影响，目前，世界上已有 190 多个国家和地区实行了增值税。

我国于 1979 年引进增值税并在部分地区试点。1984 年至 1993 年，我国增值税一直局限于在生产环节对部分工业产品征税。1994 年对原有的增值税进行了全面、彻底的改革，按照国际通行的做法建立了规范化的“生产型增值税”，并以增值税改革为核心建立了新的流转税制格局。新流转税以实行全面的“增值税”为主，在征收“增值税”基础上选择少数消费品交叉征收“消费税”，对不实行增值税的劳务交易征收“营业税”的新的流转税制格局。

我国 2009 年之前实行的增值税是生产型增值税，在部分地区试点消费型增值税之后，我国自 2009 年 1 月 1 日起实行了增值税的全面“转型”，增值税由过去的生产型增值税转变为消费型增值税。

增值税扩围替代营业税也称之为“营改增”，是增值税改革另一个重要举措，2012 年 1 月 1 日起，上海作为首个试点城市正式启动“营改增”，正式拉开了营业税改征增值税的序幕。2013 年 8 月 1 日，在全国范围内开展交通运输业（不含铁路运输业）和部分现代服务业“营改增”试点。2016 年 5 月 1 日，营业税全部改征增值税。

▶ Unit 2

第二单元　纳税人和扣缴义务人

查看本单元视频，快速 GET 知识点

使用“会计云课堂”App 或“微信”扫码

01　增值税纳税人与扣缴义务人的基本规定（★★）

（一）纳税人

1. 凡在中华人民共和国境内销售货物或者提供加工、修理修配劳务，销售服务、无形资产或者不动产，以及进口货物的单位和个人，为增值税的纳税人。所称单位，包括企业、行政单位、事业单位、军事单位、社会团体及其他单位。所称个人，包括个体工商户和其他个人。

2. 单位以承包、承租、挂靠方式经营的，承包人、承租人、挂靠人（以下统称“承包人”）以发包人、出租人、被挂靠人（以下统称“发包人”）名义对外经营并由发包人承担相关法律责任的，以该发包人为纳税人。否则，以承包人为纳税人。

3. 对报关进口的货物，以进口货物的收货人或办理报关手续的单位和个人为进口货物的纳税人。

4. 建筑企业与发包方签订建筑合同后，以内部授权或者三方协议等方式，授权集团内其他纳税人（以下称“第三方”）为发包方提供建筑服务，并由第三方直接与发包方结算工程款的，由第三方缴纳增值税并向发包方开具增值税发票，与发包方签订建筑合同的建筑企业不缴纳增值税。

5. 资管产品运营过程中发生的增值税应税行为，以资管产品管理人为纳税人。

（二）扣缴义务人

增值税关于扣缴义务人的规定，《中华人民共和国增值税暂行条例》与《营业税改征增值税试点实施办法》存在差异：

境外的单位或者个人在境内的业务	在境内设有经营机构的	在境内未设有经营机构的
销售劳务	经营机构为纳税人	以其境内代理人为扣缴义务人；在境内没有代理人的，以购买方为扣缴义务人
销售服务、无形资产、不动产		以购买方为增值税扣缴义务人

经典题解

【真题 5 · 单选题】 关于增值税纳税人的规定，下列说法正确的是（　　）。（2019 年）

A. 单位租赁给其他单位或个人经营的，以出租人为纳税人

B. 报关进口货物，以进口货物的发货人为纳税人

C. 资管产品运营过程中发生的增值税应税行为，以资管产品管理人为纳税人

D. 境外单位在境内提供应税劳务，一律以购买者为纳税人

【解析】 选项 A：单位以承包、承租、挂靠方式经营的，承包人、承租人、挂靠人（以下统称“承包人”）以发包人、出租人、被挂靠人（以下统称“发包人”）名义对外经营并由发包人承担相关法律责任的，以该发包人为纳税人。否则，以承包人为纳税人。选项 B：报关进口的货物，以进口货物的收货人或办理报关手续的单位和个人为进口货物的纳税人。选项 D：境外单位在境内提供应税劳务，境外单位为纳税人。

【答案】 C

02 增值税纳税人的分类及依据（★★）

增值税纳税人划分为一般纳税人和小规模纳税人。这两类纳税人在税款计算方法、适用税率（征收率）以及管理办法上都有所不同。对一般纳税人实行凭发票扣税、计算扣税的计税方法；对小规模纳税人规定简易的计税方法和征收管理办法。

一般纳税人和小规模纳税人划分的基本标准是纳税人年应税销售额的大小和会计核算水平；年应税销售额不能达到规定标准但符合资格条件的，也可办理增值税一般纳税人资格登记。

1. 基本资格登记标准——销售规模的金额标准

增值税纳税人年应税销售额超过财政部、国家税务总局规定的小规模纳税人标准（简称“规定标准”）的，除另有规定者外，应当向其机构所在地主管税务机关办理一般纳税人登记。

要点	相关规定
年应税销售额标准	自2018年5月1日起，年应税销售额500万元（含）以下的，为小规模纳税人 【考点提示1】年应税销售额是不含增值税的销售额 【考点提示2】销售服务、无形资产或者不动产有扣除项目的纳税人，其年应税销售额按未扣除之前的销售额计算
年应税销售额范围	年应税销售额，是指纳税人在连续不超过12个月或4个季度的经营期内累计应征增值税销售额，包括纳税申报销售额、稽查查补销售额、纳税评估调整销售额 【考点提示1】“纳税申报销售额”是指纳税人自行申报的全部应征增值税销售额，其中包括免税销售额和税务机关代开发票销售额 【考点提示2】“稽查查补销售额”和“纳税评估调整销售额”计入查补税款申报当月（或当季）的销售额，不计入税款所属期销售额 【考点提示3】纳税人偶然发生的销售无形资产、转让不动产的销售额，不计入年应税销售额

经典题解

【真题6·多选题】下列销售额应计入增值税纳税人判定标准的有（　　）。（2018年）

A. 纳税评估调整的销售额

B. 稽查查补的销售额

C. 免税销售额

D. 税务机关代开发票销售额

E. 偶然发生的销售无形资产销售额

【答案】ABCD

2. 资格条件

年应税销售额不能达到规定标准但符合资格条件的，也可登记成为增值税一般纳税人。目前规定的资格条件：能够按照国家统一的会计制度规定设置账簿，根据合法、有效凭证核算，能够准确提供税务资料。

除国家税务总局另有规定外，一经登记为一般纳税人后，不得转为小规模纳税人。

记忆技巧

小规模纳税人成长为一般纳税人——可进步不可退步——小规模纳税人在条件达标的情况下可登记成为增值税一般纳税人，但除国家税务总局另有规定外，一般纳税人再不能转为小规模纳税人。

3. 例外规定

在增值税一般纳税人资格登记规则中，有一般规定之外的例外规定，包括选择登记、不能登记。

要点	例外规定
选择登记	（1）《中华人民共和国增值税暂行条例实施细则》第二十九条规定，非企业性单位、不经常发生应税行为的企业可选择按照小规模纳税人纳税 （2）根据《营业税改征增值税试点实施办法》第三条规定，年应税销售额超过规定标准但不经常发生应税行为的单位和个体工商户可选择按照小规模纳税人纳税 【解释】非企业性单位，是指行政单位、事业单位、军事单位、社会团体和其他非企业性单位。我国现行增值税“一税两制”，对于“营改增”前传统的增值税项目是遵循“非企业性单位可选择按小规模纳税人纳税”的规定的。但是“营改增”纳税人的选择登记规则，把年应税销售额达标但可不登记为一般纳税人的范围，限定在偶然发生增值税应税行为的范围里。各类单位可选择按小规模纳税人纳税的前提，是不经常发生应税行为（应税行为具有偶然性），而不以单位性质为前提
不能登记	（1）按照政策规定，选择按照小规模纳税人纳税的（应当向主管税务机关提交书面说明） （2）年应税销售额超过规定标准的其他个人

经典题解

【真题7·多选题】下列纳税人中，年应税销售额超过规定标准但可以选择按照小规模纳税人纳税的有（　　）。（2018年）

A. 会计核算健全的单位　　B. 非企业性单位

C. 自然人　　D. 不经常发生应税行为的企业

E. 不经常发生应税行为的个体工商户

【解析】选项A：应登记为一般纳税人。选项C：年应税销售额超过小规模纳税人标准的其他个人按小规模纳税人纳税。

【答案】BDE

【真题8·单选题】下列纳税人，必须办理一般纳税人登记的是（　　）。（2019年）

A. 其他个人

B. 非企业性单位

C. 不经常发生应税行为的单位

D. 年应税销售额超过500万元且经常发生应税行为的工业企业

【解析】选项 A：年应税销售额超过规定标准的其他个人不能登记为一般纳税人。选项 B：非企业性单位，可选择按照小规模纳税人纳税。选项 C：年应税销售额超过规定标准但不经常发生应税行为的单位和个体工商户可选择按照小规模纳税人纳税。

【答案】D

【真题 9 · 多选题】根据增值税纳税人登记管理的规定，下列说法正确的有（　　）。（2019 年）

A. 个体工商户年应税销售额超过小规模纳税人标准的，不能登记为一般纳税人

B. 非企业性单位、不经常发生应税行为的企业，可以选择按小规模纳税人纳税

C. 增值税纳税人年应税销售额超过小规模纳税人标准的，除另有规定外，应当向主管税务机关办理一般纳税人登记

D. 纳税人登记时所依据的年应税销售额不包括税务机关代开发票销售额

E. 纳税人偶然发生的销售无形资产、转让不动产的销售额，不计入年应税销售额

【解析】选项 A：年应税销售额超过小规模纳税人标准的个体工商户，可以按规定办理一般纳税人登记。选项 D：年应税销售额包括纳税申报销售额（包括免税销售额和税务机关代开发票销售额）、稽查查补销售额、纳税评估调整销售额。

【答案】BCE

▶ Unit 3

第三单元　征税范围

查看本单元视频，快速 GET 知识点

使用“会计云课堂”App 或“微信”扫码

01 我国现行增值税征税范围的一般规定（★★★）

2016 年 5 月 1 日全面“营改增”之后，增值税征税范围包括：（一）销售货物；（二）销售劳务；（三）销售服务；（四）销售无形资产；（五）销售不动产；（六）进口货物。

考点提示

增值税的征税范围包含了生产、流通、服务领域。

增值税的一般征税范围	基本规定
（一）销售货物	“货物”是指有形动产，包括电力、热力和气体在内
（二）销售劳务	1. 加工，是指受托加工货物，即委托方提供原料及主要材料，受托方按照委托方的要求，制造货物并收取加工费的业务 2. 修理修配，是指受托对损伤和丧失功能的货物进行修复，使其恢复原状和功能的业务 【考点提示】单位或者个体工商户聘用的员工为本单位或者雇主提供劳务，不包括在内

增值税的一般征税范围	基本规定
（三）销售服务	1. 交通运输服务：是指利用运输工具将货物或者旅客送达目的地，使其空间位置得到转移的业务活动。包括陆路运输服务、水路运输服务、航空运输服务和管道运输服务 【考点提示1】出租车公司向使用本公司自有出租车的出租车司机收取的管理费用，按照陆路运输服务缴纳增值税 【考点提示2】水路运输的程租、期租业务，属于水路运输服务。航空运输的湿租业务，属于航空运输服务 【考点提示3】无运输工具承运业务，按照交通运输服务缴纳增值税。无运输工具承运业务，是指经营者以承运人身份与托运人签订运输服务合同，收取运费并承担承运人责任，然后委托实际承运人完成运输服务的经营活动 【考点提示4】自2018年1月1日起，纳税人已售票但客户逾期未消费取得的运输逾期票证收入，按照“交通运输服务”缴纳增值税 【考点提示5】在运输工具舱位承包业务中，发包方和承包方均按照“交通运输服务”缴纳增值税 【考点提示6】在运输工具舱位互换业务中，互换运输工具舱位的双方均按照“交通运输服务”缴纳增值税 【考点提示7】网络平台道路货物运输（简称“网络货运”）经营者和实际承运人均应当依法履行纳税或扣缴税款义务。网络货运经营，是指经营者依托互联网平台整合配置运输资源，以承运人身份与托运人签订运输合同，委托实际承运人完成道路货物运输，承担承运人责任的道路货物运输经营活动。网络货运经营不包括仅为托运人和实际承运人提供信息中介和交易撮合等服务的行为。实际承运人，是指接受网络货运经营者委托，使用符合条件的载货汽车和驾驶员，实际从事道路货物运输的经营者（新增）
	2. 邮政服务：是指中国邮政集团公司及其所属邮政企业提供邮件寄递、邮政汇兑和机要通信等邮政基本服务的业务活动。包括邮政普遍服务、邮政特殊服务和其他邮政服务
	3. 电信服务：是指利用有线、无线的电磁系统或者光电系统等各种通信网络资源，提供语音通话服务，传送、发射、接收或者应用图像、短信等电子数据和信息的业务活动。包括基础电信服务和增值电信服务 【考点提示1】卫星电视信号落地转接服务，按照增值电信服务计算缴纳增值税 【考点提示2】纳税人通过楼宇、隧道等室内通信分布系统，为电信企业提供的语音通话和移动互联网等无线信号室分系统传输服务，分别按照基础电信服务和增值电信服务缴纳增值税

增值税的一般征税范围	基本规定
（三）销售服务	4. 建筑服务：是指各类建筑物、构筑物及其附属设施的建造、修缮、装饰，线路、管道、设备、设施等的安装以及其他工程作业的业务活动。包括工程服务、安装服务、修缮服务、装饰服务和其他建筑服务 【易错易混】有形动产修理属于加工、修理修配劳务；建筑物、构筑物的修补、加固、养护、改善属于建筑服务中的修缮服务 【考点提示 1】物业服务企业为业主提供的装修服务，按照“建筑服务”缴纳增值税 【考点提示 2】钻井（打井）、拆除建筑物或者构筑物、平整土地、园林绿化、疏浚（不包括航道疏浚）、建筑物平移、搭脚手架、爆破、矿山穿孔、表面附着物（包括岩层、土层、沙层等）剥离和清理等工程作业属于其他建筑服务 【考点提示 3】纳税人将建筑施工设备出租给他人使用并配备操作人员的，按照“建筑服务”缴纳增值税
	5. 金融服务：是指经营金融保险的业务活动。包括贷款服务、直接收费金融服务、保险服务和金融商品转让 【考点提示 1】各种占用、拆借资金取得的收入，包括金融商品持有期间（含到期）利息（保本收益、报酬、资金占用费、补偿金等）收入、信用卡透支利息收入、买入返售金融商品利息收入、融资融券收取的利息收入，以及融资性售后回租、押汇、罚息、票据贴现、转贷等业务取得的利息及利息性质的收入，按照贷款服务缴纳增值税 【考点提示 2】以货币资金投资收取的固定利润或者保底利润，按照贷款服务缴纳增值税 【考点提示 3】金融商品持有期间（含到期）取得的非保本的收益，不属于利息或利息性质的收入，不征收增值税 【考点提示 4】存款利息、被保险人获得的保险赔付，不征收增值税 【考点提示 5】纳税人转让因同时实施股权分置改革和重大资产重组而首次公开发行股票并上市形成的限售股，以及上市首日至解禁日期间由上述股份孳生的送、转股，以该上市公司股票上市首日开盘价为买入价，按照“金融商品转让”缴纳增值税 【考点提示 6】对单位投资者转让创新企业 CDR 取得的差价收入，按金融商品转让政策规定征免增值税
	6. 现代服务：是指围绕制造业、文化产业、现代物流产业等提供技术性、知识性服务的业务活动。包括研发和技术服务、信息技术服务、文化创意服务、物流辅助服务、租赁服务、鉴证咨询服务、广播影视服务、商务辅助服务和其他现代服务 【考点提示 1】广告服务包括广告代理和广告的发布、播映、宣传、展示等

增值税的一般征税范围	基本规定
（三）销售服务	【考点提示2】宾馆、旅馆、旅社、度假村和其他经营性住宿场所提供会议场地及配套服务的活动，按照“会议展览服务”缴纳增值税 【考点提示3】将建筑物、构筑物等不动产或者飞机、车辆等有形动产的广告位出租给其他单位或者个人用于发布广告，按照“经营租赁服务”缴纳增值税 【考点提示4】车辆停放服务、道路通行服务（包括过路费、过桥费、过闸费等）等按照“不动产经营租赁服务”缴纳增值税 【考点提示5】水路运输的光租业务、航空运输的干租业务，属于经营性租赁 【考点提示6】翻译服务和市场调查服务按照“咨询服务”缴纳增值税 【考点提示7】企业管理服务、经纪代理服务、人力资源服务、安全保护服务，都属于商务辅助服务 【考点提示8】拍卖行受托拍卖取得的手续费或佣金收入，按照“经纪代理服务”缴纳增值税 【考点提示9】纳税人提供武装守护押运服务，按照“安全保护服务”缴纳增值税 【考点提示10】纳税人对安装运行后的机器设备提供的维护保养服务，按照“其他现代服务”缴纳增值税 【考点提示11】纳税人为客户办理退票而向客户收取的退票费、手续费等收入，按照“其他现代服务”缴纳增值税
	7. 生活服务：是指为满足城乡居民日常生活需求提供的各类服务活动。包括文化体育服务、教育医疗服务、旅游娱乐服务、餐饮住宿服务、居民日常服务和其他生活服务 【考点提示1】纳税人在游览场所经营索道、摆渡车、电瓶车、游船等取得的收入，按照“文化体育服务”缴纳增值税 【考点提示2】纳税人现场制作食品并直接销售给消费者，按照“餐饮服务”缴纳增值税 【考点提示3】纳税人以长（短）租形式出租酒店式公寓并提供配套服务的，按照“住宿服务”缴纳增值税 【考点提示4】纳税人提供植物养护服务，按照“其他生活服务”缴纳增值税
（四）销售无形资产	是指有偿转让无形资产所有权或者使用权的业务活动。无形资产，是指不具实物形态，但能带来经济利益的资产，包括技术、商标、著作权、商誉、自然资源使用权和其他权益性无形资产 【考点提示1】其他权益性无形资产，包括基础设施资产经营权、公共事业特许权、配额、经营权（包括特许经营权、连锁经营权、其他经营权）、经销权、分销权、代理权、会员权、席位权、网络游戏虚拟道具、域名、名称权、肖像权、冠名权、转会费等 【考点提示2】纳税人通过省级土地行政主管部门设立的交易平台转让补充耕地指标，按照销售无形资产缴纳增值税，税率为6%

增值税的一般征税范围	基本规定
（五）销售不动产	是指有偿转让不动产所有权的业务活动。不动产，是指不能移动或者移动后会引起性质、形状改变的财产，包括建筑物、构筑物等 【考点提示】转让建筑物有限产权或者永久使用权的，转让在建的建筑物或者构筑物所有权的，以及在转让建筑物或者构筑物时一并转让其所占土地的使用权的，按照销售不动产缴纳增值税
（六）进口货物	是指申报进入我国海关境内的货物

易错易混

1. 程租、期租、湿租（交通工具+人）：交通运输服务；
2. 干租、光租（交通工具）：有形动产租赁服务。

经典题解

【例题10·多选题】下列应按照“有形动产租赁服务”缴纳增值税的有（ ）。

A. 航空运输的干租业务
B. 水路运输的光租业务
C. 有形动产融资租赁
D. 水路运输的期租业务
E. 水路运输的程租业务

【解析】选项DE：水路运输的程租、期租业务属于“交通运输服务”。

【答案】ABC

【真题11·多选题】根据增值税征税范围的规定，下列说法正确的有（ ）。（2020年）

A. 融资租赁按“金融服务”缴纳增值税
B. 向客户收取的退票费按“其他现代服务”缴纳增值税
C. 道路通行服务按“不动产租赁服务”缴纳增值税
D. 融资性售后回租按“租赁服务”缴纳增值税
E. 车辆停放服务按“有形动产租赁服务”缴纳增值税

【解析】选项A：融资租赁按照“租赁服务”缴纳增值税；选项D：融资性售后回租按“金融服务——贷款服务”缴纳增值税；选项E：车辆停放服务、道路通行服务（包括过路费、过桥费、过闸费等）等按照“不动产经营租赁服务”缴纳增值税。

【答案】BC

【真题12·单选题】下列行为不属于增值税“现代服务”征收范围的是（ ）。（2021年）

A. 在游览场所经营索道、摆渡车业务
B. 度假村提供会议场地及配套服务
C. 将建筑物广告位出租给其他单位用于发布广告
D. 为电信企业提供基站天线等塔类站址管理业务

【解析】选项A：纳税人在游览场所经营索道、摆渡车、电瓶车、游船等取得的收入，按照“生活服务——文化体育服务”缴纳增值税。

【答案】A

【归纳】营改增项目基本行为及地域的界定：

要点	基本规定
基本行为界定——有偿、经营性	销售服务、无形资产或不动产是指有偿提供应税服务、有偿转让无形资产或不动产，但不包括非经营活动中提供的应税项目 有偿，是指取得货币、货物或者其他经济利益 非经营活动，是指： （1）行政单位收取的符合条件的政府性基金或者行政事业性收费 （2）单位或者个体工商户聘用的员工为本单位或者雇主提供取得工资的服务 （3）单位或者个体工商户为聘用的员工提供应税服务 （4）财政部和国家税务总局规定的其他情形 【考点提示】非经营活动中提供的服务具有特殊性，不宜列入增值税征税范围，非经营活动一般是为了履行国家行政管理和公共服务职能的需要或自我提供服务，其本身一般不以营利为目的，例如自我服务不征收增值税；各党派、共青团、工会、妇联、中科协、青联、台联、侨联收取党费、团费、会费以及政府间国际组织收取会费，属于非经营活动，不征收增值税
销售服务或无形资产、不动产的地域界定——在境内销售服务或无形资产、不动产	在境内销售服务或无形资产、不动产，是指： （1）服务（租赁不动产除外）或者无形资产（自然资源使用权除外）的销售方或者购买方在境内——以销售方或者购买方位置区分境内与境外 （2）所销售或者租赁的不动产在境内——以不动产位置区分境内与境外 （3）所销售自然资源使用权的自然资源在境内——以自然资源位置区分境内与境外 （4）财政部和国家税务总局规定的其他情形 下列情形不属于在境内销售服务或无形资产： （1）境外单位或者个人向境内单位或者个人销售完全在境外发生的服务 （2）境外单位或者个人向境内单位或者个人销售完全在境外使用的无形资产 （3）境外单位或者个人向境内单位或者个人出租完全在境外使用的有形动产 （4）财政部和国家税务总局规定的其他情形 【考点提示1】境外单位或者个人发生下列行为不属于在境内销售服务或者无形资产： （1）为出境的函件、包裹在境外提供的邮政服务、收派服务 （2）向境内单位或者个人提供的工程施工地点在境外的建筑服务、工程监理服务 （3）向境内单位或者个人提供的工程、矿产资源在境外的工程勘察勘探服务 （4）向境内单位或者个人提供的会议展览地点在境外的会议展览服务 【考点提示2】境内的单位和个人作为工程分包方，为施工地点在境外的工程项目提供建筑服务，从境内工程总承包方取得的分包款收入，视同从境外取得收入

经典题解

【真题13·多选题】下列行为中，不征收增值税的有（　　）。（2017年）

A. 单位员工将自有房屋出租给本单位收取房租

B. 单位或者个体工商户为员工提供应税服务

C. 各级工会组织收取会费

D. 人民法院收取诉讼费用

E. 各党派收取党费

【解析】选项A：单位或者个体工商户聘用的员工为本单位或者雇主提供取得工资的服务不属于增值税的征税范围。而单位员工将自有房屋出租给本单位收取房租，并不是为单位提供取得工资的服务，因此要征收增值税。

【答案】BCDE

【真题14·单选题】根据增值税相关规定，下列说法正确的是（ ）。（2019年）

A. 单位取得存款利息应缴纳增值税

B. 工会组织收取工会经费应缴纳增值税

C. 单位获得财产保险赔付应缴纳增值税

D. 单位取得的与销售收入或数量无关的财政补贴不缴纳增值税

【解析】选项ABC：均不征收增值税。

【答案】D

【真题15·单选题】下列情形中，应征收增值税的是（ ）。（2018年）

A. 法国A公司向我国B公司销售位于我国境内的办公楼

B. 德国C公司向我国D公司出租完全在德国境内使用的客车

C. 英国E公司向我国F公司销售完全在英国境内使用的无形资产

D. 美国G公司向我国H公司提供在美国境内的会议展览服务

【解析】下列情形不属于在境内销售服务或无形资产，不需要在我国缴纳增值税：(1) 境外单位或者个人向境内单位或者个人销售完全在境外发生的服务（选项D）；(2) 境外单位或者个人向境内单位或者个人销售完全在境外使用的无形资产（选项C）；(3) 境外单位或者个人向境内单位或者个人出租完全在境外使用的有形动产（选项B）；(4) 财政部和国家税务总局规定的其他情形。

【答案】A

【真题16·单选题】下列业务属于在我国境内发生增值税应税行为的是（ ）。（2017年）

A. 英国会展单位在我国境内为境内某单位提供会议展览服务

B. 境外企业在巴基斯坦为我国境内单位提供工程勘察勘探服务

C. 我国境内单位转让在德国境内的不动产

D. 新西兰汽车租赁公司向我国境内企业出租汽车，供其在新西兰考察中使用

【解析】选项B：境外单位或个人向境内单位或者个人提供的工程、矿产资源在境外的工程勘察勘探服务，不属于在境内销售服务；选项C：销售的不动产在境外的，不属于在境内销售不动产；选项D：境外单位或者个人向境内单位或者个人出租完全在境外使用的有形动产，不属于在境内销售服务。

【答案】A

02 对视同销售行为的征税规定（★★★）

（一）单位或者个体工商户视同销售货物的7项行为

1. 将货物交付其他单位或者个人代销；
2. 销售代销货物；
3. 设有两个以上机构并实行统一核算的纳税人，将货物从一个机构移送其他机构用于销售，但相关机构设在同一县（市）的除外；

【解释】这里的“用于销售”是指受货机构发生以下情形之一的经营行为：A. 向购货方开具发票；B. 向购货方收取货款。受货机构的货物移送行为有上述两项情形之一的，应当向所在地税务机关缴纳增值税；未发生上述两项情形的，则应由总机构统一缴纳增值税。

4. 将自产或者委托加工的货物用于集体福利或者个人消费；
5. 将自产、委托加工或者购进的货物作为投资，提供给其他单位或者个体工商户；
6. 将自产、委托加工或者购进的货物分配给股东或者投资者；
7. 将自产、委托加工或者购进的货物无偿赠送其他单位或者个人。

考点提示

特殊时期和特殊对象有特例：自2019年1月1日至2025年12月31日，对单位或者个体工商户将自产、委托加工或购买的货物通过公益性社会组织、县级及以上人民政府及其组成部门和直属机构，或直接无偿捐赠给目标脱贫地区的单位和个人，免征增值税。

（二）视同销售服务、无形资产或者不动产的行为

1. 单位或者个体工商户向其他单位或者个人无偿提供应税服务，但用于公益事业或者以社会公众为对象的除外；
2. 单位或者个人向其他单位或者个人无偿转让无形资产或者不动产，但用于公益事业或者以社会公众为对象的除外；
3. 财政部、国家税务总局规定的其他情形。

考点提示

根据国家税务总局公告2016年第86号规定：纳税人出租不动产，租赁合同中约定免租期的，不属于视同销售服务。

记忆技巧	考生要理解视同销售行为的几类典型特点： 第一类特点：所有权发生了变化或应税服务已实施并被接受。如（一）2、5、6、7以及（二）1、2。 第二类特点：将自产或委托加工的货物，从生产领域转移到消费领域。如（一）4。 第三类特点：所有权没有变化，但是基于明确行为性质或堵塞管理漏洞的需要，而视同销售计征增值税。如（一）1、3。

【归纳】视同销售货物主要行为归纳：

货物来源	货物去向
自产或委托加工	用于投资、分配、赠送等改变所有权的情形 用于集体福利、个人消费
外购	用于投资、分配、赠送等改变所有权的情形

考点提示

视同销售的规定共有十项，其具体的计税规定及其运用是税法（Ⅰ）、涉税服务实务考试必考的知识点。通常每年税法（Ⅰ）的综合分析题或计算题中都会考到视同销售的计税处理。

【相关链接】考生要对比掌握视同销售与不得抵扣增值税进项税额的行为。

经典题解

【真题 17·多选题】下列业务属于增值税视同销售行为的有（　　）。（2020 年）

A. 超市将购进的食用油发放给本企业员工

B. 食品厂将委托加工收回的食品无偿赠送给关联企业

C. 运输公司无偿向新冠疫区运送抗疫物资

D. 某软件开发企业向另一企业无偿提供软件维护服务

E. 汽车厂将自产小汽车分配给股东

【解析】选项 A：将购进的货物用于集体福利，不视同销售。选项 C：单位或者个体工商户向其他单位或者个人无偿提供应税服务应视同销售，但用于公益事业或者以社会公众为对象的除外。

【答案】BDE

【真题 18·多选题】下列行为应视同销售，缴纳增值税的有（　　）。（2019 年）

A. 在线教育平台提供免费试听课程

B. 健身俱乐部向本单位员工免费提供健身服务

C. 化工试剂公司以固定资产入股投资

D. 煤矿公司为员工购买瓦斯报警装置

E. 食品有限公司将外购食品给员工发福利

【解析】选项 B：单位或者个体工商户为员工提供应税服务，属于非经营活动，不属于视同销售情形。选项 D：属于购买安全装备，不属于销售和视同销售范畴。选项 E：将外购的货物用于集体福利，不属于视同销售情形。

【答案】AC

03 增值税征税范围的特殊规定（★★★）

1. 对混合销售行为和兼营行为的征税规定（★★★）

考点提示

兼营和混合销售的分类和税务处理原则是税法（Ⅰ）考试的重点内容，“营改增”之后，兼营和混合销售的概念被重新定义。

经营行为	概念和特点	税务处理原则
兼营	概念：纳税人的经营范围包括销售货物、加工修理修配劳务、服务、无形资产或者不动产 特点：销售货物、加工修理修配劳务、服务、无形资产或者不动产适用不同税率或者征收率，并且不同时发生在一项销售行为中	应当分别核算适用不同税率或者征收率的销售额，未分别核算销售额的，按照以下方法适用税率或者征收率： (1) 兼有不同税率的销售货物、加工修理修配劳务、服务、无形资产或者不动产，从高适用税率 (2) 兼有不同征收率的销售货物、加工修理修配劳务、服务、无形资产或者不动产，从高适用征收率 (3) 兼有不同税率和征收率的销售货物、加工修理修配劳务、服务、无形资产或者不动产，从高适用税率
混合销售	概念：一项销售行为既涉及货物又涉及服务 特点：销售货物与提供服务之间存在因果关系和内在联系	按企业主营项目的性质划分适用的项目来缴纳增值税。一般情况下，销售货物为主的企业的混合销售按照销售货物缴纳增值税，销售服务为主的企业的混合销售按照销售服务缴纳增值税 【除外特例】 (1) 自2017年5月1日起，纳税人销售活动板房、机器设备、钢结构件等自产货物的同时提供建筑、安装服务，不属于混合销售，应分别核算货物和建筑服务的销售额，分别适用不同的税率或者征收率 (2) 一般纳税人销售自产机器设备的同时提供安装服务，应分别核算机器设备和安装服务的销售额，安装服务可以按照甲供工程选择适用简易计税方法计税 (3) 一般纳税人销售外购机器设备的同时提供安装服务，如果已经按照兼营的有关规定，分别核算机器设备和安装服务的销售额，安装服务可以按照甲供工程选择适用简易计税方法计税

【相关链接】这部分内容要与增值税销售额和销项税额的确定对应起来学习。

2. 征税范围的其他特别规定（★★）

与增值税征税范围相关的其他规定主要涉及两大方面：一是征税范围中的特殊项目；二是明确不征收增值税的项目。

这部分内容比较多和杂，容易命制客观题。考生要把握特殊项目征与不征规则。

属于征税范围的特殊项目	不缴纳增值税的特殊项目
（1）纳税人取得的财政补贴收入，与其销售货物、劳务、服务、无形资产、不动产的收入或者数量直接挂钩的，应按规定计算缴纳增值税 （2）电力公司向发电企业收取的过网费，应当征收增值税 （3）供电企业进行电力调压并按电量向电厂收取的并网服务费，按照提供加工劳务征收增值税 （4）经营罚没物品收入（未上缴财政的），照章征收增值税 （5）单用途卡售卡方因发行或者销售单用途卡并办理相关资金收付结算业务取得的手续费、结算费、服务费、管理费等收入，应按照现行规定缴纳增值税	（1）纳税人取得的与销售收入或数量不直接挂钩的其他情形的财政补贴收入，不征收增值税 （2）视罚没物品收入归属确定征税与否，凡作为罚没变价或拍卖收入如数上缴财政的，不予征税 （3）根据国家指令无偿提供的铁路运输服务、航空运输服务，属于用于公益事业服务，不缴纳增值税 （4）存款利息不征收增值税 （5）被保险人获得的保险赔付不缴纳增值税 （6）房地产主管部门或者其指定机构、公积金管理中心、开发企业以及物业管理单位代收的住宅专项维修资金，不征收增值税 （7）纳税人在资产重组过程中，通过合并、分立、出售、置换等方式，将全部或部分实物资产以及与其相关联的债权、负债和劳动力一并转让给其他单位和个人，不属于增值税的征税范围，其中涉及的货物转让，不动产、土地使用权转让行为，不征收增值税 （8）单用途卡发卡企业或者售卡企业销售仅限于在本企业、本企业所属集团或者同一品牌特许经营体系内兑付货物或者服务的作为预付凭证的单用途卡，或者接受单用途卡持卡人充值取得的预收资金，不缴纳增值税

经典题解

【例题 19 · 多选题】下列收入中，不征收增值税的有（　　）。

A. 贷款利息收入

B. 存款利息收入

C. 房地产开发企业代收的住宅专项维修资金

D. 纳税人取得与销售收入或数量不直接挂钩的财政补贴收入

E. 受托销售商品取得手续费收入

【解析】选项 AE 按规定征收增值税。选项 BCD 不属于增值税征税范围。

【答案】BCD

【例题 20 · 单选题】下列业务中，应征收增值税的是（　　）。

A. 提供缝纫劳务　　B. 被保险人获得的保险赔付

C. 存款利息　　D. 接受单用途卡持卡人充值取得的预收资金

【解析】选项 A：属于增值税征税范围；选项 BCD：属于不征收增值税的项目。

【答案】A

【真题 21 · 单选题】关于单用途商业预付卡增值税的规定，下列说法正确的是（　　）。（2017 年）

A. 售卡方可以向购卡人开具增值税专用发票

B. 售卡方在销售单用途卡时，取得预收资金需缴纳增值税

C. 持卡人使用单用途卡购买货物时，货物的销售方不缴纳增值税

D. 售卡方因发行单用途卡并办理相关资金收付结算业务时，取得的手续费应按规定缴纳增值税

【解析】 选项 A：售卡方销售单用途卡时，可以按照规定向购卡人开具增值税普通发票，不得开具增值税专用发票；选项 B：售卡方销售单用途卡，或者接受单用途卡持卡人充值取得的预收资金，不缴纳增值税；选项 C：持卡人使用单用途卡购买货物或服务时，货物或者服务的销售方应按照现行规定缴纳增值税，且不得向持卡人开具增值税发票。

【答案】 D

▶ Unit 4

第四单元　税率和征收率

查看本单元视频，快速 GET 知识点
使用“会计云课堂”App 或“微信”扫码

01　我国增值税税率和征收率的基本规定（★★★）

根据确定增值税税率的基本原则，2017 年 7 月 1 日之后，我国增值税设置了一档基本税率和两档低税率，此外还对出口货物和财政部、国家税务总局规定的跨境应税行为实行零税率（国务院另有规定的除外）。小规模纳税人通常不适用税率而适用征收率。

考点提示

除另有规定外，小规模纳税人进口货物缴纳进口环节增值税适用货物的适用税率，非征收率。

增值税税率	具体规定	
基本税率 （13%）	（1）销售或者进口货物（除适用较低税率、征收率的外） （2）提供加工、修理修配劳务（以下称“应税劳务”） （3）有形动产租赁服务 【考点提示】有形动产租赁，包括有形动产融资性租赁和有形动产经营性租赁。水路运输的光租业务和航空运输的干租业务，属于有形动产经营性租赁	
较低税率 （9%）	货物类	（1）粮食等农产品（含动物骨粒、干姜、姜黄、人工合成牛胚胎；不含麦芽、复合胶、人发、淀粉）、食用植物油（含棕榈油、棉籽油、茴油、毛椰子油、核桃油、橄榄油、花椒油、杏仁油、葡萄籽油、牡丹籽油；不含环氧大豆油、氢化植物油、肉桂油、桉油、香茅油）、鲜奶（含按规定标准生产的巴氏杀菌乳、灭菌乳；不含调制乳）、食用盐 （2）自来水、暖气、冷气、热水、煤气、石油液化气、天然气、沼气、居民用煤炭制品、二甲醚 （3）图书、报纸、杂志；音像制品；电子出版物 【考点提示】①图书包括中小学课本配套产品（包括各种纸制品或图片）；②国内印刷企业承印的经新闻出版主管部门批准印刷且采用国际标准书号编序的境外图书，适用 9% 的增值税税率 （4）饲料、化肥、农药、农机（含密集型烤房设备、频振式杀虫灯、自动虫情测报灯、黏虫板、农用挖掘机、养鸡设备系列产品、养猪设备系列产品、动物尸体降解处理机、蔬菜清洗机）、农膜

增值税税率	具体规定	
较低税率 （9%）	服务、 无形资产、 不动产类	（1）交通运输服务 （2）邮政服务 （3）基础电信服务 （4）建筑服务 （5）不动产租赁服务 （6）销售不动产 （7）转让土地使用权
低税率 6%	（1）现代服务（租赁服务除外） （2）增值电信服务 （3）金融服务 （4）生活服务 （5）销售无形资产（含转让补充耕地指标，不含转让土地使用权）	
零税率	（1）纳税人出口货物、劳务，税率为零；但是，国务院另有规定的除外 （2）境内单位和个人跨境销售国务院规定范围内的服务、无形资产，税率为零。主要包括国际运输服务；航天运输服务；向境外单位提供的完全在境外消费的：研发服务、合同能源管理服务、设计服务、广播影视节目（作品）制作和发行服务、软件服务、电路设计及测试服务、信息系统服务、业务流程管理服务、离岸服务外包业务、转让技术 （3）其他零税率政策：按照国家有关规定应取得相关资质的国际运输服务项目，纳税人取得相关资质的适用零税率政策，未取得的，适用增值税免税政策。境内单位和个人以无运输工具承运方式提供的国际运输服务，由境内实际承运人适用增值税零税率；无运输工具承运业务的经营者适用增值税免税政策	

易错易混

适用零税率的租赁业务辨析：

租赁类型	增值税零税率的申请方
境内的单位或个人提供程租服务，如果租赁的交通工具用于国际运输服务和港澳台地区运输服务	出租方
境内的单位或个人向境内单位或个人提供期租、湿租服务，如果承租方利用租赁的交通工具向其他单位或个人提供国际运输服务和港澳台运输服务	承租方
境内的单位或个人向境外单位或个人提供期租、湿租服务	出租方

考点提示

1. 境内的单位和个人销售适用增值税零税率的服务或无形资产，可以放弃适用增值税零税率，选择免税或按规定缴纳增值税。放弃适用增值税零税率后，36 个月内不得再申请适用增值税零税率。

2. 我国增值税税率曾进行过多次调整，以往考试真题答案中的税率体现的是当时的税率规定，考生复习时要注意辨析。本书收录的以往真题已经进行了旧题新解。

易错易混

1. 这部分有两个容易被考生忽视的问题：一是增值税应税劳务的税率不会涉及低税率，只可能是基本税率或征收率；二是增值税的征收率不仅小规模纳税人适用，一般纳税人在某些特殊情况下也适用征收率。

2. 纳税人受托对垃圾、污泥、污水、废气等废弃物进行专业化处理适用的增值税税率，视具体情况有所差异：

<table>
<tr><th colspan="2">具体处理的情形</th><th>受托方适用税目及税率</th></tr>
<tr><td colspan="2">专业化处理后未产生货物</td><td>属于提供“现代服务——专业技术服务”，收取的处理费用适用6%的增值税税率</td></tr>
<tr><td rowspan="2">专业化处理后产生货物</td><td>货物归属委托方的</td><td>属于提供“加工劳务”，其收取的处理费用适用13%的增值税税率</td></tr>
<tr><td>货物归属受托方的</td><td>属于提供“现代服务——专业技术服务”，其收取的处理费用适用6%的增值税税率
【考点提示】受托方将产生的货物用于销售时，适用货物的增值税税率</td></tr>
</table>

经典题解

【真题22·单选题】某公司为增值税一般纳税人，2017年3月提供平面设计服务取得收入36万元，提供网站设计服务取得收入12万元，转让网络游戏虚拟道具取得收入22.6万元，上述收入均为含税收入。关于该公司上述业务的增值税处理，下列说法正确的是（　　）。（2017年）

A. 按照“文化创意服务”计算的销项税额为4.00万元

B. 按照“文化创意服务”计算的销项税额为3.32万元

C. 按照“文化创意服务”计算的销项税额为2.04万元

D. 按照“销售无形资产”计算的销项税额为1.28万元

【解析】增值税的税率在考试中往往与征税范围和应纳税额的计算相结合。平面设计服务和网站设计服务属于“现代服务——文化创意服务”，转让网络游戏虚拟道具属于“销售无形资产”，提供文化创意服务的销项税额=（36+12）/（1+6%）×6%=2.72（万元），销售无形资产的销项税额=22.6/（1+6%）×6%=1.28（万元）。

【答案】D

【真题23·单选题】某企业为增值税一般纳税人，2020年5月销售建材，提供货物运输服务，分别开具增值税专用发票，注明货物销售金额100万元、运费金额3万元。当月可抵扣增值税进项税额6.5万元。该企业当月应缴纳增值税（　　）万元。（2020年）

A. 2.77　　B. 6.89　　C. 6.77　　D. 13.39

【解析】本题考点包括兼营的税务处理、税率的掌握、税额的基本计算。该企业当月应缴纳增值税=100×13%+3×9%-6.5=6.77（万元）。

【答案】C

考点提示

适用9%较低税率货物的具体范围：

这部分内容在以往考试时不止一次考过多项选择题。容易命题的点往往集中在列举具体货物让考生辨析。下表为易考知识点对比辨析。

货物	9%较低税率的范围	不属于较低税率范围
农业初级产品——植物类	小麦、稻谷、玉米、高粱、谷子和其他杂粮，以及面粉、米、玉米面、玉米渣等；也含切面、饺子皮、馄饨皮、面皮、米粉等粮食复制品，玉米胚芽	(1) 以粮食为原料加工的速冻食品、方便面、副食品和各种熟食品及淀粉 (2) 玉米浆、玉米皮、玉米纤维（又称“喷浆玉米皮”）和玉米蛋白粉
	各种蔬菜、菌类植物和少数可作副食的木科植物；也含经晾晒、冷藏、冷冻、包装、脱水等工序加工的蔬菜、腌菜、咸菜、酱菜和盐渍蔬菜等	各种蔬菜罐头
农业初级产品——植物类	各种毛茶（如红毛茶、绿毛茶、乌龙毛茶、白毛茶、黑毛茶等）	精制茶、边销茶及掺兑各种药物的茶和茶饮料
	可供食用的果实，如水果、果干（如荔枝干、桂圆干、葡萄干等）、干果、果仁、果用瓜（如甜瓜、西瓜、哈密瓜等），以及胡椒、花椒、大料、咖啡豆等，也含经冷冻、冷藏、包装等工序加工的园艺植物	各种水果罐头、果脯、蜜饯、炒制的果仁、坚果、碾磨后的园艺植物（如胡椒粉、花椒粉等）
	用作中药原药的各种植物的根、茎、皮、叶、花、果实等，以及利用上述药用植物加工制成的片、丝、块、段等中药饮片	中成药
	原木、原竹、天然树脂和其他林业产品，以及盐水竹笋	锯材、竹笋罐头
农业初级产品——动物类	人工放养和人工捕捞的鱼、虾、蟹、鳖、贝类、棘皮类、软体类、腔肠类、海兽类动物；也含干制的鱼、虾、蟹、贝类、棘皮类、软体类、腔肠类，如干鱼、干虾、干虾仁、干贝等，以及未加工成工艺品的贝壳、珍珠	熟制的水产品和各类水产品的罐头
	各种兽类、禽类和爬行类动物的肉类生制品，如腊肉、腌肉、熏肉等	各种肉类罐头、肉类熟制品
	蛋类产品，包括鲜蛋、冷藏蛋；经加工的咸蛋、松花蛋、腌制的蛋等	各种蛋类的罐头
	鲜奶和按照规定生产的巴氏杀菌乳、灭菌乳	用鲜奶加工的各种奶制品，如酸奶、奶酪、奶油；按规定生产的调制乳

货物	9%较低税率的范围	不属于较低税率范围
食用植物油	(1) 芝麻油、花生油、豆油、菜籽油、米糠油、葵花籽油、棉籽油、玉米胚油、茶油、胡麻油以及以上述油为原料生产的混合油 (2) 棕榈油、核桃油、橄榄油、花椒油 (3) 杏仁油、葡萄籽油、牡丹籽油	皂脚；肉桂油、桉油、香茅油；环氧大豆油、氢化植物油
自来水	——	农业灌溉用水、引水工程输送的水
居民用煤炭制品	煤球、煤饼、蜂窝煤和引火炭	工业煤炭
饲料	(1) 用于动物饲养的产品或其加工品，包括单一大宗饲料、混合饲料、配合饲料、复合预混料、浓缩饲料。骨粉、鱼粉按“饲料”征收增值税 (2) 豆粕、宠物饲料、饲用鱼油、矿物质微量元素舔砖、饲料级磷酸二氢钙产品按“饲料”征收增值税	饲料添加剂
农药	包括农药原药和农药制剂，如杀虫剂、杀菌剂、除草剂、植物生长调节剂、植物性农药、微生物农药、卫生用药、其他农药原药、制剂等	用于人类日常生活的各种类型包装的日用卫生用药（如卫生杀虫剂、驱虫剂、驱蚊剂、蚊香、消毒剂等）
农机	拖拉机；土壤耕整机械；农田基本建设机械；种植机械；植物保护和管理机械；收获机械；场上作业机械；排灌机械；农副产品加工机械（指对农副产品进行初加工，加工后的产品仍属农副产品的机械）；人力车（不包括三轮运货车）、畜力车和拖拉机挂车；畜牧业机械；渔业机械；林业机械；小农具；密集型烤房设备、频振式杀虫灯、自动虫情测报灯、黏虫板；农用水泵、农用柴油机；卷帘机；农用挖掘机、养鸡设备系列产品、养猪设备系列产品、动物尸体降解处理机、蔬菜清洗机	以农副产品为原料加工工业产品的机械；农用汽车；机动渔船；森林砍伐机械、集材机械；农机零部件
食用盐	食用盐产品的范围必须符合国家颁布的相关产品的标准	食用盐以外的其他盐

经典题解

【例题24·多选题】下列货物，适用增值税较低税率的有（　　）。

A. 利用工业余热生产的热水　　B. 石油液化气

C. 饲料添加剂　　D. 蚊香、驱蚊剂

E. 食用盐

【答案】ABE

02 增值税的征收率（★★★）

目前，我国增值税征收率有3%和5%两档，另在一些特殊条件下或针对一些特殊业务实施更低比率的征收率。增值税征收率归纳如下：

（一）法定征收率3%

适用范围：（1）增值税小规模纳税人；（2）增值税一般纳税人的特定业务。

考点提示

1. 除全面“营改增”适用5%征收率、特殊主体特定条件下适用免税、1%和0.5%征收率以外的纳税人按照简易计税方法销售货物、提供应税劳务、发生应税行为，征收率均为3%。

2. 适用3%征收率计税的一般纳税人和小规模纳税人，其某些特殊销售项目按照3%征收率减按2%征收增值税：

①小规模纳税人（除其他个人外，下同）销售自己使用过的除固定资产以外的物品，应按3%的征收率征收增值税；

②小规模纳税人销售自己使用过的固定资产（有形动产，下同），适用简易办法依照3%征收率减按2%征收增值税政策的，可以放弃减税，按照简易办法依照3%征收率缴纳增值税，并可以开具或由主管税务机关代开增值税专用发票；

③一般纳税人销售自己使用过的不得抵扣且未抵扣进项税的固定资产，适用简易办法依照3%征收率减按2%征收增值税政策的，可以放弃减税，按照简易办法依照3%征收率缴纳增值税，并可以开具增值税专用发票；

④纳税人（含一般纳税人和小规模纳税人）销售旧货（二手车除外），按照简易办法依照3%征收率减按2%征收增值税。

3. 受新型冠状病毒疫情影响，小规模纳税人适用3%征收率和3%预征率的项目在不同地区、不同阶段有不同的优惠政策：

时段＼区域	湖北省	湖北省以外
2020年3月1日至2021年3月31日	免征/暂停预缴	减按1%
2021年4月1日至2022年3月31日（调整）	减按1%	
2022年4月1日至2022年12月31日（新增）	免征/暂停预缴	

4. 自2020年5月1日至2023年12月31日，从事二手车经销业务的纳税人销售其收购的二手车，减按0.5%征收率征收增值税。

5. 资管产品管理人运营资管产品过程中发生的增值税应税行为，暂适用简易计税方法，按照3%的征收率缴纳增值税。

经典题解

【真题25·单选题】关于二手车购销业务的增值税处理，下列说法正确的是（　　）。（2021年）

A. 单位销售自己使用过的二手车，不征收增值税

B. 纳税人不得为购买方开具增值税专用发票

C. 从事二手车经销的纳税人销售其收购的二手车，减按 2%征收增值税

D. 从事二手车经销的纳税人销售其收购的二手车，按简易办法征收增值税

【解析】选项 A：单位销售自己使用过的二手车，应照章征收增值税。选项 B：购买方索取增值税专用发票的，纳税人应当为其开具征收率为 0.5%的增值税专用发票；如果购买方为消费者个人，从事二手车经销业务的纳税人不得为其开具增值税专用发票。选项 CD：自 2020 年 5 月 1 日至 2023 年 12 月 31 日，从事二手车经销的纳税人销售其收购的二手车，由原按照简易办法依 3%征收率减按 2%征收增值税，改为减按 0.5%征收增值税。

【答案】D

（二）特殊征收率 5%

全面“营改增”过程中的特殊项目：

（1）与“房地”相关

①小规模纳税人销售自建或者取得的不动产。

②一般纳税人选择简易计税方法计税的不动产销售。

③房地产开发企业中的小规模纳税人，销售自行开发的房地产项目。

④其他个人销售其取得（不含自建）的不动产（不含其购买的住房）。

⑤一般纳税人选择简易计税方法计税的不动产经营租赁。

⑥小规模纳税人出租（经营租赁）其取得的不动产（不含个人出租住房）。

⑦其他个人出租（经营租赁）其取得的不动产（不含住房）。

⑧个人出租住房，应按照 5%的征收率减按 1.5%计算应纳税额。

住房租赁企业中的增值税一般纳税人向个人出租住房取得的全部出租收入，可以选择适用简易计税方法，按照 5%的征收率减按 1.5%计算缴纳增值税。住房租赁企业中的增值税小规模纳税人向个人出租住房，按照 5%的征收率减按 1.5%计算缴纳增值税。（新增）

⑨一般纳税人 2016 年 4 月 30 日前签订的不动产融资租赁合同，或以 2016 年 4 月 30 日前取得的不动产提供的融资租赁服务，选择适用简易计税方法的。

⑩一般纳税人收取试点前开工的一级公路、二级公路、桥、闸通行费，选择适用简易计税方法的。

⑪纳税人转让 2016 年 4 月 30 日前取得的土地使用权，选择适用简易计税方法的。

⑫房地产开发企业的一般纳税人销售自行开发的房地产老项目，选择适用简易计税方法的。

（2）其他相关

①一般纳税人和小规模纳税人提供劳务派遣服务选择差额纳税的。

②一般纳税人提供人力资源外包服务，选择适用简易计税方法的。

③纳税人提供安全保护服务，选择差额纳税的。

考点提示

增值税的一般计税需要使用税率，但是简易计税需要使用征收率，可以说征收率是和简易计税相对应的概念。在学习这部分内容时要注意以下三点：

1. 新型冠状病毒疫情期间，我国分不同地区和不同时段，将小规模纳税人 3%征收率

的项目实施阶段性免征、减按1%征收的不同优惠政策。但该阶段性优惠不适用5%征收率的项目。

2. 增值税一般纳税人符合规定的采用征收率计税，属于增值税税收优惠的组成部分。使用征收率计税就要求纳税人采用简易征税办法缴税，不能抵扣该项目相关的进项税额。

3. 采用征收率计算的税额，不能称其为销项税额，对于小规模纳税人直接就是应纳税额；对于一般纳税人，是其应纳税额的组成部分。

Unit 5

第五单元 税收优惠

查看本单元视频，快速GET知识点
使用"会计云课堂"App或"微信"扫码

增值税有多种税收优惠的形式，主要分为免税、即征即退、规定起征点、减按征收率计税等。每年都从这些知识点上命制单项选择题和多项选择题，有些知识点也容易在计算题和综合分析题中出现。

01 法定免税项目（★★）

增值税法定免税项目包括：（1）农业生产者销售的自产农产品；（2）避孕药品和用具；（3）古旧图书；（4）直接用于科学研究、科学试验和教学的进口仪器、设备；（5）外国政府、国际组织无偿援助的进口物资和设备；（6）由残疾人的组织直接进口供残疾人专用的物品；（7）销售自己使用过的物品，自己使用过的物品，是指其他个人自己使用过的物品。

【总结归纳】农业类——与农产品和农业生产相关的优惠：

项目	具体规定
自产农产品	农业生产者销售的自产农业产品免征增值税 【考点提示】制种企业在下列生产经营模式下生产销售种子，属于农业生产者销售自产农产品，免征增值税： 1. 制种企业利用自有土地或承租土地，雇用农户或雇工进行种子繁育，再经烘干、脱粒、风筛等深加工后销售种子 2. 制种企业提供亲本种子委托农户繁育并从农户手中收回，再经烘干、脱粒、风筛等深加工后销售种子
粮食和食用植物油	1. 对承担粮食收储任务的国有粮食购销企业销售的粮食免征增值税 2. 2014年5月1日起，上述免税政策范围由粮食扩大到粮食和大豆，并可对免税业务开具增值税专用发票 3. 其他粮食企业经营粮食用于军队用粮、救灾救济粮、水库移民口粮免征增值税，用于其他方面的照章征税；粮食部门经营的退耕还林还草补助粮，符合国家规定标准的可免征增值税 【考点提示】此项优惠限定了特定用途 4. 对销售食用植物油业务，除政府储备食用植物油的销售免征增值税外，一律照章征收增值税 【考点提示】此项优惠限定了特定品目

项目	具体规定
饲料	销售饲料免征增值税 【考点提示】宠物饲料不属于免征增值税的饲料

经典题解

【例题26·单选题】依据增值税的有关规定，下列销售行为中免征增值税的是（　　）。

A. 农业生产者销售外购的农业产品　　B. 国有粮食购销企业销售的食用植物油

C. 农贸市场批发和零售的蔬菜　　D. 商场销售的水产品罐头

【解析】选项A：农业生产者销售自产农产品免征增值税；选项B：国有粮食购销企业对外销售食用植物油业务，除政府储备食用植物油的销售免征增值税外，其余的一律征收增值税；选项C：对从事蔬菜批发、零售的纳税人销售蔬菜免征增值税；选项D：商场销售的水产品罐头适用基本税率计征增值税。

【答案】C

02 特定减免税项目和临时减免税项目（★）

（一）免征增值税的保障民生项目

1. 托儿所、幼儿园提供的保育和教育服务。养老机构提供的养老服务。残疾人福利机构提供的育养服务。
2. 为社区提供养老、托育、家政等服务的机构，提供社区养老、托育、家政服务取得的收入。
3. 婚姻介绍服务。
4. 殡葬服务。
5. 医疗机构提供的医疗服务。
6. 符合条件的家政服务企业提供家政服务取得的收入。

（二）免征增值税的符合规定的教育服务项目

1. 从事学历教育的学校提供的教育服务。
2. 政府举办的从事学历教育的高等、中等和初等学校（不含下属单位），举办进修班、培训班取得的全部归该学校所有的收入。
3. 政府举办的职业学校设立的主要为在校学生提供实习场所、并由学校出资自办、由学校负责经营管理、经营收入归学校所有的企业，从事《销售服务、无形资产、不动产注释》中“现代服务”（不含融资租赁服务、广告服务和其他现代服务）、“生活服务”（不含文化体育服务、其他生活服务和桑拿、氧吧）业务活动取得的收入。
4. 境外教育机构与境内从事学历教育的学校开展中外合作办学，提供学历教育服务取得的收入。

（三）免征增值税的特殊群体提供的应税服务

1. 残疾人员本人为社会提供的服务。
2. 学生勤工俭学提供的服务。

（四）免征增值税的农业类项目

1. 农业机耕、排灌、病虫害防治、植物保护、农牧保险以及相关技术培训业务，家禽、牲畜、水生动物的配种和疾病防治。

考点提示

自2020年1月1日起，动物诊疗机构提供的动物疾病预防、诊断、治疗和动物绝育手术等动物诊疗服务属于家禽、牲畜、水生动物的配种和疾病防治。

2. 纳税人采取转包、出租、互换、转让、入股等方式将承包地流转给农业生产者用于农业生产取得的收入。

3. 将土地使用权转让给农业生产者用于农业生产。

4. 纳税人将国有农用地出租给农业生产者用于农业生产。

5. 自2021年1月1日至2025年12月31日，对符合《进口种子种源免征增值税商品清单》的进口种子种源免征进口环节增值税。（新增）

（五）免征增值税的文化类项目

1. 纪念馆、博物馆、文化馆、文物保护单位管理机构、美术馆、展览馆、书画院、图书馆在自己的场所提供文化体育服务取得的第一道门票收入。

2. 寺院、宫观、清真寺和教堂举办文化、宗教活动的门票收入。

3. 个人转让著作权。

4. 2019年1月1日至2023年12月31日，对电影主管部门（包括中央、省、地市及县级）按照各自职能权限批准从事电影制片、发行、放映的电影集团公司（含成员企业）、电影制片厂及其他电影企业取得的销售电影拷贝（含数字拷贝）收入、转让电影版权（包括转让和许可使用）收入、电影发行收入以及在农村取得的电影放映收入。

5. 2019年1月1日至2023年12月31日，对广播电视运营服务企业收取的有线数字电视基本收视维护费和农村有线电视基本收视费。

（六）免征增值税的特殊运输相关的项目

1. 台湾航运公司、航空公司从事海峡两岸海上直航、空中直航业务在大陆取得的运输收入。

2. 纳税人提供的直接或者间接国际货物运输代理服务。

3. 2001年1月1日起，对铁路系统内部单位为本系统修理货车的业务免征增值税。

4. 自2022年1月1日至2022年12月31日，对纳税人提供公共交通运输服务取得的收入，免征增值税。（新增）

（七）免征增值税的金融、保险类收入

1. 以下利息收入

（1）国家助学贷款。

（2）国债、地方政府债。

（3）人民银行对金融机构的贷款。

（4）住房公积金管理中心用住房公积金在指定的委托银行发放的个人住房贷款。

（5）外汇管理部门在从事国家外汇储备经营过程中，委托金融机构发放的外汇贷款。

（6）统借统还业务中，企业集团或企业集团中的核心企业以及集团所属财务公司按不高于支付给金融机构的借款利率水平或者支付的债券票面利率水平，向企业集团或者集团内下属单位收取的利息。

统借方向资金使用单位收取的利息，高于支付给金融机构借款利率水平或者支付的债券票面利率水平的，应全额缴纳增值税。

（7）自 2017 年 12 月 1 日至 2023 年 12 月 31 日，对金融机构向农户、小型企业、微型企业及个体工商户发放小额贷款取得的利息收入。

小额贷款，是指单户授信小于 100 万元（含本数）的农户、小型企业、微型企业或个体工商户贷款；没有授信额度的，是指单户贷款合同金额且贷款余额在 100 万元（含本数）以下的贷款。

自 2019 年 8 月 20 日起，金融机构向小型企业、微型企业和个体工商户发放 1 年期以上（不含 1 年）至 5 年期以下（不含 5 年）小额贷款取得的利息收入，可选择中国人民银行授权全国银行间同业拆借中心公布的 1 年期贷款市场报价利率或 5 年期以上贷款市场报价利率，适用《财政部 税务总局关于金融机构小微企业贷款利息收入免征增值税政策的通知》（财税〔2018〕91 号）规定的免征增值税政策。

（8）自 2017 年 1 月 1 日至 2023 年 12 月 31 日，对经省级金融管理部门（金融办、局等）批准成立的小额贷款公司取得的农户小额贷款利息收入。

小额贷款，是指单笔且该农户贷款余额总额在 10 万元（含本数）以下的贷款。

（9）至 2025 年 12 月 31 日，对境外机构投资境内债券市场取得的债券利息收入暂免征收增值税。（调整）

2. 金融同业往来利息收入

（1）金融机构与人民银行所发生的资金往来业务。包括人民银行对一般金融机构贷款，以及人民银行对商业银行的再贴现等。

（2）银行联行往来业务。同一银行系统内部不同行、处之间所发生的资金账务往来业务。

（3）金融机构间的资金往来业务。是指经人民银行批准，进入全国银行间同业拆借市场的金融机构之间通过全国统一的同业拆借网络进行的短期（一年以下含一年）无担保资金融通行为。

3. 贴现业务

自 2018 年 1 月 1 日起，金融机构开展贴现、转贴现业务，以其实际持有票据期间取得的利息收入作为贷款服务的销售额计算缴纳增值税。此前贴现机构已就贴现利息收入全额缴纳增值税的票据，转贴现机构转贴现利息收入继续免征增值税。

4. 担保业务

自 2018 年 1 月 1 日至 2023 年 12 月 31 日，纳税人为农户、小型企业、微型企业及个体工商户借款、发行债券提供融资担保取得的担保费收入，以及为上述融资担保（以下称“原担保”）提供再担保取得的再担保费收入，免征增值税。再担保合同对应多个原担保合同的，原担保合同应全部适用免征增值税政策。否则，再担保合同应按规定缴纳增值税。

5. 下列金融商品转让收入

（1）自 2016 年 5 月 1 日起，人民币合格境外投资者（RQFII）委托境内公司在我国从事证券买卖业务，以及经人民银行认可的境外机构投资银行间本币市场取得的收入属于金融商品转让收入。

（2）香港市场投资者（包括单位和个人）通过沪港通买卖上海证券交易所上市A股。

（3）对香港市场投资者（包括单位和个人）通过基金互认买卖内地基金份额。

（4）证券投资基金（封闭式证券投资基金，开放式证券投资基金）管理人运用基金买卖股票、债券。

（5）个人从事金融商品转让业务。

6. 被撤销的金融机构以货物、不动产、无形资产、有价证券、票据等财产清偿债务。

7. 保险收入

（1）保险公司开办的一年期以上人身保险产品取得的保费收入。

（2）境内保险公司向境外保险公司提供的完全在境外消费的再保险服务。

（3）自2022年1月1日至2025年12月31日，对境内单位和个人发生的下列出口货物保险免征增值税：①以出口货物为保险标的的产品责任保险；②以出口货物为保险标的的产品质量保证保险。（新增）

（八）免征增值税的科技类收入和项目

1. 纳税人提供技术转让、技术开发和与之相关的技术咨询、技术服务享受免征增值税优惠。

技术转让、技术开发，是指《销售服务、无形资产、不动产注释》中“转让技术”“研发服务”范围内的业务活动。技术咨询，是指就特定技术项目提供可行性论证、技术预测、专题技术调查、分析评价报告等业务活动。

与技术转让、技术开发相关的技术咨询、技术服务，是指转让方（或者受托方）根据技术转让或者开发合同的规定，为帮助受让方（或者委托方）掌握所转让（或者委托开发）的技术，而提供的技术咨询、技术服务业务，且这部分技术咨询、技术服务的价款与技术转让或者技术开发的价款应当在同一张发票上开具。

2. 对科学研究机构、技术开发机构、学校、党校（行政学院）、图书馆进口国内不能生产或性能不能满足需求的科学研究、科技开发和教学用品，免征进口关税和进口环节增值税、消费税。（调整）

3. 对出版物进口单位为科研院所、学校、党校（行政学院）、图书馆进口用于科研、教学的图书、资料等，免征进口环节增值税。（新增）

4. 自2021年1月1日至2023年12月31日，对研发机构采购国产设备，全额退还增值税。研发机构享受采购国产设备退税政策，应于首次申报退税时，向主管税务机关办理退税备案手续。（新增）

（九）免征增值税的不动产、土地使用权类项目

1. 个人销售自建自用住房。

2. 2019年1月1日至2023年12月31日，对经营公租房所取得的租金收入。

3. 涉及家庭财产分割的个人无偿转让不动产、土地使用权。

4. 土地所有者出让土地使用权和土地使用者将土地使用权归还给土地所有者。

土地所有者依法征收土地，并向土地使用者支付土地及其相关有形动产、不动产补偿费的行为，属于土地使用者将土地使用权归还给土地所有者的情形。

5. 县级以上地方人民政府或自然资源行政主管部门出让、转让或收回自然资源使用权（不含土地使用权）。

6. 个人将购买不足2年的住房对外销售的，按照5%的征收率全额缴纳增值税；个人将购买2年以上（含2年）的住房对外销售的，免征增值税。上述政策适用于北京市、上海市、广州市和深圳市之外的地区。

个人将购买不足2年的住房对外销售的，按照5%的征收率全额缴纳增值税；个人将购买2年以上（含2年）的非普通住房对外销售的，以销售收入减去购买住房价款后的差额按照5%的征收率缴纳增值税；个人将购买2年以上（含2年）的普通住房对外销售的，免征增值税。上述政策仅适用于北京市、上海市、广州市和深圳市。

易错易混

时间	住房			非住房
	普通住房	非普通住房		
	全国	北上广深之外地区	北上广深	全国
购买2年（含）以上	免税		差额纳税	差额纳税
购买不足2年	全额纳税			

（十）免征增值税的就业类项目

1. 随军家属就业

为安置随军家属就业而新开办的企业，自领取税务登记证之日起，其提供的应税服务3年内免征增值税。

从事个体经营的随军家属，自办理税务登记事项之日起，其提供的应税服务3年内免征增值税。

2. 军队转业干部就业

从事个体经营的军队转业干部，自领取税务登记证之日起，其提供的应税服务3年内免征增值税。

为安置自主择业的军队转业干部就业而新开办的企业，凡安置自主择业的军队转业干部占企业总人数60%（含）以上的，自领取税务登记证之日起，其提供的应税服务3年内免征增值税。

（十一）免征增值税的社会团体收取的会费

社会团体，是指依照国家有关法律法规设立或登记并取得《社会团体法人登记证书》的非营利法人。会费，是指社会团体在国家法律法规、政策许可的范围内，依照社团章程的规定，收取的个人会员、单位会员和团体会员的会费。

（十二）符合条件的合同能源管理服务免征增值税

（十三）福利彩票、体育彩票的发行收入免征增值税

（十四）民生类临时免税政策

1. 自2019年1月1日起至2023年12月31日，对边销茶生产企业销售自产的边销茶及经销企业销售的边销茶免征增值税。

2. 自2012年1月1日起，对从事蔬菜批发、零售的纳税人销售蔬菜免征增值税。

3. 自2012年10月1日起，对从事农产品批发、零售的纳税人销售的部分鲜活肉蛋产品免征增值税。

免征增值税的鲜活肉产品，是指猪、牛、羊、鸡、鸭、鹅及其整块或者分割的鲜肉、冷藏或者冷冻肉，内脏、头、尾、骨、蹄、翅、爪等组织。

免征增值税的鲜活蛋产品，是指鸡蛋、鸭蛋、鹅蛋，包括鲜蛋、冷藏蛋以及对其进行破壳分离的蛋液、蛋黄和蛋壳。

4. 自2019年1月1日至2023年12月31日，饮水工程运营管理单位向农村居民提供生活用水取得的自来水销售收入，免征增值税。

（十五）减按征收率计税或免税

罕见病药品	自2019年3月1日起，增值税一般纳税人生产销售和批发、零售罕见病药品，可选择按照简易办法依照3%征收率计算缴纳增值税；进口罕见病药品，减按3%征收进口环节增值税
抗癌药品	自2018年5月1日起，增值税一般纳税人生产销售和批发、零售抗癌药品，可选择按照简易办法依照3%征收率计算缴纳增值税；进口抗癌药品，减按3%征收进口环节增值税
抗艾滋病病毒药品	1. 自2019年1月1日至2023年12月31日，继续对国产抗艾滋病病毒药品免征生产环节和流通环节增值税 2. 自2021年1月1日至2030年12月31日，对卫生健康委委托进口的抗艾滋病病毒药物，免征进口关税和进口环节增值税

（十六）孵化服务

2019年1月1日至2023年12月31日，国家级、省级科技企业孵化器、大学科技园和国家备案众创空间对其向在孵对象提供孵化服务取得的收入，免征增值税。（调整）

孵化服务是指为在孵对象提供的经纪代理、经营租赁、研发和技术、信息技术、鉴证咨询服务。

在孵对象是指符合认定和管理办法规定的孵化企业、创业团队和个人。

（十七）货物期货交割

自2018年11月30日至2023年11月29日，对经国务院批准对外开放的货物期货品种保税交割业务，暂免征收增值税。

期货交易中实际交割的货物，如果发生进口或者出口的，统一按照现行货物进出口税收政策执行。

即：保税交割——暂免征税；进出口交割——执行进出口政策。

（十八）扶贫货物捐赠

1. 自2019年1月1日至2025年12月31日，对单位或者个体工商户将自产、委托加工或购买的货物通过公益性社会组织、县级及以上人民政府及其组成部门和直属机构，或直接无偿捐赠给目标脱贫地区的单位和个人，免征增值税。在政策执行期限内，目标脱贫地区实现脱贫的，可继续适用免征增值税政策。（调整）

“目标脱贫地区”包括832个国家扶贫开发工作重点县、集中连片特困地区县（新疆阿克苏地区6县1市享受片区政策）和建档立卡贫困村。

2. 在2015年1月1日至2018年12月31日期间已发生的符合上述条件的扶贫货物捐赠，可追溯执行上述增值税政策。

3. 之前已征收入库的按上述规定应予免征的增值税税款，可抵减纳税人以后月份应缴纳的增值税税款或者办理税款退库。已向购买方开具增值税专用发票的，应将专用发票追回后方可办理免税。无法追回专用发票的，不予免税。

（十九）北京2022年冬奥会和冬残奥会的主要优惠政策

享受免税或退税的主体	内容
奥林匹克转播服务公司、奥林匹克频道服务公司、国际奥委会电视与市场开发服务公司、奥林匹克文化与遗产基金、官方计时公司	取得的与北京冬奥会有关的收入，免征增值税
国际赞助计划、全球供应计划、全球特许计划的赞助商、供应商、特许商及其分包商	根据协议向北京冬奥组委提供指定货物或服务，免征增值税、消费税
国际（残）奥委会及其相关实体	1. 其境内机构因赞助、捐赠北京冬奥会以及根据协议出售的货物或服务免征增值税的，对应的进项税额可用于抵扣本企业其他应税项目所对应的销项税额，对在2022年12月31日仍无法抵扣的留抵税额可予以退还 2. 2019年6月1日至2022年12月31日期间，因从事与北京冬奥会相关的工作而在中国境内发生的指定清单内的货物或服务采购支出对应的增值税额，可由退税实体凭发票及北京2022年冬奥会和冬残奥会组织委员会开具的证明文件，按照发票上注明的税额，向国家税务总局指定的部门申请退还（调整）
北京冬奥组委	1. 取得的电视转播权销售分成收入、国际奥委会全球合作伙伴计划分成收入（实物和资金），免征增值税 2. 对组委会市场开发计划取得的国内外赞助收入、转让无形资产（如标志）特许权收入、销售门票收入，与中国集邮总公司合作发行纪念邮票收入、与中国人民银行合作发行纪念币收入，来源于广播、互联网、电视等媒体收入，免征增值税 3. 取得的餐饮服务、住宿、租赁、介绍服务和收费卡收入，免征应缴纳的增值税

享受免税或退税的主体	内容
北京 2022 年冬奥会、冬残奥会、测试赛参与者	1. 企业根据赞助协议向北京冬奥组委免费提供的与北京 2022 年冬奥会、冬残奥会、测试赛有关的服务，免征增值税 2. 期间受邀临时来华从事奥运相关工作的外籍顾问以及裁判员等外籍技术官员取得的由北京冬奥组委、测试赛赛事组委会支付的劳务报酬，免征增值税和个人所得税 3. 期间裁判员等中方技术官员取得的由北京冬奥组委、测试赛赛事组委会支付的劳务报酬，免征应缴纳的增值税 4. 参与者向北京冬奥组委无偿提供服务和无偿转让无形资产，免征增值税

（二十）杭州 2022 年亚运会和亚残运会

1. 组委会取得的电视转播权销售分成收入、赞助计划分成收入（货物和资金），免征增值税。

2. 对组委会市场开发计划取得的国内外赞助收入、转让无形资产（如标志）特许权收入、宣传推广费收入、销售门票收入及所发收费卡收入，与中国集邮总公司合作发行纪念邮票收入、与中国人民银行合作发行纪念币收入，来源于广播、因特网、电视等媒体收入，免征增值税。

3. 对组委会赛后出让资产取得的收入，免征增值税和土地增值税。

4. 对企业根据赞助协议向组委会免费提供的与杭州亚运会有关的服务，免征增值税。适用免征增值税政策的服务，仅限于赞助企业与组委会签订的赞助协议中列明的服务。赞助企业应对上述服务单独核算，未单独核算的，不得适用免税政策。（新增）

（二十一）新型冠状病毒感染的肺炎疫情防控相关优惠

1. 支持复工复产政策

为支持广大个体工商户在做好新冠肺炎疫情防控同时加快复工复业，自 2020 年 3 月 1 日起，增值税政策如下：

时间	湖北省增值税小规模纳税人	除湖北省外的增值税小规模纳税人
2020 年 3 月 1 日至 2021 年 3 月 31 日	适用 3%征收率的应税销售收入，免征增值税；适用 3%预征率的预缴增值税项目，暂停预缴增值税	适用 3%征收率的应税销售收入，减按 1%征收率征收增值税；适用 3%预征率的预缴增值税项目，减按 1%预征率预缴增值税
2021 年 4 月 1 日至 2022 年 3 月 31 日（调整）	适用 3%征收率的应税销售收入，减按 1%征收率征收增值税；适用 3%预征率的预缴增值税项目，减按 1%预征率预缴增值税	
2022 年 4 月 1 日至 2022 年 12 月 31 日（新增）	适用 3%征收率的应税销售收入，免征增值税；对适用 3%预征率的预缴增值税项目，暂停预缴增值税	

考点提示

增值税小规模纳税人适用3%征收率应税销售收入免征增值税的，应按规定开具免税普通发票。纳税人选择放弃免税并开具增值税专用发票的，应开具征收率为3%的增值税专用发票。增值税小规模纳税人取得应税销售收入，纳税义务发生时间在2022年3月31日前，已按3%或者1%征收率开具增值税发票，发生销售折让、中止或者退回等情形需要开具红字发票的，应按照对应征收率开具红字发票；开票有误需要重新开具的，应按照对应征收率开具红字发票，再重新开具正确的蓝字发票。

2. 制造业中小微企业延缓缴纳部分税费（新增）

自2021年11月1日起，对制造业中小微企业（含个人独资企业、合伙企业、个体工商户）延缓缴纳部分税费。

【适用企业】制造业中型企业是指国民经济行业分类中行业门类为制造业，且年销售额2000万元以上（含2000万元）4亿元以下（不含4亿元）的企业。制造业小微企业是指国民经济行业分类中行业门类为制造业，且年销售额2000万元以下（不含2000万元）的企业。

销售额是指应征增值税销售额，包括纳税申报销售额、稽查查补销售额、纳税评估调整销售额。适用增值税差额征税政策的，以差额后的销售额确定。

（1）延缓缴纳2021年第四季度部分税费并在2022年继续延缓

国家税务总局、财政部关于制造业中小微企业延缓缴纳2021年第四季度部分税费政策，缓缴期限继续延长6个月。上述企业2021年第四季度延缓缴纳的税费在2022年1月1日后继续延缓政策施行前已缴纳入库的，可自愿选择申请办理退税（费）并享受延续缓缴政策。

（2）延缓缴纳2022年第一季度、第二季度部分税费

①符合政策规定条件的制造业中小微企业，在依法办理纳税申报后，制造业中型企业可以延缓缴纳政策规定的各项税费金额的50%，制造业小微企业可以延缓缴纳政策规定的全部税费，延缓的期限为6个月。延缓期限届满，纳税人应依法缴纳相应月份或者季度的税费。

②制造业中小微企业年销售额按以下方式确定：

a. 截至2021年12月31日成立满一年的企业，按照所属期为2021年1月至2021年12月的销售额确定。

b. 截至2021年12月31日成立不满一年的企业，按照“所属期截至2021年12月31日的销售额÷实际经营月份×12个月”的销售额确定。

c. 2022年1月1日及以后成立的企业，按照“实际申报期销售额÷实际经营月份×12个月”的销售额确定。

③延缓缴纳的税费包括所属期为2022年1月、2月、3月、4月、5月、6月（按月缴纳）或者2022年第一季度、第二季度（按季缴纳）的企业所得税、个人所得税、国内增值税、国内消费税及附征的城市维护建设税、教育费附加、地方教育附加，不包括代扣代缴、代收代缴以及向税务机关申请代开发票时缴纳的税费。

对于在政策施行前已缴纳入库的所属期为2022年1月的上述税费，企业可自愿选择申请办理退税（费）并享受缓缴政策。

（3）纳税人不符合规定条件，骗取享受缓缴税费政策的，税务机关将依照《中华人民共和国税收征收管理法》（以下简称《税收征管法》）及其实施细则等有关规定严肃处理。

(4) 符合规定条件的制造业中小微企业，符合《税收征管法》及其实施细则规定可以申请延期缴纳税款的，仍然可以依法申请办理延期缴纳税款。

(二十二) 销售二手车

自 2020 年 5 月 1 日至 2023 年 12 月底，对二手车经销企业销售旧车减按销售额0.5%征收增值税。

(二十三) 供热企业

对供热企业向居民个人供热收取的采暖费收入免征增值税。享受免征增值税的采暖费收入必须与其他应税收入分别核算，否则不得享受免征增值税的优惠政策。

向居民供热取得的采暖费收入，包括供热企业直接向居民收取的、通过其他单位向居民收取的和由单位代居民缴纳的采暖费。

(二十四) 特定区域的特定减免

1. 中国（上海）自由贸易试验区

自 2021 年 1 月 1 日至 2024 年 12 月 31 日，对注册在洋山特殊综合保税区内的企业，在洋山特殊综合保税区内提供交通运输服务、装卸搬运服务和仓储服务取得的收入，免征增值税。

2. 粤港澳大湾区建设

自 2020 年 10 月 1 日至 2023 年 12 月 31 日，对注册在广州市的保险企业向注册在南沙自贸片区的企业提供国际航运保险业务取得的收入，免征增值税。

经典题解

【真题 27 · 单选题】 根据规定，下列项目免征增值税的是（　　）。（2016 年）

A. 销售不动产　　B. 退役士兵创业就业

C. 个人转让著作权　　D. 飞机修理劳务

【解析】 选项 A：除另有规定外，其他销售不动产行为没有免税规定；选项 B：按一定金额扣减增值税；选项 C：免征增值税；选项 D：实际税负超过 6%的部分即征即退。

【答案】 C

【例题 28 · 多选题】 下列项目中，免征增值税的有（　　）。

A. 幼儿园收取的与幼儿入园挂钩的赞助费

B. 学生勤工俭学提供的服务

C. 职业培训机构提供的培训收入

D. 福利彩票发行收入

E. 婚姻介绍服务

【解析】 选项 A：以开办实验班、特色班和兴趣班等为由另外收取的费用以及与幼儿入园挂钩的赞助费、支教费等超过规定范围的收入，不属于免征增值税的收入。选项 C：从事学历教育的学校提供的教育服务免征增值税，但从事学历教育的学校，不包括职业培训机构等国家不承认学历的教育机构。

【答案】 BDE

【例题29·单选题】某供热企业为增值税一般纳税人，2022年2月取得不含税供热收入860万元，其中向居民个人收取120万元，当月外购原材料取得增值税专用发票注明税额60万元。该企业2022年2月应缴纳增值税（　　）万元。

A. 6.6　　B. 11.8　　C. 14.97　　D. 17.4

【解析】对供热企业向居民个人供热而取得的采暖费收入免征增值税。对应的可以抵扣的进项税额按比例分摊计算，可以抵扣的进项税额＝60×（860－120）/860＝51.63（万元）。该企业当月应纳增值税＝（860－120）×9%－51.63＝14.97（万元）。

【答案】C

【真题30·单选题】下列金融服务免征增值税的是（　　）。（2021年）

A. 证券公司转让有价证券

B. 保险公司提供财产保险服务

C. 企业集团内单位之间的资金无偿借贷行为

D. 银行对大型企业的贷款业务

【解析】选项ABD：照章缴纳增值税。选项C：免征增值税。

【答案】C

（二十五）海南自由贸易港免税、保税政策

1. 离岛免税

2020年7月1日起，海南离岛旅客，包括年满16周岁的乘飞机、火车、轮船离岛（不包括离境）国内外旅客，包括海南省居民，实行限值、限量、限品种免进口税购物，在实施离岛免税政策的免税商店（以下称“离岛免税店”）内或经批准的网上销售窗口付款，在机场、火车站、港口码头指定区域提货离岛的税收优惠政策。离岛免税政策免税税种为关税、进口环节增值税和消费税。

离岛旅客每年每人免税购物额度为10万元人民币，不限次数。超出免税限额、限量的部分，照章征收进境物品进口税。

2. 进出岛航班加注保税航油（新增）

全岛封关运作前，允许进出海南岛国内航线航班在岛内国家正式对外开放航空口岸加注保税航油，对其加注的保税航油免征关税、增值税和消费税，自愿缴纳进口环节增值税的，可在报关时提出。

（二十六）图书批发、零售（新增）

自2021年1月1日起至2023年12月31日，免征图书批发、零售环节增值税。

（二十七）中国国际服务贸易交易会展期内销售的进口展品（新增）

对于2021年至2023年期间举办的中国国际服务贸易交易会（以下称“服贸会”），对服贸会每个展商在展期内销售的进口展品，按《展品清单》规定的数量或金额上限，免征进口关税、进口环节增值税和消费税。《展品清单》所列1～5类展品，每个展商享受税收优惠的销售数量不超过列表规定；其他展品，每个展商享受税收优惠的销售金额不超过2万美元。享受税收优惠的展品不包括烟、酒、汽车、列入《进口不予免税的重大技术装备和产品

目录》的商品、濒危动植物及其产品，以及国家禁止进口商品。

对展期内销售的超出《展品清单》规定数量或金额上限的展品，以及展期内未销售且在展期结束后又不退运出境的展品，按照国家有关规定照章征税。

03 即征即退政策（★）

【归纳】

行为	具体政策
提供飞机维修劳务	对增值税实际税负超过6%的部分实行即征即退的政策
销售自行开发生产的软件产品	对其增值税实际税负超过3%的部分实行即征即退政策
销售自主开发生产的动漫软件	
提供有形动产融资租赁和售后回租服务	
提供管道运输服务	
销售自产的利用风力生产的电力产品	实行增值税即征即退50%政策

（一）动漫产品和软件产品（★★）

1. 自2018年5月1日至2023年12月31日，对动漫企业增值税一般纳税人销售其自主开发生产的动漫软件，按照基本税率征收增值税后，对其增值税实际税负超过3%的部分，实行即征即退政策。动漫软件出口免征增值税。

2. 软件产品增值税政策

（1）增值税一般纳税人销售其自行开发生产的软件产品，按基本税率征收增值税后，对其增值税实际税负超过3%的部分实行即征即退政策。

（2）增值税一般纳税人将进口软件产品进行本地化改造后对外销售，其销售的软件产品可享受第（1）款规定的增值税即征即退政策。

本地化改造是指对进口软件产品进行重新设计、改进、转换等，单纯对进口软件产品进行汉字化处理不包括在内。

（3）软件产品增值税即征即退税额的计算：

即征即退税额=当期软件产品增值税应纳税额-当期软件产品销售额×3%

当期软件产品增值税应纳税额=当期软件产品销项税额-当期软件产品可抵扣进项税额

当期软件产品销项税额=当期软件产品销售额×适用税率

经典题解

【真题31·多选题】根据增值税一般纳税人即征即退政策的规定，下列说法正确的有（　　）。（2020年）

A. 对提供有形动产融资租赁服务增值税实际税负超过5%的部分即征即退

B. 对销售自产磷石膏资源综合利用产品，增值税即征即退70%

C. 对提供管道运输服务增值税实际税负超过3%的部分即征即退

D. 对销售自产的利用风力生产的电力产品，增值税即征即退70%

E. 对销售自行开发生产的软件产品增值税实际税负超过3%的部分即征即退

【解析】 选项A：对提供有形动产融资租赁服务增值税实际税负超过3%的部分实行即征即退政策。选项D：对销售自产的利用风力生产的电力产品，增值税即征即退50%。

【答案】 BCE

【例题32·单选题】 某软件开发企业为增值税一般纳税人，2021年12月销售自产软件产品取得不含税收入300万元，购进办公用品，取得一般纳税人开具的增值税专用发票，注明金额152.94万元，本月领用其中40%，该软件开发企业当月实际缴纳的增值税（　　）万元。

A. 25　　B. 9　　C. 10.12　　D. 19.12

【解析】 软件专利技术属于无形资产，但是软件产品属于有形动产。办公用品可抵进项税，且增值税进项税凭票抵扣，采用购进扣税法。应纳的增值税＝300×13%－152.94×13%＝19.12（万元）。但软件产品销售享受增值税实际税负超过3%的部分即征即退的政策，则3%的实际税负＝300×3%＝9（万元），超过9万元的部分即征即退，实际缴纳的增值税为9万元。

【答案】 B

（4）嵌入式软件产品增值税即征即退税额的计算方法：

①即征即退税额＝当期嵌入式软件产品增值税应纳税额－当期嵌入式软件产品销售额×3%

②当期嵌入式软件产品增值税应纳税额＝当期嵌入式软件产品销项税额－当期嵌入式软件产品可抵扣进项税额

③当期嵌入式软件产品销项税额＝当期嵌入式软件产品销售额×适用税率

④当期嵌入式软件产品销售额＝当期嵌入式软件产品与计算机硬件、机器设备销售额合计－当期计算机硬件、机器设备销售额

计算机硬件、机器设备销售额按照下列顺序确定：

a. 按纳税人最近同期同类货物的平均销售价格计算确定。

b. 按其他纳税人最近同期同类货物的平均销售价格计算确定。

c. 按计算机硬件、机器设备组成计税价格计算确定。

计算机硬件、机器设备组成计税价格＝计算机硬件、机器设备成本×（1+10%）

对增值税一般纳税人随同计算机硬件、机器设备一并销售的嵌入式软件产品，如果按照组成计税价格计算确定计算机硬件、机器设备销售额的，应当分别核算嵌入式软件产品与计算机硬件、机器设备部分的成本。凡未分别核算或者核算不清的，不得享受规定的增值税优惠政策。

增值税一般纳税人在销售软件产品的同时销售其他货物或者应税劳务的，对于无法划分的进项税额，应按照实际成本或销售收入比例确定软件产品应分摊的进项税额；对专用于软件产品开发生产设备及工具的进项税额，不得进行分摊。纳税人应将选定的分摊方式报主管税务机关备案，并自备案之日起一年内不得变更。

考点提示

专用于软件产品开发生产的设备及工具，包括但不限于用于软件设计的计算机设备、读写打印器具设备、工具软件、软件平台和测试设备。

经典题解

【例题 33·单选题】 某软件开发企业（增值税一般纳税人）2021 年 12 月销售自行开发生产的嵌入式软件产品和相关计算机设备，共取得不含税销售额 400 万元（含设备销售额 160 万元），已开具增值税专用发票；本月购进材料取得增值税专用发票注明的增值税为 35 万元（含专用于软件产品开发生产工具的进项税额 2 万元）。该企业向税务机关备案按照销售额比重分摊进项税额，则该企业上述业务实际缴纳的增值税为（　　）万元。

A. 13.6　　B. 14.4　　C. 14.8　　D. 18

【解析】 应纳税额 = 400×13% − 35 = 52 − 35 = 17（万元）

嵌入式软件产品应纳税额 =（400 − 160）×13% − 2 −（35 − 2）×（400 − 160）÷400 = 31.2 − 2 − 19.8 = 9.4（万元）

即征即退税额 = 9.4 −（400 − 160）×3% = 9.4 − 7.2 = 2.2（万元）

企业实际缴纳增值税 = 17 − 2.2 = 14.8（万元）。

【答案】 C

（二）安置残疾人

对安置残疾人的单位和个体工商户，由税务机关按纳税人安置残疾人的人数，限额即征即退增值税。

安置的每位残疾人每月可退还的增值税具体限额，由县级以上税务机关根据纳税人所在区县（含县级市、旗）适用的经省（含自治区、直辖市、计划单列市）人民政府批准的月最低工资标准的4 倍确定。

（三）资源类——资源综合利用产品和劳务（调整）

增值税一般纳税人销售自产的资源综合利用产品和提供资源综合利用劳务（以下称“销售综合利用产品和劳务”），可享受增值税即征即退政策，自 2022 年 3 月 1 日起，实行以下政策。

1. 综合利用的资源名称、综合利用产品和劳务名称、技术标准和相关条件、退税比例等按照《资源综合利用产品和劳务增值税优惠目录（2022 年版）》的相关规定执行。

2. 纳税人从事《目录》所列的资源综合利用项目，其申请享受增值税即征即退政策时，应同时符合下列条件：

（1）纳税人在境内收购的再生资源，应按规定从销售方取得增值税发票；适用免税政策的，应按规定从销售方取得增值税普通发票。销售方为依法依规无法申领发票的单位或者从事小额零星经营业务的自然人，应取得销售方开具的收款凭证及收购方内部凭证，或者税务机关代开的发票。小额零星经营业务是指自然人从事应税项目经营业务的销售额不超过增值税按次起征点的业务。

纳税人从境外收购的再生资源，应按规定取得海关进口增值税专用缴款书，或者从销售方取得具有发票性质的收款凭证、相关税费缴纳凭证。

纳税人应当取得上述发票或凭证而未取得的，该部分再生资源对应产品的销售收入不得适用即征即退规定。

不得适用即征即退规定的销售收入 = 当期销售综合利用产品和劳务的销售收入×（纳税人应当取得发票或凭证而未取得的购入再生资源成本÷当期购进再生资源的全部成本）

纳税人应当在当期销售综合利用产品和劳务销售收入中剔除不得适用即征即退政策部分的销售收入后，计算可申请的即征即退税额：

可申请退税额 =［（当期销售综合利用产品和劳务的销售收入 - 不得适用即征即退规定的销售收入）× 适用税率 - 当期即征即退项目的进项税额］× 对应的退税比例

（2）纳税人应建立再生资源收购台账，留存备查。

（3）销售综合利用产品和劳务，不属于发展改革委《产业结构调整指导目录》中的淘汰类、限制类项目。

（4）销售综合利用产品和劳务，不属于生态环境部《环境保护综合名录》中的“高污染、高环境风险”产品或重污染工艺。

（5）综合利用的资源，属于生态环境部《国家危险废物名录》列明的危险废物的，应当取得省级或市级生态环境部门颁发的《危险废物经营许可证》，且许可经营范围包括该危险废物的利用。

（6）纳税信用级别不为 C 级或 D 级。

（7）纳税人申请享受即征即退政策时，申请退税税款所属期前 6 个月（含所属期当期）不得发生下列情形：

①因违反生态环境保护的法律法规受到行政处罚（警告、通报批评或单次 10 万元以下罚款、没收违法所得、没收非法财物除外；单次 10 万元以下含本数，下同）。

②因违反税收法律法规被税务机关处罚（单次 10 万元以下罚款除外），或发生骗取出口退税、虚开发票的情形。

04 出版物的先征后退政策（★）

自 2018 年 1 月 1 日起至 2023 年 12 月 31 日，执行下列增值税先征后退政策。

1. 对下列出版物在出版环节执行增值税 100% 先征后退的政策：

（1）中国共产党和各民主党派的各级组织的机关报纸和机关期刊，各级人大、政协、政府、工会、共青团、妇联、残联、科协的机关报纸和机关期刊，新华社的机关报纸和机关期刊，军事部门的机关报纸和机关期刊。

上述各级组织不含其所属部门。机关报纸和机关期刊增值税先征后退范围掌握在一个单位一份报纸和一份期刊以内。

（2）专为少年儿童出版发行的报纸和期刊，中小学的学生教科书。

（3）专为老年人出版发行的报纸和期刊。

（4）少数民族文字出版物。

（5）盲文图书和盲文期刊。

（6）经批准在内蒙古、广西、西藏、宁夏、新疆五个自治区内注册的出版单位出版的出版物。

（7）列入财政部 税务总局公告 2021 年第 10 号附件 1 的图书、报纸和期刊。

2. 对下列出版物在出版环节执行增值税先征后退 50% 的政策：

（1）各类图书、期刊、音像制品、电子出版物，但上述规定执行增值税 100% 先征后退的出版物除外。

（2）列入财政部 税务总局公告 2021 年第 10 号附件 2 的报纸。

3. 对下列印刷、制作业务执行增值税 100%先征后退的政策：

（1）对少数民族文字出版物的印刷或制作业务。

（2）列入财政部 税务总局公告 2021 年第 10 号附件 3 的新疆维吾尔自治区印刷企业的印刷业务。

05 扣减增值税规定（★）

1. 退役士兵创业就业

对自主就业退役士兵从事个体经营的，自办理个体工商户登记当月起，在 3 年（36 个月，下同）内按每户每年 12000 元为限额依次扣减其当年实际应缴纳的增值税、城市维护建设税、教育费附加、地方教育附加和个人所得税。限额标准最高可上浮 20%，各省、自治区、直辖市人民政府可根据本地区实际情况在此幅度内确定具体限额标准。

企业招用自主就业退役士兵，与其签订 1 年以上期限劳动合同并依法缴纳社会保险费的，自签订劳动合同并缴纳社会保险当月起，在 3 年内按实际招用人数予以定额依次扣减增值税、城市维护建设税、教育费附加、地方教育附加和企业所得税优惠。定额标准为每人每年 6000 元，最高可上浮 50%，各省、自治区、直辖市人民政府可根据本地区实际情况在此幅度内确定具体定额标准。

2. 重点群体创业就业

建档立卡贫困人口、持《就业创业证》（注明“自主创业税收政策”或“毕业年度内自主创业税收政策”）或《就业失业登记证》（注明“自主创业税收政策”）的人员，从事个体经营的，自办理个体工商户登记当月起，在 3 年（36 个月）内按每户每年 12000 元为限额依次扣减其当年实际应缴纳的增值税、城市维护建设税、教育费附加、地方教育附加和个人所得税。限额标准最高可上浮 20%，各省、自治区、直辖市人民政府可根据本地区实际情况在此幅度内确定具体限额标准。

3. 增值税税控系统专用设备和技术维护费用抵减增值税税额有关政策

增值税纳税人 2011 年 12 月 1 日（含）以后初次购买增值税税控系统专用设备（包括分开票机）支付的费用以及缴纳的技术维护费（不含补缴的 2011 年 11 月 30 日以前的技术维护费），可在增值税应纳税额中全额抵减。具体规定如下表：

<table>
<tr><th>行为</th><th colspan="2">抵税规则</th></tr>
<tr><td rowspan="2">购买税控系统专用设备</td><td>初次购买</td><td>可凭购买增值税税控系统专用设备取得的增值税专用发票，在增值税应纳税额中全额抵减（抵减额为价税合计额），不足抵减的可结转下期继续抵减</td></tr>
<tr><td>非初次购买</td><td>费用由其自行负担，不得在增值税应纳税额中抵减。即一般纳税人只能凭专用发票抵扣进项税额但不能以价税合计额抵减应纳税额</td></tr>
<tr><td>支付技术维护费</td><td colspan="2">可凭技术维护服务单位开具的技术维护费发票，在增值税应纳税额中全额抵减，不足抵减的可结转下期继续抵减</td></tr>
</table>

考点提示

1. 增值税一般纳税人支付的两项费用在增值税应纳税额中全额抵减的，其增值税专用发票不作为增值税抵扣凭证，其进项税额不得从销项税额中抵扣。即价税合计抵税后，该发票不能再次抵扣进项税额。

2. 增值税防伪税控系统专用设备包括金税卡、IC卡、读卡器或金税盘、报税盘，但不包括税控收款机，也不包括电脑、打印机等通用设备。

【案例精析】 某企业为增值税一般纳税人，2022年4月采购原材料，取得的增值税专用发票注明货款100000元，增值税13000元，同月初次购买增值税防伪税控系统专用设备，取得的增值税专用发票注明价款4000元，增值税520元，当月该企业不含增值税销售额150000元，则该企业当月应纳增值税＝150000×13%－13000－（4000+520）＝1980（元）。

经典题解

【真题34·多选题】 关于增值税税收优惠，下列说法正确的有（　　）。（2021年）

A. 对纳税人销售自产的利用风力生产的电力产品，实行增值税即征即退50%的政策

B. 纳税人初次购买增值税税控系统专用设备支付的费用以及缴纳的技术维护费可在增值税应纳税额中全额抵减

C. 对安置残疾人的单位和个体工商户，由税务机关按纳税人安置残疾人的人数，限额扣减增值税

D. 自主就业退役士兵从事个体经营的，自办理个体工商户登记当月起，在3年内予以先征后返增值税

E. 企业招用建档立卡贫困人口，自签订劳动合同并缴纳社会保险当月起，在3年内按实际招用人数予以定额即征即退增值税

【解析】 选项C：对安置残疾人的单位和个体工商户，由税务机关按纳税人安置残疾人的人数，限额即征即退增值税。选项D：对自主就业退役士兵从事个体经营的，自办理个体工商户登记当月起，在3年（36个月，下同）内按每户每年12000元为限额依次扣减其当年实际应缴纳的增值税、城市维护建设税、教育费附加、地方教育附加和个人所得税。选项E：企业招用建档立卡贫困人口，与其签订1年以上期限劳动合同并依法缴纳社会保险费的，自签订劳动合同并缴纳社会保险当月起，在3年内按实际招用人数予以定额依次扣减增值税、城市维护建设税、教育费附加、地方教育附加和企业所得税。

【答案】 AB

【真题35·单选题】 关于小规模纳税人增值税的税务处理，下列说法正确的是（　　）。（2020年）

A. 购进税控收款机支付的增值税不得抵减当期应纳增值税

B. 计税销售额为不含税销售额

C. 销售使用过的固定资产按照5%征收率减按1.5%计算应纳税额

D. 购进复印纸可以凭取得的增值税电子普票抵扣进项税额

【解析】 选项A：增值税小规模纳税人购置税控收款机，经主管税务机关审核批准后，可凭购进税控收款机取得的增值税专用发票，按照发票上注明的增值税税额，抵免当期应纳增值

税，或者按照购进税控收款机取得的普通发票上注明的价款，按规定计算可抵免的税额。选项C：个人出租住房或者住房租赁企业中的增值税小规模纳税人向个人出租住房，按照5%征收率减按1.5%计算应纳税额。选项D：小规模纳税人采用简易计税方法计税，不得抵扣进项税额。

【答案】 B

06 个人起征点和对小规模纳税人的特殊优惠（★★★）

1. 起征点

对个人销售额未达到规定的增值税起征点的，免征增值税；达到起征点的，依照规定全额计算缴纳增值税。

考点提示

增值税起征点的适用范围限于个人，不包括登记为一般纳税人的个体工商户。

增值税起征点的幅度规定如下：

按期纳税的	月销售额5000元~20000元（含本数）
按次纳税的	每次（日）销售额300元~500元（含本数）

经典题解

【真题36·单选题】 关于增值税起征点的规定，下列说法正确的是（　　）。（2018年）

A. 仅对销售额中超过起征点的部分征税

B. 对自然人销售额未达到规定起征点的，免征增值税

C. 起征点的调整由各省、自治区、直辖市税务局规定

D. 起征点的适用范围包括自然人和登记为一般纳税人的个体工商户

【解析】 选项AB：对个人销售额未达到规定的增值税起征点的，免征增值税；达到起征点的，依照规定全额计算缴纳增值税。选项C：起征点的调整由财政部和国家税务总局规定。选项D：增值税起征点的适用范围限于个人，包括个体工商户和其他个人，但不包括登记为一般纳税人的个体工商户。

【答案】 B

2. 对小规模纳税人的免征增值税规定

（1）自2021年4月1日起，小规模纳税人发生增值税应税销售行为，合计月销售额未超过15万元(以1个季度为1个纳税期的，季度销售额未超过45万元，下同）的，免征增值税。

小规模纳税人发生增值税应税销售行为，合计月销售额超过15万元，但扣除本期发生的销售不动产的销售额后未超过15万元的，其销售货物、劳务、服务、无形资产取得的销售额免征增值税。

（2）适用增值税差额征税政策的小规模纳税人，以差额后的销售额确定是否可以享受上述规定的免征增值税政策。

（3）按固定期限纳税的小规模纳税人可以选择以1个月或1个季度为纳税期限，一经选择，一个会计年度内不得变更。

易错易混

按月（季）计税的小规模纳税人收入状况	征免税政策运用
销售货物、劳务、服务、无形资产+销售不动产≤15万元（季度45万元）	销售货物、劳务、服务、无形资产以及销售不动产的收入均免征增值税
销售货物、劳务、服务、无形资产+销售不动产>15万元（季度45万元），但销售货物、劳务、服务、无形资产≤15万元（季度45万元）	销售货物、劳务、服务、无形资产的收入免征增值税，但销售不动产收入缴纳增值税
享受差额计税的项目，计算差额后的销售额≤15万元（季度45万元）	免征增值税

经典题解

【例题37·多选题】关于其他个人和按月纳税的小规模纳税人2021年4月1日以后的增值税政策，下列说法正确的有（　　）。

A. 小规模纳税人合计月销售额超过15万元，但扣除本期发生的销售不动产销售额后未超过15万元的，其销售货物、劳务、服务、无形资产取得的销售额免征增值税

B. 适用增值税差额征税政策的小规模纳税人，以差额后的销售额确定是否可以享受月销售额15万元及以下免征增值税政策

C. 月销售额15万元以下（含本数）的增值税小规模纳税人，免征增值税

D. 按现行规定应当预缴增值税税款的小规模纳税人，凡在预缴地实现的月销售额未超过15万元的，当期无须预缴税款

E. 其他个人一次性收取两个月房屋租金20万元，不能享受免征增值税政策

【解析】选项E：其他个人（除个体工商户以外的自然人），采取一次性收取租金形式出租不动产取得的租金收入，可在对应的租赁期内平均分摊，分摊后月租金未超过15万元的（20万元÷2=10万元），免征增值税。

【答案】ABCD

Unit 6

第六单元　增值税计税方法（★★★）

查看本单元视频，快速GET知识点
使用“会计云课堂”App或“微信”扫码

增值税的计税方法，包括一般计税方法、简易计税方法和扣缴计税方法。

计税方法	适用主体	计算税额公式
一般计税方法	一般纳税人	当期应纳增值税税额=当期销项税额-当期进项税额 【考点提示】一般纳税人销售货物、提供应税劳务和销售服务、无形资产或者不动产适用一般计税方法计税（另有规定除外）

计税方法	适用主体	计算税额公式
简易计税方法	①小规模纳税人 ②一般纳税人的特定情形	当期应纳增值税税额＝当期销售额×征收率 【考点提示】小规模纳税人销售货物、提供应税劳务和销售服务、无形资产或者不动产适用简易计税方法计税。一般纳税人发生财政部和国家税务总局规定的特定应税行为，可以选择适用简易计税方法计税（部分行为必须选择），一经选择，36个月内不得变更
扣缴计税方法	扣缴义务人	境外单位或者个人在境内发生应税行为，在境内未设有经营机构的，扣缴义务人按照规定公式和适用税率计算应扣缴税额 应扣缴税额＝接受方支付的价款÷（1+税率）×税率

经典题解

【真题38·单选题】境外自然人为境内单位提供宣传画册设计服务，境内单位支付含税服务费10300元。境内单位应扣缴增值税（　　）元。（2019年）

A. 0　　B. 300.00　　C. 583.02　　D. 618.00

【解析】不论设计服务费的支付对象是境外单位还是个人，境内支付单位应依照适用税率扣缴增值税。应扣缴增值税＝10300÷（1+6%）×6%＝583.02（元）。

【答案】C

▶ Unit 7

第七单元　一般计税方法应纳税额的计算

查看本单元视频，快速GET知识点
使用“会计云课堂”App或“微信”扫码

01　销项税额（★★★）

一般纳税人销售货物或提供应税劳务，销售服务、无形资产或者不动产，按照销售额和税法规定的税率计算并收取的增值税额为销项税额。具体公式如下：

销项税额＝销售额×税率

经典题解

【真题39·单选题】某企业为增值税一般纳税人，2019年4月提供汽车租赁服务，开具增值税专用发票，注明金额50万元；提供汽车车身广告位出租服务，开具增值税专用发票，注明金额60万元；出租上月购置房屋，开具增值税专用发票，注明金额100万元。该企业当月上述业务增值税销项税额（　　）万元。（2019年）

A. 15.60　　B. 18.90　　C. 23.30　　D. 25.60

【解析】本题看上去简单，但涉及三个知识点，一是不同增值税征税项目的辨析，车身广告位出租属于有形动产租赁，房屋出租属于不动产租赁；二是不同经营行为增值税税率的差异；三是销项税额计算公式的运用。该企业当月上述业务增值税销项税额=（50+60）×13%+100×9%=23.30（万元）。

【答案】 C

【归纳】 销项税额是纳税人按规定自行计算出来的，计税依据是不含增值税的销售额。在具体运算时，销售额主要分为三类情况：一般销售的销售额；视同销售行为的销售额；特殊销售方式下的销售额。

1. 一般销售的销售额

销售额为纳税人发生应税销售行为收取的全部价款和价外费用。

所谓价外费用，包括销售方在价外向购买方收取的手续费、补贴、基金、集资费、返还利润、奖励费、违约金、滞纳金、延期付款利息、赔偿金、代收款项、代垫款项、包装费、优质费以及其他各种性质的价外收费。

【归纳1】 销售额的一般规定：

销售额中包含的项目	销售额中不包含的项目
（1）收取的全部价款 （2）收取的价外费用 （3）消费税等价内税金	（1）收取的销项税额 （2）受托加工应征消费税的消费品所代收代缴的消费税 （3）符合条件的代垫运输费用（符合条件是指：①承运部门的运输费用发票开具给购买方的；②纳税人将该项发票转交给购买方的） （4）符合条件代为收取的政府性基金或者行政事业性收费 （5）销售货物同时代办保险等收取的保险费，以及向购买方收取的代购买方缴纳的车辆购置税、车辆牌照费

【归纳2】 价款和税款合并收取的销售额的换算：

增值税的销售额不包括收取的增值税销项税额，因为增值税是价外税，增值税税金不是销售额的组成部分，如果纳税人取得的是价税合计金额，还需换算成不含增值税的销售额。

需要强调的是，一般情况下，与销售有因果连带关系的价外费用都应看作含税销售额，即向购买方收取的价外费用应视为含税收入，在征税时换算成不含税收入，再并入销售额中，计算销项税额。

含税收入的常见情况	换算公式
（1）商业企业零售价 （2）普通发票上注明的金额 （3）价税合并收取的金额 （4）价外费用一般为含税收入 （5）并入销售额征税的包装物押金一般为含税收入	销售额=含增值税销售额÷（1+税率）

2. 视同销售行为的销售额

纳税人销售价格明显偏低且无正当理由或者有视同销售应税销售行为而无销售额者，在计算时，销售额要按照如下规定的顺序来确定，不能随意跨越次序：

（1）按纳税人最近时期同类应税销售行为的平均销售价格确定。

（2）按其他纳税人最近时期同类应税销售行为的平均销售价格确定。

（3）按组成计税价格确定。

组成计税价格的计算公式：

①非应税消费品

组成计税价格=成本×（1+成本利润率）

【解释】公式中的成本是指：销售自产货物的，为实际生产成本；销售外购货物的，为实际采购成本。用这个公式组价的货物不涉及消费税，公式里的成本利润率为10%。

②应税消费品

组成计税价格=成本×（1+成本利润率）+消费税

或在从价计征消费税的情况下：

组成计税价格=成本×（1+成本利润率）÷（1-消费税比例税率）

【解释】应征消费税的货物，其组成计税价格中应包括消费税税额。这里的消费税税额包括从价计算、从量计算、复合计算的全部消费税税额。公式中的成本利润率要按照消费税政策中规定的成本利润率确定。

3. 特殊销售方式下的销售额

特殊销售方式	销售额的确定
折扣方式销售	①折扣销售（商业折扣）：销售额和折扣额在同一张发票上的“金额”栏分别注明的，可按折扣后的销售额计算征收增值税；仅在“备注”栏注明折扣额或将折扣额另开发票的，折扣额不得从销售额中扣除 ②销售折扣（现金折扣）：折扣额不得从销售额中减除 ③销售折让：开具红字专用发票的，折让额可以从销售额中减除
以旧换新方式销售	①一般货物按新货同期销售价格确定销售额，不得减除旧货收购价格 ②金银首饰以旧换新按销售方实际收到的不含增值税的全部价款（差价）征税
还本销售方式销售	销售额就是货物的销售价格，不能扣除还本支出
以物易物方式销售	①双方以各自发出货物核算销售额并计算销项税额 ②双方是否能抵扣进项税额还要看能否取得对方开具的增值税专用发票，是否用于可抵扣项目等因素
直销企业销售货物	直销企业的经营模式主要有两种：一是直销员按照批发价向直销企业购买货物，再按照零售价向消费者销售货物。二是直销员仅起到中介介绍作用，直销企业按照零售价向直销员介绍的消费者销售货物，并另外向直销员支付报酬。根据直销企业的经营模式，直销企业增值税的销售额的确定分以下两种： 第一，直销企业先将货物销售给直销员，直销员再将货物销售给消费者的，直销企业的销售额为其向直销员收取的全部价款和价外费用。直销员将货物销售给消费者时，应按照现行规定缴纳增值税 第二，直销企业通过直销员向消费者销售货物，直接向消费者收取货款，直销企业的销售额为其向消费者收取的全部价款和价外费用

特殊销售方式	销售额的确定
单独核算的包装物押金	①一般货物（酒类除外，下同）一年以内且未超过企业规定期限，不并入销售额征税（啤酒、黄酒适用一般货物包装物押金的增值税税务处理规则） ②一般货物一年以内但超过企业规定期限，应并入销售额征税 ③一般货物一年以上，应并入销售额征税 ④酒类包装物押金，收到就并入销售额征税（黄酒、啤酒除外）

考点提示1

折扣销售与销售折扣的增值税税务处理有不同的规定，不能混淆。

经典题解

【真题40·单选题】某工业企业为增值税一般纳税人，2020年6月销售货物，开具增值税专用发票注明金额300万元，在同一张发票金额栏注明的折扣金额共计50万元，为鼓励买方及早付款，实行现金折扣N/90，1/45，2/30，买方于第45天付款。该企业上述业务销项税额（　　）万元。（2020年）

A. 32.11　　B. 32.50　　C. 39.00　　D. 38.61

【解析】现金折扣是为了鼓励购货方及时偿还货款而给予的折扣优待，现金折扣不得从销售额中减除。采用商业折扣方式销售的，销售额和折扣额在同一张发票上的"金额"栏分别注明的，可按折扣后的销售额计算征收增值税。该企业上述业务销项税额＝（300−50）×13%＝32.5（万元）。

【答案】B

【例题41·单选题】某商场为增值税一般纳税人。2022年5月举办促销活动，全部商品8折销售。实际取得含税收入380000元，销售额和折扣额均在同一张发票的金额栏上分别注明。上月销售商品本月发生退货，向消费者退款680元（开具了红字增值税发票），该商场当月销项税额是（　　）元。

A. 43638.58　　B. 43716.81　　C. 64600.00　　D. 80750.00

【解析】当月销项税额＝380000/（1+13%）×13%−680/（1+13%）×13%＝43638.58（元）。

【答案】A

考点提示2

金银首饰的以旧换新政策与其他货物的以旧换新政策有不同的规定，不能混淆。

经典题解

【真题42·单选题】某金店为增值税一般纳税人。2019年4月采取以旧换新方式零售金银首饰，向顾客收取差价20万元。已知旧款金银首饰回收折价5万元。该金店当月增值税销项税额（　　）万元。（2019年）

A. 0.58　　B. 1.73　　C. 2.30　　D. 2.88

【解析】该金店当月增值税销项税额=20÷（1+13%）×13%=2.30（万元）。

【答案】C

考点提示3

以物易物的情况下，需要果断确定销项税额，慎重确定可以抵扣的进项税额。

经典题解

【例题43·单选题】甲贸易公司为增值税一般纳税人，2022年4月以不含税价格为15万元的玉米与乙公司（一般纳税人）不含税价格为8万元的罐头进行交换，差价款由乙公司以银行存款支付，双方均向对方开具增值税专用发票，假定当月取得的相关票据符合税法规定，购进用途合理并在当月抵扣进项税，甲贸易公司当月应缴纳增值税（　　）万元。

A. 0.31　　B. 0.91　　C. 0.63　　D. 1.35

【解析】以物易物首先要确定销项税，进项税要看换入货物的用途以及是否取得了增值税专用发票，更要关注交换货物税率是否一致。本题目中玉米的增值税税率是9%；罐头的增值税税率是13%，甲贸易公司当月应纳的增值税=15×9%−8×13%=0.31（万元）。

【答案】A

考点提示4

包装物押金是常考内容，非常重要。并入销售额计税的包装物押金属于含税金额，计税时应先将其换算为不含税金额。

经典题解

【例题44·单选题】某生产企业（增值税一般纳税人），2022年5月销售化工产品取得含税销售额793.26万元，为销售货物出借包装物收取押金15.21万元，约定3个月内返还；当月没收逾期未退还包装物的押金1.3万元。该企业2022年5月上述业务计税销售额为（　　）万元。

A. 679.11　　B. 691　　C. 703.15　　D. 794.56

【解析】没收逾期未退的包装物押金应价税分离计入销售额。该企业2022年5月上述业务计税销售额=（793.26+1.3）÷（1+13%）=703.15（万元）。

【答案】C

【例题45·单选题】2022年5月，某酒厂（增值税一般纳税人）销售粮食白酒和啤酒给副食品公司，其中白酒开具增值税专用发票，收取不含税价款50000元，另外收取包装物押金3000元；啤酒开具普通发票，收取的价税合计款23400元，另外收取包装物押金1500元。副食品公司按合同约定，于2022年7月将白酒、啤酒包装物全部退还给酒厂，并取回全部押金。就此项业务，该酒厂2022年5月计算的增值税销项税额应为（　　）元。

A. 9537.17　　B. 10117.95　　C. 12335.90　　D. 12553.85

【解析】该酒厂2022年5月增值税销项税额=50000×13%+（23400+3000）/（1+13%）×13%=9537.17（元）。

【答案】A

02 “营改增”关于销售额的特殊规定（★★★）

考点提示

核心内容是对销售额进行扣减。

1. 金融商品转让，按照卖出价扣除买入价后的余额为销售额。

转让金融商品出现的正负差，按盈亏相抵后的余额为销售额。若相抵后出现负差，可结转下一纳税期与下期转让金融商品销售额相抵，但年末时仍出现负差的，不得转入下一个会计年度。

金融商品的买入价，可以选择按照加权平均法或者移动加权平均法进行核算，选择后36个月内不得变更。

金融商品转让，不得开具增值税专用发票。

纳税人无偿转让股票时，转出方以该股票的买入价为卖出价，按照“金融商品转让”计算缴纳增值税；在转入方将上述股票再转让时，以原转出方的卖出价为买入价，按照“金融商品转让”计算缴纳增值税。

【案例精析】 甲企业以10元/股（含税，下同）购入的股票3万股无偿转让给乙企业，则视同甲企业以10元/股平价转让了股票。乙企业虽然是无偿取得股票，但视同10元/股为买入价。如果乙企业转让上述股票，转让价16元/股，则：（16−10）/（1+6%）为每股销售额。

单位将其持有的限售股在解禁流通后对外转让，按照《国家税务总局关于营改增试点若干征管问题的公告》（国家税务总局公告2016年第53号）第五条规定确定的买入价，低于该单位取得限售股的实际成本价的，以实际成本价为买入价计算缴纳增值税。

经典题解

【真题46·单选题】 某企业为增值税一般纳税人，2016年5月买入A上市公司股票，买入价280万元，支付手续费0.084万元。当月卖出其中的50%，发生买卖负差10万元。2016年6月，卖出剩余的50%，卖出价200万元，支付手续费0.06万元，印花税0.2万元。该企业2016年6月应缴纳增值税（ ）万元。（以上价格均为含税价格）（2016年）

A. 3.00　　B. 3.38　　C. 2.81　　D. 2.83

【解析】 金融商品转让，按照卖出价扣除买入价后的余额为销售额，同一会计年度内转让金融商品出现的正负差，按盈亏相抵后的余额为销售额。该企业2016年6月应缴纳增值税＝（200−280×50%−10）÷（1+6%）×6%＝2.83（万元）。

【答案】 D

2. 经纪代理服务，以取得的全部价款和价外费用，扣除向委托方收取并代为支付的政府性基金或者行政事业性收费后的余额为销售额。向委托方收取的政府性基金或者行政事业性收费，不得开具增值税专用发票。

3. 融资租赁和融资性售后回租业务

纳税人及业务状况		增值税计税规则
经中国人民银行、银监会或者商务部批准从事融资租赁业务的试点纳税人	融资租赁服务	以取得的全部价款和价外费用，扣除支付的借款利息（包括外汇借款和人民币借款利息）、发行债券利息和车辆购置税后的余额为销售额
	融资性售后回租服务	以取得的全部价款和价外费用（不含本金），扣除对外支付的借款利息（包括外汇借款和人民币借款利息）、发行债券利息后的余额作为销售额

4. 航空运输企业的销售额，不包括代收的机场建设费和代售其他航空运输企业客票而代收转付的价款。

航空运输销售代理企业提供境外航段机票代理服务，以取得的全部价款和价外费用，扣除向客户收取并支付给其他单位或者个人的境外航段机票结算款和相关费用后的余额为销售额。其中，支付给境内单位或者个人的款项，以发票或行程单为合法有效凭证；支付给境外单位或者个人的款项，以签收单据为合法有效凭证，税务机关对签收单据有疑义的，可以要求其提供境外公证机构的确认证明。

航空运输销售代理企业提供境内机票代理服务，以取得的全部价款和价外费用，扣除向客户收取并支付给航空运输企业或其他航空运输销售代理企业的境内机票净结算款和相关费用后的余额为销售额。其中，支付给航空运输企业的款项，以国际航空运输协会（IATA）开账与结算计划（BSP）对账单或航空运输企业的签收单据为合法有效凭证；支付给其他航空运输销售代理企业的款项，以代理企业间的签收单据为合法有效凭证。航空运输销售代理企业就取得的全部价款和价外费用，向购买方开具行程单，或开具增值税普通发票。

5. 一般纳税人提供客运场站服务，以其取得的全部价款和价外费用，扣除支付给承运方运费后的余额为销售额。

6. 纳税人提供旅游服务，可以选择以取得的全部价款和价外费用，扣除向旅游服务购买方收取并支付给其他单位或者个人的住宿费、餐饮费、交通费、签证费、门票费和支付给其他接团旅游企业的旅游费用后的余额为销售额。

选择上述办法计算销售额的纳税人，向旅游服务购买方收取并支付的上述费用，不得开具增值税专用发票，可以开具普通发票。

7. 纳税人提供建筑服务适用简易计税方法的，以取得的全部价款和价外费用扣除支付的分包款后的余额为销售额。

8. 房地产开发企业中的一般纳税人销售其开发的房地产项目（选择简易计税方法的房地产老项目除外），以取得的全部价款和价外费用，扣除受让土地时向政府部门支付的土地价款后的余额为销售额。

“向政府部门支付的土地价款”，包括土地受让人向政府部门支付的征地和拆迁补偿费用、土地前期开发费用和土地出让收益等。

房地产开发企业中的一般纳税人销售其开发的房地产项目（选择简易计税方法的房地产老项目除外），在取得土地时向其他单位或个人支付的拆迁补偿费用也允许在计算销售额时扣除。纳税人按上述规定扣除拆迁补偿费用时，应提供拆迁协议、拆迁双方支付和取得拆迁补偿费用凭证等能够证明拆迁补偿费用真实性的材料。

经典题解

【真题 47 · 单选题】关于增值税销售额的特殊规定，下列说法正确的是（　　）。（2021 年）

A. 提供客运场站服务，以取得的全部价款和价外费用为销售额

B. 提供经纪代理服务，以取得的全部价款和价外费用为销售额

C. 提供签证代理服务，以取得的全部价款和价外费用为销售额

D. 金融机构开展贴现业务，以其实际持有票据期间取得的利息收入作为贷款服务销售额

【解析】选项 A：一般纳税人提供客运场站服务，以其取得的全部价款和价外费用，扣除支付给承运方运费后的余额为销售额。选项 B：经纪代理服务，以取得的全部价款和价外费用，扣除向委托方收取并代为支付的政府性基金或者行政事业性收费后的余额为销售额。选项 C：纳税人提供签证代理服务，以取得的全部价款和价外费用，扣除向服务接受方收取并代为支付给外交部和外国驻华使（领）馆的签证费、认证费后的余额为销售额。

【答案】D

【例题 48 · 单选题】金融机构提供贷款服务，增值税计税销售额是（　　）。

A. 贷款利息收入扣除存款利息支出后的余额

B. 贷款利息收入扣除金融服务收取的手续费后的余额

C. 取得的全部利息及利息性质的收入

D. 取得的全部利息收入扣除借款利息后的余额

【解析】贷款服务，以提供贷款服务取得的全部利息及利息性质的收入为销售额。

【答案】C

【真题 49 · 多选题】关于增值税计税销售额，下列说法正确的有（　　）。（2018 年）

A. 航空运输服务，代收的机场建设费不计入计税销售额

B. 以物易物方式销售货物，双方以各自发出的货物核算销售额

C. 销售折扣方式销售货物，折扣额不得从销售额中扣除

D. 客运场站服务，以其取得的全部价款和价外费用为计税销售额

E. 贷款服务以实收利息和应收未收利息之和为计税销售额

【解析】选项 D：一般纳税人提供的客运场站服务，以其取得的全部价款和价外费用扣除支付给承运方运费后的余额为销售额。选项 E：贷款服务，以提供贷款服务取得的全部利息及利息性质的收入为销售额。

【答案】ABC

【真题 50 · 多选题】关于增值税销售额的规定，下列说法正确的有（　　）。（2019 年）

A. 航空运输企业以向购买者收取的全部价款和价外费用为销售额，包括机场建设费

B. 纳税人提供旅游服务，可以选择以全部价款和价外费用，扣除向旅游服务购买方收取并支付给其他单位或者个人的住宿费、餐饮费、交通费、签证费、门票费和支付给其他接团旅游企业的旅游费用后的余额为销售额

C. 一般纳税人跨县（市、区）提供建筑服务适用简易计税方法的，以取得的全部价款

和价外费用扣除支付的分包款后的余额为销售额

D. 纳税人提供劳务派遣服务，按照一般计税方法计税的，应以取得的全部价款和价外费用为销售额

E. 纳税人提供签证代理服务，以取得的全部价款和价外费用，扣除向服务接受方收取并代为支付给外交部和外国驻华使（领）馆的签证费、认证费后的余额为销售额

【解析】 选项 A：航空运输企业的销售额不包括代收的机场建设费和代售其他航空运输企业客票而代收转付的价款。

【答案】 BCDE

【真题 51 · 多选题】 一般纳税人提供劳务派遣服务，选择差额纳税时允许扣除的项目有（　　）。（2021 年）

A. 为劳务派遣人员办理的住房公积金　　B. 代用工单位支付给劳务派遣员工的福利

C. 为劳务派遣人员办理的社会保险金　　D. 代用工单位支付给劳务派遣员工的工资

E. 劳务派遣公司收取的管理费

【解析】 一般纳税人提供劳务派遣服务，可以选择差额纳税，以取得的全部价款和价外费用，扣除代用工单位支付给劳务派遣员工的工资、福利和为其办理社会保险及住房公积金后的余额为销售额。

【答案】 ABCD

记忆技巧

增值税差额计税规定是税法（Ⅰ）的高频考点，结合上述政策内容，笔者编写了记忆口诀，考生可在理解政策规定的基础上运用口诀加强记忆，如果考生看不懂口诀，说明政策学习不到位，请理解到位后再记忆口诀：金融商品买卖差；经纪政府和事业；融资租赁要辨析，扣除、税率皆有异；航运代票建设费；客运场站付运费；旅游不算食住行、签证门票接团费；建筑简易扣分包；房开政府土地价；人力外包和派遣，可扣工薪和保险。

03 可以从销项税额中抵扣的进项税额的一般规定——凭票抵扣（★★★）

进项税额，是指纳税人购进货物或者接受加工、修理修配劳务、服务、购进无形资产或者不动产，支付或者负担的增值税税额。

考点提示

进项税额有三方面的意义：（1）必须是增值税一般纳税人，才允许抵扣进项税额；（2）产生进项税额的行为必须是购进货物或接受加工、修理修配劳务或接受应税服务、购进无形资产、不动产；（3）支付或者负担的增值税税额是指支付给销货方、应税劳务和服务的提供方、无形资产或不动产的转让方，或者购买方自己负担的增值税税额。

由于在增值税的计算中，进项税额是作为销项税额的减项在公式中出现的，故哪些可以抵扣，哪些不可以抵扣就成为必须掌握的重要问题。凭票抵扣是增值税管理的重要特点，但是在某些特殊情况下，允许纳税人按符合规定的非增值税专用发票（如农产品收购发票、农

产品销售发票等）自行计算进项税额抵扣。

一般情况下，进项税额需要凭票抵扣。由于购进方的进项税额一般与销售方的销项税额对应。故进项税额在正常情况下包括：

（1）从销售方或提供方取得的增值税专用发票（含税控机动车销售统一发票）上注明的增值税税额。

（2）从海关取得的海关进口增值税专用缴款书上注明的增值税税额。

（3）从境外单位或者个人购进劳务、服务、无形资产或者境内的不动产，自税务机关或者扣缴义务人处取得的代扣代缴税款的完税凭证上注明的增值税税额。

（4）纳税人支付道路通行费取得的收费公路通行费增值税电子普通发票上注明的增值税税额。

（5）购进国内旅客运输服务取得的增值税电子普通发票上注明的增值税税额。

【特别归纳】随着“营改增”全面开展，目前可抵扣增值税进项税额的扣税凭证：

扣税凭证		适用情况	备注
凭票抵扣进项税的票据	（1）增值税专用发票	境内采购货物和接受应税劳务、服务，购买无形资产、不动产	由境内供货方或提供方、转让方开具，亦或由其主管税务机关代开
	（2）机动车销售统一发票	购买机动车	由境内机动车销售业务的从事者开具，或由其主管税务机关代开
	（3）海关进口增值税专用缴款书	进口货物	报关地海关开具
	（4）完税凭证	从境外单位或者个人购进劳务、服务、无形资产或者境内的不动产	自税务机关或者扣缴义务人处取得的代扣代缴税款的完税凭证
	（5）增值税电子普通发票	（1）支付道路通行费 （2）购进国内旅客运输服务	销售方开具
计算抵扣进项税的票据	（1）农产品收购发票	收购免税农产品	收购方开具
	（2）农产品销售发票	收购免税农产品	销售方开具，或由其主管税务机关代开
	（3）通行费发票（非财政票据）	桥、闸通行费	收费方开具
	（4）注明旅客身份信息的行程单、车票、客票	购进国内旅客运输服务	销售方开具

04 进项税额抵扣的特殊情况之一——计算抵扣（★★★）

1. 购进农产品计算抵扣进项税

购进方没有取得增值税专用发票、海关进口增值税专用缴款书，但可以自行计算进项税额抵扣的情况——购进农产品，除取得增值税专用发票或者海关进口增值税专用缴款书外，按照农产品收购发票或者销售发票上注明的农产品买价和规定的扣除率计算进项税额抵扣。进项税额计算公式为：

进项税额=买价×扣除率

【解释 1】公式中的“买价”包括两个因素，一是包括纳税人购进农产品在农产品收购发票或者销售发票上注明的价款，二是包括按规定缴纳的烟叶税，即收购烟叶由收购方缴纳的烟叶税，计入计算抵扣进项税的买价之中。

公式中的“扣除率”为9%，但购进后用于深加工适用基本税率的目的货物的，扣除率有不同的规定。针对纳税人购进农产品用于生产或委托加工13%税率货物的，在9%扣除率的基础上加计1%扣除，实际扣除率为10%。其中，9%是凭票据实抵扣或凭票计算抵扣进项税额；1%是在生产领用农产品当期加计抵扣进项税额。（新增）

【归纳】 扣除率具体规定：

<table>
<tr><th rowspan="2">项目</th><th colspan="2">销售方情况</th><th colspan="4">购买方抵扣规则</th></tr>
<tr><th>销售方性质</th><th>征免情况</th><th>扣税依据的票据</th><th>抵扣公式的“买价”</th><th>一般扣除率</th><th>目的货物适用基本税率的扣除率</th></tr>
<tr><td>农业生产者销售自产农产品</td><td rowspan="2">一般纳税人和小规模纳税人</td><td rowspan="2">免税</td><td>农产品销售发票或收购发票</td><td>发票注明的买价</td><td>9%</td><td>10%</td></tr>
<tr><td>批发、零售农产品（肉、蛋、菜）享受免税的</td><td colspan="4">不论有无发票，均不得计算抵扣进项税</td></tr>
<tr><td rowspan="2">批发、零售农产品未享受免税的</td><td>一般纳税人</td><td>9%税率计税</td><td rowspan="3">增值税专用发票</td><td rowspan="3">增值税专用发票注明的金额</td><td rowspan="3">9%</td><td rowspan="3">10%</td></tr>
<tr><td>小规模纳税人</td><td>3%征收率计税</td></tr>
<tr><td>销售粮食和大豆</td><td>国有粮食购销企业</td><td>免税</td></tr>
</table>

经典题解

【例题 52·单选题】 某食品厂为增值税一般纳税人，2022年5月从农民手中购进小麦用于加工糕点并于当月全部领用，收购发票上注明买价5万元，向一般纳税人支付运费，取得增值税专用发票，注明金额为0.6万元。本月销售糕点等，取得不含税销售额20万元，假定当月取得的相关票据均符合税法规定并在当月抵扣进项税，该厂当月应纳增值税（　　）万元。

A. 2.70　　B. 1.45　　C. 2.05　　D. 2.10

【解析】 本题考核增值税税率、扣除率的运用。可抵扣的增值税进项税额=5×10%+0.6×9%=0.55（万元）；应纳的增值税=20×13%-0.55=2.05（万元）。

【答案】 C

【真题53·单选题】某生产企业为增值税一般纳税人，生产销售货物适用税率9%。2020年1月从农业生产者购进免税农产品，开具农产品收购发票，注明金额为40万元；从小规模纳税人购入农产品，取得增值税专用发票，注明金额8万元、税额0.24万元。假设农产品未纳入核定扣除范围，取得增值税扣税凭证当月计算抵扣进项税。该企业当月可抵扣进项税额为（　　）万元。（2020年）

A. 3.84　　B. 3.60　　C. 4.24　　D. 4.32

【解析】考查购进农产品进项税额的扣除。从按照简易计税方法依照3%征收率计算缴纳增值税的小规模纳税人取得增值税专用发票的，以增值税专用发票上注明的金额和9%的扣除率计算进项税额。该企业当月可抵扣进项税额=40×9%+8×9%=4.32（万元）。

【答案】D

【真题54·单选题】某生产企业为增值税一般纳税人（未实行农产品进项税额核定扣除），2021年3月，从小规模纳税人购入初级农业产品，取得增值税专用发票上注明金额100000元、税额1000元，当月全部领用生产适用税率13%的货物。该批农产品可抵扣进项税额（　　）元。（2021年）

A. 13000　　B. 9000　　C. 10000　　D. 1000

【解析】纳税人购进农产品，从依照3%征收率计算缴纳增值税的小规模纳税人取得增值税专用发票的，以增值税专用发票上注明的金额和9%的扣除率计算进项税额；纳税人购进农产品用于生产或者委托加工13%税率货物的，按照10%的扣除率计算进项税额。但本题明确小规模纳税人是按照享受优惠政策1%征收率开具的增值税专用发票，故不得享受上述政策，只能凭票面税额抵扣进项税额。

【答案】D

【解释2】收购烟叶准予抵扣的进项税额=（收购烟叶实际支付的价款总额+烟叶税应纳税额）×扣除率

公式中的烟叶税应纳税额=收购烟叶实际支付的价款总额×税率（20%）

易错易混

计算抵扣增值税进项税的收购烟叶实际支付的价款总额与烟叶税计算公式中的实际支付的价款总额不一定是同一个数字。烟叶税计算中的实际支付的价款总额=烟叶收购价款×（1+10%）。计算抵扣增值税公式中的“收购烟叶实际支付的价款总额”含纳税人实际支付的收购价款和实际支付的价外补贴，体现的是实际支付金额。但计算烟叶税的“实际支付价款总额”是纳税人实际支付的收购价款和按照10%比例计算出来的价外补贴，与实际支付的价外补贴可能存在金额差异。

【案例精析】2022年5月，某烟叶收购单位（增值税一般纳税人）向烟农收购晾晒烟叶用于加工烟丝并于当月全部领用，在收购发票上注明收购价款8万元，未支付价外补贴，则：

应纳烟叶税=8×（1+10%）×20%=1.76（万元）

计算抵扣增值税进项税=（8+1.76）×10%=0.98（万元）。

本题适用10%的扣除率（9%+1%的扣除率）。计算烟叶税时，要考虑固定比例10%的价外补贴；但计算抵扣增值税进项税时，须使用实际支付的价外补贴。

2. 支付通行费的进项税

通行费，是指有关单位依法或者依规设立并收取的过路、过桥和过闸费用。

增值税一般纳税人支付的道路通行费，按照增值税电子普通发票上注明的增值税额抵扣进项税额，或凭取得的通行费发票（不含财政票据，下同）上注明的收费金额计算可抵扣的进项税额。

通行费种类	进项税的抵扣	政策把握要点
公路通行费	按照收费公路通行费增值税电子普通发票上注明的增值税额抵扣进项税额	凭票抵扣进项税
桥、闸通行费	可抵扣进项税额＝桥、闸通行费发票上注明的金额÷（1+5%）×5%	计算抵扣进项税

【案例精析】某企业（一般纳税人）在 2022 年 3 月的经营中，支付桥、闸通行费 6825 元，取得通行费发票（非财政票据）；支付高速公路通行费，取得增值税电子普通发票注明税额 246 元，则该企业上述发票可抵扣进项税：

进项税＝6825÷（1+5%）×5%+246＝325+246＝571（元）。

3. 购进国内旅客运输服务的进项税

自 2019 年 4 月 1 日起，纳税人购进国内旅客运输服务，其进项税额允许从销项税额中抵扣。

易错易混

项目	可抵	不可抵
旅客身份	与本单位建立了合法用工关系的中国籍或外国籍雇员	非雇员，如：客户、业务合作关系的人员、员工家属等
客运地点	国内旅客运输服务	国际（国外或跨国）旅客运输服务
客运目的	用于生产经营所需	集体福利或者个人消费

【归纳】国内旅客运输服务进项税抵扣的票据及计算公式：

购进国内旅客运输服务取得的票据	允许抵扣的进项税
增值税专用发票	发票上注明的税额
增值税电子普通发票	发票上注明的税额
注明旅客身份信息的航空运输电子客票行程单	航空旅客运输进项税额＝(票价+燃油附加费）÷（1+9%）×9% 【考点提示】民航发展基金不作为计算进项税额的基数
注明旅客身份信息的铁路车票	铁路旅客运输进项税额＝票面金额÷（1+9%）×9%
注明旅客身份信息的公路、水路等其他客票	公路、水路等其他旅客运输进项税额＝票面金额÷（1+3%）×3%

【案例精析】位于我国北京的甲公司是增值税一般纳税人，该公司市场部经理2022年5月发生的公务差旅活动未能提交增值税专用发票和增值税电子普通发票，但提交了机票、火车票、客车票、出租车发票等报销单据。根据税法规定，在票据真实有效的前提下，该经理提供票据抵扣进项税的情况分析如下：

票据内容	票面金额合计	进项税的计算抵扣情况
赴法国参加订货会的注明旅客身份信息的往返航空运输电子客票行程单	20000元	跨境旅客运输服务不能抵扣增值税进项税
赴广州参加推广会的注明旅客身份信息的往返航空运输电子客票行程单	5060元（票价、燃油附加费）	进项税额＝5060÷（1＋9%）×9%＝417.80（元）
赴上海参加推广会的注明旅客身份信息的往返铁路车票	1800元	进项税额＝1800÷（1＋9%）×9%＝148.62（元）
赴石家庄参加推广会的注明旅客身份信息的往返公路长途客票	800元	进项税额＝800÷（1＋3%）×3%＝23.30（元）
没有注明旅客身份信息的出租车发票	3000元	没有注明旅客身份信息的出租车发票不能抵扣增值税进项税

经典题解

【真题55·单选题】某企业为增值税一般纳税人，2021年3月员工报销的交通费和通行费合计75万元（含税），其中：45万元（不含机场建设费）为注明员工身份信息的航空运输电子客票行程单；25万元为出租车车票；4万元为高速公路通行费电子发票，1万元为桥梁通行费普通发票。该企业上述票据可抵扣进项税额（　　）万元。(2021年)

A. 5.93　　B. 4.22　　C. 6.47　　D. 3.89

【解析】出租车票，无法抵扣进项税额。航空旅客运输服务可计算抵扣进项税额＝45÷（1+9%）×9%＝3.72（万元）；桥、闸通行费可计算抵扣进项税额＝1÷（1+5%）×5%＝0.05（万元）；高速公路通行费可以凭票抵扣进项税额，由于题目没有明确收取通行费的高速公路是否是营改增前修建，题干给出整体金额，命题视角是考查营改增前开工的高速公路通行费采用简易计税方法按3%征收率计税的规定，电子发票上的税额＝4÷（1+3%）×3%＝0.12（万元），准予抵扣的进项税额＝3.72+0.05+0.12＝3.89（万元）。

【答案】D

4. 不动产折算抵扣进项税

不得抵扣进项税的不动产改变成可抵扣用途的，进项税有专门的折算方法。

按照规定不得抵扣进项税额的不动产，发生用途改变，用于允许抵扣进项税额项目的，按照下列公式在改变用途的次月计算可抵扣进项税额：

可抵扣进项税额＝增值税扣税凭证注明或计算的进项税额×不动产净值率

不动产净值率＝（不动产净值÷不动产原值）×100%

05 进项税额抵扣的特殊情况之二——核定抵扣（★★）

鉴于计算抵扣进项税容易产生舞弊和高征低扣的现象，自2012年7月1日起，在部分行业开展增值税进项税额核定扣除试点。这种方式在实际计算上体现出按照销售实耗核定扣除。

1. 自2012年7月1日起，以购进农产品为原料生产销售液体乳及乳制品、酒及酒精、植物油的增值税一般纳税人，纳入农产品增值税进项税额核定扣除试点范围，其购进农产品无论是否用于生产上述产品，增值税进项税额均按照农产品增值税进项税额核定扣除试点实施办法的规定抵扣。

<table>
<tr><th rowspan="2">纳税人行为</th><th colspan="2">核定扣除办法及公式</th><th rowspan="2">适用的扣除标准的确定顺序</th></tr>
<tr><th>核定扣除办法</th><th>核定扣除公式</th></tr>
<tr><td rowspan="3">以购进农产品为原料生产货物的</td><td>投入产出法</td><td>当期允许抵扣农产品增值税进项税额=当期农产品耗用数量×农产品平均购买单价×扣除率/(1+扣除率)
当期农产品耗用数量=当期销售货物数量（不含采购除农产品以外的半成品生产的货物数量）×农产品单耗数量
平均购买单价是指购买农产品期末平均买价，不包括买价之外单独支付的运费和入库前的整理费用。期末平均买价计算公式：
期末平均买价=（期初库存农产品数量×期初平均买价+当期购进农产品数量×当期买价）/（期初库存农产品数量+当期购进农产品数量）</td><td rowspan="4">(1) 财政部和国家税务总局不定期公布的全国统一的扣除标准
(2) 省级税务机关商同级财政机关根据本地区实际情况，报经财政部和国家税务总局备案后公布的适用于本地区的扣除标准
(3) 省级税务机关依据试点纳税人申请，按照规定的核定程序审定的仅适用于该试点纳税人的扣除标准</td></tr>
<tr><td>成本法</td><td>当期允许抵扣农产品增值税进项税额=当期主营业务成本×农产品耗用率×扣除率/（1+扣除率）
农产品耗用率=上年投入生产的农产品外购金额/上年生产成本</td></tr>
<tr><td>参照法</td><td>试点纳税人可参照所属行业或者生产结构相近的其他试点纳税人确定农产品单耗数量或者农产品耗用率。次年，试点纳税人向主管税务机关申请核定当期的农产品单耗数量或者农产品耗用率，并据此计算确定当年允许抵扣的农产品增值税进项税额，同时对上一年增值税进项税额进行调整。核定的进项税额超过实际抵扣增值税进项税额的，其差额部分可以结转下期继续抵扣；核定的进项税额低于实际抵扣增值税进项税额的，其差额部分应按现行增值税的有关规定将进项税额作转出处理</td></tr>
<tr><td>购进农产品直接销售的</td><td>——</td><td>当期允许抵扣农产品增值税进项税额=当期销售农产品数量/（1-损耗率）×农产品平均购买单价×9%/（1+9%）</td></tr>
</table>

2. 除上述规定以外的纳税人，其购进农产品仍按现行增值税的有关规定抵扣农产品进项税额。

3. 对部分液体乳及乳制品实行全国统一的扣除标准。

【解释】核定扣除政策的具体运用

第一类，购进农产品直接销售的——经销行为

当期允许抵扣农产品增值税进项税额＝当期销售农产品数量/（1-损耗率）×农产品平均购买单价×9%/（1+9%）

损耗率＝损耗数量/购进数量×100%

【归纳】试行核定扣除企业的农产品经销行为采取销售数量控制法核定，纳税人根据每月农产品销售数量、损耗率、农产品平均购买单价和农产品进项税额扣除率计算当期允许抵扣的农产品进项税额。

【案例精析】某企业（增值税一般纳税人）是《农产品增值税进项税额核定扣除试点实施办法》的试点抵扣单位，2022年4月，该企业外购农产品100吨，直接对外销售90吨。该批农产品购买单价每吨40万元，损耗率5%，则当期允许抵扣的增值税进项税额：

当期允许抵扣农产品增值税进项税额＝当期销售农产品数量/（1-损耗率）×农产品平均购买单价×9%/（1+9%）＝90/（1-5%）×40×9%/（1+9%）＝312.89（万元）。

第二类，生产企业农产品进项税额核定扣除——生产销售行为

有三种方法：投入产出法、成本法和参照法。

投入产出法侧重于农产品耗用数量的控制，税务机关依据国家标准、行业标准，核定销售单位数量货物耗用外购农产品数量，纳税人根据该单耗数量及当期销售货物的数量、农产品的平均购进单价、农产品进项税额扣除率计算当期允许抵扣的农产品进项税额。

成本法侧重于农产品耗用金额的控制，税务机关依据纳税人会计核算资料，核定耗用农产品的购进金额占生产成本的比例，纳税人根据该比例及当期主营业务成本、农产品进项税额扣除率计算当期允许抵扣的农产品进项税额。

参照法是对新办的纳税人或者纳税人新增产品，参照所属行业或者其他相同或者相近纳税人的扣除标准进行核定扣除并照章调整。

①投入产出法

当期农产品耗用数量＝当期销售货物数量×农产品单耗数量

当期允许抵扣农产品增值税进项税额＝当期农产品耗用数量×农产品平均购买单价×扣除率÷（1+扣除率）

平均购买单价是指购买农产品期末平均买价，不包括买价之外单独支付的运费和入库前的整理费用。

期末平均买价＝（期初库存农产品数量×期初平均买价＋当期购进农产品数量×当期买价）/（期初库存农产品数量＋当期购进农产品数量）

扣除率为销售货物的适用税率。销售货物的税率是13%，扣除率就是13%；销售货物的税率是9%，扣除率就是9%。

【案例精析1】某乳制品加工企业（增值税一般纳税人）2022年5月销售1000吨巴氏杀菌乳，实现不含税收入480万元，原乳单耗数量为1.055，原乳平均购买单价为4200元/吨，以投入产出法计算其可抵扣的进项税额及应缴纳的增值税：

原乳加工成巴氏杀菌乳，2022年5月适用扣除率为9%。

当期允许抵扣农产品增值税进项税额=当期农产品耗用数量×农产品平均购买单价×扣除率÷（1+扣除率）=1000×1.055×0.42×9%÷（1+9%）=36.59（万元）。

应纳增值税=480×9%-36.59=6.61（万元）。

【案例精析2】某乳制品加工企业（增值税一般纳税人）2022年5月销售500吨酸奶，实现不含税收入350万元，原乳单耗数量为1.063，原乳平均购买单价为4200元/吨，以投入产出法计算其可抵扣的进项税额及应缴纳的增值税：

原乳加工成酸奶，2022年5月适用扣除率为13%。

当期允许抵扣农产品增值税进项税额=当期农产品耗用数量×农产品平均购买单价×扣除率÷（1+扣除率）=500×1.063×0.42×13%÷（1+13%）=25.68（万元）。

应纳增值税=350×13%-25.68=19.82（万元）。

②成本法

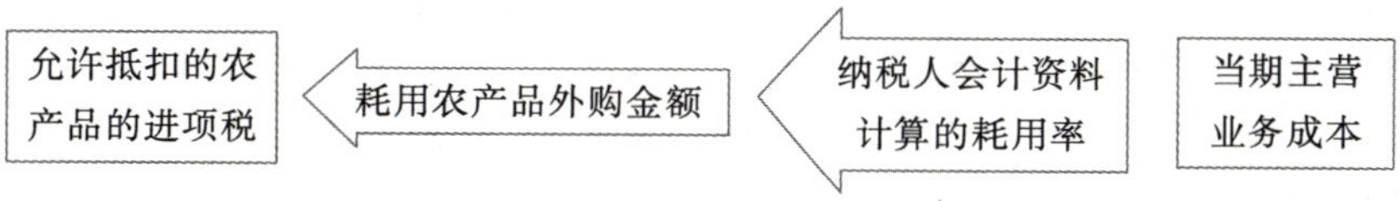

当期允许抵扣农产品增值税进项税额=当期主营业务成本×农产品耗用率×扣除率÷（1+扣除率）

扣除率为销售货物的适用税率。

经典题解

【真题56·单选题】关于试点纳税人农产品核定扣除进项税额，下列说法错误的是（　　）。（2021年）

A. 购进农产品及应税服务不再凭增值税扣税凭证抵扣增值税进项税额

B. 进项税额核定扣除试点范围包括以农产品为原料生产销售液体乳及乳制品、酒及酒精、植物油

C. 农产品指的是初级农业产品

D. 投入产出法是农产品增值税进项税额核定扣除方法之一

【解析】选项A：试点纳税人“购进农产品”不再凭增值税扣税凭证抵扣增值税进项税额，购进农产品以外的货物、应税劳务和应税服务，增值税进项税额仍按现行有关规定抵扣。

【答案】A

【例题57·单选题】某公司（增值税一般纳税人）2022年5月销售1000吨巴氏杀菌乳，主营业务成本为600万元，公司农产品耗用率80%，原乳平均购买单价为4500元/吨。按照成本法，该公司当期允许抵扣的进项税是（　　）万元。

A. 58.5　　B. 55.22

C. 47.57　　D. 39.63

【解析】该公司当期允许抵扣的进项税＝600×80%×9%÷（1+9%）＝39.63（万元）。

【答案】D

【真题58·多选题】关于农产品进项税额的扣除，下列说法正确的有（　　）。（2021年）

A. 提供餐饮服务的一般纳税人购进农产品取得一般纳税人开具的增值税专用发票的，以发票上注明的税额为进项税额

B. 提供餐饮服务的一般纳税人从小规模纳税人购进农产品取得3%征收率增值税专用发票的，以发票上注明的金额和9%的扣除率计算进项税额

C. 乳制品厂以购进农产品为原料生产销售液体乳，按照9%的扣除率计算进项税额

D. 提供餐饮服务的一般纳税人从农业生产者购进其自产农产品开具农产品收购发票的，以收购发票上注明的买价和9%的扣除率计算进项税额

E. 提供餐饮服务的一般纳税人从农业生产者购进其自产农产品取得农产品销售发票的，以销售发票上注明的买价和9%的扣除率计算进项税额

【解析】选项C：以购进农产品为原料生产销售液体乳及乳制品、酒及酒精、植物油的增值税一般纳税人，增值税进项税额核定扣除，扣除率为销售货物的适用税率。销售货物的税率是13%，扣除率就是13%；销售货物的税率是9%，扣除率就是9%。

【答案】ABDE

06 进项税额抵扣的特殊限制条件（★）

对海关代征进口环节增值税开具的增值税专用缴款书上标明有两个单位名称，既有代理进口单位名称，又有委托进口单位名称的，只准予其中取得专用缴款书原件的一个单位抵扣税款。申报抵扣税款的委托进口单位，必须提供相应的海关代征增值税专用缴款书原件、委托代理合同及付款凭证，否则，不予抵扣进项税额。

07 不得从销项税额中抵扣的进项税额（★★★）

下列项目的进项税额不得从销项税额中抵扣：

1. 用于简易计税方法计税项目、免征增值税项目、集体福利或者个人消费的购进货物、劳务、服务、无形资产和不动产。

其中涉及的固定资产、无形资产、不动产，仅指专用于上述项目的固定资产、无形资产（不包括其他权益性无形资产）、不动产。发生兼用于上述不允许抵扣项目情况的，该进项税额准予全部抵扣。

另外纳税人购进其他权益性无形资产无论是专用于简易计税方法计税项目、免征增值税

项目、集体福利或者个人消费，还是兼用于上述不允许抵扣项目，均可以据实抵扣进项税额。

纳税人的交际应酬消费属于个人消费，即交际应酬消费不属于生产经营中的生产投入和支出。

易错易混

适用一般计税方法的纳税人，兼营简易计税方法计税项目、免征增值税项目而无法划分不得抵扣的进项税额，按照下列公式计算不得抵扣的进项税额：

不得抵扣的进项税额=当期无法划分的全部进项税额×（当期简易计税方法计税项目销售额+免征增值税项目销售额）÷当期全部销售额

主管税务机关可以按照上述公式依据年度数据对不得抵扣的进项税额进行清算。

考生要注意辨析专用或兼用于简易计税方法计税项目、免征增值税项目、集体福利或者个人消费的不同购进项目在进项税处理方面的不同。举例而言，假定某供热企业既有对居民收取的采暖费（免税收入），又有对居民以外的单位收取的采暖费（应税收入），则该企业提供热力购建的供热车间、购进机器设备的进项税全部都可以抵扣，但是为生产热力而购买燃气、煤炭的进项税只能按照应税收入和免税收入的比例分摊抵扣。用表格体现：

用途 购进项目	专用于简易计税方法计税项目、免征增值税项目、集体福利或者个人消费	兼用于简易计税方法计税项目、免征增值税项目、集体福利或者个人消费
固定资产、无形资产（其他权益性无形资产除外）、不动产	进项税不可抵扣	进项税可以全部抵扣
租入固定资产、不动产		
原材料、低值易耗品、包装物和其他		用于简易计税项目、免税项目、集体福利、个人消费的部分：进项税不可抵扣
其他权益性无形资产	进项税可以全部抵扣	

经典题解

【真题 59 · 多选题】关于增值税一般纳税人购进和租用固定资产进项税额抵扣，下列说法正确的有（　　）。（2019 年）

A. 购进固定资产，既用于一般计税方法计税项目，又用于免征增值税项目，进项税额可以全额从销项税额中抵扣

B. 购进固定资产，既用于一般计税方法计税项目，又用于免征增值税项目，进项税额不得从销项税额中抵扣

C. 购进固定资产，专用于简易计税方法计税项目，进项税额不得从销项税额中抵扣

D. 租入固定资产，既用于一般计税方法计税项目，又用于免征增值税项目，其进项税额准予从销项税额中全额抵扣

E. 购买时不得抵扣且未抵扣进项税额的固定资产，发生用途改变，用于允许抵扣进项税额的应税项目，可在用途改变的次月按照规定计算可抵扣的进项税额

【解析】选项B：用于简易计税方法计税项目、免征增值税项目、集体福利或者个人消费的购进货物、劳务、服务、无形资产和不动产，不得抵扣进项税额。其中涉及的固定资产、无形资产、不动产，仅指专用于上述项目的固定资产、无形资产（其他权益性无形资产除外）、不动产。将购进的固定资产兼用于一般计税方法计税项目和免征增值税项目的，购进固定资产的进项税额可以全额从销项税额中抵扣。

【答案】ACDE

【例题60·单选题】某生产企业为增值税一般纳税人，2021年3月应税货物不含税销售额180万元，货物适用税率为13%；免税货物销售额120万元，已知用于生产应税货物和免税货物的原材料进项税额无法划分，合计20万元（上月购进时已抵扣）。该企业当月应缴纳增值税（　　）万元。

A. 11.40　　　　B. 23.40

C. 15.40　　　　D. 31.40

【解析】适用一般计税方法的纳税人，兼营简易计税方法计税项目、免征增值税项目而无法划分不得抵扣的进项税额，按照下列公式计算不得抵扣的进项税额：

不得抵扣的进项税额＝当期无法划分的全部进项税额×（当期简易计税方法计税项目销售额+免征增值税项目销售额）÷当期全部销售额。不得抵扣的进项税额＝20×120/（180+120）＝8（万元），因为购进时已经抵扣，所以当月应转出进项税额8万元。该企业当月应缴纳增值税＝180×13%－（0－8）＝31.4（万元）。

【答案】D

2. 非正常损失所对应的进项税，具体包括：

（1）非正常损失的购进货物，以及相关的劳务和交通运输服务。

（2）非正常损失的在产品、产成品所耗用的购进货物（不包括固定资产）、劳务和交通运输服务。

（3）非正常损失的不动产，以及该不动产所耗用的购进货物、设计服务和建筑服务。

（4）非正常损失的不动产在建工程所耗用的购进货物、设计服务和建筑服务。纳税人新建、改建、扩建、修缮、装饰不动产，均属于不动产在建工程。

上述4项所说的非正常损失，是指因管理不善造成货物被盗、丢失、霉烂变质，以及因违反法律法规造成货物或者不动产被依法没收、销毁、拆除的情形。这些非正常损失是由纳税人自身原因造成征税对象实体的灭失，为保证税负公平，其损失不应由国家承担，因而纳税人无权要求抵扣进项税额。

上述（3）（4）所称货物，是指构成不动产实体的材料和设备，包括建筑装饰材料和给排水、采暖、卫生、通风、照明、通讯、煤气、消防、中央空调、电梯、电气、智能化楼宇设备及配套设施。

【相关链接】已抵扣进项税额的不动产，发生非正常损失，或者改变用途，专用于简易计税方法计税项目、免征增值税项目、集体福利或者个人消费的，按照下列公式计算不得抵扣的进项税额：

不得抵扣的进项税额=已抵扣进项税额×不动产净值率

不动产净值率=（不动产净值÷不动产原值）×100%

易错易混

不动产、不动产在建工程发生非正常损失进项税抵扣规则的差异：

损失标的	进项税处理规则
不动产在建工程	所耗用的购进货物、设计服务和建筑服务已抵扣的进项税额应于当期全部转出
使用中的不动产	用不动产净值率计算不得抵扣的进项税： 不得抵扣的进项税额=已抵扣进项税额×不动产净值率

3. 特殊政策规定不得抵扣的进项税

（1）购进的贷款服务、餐饮服务、居民日常服务和娱乐服务。

考点提示

2019年4月1日起，纳税人购进国内旅客运输服务，其进项税额允许从销项税额中抵扣。

（2）财政部和国家税务总局规定的其他情形。

纳税人接受贷款服务向贷款方支付的与该笔贷款直接相关的投融资顾问费、手续费、咨询费等费用，其进项税额不得从销项税额中抵扣。

4. 保险公司支付赔付进项税的抵扣

提供保险服务纳税人（保险公司）的赔付方式		进项税额的处理规定	备注
实物赔付	自行向车辆修理劳务提供方购进的车辆修理劳务	可以按规定从保险公司销项税额中抵扣	纳税人提供的其他财产保险服务，比照本规定执行
现金赔付	将应付给被保险人的赔偿金直接支付给车辆修理劳务提供方	其进项税额不得从保险公司销项税额中抵扣	

【归纳与解释1】 纳税人不得从销项税额中抵扣的进项税分为三大类：

第一类——业务不该抵。税收法规和规章对纳税人的一些业务活动或经营行为作出了不得抵扣进项税的规定，前述内容着重体现了这一类的要求。这部分政策规定是考试及现实中都需要重点把握的内容。

第二类——凭证不合规。取得的扣税凭证不符合法律、行政法规或者国务院税务主管部门有关规定的，其进项税额不得从销项税额中抵扣。

第三类——资格不具备。有下列情形之一者，应当按照销售额和增值税税率计算应纳税额，不得抵扣进项税额，也不得使用增值税专用发票：①一般纳税人会计核算不健全，或者不能够提供准确税务资料的；②应当办理一般纳税人登记而未办理的。

【归纳与解释2】对增值税不可抵扣进项税额规则的理解：

一是购进货物、接受应税劳务及服务等之后，增值税链条中断的，不得抵扣进项税额。如用于免税项目的购进货物或应税劳务和应税服务、非正常损失的购进货物及相关的应税劳务和应税服务、用于个人消费的购进货物或者应税劳务和应税服务等，增值税链条中断，不可能再有销售环节的销项税额出现。

二是采用简易征税方法计算增值税，适用了低于正常税率的征收率，该征收率是结合增值税多档税率的货物或应税劳务和应税服务、无形资产、不动产的税收负担水平而设计的，其税收负担与一般计税方法基本一致，因此不能再抵扣进项税额。

三是增值税扣税凭证不符合规定的，不能抵扣进项税额。这是增值税以票管税的要求的体现。

上述不可抵扣进项税额的主要法理就是基于这三点。

【相关链接】考生对比货物来源区分两类情况：一类是属于视同销售计算销项税额，可相应抵扣其符合规定的进项税额；另一类是属于不可抵扣进项税额，同时不计算销项税额。这两类情况是考试必考的内容，考生要注意掌握和区分：

货物来源	货物去向	
	集体福利、个人消费	投资、分配、赠送
购入	不视同销售，不计销项（不可抵进项）	视同销售，计销项（可抵进项）
自产或委托加工	视同销售，计销项（可抵进项）	

经典题解

【真题61·单选题】一般纳税人购进货物发生下列情况，进项税额不得从销项税额中抵扣的是（　　）。（2021年）

A. 用于分配给股东　　B. 用于对外投资

C. 发生正常损失　　D. 用于集体福利

【解析】选项AB：属于视同销售，进项税额可以抵扣。选项C：发生正常损失，进项税额可以抵扣。

【答案】D

【真题62·单选题】下列项目，允许抵扣增值税进项税额的是（　　）。（2020年）

A. 用于个人消费的购进货物

B. 纳税人取得增值税电子普通发票的道路通行费

C. 纳税人支付的贷款利息

D. 纳税人购进的娱乐服务

【解析】考查不得从销项税额中抵扣的进项税额。选项A：外购货物用于个人消费，不得抵扣增值税进项税额。选项CD：购进的贷款服务、餐饮服务、居民日常服务和娱乐服务，不得抵扣增值税进项税额。

【答案】B

08 不得抵扣增值税进项税额的具体处理方法（★★★）

不得抵扣增值税进项税额的三类处理方法：

第一类，购入时不予抵扣

【案例精析】 2022 年 4 月，某企业（增值税一般纳税人）购入一批材料用于本企业职工食堂建设，取得增值税专用发票注明价款 100000 元，增值税 13000 元，则该企业不得抵扣增值税进项税额。在现实生活中，为了避免纳税人在金税工程系统实施发票监控过程中出现疑点，纳税人应先对上述 13000 元计入增值税进项税，以体现发票记录的完整内容；再作进项税转出，将税金计入采购成本，以体现严格遵守了不得抵扣进项税的规则。会计处理后，该批材料采购成本为 113000 元。

第二类，已抵扣进项税额后改变用途、发生非正常损失、出口不得免征和抵扣税额——作进项税额转出处理

进项税额转出有四种常见的转出方法，即直接计算转出法、还原计算转出法、比例计算转出法和净值折算转出法。

（1）直接计算进项税额转出的方法——适用于外购材料、不动产在建工程的非正常损失、改变用途等。

经典题解

【真题 63 · 单选题】 某生产企业为增值税一般纳税人，2021 年 4 月因违反法律规定部分货物被依法没收。该货物购进时已抵扣进项税额，账面成本为 309 万元（其中含一般纳税人提供的运输服务成本 9 万元，货物适用税率 13%）。该批货物应转出进项税额（　　）万元。（2021 年）

A. 27.81　　B. 39.81　　C. 40.17　　D. 35.26

【解析】 被依法没收属于“非正常损失”，非正常损失的购进货物，以及相关的劳务和交通运输服务进项税额不得抵扣，由于货物和运费的增值税税率不同，需要用直接转出法分别计算货物和运费应转出的进项税额。该批货物应转出的进项税额 = （309－9）×13%＋9×9% = 39.81（万元）。

【答案】 B

（2）还原计算进项税额转出的方法——适用于计算抵扣进项税额的农产品发生非正常损失、改变用途等。

经典题解

【例题 64 · 单选题】 某农产品批发站为增值税一般纳税人，2022 年 5 月，因管理不善将 4 月外购的一批已计算抵扣过进项税的免税农产品全部毁损，账面成本 23660 元，外购库存的一批包装物因发生自然灾害全部毁损，账面成本 12000 元，农产品和包装物的进项税额均已抵扣且农产品进项税按照 9%抵扣。该批发站 2022 年 5 月应转出进项税额（　　）元。

A. 2129.4　　B. 2340　　C. 3689.4　　D. 3900

【解析】 由于农产品账面成本是按 9%扣除率计算抵扣过进项税额后的余额，仅相当于计

算进项税额基数的 91%，所以管理不善造成的农产品毁损，账面成本要还原成计算进项税额的基数来计算进项税额转出。自然灾害造成的损失不必作进项税额转出。该批发站 2022 年 5 月应转出进项税额 = 23660÷（1-9%）×9% = 2340（元）。

【答案】 B

（3）比例计算进项税额转出的方法——适用于半成品、产成品的非正常损失；兼营不得抵扣进项税额的项目。

【案例精析】 某服装厂（增值税一般纳税人）成衣成本中外购比例为 60%，2022 年 5 月因管理不善丢失一批账面成本为 20000 元的成衣（已抵扣进项税额），其需要转出进项税额 = 20000×60%×13% = 1560（元）。

考点提示

将非正常损失中的外购比例部分对应的进项税额作转出处理。

（4）净值折算进项税额转出的方法——适用于已抵扣过进项税的固定资产、无形资产或不动产改变用途、发生非正常损失等。

不得抵扣的进项税额 = 固定资产、无形资产或者不动产净值×适用税率

对于不动产，也可以适用以下公式：

不得抵扣的进项税额 = 已抵扣进项税额×不动产净值率

不动产净值率 =（不动产净值÷不动产原值）×100%

经典题解

【真题 65 · 单选题】 2016 年 5 月，某公司（增值税一般纳税人）购入不动产用于办公，取得增值税专用发票上注明金额 2000 万元、税额 100 万元，进项税额已按规定申报抵扣。2018 年 1 月，该办公楼改用于职工宿舍，当期不动产净值率为 90%，该办公楼应转出进项税额（　　）万元。（2018 年）

A. 85.71　　B. 90.00　　C. 100.00　　D. 198.00

【解析】 已抵扣过进项税额的不动产改变用途、发生非正常损失等，不得抵扣的进项税额 = 已抵扣进项税额×不动产净值率 = 100×90% = 90（万元）。

该办公楼应转出的进项税额为 90 万元。

【答案】 B

易错易混

改变用途	进项税处理	公式
不可抵扣改变为可抵扣 例如：职工食堂改用于生产车间	次月计算可抵扣进项税额	可抵扣进项税额 = 增值税扣税凭证注明或计算的进项税额×不动产净值率 或，可抵扣进项税额 = 不动产净值÷（1+税率）×税率

改变用途	进项税处理	公式
可抵扣改变为不可抵扣 例如：生产车间改为专用于职工食堂	当月作进项税额转出	不得抵扣的进项税额=已抵扣进项税额×不动产净值率 或，不得抵扣的进项税额=不动产净值×税率

第三类，向供货方收取的返还收入——追加冲减进项税额处理

商业企业向供货方收取的凡与商品销售量、销售额挂钩（如以一定比例、金额、数量计算）的各种返还收入，均应按照平销返利行为的有关规定冲减当期增值税进项税额。

【案例精析】某商场受托代销某服装厂服装，2022 年 5 月销售代销服装取得零售额 100000 元，平价与服装厂结算，并按合同向服装厂收取代销额 20%的返还收入 20000 元，已知商场与服装厂均为增值税一般纳税人，则：

商场当期应冲减进项税额=20000/（1+13%）×13%=2300.88（元）。

考点提示

商业企业向供货方收取的各种返还收入，一律不得开具增值税专用发票，应由供货方开增值税红票或商业企业开普票。

09 固定资产处理的相关规定与政策衔接（★★★）

考点提示

掌握增值税纳税人固定资产的处理，这一知识点非常重要。存在不同情况的计算。

增值税一般纳税人的具体行为		税务处理
纳税人销售、视同销售自己使用过的除固定资产以外的物品		按照正常销售货物的适用税率计税
固定资产（有形动产）销售、视同销售	纳税人销售、视同销售自己使用过的按规定可以抵扣进项税额的固定资产	按照正常销售货物的适用税率计税 **【例题 66 · 单选题】**某企业为增值税一般纳税人，2020 年 4 月，该企业将一台自己使用过的设备捐赠给本市一家福利机构，该设备于 2014 年 2 月购进，取得增值税专用发票，注明价款 80 万元，增值税 13.6 万元（进项税额已抵扣），该设备已提折旧 38 万元，该企业捐赠此设备应缴纳增值税（　　）万元。 A. 0　　B. 1.07　　C. 5.46　　D. 7.14 **【解析】**该企业捐赠此设备应缴纳增值税=（80-38）×13%=5.46（万元）。 **【答案】**C 【解释 1】对于固定资产视同销售行为，无法确定销售额的，以固定资产净值为销售额 【解释 2】此类计算在计税时不必区分销售收入是否超过原值

<table>
<tr><th colspan="2">增值税一般纳税人的具体行为</th><th>税务处理</th></tr>
<tr><td>固定资产（有形动产）销售、视同销售</td><td>纳税人销售、视同销售自己使用过的按规定不得抵扣且未抵扣进项税额的固定资产</td><td>按照3%征收率减按 2%征收增值税（可以放弃减税权）
应纳税额＝含税销售额÷（1+3%）×2%
【案例精析】某公司（增值税一般纳税人，非转型试点范围）销售自己 2008 年 1 月购入并作为固定资产使用的设备，2021 年 5 月出售时开具普通发票，发票合计金额 120640 元，已知该公司未放弃减税优惠，则该公司转让设备行为应纳增值税＝120640÷（1+3%）×2%＝2342.52（元）。</td></tr>
<tr><td colspan="2">纳税人已抵扣进项税额的固定资产用于不得从销项税额中抵扣进项税额的项目（转作不得抵扣用途）</td><td>不得抵扣的进项税额＝固定资产净值×适用税率
【案例精析】2022 年 5 月，某增值税一般纳税人将 2021 年 7 月从一般纳税人手中购入的一台已抵扣过进项税额的生产设备改变用途，用作集体福利设施，该设备原值 200 万元，已提折旧 18 万元，则转出进项税额＝（200－18）×13%＝23.66（万元）。</td></tr>
</table>

10　应纳税额计算过程中当期的规定（★★★）

当期应纳税额的有关规定见下图（重点）：

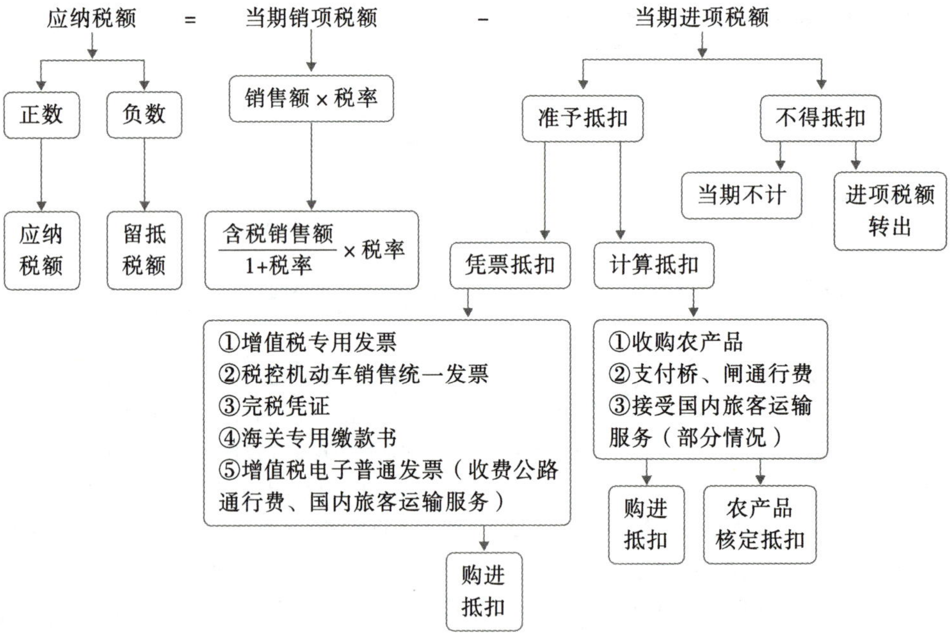

考点提示

应纳税额＝当期销项税额－当期进项税额。当期应纳税额计算结果若为正数，则当期应缴纳增值税；计算结果若为负数，形成留抵税额，待下期与下期进项税额一并从下期销项税额中抵扣，符合规定的可申请退税。

1. 关于当期销项税额的“当期”，与纳税义务发生时间相呼应，关于销项税额的确定时间，总的原则：销项税额的确定不得滞后。

2. 关于当期进项税额的“当期”是重要的时间概念，有必备的条件。我国现行增值税可以当期抵扣的进项税额有两类实施方法——购进扣税法和核定扣税法。

（1）购进扣税法——这是我国目前增值税进项税额抵扣的基本方法。

增值税一般纳税人取得2017年1月1日及以后开具的增值税专用发票、海关进口增值税专用缴款书、机动车销售统一发票、收费公路通行费增值税电子普通发票，取消认证确认、稽核比对、申报抵扣的期限。纳税人在进行增值税纳税申报时，应当通过本省（自治区、直辖市和计划单列市）增值税发票综合服务平台对上述扣税凭证信息进行用途确认。

（2）核定扣税法——自2012年7月1日起，在部分行业开展增值税进项税额核定扣除试点。这种方式在实际计算上体现出按照销售实耗核定扣除。

11 几个特殊计税规则（★★）

特殊情况	计税规则
扣减当期销项税额的规定	一般纳税人因销货退回或折让而退还给购买方的增值税额，应从发生销货退回或折让当期的销项税额中扣减
扣减当期进项税额的规定	一般纳税人因进货退回或折让而从销货方收回的增值税额，应从发生进货退回或折让当期的进项税额中扣减
	对商业企业向供货方收取的与商品销售量、销售额挂钩（如以一定比例、金额、数量计算）的各种返还收入，均应按平销返利行为的有关规定冲减当期增值税进项税额
资产重组增值税留抵税额处理	增值税一般纳税人在资产重组过程中，将全部资产、负债和劳动力一并转让给其他增值税一般纳税人（以下称“新纳税人”），并按规定程序办理注销税务登记的，其在办理注销登记前尚未抵扣的进项税额可结转至新纳税人处继续抵扣
资管产品已纳增值税的处理	对资管产品在2018年1月1日前运营过程中发生的增值税应税行为，未缴纳增值税的，不再缴纳；已缴纳增值税的，已纳税额从资管产品管理人以后月份的增值税应纳税额中抵减

经典题解

【真题67·单选题】某企业为增值税一般纳税人，2019年3月销售钢材一批取得含税销售额58万元。2019年5月因质量问题该批钢材被全部退回，企业按规定开具红字发票；5月份销售钢材取得不含税销售额150万元。该企业5月增值税销项税额（　　）万元。（2019年）

A. 11.50　　B. 11.96　　C. 12.83　　D. 13.00

【解析】本题体现出增值税税率不断调整的状况下，退货销售额和销项税的处理规则。（1）自2019年4月1日起，增值税一般纳税人在增值税税率调整前已按原16%、10%适用税率开具的增值税发票，发生销售折让、中止或者退回等情形需要开具红字发票的，按照原适用税率开具红字发票。（2）该企业 5 月增值税销项税额 = 150×13% − 58 ÷（1+16%）×16% = 11.50（万元）。

【答案】A

12 进项税额的加计抵减的特殊优惠政策（★★★）

【解释】进项税的加计抵减是针对特定行业的阶段性税收优惠政策，其实质不是增值税销项税额减进项税额的加计扣除，而是在计算增值税应纳税额时对应纳税额扣减的一个优惠举措，只不过扣减金额的计算基数与可抵扣进项税相关。因此，考生掌握这一政策时，要注意该加计抵减金额不是从销项税额中抵减，而是从应纳税额中抵减。

要点	政策规定	
实施的行业	生产、生活性服务业纳税人，是指提供邮政服务、电信服务、现代服务、生活服务（以下称“四项服务”）取得的销售额占全部销售额的比重超过 50% 的纳税人 纳税人兼有上述四项服务中多项应税行为的，其四项服务中多项应税行为的当期销售额应当合并计算，然后再除以纳税人当期全部的销售额，以此计算销售额的比重	生活性服务业纳税人，是指提供生活服务取得的销售额占全部销售额的比重超过 50% 的纳税人 生活服务包括文化体育服务、教育医疗服务、旅游娱乐服务、餐饮住宿服务、居民日常服务和其他生活服务
实施阶段	起始日期：2019 年 4 月 1 日	起始日期：2019 年 10 月 1 日
	截止日期：2022 年 12 月 31 日（调整）	
基本政策	按照当期可抵扣进项税额加计 10%，抵减应纳税额	按照当期可抵扣进项税额加计 15%，抵减应纳税额
加计抵减起算时间	（1）政策起始日以前设立的企业，设立满一年的，按照政策实施前 12 个月的销售额计算是否符合条件；设立不满一年的，按照实际经营期的销售额计算是否符合条件。符合条件的自政策起始日期起适用加计抵减政策 （2）政策起始日以后设立的企业，看设立之日起 3 个月的销售额情况，符合条件的，自登记为一般纳税人之日起适用加计抵减政策 （3）纳税人确定适用加计抵减政策后，当年内不再调整，以后年度是否适用，根据上年度销售额计算确定	
计提环节——计提加计抵减额的公式	纳税人应按照当期可抵扣进项税额的规定比例计提当期加计抵减额。按照现行规定不得从销项税额中抵扣的进项税额，不得计提加计抵减额；已计提加计抵减额的进项税额，按规定作进项税额转出的，应在进项税额转出当期，相应调减加计抵减额。计算公式如下： 当期计提加计抵减额 = 当期可抵扣进项税额×规定比例 当期可抵减加计抵减额 = 上期末加计抵减额余额 + 当期计提加计抵减额 − 当期调减加计抵减额	

要点	政策规定
抵扣环节——加计抵减规则	纳税人应按照现行规定计算一般计税方法下的应纳税额（以下称“抵减前的应纳税额”）后，区分以下情形加计抵减： （1）抵减前的应纳税额等于零的，当期可抵减加计抵减额全部结转下期抵减 （2）抵减前的应纳税额大于零，且大于当期可抵减加计抵减额的，当期可抵减加计抵减额全额从抵减前的应纳税额中抵减 （3）抵减前的应纳税额大于零，且小于或等于当期可抵减加计抵减额的，以当期可抵减加计抵减额抵减应纳税额至零。未抵减完的当期可抵减加计抵减额，结转下期继续抵减
不得计提加计抵减额的业务与计算	纳税人出口货物劳务、发生跨境应税行为不适用加计抵减政策，其对应的进项税额不得计提加计抵减额 纳税人兼营出口货物劳务、发生跨境应税行为且无法划分不得计提加计抵减额的进项税额，按照以下公式计算： 不得计提加计抵减额的进项税额=当期无法划分的全部进项税额×当期出口货物劳务和发生跨境应税行为的销售额÷当期全部销售额
核算要求	纳税人应单独核算加计抵减额的计提、抵减、调减、结余等变动情况。骗取适用加计抵减政策或虚增加计抵减额的，按照《税收征管法》等有关规定处理 加计抵减政策执行到期后，纳税人不再计提加计抵减额，结余的加计抵减额停止抵减

经典题解

【真题 68 · 多选题】下列服务属于适用增值税进项税额加计抵减政策的有（　　）。（2019 年）

A. 餐饮服务　　B. 湿租业务

C. 贷款服务　　D. 旅游服务

E. 不动产经营租赁服务

【解析】享受生产、生活性服务业加计抵减政策的纳税人，具体包括提供邮政服务、电信服务、现代服务、生活服务取得的销售额占全部销售额的比重超过 50% 的纳税人。选项 B：航空运输的湿租业务属于交通运输服务。选项 C：贷款服务属于金融服务。

【答案】ADE

【真题 69 · 多选题】根据增值税进项税额加计抵减政策规定，下列说法正确的有（　　）。（2020 年）

A. 当期转出的进项税额（已计提加计抵减额），应相应调减加计抵减额

B. 加计抵减政策执行到期后，结余的加计抵减额可以继续抵减

C. 出口货物对应的进项税额可以计提加计抵减额

D. 小规模纳税人适用增值税加计抵减政策

E. 不得从销项税额中抵扣的进项税额，不得计提加计抵减额

【解析】选项 B：加计抵减政策执行到期后，纳税人不再计提加计抵减额，结余的加计

抵减额停止抵减。选项C：纳税人出口货物劳务、发生跨境应税行为不适用加计抵减政策，其对应的进项税额不得计提加计抵减额。选项D：小规模纳税人不适用增值税加计抵减政策。

【答案】 AE

【例题70·单选题】 某酒店为增值税一般纳税人，适用增值税进项税额加计抵减政策。2021年5月一般计税项目销项税额为200万元，当期可抵扣进项税额150万元，上期留抵税额10万元。则当期可计提加计抵减额（　　）万元。

A. 4.00　　B. 14.00　　C. 15.00　　D. 22.50

【解析】 当期可计提加计抵减额＝150×15%＝22.5（万元）。

【答案】 D

【真题71·单选题】 某生产性服务企业为增值税一般纳税人，符合进项税额加计抵减政策条件。2019年12月销售服务，开具增值税专用发票注明税额25万元；购进服务取得增值税专用发票上注明税额13万元，其中10%的服务用于提供适用简易计税的服务（当月未发生纳税义务）；上期末加计抵减额余额为3万元。假设当月取得增值税专用发票当月勾选抵扣。该企业当月应缴纳增值税（　　）万元。（2020年）

A. 7.70　　B. 8.55　　C. 9.13　　D. 10.30

【解析】 该企业当月应缴纳增值税＝25－13×（1－10%）－［13×（1－10%）×10%＋3］＝9.13（万元）。

【答案】 C

13 增值税期末留抵税额的退还政策（★★）

（一）增量留抵退税政策

享受的行业	不限
起始时间	2019年4月1日
纳税人条件	同时符合以下条件： （1）自2019年4月税款所属期起，连续六个月（按季纳税的，连续两个季度）增量留抵税额均大于零，且第六个月增量留抵税额不低于50万元 （2）纳税信用等级为A级或者B级 （3）申请退税前36个月未发生骗取留抵退税、出口退税或虚开增值税专用发票情形 （4）申请退税前36个月未因偷税被税务机关处罚两次及以上 （5）自2019年4月1日起未享受即征即退、先征后返（退）政策 **【案例精析】** 某纳税人2019年3月末增值税留抵税额10万元，2019年4月至8月，其留抵税额均需高于10万元，且9月末的留抵税额必须大于60万元（与3月末10万元比的增量不低于50万元）。同时，纳税人信用等级为A级或B级，并且同时符合（3）（4）（5）条规定，才能在9月结束的次月申报留抵退税

退税标准及计算	允许退还的增量留抵税额=增量留抵税额×进项构成比例×60%
	增量留抵税额，是指与2019年3月底相比新增加的期末留抵税额 进项构成比例，为2019年4月至申请退税前一税款所属期内已抵扣的增值税专用发票（含带有“增值税专用发票”字样全面数字化的电子发票、税控机动车销售统一发票）、收费公路通行费增值税电子普通发票、海关进口增值税专用缴款书、解缴税款完税凭证注明的增值税额占同期全部已抵扣进项税额的比重（调整） 【考点提示】进项构成比例的分子不含计算抵扣的进项税
申请时限	纳税人应在增值税纳税申报期内，向主管税务机关申请退还留抵税额 纳税人既申报免抵退税又申请办理留抵退税的，税务机关应先办理免抵退税。办理免抵退税后，纳税人仍符合留抵退税条件的，再办理留抵退税
优惠互斥	纳税人按照规定取得增值税留抵退税款的，不得再申请享受增值税即征即退、先征后返（退）政策 纳税人已按照上述规定取得增值税留抵退税款的，在2020年6月30日前将已退还的增值税留抵退税款全部缴回，可以按规定享受增值税即征即退、先征后返（退）政策；否则，不得享受增值税即征即退、先征后返（退）政策

经典题解

【例题72·单选题】下列不属于一般纳税人申请退还增量留抵税额条件的是（　　）。

A. 申请退税前48个月未发生虚开增值税专用发票情形

B. 纳税信用等级为A级或者B级

C. 自2019年4月1日起未享受即征即退、先征后返（退）政策

D. 申请退税前36个月未因偷税被税务机关处罚两次及以上

【答案】A

（二）小微企业和制造业等留抵退税政策（新增）

2022年4月1日起，进一步加大增值税期末留抵退税政策实施力度。

享受的主体	符合条件的小微企业（含个体工商户）	“制造业”“科学研究和技术服务业”“电力、热力、燃气及水生产和供应业”“软件和信息技术服务业”“生态保护和环境治理业”和“交通运输、仓储和邮政业”（以下称“制造业等行业”）
起始时间	自2022年4月纳税申报期起向主管税务机关申请退还增量留抵税额	
	微型企业：自2022年4月纳税申报期起向主管税务机关申请一次性退还存量留抵税额 小型企业：自2022年5月纳税申报期起向主管税务机关申请一次性退还存量留抵税额	中型企业：自2022年7月（已改为5月）纳税申报期起向主管税务机关申请一次性退还存量留抵税额 大型企业：自2022年10月（已改为6月）纳税申报期起向主管税务机关申请一次性退还存量留抵税额

纳税人条件	同时符合以下条件： （1）纳税信用等级为A级或者B级 （2）申请退税前36个月未发生骗取留抵退税、骗取出口退税或虚开增值税专用发票情形 （3）申请退税前36个月未因偷税被税务机关处罚两次及以上 （4）2019年4月1日起未享受即征即退、先征后返（退）政策
退税标准及计算	允许退还的增量留抵税额=增量留抵税额×进项构成比例×100% 允许退还的存量留抵税额=存量留抵税额×进项构成比例×100% 进项构成比例，为2019年4月至申请退税前一税款所属期已抵扣的增值税专用发票（含带有“增值税专用发票”字样全面数字化的电子发票、税控机动车销售统一发票）、收费公路通行费增值税电子普通发票、海关进口增值税专用缴款书、解缴税款完税凭证注明的增值税额占同期全部已抵扣进项税额的比重 【考点提示】进项构成比例的分子不含计算抵扣的进项税
其他要求	（1）纳税人可以选择向主管税务机关申请留抵退税，也可以选择结转下期继续抵扣 （2）纳税人应在纳税申报期内，完成当期增值税纳税申报后申请留抵退税 （3）2022年4月至6月的留抵退税申请时间，延长至每月最后一个工作日 纳税人可以在规定期限内同时申请增量留抵退税和存量留抵退税 （4）同时符合小微企业和制造业等行业相关留抵退税政策的纳税人，可任意选择申请适用上述留抵退税政策 （5）纳税人取得退还的留抵税额后，应相应调减当期留抵税额
优惠互斥	纳税人自2019年4月1日起已取得留抵退税款的，不得再申请享受增值税即征即退、先征后返（退）政策。纳税人可以在2022年10月31日前一次性将已取得的留抵退税款全部缴回后，按规定申请享受增值税即征即退、先征后返（退）政策 纳税人自2019年4月1日起已享受增值税即征即退、先征后返（退）政策的，可以在2022年10月31日前一次性将已退还的增值税即征即退、先征后返（退）税款全部缴回后，按规定申请退还留抵税额

经典题解

【例题73·单选题】某制造业企业为增值税一般纳税人，符合增值税增量留抵退税条件。2022年4月末增量留抵税额1500万元，当期购进货物与服务可抵扣进项税额6000万元，进项构成比例为80%。该企业4月可申请退还增量留抵税额（　　）万元。

A. 1200　　B. 1500

C. 6000　　D. 720

【解析】允许退还的增量留抵税额=增量留抵税额×进项构成比例×100%=1500×80%×100%=1200（万元）。

【答案】A

14 增值税汇总纳税（★）

经财政部和国家税务总局批准的总机构试点纳税人及其分支机构，按照《总分机构试点纳税人增值税计算缴纳暂行办法》的规定计算缴纳增值税。

1. 总机构应当汇总计算总机构及其分支机构发生“营改增”业务的应交增值税，抵减分支机构发生“营改增”业务已缴纳的增值税税款（包括预缴和补缴的增值税税款）后，在总机构所在地解缴入库。总分支机构销售货物、提供加工修理修配劳务，按照增值税暂行条例及相关规定就地申报缴纳增值税。

2. 相关项目的计算方法为：

①总机构汇总的应征增值税销售额，为总机构及其分支机构发生《应税服务范围注释》所列业务的应征增值税销售额的合计数。

②总机构汇总的销项税额，按照总机构汇总的应征增值税销售额合计数和增值税适用税率计算。

③总机构汇总的进项税额，为总机构及其分支机构因发生《应税服务范围注释》所列业务而购进货物或者接受加工修理修配劳务和应税服务，支付或者负担的增值税税额。即汇总的进项税额不包括总机构及其分支机构用于发生《应税服务范围注释》所列业务之外的进项税额。

④总机构汇总应缴纳的增值税=汇总的销项税额-汇总的进项税额-分支机构发生《应税服务范围注释》所列业务已缴纳的增值税税款。

3. 分支机构发生《应税服务范围注释》所列业务，按照应征增值税销售额和预征率计算缴纳增值税。

计算公式为：应预缴的增值税=应征增值税销售额×预征率

预征率由财政部和国家税务总局规定，并适时予以调整。

①合资铁路运输企业总部本级及其下属站段（含委托运输管理的站段）本级的销售额适用的预征率为1%。

本级应预缴的增值税=本级应征增值税销售额×1%

②合资铁路运输企业总部及其下属站段（含委托运输管理的站段）汇总的销售额适用的预征率为3%。

汇总应预缴的增值税=（总部本级应征增值税销售额+下属站段本级应征增值税销售额）×3%-（总部本级应预缴的增值税+下属站段本级应预缴的增值税）

考点提示

自2022年1月1日至2022年12月31日，航空运输企业、铁路运输企业分支机构暂停预缴增值税。（新增）

4. 分支机构发生《应税服务范围注释》所列业务当期已预缴的增值税税款，在总机构汇总的当期增值税应纳税额中抵减不完的，可以结转下期继续抵减。

5. 每年的第一个纳税申报期结束后，对上一年度总分机构汇总纳税情况进行清算。总机构和分支机构年度清算应交增值税，按照各自销售收入占比和总机构汇总的上一年度应交增值税税额计算。分支机构预缴的增值税超过其年度清算应交增值税的，通过暂停以后纳税申报期预缴增值税的方式予以解决。分支机构预缴的增值税小于其年度清算应交增值税的，差额部分在以后纳税申报期由分支机构在预缴增值税时一并就地补缴入库。

【案例精析】 某航空公司经批准汇总缴纳增值税，总机构与分支机构均为“营改增”一般纳税人，分支机构的增值税预征率为1%，总分支机构2021年10月~12月发生《应税服务范围注释》所列业务相关账户核算结果分别为：总机构自身发生销项税额450万元，支付进项税额400万元，实现应纳税额50万元；分支机构实现销项税额250万元，支付进项税额150万元，实现应纳税额100万元，但按1%的预征率预缴增值税30万元；总机构连同分支机构汇总后在10月~12月实际应补缴增值税=50+100−30=120（万元）。

经典题解

【真题74·多选题】 关于中国铁路总公司（现称“中国国家铁路集团”）汇总缴纳增值税，下列说法正确的有（　　）。（2021年）

A. 所属运输企业提供铁路运输及辅助服务取得的全部收入应预缴税额，不得抵扣进项税额

B. 总公司及其所属运输企业用于铁路运输及辅助服务以外的进项税额不得汇总

C. 汇总的进项税额为总公司及其所属运输企业支付的全部增值税额

D. 汇总的销售额为总公司及其所属运输企业提供铁路运输及辅助服务的销售额

E. 总公司的增值税纳税期限为1个季度

【解析】 选项A：中国铁路总公司（现称“中国国家铁路集团”）所属运输企业提供铁路运输及辅助服务，按照除铁路建设基金以外的销售额和预征率计算应预缴税额，按月向主管税务机关申报纳税，不得抵扣进项税额。选项C：中国国家铁路集团汇总的进项税额，是指中国国家铁路集团及其所属运输企业为提供铁路运输及辅助服务而购进货物、劳务、服务，支付或者负担的增值税额。

【答案】 BDE

【真题75·单选题】 下列关于增值税汇总纳税的说法，正确的是（　　）。（2020年）

A. 分支机构预缴税款的预征率由国务院确定，不得调整

B. 总机构汇总的销售额，不包括总机构本身的销售额

C. 总机构汇总的进项税额，为各分支机构发生的进项税额

D. 分支机构发生当期已预缴税款，在总机构当期应纳税额抵减不完的，可以结转下期继续抵减

【解析】 选项A：预征率由财政部和国家税务总局规定，并适时予以调整。选项B：总机构汇总的销售额，包括其本身的销售额。选项C：总机构汇总的进项税额，为总机构及其分支机构因发生《应税服务范围注释》所列业务而购进货物或者接受加工修理修配劳务和应税服务，支付或者负担的增值税税额。

【答案】 D

考点提示

按照《总分机构试点纳税人增值税计算缴纳暂行办法》要求，总分机构试点纳税人除了需要将应税服务与销售货物、提供加工修理修配劳务的销售额、销项税额、进项税额以及应纳税额、分支机构已纳（含预缴和补缴的）税额进行分别核算外，还应当将应税服务按适用的不同税率分别核算，再由总机构汇总计算应税服务应缴纳的增值税税额。

▶ Unit 8

第八单元　简易计税方法应纳税额的计算

查看本单元视频，快速 GET 知识点
使用“会计云课堂”App 或“微信”扫码

01 简易计税方法计税规则（★★★）

简易计税方法的应纳税额，是指按照销售额和增值税征收率计算的增值税税额，不得抵扣进项税额，应纳税额计算公式：

应纳税额＝销售额×征收率

简易计税方法的销售额不包括其应纳税额，纳税人采用销售额和应纳税额合并定价方法的，按照下列公式计算销售额：

销售额＝含税销售额÷（1+征收率）

公式中的销售额为不含税销售额，法定征收率为3%、特殊征收率为5%，同时存在减按优惠征收率计税的情形。

为了平衡一般计税方法和简易计税方法的税负，对简易计税方法规定了较低的征收率，因此简易计税方法在计算应纳税额时不得抵扣进项税额。

考点提示

1. 简易计税方法的适用对象，既包括小规模纳税人销售货物、提供应税劳务或销售服务、无形资产、不动产，也包括一般纳税人发生的特定应税行为。

2. 这里销售额的含义与一般计税方法中销售额的含义一样，均是不含增值税的销售额。简易计税方法与一般计税方法的基本计税差异：

（1）一般计税方法计算价税分离时使用的是税率，简易计税方法计算价税分离时使用征收率。

（2）一般计税方法用销售额计算的是销项税额，简易计税方法用销售额计算的是应纳税额。

经典题解

【真题76·单选题】关于小规模纳税人缴纳增值税，下列说法正确的是（　　）。（2019年）

A. 销售自己使用过的不动产，以3%征收率减按2%计算缴纳增值税

B. 提供建筑服务，以取得的全部价款和价外费用为销售额，按照3%征收率计算缴纳增值税

C. 出租不动产按照5%征收率计算缴纳增值税（不含出租住房）

D. 销售边角料收入应按照3%征收率减按2%计算缴纳增值税

【解析】选项A：按照5%的征收率计算增值税。选项B：以取得的全部价款和价外费用

扣除支付的分包款后的余额为销售额，按照3%的征收率计算增值税。选项D：按照3%的征收率计算增值税。

【答案】 C

【真题77·单选题】 某企业为增值税小规模纳税人，2020年1月出售作为固定资产使用过的卡车和电脑，分别取得含税收入3万元和1.5万元，开具增值税普通发票；销售边角料取得含税收入2万元。该企业当月应缴纳增值税（　　）万元。（未放弃减税，不考虑其他增值税优惠政策）（2020年）

A. 0.13　　B. 0.19

C. 0.16　　D. 0.15

【解析】 该企业当月应纳增值税=（3+1.5）÷（1+3%）×2%+2÷（1+3%）×3%=0.15（万元）。

【答案】 D

【真题78·单选题】 某企业为增值税一般纳税人，对外出租房屋，适用简易计税方法，由于承租方（增值税一般纳税人）提前解除租赁合同，收取承租方的违约金。关于收取的违约金，下列税务处理正确的是（　　）。（2019年）

A. 不需要缴纳增值税

B. 按照3%征收率缴纳增值税

C. 按照5%征收率缴纳增值税

D. 需要缴纳增值税，不得开具增值税专用发票

【解析】（1）增值税的计税销售额是纳税人销售货物、劳务、服务、无形资产和不动产收取的全部价款和价外费用，但不包括增值税。价外费用，是指价外向购买方收取的手续费、补贴、基金、集资费、返还利润、奖励费、违约金、滞纳金、延期付款利息、赔偿金、代收款项、代垫款项、包装费、包装物租金、储备费、优质费、运输装卸费以及其他各种性质的价外收费。（2）价外费用按其所属项目的适用税率或征收率计算缴纳增值税，出租房屋适用征收率为5%，故违约金按照5%征收率缴纳增值税。

【答案】 C

02 一般纳税人“营改增”项目按简易计税方法计税的规定（★★★）

根据营改增的相关规定，一般纳税人应该按照一般计税方法计算缴纳增值税，但是下列情形属于可在两种方法中选择的范畴：

（一）部分应税服务

1. 公共交通运输服务。

公共交通运输服务，包括轮客渡、公交客运、地铁、城市轻轨、出租车、长途客运、班车。其中，班车是指按固定路线、固定时间运营并在固定站点停靠的运送旅客的陆路运输服务。

考点提示

1. 这里的班车具有对外经营的特征，不等同于单位内部的通勤班车。

2. 试点纳税人中的一般纳税人提供的铁路旅客运输服务，不得选择按照简易计税办法计算缴纳增值税。

2. 经认定的动漫企业为开发动漫产品提供的动漫脚本编撰、形象设计、背景设计、动画设计、分镜、动画制作、摄制、描线、上色、画面合成、配音、配乐、音效合成、剪辑、字幕制作、压缩转码（面向网络动漫、手机动漫格式适配）服务，以及在境内转让动漫版权（包括动漫品牌、形象或者内容的授权及再授权）。

3. 电影放映服务、仓储服务、装卸搬运服务、收派服务、教育辅助服务和文化体育服务。

4. 以纳入营改增试点之日前取得的有形动产为标的物提供的经营租赁服务。

5. 在纳入营改增试点之日前签订的尚未执行完毕的有形动产租赁合同。

6. 一般纳税人 2016 年 4 月 30 日前签订的不动产融资租赁合同，或以 2016 年 4 月 30 日前取得的不动产提供的融资租赁服务，可以选择适用简易计税方法，按照 5% 的征收率计算缴纳增值税。

7. 提供物业管理服务的纳税人，向服务接受方收取的自来水水费，以扣除其对外支付的自来水水费后的余额为销售额，按照简易计税方法依 3% 的征收率计算缴纳增值税。（不可选择）

8. 非企业性单位中的一般纳税人提供的研发和技术服务、信息技术服务、鉴证咨询服务，销售技术、著作权等无形资产，提供技术转让、技术开发和与之相关的技术咨询、技术服务，可以选择简易计税方法按照 3% 征收率计算缴纳增值税。

经典题解

【例题 79 · 多选题】 一般纳税人销售下列服务，适用或可以选择适用简易计税方法的有（　　）。

A. 提供学历教育服务

B. 经认定的动漫企业在境内转让动漫版权

C. 电影放映服务

D. 公共交通运输服务

E. 提供物业管理服务的纳税人向服务接受方收取的自来水水费

【解析】 选项 A：一般纳税人提供非学历教育服务，才可以选择适用简易计税方法。

【答案】 BCDE

【真题 80 · 多选题】 下列服务中，增值税一般纳税人可以选择简易计税办法计税的有（　　）。（2020 年）

A. 劳务派遣服务

B. 清包工方式提供建筑服务

C. 融资性售后回租服务

D. 公共交通运输服务

E. 人力资源外包服务

【解析】选项C：没有选择简易计税办法计税的规定。

【答案】ABDE

（二）建筑服务

1. 一般纳税人提供建筑服务，选择适用简易计税方法的，应以取得的全部价款和价外费用扣除支付的分包款后的余额为销售额，按照3%的征收率计算应纳税额。

2. 可以选择适用简易计税方法计税的建筑服务：

可以选择适用简易计税方法计税的建筑服务	解释
一般纳税人以清包工方式提供的建筑服务	是指施工方不采购建筑工程所需的材料或只采购辅助材料，并收取人工费、管理费或者其他费用的建筑服务
一般纳税人为甲供工程提供的建筑服务	是指全部或部分设备、材料、动力由工程发包方自行采购的建筑工程
一般纳税人为建筑工程老项目提供的建筑服务	建筑工程老项目是指： （1）《建筑工程施工许可证》注明的合同开工日期在2016年4月30日前的建筑工程项目 （2）未取得《建筑工程施工许可证》的，建筑工程承包合同注明的开工日期在2016年4月30日前的建筑工程项目

考点提示

一般纳税人销售自产机器设备的同时提供安装服务，应分别核算机器设备和安装服务的销售额，安装服务可以按照甲供工程选择适用简易计税方法计税。

一般纳税人销售外购机器设备的同时提供安装服务，如果已经按照兼营的有关规定，分别核算机器设备和安装服务的销售额，安装服务可以按照甲供工程选择适用简易计税方法计税。

经典题解

【真题81·单选题】某建筑工程公司为甲市增值税一般纳税人，2016年6月到乙市提供建筑服务（建筑用主要材料由建设单位提供），取得含税价款5768万元，该建筑工程公司将承包工程中的电梯安装业务分包给某电梯安装企业，支付含税分包款618万元，取得增值税普通发票。建筑工程公司购进建筑用辅助材料的进项税额为20万元，该工程公司上述业务税务处理正确的是（　　）。（2016年）

A. 可以选择简易方法计算增值税，在乙市预缴增值税150万元

B. 应按一般计税方法计算增值税，在乙市预缴增值税280万元

C. 应按一般计税方法计算增值税，在甲市缴纳增值税280万元

D. 可以选择简易方法计算增值税，在甲市缴纳增值税150万元

【解析】一般纳税人跨县（市、区）提供清包工方式的建筑服务，选择适用简易计税方法计税的，以取得的全部价款和价外费用扣除支付的分包款后的余额，按照3%的征收率计算应预缴税款，并向建筑服务发生地（乙市）主管税务机关预缴税款。应预缴税款=（5768-618）÷（1+3%）×3%=150（万元）。

【答案】A

3. 建筑工程总承包单位为房屋建筑的地基与基础、主体结构提供工程服务，建设单位自行采购全部或部分钢材、混凝土、砌体材料、预制构件的，适用简易计税方法计税。（不可选择）

（三）销售不动产

1. 一般纳税人销售其2016年4月30日前取得（不含自建）的不动产，可以选择适用简易计税方法，以取得的全部价款和价外费用减去该项不动产购置原价或者取得不动产时的作价后的余额为销售额，按照5%的征收率计算应纳税额。

2. 一般纳税人销售其2016年4月30日前自建的不动产，可以选择适用简易计税方法，以取得的全部价款和价外费用为销售额，按照5%的征收率计算应纳税额。

3. 房地产开发企业中的一般纳税人，销售自行开发的房地产老项目，可以选择适用简易计税方法按照5%的征收率计税。

经典题解

【真题82·单选题】2018年5月，某建筑安装公司（增值税一般纳税人）以清包工方式提供建筑服务，取得含税收入1000万元；销售2016年4月30日前自建的不动产，取得含税收入800万元。上述业务均选择简易计税方法计税。该公司当月应纳增值税（　　）万元。（2018年）

A. 52.43　　B. 67.23　　C. 70.92　　D. 85.72

【解析】该公司应纳增值税=1000÷（1+3%）×3%+800÷（1+5%）×5%=29.13+38.10=67.23（万元）。

【答案】B

（四）不动产经营租赁服务

1. 一般纳税人出租其2016年4月30日前取得的不动产，可以选择适用简易计税方法，按照5%的征收率计算应纳税额。

2. 一般纳税人收取试点前开工的一级公路、二级公路、桥、闸通行费，可以选择适用简易计税方法，按照5%的征收率计算缴纳增值税。

试点前开工，是指相关施工许可证注明的合同开工日期在2016年4月30日前。

（五）金融服务

1. 农村信用社、村镇银行、农村资金互助社、由银行业机构全资发起设立的贷款公司、法人机构在县（含县级市、区、旗）及县以下地区的农村合作银行和农村商业银行提供金融服务收入，可以选择适用简易计税方法按照3%的征收率计算缴纳增值税。

县（含县级市、区、旗），不包括直辖市和地级市所辖城区。

2. 对中国农业银行纳入“三农金融事业部”改革试点的各省、自治区、直辖市、计划单列市分行下辖的县域支行和新疆生产建设兵团分行下辖的县域支行（也称“县事业部”），提供农户贷款、农村企业和农村各类组织贷款取得的利息收入，可以选择适用简易计税方法按照3%的征收率计算缴纳增值税。

03 一般纳税人销售货物简易征税的规定（★★★）

1. 一般纳税人销售自产的下列货物，可选择按照简易计税办法依照3%的征收率计算缴纳增值税：

（1）县级及县级以下小型水力发电单位生产的电力。

（2）建筑用和生产建筑材料所用的砂、土、石料。

（3）以自己采掘的砂、土、石料或其他矿物连续生产的砖、瓦、石灰（不含粘土实心砖、瓦）。

（4）用微生物、微生物代谢产物、动物毒素、人或动物的血液或组织制成的生物制品。

（5）自来水。

考点提示

对属于增值税一般纳税人的自来水销售公司销售自来水按简易办法依照3%征收率缴纳增值税，不得抵扣其购进自来水取得增值税扣税凭证上注明的增值税税款。

（6）商品混凝土（仅限于以水泥为原料生产的水泥混凝土）。

2. 一般纳税人销售货物属于下列情形之一的，暂按简易办法依照3%征收率计算缴纳增值税：

（1）寄售商店代销寄售物品（包括居民个人寄售的物品在内）。

（2）典当业销售死当物品。

【相关链接】居民个人销售自己使用过的物品属于法定免税的范畴，但是通过寄售商店销售的物品则需要按照简易计税办法缴纳增值税。

3. 一般纳税人销售下列生物制品，可以选择按照简易计税办法依照3%的征收率计算缴纳增值税：

（1）药品经营企业销售生物制品。

（2）兽用药品经营企业销售兽用生物制品。

4. 自2022年3月1日起，从事再生资源回收的增值税一般纳税人销售其收购的再生资源，可以选择适用简易计税方法依照3%征收率计算缴纳增值税，或适用一般计税方法计算缴纳增值税。（新增）

再生资源，是指在社会生产和生活消费过程中产生的，已经失去原有全部或部分使用价值，经过回收、加工处理，能够使其重新获得使用价值的各种废弃物。其中，加工处理仅限于清洗、挑选、破碎、切割、拆解、打包等改变再生资源密度、湿度、长度、粗细、软硬等物理性状的简单加工。

【归纳】对一般纳税人和小规模纳税人销售物品及固定资产等的相同行为进行辨析：

应税行为		一般纳税人	小规模纳税人（2022 年 4 月 1 日至 2022 年 12 月 31 日）
销售自己使用过的物品	固定资产（有形动产）	①按规定允许抵扣进项税额的固定资产再转让： 销项税额=含税销售额÷（1+税率）×税率 税率一般为基本税率 13% 低税率范围的农机等为较低税率 9% ②按规定不得抵扣且未抵扣过进项税额的固定资产再转让： 应纳税额=含税销售额÷（1+3%）×2%	免税
	其他物品	销项税额=含税销售额÷（1+税率）×税率 税率为基本税率 13%或较低税率 9%	
销售自己没有使用过的物品	货物（有形动产）	销项税额=含税销售额÷（1+税率）×税率 税率为基本税率 13%或较低税率 9% 特殊情况下，按简易办法计税，应纳税额=含税销售额÷（1+3%）×3%	
	经营旧货（含旧汽车、摩托车、游艇）	应纳税额=含税销售额÷（1+3%）×2% 自 2020 年 5 月 1 日至 2023 年 12 月底，从事二手车经销业务的纳税人销售其收购的二手车，减按 0.5%征收增值税：应纳税额=含税销售额÷（1+0.5%）×0.5%	
提供应税劳务		销项税额=含税销售额÷（1+13%）×13%	
销售服务、无形资产或不动产	一般规定	销项税额=含税销售额÷（1+税率）×税率 税率为基本税率、较低税率、低税率（13%、9%、6%）	适用 3%征收率的：免税 适用 5%征收率的：应纳税额=含税销售额÷（1+5%）×5% 应纳税额=含税销售额÷（1+5%）×1.5%
	特殊情况	一些列举的特定行为可选择简易征收办法： 应纳税额=含税销售额÷（1+3%）×3% 应纳税额=含税销售额÷（1+5%）×5% 应纳税额=含税销售额÷（1+5%）×1.5%	
转让土地使用权		销项税额=含税销售额÷（1+9%）×9%	全额按照 3%征收率计税的：免税
		纳税人转让 2016 年 4 月 30 日前取得的土地使用权，选择适用简易计税方法且选择差额计税的：应纳税额=（含税销售额-取得该土地使用权原价）÷（1+5%）×5%	
劳务派遣服务		销项税额=含税销售额÷（1+6%）×6%	免税
		选择差额纳税的：应纳税额=（含税销售额-代用工单位支付给劳务派遣人员的工资、福利和为其办理社会保险及住房公积金）÷（1+5%）×5%	

考点提示

纳税人销售自己使用过的固定资产，适用简易办法依照3%征收率减按2%征收增值税政策的，可以放弃减税，按照简易办法依照3%征收率缴纳增值税，并可以开具增值税专用发票。

经典题解

【真题83·单选题】一般纳税人提供下列服务，可以选择简易计税方法按5%征收率计算缴纳增值税的是（　　）。（2020年）

A. 公共交通运输服务

B. 不动产经营租赁

C. 建筑服务

D. 文化体育服务

【解析】这部分知识点命题频率较高。选项ACD：可以选择简易计税方法按照3%的征收率计算缴纳增值税。

【答案】B

【例题84·单选题】某旧机动车交易公司（增值税一般纳税人）2022年5月收购旧机动车50辆，支付收购款350万元；销售旧机动车60辆，取得含税销售收入480万元，同时协助客户办理车辆过户手续，取得收入3万元。2022年5月该旧机动车交易公司应纳增值税（　　）万元。

A. 2.40　　B. 4.78

C. 9.38　　D. 70.18

【解析】自2020年5月1日至2023年12月底，对二手车经销企业销售旧车减按销售额0.5%征收增值税。混合销售按主营业务计税。应纳增值税＝（480＋3）÷（1＋0.5%）×0.5%＝2.40（万元）。

【答案】A

▶ Unit 9

第九单元　进口环节增值税政策（★★）

查看本单元视频，快速GET知识点
使用"会计云课堂"App或"微信"扫码

进口货物增值税的纳税义务人是进口货物的收货人或办理报关手续的单位和个人。进口货物一律使用组成计税价格计算应纳增值税，组价公式中包含关税完税价格、关税税额、消费税税额。进口货物应纳税额的计算公式为：

组成计税价格＝关税完税价格＋关税＋消费税（可能为0）

应纳税额＝组成计税价格×税率

【解释】（1）除另有规定外，进口货物的税率为13%和9%，即便是小规模纳税人，进口计税时也适用税率，不适用征收率。（2）进口环节按组价公式和适用税率直接计算出的应纳税额，在进口环节不能抵扣任何境外税款。（3）进口环节增值税、关税、消费税的组合出题是常考不衰的形式。

考点提示

自 2021 年 1 月 1 日至 2030 年 12 月 31 日，对卫生健康委委托进口的抗艾滋病病毒药物，免征进口关税和进口环节增值税。

经典题解

【真题 85 · 单选题】 甲进出口公司代理乙工业企业进口设备，同时委托丙货运代理人办理托运手续，海关进口增值税专用缴款书上的缴款单位是甲进出口公司。该进口设备的增值税纳税人是（　　）。（2011 年）

A. 甲进出口公司

B. 乙工业企业

C. 丙货运代理人

D. 国外销售商

【解析】 对代理进口货物以海关开具的完税凭证上的纳税人为增值税的纳税人。海关进口增值税专用缴款书上的缴款单位是甲进出口公司，因此该进口设备的增值税纳税人是甲进出口公司。

【答案】 A

【真题 86 · 单选题】 关于进口货物（非应税消费品）增值税计税依据的规定，下列说法正确的是（　　）。（2018 年）

A. 以到岸价格为计税依据

B. 以海关审定的成交价格为计税依据

C. 以关税完税价格与关税税额之和为计税依据

D. 以海关审定的成交价格与关税税额之和为计税依据

【解析】 进口货物（非应税消费品）增值税的组成计税价格公式为：组成计税价格 = 关税完税价格 + 关税。

【答案】 C

【例题 87 · 单选题】 某具有进出口经营权的企业为增值税小规模纳税人，2021 年 12 月从国外进口小汽车一辆，关税完税价格折合人民币 85500 元，假定小汽车的关税税率 15%，消费税税率 5%，其进口环节应纳增值税（　　）元。

A. 3105　　　　B. 13455

C. 17442　　　　D. 18360

【解析】 除另有规定外，小规模纳税人进口货物计算增值税时也适用税率，不适用征收率。进口环节应纳增值税 = 85500 ×（1 + 15%）/（1 − 5%）× 13% = 13455（元）。

【答案】 B

▶ Unit 10

第十单元　特定企业（交易行为）的增值税政策

查看本单元视频，快速 GET 知识点
使用“会计云课堂”App或“微信”扫码

01 转让不动产增值税征收管理（★★）

（一）适用范围

纳税人转让其取得的不动产，适用以下规定。房地产开发企业销售自行开发的房地产项目不适用以下规定。

取得不动产，包括以直接购买、接受捐赠、接受投资入股、自建以及抵债等各种形式取得的不动产。

（二）计税依据及税率、征收率的运用

1. 一般纳税人转让其2016年4月30日前取得的不动产，可以选择适用简易计税方法计税；也可以选择适用一般计税方法计税。

2. 一般纳税人转让其2016年5月1日后取得的不动产的，适用一般计税方法计税。

计税规则归纳为：

<table>
<tr><th>来源</th><th>取得的时间</th><th>预缴与计税</th></tr>
<tr><td rowspan="3">直接购买、接受捐赠、接受投资入股以及抵债</td><td rowspan="2">2016年4月30日前</td><td>选择适用简易计税方法计税的：
①按5%的征收率向不动产所在地主管税务机关预缴税款
预缴税额＝（取得的全部价款和价外费用－不动产购置原价或者取得不动产时的作价）÷（1+5%）×5%
②按5%的征收率向机构所在地主管税务机关申报纳税
应纳税额＝（取得的全部价款和价外费用－不动产购置原价或者取得不动产时的作价）÷（1+5%）×5%－预缴税额
【记忆技巧】差价5%预缴；差价5%计税</td></tr>
<tr><td rowspan="2">选择适用或应该适用一般计税方法计税的：
①按5%的预征率向不动产所在地主管税务机关预缴税款
预缴税额＝（取得的全部价款和价外费用－不动产购置原价或者取得不动产时的作价）÷（1+5%）×5%
②按9%的税率向机构所在地主管税务机关申报纳税
应纳税额＝取得的全部价款和价外费用÷（1+9%）×9%－进项税额－预缴税额
【记忆技巧】差价5%预缴；全价9%计销项</td></tr>
<tr><td>2016年5月1日后</td></tr>
</table>

来源	取得的时间	预缴与计税
自建	2016 年 4 月 30 日前	选择适用简易计税方法计税的： ①按 5%的征收率向不动产所在地主管税务机关预缴税款 预缴税额 = 取得的全部价款和价外费用÷（1+5%）×5% ②按 5%的征收率向机构所在地主管税务机关申报纳税 应纳税额 = 取得的全部价款和价外费用÷（1+5%）×5%-预缴税额 【记忆技巧】全价 5%预缴；全价 5%计税
	2016 年 4 月 30 日前 2016 年 5 月 1 日后	选择适用或应该适用一般计税方法计税的： ①按 5%的预征率向不动产所在地主管税务机关预缴税款 预缴税额 = 取得的全部价款和价外费用÷（1+5%）×5% ②按 9%的税率向机构所在地主管税务机关申报纳税 应纳税额 = 取得的全部价款和价外费用÷（1+9%）×9%-进项税额-预缴税额 【记忆技巧】全价 5%预缴；全价 9%计销项

考点提示

上述全价、差价均为不含增值税的全额。要注意区分税率、征收率、预征率的不同表述。一般情况下，2019 年 4 月 1 日后采用 9%规定税率计税的项目在运用预征率预征税款时，价税分离要使用税率 9%，即“÷（1+9%）”进行价税分离；采用征收率 5%计税的项目在运用预征率预征税款时，价税分离要使用征收率 5%，即“÷（1+5%）”进行价税分离。但是有特例：“营改增”后，预征不动产转让增值税的，在预征作价税分离时只采用 5%而不使用税率，这使得预征不动产转让增值税不论是针对一般纳税人还是针对小规模纳税人，都采用“÷（1+5%）”的价税分离方法，即预征不动产增值税价税分离计算只用征收率不用税率，这个现实规定比较特殊。

3. 小规模纳税人转让其取得的不动产的（除个人转让其购买的住房），适用简易计税方法计税，征收率为 5%，计税规则归纳：

来源	预缴与计税	纳税地点
直接购买、接受捐赠、接受投资入股以及抵债	预缴税额 =（取得的全部价款和价外费用-不动产购置原价或者取得不动产时的作价）÷（1+5%）×5% 应纳税额 =（取得的全部价款和价外费用-不动产购置原价或者取得不动产时的作价）÷（1+5%）×5%-预缴税额 【记忆技巧】差价 5%预缴；差价 5%计税	（1）除其他个人之外的小规模纳税人：向不动产所在地主管税务机关预缴税款；向机构所在地主管税务机关申报纳税 （2）其他个人（自然人）：向不动产所在地主管税务机关申报纳税
自建	预缴税额 = 取得的全部价款和价外费用÷（1+5%）×5% 应纳税额 = 取得的全部价款和价外费用÷（1+5%）×5%-预缴税额 【记忆技巧】全价 5%预缴；全价 5%计税	

4. 个人转让其购买的住房

（1）个人转让其购买的住房，按照有关规定全额缴纳增值税的，以取得的全部价款和价外费用为销售额，按照5%的征收率计算应纳税额。

（2）个人转让其购买的住房，按照有关规定差额缴纳增值税的，以取得的全部价款和价外费用扣除购买住房价款后的余额为销售额，按照5%的征收率计算应纳税额。

【相关链接】个人将购买不足2年的住房对外销售的，按照5%的征收率全额缴纳增值税；个人将购买2年以上（含2年）的住房对外销售的，免征增值税。上述政策适用于北京市、上海市、广州市和深圳市之外的地区。

个人将购买不足2年的住房对外销售的，按照5%的征收率全额缴纳增值税；个人将购买2年以上（含2年）的非普通住房对外销售的，以销售收入减去购买住房价款后的差额按照5%的征收率缴纳增值税；个人将购买2年以上（含2年）的普通住房对外销售的，免征增值税。上述政策仅适用于北京市、上海市、广州市和深圳市。

个体工商户应按照上述规定的计税方法向住房所在地主管税务机关预缴税款，向机构所在地主管税务机关申报纳税；其他个人应按照上述规定的计税方法向住房所在地主管税务机关申报纳税。

5. 其他个人以外的纳税人转让其取得的不动产

（1）以转让不动产取得的全部价款和价外费用作为预缴税款计算依据的，计算公式为：

应预缴税款=全部价款和价外费用÷（1+5%）×5%

（2）以转让不动产取得的全部价款和价外费用扣除不动产购置原价或者取得不动产时的作价后的余额作为预缴税款计算依据的，计算公式为：

应预缴税款=（全部价款和价外费用-不动产购置原价或者取得不动产时的作价）÷（1+5%）×5%

其他个人转让其取得的不动产，按照以上计算方法计算应纳税额并向不动产所在地主管税务机关申报纳税。

经典题解

【真题88·单选题】根据一般纳税人转让取得不动产的增值税管理办法规定，下列说法中正确的是（　　）。（2020年）

A. 转让2018年自建的不动产，可以选择适用简易计税方法

B. 取得的不动产，包括抵债取得的不动产

C. 转让2015年取得的不动产，以取得的全部价款和价外费用扣除不动产购置原价后的余额为计税销售额

D. 取得不动产转让收入，应向不动产所在地主管税务机关申报纳税

【解析】选项A：一般纳税人转让营改增后取得的不动产，只能按照一般计税方法计税。选项B：取得不动产，包括以直接购买、接受捐赠、接受投资入股、自建以及抵债等各种形式取得的不动产。选项C：一般纳税人转让营改增前取得（不含自建）的不动产，可以选择简易计税方法计税（差额），也可以选择一般计税方法计税（全额）。选项D：向不动产所在地主管税务机关预缴税款，向机构所在地主管税务机关申报纳税。

【答案】B

【真题 89·单选题】甲省 A 市某生产企业为增值税一般纳税人，2021 年 3 月将 2017 年购置的不动产出售，取得含税收入 3500 万元。该不动产位于乙省 B 市，购置原价为 1600 万元。该企业转让不动产应在乙省 B 市预缴增值税（　　）万元。（2021 年）

A. 34.86　　B. 52.29　　C. 90.48　　D. 166.67

【解析】一般纳税人转让其 2016 年 5 月 1 日后取得（不含自建）的不动产，适用一般计税方法，以取得的全部价款和价外费用扣除不动产购置原价或取得不动产时的作价后的余额，按照 5%的预征率向不动产所在地主管税务机关预缴税款。应预缴税额 =（全部价款和价外费用 - 不动产购置原价或取得不动产时的作价）÷（1+5%）×5% =（3500-1600）÷（1+5%）×5% = 90.48（万元）。

【答案】C

（三）纳税人转让不动产差额扣除的规定

纳税人转让不动产，按照有关规定差额缴纳增值税的，如因丢失等原因无法提供取得不动产时的发票，可向税务机关提供其他能证明契税计税金额的完税凭证等资料，进行差额扣除。

纳税人以契税计税金额进行差额扣除的，按照下列公式计算增值税应纳税额：

①2016 年 4 月 30 日及以前缴纳契税的

增值税应纳税额 =［全部交易价格（含增值税）- 契税计税金额（含营业税）］÷（1+5%）×5%

②2016 年 5 月 1 日及以后缴纳契税的

增值税应纳税额 =［全部交易价格（含增值税）÷（1+5%）- 契税计税金额（不含增值税）］×5%

> 记忆技巧　老项目先减除后分离；新项目先分离后减除。

纳税人同时保留取得不动产时的发票和其他能证明契税计税金额的完税凭证等资料的，应当凭发票进行差额扣除。

【解释】由于契税的计税依据与房地产交易价格直接挂钩，所以本项规定是针对纳税人因丢失等原因无法提供取得不动产时的发票时，用契税的计税金额佐证原取得不动产时的价格。即取得不动产时的价格的确认：不动产发票为主，契税资料为辅。

（四）扣减不动产价款的凭证要求

纳税人按规定从取得的全部价款和价外费用中扣除不动产购置原价或者取得不动产时的作价的，应当取得符合法律、行政法规和国家税务总局规定的合法有效凭证。否则，不得扣除。

上述凭证是指：

1. 税务部门监制的发票。
2. 法院判决书、裁定书、调解书，以及仲裁裁决书、公证债权文书。
3. 国家税务总局规定的其他凭证。

（五）发票的开具

1. 自 2020 年 2 月 1 日起，增值税小规模纳税人（其他个人除外）发生增值税应税行为，需要开具增值税专用发票的，可以自愿使用增值税发票管理系统自行开具。选择自行开具增值税专用发票的小规模纳税人，税务机关不再为其代开增值税专用发票。

2. 纳税人向其他个人转让其取得的不动产，不得开具或申请代开增值税专用发票。

（六）其他规定

纳税人转让其取得的不动产，向不动产所在地主管税务机关预缴的增值税税款，可以在当期增值税应纳税额中抵减，抵减不完的，结转下期继续抵减。

纳税人以预缴税款抵减应纳税额，应以完税凭证作为合法有效凭证。

纳税人转让不动产，按照规定应向不动产所在地主管税务机关预缴税款而自应当预缴之月起超过 6 个月没有预缴税款的，由机构所在地主管税务机关按照《中华人民共和国税收征收管理法》及相关规定进行处理。

02 提供不动产经营租赁服务增值税征收管理（★★）

（一）适用范围

适用于纳税人以经营租赁方式出租其取得的不动产（以下简称“出租不动产”）。

取得的不动产，包括以直接购买、接受捐赠、接受投资入股、自建以及抵债等各种形式取得的不动产。

纳税人提供道路通行服务不在适用范围内。

（二）计税方法和应纳增值税计算

【归纳 1】非住房不动产租赁增值税基本规定一览表：

<table>
<tr><th rowspan="2">纳税人性质</th><th rowspan="2">项目情况（“营改增”为界）</th><th rowspan="2">计税方法</th><th colspan="2">异地提供不动产经营租赁</th><th colspan="2">申报纳税</th></tr>
<tr><th>税额预缴及计算</th><th>主管税务机关</th><th>税额计算</th><th>主管税务机关</th></tr>
<tr><td rowspan="3">一般纳税人</td><td>后取得</td><td>一般</td><td rowspan="2">应预缴税款=含税销售额÷（1+9%）×3%</td><td rowspan="4">不动产所在地税务机关</td><td rowspan="2">应纳税款=含税销售额÷（1+9%）×9%-进项税额-预缴</td><td rowspan="4">机构所在地税务机关</td></tr>
<tr><td rowspan="2">前取得</td><td>选一般</td></tr>
<tr><td>选简易</td><td rowspan="2">应预缴税款=含税销售额÷（1+5%）×5%</td><td rowspan="2">应纳税款=含税销售额÷（1+5%）×5%-预缴</td></tr>
<tr><td>小规模纳税人</td><td rowspan="2">前或后取得</td><td rowspan="2">简易</td></tr>
<tr><td>其他个人</td><td colspan="2">——</td><td>应纳税款=含税销售额÷（1+5%）×5%</td><td>不动产所在地税务机关</td></tr>
</table>

【归纳 2】住房租赁增值税基本规定一览表：

纳税人性质	项目情况（"营改增"为界）	计税方法	异地提供住房经营租赁		申报纳税	
			税额预缴及计算	主管税务机关	税额计算	主管税务机关
一般纳税人	前或后取得	选一般	应预缴税款=含税销售额÷（1+9%）×3%	不动产所在地税务机关	应纳税款=含税销售额÷（1+9%）×9%-进项税额-预缴	机构所在地税务机关
		选简易	应预缴税款=含税销售额÷（1+5%）×1.5%		应纳税款=含税销售额÷（1+5%）×1.5%-预缴	
小规模纳税人	前或后取得	简易				
个体户						
其他个人			——		应纳税款=含税销售额÷（1+5%）×1.5%	不动产所在地税务机关

注：上表中按照5%的征收率减按1.5%计算缴纳增值税的一般纳税人和小规模纳税人必须是住房租赁企业向个人出租住房。自2021年10月1日开始执行。

考点提示

1. 自2021年10月1日起，住房租赁企业中的增值税一般纳税人向个人出租住房取得的全部出租收入，可以选择适用简易计税方法，按照5%的征收率减按1.5%计算缴纳增值税，或适用一般计税方法计算缴纳增值税。（新增）

2. 按照现行规定应当预缴增值税税款的小规模纳税人，凡在预缴地实现的月销售额未超过15万元的，当期无须预缴税款。

3. 除个人以外的小规模纳税人异地提供不动产租赁服务的计税规则与一般纳税人采用简易计税办法的计税规则一致。

4. 出租不动产发票的代开：

出租方	承租方	代开增值税发票规定
小规模纳税人中的单位和个体工商户	企事业单位	不能自行开具增值税发票的，可向不动产所在地主管税务机关申请代开增值税发票
其他个人（自然人）		①可向不动产所在地主管税务机关申请代开增值税发票 ②其他个人委托房屋中介、住房租赁企业等单位出租不动产，需要向承租方开具增值税发票的，可以由受托单位代其向主管税务机关按规定申请代开增值税发票
各类纳税人	其他个人	不得开具或申请代开增值税专用发票

5. 单位和个体工商户出租不动产，向不动产所在地主管税务机关预缴的增值税款，可以在当期增值税应纳税额中抵减，抵减不完的，结转下期继续抵减。

纳税人以预缴税款抵减应纳税额，应以完税凭证作为合法有效凭证。

【案例精析】 机构所在地在A市的甲企业是增值税一般纳税人，2022年5月在A市取得含税咨询收入265000元，发生可抵扣的进项税8000元，将位于B市的一处办公用房（系2017年1月取得）出租，收取含税月租金40000元，则甲企业在A、B两市应缴纳增值税税款：

甲企业应在B市预缴出租办公用房的税款=40000÷（1+9%）×3%=1100.92（元）

甲企业在A市纳税=265000÷（1+6%）×6%-8000+40000÷（1+9%）×9%-1100.92=9201.83（元）。

经典题解

【真题90·多选题】 关于提供不动产经营租赁服务的增值税政策，下列说法正确的有（　　）。（2019年）

A. 纳税人以经营租赁方式将土地出租给他人使用，按照销售无形资产缴纳增值税

B. 作为小规模纳税人的个体工商户出租住房，应按照5%的征收率减按1.5%计算应纳税额

C. 其他个人出租不动产，均按照5%的征收率计算应纳税额

D. 其他个人出租不动产，可向不动产所在地主管税务机关申请代开增值税专用发票

E. 出租不动产，租赁合同中约定免租期的，不属于视同销售服务

【解析】 选项A：纳税人以经营租赁方式将土地出租给他人使用，按照不动产经营租赁服务缴纳增值税。选项C：其他个人出租住房，按照5%的征收率减按1.5%计算应纳税额。

【答案】 BDE

03 跨县（市、区）提供建筑服务增值税征收管理（★★）

（一）适用范围

跨县（市、区）提供建筑服务，是指单位和个体工商户（以下简称"纳税人"）在其机构所在地以外的县（市、区）提供建筑服务。

其他个人跨县（市、区）提供建筑服务，不适用以下规定。

纳税人在同一地级行政区范围内跨县（市、区）提供建筑服务，不适用以下规定。

纳税人跨县（市、区）提供建筑服务，应按照规定的纳税义务发生时间和计税方法，向建筑服务发生地主管税务机关预缴税款，向机构所在地主管税务机关申报纳税。

《建筑工程施工许可证》未注明合同开工日期，但建筑工程承包合同注明的开工日期在2016年4月30日前的建筑工程项目，属于规定的可以选择简易计税方法计税的建筑工程老项目。

（二）预缴税款

纳税人跨县（市、区）提供建筑服务，按照以下规定预缴税款：

1. 一般纳税人跨县（市、区）提供建筑服务

（1）一般纳税人跨县（市、区）提供建筑服务适用一般计税方法计税的，以取得的全

部价款和价外费用扣除支付的分包款后的余额，按照2%的预征率计算应预缴税款。

应预缴税款=（全部价款和价外费用-支付的分包款）÷（1+适用税率）×2%

（2）一般纳税人跨县（市、区）提供建筑服务，选择适用简易计税方法计税的，以取得的全部价款和价外费用扣除支付的分包款后的余额，按照3%的征收率计算应预缴税款。

应预缴税款=（全部价款和价外费用-支付的分包款）÷（1+3%）×3%

2. 小规模纳税人跨县（市、区）提供建筑服务（不考虑疫情期间优惠政策）

小规模纳税人跨县（市、区）提供建筑服务，以取得的全部价款和价外费用扣除支付的分包款后的余额，按照3%的征收率计算应预缴税款。

应预缴税款=（全部价款和价外费用-支付的分包款）÷（1+3%）×3%

纳税人取得的全部价款和价外费用扣除支付的分包款后的余额为负数的，可结转下次预缴税款时继续扣除。

纳税人应按照工程项目分别计算应预缴税款，分别预缴。

【归纳】跨县（市、区）提供建筑服务增值税计税规则一览表（不考虑疫情期间优惠政策）：

<table>
<tr><th rowspan="2">纳税人性质</th><th rowspan="2">项目情况（"营改增"为界）</th><th rowspan="2">计税方法</th><th colspan="2">异地提供建筑服务</th><th colspan="2">申报纳税</th></tr>
<tr><th>税额预缴及计算</th><th>主管税务机关</th><th>税额计算</th><th>主管税务机关</th></tr>
<tr><td>小规模纳税人（不含自然人）</td><td>新项目或老项目</td><td>简易</td><td rowspan="2">应预缴税款=（全部价款和价外费用-支付的分包款）÷（1+3%）×3%</td><td rowspan="4">建筑服务发生地税务机关</td><td rowspan="2">应纳税款=（全部价款和价外费用-支付的分包款）÷（1+3%）×3%-预缴</td><td rowspan="4">机构所在地税务机关</td></tr>
<tr><td rowspan="3">一般纳税人</td><td rowspan="2">老项目</td><td>选简易</td></tr>
<tr><td>选一般</td><td rowspan="2">应预缴税款=（全部价款和价外费用-支付的分包款）÷（1+9%）×2%</td><td rowspan="2">应纳税款=全部价款和价外费用÷（1+9%）×9%-进项税额-预缴</td></tr>
<tr><td>新项目</td><td>一般</td></tr>
</table>

考点提示

1. 按照现行规定应当预缴增值税税款的小规模纳税人，凡在预缴地实现的月销售额未超过15万元的，当期无须预缴税款。

2. 自然人无预缴环节，只有申报纳税环节。

3. 按照现行规定应在建筑服务发生地预缴增值税的项目，纳税人收到预收款时在建筑服务发生地预缴增值税。按照现行规定无须在建筑服务发生地预缴增值税的项目，纳税人收到预收款时在机构所在地预缴增值税。

（三）扣除凭证

纳税人按照上述规定从取得的全部价款和价外费用中扣除支付的分包款，应当取得符合法律、行政法规和国家税务总局规定的合法有效凭证，否则不得扣除。

上述凭证是指：

1. 从分包方取得的 2016 年 4 月 30 日前开具的建筑业营业税发票。

上述建筑业营业税发票在 2016 年 6 月 30 日前可作为预缴税款的扣除凭证。

2. 从分包方取得的 2016 年 5 月 1 日后开具的，备注栏注明建筑服务发生地所在县（市、区）、项目名称的增值税发票。

3. 国家税务总局规定的其他凭证。

（四）其他规定

1. 预缴税款应提交的资料

纳税人跨县（市、区）提供建筑服务，在向建筑服务发生地主管税务机关预缴税款时，需填报《增值税预缴税款表》，并出示以下资料：

（1）与发包方签订的建筑合同复印件（加盖纳税人公章）；

（2）与分包方签订的分包合同复印件（加盖纳税人公章）；

（3）从分包方取得的发票复印件（加盖纳税人公章）。

2. 纳税人跨县（市、区）提供建筑服务，向建筑服务发生地主管税务机关预缴的增值税税款，可以在当期增值税应纳税额中抵减，抵减不完的，结转下期继续抵减。

纳税人以预缴税款抵减应纳税额，应以完税凭证作为合法有效凭证。

3. 小规模纳税人跨县（市、区）提供建筑服务，不能自行开具增值税发票的，可向建筑服务发生地主管税务机关按照其取得的全部价款和价外费用申请代开增值税发票。

经典题解

【真题 91 · 单选题】某建筑企业为增值税一般纳税人，2019 年 12 月取得跨县市建筑工程劳务款 1500 万元（含税）；支付分包工程款 600 万元（含税），分包款取得合法有效凭证。该建筑服务项目选用一般计税方法。该企业当月应在劳务发生地预缴增值税（　　）万元。（2020 年）

A. 17.48　　B. 18.00　　C. 26.21　　D. 16.51

【解析】（1）一般纳税人跨县（市、区）提供建筑服务，适用一般计税方法的，以取得的全部价款和价外费用扣除支付的分包款后的余额，按照 2% 的预征率计算应预缴税款。（2）该企业当月应预缴增值税 =（1500−600）/（1+9%）×2% = 16.51（万元）。

【答案】D

【真题 92 · 多选题】关于跨县（不在同一地级行政区域内）提供建筑服务增值税征收管理，下列说法正确的有（　　）。（2021 年）

A. 纳税人应按照工程项目分别计算应预缴税款并分别预缴

B. 跨县提供建筑服务是指纳税人在其机构所在地以外的县提供建筑服务

C. 纳税人以预缴税款抵减应纳税额，应以完税凭证作为合法有效凭证

D. 一般纳税人以取得的全部价款和价外费用扣除支付的分包款后的余额为计税依据计算应预缴税款

E. 小规模纳税人以取得的全部价款和价外费用为计税依据计算应预缴税款

【解析】选项 E：小规模纳税人跨县（市、区）提供建筑服务，以取得的全部价款和价外费用扣除支付的分包款后的余额计算应预缴税款。

【答案】ABCD

04 房地产开发企业销售自行开发的房地产项目增值税征收管理（★★）

（一）适用范围

房地产开发企业销售自行开发的房地产项目，适用以下规定。

自行开发，是指在依法取得土地使用权的土地上进行基础设施和房屋建设。

房地产开发企业以接盘等形式购入未完工的房地产项目继续开发后，以自己的名义立项销售的，属于销售自行开发的房地产项目。

房地产开发企业中的一般纳税人购入未完工的房地产老项目继续开发后，以自己名义立项销售的不动产，属于房地产老项目，可以选择适用简易计税方法按照5%的征收率计算缴纳增值税。

（二）一般纳税人征收管理

1. 销售额

房地产开发企业中的一般纳税人销售自行开发的房地产项目，适用一般计税方法计税，按照取得的全部价款和价外费用，扣除当期销售房地产项目对应的土地价款后的余额计算销售额。销售额的计算公式如下：

销售额 =（全部价款和价外费用-当期允许扣除的土地价款）÷（1+适用税率）

当期允许扣除的土地价款按照以下公式计算：

当期允许扣除的土地价款 =（当期销售房地产项目建筑面积÷房地产项目可供销售建筑面积）×支付的土地价款

其中：

（1）当期销售房地产项目建筑面积，是指当期进行纳税申报的增值税销售额对应的建筑面积。

（2）房地产项目可供销售建筑面积，是指房地产项目可以出售的总建筑面积，不包括销售房地产项目时未单独作价结算的配套公共设施的建筑面积。

（3）支付的土地价款，是指向政府、土地管理部门或受政府委托收取土地价款的单位直接支付的土地价款，包括土地受让人向政府部门支付的征地和拆迁补偿费用、土地前期开发费用和土地出让收益等。

考点提示

房地产开发企业中的一般纳税人销售其开发的房地产项目（选择简易计税方法的房地产老项目除外），在取得土地时向其他单位或个人支付的拆迁补偿费用也允许在计算销售额时扣除。纳税人按上述规定扣除拆迁补偿费用时，应提供拆迁协议、拆迁双方支付和取得拆迁补偿费用凭证等能够证明拆迁补偿费用真实性的材料。

在计算销售额时从全部价款和价外费用中扣除土地价款，应当取得省级以上（含省级）财政部门监（印）制的财政票据。

一般纳税人应建立台账登记土地价款的扣除情况，扣除的土地价款不得超过纳税人实际支付的土地价款。

一般纳税人销售自行开发的房地产老项目，可以选择适用简易计税方法按照5%的征收率计税。一经选择简易计税方法计税的，36个月内不得变更为一般计税方法计税。

房地产老项目，是指：

（1）《建筑工程施工许可证》注明的合同开工日期在2016年4月30日前的房地产项目；

（2）《建筑工程施工许可证》未注明合同开工日期或者未取得《建筑工程施工许可证》但建筑工程承包合同注明的开工日期在2016年4月30日前的建筑工程项目。

一般纳税人销售自行开发的房地产老项目适用简易计税方法计税的，以取得的全部价款和价外费用为销售额，不得扣除对应的土地价款。

2. 预缴税款

一般纳税人采取预收款方式销售自行开发的房地产项目，应在收到预收款时按照3%的预征率预缴增值税。

应预缴税款按照以下公式计算：

应预缴税款＝预收款÷（1+适用税率或征收率）×3%

适用一般计税方法计税的，按照9%的适用税率计算；适用简易计税方法计税的，按照5%的征收率计算。

一般纳税人应在取得预收款的次月纳税申报期向主管税务机关预缴税款。

3. 进项税额

一般纳税人销售自行开发的房地产项目，兼有一般计税方法计税、简易计税方法计税、免征增值税的房地产项目而无法划分不得抵扣的进项税额的，应以《建筑工程施工许可证》注明的“建设规模”为依据进行划分。

不得抵扣的进项税额＝当期无法划分的全部进项税额×（简易计税、免税房地产项目建设规模÷房地产项目总建设规模）

4. 纳税申报

一般纳税人销售自行开发的房地产项目适用一般计税方法计税的，应按照规定的纳税义务发生时间，以当期销售额和9%的适用税率计算当期应纳税额，抵减已预缴税款后，向主管税务机关申报纳税。未抵减完的预缴税款可以结转下期继续抵减。

一般纳税人销售自行开发的房地产项目适用简易计税方法计税的，应按照规定的纳税义务发生时间，以当期销售额和5%的征收率计算当期应纳税额，抵减已预缴税款后，向主管税务机关申报纳税。未抵减完的预缴税款可以结转下期继续抵减。

（三）小规模纳税人征收管理

1. 预缴税款

房地产开发企业中的小规模纳税人采取预收款方式销售自行开发的房地产项目，应在收到预收款时按照3%的预征率预缴增值税。

应预缴税款按照以下公式计算：

应预缴税款=预收款÷（1+5%）×3%

小规模纳税人应在取得预收款的次月纳税申报期或主管税务机关核定的纳税期限向主管税务机关预缴税款。

2. 纳税申报

小规模纳税人销售自行开发的房地产项目，应按照规定的纳税义务发生时间，以当期销售额和5%的征收率计算当期应纳税额，抵减已预缴税款后，向主管税务机关申报纳税。未抵减完的预缴税款可以结转下期继续抵减。

【归纳】房地产开发企业销售自行开发的房地产项目增值税计税规则一览表：

<table>
<tr><th>纳税人性质</th><th>项目情况</th><th>计税方法</th><th>预缴税额计算</th><th>应纳税额计算</th></tr>
<tr><td rowspan="3">一般纳税人</td><td>新项目</td><td>一般</td><td rowspan="2">应预缴税款=预收款÷（1+9%）×3%</td><td rowspan="2">应纳税款=（含税全价-土地价）÷（1+9%）×9%-进项税额-预缴</td></tr>
<tr><td rowspan="2">老项目</td><td>选一般</td></tr>
<tr><td>选简易</td><td rowspan="2">应预缴税款=预收款÷（1+5%）×3%</td><td rowspan="2">应纳税款=含税全价÷（1+5%）×5%-预缴</td></tr>
<tr><td>小规模纳税人</td><td>新或老项目</td><td>简易</td></tr>
</table>

05 资管产品增值税的征收管理（★★）

资管产品管理人（以下简称“管理人”）运营资管产品过程中发生的增值税应税行为（以下简称“资管产品运营业务”），暂适用简易计税方法，按照3%的征收率缴纳增值税。

1. 政策理解

管理人在现实生活中可能会因从事多种业务而发生多种增值税应税销售行为，只有运营资管产品过程中发生的增值税应税行为才适用此项规定。

<table>
<tr><th>资管产品管理人</th><th colspan="2">业务范围</th><th>计税规则</th></tr>
<tr><td rowspan="2">包括银行、信托公司、公募基金管理公司及其子公司、证券公司及其子公司、期货公司及其子公司、私募基金管理人、保险资产管理公司、专业保险资产管理机构、养老保险公司</td><td>运营资管产品</td><td>资管产品包括银行理财产品、资金信托（包括集合资金信托、单一资金信托）、财产权信托、公开募集证券投资基金、特定客户资产管理计划、集合资产管理计划、定向资产管理计划、私募投资基金、债权投资计划、股权投资计划、股债结合型投资计划、资产支持计划、组合类保险资产管理产品、养老保障管理产品</td><td>暂适用简易计税方法，按照3%的征收率缴纳增值税，不可抵扣进项税</td></tr>
<tr><td>其他增值税业务</td><td>如其他贷款、保险业务等</td><td>按照现行规定缴纳增值税。一般纳税人适用6%的税率，符合相关规定的可抵扣进项税</td></tr>
</table>

2. 资管产品的其他增值税处理规定

（1）管理人应分别核算资管产品运营业务和其他业务的销售额和增值税应纳税额。未分别核算的，资管产品运营业务不得适用上述简易计税办法的规定。

（2）管理人可选择分别或汇总核算资管产品运营业务销售额和增值税应纳税额。

（3）管理人应按照规定的纳税期限，汇总申报缴纳资管产品运营业务和其他业务增值税。

（4）资管产品运营过程中发生的增值税应税行为，以资管产品管理人为增值税纳税人，按照现行规定缴纳增值税。对资管产品在2018年1月1日前运营过程中发生的增值税应税行为，未缴纳增值税的，不再缴纳；已缴纳增值税的，已纳税额从资管产品管理人以后月份的增值税应纳税额中抵减。

经典题解

【真题93·多选题】关于资管产品增值税的征收管理，下列说法正确的有（　　）。（2021年）

A. 管理人运营资管产品过程中发生的增值税应税行为不适用简易计税方法

B. 管理人运营资管产品提供贷款服务，以利息及利息性质的收入为销售额

C. 管理人应按纳税期限，汇总申报缴纳资管产品运营业务和其他业务增值税

D. 管理人可选择分别或汇总核算资管产品运营业务销售额和增值税应纳税额

E. 资管产品包括银行理财产品

【解析】选项A：资管产品管理人运营资管产品过程中发生的增值税应税行为，暂适用简易计税方法，按照3%的征收率缴纳增值税。

【答案】BCDE

Unit 11

第十一单元　出口环节增值税政策

查看本单元视频，快速GET知识点

使用“会计云课堂”App或“微信”扫码

01　适用增值税出口退（免）税的基本政策（★）

我国《增值税暂行条例》规定：“纳税人出口货物，税率为零；但是国务院另有规定的除外”。

【解释】出口货物适用零税率不同于免税。免税往往指某一环节免税；而零税率是指整体税负为零，意味着出口环节免税且退还以前纳税环节已纳的税款，这就是所谓的“出口退税”。

出口退（免）税的基本政策：

基本政策	一般适用情形
出口免税并退税	适用于出口货物、劳务和跨境应税行为以往环节纳过税而需要退税的情况
出口免税不退税	适用于出口货物、劳务和跨境应税行为以往环节未纳过税而无须退税，以往环节税金缴纳情况不明、无法准确计算退税等情况
出口不免税也不退税	适用于国家限制、禁止某些货物、劳务和跨境应税行为出口而视同内销征税的情况

（一）出口企业出口货物

【归纳】需要清楚的几个概念和几个关系：

出口企业类型	登记条件			出口货物的行为
	工商登记	税务登记	对外贸易经营者备案登记	
单位或个体工商户	有	有	有	自营或委托出口货物
生产企业	有	有	无	委托出口货物

考点提示

（1）生产企业，是指具有生产能力（包括加工修理修配能力）的单位或个体工商户。（2）出口货物，是指向海关报关后实际离境并销售给境外单位或个人的货物，分为自营出口货物和委托出口货物两类。（3）未办理对外贸易经营者备案登记的单位及个体户不能自营出口货物，但其中的生产企业可以委托出口货物。

（二）出口企业或其他单位视同出口货物

除另有规定外，视同出口货物适用出口货物的各项规定。视同出口货物具体包括（包括但不限于）：

1. 出口企业对外援助、对外承包、境外投资的出口货物。

2. 出口企业经海关报关进入国家批准的出口加工区、保税物流园区、保税港区、综合保税区、珠澳跨境工业区（珠海园区）、中哈霍尔果斯国际边境合作中心（中方配套区域）、保税物流中心（B 型）（以下统称“特殊区域”）并销售给特殊区域内单位或境外单位、个人的货物。

3. 免税品经营企业销售的货物（国家规定不允许经营和限制出口的货物、卷烟和超出免税品经营企业《企业法人营业执照》规定经营范围的货物除外）。

4. 出口企业或其他单位销售给用于国际金融组织或外国政府贷款国际招标建设项目的中标机电产品。上述中标机电产品，包括外国企业中标再分包给出口企业或其他单位的机电产品。

5. 出口企业或其他单位销售给国际运输企业用于国际运输工具上的货物。上述规定暂仅适用于外轮供应公司、远洋运输供应公司销售给外轮、远洋国轮的货物，以及自 2011 年 1 月 1 日起，国内航空供应公司生产销售给国内和国外航空公司国际航班的航空食品。

6. 出口企业或其他单位销售给特殊区域内生产企业生产耗用且不向海关报关而输入特殊区域的水（包括蒸汽）、电力、燃气。

（三）出口企业对外提供加工修理修配劳务

对外提供加工修理修配劳务，是指对进境复出口货物或从事国际运输的运输工具进行的加工修理修配。

（四）一般纳税人提供适用增值税零税率的应税服务的退（免）税办法

1. 根据财税〔2016〕36 号文件规定，自 2016 年 5 月 1 日起，跨境应税行为适用增值税零税率。跨境应税行为是指中华人民共和国境内的单位和个人销售的规定服务和无形资产。

2. 增值税零税率应税服务提供者是指，提供适用增值税零税率应税服务，且登记为增值税一般纳税人，实行增值税一般计税方法的境内单位和个人。属于汇总缴纳增值税的，为经财政部和国家税务总局批准的汇总缴纳增值税的总机构。

增值税零税率应税服务适用范围按财政部、国家税务总局的规定执行。

3. 起点或终点在境外的运单、提单或客票所对应的各航段或路段的运输服务，属于国际运输服务。

起点或终点在港澳台的运单、提单或客票所对应的各航段或路段的运输服务，属于港澳台运输服务。

4. 从境内载运旅客或货物至国内海关特殊监管区域及场所、从国内海关特殊监管区域及场所载运旅客或货物至国内其他地区或者国内海关特殊监管区域及场所，以及向国内海关特殊监管区域及场所内单位提供的研发服务、设计服务，不属于增值税零税率应税服务适用范围。

5. 增值税零税率应税服务退（免）税办法包括免抵退税办法和免退税办法，具体办法及计算公式按有关出口货物劳务退（免）税的规定执行。

6. 实行免抵退税办法的增值税零税率应税服务提供者如果同时出口货物劳务且未分别核算的，应一并计算免抵退税。税务机关在审批时，应按照增值税零税率应税服务、出口货物劳务免抵退税额的比例划分其退税额和免抵税额。

02 增值税退（免）税办法（★★）

（一）出口退（免）税的两类办法

适用增值税退（免）税政策的出口货物、劳务、服务，按照规定实行增值税免抵退税或免退税办法。增值税退（免）税办法具体规定如下：

退（免）税办法	适用企业和情况		基本政策规定
	企业	具体情况	
免抵退税	生产企业、部分“营改增”企业	（1）生产企业出口自产货物和视同自产货物及对外提供加工修理修配劳务 （2）财税有关文件列名生产企业出口非自产货物 （3）境内单位和个人向境外单位提供的完全在境外消费的规定服务	免征增值税，相应的进项税额抵减应纳增值税额（不包括适用增值税即征即退、先征后退政策的应纳增值税额），未抵减完的部分予以退还
免退税	不具有生产能力的出口企业（以下称“外贸企业”）或其他单位、部分“营改增”企业	外贸企业或其他单位出口货物、劳务、服务	免征增值税，相应的进项税额予以退还

考点提示

外贸企业直接将服务或自行研发的无形资产出口，视同生产企业连同其出口货物统一实行免抵退税办法。（调整）

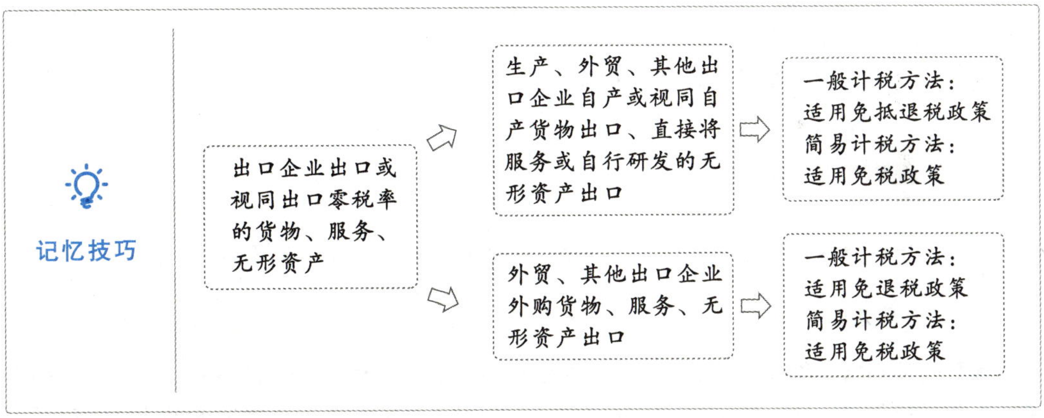

（二）视同自产货物的具体范围

1. 持续经营以来从未发生骗取出口退税、虚开增值税专用发票或农产品收购发票、接受虚开增值税专用发票（善意取得虚开增值税专用发票除外）行为且同时符合下列条件的生产企业出口的外购货物，可视同自产货物适用增值税退（免）税政策：

（1）已取得增值税一般纳税人资格。

（2）已持续经营2年及2年以上。

（3）纳税信用等级A级。

（4）上一年度销售额5亿元以上。

（5）外购出口的货物与本企业自产货物同类型或具有相关性。

2. 持续经营以来从未发生骗取出口退税、虚开增值税专用发票或农产品收购发票、接受虚开增值税专用发票（善意取得虚开增值税专用发票除外）行为但不能同时符合上述第 1 条规定的条件的生产企业，出口的外购货物符合下列条件之一的，可视同自产货物申报适用增值税退（免）税政策：

（1）同时符合下列条件的外购货物：①与本企业生产的货物名称、性能相同。②使用本企业注册商标或境外单位或个人提供给本企业使用的商标。③出口给进口本企业自产货物的境外单位或个人。

（2）与本企业所生产的货物属于配套出口，且出口给进口本企业自产货物的境外单位或个人的外购货物，符合下列条件之一的：①用于维修本企业出口的自产货物的工具、零部件、配件。②不经过本企业加工或组装，出口后能直接与本企业自产货物组合成成套设备的货物。

（3）经集团公司总部所在地的地级以上税务局认定的集团公司，其控股的生产企业之间收购的自产货物以及集团公司与其控股的生产企业之间收购的自产货物。

（4）同时符合下列条件的委托加工货物：①与本企业生产的货物名称、性能相同，或者是用本企业生产的货物再委托深加工的货物。②出口给进口本企业自产货物的境外单位或个人。③委托方与受托方必须签订委托加工协议，且主要原材料必须由委托方提供，受托方不垫付资金，只收取加工费，开具加工费（含代垫的辅助材料）的增值税专用发票。

（5）用于本企业中标项目下的机电产品。

（6）用于对外承包工程项目下的货物。

（7）用于境外投资的货物。

（8）用于对外援助的货物。

（9）生产自产货物的外购设备和原材料（农产品除外）。

03 增值税出口退税率（★）

增值税出口退税在具体计算时分不同情况采用规定的退税率、适用税率、征收率。

（一）一般规定

除财政部和国家税务总局根据国务院决定而明确的增值税出口退税率外，出口货物的退税率为其适用税率。国家税务总局根据上述规定将退税率通过出口货物劳务退税率文库予以发布，供征纳双方执行。退税率有调整的，除另有规定外，其执行时间以货物（包括被加工修理修配的货物）的出口货物报关单（出口退税专用）上注明的出口日期为准。

【解释】2020 年新型冠状病毒疫情爆发后，政府出台一系列稳外贸举措，提高了部分货物的出口退税率。我国现行货物的出口退税率，绝大多数与适用税率一致，即适用税率为 13%的，退税率也为 13%；适用税率为 9%的，退税率也为 9%。但是有极少部分货物出口退税率低于征税率，这些特殊情况是增值税出口退税计算的难点。

（二）出口应税服务的退税率

应税服务退税率为对应服务提供给境内单位适用的增值税税率。如：有形动产租赁服务征税率为13%，退税率也为13%；交通运输服务、邮政服务适用税率为9%，退税率也为9%；现代服务（租赁服务除外）适用税率为6%，退税率也为6%。

（三）特殊规定

1. 外贸企业购进按简易办法征税的出口货物、从小规模纳税人购进的出口货物，其退税率分别为简易办法实际执行的征收率、小规模纳税人征收率。

上述出口货物取得增值税专用发票的，退税率按照增值税专用发票上的税率和出口货物退税率孰低的原则确定。

2. 出口企业委托加工修理修配货物，其加工修理修配费用的退税率，为出口货物的退税率。

3. 中标机电产品、出口企业向海关报关进入特殊区域销售给特殊区域内生产企业生产耗用的列名原材料、输入特殊区域的水电气，其退税率为适用税率。如果国家调整列名原材料的退税率，列名原材料应当自调整之日起按调整后的退税率执行。

4. 适用不同退税率的货物劳务，应分开报关、核算并申报退（免）税，未分开报关、核算或划分不清的，从低适用退税率。

04 增值税退（免）税的计税依据（★★★）

出口货物劳务服务的增值税退（免）税的计税依据，按出口货物劳务服务的出口发票（外销发票）、其他普通发票或购进出口货物劳务服务的增值税专用发票、海关进口增值税专用缴款书确定。

【归纳】出口货物劳务服务退免税的计税依据：

出口行为	出口企业	退（免）税计税依据
出口货物劳务（进料加工复出口货物除外）	生产企业	出口货物劳务的实际离岸价（FOB） 实际离岸价应以出口发票上的离岸价为准，但如果出口发票不能反映实际离岸价，主管税务机关有权予以核定
进料加工复出口货物	生产企业	按出口货物的离岸价（FOB）扣除出口货物所含耗用的海关保税进口料件的金额后确定
国内购进无进项税额且不计提进项税额的免税原材料加工后出口的货物	生产企业	按出口货物的离岸价（FOB）扣除出口货物所含耗用的国内购进免税原材料的金额后确定
出口货物（委托加工修理修配货物除外）	外贸企业	为购进出口货物的增值税专用发票注明的金额或海关进口增值税专用缴款书注明的完税价格

出口行为	出口企业	退（免）税计税依据
出口委托加工修理修配货物	外贸企业	为加工修理修配费用增值税专用发票注明的金额 外贸企业应将加工修理修配使用的原材料（进料加工海关保税进口料件除外）作价销售给受托加工修理修配的生产企业，受托加工修理修配的生产企业应将原材料成本并入加工修理修配费用开具发票
出口进项税额未计算抵扣的已使用过的设备	出口企业	退（免）税计税依据＝增值税专用发票上的金额或海关进口增值税专用缴款书注明的完税价格×已使用过的设备固定资产净值÷已使用过的设备原值 已使用过的设备固定资产净值＝已使用过的设备原值－已使用过的设备已提累计折旧
销售的货物	免税品经营企业	为购进货物的增值税专用发票注明的金额或海关进口增值税专用缴款书注明的完税价格
中标机电产品	生产企业	为销售机电产品的普通发票注明的金额
	外贸企业	为购进货物的增值税专用发票注明的金额或海关进口增值税专用缴款书注明的完税价格
输入特殊区域的水电气	出口企业或其他单位	作为购买方的特殊区域内生产企业购进水（包括蒸汽）、电力、燃气的增值税专用发票注明的金额
铁路运输、航空运输及实行免抵退税办法的“营改增”企业		清算后的实际收入或提供零税率应税服务取得的收入
实行免退税办法的“营改增”企业		购进应税服务的增值税专用发票或解缴税款的中华人民共和国税收缴款凭证上注明的金额

记忆技巧

出口货物增值税退（免）税的计税依据，对于生产企业而言，一般是扣减所含保税和免税金额之后的离岸价；对于外贸企业而言，一般是购进货物增值税专用发票注明的金额或海关进口增值税专用缴款书注明的完税价格。

经典题解

【例题 94 · 单选题】生产企业进料加工复出口货物，其增值税的退（免）税计税依据（　　）。

A. 为出口货物的实际离岸价（FOB）

B. 按出口货物的离岸价（FOB）扣除出口货物所含耗用的海关保税进口料件的金额后确定

C. 按出口货物的离岸价（FOB）扣除出口货物所含的国内购进免税原材料的金额后确定

D. 为购进出口货物的增值税专用发票注明的金额或海关进口增值税专用缴款书注明的完税价格

【解析】生产企业进料加工复出口货物，其增值税的退（免）税计税依据按出口货物的离岸价（FOB）扣除出口货物所含耗用的海关保税进口料件的金额后确定。

【答案】B

05 出口货物、劳务、服务增值税免抵退税的计算（★★★）

实行免抵退税办法的“免”税是指生产企业出口的自产货物或视同自产货物，免征出口销售环节增值税；“抵”税是指生产企业出口自产货物或视同自产货物所耗用的原材料、零部件、燃料、动力等所含应予退还的进项税额，抵顶内销货物的应纳税额；“退”税是指生产企业出口自产货物或视同自产货物在当月应抵顶的进项税额大于应纳税额时，对未抵顶完的部分予以退税。

考点提示

在计算免抵退税时，考虑到出口货物、劳务退税率低于征税率，需要计算当期不得免征和抵扣税额，将其从进项税额中剔除出去，转入出口产品的销售成本中，因此，免抵退税计算实际上涉及免、剔、抵、退四个步骤。

【归纳】免抵退税计算程序及公式如下：

步骤	公式	解释
第一步：免	免征出口销售环节增值税	出口货物不计算销项税额
第二步：剔	当期不得免征和抵扣税额=当期出口货物离岸价格×外汇人民币折合率×（出口货物适用税率-出口货物退税率）-当期不得免征和抵扣税额抵减额 当期不得免征和抵扣税额抵减额=当期免税购进原材料价格×（出口货物适用税率-出口货物退税率） 简化公式： 当期不得免征和抵扣税额=（当期出口货物离岸价格×外汇人民币折合率-当期免税购进原材料价格）×（出口货物适用税率-出口货物退税率）	此步骤是为了剔除一部分进项税额，以体现退税率低于征税率的后果。还针对本环节使用免税购进原材料未计过进项税额，而不曾影响增值税进项税额的因素，对当期不得免征和抵扣税额进行修正
第三步：抵	当期应纳税额=当期内销货物的销项税额-（当期全部进项税额-当期不得免征和抵扣税额）-上期留抵税额	先用出口应退税额抵顶内销应纳税额，让企业用内销少缴税的方式得到出口退税的优惠 计算结果如为正数，则是应纳税额，不涉及退税，但涉及免抵；如为负数，则进入下一步骤对比大小并计算应退税额

步骤	公式	解释
第四步：退	（1）首先计算免抵退税总额： 当期免抵退税额=当期出口货物离岸价格×外汇人民币折合率×出口货物退税率-当期免抵退税额抵减额 当期免抵退税额抵减额=当期免税购进原材料价格×出口货物退税率 简化公式： 当期免抵退税额=（当期出口货物离岸价格×外汇人民币折合率-当期免税购进原材料价格）×出口货物退税率 （2）其次确认出口退税，并确认退税之外的免抵税额： ①当期期末留抵税额≤当期免抵退税额时 当期应退税额=当期期末留抵税额 当期免抵税额=当期免抵退税额-当期应退税额 ②当期期末留抵税额>当期免抵退税额时 当期应退税额=当期免抵退税额 当期免抵税额=0	（1）只有当计算出的当期应纳税额的结果<0时，才会涉及出口退税 （2）计算退税步骤： ①首先用公式计算免抵退税总额，要体现生产企业增值税退（免）税的计税依据一般是扣减所含免税、保税金额之后的离岸价的原理 ②其次用计算出的当期应纳税额数额的绝对值与当期免抵退税额比大小，择其小者确认出口退税，并用免抵退税额减除应退税额确认退税之外的免抵税额

考点提示

公式中剔和退的步骤中都出现了免税购进原材料价格的因素。当期免税购进原材料价格包括当期国内购进的无进项税额且不计提进项税额的免税原材料的价格和当期进料加工保税进口料件的价格，其中当期进料加工保税进口料件的价格为组成计税价格。

当期进料加工保税进口料件的组成计税价格=当期进口料件到岸价格+海关实征关税+海关实征消费税

采用“实耗法”的，当期进料加工保税进口料件的组成计税价格为当期进料加工出口货物耗用的进口料件组成计税价格。其计算公式为：

当期进料加工保税进口料件的组成计税价格=当期进料加工出口货物离岸价×外汇人民币折合率×计划分配率

计划分配率=计划进口总值÷计划出口总值×100%

实行纸质手册和电子化手册的生产企业，应根据海关签发的加工贸易手册或加工贸易电子化纸质单证所列的计划进出口总值计算计划分配率。

实行电子账册的生产企业，计划分配率按前一期已核销的实际分配率确定；新启用电子账册的，计划分配率按前一期已核销的纸质手册或电子化手册的实际分配率确定。

【案例精析】某企业（增值税一般纳税人）签订进料加工复出口合同，2021年11月购进原材料一批，进口料件到岸价格折合人民币300万元，当月将部分完工产品出口，离岸价（FOB）折合人民币400万元。

已知：该企业计划分配率为60%，货物的征税率为13%，退税率为10%。

该企业采用“实耗法”计算保税料件的组成计税价格，则：

采用实耗法确定的保税料件的组成计税价格 = 400×60% = 240（万元）

当期不得免征和抵扣税额抵减额 = 240×（13% - 10%）= 7.20（万元）

当期不得免征和抵扣税额 = 400×（13% - 10%）- 7.20 = 4.80（万元）。

【难点归纳——免抵退税公式分析】 增值税免抵退税涉及三组公式：

第一组是综合考虑内、外销因素而计算应纳税额的公式（免、剔、抵的环节）。

第二组是计算外销收入的免抵退税总额（最高限额）的公式（计算限额的环节）。

第三组是将一、二两组公式计算结果进行对比，确定应退税额和免抵税额（明确退与免抵的金额的环节）。

> **记忆技巧**
>
> 免抵退税计算过程口诀：
>
> 外销免计，剔外差率；应纳负数，限度相比；
>
> 择小退税，大方减退；负大留抵，限大免抵。

具体公式讲解：

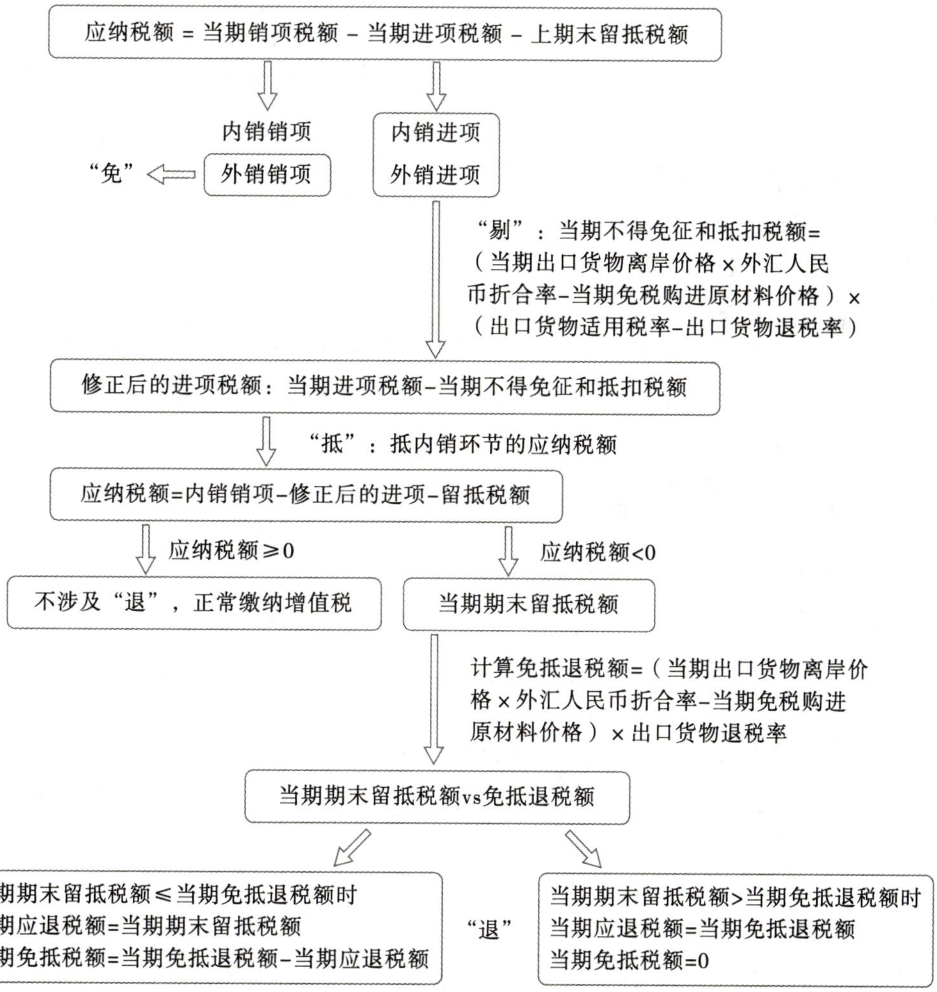

第一组是综合考虑内、外销因素而计算应纳税额的公式（免、剔、抵的环节）：

当期应纳税额=当期销项税额-当期进项税额-上期末留抵税额

↓（当期销项税额）：内销销项、~~外销销项~~

↓（当期进项税额）：内销进项、外销进项

↓（需要修正，即需要剔除一部分）

对出口货物增值税进项税额的修正（剔）：

当期进项税额-当期不得免征和抵扣税额

↓

外销离岸价乘征退税率之差-当期不得免征和抵扣税额抵减额

当第一组公式计算结果为正数时，纳税人的出口免抵退税应享受的优惠，均通过抵减内销应纳税额的方式体现出来。（当期免抵税额=当期免抵退税额）

此时用第二组公式计算免抵退税总额，企业应享受的优惠均通过免抵方式体现。（注意与城建税及附加计算的联系）

全部进项	内销销项 进项税额转出（对进项的修正）
	贷方余额：企业应纳增值税 （说明企业免抵退税都通过抵减内销应纳税额而得以实现）

当第一组公式计算结果为负数时，需要进一步追究造成负数的原因。需要用第二组公式计算免抵退税总额，并将负数的绝对值与第二组公式计算的数额进行比较，哪个小，就用哪个数作为退税数。

两种可能，第一种：

全部进项	内销销项 进项税额转出（对进项的修正）→计入出口成本
借方余额	计算免抵退税总额（如果小于借方余额） ↓ 应退税额
留抵税额 （借方余额中不能退的部分）	

第二种：

全部进项	内销销项 进项税额转出（对进项的修正）→计入出口成本
借方余额 ↓ 应退税额	计算免抵退税总额 （如果大于借方余额，不能全退，未退的即是通过免抵体现的优惠）

【免抵退税政策归纳】外销销项税额免计，进项税额被“三分天下”。

销项 → 免

进项 → 进项税额转出——剔（计入出口成本，影响企业所得税）

进项 → 抵减内销应纳税额——抵（影响城建税及附加）

进项 → 应退税额——退

考点提示

出口“免抵退税”中退的是外销产品所包含的进项税额中的一部分，企业为外销产品发生的进项税额在出口退税计算中被“三分天下”，一部分作为不可抵扣进项税额作进项税转出，转入外销成本，影响企业所得税；一部分作为免抵税额抵减了内销的应纳税额，但需要缴纳城市维护建设税及附加；还有一部分成为应退增值税（应收出口退税款）。

（1）增值税退税率低于征税率的，存在“剔”的步骤，计算出的当期不得免征和抵扣税额，要作进项税转出处理，并转入出口产品的销售成本，加大了企业所得税税前的扣除，影响损益。但是如果退税率等于征税率，不存在“剔”的步骤，出口商可得到全部出口货物的进项税的退还。“营改增”出口零税率服务的项目退税率等于征税率，计算出口退税时没有剔税的步骤。

（2）企业应享受的退税优惠先通过免、抵方式体现，免、抵后应纳税额仍为负数的才计算退税，免、抵形成的优惠尽管没有产生实纳税额，但是免抵税额减少内销应纳税额的本质，使之成为城市维护建设税及附加的计税（征）依据。注意与城市维护建设税及附加计算的联系。

（3）涉税服务实务中免抵退税的基本会计处理：

借：应收出口退税款（计算的应退税额）

　　应交税费——应交增值税（出口抵减内销产品应纳税额）（计算的免抵税额）

　贷：应交税费——应交增值税（出口退税）（计算的免抵退税总额）

经典题解

【真题95·单选题】2020年3月，某生产企业出口自产货物销售额折合人民币2000万元，内销货物不含税销售额800万元。为生产货物购进材料取得增值税专用发票注明金额为4600万元、税额为598万元，已知该企业出口货物适用税率为13%，出口退税率为10%，当月取得的专用发票已勾选抵扣进项税额，期初无留抵税额。该企业当月出口货物应退增值税（　　）万元。（2020年）

A. 338.00　　B. 434.00　　C. 598.00　　D. 200.00

【解析】当月不得免征和抵扣税额＝（当月出口货物离岸价格－当月免税购进原材料价格）×（出口货物适用税率－出口货物退税率）＝（2000－0）×（13%－10%）＝60（万元）。当月应纳税额＝当月内销货物的销项税额－（当月全部进项税额－当月不得免征和抵扣税额）＝800×13%－（598－60）＝－434（万元）。当月免抵退税额＝（当月出口货物离岸价格－当月免税购进原材料价格）×出口货物退税率＝（2000－0）×10%＝200（万元）。由于200万元<434万元，该企业当月出口货物应退增值税200万元。

【答案】D

【案例精析】2021 年 11 月 A 生产企业（增值税一般纳税人）进口货物，海关审定的关税完税价格为 500 万元，关税税率为 10%，海关代征了进口环节的增值税，取得海关进口增值税专用缴款书。进料加工复出口业务保税进口料件一批，到岸价格 400 万元，海关暂免征税予以放行，从国内市场购进原材料支付的价款为 1400 万元，取得增值税专用发票上注明的增值税为 182 万元。进料加工复出口货物的出口离岸价为 1000 万元人民币。内销货物的销售额为 1200 万元（不含税）。该企业出口货物适用“免抵退”税办法，上期留抵税额 50 万元。

要求：计算当期应缴纳或应退的增值税税额、免抵税额及实际留到下期抵扣的税额。

（其他相关资料：该企业按“实耗法”计算保税进口料件的组成计税价格，进料加工计划分配率为 23%；假定上述货物内销时均适用 13%的增值税税率，出口退税率为 10%）

【答案及解析】

（1）计算当期进项税额

进口环节海关代征增值税 = 500×（1+10%）×13% = 71. 50（万元）

国内采购环节的进项税额为 182 万元

进料加工保税进口料件由于没有缴纳过增值税，因此计算不得免征和抵扣税额时不能与纳过税的情况一样对待，需要计算不得免征和抵扣税额抵减额。进料加工复出口货物耗用的保税进口料件金额 = 1000×23% = 230（万元）

出口货物当期不得免征和抵扣税额 = （1000-230）×（13%-10%）= 23. 10（万元）

上期留抵税额 50 万元

当期允许抵扣的进项税额合计 = 71. 50+182-23. 10+50 = 280. 40（万元）

（2）计算当期销项税额

出口货物不计销项。

内销货物销项税额 = 1200×13% = 156（万元）

（3）当期应纳税额 = 156-280. 4 = -124. 40（万元）

（4）由于进料加工保税进口料件没有缴纳过增值税，计算出口货物免抵退税额时要扣减进料加工出口货物耗用的保税进口料件金额。当期免抵退税额 = （1000-230）×10% = 77（万元）

由于期末留抵税额 124. 40 万元>当期免抵退税额 77 万元

当期应退税额 = 77（万元）

当期免抵税额 = 0

当期留抵税额 = 124. 40-77 = 47. 40（万元）。

06 增值税免退税的计算（★★★）

外贸企业出口货物劳务服务一般适用增值税免退税办法。

【免退税政策归纳】外销免税不计销项；进项被“一分为二”。

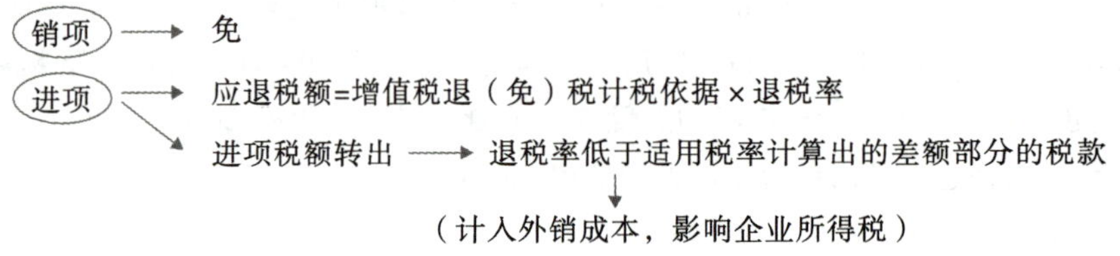

经典题解

【例题 96·单选题】 某外贸企业 2021 年 11 月份购进及出口情况如下：（1）第一次购进珍珠制品 800 件，单价 400 元/件；第二次购进珍珠制品 300 件，单价 410 元/件（均已取得增值税专用发票）。（2）将两次外购的 1100 件珍珠制品报关出口，离岸单价 70 美元/件，此笔出口已收汇并作销售处理（美元与人民币比价为 1∶7，退税率为 13%）。该笔出口业务应退增值税为（　　）元。

A. 70070　　B. 57200　　C. 57915　　D. 57590

【解析】 要求考生掌握外贸企业出口一般货物应退税额为购进出口货物所取得的增值税专用发票上注明的金额和该货物所适用的退税率的乘积。应退增值税 = （800×400+300×410）×13% = 57590（元）。解题时要注意，外贸企业出口退税与出口时的离岸价格没有关系。

【答案】 D

考点提示

出口企业既有适用增值税免抵退项目，也有增值税即征即退、先征后退项目的，**增值税即征即退和先征后退项目不参与出口项目免抵退税计算**。出口企业应分别核算增值税免抵退项目和增值税即征即退、先征后退项目，并分别申请享受增值税即征即退、先征后退和免抵退税政策。

用于增值税即征即退或者先征后退项目的进项税额无法划分的，按照下列公式计算：

无法划分进项税额中用于增值税即征即退或者先征后退项目的部分 = 当月无法划分的全部进项税额×当月增值税即征即退或者先征后退项目销售额÷当月全部销售额

07 适用增值税免税政策的出口货物、劳务、服务或无形资产（★）

【归纳】 出口免税政策适用于出口货物、劳务、服务或无形资产以往环节未纳过税而无须退税、以往环节税金缴纳情况不明无法准确计算退税等情况。

适用增值税免税政策的出口货物、劳务、服务或无形资产，其进项税额不得抵扣和退税，应当转入成本。

经典题解

【例题 97·多选题】 下列货物的出口，享受增值税出口免税不退税政策的有（　　）。

A. 来料加工复出口的货物

B. 小规模纳税人的生产企业出口的自产货物

C. 外贸企业出口避孕药品

D. 非出口企业委托出口的货物

E. 一般纳税人的生产企业出口自产汽车

【解析】 选项 E：一般纳税人的生产企业出口自产汽车，适用增值税免税并退税政策。

【答案】 ABCD

08 适用增值税征税政策的出口货物劳务（★）

【归纳】出口照章征税的货物劳务主要涉及以下三个方面：一是国家明确取消出口退税（限制出口）的货物劳务；二是有出口违规行为的企业出口的货物劳务；三是未从事实质性出口经营活动。

经典题解

【例题98·多选题】下列货物的出口，适用增值税征税政策的有（　　）。

A. 以旅游购物贸易方式报关出口的货物

B. 特殊区域内的企业出口的特殊区域内的货物

C. 出口企业或其他单位销售给特殊区域内的生活消费用品和交通运输工具

D. 出口企业或其他单位提供虚假备案单证的货物

E. 以自营名义出口，但不承担出口货物的质量、收款或退税风险之一的

【解析】选项AB为适用增值税免税政策的出口货物；选项CDE或没有实质性出口业务、或有违规行为，适用增值税征税政策。

【答案】CDE

适用增值税征税政策的出口货物劳务，其应纳增值税按下列办法计算：

1. 一般纳税人出口货物

销项税额=（出口货物离岸价-出口货物耗用的进料加工保税进口料件金额）÷（1+适用税率）×适用税率

出口货物若已按征退税率之差计算不得免征和抵扣税额并已经转入成本的，相应的税额应转回进项税额。

（1）出口货物耗用的进料加工保税进口料件金额=主营业务成本×（投入的保税进口料件金额÷生产成本）

主营业务成本、生产成本均为不予退（免）税的进料加工出口货物的主营业务成本、生产成本。当耗用的保税进口料件金额大于不予退（免）税的进料加工出口货物金额时，耗用的保税进口料件金额为不予退（免）税的进料加工出口货物金额。

（2）出口企业应分别核算内销货物和增值税征税的出口货物的生产成本、主营业务成本。未分别核算的，其相应的生产成本、主营业务成本由主管税务机关核定。

进料加工手册海关核销后，出口企业应对出口货物耗用的保税进口料件金额进行清算。清算公式为：

清算耗用的保税进口料件总额=实际保税进口料件总额-退（免）税出口货物耗用的保税进口料件总额-进料加工副产品耗用的保税进口料件总额

当耗用的保税进口料件总额与各纳税期扣减的保税进口料件金额之和存在差额时，应在清算的当期相应调整销项税额。当耗用的保税进口料件总额大于出口货物离岸金额时，其差额部分不得扣减其他出口货物金额。

2. 小规模纳税人出口货物

应纳税额=出口货物离岸价÷（1+征收率）×征收率

09 境外旅客购物离境退税（★★）

要点	规定
退税主体	境外旅客：在中华人民共和国境内连续居住不超过 183 天的外国人和港澳台同胞
退税客体	退税物品：境外旅客本人在退税商店购买且符合退税条件的个人物品 但不包括：退税商店销售的免税品；禁、限品；规定的其他物品
境外旅客申请退税的条件（同时符合）	1. 同一境外旅客同一日在同一退税商店购买的退税物品金额达到 500 元人民币——同人同日同店达 500 2. 退税物品尚未启用或消费——未启用 3. 离境日距退税物品购买日不超过 90 天——新购 4. 所购退税物品由境外旅客本人随身携带或随行托运出境——随行
退税率和退税额	2019 年 4 月 1 日后，退税物品的退税率分为 11% 和 8% 两档：适用税率为 13% 的，退税率为 11%；适用税率为 9% 的，退税率为 8% 应退增值税额 = 退税物品销售发票金额（含增值税）× 退税率
退税方式	退税币种为人民币，退税方式包括现金退税和银行转账退税两种方式。退税额未超过 10000 元的，可选择现金退税或银行转账退税；退税额超过 10000 元的，只能通过银行转账退税

经典题解

【真题 99 · 单选题】 关于增值税境外旅客购物离境退税政策，下列说法正确的是（　　）。（2020 年）

A. 退税物品不包括退税商店销售的增值税免税物品

B. 一次购买金额达到 300 元可以退税

C. 退税币种为退税者所在国货币

D. 境外旅客是指在中国境内居住满 365 天的个人

【解析】（1）选项 B：境外旅客申请退税条件之一为：同一境外旅客同一日在同一退税商店购买的退税物品金额达到 500 元人民币；（2）选项 C：退税币种为人民币；（3）选项 D：境外旅客，是指在中国境内连续居住不超过 183 天的外国人和港澳台同胞。

【答案】 A

【真题 100 · 单选题】 某境外旅客 2019 年 10 月 5 日在内地某退税商店购买了一件瓷器，价税合计金额 2260 元，取得退税商店开具的增值税普通发票及退税申请单，发票注明税率 13%。2019 年 10 月 10 日该旅客离境，应退增值税（　　）元。（退税率为 11%）（2019 年）

A. 220.00　　B. 260.00　　C. 248.60　　D. 223.96

【解析】 应退增值税额 = 退税物品销售发票金额（含增值税）× 退税率，所以应退增值税 = 2260×11% = 248.60（元）。

【答案】 C

10 综合保税区增值税一般纳税人资格管理（★）

综合保税区增值税一般纳税人资格试点（以下简称“一般纳税人资格试点”）实行备案管理。符合条件的综合保税区，由所在地省级税务、财政部门和直属海关将一般纳税人资格试点实施方案（包括综合保税区名称、企业申请需求、政策实施准备条件等情况）向国家税务总局、财政部和海关总署备案后，可以开展一般纳税人资格试点。试点企业自增值税一般纳税人资格生效之日起，适用下列税收政策：

规定	适用情形
进口暂免征税	进口自用设备（包括机器设备、基建物资和办公用品）时，暂免征收进口关税和进口环节增值税、消费税（以下简称“进口税收”） 上述暂免进口税收按照该进口自用设备海关监管年限平均分摊到各个年度，每年年终对本年暂免的进口税收按照当年内外销比例进行划分，对外销比例部分执行试点企业所在海关特殊监管区域的税收政策，对内销比例部分比照执行海关特殊监管区域外（以下简称“区外”）税收政策补征税款
购买适用保税	除进口自用设备外，购买的下列货物适用保税政策： ①从境外购买并进入试点区域的货物 ②从海关特殊监管区域（试点区域除外）或海关保税监管场所购买并进入试点区域的保税货物 ③从试点区域内非试点企业购买的保税货物 ④从试点区域内其他试点企业购买的未经加工的保税货物
销售申报纳税	销售的下列货物，向主管税务机关申报缴纳增值税、消费税： ①向境内区外销售的货物 ②向保税区、不具备退税功能的保税监管场所销售的货物（未经加工的保税货物除外） ③向试点区域内其他试点企业销售的货物（未经加工的保税货物除外） 试点企业销售上述货物中含有保税货物的，按照保税货物进入海关特殊监管区域时的状态向海关申报缴纳进口税收，并按照规定补缴缓税利息
销售适用保税	向海关特殊监管区域或者海关保税监管场所销售的未经加工的保税货物，继续适用保税政策
出口适用退（免）税政策	销售的下列货物（未经加工的保税货物除外），适用出口退（免）税政策，主管税务机关凭海关提供的与之对应的出口货物报关单电子数据审核办理试点企业申报的出口退（免）税： ①离境出口的货物 ②向海关特殊监管区域（试点区域、保税区除外）或海关保税监管场所（不具备退税功能的保税监管场所除外）销售的货物 ③向试点区域内非试点企业销售的货物
出口适用免税	未经加工的保税货物离境出口实行增值税、消费税免税政策

【相关链接】区外销售给试点企业的加工贸易货物，继续按现行税收政策执行；销售给试点企业的其他货物（包括水、蒸汽、电力、燃气）不再适用出口退税政策，按照规定缴纳增值税、消费税。

11 外国驻华使（领）馆及其馆员在华购物和服务退税（★）

使（领）馆馆员个人购买货物和服务，除车辆和房租外，每人每年申报退税销售金额（含税价格）不超过18万元人民币。每人每年申报退税销售金额（含税价格）超过18万元人民币的部分，不适用增值税退税政策。

使（领）馆及其馆员购买电力、燃气、汽油、柴油，发票上未注明税额的，增值税退税额为按照不含税销售额和相关产品增值税适用税率计算的税额。计算公式为：

增值税应退税额＝发票金额（含增值税）÷（1+增值税适用税率）×增值税适用税率

12 海南自由贸易港国际运输船舶有关退税政策（★）

自2020年10月1日至2024年12月31日，对境内建造船舶企业向运输企业销售且同时符合下列条件的船舶，实行增值税退税政策，由购进船舶的运输企业向主管税务机关申请退税：

1. 购进船舶在“中国洋浦港”登记；
2. 购进船舶从事国际运输和港澳台运输业务。

购进船舶运输企业的应退税额，为其购进船舶时支付的增值税额。

运输企业不再符合退税条件的，应向交通运输部门办理业务变更，并在条件变更次月纳税申报期内向主管税务机关办理补缴已退税款手续。

应补缴增值税额＝购进船舶的增值税专用发票注明的税额×（净值÷原值）

净值＝原值－累计折旧

运输企业按照规定补缴税款的，自税务机关取得解缴税款的完税凭证上注明的增值税额，准予从销项税额中抵扣。

13 海南自由贸易港试行启运港退税政策（★）

对符合条件的出口企业从启运地口岸（以下称“启运港”）启运报关出口，由符合条件的运输企业承运，从水路转关直航或经停指定口岸（以下称“经停港”），自离境地口岸离境的集装箱货物，实行启运港退税政策。

对从经停港报关出口、由符合条件的运输企业途中加装的集装箱货物，符合上述规定的运输方式、离境地点要求的，以经停港作为货物的启运港，也实行启运港退税政策。

考点提示

（1）启运港。启运港为营口市营口港、大连市大连港、锦州市锦州港、秦皇岛市秦皇岛港、天津市天津港、烟台市烟台港、青岛市青岛港、日照市日照港、苏州市太仓港、连云港市连云港港、南通市南通港、泉州市泉州港、广州市南沙港、湛江市湛江港、钦州市钦州港。(2)离境港。离境港为海南省洋浦港区。(3)经停港。

上述启运港均可作为经停港。承运适用启运港退税政策货物的船舶，可在经停港加装、卸载货物。从经停港加装的货物，需为已报关出口、经由上述离境港离境的集装箱货物。

Unit 12

第十二单元　征收管理

查看本单元视频，快速 GET 知识点
使用“会计云课堂”App或“微信”扫码

01 增值税纳税义务发生时间（★★★）

基本规定	(1) 发生应税销售行为，为收讫销售款或者取得索取销售款凭据的当天；先开具发票的，为开具发票的当天 【考点提示】收讫销售款项，是指纳税人销售过程中或者完成后收到的款项 (2) 进口货物，为报关进口的当天 (3) 增值税扣缴义务发生时间，为纳税人增值税纳税义务发生的当天
具体规定	1. 销售货物、提供应税劳务的纳税义务发生时间 (1) 采取直接收款方式销售货物，不论货物是否发出，均为收到销售款或者取得索取销售款凭据的当天 纳税人生产经营活动中采取直接收款方式销售货物，已将货物移送对方并暂估销售收入入账，但既未取得销售款或取得索取销售款凭据也未开具销售发票的，其增值税纳税义务发生时间为取得销售款或取得索取销售款凭据的当天；先开具发票的，为开具发票的当天 (2) 采取托收承付和委托银行收款方式销售货物，为发出货物并办妥托收手续的当天 (3) 采取赊销和分期收款方式销售货物，为书面合同约定的收款日期的当天；无书面合同的或者书面合同没有约定收款日期的，为货物发出的当天 (4) 采取预收货款方式销售货物，为货物发出的当天；但生产销售生产工期超过12个月的大型机械设备、船舶、飞机等货物，为收到预收款或者书面合同约定的收款日期的当天 (5) 委托其他纳税人代销货物，为收到代销单位的代销清单或者收到全部或者部分货款的当天；未收到代销清单及货款的，为发出代销货物满180日的当天 (6) 销售应税劳务，为提供劳务同时收讫销售款或者取得索取销售款的凭据的当天 (7) 纳税人发生视同销售货物行为（委托代销和销售代销货物除外），为货物移送的当天 2. “营改增”行业增值税纳税义务发生时间 (1) 纳税人提供租赁服务采取预收款方式的，为收到预收款的当天 (2) 纳税人从事金融商品转让的，为金融商品所有权转移的当天 (3) 纳税人发生视同销售服务、无形资产或者不动产情形的，为服务、无形资产转让完成的当天或者不动产权属变更的当天 (4) 纳税人提供建筑服务，被工程发包方从应支付的工程款中扣押的质押金、保证金，未开具发票的，以纳税人实际收到质押金、保证金的当天为纳税义务发生时间

经典题解

【真题 101·多选题】根据增值税纳税义务发生时间的相关规定，下列说法正确的有（　　）。（2020 年）

A. 采取赊销方式销售货物，为实际收款的当天

B. 视同销售无形资产，为无形资产转让完成的当天

C. 从事金融商品转让，为金融商品所有权转移的当天

D. 提供租赁服务采取预收款方式的，为收到预收款的当天

E. 采取托收承付方式销售货物，为发出货物的当天

【解析】选项 A：采取赊销和分期收款方式销售货物，增值税纳税义务发生时间为书面合同约定的收款日期的当天；无书面合同的或者书面合同没有约定收款日期的，为货物发出的当天。选项 E：采取托收承付和委托银行收款方式销售货物，增值税纳税义务发生时间为发出货物并办妥托收手续的当天。

【答案】BCD

【真题 102·多选题】关于增值税纳税义务和扣缴义务发生时间，下列说法正确的有（　　）。（2018 年）

A. 从事金融商品转让的，为收到销售额的当天

B. 赠送不动产的，为不动产权属变更的当天

C. 扣缴义务发生时间为纳税人增值税纳税义务发生的当天

D. 以预收款方式提供租赁服务的，为服务完成的当天

E. 以预收款方式销售货物（除特殊情况外）的，为货物发出的当天

【解析】选项 A：从事金融商品转让的，为金融商品所有权转移的当天；选项 D：以预收款方式提供租赁服务的，为收到预收款的当天。

【答案】BCE

【例题 103·单选题】某配件厂为增值税一般纳税人，2022 年 5 月采用分期收款方式销售配件，合同约定不含税销售额 150 万元，当月应收取 60% 的货款。由于购货方资金周转困难，本月实际收到货款 50 万元，配件厂按照实际收款额开具了增值税专用发票。当月职工食堂装修，购进中央空调，取得增值税专用发票，注明价款 10 万元。当月该配件厂应纳增值税（　　）万元。

A. 3.6　　　　B. 5.2

C. 6.5　　　　D. 11.7

【解析】采用分期收款方式销售货物，增值税纳税义务发生时间为书面合同约定的收款日期的当天。购进货物用于集体福利，不视同销售，对应的进项税额不得抵扣。所以该配件厂购进的中央空调的进项税额不得在当期销项税额中抵扣。当月该配件厂应纳增值税 = 150×60%×13% = 11.7（万元）。

【答案】D

02 纳税期限（★）

增值税的纳税期限规定为1日、3日、5日、10日、15日、1个月或者1个季度。纳税人的具体纳税期限，由主管税务机关根据纳税人应纳税额的大小分别核定；不能按照固定期限纳税的，可以按次纳税。

按固定期限纳税的小规模纳税人可以选择以1个月或1个季度为纳税期限，一经选择，一个会计年度内不得变更。

以1个季度为纳税期限的规定适用于银行、财务公司、信托投资公司、信用社，以及财政部和国家税务总局规定的其他纳税人。

纳税人以1个月或者1个季度为1个纳税期的，自期满之日起15日内申报纳税；以1日、3日、5日、10日或者15日为1个纳税期的，自期满之日起5日内预缴税款，于次月1日起15日内申报纳税并结清上月应纳税款。

扣缴义务人解缴税款的期限，依照上述规定执行。

纳税人进口货物，应当自海关填发海关进口增值税专用缴款书之日起15日内缴纳税款。

03 纳税地点（★）

（一）固定业户的纳税地点

1. 固定业户应当向其机构所在地的主管税务机关申报纳税。总机构和分支机构不在同一县（市）的，应当分别向各自所在地的主管税务机关申报纳税；经国务院财政、税务主管部门或者其授权的财政、税务机关批准，可以由总机构汇总向总机构所在地的主管税务机关申报纳税。

2. 固定业户到外县（市）销售货物或者提供应税劳务的，应当向其机构所在地的主管税务机关报告外出经营事项，并向其机构所在地的主管税务机关申报纳税。未报告的，应当向销售地或者劳务发生地的主管税务机关申报纳税；未向销售地或者劳务发生地的主管税务机关申报纳税的，由其机构所在地的主管税务机关补征税款。

（二）非固定业户的纳税地点

非固定业户销售货物或者提供应税劳务，应当向销售地或者劳务发生地主管税务机关申报纳税。未向销售地或者劳务发生地主管税务机关申报纳税的，由其机构所在地或居住地主管税务机关补征税款。

（三）进口货物，应当由进口人或其代理人向报关地海关申报纳税

（四）扣缴义务人应当向其机构所在地或者居住地的主管税务机关申报缴纳其扣缴的税款

经典题解

【真题 104 · 多选题】关于增值税纳税地点，下列说法正确的有（　　）。（2021 年）

A. 固定业户应当向其机构所在地主管税务机关申报纳税

B. 非固定业户销售货物或者劳务，应当向居住地主管税务机关申报纳税

C. 扣缴义务人应当向其机构所在地或者居住地主管税务机关申报缴纳其扣缴的税款

D. 固定业户到外县（市）销售货物或者劳务的，应当向其机构所在地主管税务机关报告外出经营事项，并向其机构所在地主管税务机关申报纳税

E. 进口货物，应当由进口人或其代理人向报关地海关申报纳税

【解析】选项 B：非固定业户销售货物或者提供应税劳务，应当向销售地或者劳务发生地主管税务机关申报纳税；未向销售地或者劳务发生地主管税务机关申报纳税的，由其机构所在地或居住地的主管税务机关补征税款。

【答案】ACDE

▶ Unit 13

第十三单元　增值税发票的使用和管理

查看本单元视频，快速 GET 知识点
使用“会计云课堂”App 或“微信”扫码

01 增值税发票的种类（★）

增值税发票种类包括：（1）增值税纸质专用发票；（2）增值税纸质普通发票；（3）增值税电子普通发票；（4）机动车销售统一发票；（5）收费公路通行费增值税电子普通发票；（6）增值税电子专用发票。

经典题解

【真题 105 · 多选题】增值税发票的种类包括（　　）。（2021 年）

A. 机动车销售统一发票

B. 增值税纸质专用发票

C. 收费公路通行费增值税电子发票

D. 停车场定额纸质收费票据

E. 增值税电子专用发票

【答案】ABCE

02 增值税专用发票开具范围（★★）

<table>
<tr><th>纳税人身份</th><th colspan="2">发票开具范围</th></tr>
<tr><td>一般纳税人</td><td colspan="2">一般纳税人不得开具增值税专用发票的规定（包括但不限于）：
（1）商业企业一般纳税人零售的烟、酒、食品、服装、鞋帽（不包括劳保专用部分）、化妆品等消费品
（2）向消费者个人销售货物、劳务、服务、无形资产、不动产的
（3）销售货物、劳务、服务、无形资产、不动产适用增值税免税规定的，法律、法规及国家税务总局另有规定的除外
（4）部分适用增值税简易征收政策规定的：
①增值税一般纳税人的单采血浆站销售非临床用人体血液选择简易计税的
②纳税人销售旧货，按简易办法依 3%征收率减按 2%征收增值税的
③纳税人销售自己使用过的固定资产，适用按简易办法依 3%征收率减按 2%征收增值税政策的
【考点提示】纳税人销售自己使用过的固定资产，适用简易办法依照 3%征收率减按 2%征收增值税政策的，可以放弃减税，按照简易办法依照 3%征收率缴纳增值税，并可以开具增值税专用发票
（5）法律、法规及国家税务总局规定的其他情形</td></tr>
<tr><td rowspan="2">小规模纳税人</td><td>自开票
（选择之一）</td><td>小规模纳税人（其他个人除外）发生增值税应税行为需要开具增值税专用发票的，可以自愿使用增值税发票管理系统自行开具。选择自行开具增值税专用发票的小规模纳税人，税务机关不再为其代开增值税专用发票</td></tr>
<tr><td>代开票
（选择之二）</td><td>需要开具增值税专用发票的小规模纳税人，未选择使用增值税发票管理系统自行开具的，可向主管税务机关申请代开</td></tr>
</table>

经典题解

【真题 106 · 单选题】下列业务的增值税处理，正确的是（　　）。（2021 年）

A. 商业企业向供货方收取的进场费，不可以开具增值税发票

B. 商业企业向供货方收取的与商品销售额挂钩的返还收入，应视同销售计算销项税额

C. 纳税人丢失已开具增值税专用发票抵扣联的，不能抵扣进项税额

D. 一般纳税人因进货退回而从销货方收回的增值税额，应从发生进货退回当期的进项税额中扣减

【解析】选项 A：商业企业向供货方收取的进场费，可以开具增值税发票。选项 B：对商业企业向供货方收取的与商品销售量、销售额挂钩（如以一定比例、金额、数量计算）的各种返还收入，均应按照平销返利行为的有关规定冲减当期增值税进项税额。选项 C：纳税人丢失已开具增值税专用发票的抵扣联，可凭相应发票的发票联复印件，作为增值税进项税额的抵扣凭证。

【答案】D

【例题 107 · 多选题】一般纳税人发生下列经营活动中，不得开具增值税专用发票的有（　　）。

A. 将外购货物无偿赠送给增值税一般纳税人

B. 烟草批发企业向烟草零售企业批发卷烟

C. 商业企业零售劳保用品给一般纳税人

D. 销售除二手车以外的旧货

E. 销售免税货物

【解析】选项 ABC：均可以照章开具增值税专用发票。

【答案】DE

【真题 108 · 单选题】A 单位发生的下列行为中，不属于虚开增值税专用发票的是（　　）。（2019 年）

A. 未在商场购物，让商场开具增值税专用发票

B. 购买用于劳动保护的 20 双雨鞋，让商场开具 25 双雨鞋的增值税专用发票

C. 从 B 单位购买货物，但让 C 单位为本单位开具增值税专用发票

D. 其他个人为本单位提供商铺租赁服务，取得税务机关代开增值税专用发票

【解析】虚开专用发票具体包括以下行为：（1）为他人、为自己开具与实际经营业务情况不符的发票；（2）让他人为自己开具与实际经营业务情况不符的发票；（3）介绍他人开具与实际经营业务情况不符的发票。

【答案】D

【真题 109 · 多选题】增值税一般纳税人开具增值税专用发票后，发生下列情形可以按照规定开具增值税红字专用发票的有（　　）。（2017 年）

A. 销售折让

B. 销售退回，且不符合发票作废条件

C. 开票有误，且不符合发票作废条件

D. 应税服务中止，且不符合发票作废条件

E. 增值税专用发票未在增值税发票综合服务平台进行信息确认

【解析】增值税一般纳税人开具增值税专用发票后，发生销货退回、开票有误、应税服务中止等情形但不符合发票作废条件，或者因销货部分退回及发生销售折让，需要开具红字专用发票的，可以开具红字专用发票。

【答案】ABCD

03 税务机关代开发票基本规定（★）

代开发票范围	已办理税务登记的小规模纳税人（包括个体工商户）以及国家税务总局确定的其他可予代开增值税专用发票的纳税人，发生增值税应税行为，可以申请代开增值税专用发票

代开发票种类	税务机关使用新系统代开增值税专用发票和增值税普通发票。代开增值税专用发票使用六联票，代开增值税普通发票使用五联票。税务机关代开发票部门通过新系统代开增值税发票，系统自动在发票上打印“代开”字样
已开票且已纳税款但符合免税条件的处理	增值税小规模纳税人月销售额不超过 15 万元（按季纳税不超过 45 万元）的，当期因代开增值税专用发票（含货物运输业增值税专用发票）已经缴纳的税款，在增值税专用发票全部联次追回或者按规定开具红字增值税专用发票后，可以向主管税务机关申请退还
代开发票的盖章	增值税纳税人应在代开增值税专用发票的备注栏上，加盖本单位的发票专用章（为其他个人代开的特殊情况除外）。税务机关在代开增值税普通发票以及为其他个人代开增值税专用发票的备注栏上，加盖税务机关代开发票专用章

04 增值税发票开具特殊规定（★）

建筑服务	纳税人自行开具或者税务机关代开增值税发票时，应在发票的备注栏注明建筑服务发生地县（市、区）名称及项目名称
销售不动产	纳税人自行开具或者税务机关代开增值税发票时，应在发票“货物或应税劳务、服务名称”栏填写不动产名称及房屋产权证书号码（无房屋产权证书的可不填写），“单位”栏填写面积单位，备注栏注明不动产的详细地址
金融服务	（1）金融商品转让，不得开具增值税专用发票 （2）保险机构作为车船税扣缴义务人，在代收车船税并开具增值税发票时，应在增值税发票备注栏中注明代收车船税税款信息。具体包括：保险单号、税款所属期（详细至月）、代收车船税金额、滞纳金金额、金额合计等。该增值税发票可作为纳税人缴纳车船税及滞纳金的会计核算原始凭证 （3）为自然人提供的保险服务不得开具增值税专用发票，可以开具增值税普通发票
生活服务	（1）旅游服务选择差额计税的，向旅游服务购买方收取并支付的规定费用不得开具增值税专用发票 （2）教育部考试中心及其直属单位代为收取并支付给境外单位的考试费，不得开具增值税专用发票
交通运输服务	纳税人提供货物运输服务，使用增值税专用发票和增值税普通发票，开具发票时应将起运地、到达地、车种车号以及运输货物信息等内容填写在发票备注栏中，如内容较多可另附清单

网络平台道路货物运输企业代开增值税专用发票	自2020年1月1日起，纳入试点的网络平台道路货物运输企业（以下称“试点企业”）可以为符合条件的货物运输业小规模纳税人（以下称“会员”）代开增值税专用发票，并代办相关涉税事项。试点企业按照以下规定为会员代开增值税专用发票： (1) 仅限于为会员通过本平台承揽的货物运输服务代开增值税专用发票 (2) 应与会员签订委托代开增值税专用发票协议。协议范本由各省税务局制定 (3) 使用自有增值税发票税控开票软件，按照3%的征收率代开增值税专用发票，并在发票备注栏注明会员的纳税人名称、纳税人识别号、起运地、到达地、车种车号以及运输货物信息。如内容较多可另附清单
出租不动产	个人出租住房适用优惠政策减按1.5%征收，纳税人自行开具或者税务机关代开增值税发票时，通过新系统中征收率减按1.5%征收开票功能，录入含税销售额，系统自动计算税额和不含税金额，发票开具不应与其他应税行为混开

05 增值税异常扣税凭证管理（★★）

(1) 符合下列（5种）情形之一的增值税专用发票，列入异常凭证范围：

①纳税人丢失、被盗税控专用设备中未开具或已开具未上传的增值税专用发票；

②非正常户纳税人未向税务机关申报或未按规定缴纳税款的增值税专用发票；

③增值税发票管理系统稽核比对发现“比对不符”“缺联”“作废”的增值税专用发票；

④经国家税务总局、省税务局大数据分析发现，纳税人开具的增值税专用发票存在涉嫌虚开、未按规定缴纳消费税等情形的；

⑤属于《国家税务总局关于走逃（失联）企业开具增值税专用发票认定处理有关问题的公告》（国家税务总局公告2016年第76号）第二条第（一）项规定情形的增值税专用发票。

(2) 增值税一般纳税人申报抵扣异常凭证，同时符合下列情形的，其对应开具的增值税专用发票列入异常凭证范围：

①异常凭证进项税额累计占同期全部增值税专用发票进项税额70%（含）以上的；

②异常凭证进项税额累计超过5万元的。

考点提示

高比例、大金额接受异常发票会导致开出发票列入异常。

纳税人尚未申报抵扣、尚未申报出口退税或已作进项税额转出的异常凭证，其涉及的进项税额不计入异常凭证进项税额的计算。

(3) 增值税一般纳税人取得的增值税专用发票列入异常凭证范围的，应按照以下规定处理：

①尚未申报抵扣的暂不允许抵扣进项；已抵的须转出（除另有规定外）。

②尚未申报出口退税或者已申报但尚未办理出口退税的，除另有规定外，暂不允许办理出口退税。适用增值税免抵退税办法的纳税人已经办理出口退税的，异常凭证上注明的增值税额作进项税额转出处理；适用增值税免退税办法的纳税人已经办理出口退税的，对异常凭证范围的增值税专用发票对应的已退税款追回。

③消费税纳税人以外购或委托加工收回的已税消费品为原料连续生产应税消费品，尚未申报扣除原料已纳消费税税款的，暂不允许抵扣；已经申报抵扣的，冲减当期允许抵扣的消费税税款，当期不足冲减的应当补缴税款。

④纳税信用 A 级纳税人取得异常凭证且已经申报抵扣增值税、办理出口退税或抵扣消费税的，可以自接到税务机关通知之日起 10 个工作日内，向主管税务机关提出核实申请。根据税务机关核实结果处理。纳税人逾期未提出核实申请的，应于期满后按照上述第①、②、③项规定作相关处理。

⑤纳税人对税务机关认定的异常凭证存有异议，可以向主管税务机关提出核实申请。经税务机关核实，符合现行增值税进项税额抵扣或出口退税相关规定的，纳税人可继续申报抵扣或者重新申报出口退税；符合消费税抵扣规定且已缴纳消费税税款的，纳税人可继续申报抵扣消费税税款。

经典题解

【例题 110 · 多选题】增值税一般纳税人申报抵扣异常凭证，同时符合下列（　　）情形的，其对应开具的增值税专用发票列入异常凭证范围。

A. 纳税人销售规模较大

B. 异常凭证进项税额累计占同期全部增值税专用发票进项税额 70%（含）以上的

C. 异常凭证进项税额累计超过 5 万元的

D. 纳税人频繁申领发票

E. 纳税人纳税信用等级 C 或 D 级

【答案】BC

06 机动车发票（★）

自 2021 年 7 月 1 日起，《机动车发票使用办法》正式施行。机动车发票，是指销售机动车（不包括二手车）的单位和个人（以下简称“销售方”）通过增值税发票管理系统开票软件中机动车发票开具模块所开具的增值税专用发票和机动车销售统一发票（包括纸质发票、电子发票）。增值税发票管理系统开票软件自动在增值税专用发票左上角打印“机动车”字样。

机动车发票均应通过增值税发票管理系统开票软件在线开具。按照有关规定不使用网络办税或不具备网络条件的特定纳税人，可以离线开具机动车发票。

开通机动车发票开具模块的销售方分为机动车生产企业、机动车授权经销企业、其他机动车贸易商三种类型。

07 收费公路通行费增值税电子普通发票（调整）（★）

收费公路通行费增值税电子普通发票（以下简称“通行费电子发票”）包括左上角标识“通行费”字样且税率栏次显示适用税率或征收率的通行费电子发票（以下简称“征税发票”）以及左上角无“通行费”字样，且税率栏次显示“不征税”的通行费电子发票（以下简称“不征税发票”）。客户通行经营性收费公路，由经营管理者开具征税发票，可按规定用于增值税进项抵扣；客户采取充值方式预存通行费，可由 ETC 客户服务机构开具不征税发票，不可用于增值税进项抵扣。

08 增值税电子专用发票（★）

自 2020 年 12 月 21 日起，我国逐步推进在全国新设立登记的纳税人（以下简称“新办纳税人”）中实行增值税专用发票电子化（以下简称“专票电子化”）。

<table>
<tr><th>政策要点</th><th colspan="2">具体规定</th></tr>
<tr><td rowspan="2">开票方范围</td><td>自 2020 年 12 月 21 日起，在天津、河北、上海、江苏、浙江、安徽、广东、重庆、四川、宁波和深圳等 11 个地区的新办纳税人中实行专票电子化</td><td rowspan="2">实行专票电子化的新办纳税人具体范围由国家税务总局各省、自治区、直辖市和计划单列市税务局（简称“各省税务局”）确定</td></tr>
<tr><td>自 2021 年 1 月 21 日起，在北京、山西、内蒙古、辽宁、吉林、黑龙江、福建、江西、山东、河南、湖北、湖南、广西、海南、贵州、云南、西藏、陕西、甘肃、青海、宁夏、新疆、大连、厦门和青岛等 25 个地区的新办纳税人中实行专票电子化</td></tr>
<tr><td>受票方范围</td><td colspan="2">全国</td></tr>
<tr><td>监制与签章</td><td colspan="2">电子专票由各省税务局监制，采用电子签名代替发票专用章，属于增值税专用发票，其法律效力、基本用途、基本使用规定等与增值税纸质专用发票相同</td></tr>
<tr><td>发票领用量</td><td colspan="2">税务机关按照电子专票和纸质专票的合计数，为纳税人核定增值税专用发票领用数量。电子专票和纸质专票的增值税专用发票（增值税税控系统）最高开票限额应当相同</td></tr>
<tr><td>开具时的选择</td><td colspan="2">纳税人开具增值税专用发票时，既可以开具电子专票，也可以开具纸质专票。受票方索取纸质专票的，开票方应当开具纸质专票</td></tr>
<tr><td>红字电子专票的开具</td><td colspan="2">纳税人开具电子专票后，发生销货退回、开票有误、应税服务中止、销售折让等情形，需要开具红字电子专票的，按照以下规定执行：
（1）购买方已将电子专票用于申报抵扣的，由购买方在增值税发票管理系统中填开并上传《开具红字增值税专用发票信息表》（以下简称《信息表》），填开《信息表》时不填写相对应的蓝字电子专票信息——已抵扣的，买方提出开红票申请，填开并上传《信息表》
（2）购买方未将电子专票用于申报抵扣的，由销售方在发票管理系统中填开并上传《信息表》，填开《信息表》时应填写相对应的蓝字电子专票信息——未抵扣的，卖方提出开红票申请，填开并上传《信息表》</td></tr>
</table>

本章小结

用“会计云课堂”App扫码学习

您已成功完成“第二章”的学习，本章共63个考点，您都学会了吗？

为了让您对本章有更清晰的理解，加倍巩固。本书作者刘颖老师将通过“电台音频课”的方式，带您回顾重要考点。

名师点拨，高效提分。

※ 欢迎扫码免费学习。

同步强化练习题

使用“会计云课堂”App或“微信”扫码快速做题、对答案、看解析、掌握解题思路，开启轻松过关之旅。

一、单项选择题

1. 增值税按对外购固定资产处理方式的不同，可划分为生产型增值税、收入型增值税和消费型增值税。下列关于增值税改革的说法不正确的是（　　）。
   A. 消费型增值税从理论上讲是一种标准的增值税
   B. 消费型增值税是三种类型中最简便、最能体现增值税优越性的一种类型
   C. 生产型增值税对固定资产存在重复征税
   D. 收入型增值税给外购固定资产凭发票扣税的计算方法带来很大困难

2. 以下关于增值税一般纳税人和小规模纳税人划分的规定，表述正确的是（　　）。
   A. 个体工商户无须办理增值税一般纳税人资格登记
   B. 年应税销售额超过小规模纳税人标准的其他个人不得办理一般纳税人资格登记
   C. 年应税销售额是指纳税人从1月1日到12月31日的年度销售额
   D. 年应税销售额未超过小规模纳税人标准的企业，不能办理一般纳税人资格登记

3. 以下不适用“营改增”过渡期免税政策的是（　　）。
   A. 个人转让著作权
   B. 纳税人转让技术
   C. 残疾人员本人为社会提供的服务
   D. 纳税人提供技术咨询服务

4. 某增值税一般纳税人 2022 年 5 月销售三批同样的货物，每批各 1000 件，不含税销售价分别为每件 70 元、50 元和 30 元。如果 30 元/件的销售价格被主管税务机关认定为明显偏低且无正当理由，则该纳税人当月计算销项税额的销售额应为（　　）元。

A. 130000　　B. 150000
C. 180000　　D. 210000

5. 某黄酒厂（增值税一般纳税人）2022 年 4 月销售黄酒取得的不含税销售额为 100 万元，发出货物时收取的包装物押金为 5.65 万元，定期 60 天收回，则该黄酒厂当月增值税销项税额是（　　）万元。

A. 13　　B. 13.65
C. 13.99　　D. 15

6. 某果木酒生产企业为增值税一般纳税人，2022 年 5 月销售果木酒取得的收入为 136 万元（含税），当月发出货物时收取包装物押金 4.12 万元，定期 2 个月收回，另外当月没收果木酒逾期未退的包装物押金为 2.34 万元。该企业本月应确认的销项税额为（　　）万元。

A. 15.64　　B. 15.92
C. 16.12　　D. 17.80

7. 某生产农用挖掘机的农机厂为增值税一般纳税人，2022 年 5 月生产销售农用挖掘机，取得不含税销售收入 50 万元，为农民修理农用挖掘机取得的修理费现金收入为 10 万元。当月外购零配件取得增值税专用发票上注明的税款为 2.6 万元，已通过增值税发票综合服务平台确认并在当月抵扣。则该厂 5 月份应纳增值税为（　　）万元。

A. 5.2　　B. 4.3
C. 3.05　　D. 5.05

8. 某超市为增值税一般纳税人，2022 年 5 月销售蔬菜取得零售收入 24000 元，销售粮食、食用植物油取得零售收入 13200 元，销售其他商品取得零售收入 98000 元。2022 年 5 月该超市销项税额为（　　）元。

A. 12364.24　　B. 12792.92
C. 11274.34　　D. 14345.90

9. 某厂（增值税一般纳税人）同时生产应税药品和免税药品，2022 年 5 月外购一座仓库，取得增值税专用发票，注明增值税额 50 万元，该仓库用于存放应税药品和免税药品；该厂当月还购买一批材料用于应税药品的生产，取得增值税专用发票上注明价款 10 万元，增值税额 1.3 万元；外购一批材料用于应税和免税药品的生产，取得增值税专用发票上注明价款 20 万元，增值税额 2.6 万元，当月应税药品不含税销售额 50 万元，免税药品销售额 70 万元。该厂当月可抵扣的进项税额为（　　）万元。

A. 22.46　　B. 14.13
C. 52.38　　D. 14.88

10. 以下不符合“营改增”销售额规定的是（　　）。

A. 存款利息，以利息收入全额为销售额
B. 贷款服务，以提供贷款服务取得的全部利息及利息性质的收入为销售额
C. 金融商品转让，按照卖出价扣除买入价后的余额为销售额
D. 航空运输企业的销售额，不包括代收的机场建设费和代售其他航空运输企业客票而代收转付的价款

11. 关于增值税的销售额，下列说法正确的是（　　）。
A. 旅游服务，应以取得的全部价款和价外费用为销售额
B. 经纪代理服务，应以取得的全部价款和价外费用为销售额
C. 劳务派遣服务，应以取得的全部价款和价外费用为销售额
D. 一般纳税人提供的客运场站服务的销售额不包括支付给承运方的运费

12. 某软件开发企业为增值税一般纳税人，2022年4月销售自行开发生产的软件产品，取得不含税销售额68万元，从国外进口软件进行本地化改造后对外销售，取得不含税销售额20万元。本月从一般纳税人手中购进一批电脑用于软件设计，取得的增值税专用发票注明金额50万元；购进一批职工福利用品，取得的增值税专用发票注明金额18万元。该企业上述业务即征即退的增值税为（　　）万元。
A. 1.59　　B. 2.64
C. 2.30　　D. 4.94

13. 我国A省的甲公司是增值税一般纳税人，2021年4月，该公司财务部为本公司业务员张某办理境内差旅费报销。张某提交境内出差的火车票，票面金额900元；返程的航空运输电子客票行程单，票价和燃油附加费共计2500元。往返火车票和航空行程单均注明了旅客身份信息，就上述业务甲公司可抵扣的进项税为（　　）元。
A. 280.73　　B. 283.65
C. 288.99　　D. 315

14. 下列增值税应税服务项目中，应按照“租赁服务”计征增值税的是（　　）。
A. 飞机干租
B. 融资性售后回租
C. 船舶期租
D. 宾馆的住宿服务

15. 某工业企业系增值税一般纳税人，2022年4月同时生产免税甲产品和应税乙产品，本月外购燃料柴油50吨，已知该批柴油外购时取得增值税专用发票上注明价款87300元，税额为11349元，当月实现产品不含税销售收入总额为250000元，其中甲产品收入100000元，已知乙产品适用13%税率，该企业当月应纳增值税额为（　　）元。
A. 17659　　B. 13563.60
C. 7595.40　　D. 12690.6

16. 甲建筑企业是增值税一般纳税人，2022年5月跨县（市）在A市取得含税建筑收入200万元，该建筑项目的开工日期为2018年4月，则甲企业应在建筑服务发生地A市预缴税款（　　）万元。
A. 9.52　　B. 3.67
C. 5.50　　D. 5.82

17. 位于A市的甲企业是增值税一般纳税人，2022年5月将其位于B市的一栋仓库（系2017年5月取得）出租，取得含税租金收入60000元，则其应在B市预缴增值税（　　）元。
A. 3396.23　　B. 1747.57
C. 1651.38　　D. 1081.08

18. 2022年1月，王某出租一处住房，预收半年租金48000元。王某收取租金应缴纳增值税（　　）元。
A. 685.71　　B. 720.00
C. 2285.71　　D. 0

19. 某小轿车生产企业（增值税一般纳税人）支付的下列运费中（假设均取得合规的增值税专用发票），不允许抵扣进项税额的是（　　）。

A. 销售自产小轿车支付的运输费用
B. 外购生产设备支付的运输费用
C. 外购职工福利用品支付的运输费用
D. 外购生产用原材料支付的运输费用

20. 下列属于不得从销项税额中抵扣进项税额的项目是（　　）。
A. 企业购入生产用电
B. 企业购入生产用热力
C. 企业为来料加工复出口业务购入部分国内辅料
D. 企业购入准备对外捐赠的货物

21. 某工艺品厂为增值税一般纳税人，2022年5月2日销售给甲企业200套工艺品，每套不含税价格600元。由于部分工艺品存在瑕疵，该工艺品厂给予甲企业15%的销售折让，已开具红字专用发票。为了鼓励甲企业及时付款，该工艺品厂提出2/20、n/30的付款条件，甲企业于当月15日付款。该工艺品厂此项业务的销项税额为（　　）元。
A. 12994.80　　B. 13260
C. 15600　　D. 16400

22. 增值税一般纳税人发生的下列应税行为中，适用6%税率计征增值税的是（　　）。
A. 提供建筑施工服务
B. 通过省级土地行政主管部门设立的交易平台转让补充耕地指标
C. 出租2020年新购入的房产
D. 销售非现场制作食品

23. 某商店为增值税小规模纳税人，2022年5月零售商品取得收入160000元，出租一间办公室取得收入10000元。以上价款均不含增值税，该商店应缴纳增值税（　　）元。
A. 0　　B. 500
C. 5100　　D. 5300

24. 某个体商店为增值税小规模纳税人。2021年12月该个体商店购置一批商品，取得的增值税专用发票上注明价款3万元，增值税0.39万元。当月取得商品零售收入15.07万元；用部分外购商品抵债，该部分商品市场含税售价为2.1万元；将部分外购商品用于职工福利，市场含税售价为1万元。该个体商店当月应纳增值税（　　）万元。
A. 0.17　　B. 0.18
C. 0.24　　D. 0.50

25. 某生产企业为增值税一般纳税人，2022年5月把资产盘点过程中不需要用的部分资产进行如下处理：销售已经使用14年的机器设备，取得收入9270元，未放弃相关减税优惠；销售给小规模纳税人库存未使用的钢材一批，取得收入35000元，假设该企业当月未发生进项税额，该企业上述业务应纳增值税为（　　）元。（以上收入均为含税收入）
A. 4916.24　　B. 5093
C. 4479.55　　D. 4206.55

26. 下列关于增值税纳税期限的说法，不正确的是（　　）。
A. 增值税纳税期限规定为1日、3日、5日、10日、15日、1个月或者1个季度
B. 纳税人以1个月或者1个季度为1个纳税期的，自期满之日起15日内申报纳税
C. 按固定期限纳税的小规模纳税人可选择1个月或1个季度为纳税期限
D. 纳税人进口货物，应当自海关填发海关进口增值税专用缴款书的次日起10日内缴纳税款

27. 某企业签订进料加工复出口货物合同，2022年4月进口料件到岸价格折合人民币400万元，当月将部分完工产品出

口，离岸价（FOB）折合人民币500万元。该企业进料加工计划分配率为65%，完工产品内销时适用的增值税征税率为13%，退税率为10%，按照实耗法计算进口料件的金额，该企业当期不得免征和抵扣税额是（　　）万元。

A. 1.52　　B. 4.66

C. 5.25　　D. 9

28. 某外贸公司（增值税一般纳税人）2021年12月份购进业务及出口业务情况如下：（1）第一次购进假发600个，不含税单价500元/个；第二次购进假发400个，不含税单价480元/个（均已取得增值税专用发票）。（2）将两次外购的1000个假发报关出口，离岸单价80美元/个，此笔出口已收汇并作销售处理。（美元与人民币比价为1∶6.9，假发增值税征税率13%，出口退税率为10%）。该笔出口业务应退增值税为（　　）元。

A. 71760　　B. 63960

C. 55200　　D. 49200

29. 按照现行增值税规定，下列货物中适用免税不退税的是（　　）。

A. 生产企业来料加工复出口的货物

B. 生产企业进料加工复出口的货物

C. 外贸企业出口委托加工修理修配的货物

D. 生产企业委托外贸企业代理出口自产的货物

30. 下列出口货物，适用增值税“免税并退税”政策的是（　　）。

A. 来料加工复出口的货物

B. 进料加工复出口的货物

C. 属于小规模纳税人的生产性企业自营出口的自产货物

D. 外贸企业出口从小规模纳税人购进并取得普通发票的一般货物

31. 某具有出口经营权的电器生产企业（增值税一般纳税人）自营出口自产货物，2022年3月末未计算退税前的期末留抵税额为19万元，当期免抵退税额为15万元，则当期免抵税额为（　　）万元。

A. 0　　B. 4

C. 9　　D. 15

32. 某具有出口经营权的生产企业为增值税一般纳税人，2022年5月外购原材料取得增值税专用发票上注明增值税税额138万元，已在当月抵扣。当月内销货物取得不含税销售额150万元，出口货物取得收入115万英镑（1英镑=8元人民币），该企业适用增值税征税率13%，出口退税率为10%。该企业5月应退的增值税为（　　）万元。

A. 90.90　　B. 92

C. 109.60　　D. 138

33. 某医药用品公司为增值税一般纳税人，2022年1月进口一批药品，其中罕见病药海关审定的关税完税价格折合人民币30万元（关税税率为0%）；降血糖药海关审定的关税完税价格折合人民币20万元（关税税率为10%）。该公司应缴纳进口环节增值税（　　）万元。

A. 2.86　　B. 3.50

C. 3.76　　D. 6.76

34. 某交通运输企业为增值税一般纳税人，具备提供国际运输服务的条件和资质。2022年5月该企业承接境内运输业务，收取运费价税合计436万元；当月购进柴油并取得增值税专用发票，注明价款400万元、税款52万元；当月购进两辆货车用于货物运输，取得增值税专用发票，注明价款60万元、税款7.8万元；当月对外承接将货物由境内载运出境的业务，收取价款70万美元。该运输企

业当月应退增值税（　　）万元。（交通运输服务退税率 9%，1 美元 = 6.8 元人民币）

A. 0　　B. 14.31

C. 23.80　　D. 42.84

35. 2022 年 2 月，境外公司为我国 A 企业提供技术咨询服务，A 企业支付含税价款 200 万元，该境外公司在境内未设立经营机构，则 A 企业应当扣缴的增值税税额为（　　）万元。

A. 0　　B. 5.83

C. 11.32　　D. 12

36. 某境外旅客 2021 年 11 月 28 日到我国旅游度假，11 月 28 日在北京某退税商店购买了一箱中药饮片，取得了退税商店当天为其开具的增值税普通发票及相应退税申请单，发票上注明中药饮片价税合计金额 654 元。12 月 30 日，该旅客离境前又在首都机场退税商店购买了一对景泰蓝花瓶，取得发票上注明景泰蓝花瓶价税合计金额 1130 元，同时取得退税申请单。该旅客 12 月 30 日从北京首都机场离境并统一办理离境退税，在不考虑退税代理机构手续费的情况下，该旅客可获得的退税额为（　　）元。

A. 142.72　　B. 176.62

C. 178.40　　D. 184

37. 根据现行增值税规定，下列说法正确的是（　　）。

A. 增值税对单位和个人规定了起征点

B. 对于达到或超过起征点的，仅就超过起征点的金额计算缴纳增值税

C. 对其他个人销售额未达到规定的增值税起征点的，免征增值税

D. 某小规模纳税人 2021 年 12 月取得建筑收入 35 万元，支付分包款 24 万元，则当月的收入应缴纳增值税

38. 以下关于发票开具的说法，符合现行政策规定的是（　　）。

A. 小规模纳税人转让其取得的不动产，不能自行开具增值税专用发票的，可向机构所在地主管税务机关申请代开

B. 纳税人向其他个人转让其取得的不动产，不得自行开具增值税专用发票，但可以申请代开增值税专用发票

C. 其他个人出租不动产，可向居住地主管税务机关申请代开增值税专用发票

D. 纳税人向其他个人出租不动产，不得开具或申请代开增值税专用发票

39. 甲企业是适用增值税免抵退税办法的增值税一般纳税人，已经办理出口退税货物的进项税凭证被税务机关列入异常凭证范围，则以下表述正确的是（　　）。

A. 其对应开具的增值税专用发票列入异常凭证范围

B. 异常凭证范围的增值税专用发票对应的已退税款追回

C. 异常凭证上注明的增值税额作进项税额转出处理

D. 停止该纳税人 6 个月以上的出口退税

二、多项选择题

1. 根据增值税的现行规定，以下关于增值税的说法正确的有（　　）。
   A. 货物经历的生产和流通的各个环节所创造的增值额之和，是该项货物的最终销售价值
   B. 实行增值税的国家，据以征税的增值额都是理论上的增值额
   C. 增值税一般要直接以增值额作为计税依据
   D. 增值税实行价外征税，税负具有转嫁性
   E. 增值税属于间接税

2. 以下单位或个人不能登记为增值税一般纳税人的有（　　）。
   A. 年应税销售额未超过小规模纳税人标准且会计核算不健全的企业
   B. 个体工商户
   C. 个体工商户以外的其他个人
   D. 年应税销售额超过500万元的事业单位
   E. 年应税销售额为500万元且不能提供准确税务资料的广告企业

3. 以下按照交通运输服务计征增值税的有（　　）。
   A. 无运输工具承运业务
   B. 纳税人已售票但客户逾期未消费取得的运输逾期票证收入
   C. 纳税人为客户办理退票而向客户收取的退票费收入
   D. 纳税人为客户办理退票而向客户收取的手续费收入
   E. 道路通行服务

4. 以下符合“营改增”销售服务规定的有（　　）。
   A. 光租和湿租业务，都属于有形动产租赁服务
   B. 装卸搬运服务属于物流辅助服务
   C. 代理报关服务属于物流辅助服务
   D. 代理记账按照商务辅助服务征收增值税
   E. 商标和著作权转让属于文化创意服务

5. 依据“营改增”的政策规定，下列行为中属于商务辅助服务的有（　　）。
   A. 企业管理服务
   B. 代理报关服务
   C. 场所住宅保安服务
   D. 认证服务
   E. 货物运输代理服务

6. 依据现行增值税政策，下列行为中属于物流辅助服务的有（　　）。
   A. 打捞救助服务
   B. 无船承运业务
   C. 装卸搬运服务
   D. 仓储服务
   E. 收派服务

7. 增值税一般纳税人的下列行为中属于增值税视同销售货物行为，应计算增值税销项税额的有（　　）。
   A. 某商店将外购商品用于对外赠送
   B. 某工厂将委托加工收回的服装用于职工福利
   C. 某企业将自产的家具用于投资
   D. 某企业购进一批饮料用于交际应酬
   E. 某企业外购钢材用于本企业职工食堂的改扩建

8. 增值税混合销售行为是指一项行为同时涉及（　　）。
   A. 销售劳务　　B. 销售服务
   C. 销售货物　　D. 销售不动产
   E. 销售无形资产

9. 下列业务中，应当征收增值税的有（ ）。
A. 贷款利息
B. 存款利息
C. 共青团收取的团费
D. 被保险人获得的保险赔付
E. 电力公司向发电企业收取的过网费

10. 根据“营改增”的有关规定，下列属于视同提供应税服务的有（ ）。
A. 为本单位员工无偿提供搬家运输服务
B. 单位向客户无偿提供信息咨询服务
C. 单位为关联企业无偿提供运输服务
D. 单位为客户无偿提供广告设计服务
E. 单位向客户无偿提供不动产经营租赁服务

11. 以下项目中，目前适用9%增值税税率的有（ ）。
A. 基础电信服务
B. 增值电信服务
C. 转让土地使用权
D. 转让商标权
E. 不动产租赁服务

12. 依照增值税的有关规定，增值税一般纳税人销售下列货物，目前适用9%增值税税率的有（ ）。
A. 除草剂
B. 卫生杀虫剂
C. 中药饮片
D. 工业用盐
E. 腊肉

13. 依照增值税的有关规定，增值税一般纳税人销售下列货物，目前适用9%增值税税率的有（ ）。
A. 奶酪 B. 淀粉
C. 玉米面 D. 食用盐
E. 原煤

14. 依照增值税的有关规定，以下适用增值税9%较低税率的货物有（ ）。
A. 环氧大豆油
B. 花椒油
C. 葡萄籽油
D. 杏仁油
E. 氢化植物油

15. 根据增值税的规定，下列各项免征增值税的有（ ）。
A. 超市销售蔬菜
B. 农业生产者销售自产的水果
C. 销售酸奶
D. 政府储备食用植物油的销售
E. 销售宠物饲料

16. 下列各项业务免征增值税的有（ ）。
A. 粮食购销企业销售救灾救济粮
B. 销售单一大宗饲料
C. 婚姻介绍服务
D. 体育彩票的发行收入
E. 增值税一般纳税人销售自行开发生产的软件产品

17. 以下适用“营改增”相关免税政策的有（ ）。
A. 个人转让著作权
B. 个人转让商标权
C. 残疾人员本人为社会提供的服务
D. 个人销售自建自用住房
E. 纳税人提供的间接国际货物运输代理服务

18. 一般纳税人所从事的下列应税服务，可选择简易计税方法计算缴纳增值税的有（ ）。
A. 仓储服务
B. 收派服务
C. 航空地面服务
D. 铁路客运服务
E. 装卸搬运服务

19. 小规模纳税人进口货物（除罕见病药品和抗癌药品），海关进口环节代征增值税可能适用（　　）。
A. 3%的征收率　B. 5%的征收率
C. 6%的税率　D. 9%的税率
E. 13%的税率

20. 下列各项中，符合增值税纳税义务发生时间规定的有（　　）。
A. 采用预收货款方式销售货物的，为收到货款的当天
B. 将货物作为投资提供给其他单位或个体经营者的，为货物移送的当天
C. 将货物交付他人代销，为发出代销货物的当天
D. 采用直接收款方式销售货物的，为收到销售款或取得索取销售款凭证的当天
E. 采用托收承付结算方式销售货物的，为办妥托收手续的当天

21. 符合规定条件的生产企业出口外购产品，同时符合下列（　　）条件的，可视同自产产品办理退（免）税。
A. 与本企业生产的产品名称、性能相同
B. 使用本企业注册商标或境外单位或个人提供给本企业使用的商标
C. 出口给进口本企业自产产品的境外单位或个人
D. 必须经过本企业的加工
E. 必须经过本企业的组装

22. 增值税一般纳税人发生的下列业务中，不得开具增值税专用发票的有（　　）。
A. 商业企业零售化妆品
B. 商业企业零售劳保手套
C. 工业企业将自产货物无偿赠送给其他企业
D. 服装加工企业将服装卖给本企业职工个人
E. 商业企业零售烟、酒

23. 下列适用增值税免税不退税政策的出口货物有（　　）。
A. 非出口企业委托出口的货物
B. 以旅游购物贸易方式报关出口的货物
C. 进料加工复出口的货物
D. 增值税小规模纳税人出口的货物
E. 农业生产者出口自产农产品

24. 下列行为中，不征收增值税的有（　　）。
A. 与销售收入或数量不直接挂钩的财政补贴收入
B. 单位或者个体工商户为员工提供服务
C. 各级工会组织收取工会会费
D. 各民主党派收取党费
E. 个体工商户转让使用过的电脑

25. 以下不属于“营改增”有形动产租赁服务项目的有（　　）。
A. 水路运输的程租业务
B. 水路运输的期租业务
C. 航空运输的湿租业务
D. 水路运输的光租业务
E. 航空运输的干租业务

26. 以下符合“营改增”政策规定的有（　　）。
A. 知识产权服务属于商务辅助服务
B. 设计服务属于文化创意服务
C. 商标和著作权转让属于销售无形资产
D. 融资性售后回租属于金融服务
E. 无运输工具承运业务属于物流辅助服务

27. 下列各项中，说法正确的有（　　）。
A. 个人转让著作权免征增值税
B. 台湾航运公司从事海峡两岸海上直航业务在大陆取得的运输收入免征增值税

C. 从事个体经营的随军家属，自办理税务登记事项之日起，其提供的应税服务3年内免征增值税

D. 境内的单位和个人向境外单位提供的完全在境外消费的研发服务和设计服务免征增值税

E. 养老机构提供的养老服务免征增值税

28. 以下属于“营改增”交通运输服务的有（　　）。

A. 索道运输　　B. 缆车运输

C. 港口码头服务　　D. 光租业务

E. 程租业务

29. 以下符合现行小规模纳税人增值税政策的有（　　）。

A. 小规模纳税人发生增值税应税销售行为，合计月销售额未超过15万元（以1个季度为1个纳税期的，季度销售额未超过45万元）的，免征增值税

B. 小规模纳税人发生增值税应税销售行为，合计月销售额超过15万元，但扣除本期发生的销售不动产的销售额后未超过15万元的，不能享受免征增值税政策

C. 小规模纳税人发生增值税应税销售行为，合计月销售额超过15万元，但扣除本期发生的销售不动产的销售额后未超过15万元的，其销售货物、劳务、服务、无形资产取得的销售额免征增值税

D. 适用增值税差额征税政策的小规模纳税人，以销售额全额确定是否可以享受规定的免征增值税政策

E. 按固定期限纳税的小规模纳税人可以选择以1个月或1个季度为纳税期限，一经选择，一个会计年度内不得变更

30. 下列业务应计算缴纳增值税的有（　　）。

A. 残疾人本人为社会提供的服务

B. 残疾人福利企业销售自产产品

C. 个人从事金融商品转让业务

D. 担保机构为大型民营企业提供的担保业务

E. 学生勤工俭学提供的服务

31. 下列关于境外旅客购物离境退税政策的说法中，正确的有（　　）。

A. 所购退税物品由境外旅客本人或其指定代理人随身携带或随行托运出境

B. 境外旅客是指在中华人民共和国境内连续居住不超过183天的外国人和港澳台同胞

C. 离境日距退税物品购买日不超过183天

D. 退税额超过10000元的，以银行转账方式退税

E. 退税物品包括退税商店销售的适用增值税免税政策的物品

三、计算题

（一）

某消毒剂生产企业是增值税一般纳税人，生产销售消毒剂不含税单价统一为4万元/吨。2021年3月发生下列业务：

（1）销售自产消毒剂60吨，取得不含增值税销售额240万元，将1吨自产消毒剂发放给职工用于家庭消毒。

（2）将6吨消毒剂直接捐赠给目标脱贫

地区，取得接收函；将2吨消毒剂通过红十字会捐赠给养老院，取得捐赠专用票据。

（3）购买消毒剂生产材料，增值税专用发票注明金额100万元，税额13万元；购买一台消毒剂检测设备，增值税专用发票注明金额10万元，税额1.3万元。当期盘盈一台计量仪器，估价1万元。

要求：根据上述资料，回答下列问题。

1. 该企业业务（1）的增值税销项税额（　　）万元。

A. 31.2　　B. 31.52

C. 31.72　　D. 31.92

2. 该企业业务（2）的增值税销项税额（　　）万元。

A. 0　　B. 1.04

C. 1.56　　D. 2.60

3. 该企业实际可抵扣增值税进项税额（　　）万元。

A. 13.17　　B. 13.45

C. 14.30　　D. 14.43

4. 该企业当期应纳增值税额（　　）万元。

A. 18.55　　B. 19.23

C. 19.59　　D. 20.50

（二）

某运输企业甲是增值税一般纳税人，2022年5月发生如下业务：

（1）购入8吨运输货车10辆，增值税专用发票注明金额200万元，增值税26万元。

（2）当月取得货物运输不含税收入300万元。用2辆8吨货车无偿给某关联公司运输货物5天；将1辆8吨货车无偿用于运送疫情防控重点保障物资10天。该企业8吨货车运费标准0.2万元/天/辆（不含税）。

（3）与乙广告公司签订合同，允许乙广告公司在甲运输企业2017年新建的外墙上涂刷广告，取得含税收入8万元；允许乙广告公司在甲运输企业新购入的货车车身上涂刷广告，取得含税收入9万元。

（4）转让3辆已使用14年的货车，共取得含税收入12万元，未放弃减税。

（5）支付桥闸通行费，取得通行费发票（非财政票据），价税合计5万元。

要求：根据上述资料，回答下列问题。

1. 业务（2）增值税的销项税额为（　　）万元。

A. 27.18　　B. 33.02

C. 33.12　　D. 33.22

2. 业务（3）增值税的销项税额为（　　）万元。

A. 1.42　　B. 1.51

C. 1.70　　D. 2.12

3. 该企业当期增值税的进项税额为（　　）万元。

A. 24.14　　B. 26.24

C. 28.34　　D. 30.44

4. 该企业当期应纳的增值税额为（　　）万元。

A. 1.31　　B. 2.35

C. 2.59　　D. 2.87

（三）

某停车服务企业是增值税一般纳税人，2018年4月兴建完工一大型停车场。2022年5月，该企业发生下列业务：

（1）按合同约定收取某客户的20个车位的全月停放费6万元（含增值税，下同）；为相邻工厂免费提供2个车位全月停放车辆；为本企业员工免费提供5个车位全月停放车辆；当月，该企业还向社会车辆收取停车费金额合计 47.9 万元。

(2) 由广告公司以本停车场围墙为载体涂刷保健品广告，期限一年，并在当月向广告公司收取全年费用 12 万元。

(3) 由广告公司在本企业自有车辆的车身上张贴不干胶广告招贴，并在当月向广告公司收取全年费用 1 万元。

(4) 该企业当期购买办公用电脑、复印机等，取得增值税专用发票，注明税额 1.2 万元。

要求：根据上述资料，回答下列问题。

1. 业务（1）的销项税额合计数为（　　）万元。

A. 3.69　　B. 3.89
C. 4.50　　D. 4.59

2. 业务（2）的销项税额为（　　）万元。

A. 0.68　　B. 0.99
C. 1.09　　D. 1.19

3. 业务（3）的销项税额为（　　）万元。

A. 0.10　　B. 0.12
C. 0.29　　D. 0.56

4. 该企业当期应纳的增值税为（　　）万元。

A. 0.41　　B. 1.94
C. 3.23　　D. 4.41

（四）

某食品加工厂（增值税一般纳税人）2022 年 5 月发生下列业务：

(1) 向农民收购大麦 10 吨，农产品收购发票上注明价款 10 万元，验收后送另一食品加工厂（增值税一般纳税人）加工膨化食品，支付加工费价税合计 6.78 万元，取得增值税专用发票。

(2) 将三个月前向农业生产者直接收购的 12 吨玉米渣对外销售 9 吨，取得不含税销售额 4.05 万元，将 1 吨玉米渣无偿赠送给客户、2 吨玉米渣捐赠给目标脱贫地区。

(3) 生产夹心饼干销售，开具的增值税专用发票上注明销售额 20 万元。

(4) 上月向农民收购的小米因仓库保管不善霉烂，账面成本 2.62 万元（含向一般纳税人支付的运费 0.8 万元）。进项税已抵扣。

(5) 以价税合计金额 30 万元转让 2014 年 3 月购入的车库一座，取得时购置价款 19.92 万元。

(6) 修缮仓库，为修缮购进货物和设计服务，取得增值税专用发票注明的税额合计 1.5 万元。

（其他相关资料：①三个月前向农业生产者收购的 12 吨玉米渣，农产品收购发票显示支付的收购价款 3.6 万元、支付的运费取得一般纳税人开具的增值税专票，金额 1.2 万元，玉米渣及运费相关进项税已于三个月前抵扣；②纳税人本月取得的扣税凭证符合税法规定且均在当月抵扣；③纳税人对可选择简易计税的项目采用简易计税方法）

要求：根据上述资料，回答下列问题。

1. 该厂当期转出的增值税进项税额为（　　）万元。

A. 0.24　　B. 0.32
C. 0.44　　D. 0.68

2. 该厂当期可以抵扣的进项税额为（　　）万元。

A. 2.66　　B. 2.76
C. 2.86　　D. 2.96

3. 该厂当期的增值税销项税额为（　　）万元。

A. 3.01　　B. 3.83
C. 4.66　　D. 5.49

4. 该厂当期应缴纳的增值税税额为（　　）万元。

A. 0.53　　B. 2.28

C. 2.53　　D. 3.19

（五）

某服装厂（增值税一般纳税人）位于市区，2022年5月发生下列业务：

（1）购入A面料，取得增值税专用发票注明价款50000元，增值税税额6500元，支付采购运费，取得运输公司（一般纳税人）开具的增值税专用发票，注明运费金额500元。

（2）进口B面料，关税完税价格36000元，关税税率5%，缴纳进口环节相关税金后，海关放行并填发了进口增值税专用缴款书；支付从港口到厂区运费，取得运输公司（一般纳税人）开具的增值税专用发票，注明运费金额1000元。

（3）用B面料生产300件连衣裙，单位成本每件40元。将300件委托某商厦代销，要求商厦代销价150元/件（含税），当月末收到商厦代销清单，售出200件。商厦与该厂结算总额30000元，另向商厦支付结算总额20%的返还款（服装厂当即就该金额向商厦开具增值税红字专票）。

（4）用上月购进的A面料生产600件西装，单位成本每件100元，成本中外购比例60%（假设成本中不含运费），将其中100件发给本厂职工作为福利；将其中400件以每件180元的不含税批发价批发给某集团企业；30件因管理不善丢失。

（其他相关资料：本月取得的相关票据符合税法规定，在当月确认并抵扣）

要求：根据上述资料，回答下列问题。

1. 该服装厂进口环节缴纳的各项税金合计为（　　）元。

A. 6714　　B. 7160

C. 8016　　D. 8226

2. 该服装厂当期可以从销项税额中抵扣的进项税额为（　　）元。

A. 10465　　B. 10655

C. 11315　　D. 12965

3. 该服装厂当期增值税销项税额为（　　）元。

A. 16598.97　　B. 17479.49

C. 15151.33　　D. 14461.06

4. 该服装厂应向税务机关缴纳的增值税为（　　）元。

A. 3146.06　　B. 3836.33

C. 4712.97　　D. 6677.97

（六）

位于甲市的一家餐饮企业是增值税一般纳税人，享受生活性服务业纳税人加计抵减政策。2022年5月发生下列业务：

（1）进口一批西餐调料，该企业按照海关填发的税款缴款书缴纳了进口环节增值税1.35万元。

（2）购入一批罐头，取得一般纳税人开具的增值税专用发票，注明金额20万元，80%用于企业经营，20%用于职工集体福利。

（3）从蔬菜批发市场购进肉、蛋、蔬菜，取得增值税普通发票，金额合计40万元。

（4）该企业当月取得现场餐饮收入含增值税金额127.2万元；现场制作食品外卖和送餐，取得含税金额26.5万元。

（5）该企业将一间位于乙市的“营改增”后自建的门面房出租给其他企业使用，收取含税租金21.8万元。

要求：根据上述资料，回答下列问题。

1. 该企业当期实际可从销项税额中抵扣的进项税额为（　　）万元。

A. 2.08　　B. 3.21

C. 3.43　　D. 3.95

2. 该企业业务（5）在乙市预缴的增值税为（　　）万元。

A. 0.4　　B. 0.6

C. 0.63　　D. 1

3. 该企业业务（4）和业务（5）增值税的销项税合计为（　　）万元。

A. 9　　B. 9.83

C. 10.5　　D. 11.19

4. 该企业当期在甲市应纳增值税（　　）万元。

A. 6.13　　B. 6.02

C. 5.96　　D. 5.36

（七）

某农机生产企业为增值税一般纳税人，2022 年 5 月发生以下业务：

（1）外购原材料，取得普通发票上注明价税合计金额 50000 元，原材料已入库；另支付给运输企业含税运输费用 3052 元，取得一般纳税人开具的增值税专用发票。

（2）从一般纳税人处外购农机零配件，取得的增值税专用发票上注明价款 140000 元，本月生产领用价值 90000 元的农机零配件；另支付给运输企业含税运输费用 4142 元，取得一般纳税人开具的增值税专用发票。

（3）企业为修建职工食堂领用 4 月份从一般纳税人处购进的钢材一批，成本 70000 元（其中含向一般纳税人支付的运输费用 2790 元），钢材购入时已按规定抵扣了进项税。

（4）销售自产农机整机一批，取得不含税销售额 430000 元，另收取该批农机的包装费 11990 元。

（5）销售外购的农机零配件一批，取得含税销售额 35030 元。

（6）提供农机维修劳务，开具的发票上注明不含税金额 32000 元。

（7）转让一辆自用过 10 年的小轿车，取得含税收入 100000 元。

（其他相关资料：企业取得的增值税专用发票均合规并在当月抵扣；纳税人销售自己使用过的固定资产，未放弃减税优惠）

要求：根据上述资料，回答下列问题。

1. 该企业当月增值税的销项税额为（　　）元。

A. 47880　　B. 46120

C. 48330　　D. 45430

2. 该企业当月可抵扣的进项税额为（　　）元。

A. 9513.6　　B. 9682.1

C. 9805.6　　D. 10211.5

3. 该企业转让小轿车应缴纳的增值税为（　　）元。

A. 1941.75　　B. 2203.78

C. 2912.62　　D. 4761.90

4. 该企业当月应缴纳的增值税为（　　）元。

A. 38166.23　　B. 40016.15

C. 42015.33　　D. 43235.98

同步强化练习题参考答案及解析

使用“会计云课堂”App 或“微信”扫码对答案、看解析、
掌握解题思路，开启轻松过关之旅。

一、单项选择题

1\. A　【解析】收入型增值税从理论上讲是一种标准的增值税。

2\. B　【解析】选项 A：个体工商户可以成为增值税一般纳税人，年应税销售额超过小规模纳税人标准的个体工商户，除另有规定外，应办理一般纳税人资格登记，但个体工商户以外的其他个人无须办理增值税一般纳税人资格登记。选项 C：年应税销售额，是指纳税人在连续不超过 12 个月或 4 个季度的经营期内累计应征增值税销售额。选项 D：年应税销售额未超过小规模纳税人标准的企业，只要符合规定条件的，也可以进行一般纳税人资格登记。

3\. D　【解析】选项 ABC：均适用“营改增”过渡期免税政策。选项 D：纳税人提供技术转让、技术开发和与之相关的技术咨询、技术服务免征增值税。

4\. C　【解析】纳税人销售货物的价格明显偏低且无正当理由的，主管税务机关有权核定其计税销售额，首先按照纳税人最近时期同类货物的平均销售价格确定，所以，该纳税人当月计算销项税额的销售额 $=70\times1000+50\times1000+(70\times1000+50\times1000)\div2000\times1000=180000$（元）。

5\. A　【解析】黄酒、啤酒包装物押金在逾期或收取超过 1 年未退时，才计入货物销售额中计征增值税。该黄酒厂当月增值税销项税额 $=100\times13\%=13$（万元）。

6\. C　【解析】除黄酒、啤酒包装物押金在逾期未归还或收取超过 1 年时计入销售额计征增值税外，其他酒类产品的包装物押金应在收取时并入销售额计征增值税。该企业本月销项税额 $=(136+4.12)\div(1+13\%)\times13\%=16.12$（万元）。

7\. C　【解析】增值税一般纳税人生产销售农机适用 9% 的较低税率，提供修理修配劳务适用 13% 的基本税率。该农机厂应纳增值税 $=50\times9\%+10\div(1+13\%)\times13\%-2.6=3.05$（万元）。

8\. A　【解析】蔬菜在批发、零售环节免征增值税；粮食、食用植物油适用较低税率 9%。2022 年 5 月该超市销项税额 $=13200/(1+9\%)\times9\%+98000/(1+13\%)\times13\%=12364.24$（元）。

9. C　【解析】兼用于一般计税项目和免税项目的不动产的进项税全部可以抵扣；兼用于一般计税项目和免税项目的原材料只能按照销售额比重分摊抵扣进项税。当月可抵扣的进项税额 = 50+1.3+2.6×50÷（50+70）= 52.38（万元）。

10. A　【解析】选项 A：存款利息不征收增值税。

11. D　【解析】选项 A：纳税人提供旅游服务，可以选择以取得的全部价款和价外费用，扣除向旅游服务购买方收取并支付给其他单位或者个人的住宿费、餐饮费、交通费、签证费、门票费和支付给其他接团旅游企业的旅游费用后的余额为销售额；选项 B：经纪代理服务，以取得的全部价款和价外费用，扣除向委托方收取并代为支付的政府性基金或者行政事业性收费后的余额为销售额；选项 C：劳务派遣服务，可以选择差额纳税，以取得的全部价款和价外费用，扣除代用工单位支付给劳务派遣员工的工资、福利和为其办理社会保险及住房公积金后的余额为销售额，按照简易计税方法计算缴纳增值税。

12. C　【解析】增值税一般纳税人销售其自行开发生产的软件产品，按基本税率征收增值税后，对其增值税实际税负超过 3% 的部分实行即征即退政策。将进口软件产品进行本地化改造后对外销售，其销售的软件产品可享受增值税即征即退政策。购进职工福利用品的进项税额不得抵扣。当期软件产品增值税应纳税额 = 68×13% +20×13% −50×13% = 4.94（万元），实际税负 = 4.94÷（68+20）×100% = 5.61%，即征即退税额 = 4.94−（68+20）×3% = 2.30（万元）。

13. A　【解析】铁路旅客运输进项税额 = 票面金额÷（1+9%）×9%；航空旅客运输进项税额 =（票价 + 燃油附加费）÷（1+9%）×9%；甲公司可抵扣的进项税 =（900+2500）/（1+9%）×9% = 280.73（元）。

14. A　【解析】选项 B：融资性售后回租业务按照“贷款服务”缴纳增值税；选项 C：水路运输的程租、期租业务，属于水路运输服务；选项 D：属于生活服务——餐饮住宿服务。

15. D　【解析】应纳增值税 =（250000 − 100000）×13% −（11349 − 11349×100000÷250000）= 12690.6（元）。

16. B　【解析】甲企业应在 A 市预缴税款 = 200÷（1+9%）×2% = 3.67（万元）。

17. C　【解析】应在 B 市预缴税款 = 60000÷（1+9%）×3% = 1651.38（元）。

18. D　【解析】自 2021 年 4 月 1 日起，其他个人采取一次性收取租金形式出租不动产取得的租金收入，可在对应的租赁期内平均分摊，分摊后的月租金收入未超过 15 万元的，免征增值税。预收半年租金 48000 元分摊后月租金不超过 15 万元，王某收取租金应缴纳增值税为 0 元。

19. C　【解析】外购货物用于职工福利不能抵扣进项税额，其支付的运输费用也不能抵扣进项税额。

20. C　【解析】选项AB：外购生产用电、热力可抵扣进项税额；选项C：来料加工复出口货物免税不退税，所耗用材料的进项税额不能抵扣，应计入成本；选项D：将外购货物用于对外捐赠属于增值税视同销售行为，应计算销项税额，可以抵扣相应的进项税额，另有规定除外。

21. B　【解析】销售折让是指由于货物的品种或质量等原因引起销售额的减少，即销货方给予购货方未退货状况下的价格折让，销售折让可以通过开具红字专用发票从销售额中减除。现金折扣是为了鼓励购货方及时偿还货款而给予的折扣优待，现金折扣不得从销售额中减除。销项税额＝600×200×（1－15%）×13%＝13260（元）。

22. B　【解析】选项A：属于提供建筑服务，适用9%的税率；选项B：纳税人通过省级土地行政主管部门设立的交易平台转让补充耕地指标，按照“销售无形资产”缴纳增值税，税率为6%；选项C：属于不动产租赁服务，适用9%的税率；选项D：纳税人现场制作食品并直接销售给消费者属于餐饮服务，销售非现场制作食品属于正常的销售货物行为，适用13%或9%的税率。

23. B　【解析】2022年4月1日以后，小规模纳税人适用3%征收率的项目免税，适用5%征收率的项目照章纳税。应纳增值税＝10000×5%＝500（元）。

24. A　【解析】外购货物用于职工福利不视同销售；增值税小规模纳税人按征收率计算应纳税额，进项税额不得抵扣，该个体商店当月应纳增值税＝（15.07+2.1）÷（1+1%）×1%＝0.17（万元）。

25. D　【解析】销售机器设备应纳增值税＝9270÷（1+3%）×2%＝180（元）
销售钢材的增值税销项税＝35000÷（1+13%）×13%＝4026.55（元）
合计应纳增值税＝180+4026.55＝4206.55（元）。

26. D　【解析】纳税人进口货物，应当自海关填发海关进口增值税专用缴款书之日起15日内缴纳税款。

27. C　【解析】当期进料加工复出口货物耗用的保税进口料件金额＝500×65%＝325（万元）
当期不得免征和抵扣税额＝（500－325）×（13%－10%）＝5.25（万元）。

28. D　【解析】该笔出口业务应退增值税＝（600×500＋400×480）×10%＝49200（元）。

29. A　【解析】选项BCD都属于规定的可以免税并退税的项目。

30. B　【解析】选项ACD享受免税不退税的政策；选项B享受免税并退税政策。

31. A 【解析】当期留抵税额 19 万元，当期免抵退税额 15 万元，因为后者小于前者，所以当期应退税额为 15 万元，则当期免抵税额=当期免抵退税额-当期应退税额=15-15=0，该企业计算完退税后的期末留抵税额=19-15=4（万元）。

32. A 【解析】当期应纳增值税=150×13%-［138-115×8×（13%-10%）］=-90.90（万元）

当期免抵退税额=115×8×10%=92（万元）

92 万元>90.90 万元，则该企业 5 月应退增值税为 90.90 万元。

33. C 【解析】进口罕见病药依照 3%征收率计征增值税。进口降血糖药按照 13%税率计征增值税。

应纳进口环节增值税=30×（1+0%）×3%+20×（1+10%）×13%=3.76（万元）。

34. C 【解析】境内的单位和个人提供适用零税率的应税服务，如果属于适用增值税一般计税方法的，实行免抵退税办法。当月增值税应纳税额=436/（1+9%）×9%-52-7.8=-23.80（万元）；零税率应税服务免抵退税额=70×6.8×9%=42.84（万元）。由于期末留抵税额 23.80 万元<42.84 万元，所以当期应退增值税为 23.80 万元。

35. C 【解析】应扣缴增值税=200÷（1+6%）×6%=11.32（万元）。

36. B 【解析】应退增值税额应为退税物品销售发票金额（含增值税）与退税率的乘积。该旅客购买中药饮片退税率 8%，景泰蓝花瓶退税率 11%，可获得的应退税额=1130×11%+654×8%=176.62（元）。

37. C 【解析】选项 A：增值税起征点的适用范围限于个人（登记为一般纳税人的个体工商户除外），不涉及单位；选项 B：对于达到或超过起征点的，以全部销售额计算缴纳增值税；选项 D：自 2021 年 4 月 1 日起，适用增值税差额征税政策的小规模纳税人，以差额后的销售额确定是否可以享受免征增值税政策。小规模纳税人提供建筑服务的销售额需要扣除分包款，差额后的月销售额小于 15 万元，免征增值税。

38. D 【解析】选项 A：小规模纳税人转让其取得的不动产，不能自行开具增值税专用发票的，可向不动产所在地主管税务机关申请代开。选项 B：纳税人向其他个人转让其取得的不动产，不得开具或申请代开增值税专用发票。选项 C：其他个人出租不动产，可向不动产所在地主管税务机关申请代开增值税专用发票。

39. C 【解析】增值税一般纳税人取得的增值税专用发票列入异常凭证范围的，适用增值税免抵退税办法的纳税人已经办理出口退税的，异常凭证上注明的增值税额作进项税额转出处理；适用增值税免退税办法的纳税人已经办理出口退税的，对异常凭证范围的增值税专用发票对应的已退税款追回。

二、多项选择题

1. ADE　【解析】选项 B：实行增值税的国家，据以征税的增值额都是一种法定增值额，并非理论上的增值额；选项 C：增值税一般不直接以增值额作为计税依据，而是采取从销售总额的应纳税款中扣除外购项目已纳税款的税款抵扣法。

2. ACE　【解析】选项 B：个体工商户可登记为增值税一般纳税人；选项 D：年应税销售额超过小规模纳税人标准的事业单位可选择按照小规模纳税人缴纳增值税。

3. AB　【解析】选项 CD，自 2018 年 1 月 1 日起，纳税人为客户办理退票而向客户收取的退票费、手续费等收入，按照“其他现代服务”缴纳增值税。选项 E，车辆停放服务、道路通行服务（包括过路费、过桥费、过闸费等）等按照“不动产经营租赁服务”缴纳增值税。

4. BD　【解析】选项 A：光租和干租业务，属于有形动产租赁服务，程租、期租、湿租业务属于交通运输服务；选项 C：代理报关服务属于商务辅助服务；选项 E：属于销售无形资产。

5. ABCE　【解析】选项 ABCE 均属于商务辅助服务；选项 D 属于鉴证咨询服务。

6. ACDE　【解析】选项 ACDE 均属于物流辅助服务；选项 B 属于交通运输服务。

7. ABC　【解析】选项 ABC：都属于增值税视同销售行为，要计算增值税销项税；选项 D：是将购买的货物用于个人消费（包括交际应酬），不作视同销售处理；选项 E：属于外购货物用于集体福利，不作视同销售处理。

8. BC　【解析】一项销售行为如果既涉及服务又涉及货物，为混合销售。

9. AE　【解析】选项 AE 应缴纳增值税；选项 BCD 属于不征收增值税的项目。

10. BCDE　【解析】选项 A：单位为员工无偿提供的服务不属于增值税的征税范围，不征增值税。

11. ACE　【解析】选项 BD 适用 6% 的增值税税率。

12. ACE　【解析】选项 BD 属于适用增值税基本税率 13% 的范围。

13. CD　【解析】选项 ABE 属于适用增值税基本税率 13% 的范围。

14. BCD　【解析】花椒油、橄榄油、核桃油、杏仁油、葡萄籽油和牡丹籽油按照食用植物油 9% 的税率征收增值税。环氧大豆油、氢化植物油不属于食用植物油征税范围，适用 13% 的增值税税率。

15. ABD　【解析】销售酸奶和宠物饲料不属于免征增值税的项目。

16. ABCD　【解析】选项 ABCD：免征增值税；选项 E：增值税一般纳税人销售其自行开

发生产的软件产品，按基本税率征收增值税后，对其增值税实际税负超过3%的部分实行即征即退政策。

17. ACDE 【解析】选项 B：“营改增”过渡期免税政策中不包括个人转让商标权。

18. ABE 【解析】选项 ABE 均为列举的可选择按照简易计税方法计算缴纳增值税的服务项目；选项 CD 未规定可以选择按照简易计税方法计算缴纳增值税。

19. DE 【解析】一般情况下，小规模纳税人进口环节不适用征收率。

20. BD 【解析】选项 A：采用预收货款方式销售货物的，增值税纳税义务发生时间为货物发出的当天。但生产销售生产工期超过 12 个月的大型机械设备、船舶、飞机等货物，为收到预收款或书面合同约定的收款日期的当天。选项 C：委托其他纳税人代销货物，增值税纳税义务发生时间为收到代销单位销售的代销清单或者收到全部或者部分货款的当天；未收到代销清单及货款的，增值税纳税义务发生时间为发出代销货物满 180 天的当天。选项 E：采取托收承付和委托银行收款方式销售货物的，增值税纳税义务发生时间为发出货物并办妥托收手续的当天。

21. ABC 【解析】同时符合选项 ABC 条件的，不必经过自身加工和组装，可视同自产产品办理退（免）税。

22. ADE 【解析】选项 AE：商业企业一般纳税人零售的烟、酒、食品、服装、鞋帽（不包括劳保专用部分）、化妆品等消费品，不能开具增值税专用发票；选项 B：劳保手套属于生产过程中的必要消耗，可以开具增值税专用发票；选项 C：工业企业将自产货物无偿赠送给其他企业可以开具增值税专用发票；选项 D：服装加工企业将服装卖给本企业职工个人不能开具增值税专用发票。

23. ABDE 【解析】选项 ABDE 都属于适用增值税免税不退税政策的出口货物；选项 C 要注意进料加工与来料加工的不同，来料加工复出口货物适用增值税免税不退税政策，进料加工复出口货物适用增值税退（免）税政策。

24. ABCD 【解析】选项 E 属于征税范围。

25. ABC 【解析】选项 ABC：水路运输的程租、期租业务，航空运输的湿租业务，属于交通运输服务。

26. BCD 【解析】选项 A：知识产权服务属于文化创意服务；选项 E：无运输工具承运业务属于交通运输服务。

27. ABCE 【解析】选项 D：中华人民共和国境内的单位和个人向境外单位提供完全在境外消费的研发服务和设计服务，适用增值税零税率。

28. ABE 【解析】选项 C 属于物流辅助服务；选项 D 属于有形动产租赁服务。

29. ACE 【解析】选项B，小规模纳税人发生增值税应税销售行为，合计月销售额超过15万元，但扣除本期发生的销售不动产的销售额后未超过15万元的，其销售货物、劳务、服务、无形资产取得的销售额免征增值税。选项D，适用增值税差额征税政策的小规模纳税人，以差额后的销售额确定是否可以享受规定的免征增值税政策。

30. BD 【解析】选项ACE：免征增值税。

31. BD 【解析】选项A：所购退税物品由境外旅客"本人"随身携带或随行托运出境；选项C：离境日距退税物品购买日不超过90天；选项E：退税物品不包括退税商店销售的适用增值税免税政策的物品。

三、计算题

（一）

1. C 【解析】发放给职工的消毒剂视同销售，按照同类价格计征增值税。

销项税额=240/60×（60+1）×13%=31.72（万元）。

2. B 【解析】直接捐赠目标脱贫地区的6吨消毒剂免征增值税；捐赠给养老院的2吨消毒剂，视同销售，按照同类价格计征增值税。

销项税额=240/60×2×13%=1.04（万元）。

3. A 【解析】检测设备可以全额抵扣进项税；生产材料按照征免税销售额比重计算可抵扣的进项税；盘盈的仪器与进项税抵扣无关。

由于销售单价一致，应税比重=（60+1+2）/（60+1+2+6）×100%=91.30%

可抵扣进项税=1.3+13×91.30%=13.17（万元）。

4. C 【解析】当期应纳增值税=31.72+1.04−13.17=19.59（万元）。

（二）

1. A 【解析】无偿给某关联公司运输货物需要视同销售计算增值税销项税；无偿提供运输服务且用于公益事业或以社会公众为对象的，不视同销售，不需要计算增值税销项税。

业务（2）增值税的销项税额=300×9%+2×5×0.2×9%=27.18（万元）。

2. C 【解析】外墙涂刷广告属于不动产租赁，适用9%的税率；货车车身涂刷广告属于有形动产租赁，适用13%的税率。

业务（3）增值税的销项税额=8/（1+9%）×9%+9/（1+13%）×13%=1.70（万元）。

3. B 【解析】业务（1）进项税额26万元；业务（5）桥闸通行费需要使用5%的征收率计算进项税额。

该企业当期增值税的进项税额＝26+5/（1+5%）×5%＝26.24（万元）。

4. D　【解析】该企业当期应纳的增值税额＝27.18+1.70－26.24+12/（1+3%）×2%＝2.87（万元）。

（三）

1. C　【解析】业务（1）的销项税额合计数＝（6+6/20×2+47.9）/（1+9%）×9%＝50×9%＝4.50（万元）

为相邻工厂免费提供2个车位全月停放车辆需要按照同类服务价格计算缴纳增值税；为本企业员工免费提供5个车位全月停放车辆，不缴纳增值税。

2. B　【解析】业务（2）的销项税额＝12/（1+9%）×9%＝0.99（万元）

交由广告公司以本停车场不动产为载体涂刷广告，该停车场的此项收入按照不动产经营租赁服务计算缴纳增值税，预收租赁费用的，按照预收款的金额计算缴纳增值税。

3. B　【解析】业务（3）的销项税额＝1/（1+13%）×13%＝0.12（万元）

交由广告公司以本企业动产为载体张贴广告，该企业的此项收入按照有形动产经营租赁服务计算缴纳增值税，预收租赁费用的，按照预收款的金额计算缴纳增值税。

4. D　【解析】该企业当期应纳的增值税＝4.50+0.99+0.12－1.2＝4.41（万元）。

（四）

1. B　【解析】①捐赠目标脱贫地区的玉米渣免征增值税，相关的进项税不得抵扣，已抵扣的进项税需要作进项税额转出＝（3.6×9%+1.2×9%）/12×2＝0.07（万元）

②小米因管理不善霉烂作进项税额转出时，注意将农产品账面成本还原成计算进项税时的基数。该厂因管理不善损失而转出的进项税额＝（2.62－0.8）/（1－9%）×9%+0.8×9%＝0.18+0.07＝0.25（万元）

注意：考生应仔细读题看条件，把握好进项税额转出的各种方法。这两笔进项税转出的计算方法不同，认真把握还原计算转出法。小米按照计算抵扣进项税后的数据还原成买价再计算进项税额转出，由于只是购入没有领用于生产或委托加工基本税率货物，还原转出时使用9%的扣除率。增值税是价外税，运费成本是抵扣增值税后的账面数据，使用直接计算转出法。

该厂共转出进项税＝0.07+0.25＝0.32（万元）。

2. D　【解析】业务（1）收购大麦可以抵扣的进项税＝10×（9%+1%）＝1（万元）

膨化食品属于13%税率的货物，计算抵扣进项税的扣除率为（9%+1%）。

加工费可以抵扣的进项税＝6.78/（1+13%）×13%＝0.78（万元）

业务（6）修缮仓库可抵扣进项税1.5万元。

当期可以抵扣的进项税＝1+0.78+1.5－0.32＝2.96（万元）。

3. A 【解析】销售和视同销售玉米渣的销项税＝4.05/9×（9+1）×9%＝0.41（万元）
销售夹心饼干的销项税＝20×13%＝2.6（万元）
销项税额合计＝0.41+2.6＝3.01（万元）。

4. A 【解析】转让营改增前取得的车库应缴纳的增值税税额＝（30−19.92）÷（1+5%）×5%＝0.48（万元）
该食品加工厂当期应纳增值税税额＝3.01−2.96+0.48＝0.53（万元）。

（五）

1. A 【解析】应缴纳进口关税＝36000×5%＝1800（元）
应缴纳进口增值税＝（36000+1800）×13%＝4914（元）
进口环节税金合计＝1800+4914＝6714（元）。

2. C 【解析】该服装厂当期可以从销项税额中抵扣的进项税额＝6500+（500+1000）×9%+4914−100×30×60%×13%＝11315（元）
30件因管理不善丢失的自产西装要按照成本和60%的外购比例计算进项税额转出金额。
自产货物用于职工福利需要视同销售计算销项税，可以抵扣进项税。

3. D 【解析】该服装厂给商厦开具红字专票，服装厂冲销项税额，商厦冲进项税额。
该服装厂当期增值税销项税额＝150×200×（1−20%）÷（1+13%）×13%+（400+100）×180×13%＝14461.06（元）。

4. A 【解析】该服装厂应向税务机关缴纳的增值税＝14461.06−11315＝3146.06（元）。

（六）

1. C 【解析】该企业当期实际可从销项税额中抵扣的进项税额＝20×13%×80%+1.35＝2.08+1.35＝3.43（万元）。

2. B 【解析】该企业业务（5）在乙市预缴的增值税＝21.8/（1+9%）×3%＝0.6（万元）。

3. C 【解析】业务（4）当期增值税的销项税＝（127.2+26.5）/（1+6%）×6%＝8.7（万元）
业务（5）当期增值税的销项税＝21.8/（1+9%）×9%＝1.8（万元）
销项税额合计＝8.7+1.8＝10.5（万元）。

4. C 【解析】注意加计抵减政策的运用。
该企业当期在甲市应纳的增值税＝10.5−3.43−0.6−3.43×15%＝5.96（万元）。

（七）

1．A　【解析】农机整机适用9%的低税率；农机零件和维修费都适用13%的基本税率。

销售农机整机的增值税销项税额＝430000×9%＋11990÷（1+9%）×9%＝39690（元）

销售农机零配件的增值税销项税额＝35030÷（1+13%）×13%＝4030（元）

提供农机维修劳务的增值税销项税额＝32000×13%＝4160（元）

该企业当月销项税额＝39690+4030+4160＝47880（元）。

2．C　【解析】该企业当月可抵扣的进项税额＝（3052+4142）÷（1+9%）×9%＋140000×13%－［（70000－2790）×13%＋2790×9%］＝594＋18200－（8737.3＋251.1）＝9805.6（元）

改变用途用于修建职工食堂的钢材已抵扣的进项税（含钢材进项税和运费进项税）需要转出。

3．A　【解析】该企业转让小轿车应纳的增值税＝100000/（1+3%）×2%＝1941.75（元）。

4．B　【解析】该企业当月应缴纳增值税＝47880－9805.6+1941.75＝40016.15（元）。

第三章　消费税

本章学习指南

一、考情概况

消费税属于重要的中央税，也是税务师税法（Ⅰ）考试的重点章节。从历年考试情况看，本章各种题型均有涉及，尤其多次与关税、增值税等税种混合出题。

由于消费税纳税环节具有相对单一的特点，导致确定消费税的纳税环节及税基成为掌握、理解消费税的基础内容。消费税与其他税种（如增值税、城市维护建设税、关税、企业所得税等）关联度较强，在自产自用应税消费品、委托加工应税消费品、卷烟和白酒复合计税应纳税额的计算，超豪华小汽车特殊的双环节计税应纳税额的计算，进口应税消费品与关税、增值税混合在一起的税额计算，小汽车、金银首饰计税规则等方面有一些略有难度且较为细腻的出题点。预计 2022 年本章分值在 15 分左右。

二、2022 年教材主要变化

1. 增加纳税人以回收的废矿物油为原料生产的润滑油基础油、汽油、柴油等工业油料免征消费税。
2. 增加委托加工受托方不履行代收代缴义务的处罚规定。
3. 增加办理消费税税款抵扣应提供的资料。
4. 增加部分成品油征收进口环节消费税政策。
5. 更正消费税出口退税公式。

三、基本结构框架

第三章 消费税（二）

- 计税依据
  - 消费税的计税依据 ★★★
  - 计税依据的若干特殊规定 ★★★
- 应纳税额的一般计算
  - 消费税的基本计算 ★★
  - 消费税的退税 ★
- 自产自用应税消费品应纳税额的计算
  - 自产自用应税消费品的计税规则 ★★★
  - 自产自用应税消费品应纳税额的计算 ★★★
- 委托加工应税消费品应纳税额的计算
  - 委托加工应税消费品行为的确定以及代收代缴税款的规定 ★★★
  - 委托加工应税消费品应纳税额的计算 ★★★
- 消费税征税环节的特殊规定
  - 金银首饰消费税计税规则 ★★★
  - 卷烟批发环节征收消费税的规定 ★★
  - 超豪华小汽车特殊的双环节计税 ★★★
- 进口应税消费品的税收政策及管理
  - 进口应税消费品应纳消费税的计算 ★★★
  - 进口环节消费税的税收优惠政策 ★★
  - 跨境电子商务零售进口税收政策 ★
- 已纳消费税的扣除
  - 已纳消费税扣除的范围 ★★★
  - 已纳消费税扣除的计算 ★★★
  - 办理消费税税款抵扣提供资料 ★
- 出口应税消费品的税收政策及管理
  - 出口应税消费品的基本退免税政策 ★★
  - 用于生产乙烯、芳烃类化工产品的石脑油、燃料油消费税退（免）税 ★
- 申报与缴纳
  - 纳税义务发生时间 ★
  - 纳税地点 ★
  - 纳税环节 ★★
  - 纳税期限 ★

本章核心考点精讲

Unit 1

第一单元　消费税概述

查看本单元视频，快速 GET 知识点
使用"会计云课堂"App或"微信"扫码

01 消费税的概念（★）

消费税是对在我国境内从事生产、委托加工和进口，以及销售特定消费品的单位和个人，就其销售额或销售数量，在特定环节征收的一种税。简单地说，消费税是对特定的消费品和消费行为征收的一种税。

根据征收范围宽窄划分，国际上消费税可分为有限型、中间型和延伸型三种模式。有限型税目一般在 10~15 种。

消费税一般是一种单环节征税的货物和劳务税。实行消费税的国家，征税环节有所差别。发展中国家和经济转型国家的消费税大多采用在生产环节征税，以便加强税收征管。发达国家的消费税多在零售环节征收，突出消费税引导消费意图。

02 消费税的特点（★★★）

消费税具有如下特点：

1. 征税范围具有选择性
2. 征税环节具有单一性（卷烟和超豪华小汽车除外）
3. 征收方法具有多样性
4. 税收调节具有特殊性
5. 税收负担具有转嫁性

经典题解

【真题 1 · 单选题】关于消费税的特点，下列说法错误的是（　　）。（2017 年）

A. 税负不具有转嫁性

B. 征税范围具有选择性

C. 征收方法具有多样性

D. 税收调节具有特殊性

【解析】选项 A：消费税税负具有转嫁性。消费税无论在哪个环节征收，消费品中所含的消费税税款最终都要转嫁到消费者身上，由消费者负担，税负具有转嫁性。

【答案】A

03 消费税与其他税种的关系（★★★）

考点提示

考生要理解我国消费税与其他税种的关系，这对于计算、综合类题目是非常基础和必要的。

1. 消费税与增值税的关系

消费税与增值税构成对货物交易额交叉征税（双层征收）的格局。缴纳增值税的货物并不都缴纳消费税，而缴纳消费税的货物都属于增值税的征税范围。除另有规定外，缴纳消费税的货物都同时缴纳增值税，且都属于适用增值税13%基本税率的货物范围，不涉及低税率，但若是增值税小规模纳税人，会涉及增值税的征收率。消费税除了上述征税对象方面与增值税有差异外，还存在如下差异：

差异方面	增值税	消费税
征税范围	（1）销售或进口货物 （2）提供加工、修理修配劳务 （3）销售服务、无形资产、不动产	对货物中的应税消费品征收： （1）生产应税消费品 （2）委托加工应税消费品 （3）进口应税消费品 （4）零售的金银首饰、铂金首饰、钻石及钻石饰品、超豪华小汽车 （5）批发的卷烟
纳税环节	多环节征收：同一货物在生产、批发、零售、进（出）口多环节征税	消费税原则上实行单一环节一次课征的办法，一般在应税消费品的生产出厂环节、委托加工收回环节和进口环节一次课征，但个别应税消费品适用特殊规定，比如，我国对金银首饰、铂金首饰、钻石及钻石饰品在零售环节课征；自2009年5月1日起，对卷烟在批发环节加征一道消费税；自2016年12月1日起，对每辆零售价130万元（不含增值税）及以上的超豪华小汽车在零售环节加征一道消费税
计税方法	计税方法具有单一性，只有从价定率计税	计税方法具有多样性，包括从价定率计税、从量定额计税、复合计税
与价格的关系	价外税	价内税

由于消费税与增值税的混合计算基本上是每年必考的组合，所以必须理清消费税和增值税在纳税环节上的具体不同。消费税与增值税纳税环节对比：

纳税环节	增值税	消费税
进口应税消费品	缴纳	缴纳（金、银、铂、钻除外）
生产应税消费品出厂销售	缴纳	缴纳（金、银、铂、钻除外）

纳税环节	增值税	消费税
将自产应税消费品连续生产应税消费品	无	无
将自产应税消费品连续生产非应税消费品	无	缴纳
将自产应税消费品用于投资、分红、赠送、职工福利、个人消费等	缴纳	缴纳
批发应税消费品	缴纳	缴纳（仅限于卷烟）
零售应税消费品	缴纳	缴纳（仅限于金银首饰、铂金首饰、钻石及钻石饰品；超豪华小汽车）

2. 消费税与城市维护建设税及教育费附加、地方教育附加的关系

纳税人实际缴纳的消费税税额（不含进口消费税），会构成城市维护建设税和教育费附加、地方教育附加的计征依据。

3. 消费税与企业所得税的关系

消费税属于计算企业所得税应纳税所得额时可以扣除的税金（可在企业所得税税前扣除）。

▶ Unit 2

第二单元　纳税人与扣缴义务人

查看本单元视频，快速GET知识点

使用“会计云课堂”App或“微信”扫码

01　消费税的纳税人（★★★）

消费税的纳税人具体包括以下几个方面：

消费税的纳税人	备注	
生产（含视为生产行为）应税消费品的单位和个人	自产销售	纳税人销售时纳税
	自产自用	纳税人自产的应税消费品，用于连续生产应税消费品的，不纳税；用于其他方面的，于移送使用时纳税
进口或代理进口应税消费品的单位和个人	进口消费税由海关代征	
委托加工应税消费品的单位和个人	为了加强消费税的源泉控税，委托加工的应税消费品，除受托方为个人外，由受托方在向委托方交货时代收代缴税款	
零售金银首饰、铂金首饰、钻石及钻石饰品的单位和个人	生产、委托加工、进口和批发金银首饰、钻石及钻石饰品、铂金首饰时不征收消费税，纳税人在零售环节纳税	

消费税的纳税人	备注
零售超豪华小汽车的单位和个人	对超豪华小汽车，在生产（进口）环节按现行税率征收消费税的基础上，在零售环节加征一道消费税
从事卷烟批发业务的单位和个人	纳税人（卷烟批发商）销售给纳税人以外的单位和个人的卷烟于销售时纳税，纳税人（卷烟批发商）之间销售的卷烟不缴纳消费税

考点提示

视为生产行为：

1. 工业企业以外的单位和个人的下列行为视为应税消费品的生产行为，按规定征收消费税：

（1）将外购的消费税非应税产品以消费税应税产品对外销售的；

（2）将外购的消费税低税率应税产品以高税率应税产品对外销售的。

2. 外购电池、涂料大包装改成小包装或者外购电池、涂料不经加工只贴商标的行为，视同应税消费品的生产行为。发生上述生产行为的单位和个人应按规定申报缴纳消费税。

【相关链接】鉴于消费税与增值税双层征收的关系，加之消费税的征收限定了特定消费品的范围，又限定了具体征税的环节，使得缴纳消费税的纳税人一般也是增值税的纳税人。

经典题解

【真题 2 · 单选题】下列单位不属于消费税纳税人的是（　　）。（2017 年）

A. 委托加工应税消费品的单位

B. 受托加工应税消费品的单位

C. 进口应税消费品（金银铂钻除外）的单位

D. 生产销售应税消费品（金银铂钻除外）的单位

【解析】消费税的委托加工业务，委托方是消费税的纳税人，受托方只是提供加工劳务并履行代收代缴（个人除外）消费税的义务。

【答案】B

【例题 3 · 单选题】下列业务属于视同销售应税消费品，应当征收消费税的是（　　）。

A. 商业企业将外购的应税消费品直接销售给消费者的

B. 商业企业将外购的非应税消费品以应税消费品对外销售的

C. 生产企业将自产的应税消费品用于连续生产应税消费品的

D. 生产企业将外购的应税消费品用于企业技术研发的

【解析】工业企业以外的单位和个人的下列行为视为应税消费品的生产行为，按规定征收消费税：（1）将外购的消费税低税率应税产品以高税率应税产品对外销售的；（2）将外购的消费税非应税产品以消费税应税产品对外销售的（选项 B）。

【答案】B

02 消费税的扣缴义务人（★★★）

1. 委托加工的应税消费品，委托方为消费税纳税人，其应纳消费税由受托方（受托方为个人除外）在向委托方交货时代收代缴税款。

2. 跨境电子商务零售进口商品按照货物征收进口环节消费税，购买跨境电子商务零售进口商品的个人作为纳税义务人，电子商务企业、电子商务交易平台企业或物流企业可作为代收代缴义务人。

考点提示

代扣代缴义务人和代收代缴义务人均可简称“扣缴义务人”。

经典题解

【真题4·单选题】委托加工应税消费品，除受托方为个人外，由受托方履行的消费税扣缴义务是（　　）。（2020年）

A. 代收代缴　　B. 代售代缴　　C. 代征代缴　　D. 代扣代缴

【解析】“扣缴义务人”是代扣代缴义务人和代收代缴义务人共同的简称。委托加工应税消费品，除受托方为个人外，受托方需履行消费税代收代缴义务。

【答案】A

▶ Unit 3

第三单元　税目与税率

查看本单元视频，快速GET知识点
使用“会计云课堂”App或“微信”扫码

01 消费税的税目（★★★）

消费税的税目体现出消费税的具体征税范围。消费税共有15个税目，有的税目还下设若干子税目。

消费税税目在学习时应注意的问题：

（一）烟

本税目设置了三个子目：（1）卷烟；（2）雪茄烟；（3）烟丝。

卷烟在生产、委托加工和进口环节均采用从量加从价的复合计税的方法。

2009年5月1日起，我国在卷烟批发环节加征了一道从价税，适用税率为5%。2015年5月10日起，将卷烟批发环节从价税税率由5%提高至11%，并按0.005元/支加征从量税。

雪茄烟和烟丝执行比例税率。

（二）酒

本税目设置了四个子目：（1）白酒；（2）黄酒；（3）啤酒；（4）其他酒。

考点提示

（1）粮食白酒和薯类白酒采用复合计税的方法，甜菜酿制的白酒比照薯类白酒计税。

（2）配制酒：对以蒸馏酒或食用酒精为酒基，具有国食健字或卫食健字文号且酒精度低于38度（含），或以发酵酒为酒基，酒精度低于20度（含）的配制酒，按“其他酒”10%适用税率征收消费税。其他配制酒，按白酒税率征收消费税。

（3）调味料酒、酒精不属于消费税的征税范围。

（4）果啤属于啤酒税目；无醇啤酒属于啤酒税目。

（5）葡萄酒按照“其他酒”征收消费税。

经典题解

【例题5·多选题】下列消费品，属于消费税征税范围的有（　　）。

A. 甜菜酿制的白酒

B. 无醇啤酒

C. 调味料酒

D. 黄酒

E. 果啤

【解析】选项C：调味料酒不属于消费税征税范围，不征收消费税。

【答案】ABDE

（三）高档化妆品

本税目征收范围包括高档美容、修饰类化妆品、高档护肤类化妆品和成套化妆品。

高档美容、修饰类化妆品和高档护肤类化妆品是指生产（进口）环节销售（完税）价格（不含增值税）在10元/毫升（克）或15元/片（张）及以上的美容、修饰类化妆品和护肤类化妆品。

考点提示

1. 舞台、戏剧、影视演员化妆用的上妆油、卸妆油、油彩、发胶和头发漂白剂等，不属于本税目征收范围。

2. 高档护肤类化妆品不等同于高档护肤品。后者不属于消费税的征税范围。

经典题解

【例题6·单选题】根据消费税的有关规定，下列消费品中属于高档化妆品税目需要缴纳消费税的是（　　）。

A. 进口完税价格10元一张的面膜

B. 出厂销售价格（不含增值税）20元一只（50克）的护手霜

C. 进口完税价格600元一瓶（50毫升）的香水

D. 影视演员化妆用的80元一罐（1000克）的卸妆油

【答案】C

（四）贵重首饰及珠宝玉石

本税目征收范围包括：各种金银珠宝首饰和经采掘、打磨、加工的各种珠宝玉石。

1. 金银珠宝首饰：凡以金、银、白金、宝石、珍珠、钻石、翡翠、珊瑚、玛瑙等高贵稀有物质以及其他金属、人造宝石等制作的各种纯金银首饰及镶嵌首饰（含人造金银、合成金银首饰等）。

2. 珠宝玉石：钻石、珍珠、松石、青金石、欧泊石、橄榄石、长石、玉、石英、玉髓、石榴石、锆石、尖晶石、黄玉、碧玺、金绿玉、绿柱石、刚玉、琥珀、珊瑚、煤玉、龟甲、合成刚玉、合成宝石、双合石、玻璃仿制品。

【相关链接】贵重首饰及珠宝玉石的纳税环节：

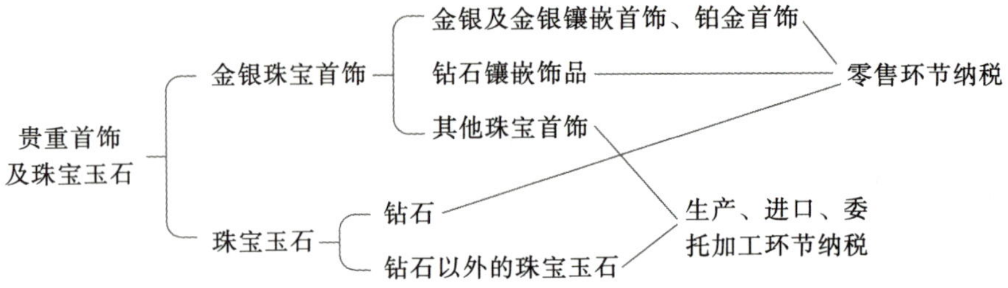

（五）鞭炮、焰火

不含体育用的发令纸，鞭炮药引线。

（六）成品油

本税目设置了七个子目：（1）汽油；（2）柴油；（3）石脑油；（4）溶剂油；（5）润滑油；（6）航空煤油；（7）燃料油。

考点提示

1. 航空煤油暂缓征收消费税。

2. 同时符合下列条件的纯生物柴油免征消费税：（1）生产原料中废弃的动物油和植物油用量所占比重不低于70%；（2）生产的纯生物柴油符合国家《柴油机燃料调合生物柴油（BD100）》标准。

3. 成品油生产企业在生产成品油过程中，作为燃料、动力及原料消耗掉的自产成品油，免征消费税。

4. 变压器油、导热类油等绝缘油类产品不属于应征消费税的“润滑油”，不征收消费税。

5. 用原油或其他原料加工生产的用于内燃机、机械加工过程的润滑产品均属于润滑油征税范围。润滑脂是润滑产品，属润滑油消费税征收范围，生产、加工润滑脂应当征收消费税。

6. 2013年11月1日至2023年10月31日，纳税人以回收的废矿物油为原料生产的润滑油基础油、汽油、柴油等工业油料免征消费税。享受该优惠应同时符合下列条件（新增）：

（1）纳税人必须取得省级以上（含省级）生态环境部门颁发的《危险废物（综合）经营许可证》，且该证件上核准生产经营范围应包括“利用”或“综合经营”字样。生产经营范围为“综合经营”的纳税人，还应同时提供颁发《危险废物（综合）经营许可证》的生态环境部门出具的能证明其生产经营范围包括“利用”的材料。

纳税人在申请办理免征消费税备案时，应同时提交污染物排放地生态环境部门确定的该纳税人应予执行的污染物排放标准，以及污染物排放地生态环境部门在此前6个月以内出具的该纳税人的污染物排放符合上述标准的证明材料。

（2）生产原料中废矿物油重量必须占到90%以上。产成品中必须包括润滑油基础油，且每吨废矿物油生产的润滑油基础油应不少于0.65吨。

（3）利用废矿物油生产的产品与利用其他原料生产的产品应分别核算。

符合上述条件的纳税人销售免税油品时，应在增值税专用发票上注明产品名称，并在产品名称后加注“（废矿物油）”。

经典题解

【真题7·多选题】下列说法符合消费税规定的有（　　）。（2013年）

A. 以柴油、柴油组分调和生产的生物柴油不属于消费税征收范围

B. 以汽油、汽油组分调和生产的乙醇汽油按照“成品油——汽油”税目征税

C. 以汽油、汽油组分调和生产的甲醇汽油按照“成品油——汽油”税目征税

D. 生产原料中废弃的动物油和植物油用量所占比重不低于50%的纯生物柴油免征消费税

E. 成品油生产企业在生产成品油过程中，作为燃料、动力及原料消耗的自产成品油免征消费税

【解析】选项A：以柴油、柴油组分调和生产的生物柴油按照“成品油——柴油”税目缴纳消费税；选项D：生产原料中废弃的动物油和植物油用量所占比重不低于70%且符合国家标准的纯生物柴油免征消费税。

【答案】BCE

（七）小汽车

本税目设置了三个子目：（1）乘用车；（2）中轻型商用客车；（3）超豪华小汽车。

含9座内乘用车、10~23座内中轻型商用客车（按额定载客区间值下限确定）、每辆零售价格130万元（不含增值税）及以上的乘用车和中轻型商用客车。

电动汽车、沙滩车、雪地车、卡丁车、高尔夫车等均不属于本税目征税范围，不征消费税。大卡车和货车也不属于消费税的征税范围。

企业用购进货车或厢式货车改装生产的商务车、卫星通讯车等专用汽车不属于消费税的征税范围。

（八）摩托车

指的是气缸容量在250毫升（含）以上的摩托车。

考点提示

自2014年12月1日起，气缸容量250毫升（不含）以下的小排量摩托车不征收消费税。

经典题解

【例题8·单选题】下列产品中，属于消费税征税范围的是（　　）。

A. 电动汽车　　B. 载客 50 座的商用客车
C. 卫星通讯车　　D. 8 座乘用车

【解析】电动汽车、超过 23 座的商用客车、卫星通讯车都不属于消费税的征税范围。选项 D 属于消费税小汽车的征税范围。

【答案】D

【例题 9 · 单选题】下列属于消费税征税范围的是（　　）。

A. 调味料酒　　B. 鞭炮药引线
C. 气缸容量 200 毫升的摩托车　　D. 宝石坯

【解析】调味料酒、鞭炮药引线、气缸容量 250 毫升（不含）以下的摩托车，均不属于消费税征税范围。

【答案】D

【真题 10 · 多选题】下列消费品，属于消费税征收范围的有（　　）。（2019 年）

A. 酒精　　B. 护发液
C. 合成宝石　　D. 果啤
E. 卡丁车

【解析】选项 A：酒精不属于消费税征税范围。选项 B：高档化妆品征税范围包括高档美容、修饰类化妆品、高档护肤类化妆品和成套化妆品，护发液不属于高档化妆品，不征收消费税。选项 E：电动汽车、沙滩车、雪地车、卡丁车、高尔夫车不属于消费税征税范围。

【答案】CD

（九）高尔夫球及球具

包括高尔夫球，高尔夫球杆，高尔夫球包（袋），高尔夫球杆的杆头、杆身和握把。

（十）高档手表

指的是不含增值税售价每只在 10000 元（含）以上的各类手表。

（十一）游艇

本税目只涉及符合长度、材质、用途等标准的机动艇。

考点提示

游艇的长度标准为大于 8 米（含）小于 90 米（含）。

（十二）木制一次性筷子

考点提示

列入消费税税目的木制一次性筷子必须同时具备“木制”“一次性”两个特征。

（十三）实木地板

含各类规格的实木地板、实木指接地板、实木复合地板及用于装饰墙壁、天棚的侧端面为榫、槽的实木装饰板，以及未经涂饰的素板。

（十四）电池

考点提示

范围包括：原电池、蓄电池、燃料电池、太阳能电池和其他电池。

对无汞原电池、金属氢化物镍蓄电池（又称“氢镍蓄电池”或“镍氢蓄电池”）、锂原电池、锂离子蓄电池、太阳能电池、燃料电池和全钒液流电池免征消费税。

（十五）涂料

考点提示

施工状态下 VOC 含量低于 420 克/升（含）的涂料免征消费税。

经典题解

【真题 11 · 多选题】关于消费税征收范围的说法正确的有（　　）。（2015 年）

A. 用于水上运动和休闲娱乐等活动的非机动艇属于“游艇”的征收范围

B. 对于购进乘用车或中轻型商用客车整车改装生产的汽车属于“小汽车”的征收范围

C. 实木指接地板及用于装饰墙壁、天棚的实木装饰板属于“实木地板”的征收范围

D. 高尔夫球（包）属于“高尔夫球及球具”的征收范围

E. 以汽油、汽油组分调和生产的“甲醇汽油”和“乙醇汽油”属于“汽油”的征收范围

【解析】符合条件且用于水上运动和休闲娱乐等非营利活动的各类机动艇才属于“游艇”的征收范围。

【答案】BCDE

【真题 12 · 多选题】下列消费品的生产经营环节中，既征收增值税又征收消费税的有（　　）。（2017 年）

A. 高档手表的生产销售环节

B. 超豪华小汽车的零售环节

C. 珍珠饰品的零售环节

D. 鞭炮焰火的批发环节

E. 卷烟的零售环节

【解析】选项 C：珍珠饰品在生产（委托加工、进口）环节征收消费税，零售环节不征收消费税；选项 D：鞭炮、焰火在生产（委托加工、进口）环节征收消费税，批发环节不征收消费税；选项 E：卷烟在生产（委托加工、进口）和批发环节征收消费税，零售环节不征收消费税。

【答案】AB

02 消费税的税率（★★）

（一）消费税税率的形式

基本形式：比例税率、定额税率。

特殊形式：定额税率和比例税率双重征收——复合计税。

税率形式	适用税目
定额税率	啤酒、黄酒、成品油
比例税率和定额税率复合计税	白酒、卷烟
比例税率	除啤酒、黄酒、成品油、卷烟、白酒以外的其他各项应税消费品

（二）从高适用税率的两种情况

消费税采用列举法按具体应税消费品设置税目税率，征税界限清楚，一般不易发生错用税率的情况。但是，有两种情况消费税税率从高适用：（1）纳税人兼营不同税率的应税消费品，即生产销售适用两种税率以上的应税消费品时，应当分别核算不同税率应税消费品的销售额或销售数量，未分别核算的，按最高税率征税；（2）纳税人将应税消费品与非应税消费品以及适用税率不同的应税消费品组成成套消费品销售的，应根据组合产制品的销售金额或销售数量按应税消费品中适用最高税率的应税消费品税率征税。

经典题解

【例题 13 · 多选题】某化妆品公司将新研制的高档化妆品与普通护肤护发品组成化妆品礼品盒，其中，高档化妆品的生产成本为 120 元/套，普通护肤护发品的生产成本为 70 元/套。2021 年 12 月将 100 套化妆品礼品盒赠送给某演出公司试用。其税务处理正确的有（　　）。（高档化妆品消费税税率 15%，高档化妆品成本利润率 5%）

A. 将礼品盒赠送给某演出公司，不需要缴纳增值税

B. 将礼品盒赠送给某演出公司，不需要缴纳消费税

C. 普通护肤护发品不属于应税消费品，礼品盒中的普通护肤护发品不缴纳消费税

D. 礼品盒中的普通护肤护发品需要按照高档化妆品适用税率缴纳消费税，同时缴纳增值税

E. 该化妆品公司应就赠送行为缴纳消费税 3520.59 元

【解析】选项 A：自产货物无偿赠送给其他单位，属于增值税视同销售行为，应缴纳增值税；选项 B：纳税人将自产应税消费品赠送给其他单位，属于消费税视同销售行为，应缴纳消费税；选项 C：纳税人将自产应税消费品与非应税消费品组成成套消费品销售的，应根据组合产品的销售金额缴纳消费税；选项 D：普通护肤护发品不属于消费税应税范围，单独销售不缴纳消费税，但是如果与应征消费税的高档化妆品组成礼品盒销售，应按照高档化妆品的适用税率缴纳消费税；选项 E：该化妆品公司应就赠送行为缴纳消费税 =（120+70）×100×（1+5%）÷（1−15%）×15% = 3520.59（元）。

【答案】DE

（三）适用税率的特殊规定（★★★）

1. 卷烟的适用税率

考点提示

这部分学习中要特别注意两方面的问题：

第一，只有卷烟在商业批发环节缴纳消费税，雪茄烟、烟丝以及其他应税消费品在商业

批发环节只缴纳增值税，不缴纳消费税。

第二，消费税暂行条例将生产、进口、委托加工环节的卷烟分为甲类和乙类。注意甲类、乙类卷烟复合税率的换算和运用：

环节	卷烟类型	比例税率	定额税率		
			每支	每标准条（200支）	每标准箱（5万支）
生产环节、进口环节、委托加工环节	甲类卷烟	56%	0.003元	0.6元	150元
	乙类卷烟	36%	0.003元	0.6元	150元
批发环节	卷烟	11%	0.005元	1元	250元

经典题解

【例题14·单选题】下列应税消费品中，同时缴纳增值税和消费税的是（　　）。

A. 批发卷烟　　B. 批发雪茄烟

C. 批发烟丝　　D. 批发白酒

【解析】只有卷烟在商业批发环节同时缴纳增值税和消费税。雪茄烟、烟丝以及其他应税消费品在商业批发环节只缴纳增值税，不缴纳消费税。

【答案】A

2. 酒的适用税率

2006年起，粮食白酒和薯类白酒的比例税率已统一为20%，不再区分粮食白酒和薯类白酒，定额税率仍采用每500克（或500毫升）0.5元的标准；葡萄酒适用税率为10%。

考点提示

1. 考生要注意以下三个问题：

第一，白酒同时采用比例税率和定额税率。白酒的比例税率为20%，但是在把握白酒的定额税率时，要掌握千克、吨等不同计量单位的换算。

计量单位	500克（或500毫升）	1千克（1000克）	1吨（1000千克）
单位税额	0.5元	1元	1000元

第二，啤酒分为甲类和乙类，分别适用250元/吨和220元/吨的单位税额。啤酒分类以每吨出厂价的高低作为划分标准，每吨不含增值税出厂价（含包装物及包装物押金）3000元（含3000元）以上是甲类啤酒；每吨不含增值税出厂价（含包装物及包装物押金）3000元以下是乙类啤酒。计算啤酒分类的包装物押金不包括供重复使用的塑料周转箱的押金。

2.（1）果啤属于啤酒税目；（2）注意啤酒（220元/吨和250元/吨）、黄酒（240元/吨）的单位税额；（3）饮食业、商业、娱乐业举办的啤酒屋（啤酒坊）利用啤酒生产设备生产的啤酒，应当按250元/吨的税率征收消费税；（4）调味料酒不属于消费税的征税范围。

3. 贵重首饰及珠宝玉石的适用税率

金银首饰消费税按 5%的税率征收。按 5%税率征收消费税的范围仅限于金、银和金基、银基合金首饰，以及金、银和金基、银基合金的镶嵌首饰和钻石、钻石饰品及铂金首饰。不在上述范围内的应税首饰及珠宝玉石仍按 10%的税率征收消费税。

贵重首饰及珠宝玉石税率及纳税环节的规定见下表：

分类	税率	纳税环节
金、银和金基、银基合金首饰，以及金、银和金基、银基合金的镶嵌首饰、钻石及钻石饰品、铂金首饰	5%	零售环节
与金、银和金基、银基、钻石、铂金无关的其他首饰及珠宝玉石	10%	生产、进口、委托加工环节

4. 小汽车的适用税率

2016 年 12 月 1 日起，“小汽车”税目下增设“超豪华小汽车”子税目。征收范围为每辆零售价格130 万元(不含增值税，下同）及以上的乘用车和中轻型商用客车，即乘用车和中轻型商用客车子税目中的超豪华小汽车。对超豪华小汽车，在生产（进口）环节按现行税率征收消费税基础上，在零售环节加征消费税，税率为 10%。

小汽车		出厂环节税率	零售环节税率
每辆零售价格不超过 130 万元的小汽车	乘用车	1%～40%	不缴纳消费税
	中轻型商用客车	5%	
超豪华小汽车（每辆零售价格≥130 万元）	乘用车	1%～40%	10%
	中轻型商用客车	5%	

▶ Unit 4

第四单元　计税依据

查看本单元视频，快速 GET 知识点

使用“会计云课堂”App 或“微信”扫码

01 消费税的计税依据（★★★）

消费税实行从价定率、从量定额，或者从价定率和从量定额复合计税（以下简称“复合计税”）的办法计算应纳税额，计税依据包括销售额和销售数量。

具体计税依据归纳如下：

计征办法	计税依据
从量定额	基本计税依据为销售数量 在不同情况下可以是销售数量、移送使用数量、委托加工收回的应税消费品数量、进口征税数量

计征办法	计税依据
从价定率	基本计税依据为销售额（不含增值税） 在不同情况下可以是销售额、同类消费品价格、组成计税价格
复合计税	销售数量和销售额

（一）销售数量的确定（★）

从量定额销售数量具体为：

1. 销售应税消费品的，为应税消费品的销售数量；
2. 自产自用应税消费品的，为应税消费品的移送使用数量；
3. 委托加工应税消费品的，为纳税人收回的应税消费品数量；
4. 进口应税消费品的，为海关核定的应税消费品进口征税数量。

经典题解

【例题 15 · 单选题】下列各项中，不符合应税消费品销售数量规定的是（　　）。

A. 生产销售应税消费品的，为应税消费品的销售数量

B. 自产自用应税消费品的，为应税消费品的生产数量

C. 委托加工应税消费品的，为纳税人收回的应税消费品数量

D. 进口应税消费品的，为海关核定的应税消费品进口征税数量

【解析】选项 B：对于自产自用应税消费品的，计算消费税的销售数量为应税消费品的移送使用数量。

【答案】B

（二）销售额的确定（★★★）

1. 应税销售行为

纳税人的销售行为分为销售和视同销售两类。下列情况均应作销售或视同销售处理，确定销售额（也包括销售数量），并按规定缴纳消费税：

分类	具体表现
销售及特殊销售	有偿转让应税消费品所有权的行为。即以从受让方取得货币、货物、劳务或其他经济利益为条件转让应税消费品所有权的行为。具体包括纳税人用应税消费品换取生产资料和消费资料；用应税消费品支付代扣手续费或销售回扣；在销售数量之外另付给购货方或中间人作为奖励和报酬的应税消费品
视同销售	纳税人自产自用的应税消费品用于其他方面的。即纳税人将自产的应税消费品用于生产非应税消费品和在建工程、管理部门、非生产机构、提供劳务以及用于馈赠、赞助、广告、样品、职工福利、奖励等，均视同对外销售

分类	具体表现
由受托方提供原材料等不符合委托加工条件的加工行为	对于由受托方提供原材料，或者受托方先将原材料卖给委托方，然后再接受加工的应税消费品，以及由受托方以委托方名义购进原材料生产的应税消费品，不论纳税人在财务上是否作销售处理，都不得作为委托加工应税消费品，而应按照受托方销售自制应税消费品对待

2. 销售额的确定

（1）销售额的基本内容

销售额是纳税人销售应税消费品向购买方收取的全部价款和价外费用，包括消费税但不包括增值税。

价外费用，是指价外向购买方收取的手续费、补贴、基金、集资款、返还利润、奖励费、违约金、滞纳金、延期付款利息、赔偿金、代收款项、代垫款项、包装费、包装物租金、储备费、优质费、运输装卸费以及其他各种性质的价外收费。但不包括同时符合以下条件的代垫运输费用：①承运部门的运输费用发票开具给购买方的；②纳税人将该项发票转交给购买方的。

白酒生产企业向商业销售单位收取的“品牌使用费”是随着应税白酒的销售而向购货方收取的，属于应税白酒销售价款的组成部分，因此，不论企业采取何种方式或以何种名义收取价款，均应并入白酒的销售额中缴纳消费税。

纳税人销售的应税消费品，以人民币计算销售额。纳税人以人民币以外的货币结算销售额的，应当折合成人民币计算。

应税消费品的销售额=含增值税的销售额÷（1+增值税税率或征收率）

【解释】消费税是价内税，增值税是价外税，从价计税的计税依据都是不含增值税的销售额，尽管计税依据一样，但是计算出税款的经济意义不同，消费税用销售额乘税率计算出来的是销售额里有多少税，之后会在计算利润时，将税金与收入配比减除；增值税用销售额乘税率计算出来的是需要在销售额之外向购买者收取多少税，由于在销售额之外另行发生，计算利润时不能从收入中减除。

（2）包装物的计税问题

包装物计税规则见下表：

<table>
<tr><th>具体情况</th><th colspan="2">相关规定</th></tr>
<tr><td>作价随同销售</td><td colspan="2">并入销售额中征收消费税、增值税</td></tr>
<tr><td rowspan="2">一般应税消费品包装物押金
（从价计税非酒类消费品）</td><td>未逾期且未超过一年</td><td>不征收消费税、增值税</td></tr>
<tr><td>逾期未退还或一年以上</td><td>征收消费税、增值税</td></tr>
<tr><td>酒类产品包装物押金
（啤酒、黄酒除外）</td><td colspan="2">无论押金是否返还及会计上如何核算，均应在收取的当期并入酒类产品销售额中征收消费税、增值税</td></tr>
</table>

具体情况	相关规定	
啤酒、黄酒包装物押金 （成品油适用此规定）	未逾期且未超过一年	不征收消费税、增值税
	逾期未退还或一年以上	征收增值税，不征收消费税（从量计征，与价格无关）

考点提示

1. 啤酒的包装物押金不计算消费税，但是它影响啤酒适用税率的判断。

2. 消费税从量计征时，无论包装物押金逾期与否，均不计征消费税，啤酒、黄酒、成品油，均是如此。

经典题解

【例题 16 · 多选题】 纳税人销售应税消费品收取的下列款项，应计入消费税计税依据的有（　　）。

A. 延期付款利息　　B. 增值税销项税额

C. 集资款　　D. 白酒品牌使用费

E. 装卸费

【解析】 选项 ACE：延期付款利息、集资款、装卸费都属于销售应税消费品的价外费用，须并入计税依据计算消费税；选项 B：增值税是价外税，不包含在消费税的计税依据中；选项 D：随着应税白酒的销售而向购货方收取的品牌使用费，属于应税白酒销售价款的组成部分，因此，不论企业采取何种方式或以何种名义收取价款，均应并入白酒的销售额中缴纳消费税。

【答案】 ACDE

【真题 17 · 单选题】 关于企业单独收取的包装物押金，下列消费税税务处理正确的是（　　）。（2017 年）

A. 销售葡萄酒收取的包装物押金不并入当期销售额计征消费税

B. 销售黄酒收取的包装物押金应并入当期销售额计征消费税

C. 销售白酒收取的包装物押金应并入当期销售额计征消费税

D. 销售啤酒收取的包装物押金应并入当期销售额计征消费税

【解析】 销售除啤酒、黄酒以外的其他酒类产品的包装物押金，应在收取的当期并入销售额计算消费税，收取啤酒、黄酒的包装物押金不需要计算消费税。

【答案】 C

02 计税依据的若干特殊规定（★★★）

（一）卷烟最低计税价格的核定

自 2012 年 1 月 1 日起，卷烟消费税最低计税价格核定范围为卷烟生产企业在生产环节销售的所有牌号、规格的卷烟。

核定范围	卷烟生产企业在生产环节销售的所有牌号、规格的卷烟
计税价格	国家税务总局按照卷烟批发环节销售价格扣除卷烟批发环节批发毛利核定并发布
核定公式	某牌号、规格卷烟计税价格=批发环节销售价格×（1-适用批发毛利率）
计税销售额	已经国家税务总局核定计税价格的卷烟，生产企业实际销售价格高于计税价格的，按实际销售价格确定适用税率，计算应纳税款并申报纳税；实际销售价格低于计税价格的，按计税价格确定适用税率，计算应纳税款并申报纳税 未经国家税务总局核定计税价格的新牌号、新规格卷烟，生产企业应按卷烟调拨价格申报纳税

经典题解

【例题 18·单选题】 某卷烟生产企业的 A 牌卷烟出厂价格为每标准条 55 元（不含增值税，下同），税务机关采集 A 牌卷烟批发环节价格为每标准条 100 元，国家税务总局核定的同类卷烟的批发环节毛利率为 25%。该企业当期出厂销售 A 牌卷烟 300 标准箱（每标准箱 250 条），则该企业当期应纳的消费税为（　　）元。

A. 3195000　　　　B. 2153700

C. 2355000　　　　D. 1530000

【解析】 A 牌卷烟计税价格=100×（1-25%）=75（元/条），属于甲类卷烟。

该企业当期应纳消费税=300×150+75×300（箱）×250（条/箱）×56%=3195000（元）。

【答案】 A

【例题 19·单选题】 关于消费税计税价格的核定，下列表述正确的是（　　）。

A. 卷烟、小汽车的计税价格由国家税务总局核定并报财政部备案

B. 进口卷烟的计税价格由省级税务局核定

C. 卷烟实际销售价格高于核定计税价格的，按核定计税价格征税

D. 卷烟计税价格由国家税务总局按照卷烟生产环节销售价格扣除生产环节毛利核定

【解析】 选项 A：符合税法规定；选项 B：进口卷烟的计税价格由海关核定；选项 C：卷烟实际销售价格高于计税价格的，应按照实际销售价格征税；选项 D：卷烟计税价格由国家税务总局按照卷烟批发环节销售价格扣除卷烟批发环节批发毛利核定。

【答案】 A

（二）白酒最低计税价格的核定

这个规定的原理是：

白酒生产企业（价格A）⇒ 白酒销售企业（价格B）

⇕

差异不能过大

如果 A<70%B，则 A 为不正常价格，需要核定最低计税价格

如果 A≥70%B，则 A、B 差价小，A 为正常价格，不需要核定最低价税价格

考点提示

白酒消费税有最低计税价格的规定，增值税没有最低计税价格的规定。

白酒最低计税价格核定管理办法主要内容：

要点	政策规定
适用范围	1. 白酒生产企业销售给销售单位的白酒，生产企业消费税计税价格低于销售单位对外销售价格（不含增值税，下同）70%以下的，税务机关应核定消费税最低计税价格 2. 白酒生产企业销售给销售单位的白酒，生产企业消费税计税价格高于销售单位对外销售价格70%（含70%）以上的，税务机关暂不核定消费税最低计税价格 【考点提示】自2015年6月1日起，纳税人将委托加工收回的白酒销售给销售单位，消费税计税价格低于销售单位对外销售价格70%以下，也应核定消费税最低计税价格
基本程序	白酒消费税最低计税价格由白酒生产企业自行申报，税务机关核定
核定标准	白酒消费税最低计税价格由税务机关核定，核定比例统一确定为60%（调整）
核定公式	当月该品牌、规格白酒消费税计税价格=该品牌、规格白酒销售单位上月平均销售价格×60%
标准的运用	已核定最低计税价格的白酒，生产企业实际销售价格高于消费税最低计税价格的，按实际销售价格申报纳税；实际销售价格低于消费税最低计税价格的，按最低计税价格申报纳税
标准的重新核定	已核定最低计税价格的白酒，销售单位对外销售价格持续上涨或下降时间达到3个月以上、累计上涨或下降幅度在20%（含）以上的白酒，税务机关重新核定最低计税价格

经典题解

【真题20·多选题】下列关于卷烟和白酒消费税的说法中，正确的有（　　）。（2016年）

A. 未经国务院批准纳入计划的企业和个人生产的卷烟，暂不征收消费税

B. 卷烟生产企业实际销售价格高于税务机关核定的计税价格，按核定的计税价格征收消费税

C. 白酒生产企业计税价格低于销售单位对外销售价格（不含增值税）70%以下的，税务机关应该核定最低计税价格

D. 白酒生产企业收取的品牌使用费，应并入销售额中征收消费税

E. 白酒包装物押金在收取时计入计税销售额

【解析】选项A：未经国务院批准纳入计划的企业和个人生产的卷烟，要征收消费税。选项B：卷烟生产企业实际销售价格高于税务机关核定的计税价格，以实际销售价格作为计税依据计税。

【答案】CDE

【例题21·多选题】关于酒类消费税的计税依据，下列说法正确的有（　　）。

A. 白酒消费税实行最低计税价格核定管理办法

B. 进口白酒的计税价格由省级税务机关核定

C. 白酒生产企业收取品牌使用费应并入计税依据

D. 白酒消费税最低计税价格由白酒生产企业自行申报，税务机关核定

E. 纳税人自设的非独立核算门市部销售自产白酒，按照门市部对外销售价格或销售数量征收消费税

【解析】选项B：进口的应税消费品的计税价格由海关核定。

【答案】ACDE

（三）自设非独立核算门市部计税的规定

纳税人通过自设非独立核算门市部销售的自产应税消费品，应按门市部对外销售额或者销售数量计算征收消费税。

经典题解

【例题22·单选题】某手表厂为增值税一般纳税人，下设一非独立核算的展销部，2022年1月将自产的100只高档手表移送到展销部展销，展销部当月销售了60只，取得含税销售额135.6万元，该手表厂2022年1月应缴纳消费税（　　）万元。（高档手表消费税税率为20%）

A. 18.00　　B. 24.00　　C. 27.84　　D. 30.00

【解析】该手表厂2022年1月应缴纳消费税＝135.6÷（1+13%）×20%＝24（万元）。

【答案】B

（四）最高销售价格作为计税依据的计税规定

纳税人自产的应税消费品用于换取生产资料和消费资料、投资入股和抵偿债务等方面，应当按纳税人同类应税消费品的最高销售价格作为计税依据。

考点提示

增值税没有最高销售价格作为计税依据的规定，只有平均销售价格（加权平均销售价格）作为计税依据的规定。

经典题解

【例题23·多选题】根据《消费税暂行条例》的规定，下列情形的应税消费品，以纳税人同类应税消费品的最高销售价格作为计税依据计算消费税的有（　　）。

A. 用于抵债的应税消费品

B. 用于馈赠的应税消费品

C. 用于换取生产资料的应税消费品

D. 用于换取消费资料的应税消费品

E. 用于对外投资入股的应税消费品

【答案】 ACDE

【例题 24 · 单选题】 下列关于消费税计税价格的说法中，错误的是（　　）。

A. 采用以旧换新方式销售金银首饰，应按实际收取的不含增值税的全部价款为计税依据

B. 委托加工白酒，按照受托方（非个人）同类消费品的销售价格计算纳税；没有同类消费品销售价格的，按照组成计税价格计算纳税

C. 将自产的葡萄酒用于换取生产资料，按同类消费品的平均价格计算纳税

D. 卷烟实际销售价格高于核定计税价格，按实际销售价格计税

【解析】 将应税消费品用于“换、投、抵”的，用同类消费品的最高销售价格计算缴纳消费税。

【答案】 C

【相关链接】 消费税与增值税同是对货物征收，但两者与价格之间的关系是不同的。增值税是价外税，计算增值税的销售额中不应包括增值税税额；消费税是价内税，计算消费税的销售额中是包括消费税税额的。换句话说，我们通常所说的“不含税价”只是在税基中不含增值税，并不意味着不含消费税。

一般情况下，从价定率和复合计税中从价部分用于计算消费税的销售额，与计算增值税的销售额是一致的，但有如下两点微妙差异：

（1）酒类产品（啤酒、黄酒除外）包装物押金在收取时均应并入酒类产品销售额计征消费税，不管是否到期；而增值税规定不管是否到期并入销售额计征增值税的酒类产品押金中不含销售啤酒、黄酒当期收取的包装物押金，啤酒、黄酒包装物押金和其他产品包装物押金一样，只在到期未退还或超过 1 年时并入销售额计征增值税。由于啤酒和黄酒在计征消费税时采用的是定额税率，押金是否计入销售额不会影响到啤酒、黄酒消费税额的计算，但押金计入销售额会影响啤酒适用税额档次的选择。

（2）纳税人用于换取生产资料和消费资料、投资入股和抵偿债务等方面的自产应税消费品，应当以纳税人同类应税消费品的最高销售价格作为计税依据计算消费税。而增值税没有最高销售价格作为计税依据的规定，只有平均销售价格（加权平均销售价格）作为计税依据的规定。

经典题解

【例题 25 · 单选题】 某化妆品厂为增值税一般纳税人。2021 年 12 月发生以下业务：8 日销售高档化妆品 400 箱，每箱不含税价 600 元；15 日销售同类高档化妆品 500 箱，每箱不含税价 650 元。当月以 200 箱同类高档化妆品与某公司换取精油。已知高档化妆品消费税税率为 15%，该厂当月应纳消费税（　　）元。

A. 84750　　B. 102750　　C. 103500　　D. 104250

【解析】纳税人自产的应税消费品用于换取生产资料和消费资料、投资入股和抵偿债务的，应以纳税人同类应税消费品的最高销售价格作为计税依据。该厂当月应纳消费税 =（600×400+650×500+650×200）×15% = 104250（元）。

【答案】D

（五）套装产品的计税依据

纳税人将自产的应税消费品与外购或自产的非应税消费品组成套装销售的，以套装产品的销售额为计税依据计算消费税。

（六）计税价格的核定权限

1. 卷烟、小汽车的计税价格由国家税务总局核定，送财政部备案。
2. 其他应税消费品的计税价格由省、自治区和直辖市税务局核定。
3. 进口应税消费品的计税价格由海关核定。

经典题解

【例题 26 · 多选题】应税消费品计税价格明显偏低又无正当理由的，税务机关有权核定其计税价格。下列应税消费品应由国家税务总局核定其计税价格的有（　　）。

A. 卷烟　　B. 实木地板

C. 高档手表　　D. 游艇

E. 小汽车

【答案】AE

Unit 5

第五单元　应纳税额的一般计算

查看本单元视频，快速 GET 知识点
使用“会计云课堂”App 或“微信”扫码

01　消费税的基本计算（★★）

消费税税率形式、适用税目、计税公式概览表：

税率形式	适用税目	计税公式
定额税率（从量计征）	啤酒、黄酒、成品油	应纳税额 = 销售数量（移送使用数量、收回数量、进口数量）× 定额税率
比例税率和定额税率并用（复合计税）	白酒、卷烟	应纳税额 = 销售数量（移送使用数量、收回数量、进口数量）× 定额税率 + 销售额（同类消费品价格、组成计税价格）× 比例税率
比例税率（从价计征）	除上述以外的其他税目	应纳税额 = 销售额（同类消费品价格、组成计税价格）× 比例税率

经典题解

【例题 27·单选题】某白酒生产企业为增值税一般纳税人，2021 年 7 月销售白酒 2 吨，取得不含税收入 20000 元，另收取包装物押金 2040 元，品牌使用费 7000 元，该白酒生产企业当月应纳消费税（　　）元。

A. 6361.06　　B. 7600

C. 7238.94　　D. 6000

【解析】应纳的消费税 =［20000+2040/（1+13%）+7000/（1+13%）］×20%+2×2000×0.5=7600（元）。

【答案】B

【真题 28·单选题】2020 年 7 月，某筷子生产企业生产销售木制一次性筷子取得不含税销售额 30 万元，其中含包装物销售额 0.6 万元；销售金属工艺筷子取得不含税销售额 50 万元；销售竹制一次性筷子取得不含税销售额 10 万元。已知：消费税税率为 5%。该企业当月应缴纳消费税（　　）万元。（2020 年）

A. 1.47　　B. 4.50

C. 2.00　　D. 1.50

【解析】（1）金属工艺筷子、竹制一次性筷子不属于消费税应税消费品，不缴纳消费税。（2）应税消费品连同包装物销售的，无论包装物是否单独计价，也不论在会计上如何核算，均应并入销售额中征收消费税。（3）该企业当月应纳的消费税 =30×5%=1.5（万元）。

【答案】D

【真题 29·单选题】2020 年 4 月，某手表厂生产销售 A 款手表 300 只，取得不含税销售收入 360 万元；生产销售 B 款手表 500 只，取得不含税销售收入 80 万元；销售手表配件取得不含税收入 1.2 万元。已知：高档手表消费税税率为 20%。该厂本月应纳消费税（　　）万元。（2020 年）

A. 72.24　　B. 16.24

C. 88.00　　D. 72.00

【解析】A 款手表每只单价 =360÷300=1.2（万元）>1 万元，应该缴纳消费税。B 款手表每只单价 =80÷500=0.16（万元）<1 万元，不需要缴纳消费税。手表配件不需要缴纳消费税。该厂本月应纳消费税 =360×20%=72（万元）。

【答案】D

【真题 30·单选题】甲啤酒厂为增值税一般纳税人，2019 年 6 月销售鲜啤酒 10 吨给乙烟酒批发销售公司，开具的增值税专用发票上注明金额 29000 元，另开收据收取包装物押金 2000 元（含塑料周转箱押金 500 元）；销售无醇啤酒 5 吨给丙商贸公司，开具增值税普通发票注明金额 13800 元，另开收据收取包装物押金 750 元。上述押金均单独核算。甲啤酒厂当月应缴纳消费税（　　）元。（2019 年）

A. 2500　　B. 3300

C. 3600　　D. 3750

【解析】（1）啤酒分为甲类和乙类，分别适用 250 元/吨和 220 元/吨的单位税额。啤酒分类以每吨出厂价的高低作为划分标准，每吨不含增值税出厂价（含包装物及包装物押金）3000 元（含 3000 元）以上是甲类啤酒；每吨不含增值税出厂价（含包装物及包装物押金）3000 元以下是乙类啤酒。计算啤酒分类的包装物押金不包括供重复使用的塑料周转箱的押金。(2) 鲜啤酒每吨出厂价 = ［29000+（2000−500）÷（1+13%）］÷10 = 3032.74（元），为甲类啤酒；无醇啤酒每吨出厂价 = ［13800+750÷（1+13%）］÷5 = 2892.74（元），为乙类啤酒。(3) 甲厂当月应缴纳消费税 = 10×250+5×220 = 3600（元）。

【答案】C

02 消费税的退税（★）

纳税人发生销货退回的应税消费品已缴纳的消费税税款可以办理退税。在办理退税手续时，纳税人应将开具的红字增值税发票、退税说明等资料报主管税务机关备案。主管税务机关核对无误后办理退税。

▶ Unit 6

第六单元 自产自用应税消费品应纳税额的计算

查看本单元视频，快速 GET 知识点

使用“会计云课堂”App 或“微信”扫码

01 自产自用应税消费品的计税规则（★★★）

在纳税人生产销售应税消费品中，有一种特殊的形式，即自产自用形式。自产自用通常指的是纳税人生产应税消费品后，不是直接用于对外销售，而是用于连续生产应税消费品，或用于其他方面。

纳税人自产自用的应税消费品，用于连续生产应税消费品的，不缴纳消费税；用于其他方面的，于移送使用时缴纳消费税。

【解释】用于连续生产应税消费品，是指纳税人将自产自用的应税消费品作为生产最终应税消费品的直接材料，并构成最终应税消费品的实体。如卷烟厂生产的烟丝已是应税消费品，卷烟厂再用烟丝连续生产卷烟，则用于连续生产卷烟的烟丝在移送使用时不缴纳消费税，而只对生产销售的卷烟征收消费税。这样规定的目的是为了计算简便，不重复征税。

“用于其他方面”是指用于生产非应税消费品，用于在建工程，用于管理部门、非生产机构，用于提供劳务，用于馈赠、赞助、集资、广告、样品、职工福利、奖励等方面。

纳税人自产自用的应税消费品用于其他方面的，在移送使用时纳税。按照纳税人生产的同类消费品的销售价格计算纳税；没有同类消费品销售价格的，按照组成计税价格计算纳税。计税规则如下表所示：

纳税人	行为	纳税环节	计税依据
生产应税消费品的单位和个人	出厂销售	出厂销售环节	从价定率：销售额
			从量定额：销售数量
			复合计税：销售额、销售数量
	自产自用	用于连续生产应税消费品的，不纳税	不涉及
		用于生产非应税消费品，用于在建工程，用于管理部门、非生产机构，用于提供劳务，用于馈赠、赞助、集资、广告、样品、职工福利、奖励等方面的，在移送使用时纳税	从价定率：同类消费品销售价格或组成计税价格
			从量定额：移送使用数量
			复合计税：同类消费品销售价格或组成计税价格、移送使用数量

经典题解

【例题 31 · 单选题】企业生产的下列消费品，无须缴纳消费税的是（　　）。

A. 地板企业生产用于装修本企业办公室的实木地板

B. 汽车企业生产用于本企业管理部门的轿车

C. 高档化妆品企业生产用于交易会样品的高档化妆品

D. 卷烟企业生产用于连续生产卷烟的烟丝

【解析】选项 ABC 均应在移送使用时缴纳消费税；选项 D 不缴纳消费税。

【答案】D

【真题 32 · 多选题】根据现行消费税政策，下列业务应缴纳消费税的有（　　）。(2010 年)

A. 汽车厂赞助比赛用雪地车

B. 酒厂以福利形式发放给职工白酒

C. 化妆品厂无偿发放高档香水试用

D. 金银饰品商店销售白金饰品

E. 国内代理商销售进口环节已纳消费税的游艇

【解析】本题目的考点有两个，一是消费税的征税范围；二是消费税的纳税环节。选项 A：雪地车不属于消费税的征税范围。选项 E：游艇属于在生产、委托加工、进口环节纳税的消费品，批发、零售环节不涉及消费税。选项 BCD：均应缴纳消费税。

【答案】BCD

02 自产自用应税消费品应纳税额的计算（★★★）

纳税人自产自用的应税消费品，用于其他方面的，应当以下面两种方式计算应纳税额：

第一种情况——“有价找价”：有同类消费品的销售价格的，按照纳税人生产的同类消费品的不含增值税的销售价格计算纳税。

有同类消费品销售价格 → 按同类消费品不含增值税的销售价格计税
- 如果当月同类消费品各期销售价格高低不同，应按销售数量加权平均计算
- 如果当月无销售或者当月未完结，应按照同类消费品上月或最近月份的销售价格计算纳税

实行从价定率办法计算纳税的：

应纳税额＝同类消费品不含增值税的销售单价×自产自用数量×比例税率

实行复合计税办法计算纳税的：

应纳税额＝自产自用数量×定额税率＋同类消费品不含增值税的销售单价×自产自用数量×比例税率

第二种情况——“无价组价”：没有同类消费品销售价格的，按照组成计税价格计算纳税。

组成计税价格

- 从价计税：
  组成计税价格＝（成本＋利润）÷（1－比例税率）
  ＝［成本×（1＋成本利润率）］÷（1－比例税率）
  - 成本：产品生产成本
  - 利润：根据应税消费品的全国平均成本利润率计算的利润。应税消费品的全国平均成本利润率由国家税务总局确定
- 复合计税：
  组成计税价格＝（成本＋利润＋自产自用数量×定额税率）÷（1－比例税率）
  ＝［成本×（1＋成本利润率）＋自产自用数量×定额税率］÷（1－比例税率）

考点提示

自产自用复合计税的应税消费品计算组成计税价格时，全部消费税（比例税率和定额税率计算的部分）都要计入组成计税价格。

公式中的“÷（1－比例税率）”是为了把从价部分消费税组到价格里，公式设计运用了初中代数的知识。

实行从量定额办法计算纳税的，不区分情况，应纳税额＝自产自用数量×定额税率。

经典题解

【例题33·单选题】关于成品油生产企业的消费税政策，下列说法正确的是（　　）。

A. 将生产的成品油用于发放职工福利，不征收消费税

B. 在生产成品油过程中作为原料消耗的自产成品油免征消费税

C. 在生产成品油过程中作为燃料消耗的自产成品油，照章征收消费税

D. 在生产成品油过程中作为动力消耗的自产成品油征收消费税

【解析】 选项 A：纳税人自产自用的应税消费品，用于连续生产应税消费品之外的其他方面的，于移送使用时纳税。选项 BCD：成品油生产企业在生产成品油过程中，作为燃料、动力及原料消耗掉的自产成品油，免征消费税。

【答案】 B

【例题 34 · 单选题】 2022 年 1 月某化妆品厂将一批自产高档护肤类化妆品用于集体福利，生产成本 35000 元；将新研制的高档香水用于广告样品，生产成本 20000 元。高档护肤类化妆品和高档香水的成本利润率均为 5%，消费税税率为 15%。上述货物已全部发出，均无同类产品售价。2022 年 1 月该化妆品厂上述业务应纳消费税（　　）元。

A. 11196.43　　B. 10191.18　　C. 17525.00　　D. 25107.43

【解析】 纳税人自产自用的应税消费品，不是用于连续生产应税消费品，而是用于其他方面的，如用于在建工程、广告、样品、职工福利、奖励等，应视同销售，于移送使用时纳税。在计算消费税时，没有同类消费品销售价格的，应按组成计税价格计算纳税。上述业务应纳消费税 = ［35000×（1+5%）+20000×（1+5%）］÷（1−15%）×15% = 10191.18（元）。

【答案】 B

【例题 35 · 单选题】 某酒厂 2022 年 1 月份生产一种新的粮食白酒，广告样品使用 0.4 吨，已知该种白酒无同类产品出厂价，生产成本为每吨 42000 元，成本利润率为 10%，白酒定额税率为每 500 克 0.5 元，比例税率为 20%。该酒厂当月应缴纳的消费税为（　　）元。

A. 5120　　B. 4720　　C. 12050　　D. 5020

【解析】 注意吨与克的换算，1 吨 = 1000 千克；1 千克 = 1000 克

从量税 = 0.4×2000×0.5 = 400（元）

从价税 = ［0.4×42000×（1+10%）+400］÷（1−20%）×20% = 4720（元）

该酒厂当月应纳消费税 = 400+4720 = 5120（元）。

【答案】 A

【相关链接】 增值税与消费税组价公式对比：

<table>
<tr><th colspan="2">货物类型</th><th>消费税组价</th><th>增值税组价</th><th>成本利润率</th></tr>
<tr><td rowspan="3">缴纳消费税货物</td><td>从价计税</td><td>（成本+利润）÷（1−消费税比例税率）
或：成本×（1+成本利润率）÷（1−消费税比例税率）</td><td rowspan="3">成本×（1+成本利润率）+ 消费税</td><td rowspan="2">应税消费品对应的成本利润率</td></tr>
<tr><td>复合计税</td><td>（成本+利润+课税数量×定额税率）÷（1−消费税比例税率）</td></tr>
<tr><td>从量计税</td><td>不组价</td><td rowspan="2">规定的成本利润率，规定出台前沿用旧的规定（10%）</td></tr>
<tr><td colspan="2">不缴纳消费税货物</td><td>不计税</td><td>成本×（1+成本利润率）</td></tr>
</table>

经典题解

【例题36·单选题】某化妆品生产企业（增值税一般纳税人）1月生产高档香水精50千克，成本40万元，将7千克移送投入车间连续生产普通护手霜；30千克移送用于连续生产调制高档香水；10千克对外销售，取得不含税收入14万元。企业当期销售普通护手霜取得不含税收入120万元，销售高档香水取得不含税收入200万元，当期发生可抵扣增值税进项税16万元。已知高档化妆品适用的消费税税率为15%，该企业当期应纳增值税和消费税合计数为（　　）万元。

A. 60.99　　B. 67.29

C. 62.26　　D. 74.02

【解析】销售高档香水精和高档香水既缴纳增值税又缴纳消费税。高档香水精移送用于生产高档香水（应税消费品），在移送环节不缴纳消费税，也不缴纳增值税；高档香水精移送用于生产普通护手霜（非应税消费品），在移送环节缴纳消费税但不缴纳增值税；销售普通护手霜缴纳增值税不缴纳消费税。

该企业当期应纳的增值税＝（14+120+200）×13%－16＝27.42（万元）

该企业当期应纳的消费税＝［14/10×（10+7）+200］×15%＝33.57（万元）

当期应缴纳增值税、消费税合计＝27.42+33.57＝60.99（万元）。

【答案】A

【真题37·单选题】甲卷烟厂为增值税一般纳税人，2021年1月初库存外购烟丝买价5万元；从小规模纳税人购进烟丝，取得增值税专用发票，注明金额为20万元；月末外购库存烟丝买价12万元。本月将外购烟丝用于连续生产甲类卷烟，本月销售甲类卷烟10箱（标准箱），取得不含税销售额22万元。甲卷烟厂本月应缴纳消费税（　　）万元。（已知烟丝消费税税率为30%，甲类卷烟消费税税率56%加0.003元/支）（2021年）

A. 12.47　　B. 8.57

C. 12.32　　D. 6.47

【解析】准予抵扣的消费税＝（5+20－12）×30%＝3.9（万元）。甲卷烟厂应缴纳消费税＝22×56%+10×150÷10000－3.9＝8.57（万元）。

【答案】B

【例题38·多选题】下列行为中，既缴纳增值税又缴纳消费税的有（　　）。

A. 酒厂将自产的白酒赠送给协作单位

B. 卷烟厂将自产的烟丝移送用于生产卷烟

C. 日化厂将自产的高档香水精移送用于生产普通护肤品

D. 汽车厂将自产的应税小汽车赞助给某艺术节组委会

E. 地板厂将生产的新型实木地板奖励给有突出贡献的职工

【解析】选项B：不缴纳增值税也不缴纳消费税；选项C：只缴纳消费税不缴纳增值税。

【答案】ADE

【相关链接】对于视同销售行为，消费税与增值税有着不尽相同的规定。将自产应税消费品用于其他方面的消费税视同销售规定，有一些与增值税的视同销售规定一致，如用于馈赠、赞助、集资、广告、样品、职工福利、奖励等，这些情况下，消费税与增值税同时作视同销售处理。但是，如果将应税消费品用于连续生产非应税消费品，这一环节需要视同销售缴纳消费税，但增值税不作视同销售处理。

易错易混

行为	是否视同销售	
	增值税	消费税
将自产应税消费品连续生产应税消费品，如自产烟丝连续加工卷烟	×	×
将自产应税消费品连续生产非应税消费品，如自产高档香水精连续生产普通护肤护发品	×	√ 按同类加权平均销售价格计税
将自产应税消费品用于馈赠、赞助、集资、广告、样品、职工福利、奖励等	√ 按同类加权平均销售价格计税	√ 按同类加权平均销售价格计税
将自产应税消费品用于本企业在建工程（福利等除外），如自产应税涂料用于本企业在建厂房	× 2016年5月1日后不视同销售	√ 按同类加权平均销售价格计税
将自产应税消费品用于换取生产资料或消费资料、投资入股、抵偿债务	√ 按同类加权平均销售价格计税	√ 按同类最高销售价格计税

▶ Unit 7

第七单元 委托加工应税消费品应纳税额的计算

查看本单元视频，快速 GET 知识点

使用“会计云课堂”App或“微信”扫码

01 委托加工应税消费品行为的确定以及代收代缴税款的规定（★★★）

1. 消费税委托加工行为需要具备规定的条件。符合条件的，委托方是消费税的纳税人；不符合条件的，受托方是消费税的纳税人，按照销售自制应税消费品缴纳消费税。

2. 税法对委托加工的应税消费品的应纳消费税，采取了源泉控制的管理办法。委托加工的应税消费品，除受托方为个人外，由受托方在向委托方交货时代收代缴税款。即加工结束委托方提取货物时，由受托方代收代缴税款。

3. 委托加工收回的已税消费品，委托方用于连续生产应税消费品，并属于抵税范围的，其已纳税款准予按生产领用量从应纳消费税中抵扣。

易错易混

委托加工应税消费品，委托方与受托方之间的关系见下表：

要点	委托方	受托方
构成委托加工关系的条件	提供原料和主要材料	收取加工费和代垫部分辅料
加工及提货时涉及税种	①购买材料涉及增值税进项税额 ②支付加工费涉及增值税进项税额 ③委托加工应税消费品应缴纳消费税	①购买辅料涉及增值税进项税额 ②收取加工费和代垫辅料费涉及增值税销项税额
消费税纳税环节	①提货时受托方代收代缴（受托方为个人的除外） ②对于受托方没有代收代缴消费税（含受托方为个人）的，收回后由委托方缴纳消费税	①交货时代收代缴消费税税款（受托方为个人的除外） ②没有履行代收代缴义务的，税务机关向委托方补征税款，对受托方处50%以上3倍以下的罚款（新增）
代收代缴后消费税的相关处理	①以不高于受托方的计税价格直接出售的，不再缴纳消费税 ②以高于受托方的计税价格出售的，需按照规定申报缴纳消费税，在计税时准予扣除受托方已代收代缴的消费税 ③连续加工应税消费品后销售的，在出厂环节缴纳消费税，属于抵税范围的，可按生产领用量计算抵扣已纳消费税	及时解缴税款，否则按《征管法》规定惩处

经典题解

【真题39·单选题】关于委托加工应税消费品的税务处理，下列说法正确的是（　　）。（2021年）

A. 纳税人委托个体工商户加工应税消费品，于委托方收回后在纳税人所在地缴纳消费税

B. 委托方提供原材料但未提供材料成本的，由纳税人所在地主管税务机关核定其材料成本

C. 受托方代收代缴消费税后，委托方收回已税消费品对外销售的，不再征收消费税

D. 委托方提供原材料的成本是委托方购进材料时支付的全部价款和价外费用

【解析】选项B：凡未提供材料成本的，“受托方”所在地主管税务机关有权核定其材料成本。选项C：委托加工的应税消费品，受托方在交货时已代收代缴消费税，委托方将收回的应税消费品，以“不高于”受托方的计税价格出售的，为直接出售，不再缴纳消费税；委托方以“高于”受托方的计税价格出售的，不属于直接出售，需按照规定申报缴纳消费税，在计税时准予扣除受托方已代收代缴的消费税。选项D：按照《消费税暂行条例实施细则》的解释，“材料成本”是指委托方所提供加工材料的实际成本。

【答案】A

【真题 40·多选题】关于委托加工应税消费品的消费税处理，下列说法正确的有（ ）。（2018 年）

A. 委托加工消费税纳税地点（除受托方为个人外）是委托方所在地

B. 委托加工的加工费包括代垫辅助材料的实际成本

C. 委托加工应税消费品的消费税纳税人是受托方

D. 受托方没有代收代缴消费税款，委托方应补缴税款，受托方不再补税

E. 受托方已代收代缴消费税的应税消费品，委托方收回后以高于受托方计税价格出售的，应申报缴纳消费税

【解析】选项 A：委托加工的应税消费品，受托方是企业等单位的，由受托方向机构所在地或者居住地主管税务机关解缴税款。选项 C：委托加工应税消费品的消费税纳税人是委托方。

【答案】BDE

【例题 41·多选题】下列委托加工行为中，受托方（非个人）应代收代缴消费税的有（ ）。

A. 日化厂将一批委托加工的高档香水精收回后全部用于护肤品生产

B. 某企业将外购货车底盘及配件委托加工成小货车自用

C. 某企业委托加工一批高档化妆品收回后作为福利发给职工

D. 某商场委托加工普通护发品用于直接销售

E. 某企业将烟叶委托加工成烟丝收回后继续生产卷烟

【解析】本题目的陷阱在于将委托加工的产品和加工收回后连续加工产品混淆在一起，干扰考生的思路。排除干扰后，本题目暴露出两个考点，一是消费税的征税范围，选项 BD 中的小货车、普通护发品不属于消费税的征税范围，不涉及代收代缴消费税；二是委托加工代收代缴消费税的基本规定。

【答案】ACE

02 委托加工应税消费品应纳税额的计算（★★★）

委托加工的应税消费品，按照受托方的同类消费品的销售价格计算纳税；没有同类消费品销售价格的，按照组成计税价格计算纳税。

实行从价定率办法计算纳税的组成计税价格计算公式：

组成计税价格 =（材料成本+加工费）÷（1-消费税比例税率）

实行复合计税办法计算纳税的组成计税价格计算公式：

组成计税价格 =（材料成本+加工费+委托加工收回数量×定额税率）÷（1-消费税比例税率）

【解释 1】其中“材料成本”是指委托方所提供加工材料的实际成本（不含可抵扣的增值税）。如果在委托加工合同中体现有委托方提供材料的运输费用，则计算组成计税价格时，运输费用包含在委托方提供的材料成本中。如果加工合同上未如实注明材料成本的，受托方所在地主管税务机关有权核定其材料成本。“加工费”是指受托方加工应税消费品向委托方

所收取的全部费用（包括代垫辅助材料的实际成本），但不包括随加工费收取的增值税税额。这样组成的计税价格才是不含增值税但含消费税的价格。

【解释 2】委托加工的应税消费品实行复合计税办法计算组成计税价格时，需要把全部消费税（比例税率和定额税率计算的部分）都计入组成计税价格中。

经典题解

【真题 42 · 单选题】 某烟花厂受托加工一批烟花，委托方提供原材料成本 30000 元，该厂收取加工费 10000 元、代垫辅助材料款 5000 元，没有同类烟花销售价格。该厂应代收代缴消费税（　　）元。（以上款项均不含增值税，鞭炮、焰火的消费税税率为 15%）（2012 年）

A. 6000. 00　　B. 6750. 00　　C. 7941. 18　　D. 20250. 00

【解析】 本题考核委托加工应税消费品代收代缴消费税的计税公式的运用。注意要把委托方提供的材料成本、受托方收取的加工费和辅料费都组进计税价格。本题目与 2009 年的一道考题几乎一样。

该厂应代收代缴消费税 =（30000+10000+5000）÷（1-15%）×15% = 7941. 18（元）。

【答案】 C

【相关链接】 委托加工收回的应税消费品已纳税额的扣除：

1. 要与外购已税消费品继续生产应税消费品的税务处理原则联系起来复习。两种情况下都有已纳税款的抵扣，而且都是按当期生产领用数量计算，都用倒轧的公式计算，但具体计算公式不同。还要注意，消费税的税额抵扣仅限于生产环节，不涉及批发、零售环节。对于零售的金银首饰、铂金首饰、钻石及钻石饰品，以及批发环节的卷烟都不适用消费税抵税政策。

2. 符合委托加工条件的情况下委托方被代收代缴了消费税，收回的已税消费品以不高于受托方的计税价格直接出售的，不再缴纳消费税；以高于受托方的计税价格出售的，需按照规定申报缴纳消费税，在计税时准予扣除受托方已代收代缴的消费税。

3. 委托加工收回的应税消费品的后续处理不仅仅是税法（Ⅰ）中的难点内容，也是涉税服务实务中的难点内容。

▶ Unit 8

第八单元　消费税征税环节的特殊规定

查看本单元视频，快速 GET 知识点
使用“会计云课堂”App或“微信”扫码

01　金银首饰消费税计税规则（★★★）

要点	主要规定
纳税人	在中华人民共和国境内从事金银首饰零售业务的单位和个人，为金银首饰消费税的纳税义务人。委托加工（除另有规定外）、委托代销金银首饰的，受托方也是纳税人

要点	主要规定
征税范围	在零售环节征收消费税的金银首饰范围仅限于：金、银和金基、银基合金首饰，以及金、银和金基、银基合金的镶嵌首饰。从 2002 年 1 月 1 日起，钻石及钻石饰品消费税改为零售环节征税。从 2003 年 5 月 1 日起，铂金首饰消费税改为零售环节征税
税率	金银首饰消费税税率为 5%
计税依据	（1）纳税人销售金银首饰，其计税依据为不含增值税的销售额 金银首饰的销售额＝含增值税的销售额／（1+增值税税率或征收率） （2）金银首饰连同包装物销售的，无论包装物是否单独计价，也无论会计上如何核算，均应并入金银首饰的销售额，计征消费税 （3）带料加工的金银首饰，应按受托方销售同类金银首饰的销售价格确定计税依据征收消费税。没有同类金银首饰销售价格，按照组成计税价格计算纳税。组成计税价格的计算公式为：组成计税价格＝（材料成本+加工费）／（1-金银首饰消费税税率） （4）纳税人采用以旧换新（含翻新改制）方式销售的金银首饰，应按实际收取的不含增值税的全部价款确定计税依据征收消费税 （5）生产、批发、零售单位用于馈赠、赞助、集资、广告、样品、职工福利、奖励等方面的金银首饰，应按纳税人销售同类金银首饰的销售价格确定计税依据征收消费税；没有同类金银首饰销售价格的，按照组成计税价格计算纳税。组成计税价格的计算公式为：组成计税价格＝购进原价×（1+成本利润率）／（1-金银首饰消费税税率） 纳税人为生产企业时，公式中的“购进原价”为生产成本，公式中的“成本利润率”一律定为 6% （6）金银首饰消费税改变纳税环节后，用已税珠宝玉石生产的镶嵌首饰，在计税时一律不得扣除已纳的消费税税款

经典题解

【例题 43·单选题】某金店为增值税一般纳税人，2022 年 2 月零售金银首饰取得收入 105000 元，零售金银镶嵌首饰取得收入 145256 元，零售镀金首饰取得收入 65000 元，零售珍珠、玉石首饰取得收入 80780 元。该金店上述业务应缴纳消费税（　　）元。（消费税税率 5%）

A. 4646.02　　　　B. 11073.27

C. 13949.38　　　　D. 17523.72

【解析】金银（镶嵌）首饰在零售环节缴纳消费税，镀金首饰、珍珠、玉石在生产销售、委托加工或进口环节缴纳消费税，所以该金店应纳消费税＝（105000+145256）÷（1+13%）×5%＝11073.27（元）。

【答案】B

【例题 44·多选题】下列在零售环节缴纳消费税的有（　　）。

A. 卷烟　　　　B. 粮食白酒

C. 翡翠手镯　　　　D. 钻石胸针

E. 铂金项链

【解析】在零售环节缴纳消费税的应税消费品包括金、银和金基、银基合金首饰，以及金、银和金基、银基合金的镶嵌首饰；铂金首饰；钻石及钻石饰品。

【答案】DE

【例题45·单选题】某百货公司（增值税一般纳税人）黄金饰品部2022年4月直接零售金首饰3000克，每克零售价200元；采用以旧换新方式向消费者个人销售金首饰600克，收回旧首饰200克，收取差价80000元，并收取旧首饰折价补偿20元/克。该黄金饰品部当月应缴纳消费税税额为（　　）元。（金银首饰消费税税率为5%）

A. 31858.41　　B. 30088.50　　C. 30265.49　　D. 34200.00

【解析】不含税销售额=（3000×200+80000+200×20）/（1+13%）=605309.73（元），应缴纳消费税=605309.73×5%=30265.49（元）。

【答案】C

【真题46·多选题】关于金银首饰零售环节征收消费税，下列说法正确的有（　　）。（2019年）

A. 纳税人采用以旧换新方式销售的金银首饰，应按实际收取的不含税的全部价款确定计税依据

B. 金银首饰连同包装物销售，能够分别核算的，包装物不并入销售额计征消费税

C. 金银首饰与其他产品组成成套消费品销售的，应区别应税和非应税消费品分别征税

D. 单位用于馈赠的金银首饰，没有同类金银首饰销售价格的，按照组成计税价格计算纳税

E. 金银首饰改在零售环节征税后，出口金银首饰不退消费税

【解析】选项B：金银首饰连同包装物销售的，无论包装物是否单独计价，也无论会计上如何核算，均应并入金银首饰的销售额，计征消费税。选项C：金银首饰与其他产品组成成套消费品销售的，应按销售额全额征收消费税。

【答案】ADE

02 卷烟批发环节征收消费税的规定（★★）

考点提示

1. 2015年5月10日之后税率为11%的比例税率加0.005元/支（1元/标准条，250元/标准箱）的定额税率。

2. 环节内不征收——批发商之间销售卷烟不缴纳消费税。

3. 不能抵扣以前环节已缴纳的消费税。

4. 纳税人兼营卷烟批发和零售业务的，应当分别核算批发和零售环节的销售额、销售数量；未分别核算批发和零售环节销售额、销售数量的，按照全部销售额、销售数量计征批发环节消费税。

【案例精析】某烟酒批发公司（增值税一般纳税人）主要从事卷烟的批发和零售业务，2022年1月向烟酒零售单位批发A牌卷烟50标准箱，开具的增值税专用发票上注明销售额

100万元；向其他的卷烟批发单位销售A牌卷烟20标准箱，开具的增值税专用发票上注明销售额40万元；同时向消费者直接零售B牌卷烟400条，取得含税零售收入4.52万元。计算该烟酒批发公司上述行为应缴纳的消费税。

【答案及解析】注意两个政策：一是批发商向批发商批发卷烟的环节不缴纳批发环节消费税；二是纳税人兼营卷烟批发和零售业务，未分别核算批发和零售环节销售额、销售数量的，按照全部销售额、销售数量计征批发环节消费税。

该烟酒批发公司向零售单位批发卷烟应纳消费税 = 100×11% + 50×250/10000 = 12.25（万元）。

该烟酒批发公司向其他批发单位批发卷烟不缴纳批发环节消费税。

向消费者直接零售卷烟跨越批发、零售两个环节，且没有分清该项销售批发环节和零售环节的销售额，则向消费者零售卷烟应纳批发环节消费税 = 4.52/（1+13%）×11% + 400×1/10000 = 0.48（万元）。

经典题解

【例题47·多选题】以下符合卷烟批发环节征收消费税规定的有（　　）。

A. 卷烟批发商之间销售卷烟不缴纳消费税

B. 卷烟批发环节消费税纳税义务发生时间为发出卷烟的当天

C. 总分支机构不在同一地区的，由各批发卷烟的机构独立纳税

D. 计算批发环节消费税时，不得扣除已含的生产环节消费税税款

E. 纳税人批发卷烟和其他商品不能分开核算的，一并征收消费税

【解析】选项B：卷烟批发环节消费税纳税义务发生时间为纳税人收讫销售款或者取得索取销售款凭据的当天；选项C：卷烟批发企业总分支机构不在同一地区的，由总机构申报纳税。

【答案】ADE

【真题48·单选题】2018年2月，某卷烟批发企业（持有烟草批发许可证）向商场批发甲类卷烟24万支，取得不含税销售额18.6万元，向其他批发单位批发甲类卷烟50万支，取得不含税销售额30万元。该企业当月应纳消费税（　　）万元。（卷烟批发环节消费税税率11%，0.005元/支）（2018年）

A. 2.05　　B. 2.17　　C. 5.35　　D. 5.72

【解析】卷烟批发企业之间销售卷烟不缴纳消费税，该企业当月应纳消费税 = 18.6×11% + 24×0.005 = 2.17（万元）。

【答案】B

03 超豪华小汽车特殊的双环节计税（★★★）

将超豪华小汽车销售给消费者的单位和个人为超豪华小汽车零售环节纳税人。

超豪华小汽车零售环节消费税应纳税额计算公式：

应纳税额 = 零售环节销售额（不含增值税，下同）×零售环节税率（10%）

考点提示

超豪华小汽车是指不含增值税零售价130万元及以上的乘用车和中轻型商用客车。一般情况下，生产超豪华小汽车的企业在出厂销售环节缴纳生产环节消费税，销售给消费者的汽车销售中心缴纳零售环节的消费税，但如果是国内汽车生产企业直接销售给消费者的超豪华小汽车，消费税税率按照生产环节税率和零售环节税率加总计算。消费税应纳税额计算公式：

应纳税额＝销售额×（生产环节税率＋零售环节税率）

经典题解

【例题49·单选题】国内某汽车制造厂将一辆高档小轿车以140万元（不含增值税）的价格直接销售给国内某歌星，该小轿车生产环节消费税税率40%，则该厂应纳消费税（　　）万元。

A．56　　B．70　　C．78　　D．86

【解析】该厂应纳消费税＝140×（40%＋10%）＝70（万元）。

【答案】B

Unit 9

第九单元　进口应税消费品的税收政策及管理

查看本单元视频，快速GET知识点
使用“会计云课堂”App或“微信”扫码

01 进口应税消费品应纳消费税的计算（★★★）

进口的应税消费品，于报关进口时由海关代征进口环节的消费税，由进口人或其代理人向报关地海关申报纳税，自海关填发税款专用缴款书之日起15日内缴纳税款。具体计算公式如下：

1．适用比例税率的进口应税消费品实行从价定率办法按组成计税价格计算应纳税额

组成计税价格＝（关税完税价格＋关税）÷（1－消费税比例税率）

应纳税额＝组成计税价格×消费税比例税率

公式中的“关税完税价格”是指海关核定的关税计税价格。

2．适用定额税率的进口应税消费品实行从量定额办法计算应纳税额

应纳税额＝应税消费品数量×消费税定额税率

公式中的“应税消费品数量”是指海关核定的应税消费品进口征税数量。

3．实行复合计税办法的进口应税消费品的税额计算

组成计税价格＝（关税完税价格＋关税＋应税消费品数量×消费税定额税率）÷（1－消费税比例税率）

应纳税额＝应税消费品数量×消费税定额税率＋组成计税价格×消费税比例税率

4．小汽车进口环节消费税

自2016年12月1日起，对我国驻外使领馆工作人员、外国驻华机构及人员、非居民常住人员、政府间协议规定等应税（消费税）进口自用，且完税价格130万元及以上的超豪华小汽车消费税，按照生产（进口）环节税率和零售环节税率（10%）加总计算，由海关代征。

经典题解

【例题 50·单选题】某外贸公司进口一批小轿车，关税完税价格折合人民币 500 万元，关税税率 25%，消费税税率 9%，则外贸公司进口环节应缴纳消费税（　　）万元。

A. 49.45　　B. 61.81　　C. 65.23　　D. 70.31

【解析】进口环节应缴纳的消费税 = 500×（1+25%）/（1−9%）×9% = 61.81（万元）。

【答案】B

【相关链接】

（1）注意进口货物征收消费税与征收增值税的关系：①增值税的应税货物进口时，同样要由海关代征进口环节的增值税，但增值税都适用比例税率（特殊的适用征收率），没有定额税率，这与消费税不同。②计征增值税的价格同样不含增值税但含消费税，组成计税价格应为不含增值税但含消费税的价格。当然，如果进口货物不属于消费税的征收范围，增值税组价中的消费税因素为零。

（2）工业企业进口环节被海关征收过消费税的货物，如果用于连续加工应税消费品，属于抵税范围的，可按生产领用量抵扣已纳的进口环节消费税。

考点提示

进口采用复合计税办法的卷烟，由于需要划分为甲类和乙类，组价时有特殊规则——两次组价。

经典题解

【真题 51·单选题】某进出口公司从境外进口卷烟 5 万条，支付买价 340 万元，运输费用 15 万元，保险费用 5 万元，假定关税税率为 50%，该公司应缴纳消费税（　　）万元。（2014 年）

A. 305.44　　B. 308.44　　C. 691.20　　D. 694.09

【解析】先计算每标准条进口卷烟组成计税价格，确定该批卷烟适用的比例税率。按照规定，查找税率时先用 36% 的税率估算第一次组价。关税完税价格 = 340 + 15 + 5 = 360（万元），组成计税价格（每标准条）=（360 + 360×50% + 0.6×5）/（1 − 36%）÷5 = 169.69（元）>70 元，适用比例税率为 56%；之后按照适用税率做第二次组价并计算该公司应缴纳消费税 =（360+360×50%+0.6×5）/（1−56%）×56%+0.6×5 = 694.09（万元）。

【答案】D

02 进口环节消费税的税收优惠政策（★★）

1. 经海关批准暂时进境的下列货物，在进境时纳税义务人向海关缴纳相当于应纳税款的保证金或者提供其他担保的，可以暂不缴纳进口环节增值税和消费税，并应当自进境之日起 6 个月内复运出境；经纳税义务人申请，海关可以根据海关总署的规定延长复运出境的期限：

（1）在展览会、交易会、会议及类似活动中展示或者使用的货物。

（2）文化、体育交流活动中使用的表演、比赛用品。

（3）进行新闻报道或者摄制电影、电视节目使用的仪器、设备及用品。

（4）开展科研、教学、医疗活动使用的仪器、设备及用品。

（5）在上述所列活动中使用的交通工具及特种车辆。

（6）货样。

（7）供安装、调试、检测设备时使用的仪器、工具。

（8）盛装货物的容器。

（9）其他用于非商业目的的货物。

上述所列暂准进境货物在规定的期限内未复运出境的，海关应当依法征收进口环节增值税和消费税。其他暂准进境货物，应当按照该货物的组成计税价格和其在境内滞留时间与折旧时间的比例分别计算征收进口环节增值税和消费税。

2. 因残损、短少、品质不良或者规格不符原因，由进口货物的发货人、承运人或者保险公司免费补偿或者更换的相同货物，进口时不征收进口环节增值税和消费税。被免费更换的原进口货物不退运出境的，海关应当对原进口货物重新按照规定征收进口环节增值税和消费税。

3. 进口环节增值税税额在人民币50元以下的一票货物，免征进口环节增值税；消费税税额在人民币50元以下的一票货物，免征进口环节消费税。

4. 无商业价值的广告品和货样免征进口环节增值税和消费税。

5. 外国政府、国际组织无偿赠送的物资免征进口环节增值税和消费税。

6. 在海关放行前损失的进口货物免征进口环节增值税和消费税；在海关放行前遭受损坏的货物，可以按海关认定的进口货物受损后的实际价值确定进口环节增值税和消费税组成计税价格公式中的关税完税价格和关税，并依法计征进口环节增值税和消费税。

7. 进境运输工具装载的途中必需的燃料、物料和饮食用品免征进口环节增值税和消费税。

8. 有关法律、行政法规规定进口货物减征或者免征进口环节海关代征税的，海关按照规定执行。

考点提示

与关税的税收优惠政策基本一致。

经典题解

【例题52·多选题】以下符合进口货物进口环节海关代征税收政策的有（　　）。

A. 广告品和货样免征进口环节增值税和消费税

B. 外国政府无偿赠送的物资免征进口环节增值税和消费税

C. 国际组织无偿赠送的物资免征进口环节增值税和消费税

D. 外国企业无偿赠送的物资免征进口环节增值税和消费税

E. 在海关放行前损失的进口货物免征进口环节增值税和消费税

【解析】选项A：广告品和货样在无商业价值的前提下免征进口环节增值税和消费税；选项D：外国企业赠送的物资不属于规定免征进口环节增值税和消费税的范畴。

【答案】BCE

03 跨境电子商务零售进口税收政策（★）

该政策是针对跨境电子商务零售（企业对消费者，即B2C）的进口征税规则，于2016年4月8日起实施。

1. 适用范围

跨境电子商务零售进口税收政策适用于从其他国家或地区进口的、《跨境电子商务零售进口商品清单》范围内的以下商品：

（1）所有通过与海关联网的电子商务交易平台交易，能够实现交易、支付、物流电子信息“三单”比对的跨境电子商务零售进口商品。

（2）未通过与海关联网的电子商务交易平台交易，但快递、邮政企业能够统一提供交易、支付、物流等电子信息，并承诺承担相应法律责任进境的跨境电子商务零售进口商品。

不属于跨境电子商务零售进口的个人物品以及无法提供交易、支付、物流等电子信息的跨境电子商务零售进口商品，按现行规定执行。

2. 主要征收规定

要点	具体规定
纳税人 与扣缴义务人	购买跨境电子商务零售进口商品的个人作为纳税义务人 电子商务企业、电子商务交易平台企业或物流企业可作为代收代缴义务人
计税依据	实际交易价格（包括货物零售价格、运费和保险费）作为完税价格 【考点提示】这里实际交易价格的货价是零售价格，与本章其他进口货物的规则不同
计征限额和 计税规则	跨境电子商务零售进口商品的单次交易限值为人民币5000元，个人年度交易限值为人民币26000元 在限值以内进口的跨境电子商务零售进口商品，关税税率暂设为0%；进口环节增值税、消费税暂按法定应纳税额的70%征收 完税价格超过5000元单次交易限值但低于26000元年度交易限值，且订单下仅一件商品时，可以自跨境电商零售渠道进口，按照货物税率全额征收关税和进口环节增值税、消费税，交易额计入年度交易总额，但年度交易总额超过年度交易限值的，应按一般贸易管理 【考点提示】限额内的免关税，但增值税、消费税7折征收。超单次交易限值且仅一件商品时，全额照章缴纳关税、增值税、消费税。年度交易总额超过年度交易限值的，应按一般贸易管理
未超交易限值 的税款计算	（1）应征关税=完税价格×关税税率（关税税率为0%） （2）法定计征的消费税=完税价格÷（1-消费税税率）×消费税税率（从价计征） 应征消费税=法定计征的消费税×70% （3）法定计征的增值税=（完税价格+法定计征的消费税税额）×增值税税率 应征增值税=法定计征的增值税×70%
退税及限额调整	跨境电子商务零售进口商品自海关放行之日起30日内退货的，可申请退税，并相应调整个人年度交易总额

经典题解

【真题53·多选题】下列有关跨境电子商务零售进口消费品的说法中，正确的有（　　）。（2016年）

A. 跨境电子商务零售进口应税消费品的代收代缴义务人是国外生产企业

B. 跨境电子商务零售进口商品的单次交易限值为人民币1000元，消费税按应纳税额70%征收

C. 跨境电子商务零售进口应税消费品的纳税人是购买人

D. 购买超过个人单次限值的进口应税消费品，按照全额征收消费税

E. 跨境电子商务零售进口商品自海关放行之日起30日内退货的，可申请退税，但不调整个人年度交易总额

【解析】选项A：电子商务企业、电子商务交易平台企业或物流企业可作为代收代缴义务人；选项B：跨境电子商务零售进口商品的单次交易限值为人民币5000元，限值以内进口商品的进口环节增值税、消费税暂按法定应纳税额的70%征收；选项E：跨境电子商务零售进口商品自海关放行之日起30日内退货的，可申请退税，并相应调整个人年度交易总额。

【答案】CD

【案例精析】2022年4月，某电商交易平台接受了中国公民张女士的订单，订单内容和规定口径的完税价格如下：

品名	完税价格（不含税实际交易价格，折合人民币）
净水壶1套	600元
高档口红2只	860元

假定上述商品进口关税税率为10%；高档口红消费税税率15%，张女士是当年首次购买跨境电商商品，请分别计算电商平台应代收代缴张女士的税款。

【答案及解析】张女士本次订单既未超过5000元的单次限额，也未超过26000元年度限额。

（1）张女士购买的净水壶关税为0，不属于消费税征税范围，只需缴纳增值税。

电商交易平台应代收代缴增值税=600×13%×70%=54.6（元）。

（2）张女士购买的高档口红关税为0，但需要缴纳消费税和增值税。

电商交易平台应代收代缴消费税=860/（1-15%）×15%×70%=106.24（元）

电商交易平台应代收代缴增值税=860/（1-15%）×13%×70%=92.07（元）。

Unit 10

第十单元　已纳消费税的扣除

查看本单元视频，快速GET知识点

使用“会计云课堂”App或“微信”扫码

如果用外购已税消费品连续生产应税消费品，就会出现连续生产前后重复征税问题。为了平衡税收负担，税法规定，用外购（含进口）已税消费品连续生产应税消费品时，

按当期生产领用数量计算准予扣除的外购应税消费品已纳的消费税税款（符合税法规定列举的税目）。

委托加工的应税消费品在提取货物时，除受托方为个人外，已由受托方代收代缴了消费税，委托方收回后如果用于连续生产应税消费品的，销售时还应缴纳消费税。为了避免重复征税，税法规定，在计征消费税时可以扣除委托加工收回应税消费品的已纳消费税税款（符合税法规定列举的税目），扣除税额也是按当期生产领用数量计算。

01 已纳消费税扣除的范围（★★★）

1. 外购或委托加工收回的已税烟丝生产的卷烟。
2. 外购或委托加工收回的已税高档化妆品生产的高档化妆品。
3. 外购或委托加工收回的已税珠宝玉石生产的贵重首饰及珠宝玉石。
4. 外购或委托加工收回的已税鞭炮、焰火生产的鞭炮、焰火。
5. 外购或委托加工收回的已税汽油、柴油、石脑油、燃料油、润滑油为原料生产的应税成品油。
6. 外购或委托加工收回的已税杆头、杆身和握把为原料生产的高尔夫球杆。
7. 外购或委托加工收回的已税木制一次性筷子为原料生产的木制一次性筷子。
8. 外购或委托加工收回的已税实木地板为原料生产的实木地板。
9. 纳税人从葡萄酒生产企业购进、进口葡萄酒连续生产应税葡萄酒的，准予从葡萄酒消费税应纳税额中扣除所耗用应税葡萄酒已纳消费税税款。如本期消费税应纳税额不足抵扣的，余额留待下期抵扣。
10. 啤酒生产集团内部企业间用啤酒液连续灌装生产的啤酒。

考点提示

1. 外购和委托加工收回的已税消费品连续加工的扣税范围有所差异。外购比委托加工扣税项目多了葡萄酒和啤酒。

2.

委托加工收回的应税消费品
- 连续加工同税目应税消费品销售——缴纳消费税，列举范围内抵税
- 以不高于受托方计税价格直接出售——不缴纳消费税
- 高于受托方计税价格出售——缴纳消费税，可抵税（不受列举范围限制）

02 已纳消费税扣除的计算（★★★）

1. 当期准予扣除的外购应税消费品已纳消费税税款的计算公式：

当期准予扣除的外购应税消费品已纳税款＝当期准予扣除的外购应税消费品买价或数量×外购应税消费品的适用税率或税额

当期准予扣除的外购应税消费品买价或数量＝期初库存的外购应税消费品的买价或数量＋当期购进的应税消费品的买价或数量－期末库存的外购应税消费品的买价或数量

外购已税消费品的买价是指外购应税消费品增值税专用发票、海关进口消费税专用缴款书上注明的销售额（不包括增值税税额）。

2. 当期准予扣除的委托加工应税消费品已纳消费税税款的计算公式：

当期准予扣除的委托加工应税消费品已纳税款=期初库存的委托加工应税消费品已纳税款+当期收回的委托加工应税消费品已纳税款-期末库存的委托加工应税消费品已纳税款

3. 当期投入生产的原材料可抵扣的已纳消费税大于当期应纳消费税的，采用按当期应纳消费税的数额申报抵扣，不足抵扣部分结转下一期申报抵扣的方式处理。

考点提示

（1）从范围上看，允许抵扣税额的税目从大类上看，原则上不包括酒（葡萄酒、啤酒除外）、小汽车、高档手表、游艇、涂料、摩托车、电池等。从允许抵扣项目的子目上看，不包括雪茄烟、溶剂油、航空煤油。可用排他的方法记忆允许抵扣的项目。扣税范围考试按教材掌握。但委托加工收回的已税消费品以高于受托方的计税价格出售的，需按照规定申报缴纳消费税，在计税时准予扣除受托方已代收代缴的消费税时，不受上述列举扣除范围限制。

（2）从规则上看，允许扣税的只涉及同一大税目中的购入或者委托加工收回的应税消费品的连续加工，不能跨税目抵扣。

（3）从依据上看，按当期生产领用量抵扣，不同于增值税的购进扣税。

（4）从方法上看，需自行计算抵扣。计算方法用的是类似会计“实地盘存制”的倒轧的方法。

（5）从抵扣消费品的来源渠道看，2006年以前仅限于从生产企业购进的和进口的应税消费品，自2006年，国税函〔2006〕769号规定：从商业企业购进应税消费品连续生产应税消费品，符合抵扣条件的，准予扣除外购应税消费品已纳消费税税款。

（6）其他限制条件：在零售环节纳税的金银（含铂金）首饰、钻石、钻石饰品不得抵扣外购珠宝玉石的已纳税款。批发环节的卷烟也不得抵扣其生产环节缴纳的消费税。

【案例精析】关于珠宝首饰抵扣消费税与不得抵扣消费税的案例：

某首饰厂外购1000颗经过其他首饰厂加工的珊瑚珠之后的业务如下：

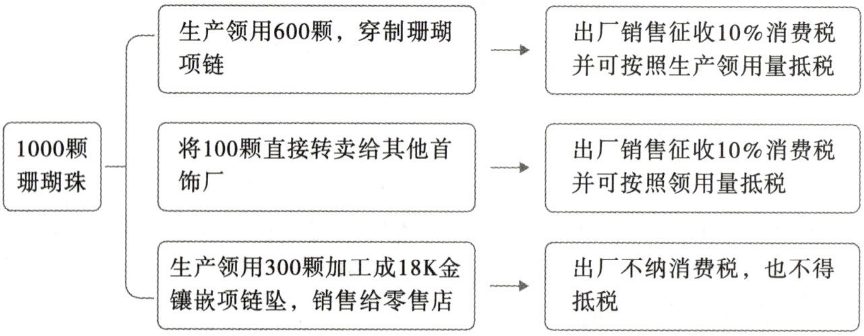

经典题解

【真题 54 · 单选题】关于已纳消费税扣除，下列说法正确的是（　　）。(2021 年)

A. 葡萄酒生产企业购进葡萄酒连续生产应税葡萄酒的，准予从应纳消费税额中扣除所耗用的应税葡萄酒已纳消费税税款，本期消费税应纳税额不足抵扣的，余额留待下期抵扣

B. 葡萄酒生产企业购进葡萄酒连续生产应税葡萄酒的，准予从应纳消费税额中扣除所耗用的应税葡萄酒已纳消费税税款，本期消费税应纳税额不足抵扣的，不得结转抵扣

C. 以外购高度白酒连续生产低度白酒，可以按照当期生产领用数量计算准予扣除外购白酒已纳消费税

D. 以外购高度白酒连续生产低度白酒，可以按照当期购进数量计算准予扣除外购白酒已纳消费税

【解析】选项 AB：纳税人从葡萄酒生产企业购进、进口葡萄酒连续生产应税葡萄酒的，准予从葡萄酒消费税应纳税额中扣除所耗用应税葡萄酒已纳消费税税款。如本期消费税应纳税额不足抵扣的，余额留待下期抵扣。选项 CD：外购已税白酒连续生产应税白酒，不得扣除外购白酒已纳税额。

【答案】A

【真题 55 · 单选题】生产企业以外购应税消费品连续生产应税消费品，下列准予扣除外购应税消费品已纳消费税税款的是（　　）。(2019 年)

A. 已税摩托车生产的摩托车

B. 已税白酒生产的白酒

C. 已税烟丝生产的卷烟

D. 已税珠宝玉石生产的金银镶嵌首饰

【解析】选项 ABD：不属于外购应税消费品已纳税款扣除的范围。

【答案】C

【真题 56 · 单选题】2018 年 3 月，某化工生产企业以委托加工收回的已税高档化妆品为原料继续加工高档化妆品。委托加工收回的已税高档化妆品已纳消费税分别是，期初库存的已纳消费税 30 万元、当期收回的已纳消费税 10 万元、期末库存的已纳消费税 20 万元。当月销售高档化妆品取得不含税收入 280 万元。该企业当月应纳消费税（　　）万元。(高档化妆品消费税税率 15%)(2018 年)

A. 12　　B. 22　　C. 39　　D. 42

【解析】该企业当月应纳消费税 = 280×15% −（30+10−20）= 22（万元）。

【答案】B

【真题 57 · 单选题】某化妆品生产企业从法国进口香水精，关税完税价格 30 万元，关税税率 20%，海关已代征增值税、消费税。2020 年 4 月生产领用上述进口香水精的 90% 用于连续生产本企业品牌的高档化妆品，本月在国内销售高档化妆品取得不含税销售额 400 万元。该企业上述业务当月应缴纳消费税（　　）万元。(高档化妆品消费税税率 15%)(2020 年)

A. 55.95　　B. 54.28　　C. 60.00　　D. 53.65

【解析】该企业当月应缴纳消费税 = 400×15% − 30×（1+20%）/（1−15%）×15%×90% =54.28（万元）。

【答案】B

03 办理消费税税款抵扣提供资料（新增）（★）

纳税人在办理纳税申报时，如需办理消费税税款抵扣手续，除应按有关规定提供纳税申报所需资料外，还应当提供以下资料：

扣税消费品的来源	提供的资料
外购应税消费品连续生产应税消费品	外购应税消费品增值税专用发票（抵扣联）原件和复印件 如果外购应税消费品的增值税专用发票属于汇总填开的，除提供增值税专用发票（抵扣联）原件和复印件外，还应提供随同增值税专用发票取得的由销售方开具并加盖财务专用章或发票专用章的销货清单原件和复印件
委托加工收回应税消费品连续生产应税消费品	提供“代扣代收税款凭证”原件和复印件
进口应税消费品连续生产应税消费品	提供“海关进口消费税专用缴款书”原件和复印件

▶ Unit 11

第十一单元　出口应税消费品的税收政策及管理

查看本单元视频，快速 GET 知识点

使用“会计云课堂”App或“微信”扫码

01 出口应税消费品的基本退免税政策（★★）

基本政策	适用情况
出口免税并退税	出口企业出口或视同出口适用增值税退（免）税的货物，免征消费税，如果属于购进出口的货物，退还前一环节对其已征的消费税 【考点提示】主要涉及外贸企业收购已税消费品出口；生产企业出口非自产已税消费品（如委托加工收回的、外购的）等 退税计算公式：（调整） 消费税应退税额＝从价定率计征消费税的退税计税依据×比例税率＋从量定额计征消费税的退税计税依据×定额税率
出口免税但不退税	（1）出口企业出口或视同出口适用增值税退（免）税的自产货物，免征消费税 （2）出口企业出口或视同出口适用增值税免税政策的货物，免征消费税，但不退还其以前环节已征的消费税，且不允许在内销应税消费品应纳消费税款中抵扣
出口不免税也不退税	出口企业出口或视同出口适用增值税征税政策的货物，应按规定缴纳消费税，不退还其以前环节已征的消费税，且不允许在内销应税消费品应纳消费税款中抵扣

【相关链接】消费税出口退税规则与增值税出口退税的规则有许多差异，基本差异如下表：

事项	增值税出口退税	消费税出口退税
退税比率	使用征税率、退税率、征收率计算退税	使用征税率计算退税
有出口经营权的生产企业出口自产货物或视同自产货物	采用免抵退税政策运用免抵退税的公式和规定的退税比率计算退税	采用免税但不退税政策不计算退税
外贸企业收购货物出口；外贸企业接受其他外贸企业委托代理出口	采用免退税政策用退税计税依据和规定的退税比率计算退税	采用免税并退税政策用退税计税依据和规定的征税率计算退税

02 用于生产乙烯、芳烃类化工产品的石脑油、燃料油消费税退（免）税（★）

1. 生产企业自产石脑油、燃料油用于生产乙烯、芳烃类化工产品的，按实际耗用数量暂免征消费税。

2. 使用企业购进并用于生产乙烯、芳烃类化工产品的国产或进口的石脑油、燃料油，按实际耗用数量暂退还所含消费税。另有规定除外。

考点提示

根据规定，消费税退税政策如下：

（1）仅以自营或委托方式进口石脑油、燃料油生产乙烯、芳烃类化工产品的，进口油品的消费税审核退税工作由进口地海关负责。

（2）仅以国产石脑油、燃料油生产乙烯、芳烃类化工产品的，国产油品的消费税审核退税工作由主管税务机关负责。

（3）既以国产又以进口石脑油、燃料油生产乙烯、芳烃类化工产品的，国产油品的消费税审核退税由主管税务机关负责；进口油品的消费税退税由主管税务机关提出初审意见后转进口地海关复审并办理退税。

▶ Unit 12

第十二单元 申报与缴纳

查看本单元视频，快速 GET 知识点

使用“会计云课堂”App或“微信”扫码

01 纳税义务发生时间（★）

消费税纳税义务发生时间分列如下：

1. 纳税人销售应税消费品的，按不同的销售结算方式，其纳税义务发生时间分别为：

（1）采取赊销和分期收款结算方式的，为书面合同约定的收款日期的当天，书面合同没有约定收款日期或者无书面合同的，为发出应税消费品的当天；

（2）采取预收货款结算方式的，为发出应税消费品的当天；

（3）采取托收承付和委托银行收款结算方式的，为发出应税消费品并办妥托收手续的当天；

（4）采取其他结算方式的，为收讫销售款或者取得索取销售款凭据的当天。

2. 纳税人自产自用应税消费品的，为移送使用的当天。

3. 纳税人委托加工应税消费品的，为纳税人提货的当天。

4. 纳税人进口应税消费品的，为报关进口的当天。

【相关链接】除了第3点“纳税人委托加工应税消费品的，为纳税人提货的当天”为消费税特有的规定外，其他关于消费税纳税义务发生时间的规定与增值税的相关规定基本一致。

经典题解

【真题58·单选题】下列说法中，符合消费税纳税义务发生时间规定的是（　　）。（2016年）

A. 进口应税消费品的，为报关进口的当天

B. 采取预收货款结算方式的，为收到预收款的当天

C. 采取分期收款结算方式的，为发出应税消费品的当天

D. 委托加工应税消费品的，为支付加工费的当天

【解析】选项B：采取预收货款结算方式的，为发出应税消费品的当天；选项C：采取分期收款结算方式的，为书面合同约定的收款日期的当天，书面合同没有约定收款日期或者无书面合同的，为发出应税消费品的当天；选项D：纳税人委托加工应税消费品的，为纳税人提货的当天。

【答案】A

【例题59·多选题】关于消费税纳税义务发生时间的说法，正确的有（　　）。

A. 企业采取预收款方式销售成品油，2022年3月收到购货方的预付款，2022年4月发货，纳税义务发生时间为2022年4月

B. 企业采取赊销方式销售鞭炮，合同未约定收款日期，发货日期为2022年3月，实际收款日期为2022年5月，纳税义务发生时间为2022年5月

C. 某卷烟生产企业委托另一卷烟生产企业生产卷烟，2022年2月提货，2022年3月付款，纳税义务发生的时间为2022年3月

D. 企业采取托收承付方式销售实木地板，发货日期为2022年3月，办妥托收承付手续的日期为2022年3月，纳税义务发生时间为2022年3月

E. 企业采取分期收款方式销售高档化妆品，合同约定首次收款日期为2022年2月，实际收款日期为2022年5月，纳税义务发生时间为2022年2月

【解析】选项A：采取预收货款结算方式的，消费税纳税义务发生时间为发出应税消费品的当天；选项B：采取赊销方式且书面合同没有约定收款日期的，消费税纳税义务发生时间为发出应税消费品的当天；选项C：纳税人委托加工应税货物，消费税纳税义务发生时间为提货的当天；选项D：采取托收承付和委托银行收款方式的，消费税纳税义务发生时间为发出应税消费品并办妥托收手续的当天；选项E：采取赊销和分期收款结算方式的，消费税纳税义务发生时间为书面合同约定的收款日期的当天。

【答案】ADE

02 纳税地点（★）

1. 纳税人销售的应税消费品，以及自产自用的应税消费品，除国家另有规定外，应当向纳税人机构所在地或者居住地的主管税务机关申报纳税。

2. 委托加工的应税消费品，除受托方为个人外，由受托方向机构所在地或者居住地的主管税务机关解缴消费税税款。

3. 委托个人加工的应税消费品，由委托方向其机构所在地或者居住地主管税务机关申报纳税。

4. 纳税人的总机构与分支机构不在同一县（市）的，除另有规定外，应当分别向各自机构所在地的主管税务机关申报纳税；经财政部、国家税务总局或者其授权的财政、税务机关批准，可以由总机构汇总向总机构所在地的主管税务机关申报缴纳消费税。

5. 纳税人到外县（市）销售或者委托外县（市）代销自产应税消费品的，于应税消费品销售后，向机构所在地或居住地主管税务机关申报纳税。

6. 进口的应税消费品，由进口人或者其代理人向报关地海关申报纳税。

经典题解

【真题 60 · 单选题】关于消费税纳税地点的说法，正确的是（　　）。（2015 年）

A. 纳税人销售应税消费品，应当在销售行为发生地的主管税务机关申报纳税

B. 纳税人总分机构不在同一县（市）的，由总机构汇总向总机构所在地的主管税务机关申报缴纳消费税

C. 委托加工应税消费品，受托方为个人的，由委托方向其机构所在地或者居住地主管税务机关申报纳税

D. 进口应税消费品，由进口人或由其代理人向其机构所在地或住所地主管税务机关申报纳税

【解析】选项 A：纳税人销售应税消费品，除国家另有规定外，应当向机构所在地或者居住地的主管税务机关申报纳税；选项 B：纳税人总分机构不在同一县（市）的，除另有规定外，由各机构分别向各机构所在地的主管税务机关申报缴纳消费税；选项 D：进口应税消费品，由进口人或由其代理人向进口报关地海关缴纳消费税。

【答案】C

03 纳税环节（★★）

消费税的纳税环节分为以下几种情况：

1. 生产环节。生产应税消费品销售是消费税征收的主要环节，生产应税消费品由生产者于销售时纳税。消费税具有单一环节征税的特点，在生产销售环节征税以后，流通环节一般不需要再缴纳消费税。

2. 委托加工环节。委托加工的应税消费品，除受托方为个人外，由受托方在向委托方交货时代收代缴税款。

3. 进口环节。进口的应税消费品，由进口报关者于报关进口时纳税。

4. 零售环节。金银首饰消费税在零售环节征收，超豪华小汽车在零售环节加征从价税。

5. 批发环节。除生产（进口或委托加工）环节外，对卷烟批发环节加征一道复合税。

6. 移送使用环节。纳税人自产自用的应税消费品，用于连续生产应税消费品的，不纳税；用于其他方面的，具体包括用于生产非应税消费品、在建工程、管理部门、非生产机构、提供劳务、馈赠、赞助、集资、广告、样品、职工福利、奖励等方面，于移送使用时纳税。

经典题解

【真题 61 · 多选题】 关于消费税的处理，下列说法正确的有（　　）。（2021 年）

A. 珠宝商销售金银首饰及珠宝首饰，不能分别核算的，一律按照销售金银首饰计算缴纳零售环节消费税

B. 卷烟批发企业销售卷烟，不分销售对象均应按照 11% 的比例税率和 0.005 元/支计算缴纳消费税

C. 五金批发企业购进大包装电池改成小包装电池销售，应计算缴纳消费税

D. 生产企业将超豪华小汽车直接销售给消费者，仅缴纳生产环节消费税

E. 经营单位进口金银首饰无须缴纳进口环节消费税

【解析】 选项 B：纳税人（卷烟批发商）销售给纳税人以外的单位和个人的卷烟于销售时纳税，纳税人（卷烟批发商）之间销售的卷烟不缴纳消费税。选项 D：国内汽车生产企业直接销售给消费者的超豪华小汽车，同时缴纳生产环节消费税和零售环节消费税。

【答案】 ACE

04 纳税期限（★）

消费税的纳税期限分别为 1 日、3 日、5 日、10 日、15 日、1 个月或者 1 个季度。纳税人的具体纳税期限，由主管税务机关根据纳税人的应纳税额的大小分别核定；不能按照固定期限纳税的，可以按次纳税。

纳税人以 1 个月或者 1 个季度为 1 个纳税期的，自期满之日起 15 日内申报纳税；以 1 日、3 日、5 日、10 日或者 15 日为 1 个纳税期的，自期满之日起 5 日内预缴税款，于次月 1 日起 15 日内申报纳税并结清上月应纳税款。

纳税人进口应税消费品，应当自海关填发海关进口消费税专用缴款书之日起 15 日内缴纳税款。

【相关链接】 消费税的纳税期限与增值税纳税期限的相关规定一致。经常在计算题或综合分析题中出现。

本章小结

用“会计云课堂”App扫码学习

您已成功完成“第三章”的学习，本章共30个考点，您都学会了吗？

为了让您对本章有更清晰的理解，加倍巩固。本书作者刘颖老师将通过“电台音频课”的方式，带您回顾重要考点。

名师点拨，高效提分。

※ 欢迎扫码免费学习。

同步强化练习题

使用“会计云课堂”App或“微信”扫码快速做题、对答案、看解析、掌握解题思路，开启轻松过关之旅。

一、单项选择题

1. 下列关于消费税纳税人的说法，正确的是（　　）。
   A. 委托加工实木地板的纳税人是受托加工企业
   B. 携带高档化妆品入境的纳税人是携带者
   C. 零售金银首饰的纳税人是消费者
   D. 跨境电子商务零售进口应税消费品的纳税人是电子商务企业

2. 根据消费税的现行规定，下列车辆属于应税小汽车征税范围的是（　　）。
   A. 高尔夫车
   B. 用外购厢式货车改装的商务车
   C. 用中轻型商用客车底盘改装的中轻型商用客车
   D. 车身12米并且有25座的大客车

3. 关于消费税征税范围，下列说法正确的是（　　）。
   A. 啤酒屋生产的啤酒不征收消费税
   B. 宝石坯属于珠宝玉石半成品，所以生产销售宝石坯不征收消费税
   C. 果汁啤酒应按照啤酒的税率征收消费税
   D. 调味料酒按照“其他酒”的税率征收消费税

4. 纳税人以回收的废矿物油为原料生产的润滑油基础油、汽油、柴油等工业油料免征消费税。享受该优惠应同时符合多项条件，其中生产原料中废矿物油重量必须占到一定比重以上，产成品中必须包括润滑油基础油，且每吨废矿物油生产的润滑油基础油应不少于一定吨数。

该比重和吨数是（　　）。

A. 70%；0.85吨

B. 80%；0.55吨

C. 85%；0.6吨

D. 90%；0.65吨

5. 企业生产销售的下列产品中，属于消费税征税范围的是（　　）。

A. 高档小汽车轮胎

B. 体育用发令纸

C. 每辆180万元（不含增值税）的越野车

D. 销售价格为9000元（不含增值税）的手表

6. 纳税人生产销售下列产品，应缴纳消费税的是（　　）。

A. 船用重油　　B. 燃料电池

C. 航空煤油　　D. 导热类油

7. 下列产品中，属于消费税征税范围的是（　　）。

A. 调味料酒

B. 影视演员用的卸妆油

C. 体育上用的发令纸

D. 润滑脂

8. 纳税人将金银首饰与其他非金银首饰组成成套消费品销售的，计算征收消费税的依据是（　　）。

A. 组成计税价格

B. 金银首饰与其他非金银首饰的销售额合计

C. 金银首饰的销售额

D. 金银首饰与其他非金银首饰的购销差额

9. 根据现行消费税的规定，下列说法正确的是（　　）。

A. 纳税人将自产的应税消费品用于换取生产资料，按同类应税消费品的平均销售价格计算应纳消费税

B. 纳税人将自产的应税消费品用于连续生产应税消费品，应征收消费税

C. 委托方收回委托加工的已税消费品后，以高于受托方的计税价格出售的，不再缴纳消费税

D. 催化料、焦化料属于燃料油的征收范围

10. 某啤酒厂既生产甲类啤酒又生产乙类啤酒。劳动节促销期间，直接销售甲类啤酒200吨，取得收入80万元；直接销售乙类啤酒300吨，取得收入75万元；销售甲类啤酒和乙类啤酒组成的礼品盒取得收入12万元（内含甲类啤酒和乙类啤酒各18吨），上述收入均不含增值税。已知甲类啤酒适用的消费税税率为250元/吨，乙类啤酒适用的消费税税率为220元/吨。该啤酒厂上述业务应纳的消费税为（　　）万元。

A. 12.45　　B. 12.5

C. 12.60　　D. 12.65

11. 某酒厂2021年12月份生产一种新的粮食白酒，用作广告样品0.8吨，已知该种白酒无同类产品出厂价，生产成本每吨40000元，成本利润率为10%，粮食白酒定额税率为每500克0.5元，比例税率为20%。该酒厂当月应缴纳的消费税为（　　）元。

A. 8600　　B. 8800

C. 9600　　D. 9800

12. 甲企业委托乙企业加工一批烟丝，甲企业提供的原材料成本为20万元，支付乙企业加工费3万元，乙企业按照本企业同类烟丝价格36万元代收代缴甲企业消费税10.8万元，甲企业将委托加工收回的烟丝的10%按照3.6万元平价销售给职工；25%以12万元的价格销售给丙卷烟厂，另有5%因管理不善发生毁损。则甲企业收回烟丝后的上述行为

应缴纳消费税为（　　）万元。（上述价格均不含增值税）

A. 0.9　　B. 1.98

C. 3.6　　D. 4.75

13. 某高尔夫球具厂为增值税一般纳税人，下设一非独立核算的门市部，2022 年 2 月该厂将生产的一批成本价 70 万元的高尔夫球具移送门市部，门市部将其中 80%销售，取得含税销售额 67.8 万元。高尔夫球具的消费税税率为 10%，成本利润率为 10%，高尔夫球具厂该项业务应缴纳的消费税税额为（　　）万元。

A. 7.70　　B. 7.00

C. 6.00　　D. 8.48

14. 下列各项中，应征收消费税的是（　　）。

A. 日化厂外购已税高档香水精制作沐浴露销售

B. 商业企业将金银首饰销售给个人消费者

C. 自产实木地板继续生产实木地板

D. 将委托加工收回的粮食白酒以不高于受托方的计税价格直接销售

15. 某啤酒厂为增值税一般纳税人，2022 年 3 月销售 A 型啤酒 30 吨开具增值税专用发票，注明金额 87000 元，收取不锈钢桶押金 6000 元；销售 B 型啤酒 20 吨，开具增值税专用发票，注明金额 56000 元，收取可重复使用的塑料周转箱押金 5000 元，该啤酒厂当月应缴纳消费税（　　）元。

A. 11660　　B. 11000

C. 12500　　D. 11900

16. 下列消费品中，移送使用时应视同销售缴纳消费税的是（　　）。

A. 将外购已税消费品继续加工成应税消费品

B. 将委托加工收回的已税消费品继续加工成应税消费品

C. 自制应税消费品继续加工成应税消费品

D. 自制应税消费品继续加工成非应税消费品

17. 根据消费税的有关规定，下列纳税人自产自用应税消费品不缴纳消费税的是（　　）。

A. 炼油厂用于职工福利的自产汽油

B. 汽车厂用于管理部门的自产汽车

C. 日化厂作为样品赠送客户的自产高档化妆品

D. 卷烟厂用于生产卷烟的自产烟丝

18. 企业发生的下列行为中，不需要缴纳消费税的是（　　）。

A. 用自产的应税消费品换取生产资料

B. 用自产的应税消费品支付代扣手续费

C. 以不高于受托方的计税价格直接销售委托加工收回的已税消费品

D. 在销售数量之外另付给购货方自产的应税消费品作为奖励

19. 下列关于连续加工高尔夫球杆的消费税处理，正确的是（　　）。

A. 外购已税杆头的消费税可以按购进入库数量在应纳消费税税款中扣除

B. 外购已税杆头的消费税可以按生产领用数量在应纳消费税税款中扣除

C. 外购已税杆头的消费税可以按出厂销售数量在应纳消费税税款中扣除

D. 外购已税杆身的消费税不可以在应纳消费税税款中扣除

20. 甲企业为增值税一般纳税人，2022 年 4 月外购一批木材，取得增值税专用发票注明价款 50 万元、税额 6.5 万元；将该批木材运往乙企业委托其加工木制一次性筷子，取得税务局代开的增值税专用发票注明运费1万元，支付不含税委托加工费5万元。假定乙企业无同类产品对外销售价格，木制一次性筷子消费税税率为5%。乙企业当月应代收代缴的消费税为（　　）万元。

A. 2.62　　B. 2.67
C. 2.89　　D. 2.95

21. 甲卷烟厂购进一批烟叶，委托某县城乙卷烟厂加工一批烟丝，该批烟叶不含增值税成本18万元，乙卷烟厂收取加工费3万元（不含增值税），乙卷烟厂无同类烟丝的销售价格。甲卷烟厂提货时乙卷烟厂代收代缴了消费税，该批烟丝收回后，甲卷烟厂将其中的60%以22万元价格（不含增值税）对外销售，甲卷烟厂销售该批烟丝应向所在地税务机关缴纳的消费税为（　　）万元。（烟丝消费税税率为30%）

A. 0　　B. 0.6
C. 1.2　　D. 6.6

22. 某有进出口经营权的外贸公司，2022年1月从国外进口卷烟300标准箱（每标准箱250条，每标准条200支），支付买价2000000元，到达我国海关运输地点起卸前的运输费20000元，保险费8000元，假定进口卷烟关税税率20%，则该批卷烟在进口环节应缴纳消费税（　　）元。

A. 1107257.14　　B. 2072945.45
C. 1073571.43　　D. 1439212.5

23. 跨境电子商务零售进口商品的纳税义务人是（　　）。

A. 零售该商品的电子商务企业
B. 零售该商品的电子商务交易平台企业
C. 运送该商品的物流企业
D. 购买该商品的个人

24. 中国公民刘女士2022年3月首次通过跨境电商购买3只高档口红，关税完税价格（不含税实际交易价格）是510元。假定口红进口关税税率20%、消费税税率为15%，且未超过年度交易限值，则刘女士上述行为需缴纳的税金合计是（　　）元。

A. 124.4　　B. 117.6
C. 115.14　　D. 142.8

25. 某黄金珠宝店（增值税一般纳税人）2022年2月零售翡翠手镯，取得零售收入55000元；零售包金手镯，取得零售收入5000元；零售18K金镶宝石首饰，取得零售收入50000元；采用以旧换新方式销售24K足金首饰，实际收取零售额70000元（已扣除了30000元的旧金饰品折价款）。当月采购黄金珠宝取得的增值税专用发票上注明增值税18800元。该珠宝店当月应缴纳的增值税和消费税合计为（　　）元。

A. 7217.69　　B. 7482.06
C. 9130　　D. 10046.17

26. 下列各项中，符合消费税纳税义务发生时间规定的是（　　）。

A. 进口的应税消费品，为取得进口货物的当天
B. 自产自用的应税消费品，为移送使用的当天
C. 委托加工的应税消费品，为支付加工费的当天
D. 采取预收货款结算方式销售的应税消费品，为收到预收款的当天

27. 下列关于消费税纳税地点的表述中，正确的是（　　）。

A. 委托加工的应税消费品，一律由委托方向其机构所在地或者居住地主管税务机关申报纳税
B. 纳税人到外县（市）销售或者委托

外县（市）代销自产应税消费品的，于应税消费品销售后，向机构所在地或者居住地主管税务机关申报纳税

C. 纳税人的总机构与分支机构不在同一县（市）的，应当向总机构所在地的主管税务机关申报纳税

D. 卷烟批发企业的机构所在地，总机构与分支机构不在同一地区的，应当向分支机构所在地的主管税务机关申报纳税

28. 2022年3月，某卷烟批发企业总机构向卷烟零售商销售卷烟25标准箱，取得不含增值税销售额50万元，销售雪茄烟取得不含增值税销售额20万元，其在另一县的异地分支机构向卷烟零售商销售卷烟14标准箱，取得不含税销售额30万元，销售烟丝取得不含税销售额10万元，总机构当期发生可抵扣进项税7万元，分支机构当期发生可抵扣进项税5万元，该总机构当月应纳的增值税和消费税的合计数为（　　）万元。

A. 12.08　　B. 9.78

C. 8.23　　D. 11.88

29. 生产企业自产石脑油、燃料油用于生产乙烯、芳烃类化工产品的，（　　）。

A. 照章缴纳消费税

B. 消费税先征后退

C. 消费税即征即退

D. 按实际耗用数量暂免征消费税

30. 某市一高尔夫球具生产企业（增值税一般纳税人）2022年9月1日以分期收款方式销售一批球杆，价税合计为135.6万元，合同约定客户于9月5日、11月5日各支付50%价款；9月5日按照约定收到50%的价款，但并未给客户开具发票。已知高尔夫球具消费税税率为10%。该企业9月就该项业务应缴纳的消费税为（　　）万元。

A. 0　　B. 12

C. 13.56　　D. 6

二、多项选择题

1. 根据消费税现行规定，下列表述正确的有（　　）。

A. 消费税税收负担具有转嫁性

B. 消费税的税率呈现单一税率形式

C. 消费品生产企业没有对外销售应税消费品的均不征消费税

D. 消费税税目列举的消费品都属于消费税的征税范围

E. 消费税实行多环节课征制度

2. 下列关于消费税纳税人的说法，正确的有（　　）。

A. 零售金银首饰的纳税人是消费者

B. 委托加工高档化妆品的纳税人是受托加工企业

C. 携带卷烟入境的纳税人是携带者

D. 邮寄入境应税消费品的纳税人是收件人

E. 批发卷烟的纳税人是生产企业

3. 工业企业以外的单位和个人的下列行为中，视为应税消费品的生产行为，按规定征收消费税的有（　　）。

A. 将外购的消费税非应税产品以消费税应税产品对外销售的

B. 将外购的消费税已税产品加价对外销售的

C. 将外购的消费税低税率应税产品以高税率应税产品对外销售的

D. 将外购的消费税高税率应税产品以低

税率应税产品对外销售的

E. 将外购的消费税已税产品以非应税产品对外出售的

4. 下列属于消费税征税范围的有（　　）。

A. 燃料油

B. 含增值税售价每只10000元的手表

C. 未经打磨、倒角的木制一次性筷子

D. 电动汽车

E. 啤酒屋利用啤酒设备生产的啤酒

5. 以下按照“其他酒”10%的适用税率征收消费税的有（　　）。

A. 以蒸馏酒为酒基，具有国家相关部门批准的国食健字文号，且酒精度低于38度（含）的配制酒

B. 以食用酒精为酒基，具有国家相关部门批准的卫食健字文号，且酒精度低于38度（含）的配制酒

C. 以发酵酒为酒基，酒精度低于20度（含）的配制酒

D. 调味料酒

E. 果啤

6. 下列属于应征收消费税的项目有（　　）。

A. 石英钟

B. 帆艇

C. 高档胭脂

D. 戏剧、舞台演员化妆用的油彩

E. 果啤

7. 根据现行税法规定，下列物品既征收增值税又征收消费税的有（　　）。

A. 从国外进口数码相机

B. 葡萄酒厂销售自产的葡萄酒

C. 烟酒经销商店销售外购的已纳消费税烟酒

D. 从国外进口小轿车

E. 商场零售高档化妆品

8. 某啤酒厂（增值税一般纳税人）2022年2月销售啤酒，不含增值税价格为2850元/吨，同时规定每吨另单独收取优质服务费100元、手续费40元，当月每吨收取单独核算的包装物押金（非重复使用的塑料周转箱的押金）50元（押金期限3个月），则该啤酒厂的增值税和消费税计算正确的有（　　）。

A. 每吨啤酒的增值税计税销售额为3018.14元

B. 每吨啤酒的增值税计税销售额为2973.89元

C. 每吨啤酒的增值税计税销售额为2938.50元

D. 每吨啤酒应纳消费税税额250元

E. 每吨啤酒应纳消费税税额220元

9. 以下属于消费税税目中石脑油征收范围的有（　　）。

A. 重油　　B. 渣油

C. 重裂解料　　D. 加氢裂化尾油

E. 芳烃抽余油

10. 根据《消费税暂行条例》的规定，下列自产应税消费品，以纳税人同类应税消费品的最高销售价格作为计税依据计算消费税的有（　　）。

A. 用于抵债的应税消费品

B. 用于馈赠的应税消费品

C. 用于换取生产资料的应税消费品

D. 用于职工福利的应税消费品

E. 用于对外投资入股的应税消费品

11. 下列情况，应按照受托方销售自制应税消费品征收消费税的有（　　）。

A. 由受托方提供主要原材料生产的应税消费品

B. 委托方提供主要原材料，受托方收取加工费加工的应税消费品

C. 受托方先将主要原材料卖给委托方，然后再接受加工的应税消费品
D. 由受托方以委托方名义购进主要原材料生产的应税消费品
E. 按照委托方的设计而由受托方包工包料加工的应税消费品

12. 根据消费税的有关规定，下列货物应当计算缴纳消费税的有（　　）。
A. 酒厂以福利形式发给职工的自产药酒
B. 汽车制造商赞助汽车拉力赛的越野车
C. 化妆品厂无偿发放的一批小包装试用高档香水
D. 日化厂用于广告的一批普通护肤品
E. 成品油生产企业生产成品油过程中作为燃料消耗掉的自产成品油

13. 下列关于消费税计税依据的说法，正确的有（　　）。
A. 啤酒生产企业生产销售啤酒时收取的包装物押金应并入销售额计税
B. 白酒生产企业向商业销售单位收取的“品牌使用费”应并入白酒销售额计税
C. 纳税人自产应税消费品用于换取生产资料和消费资料、投资入股和抵偿债务等方面，应以纳税人同类应税消费品的最高销售价格计税
D. 纳税人通过自设非独立核算门市部销售的自产应税消费品，应当按照门市部对外销售额或者销售数量计税
E. 卷烟生产企业实际销售价格低于核定计税价格，按实际销售价格计税

14. 甲地板生产企业为增值税一般纳税人，2022 年 3 月将入账成本为 260 万元的原木委托乙企业加工成漆饰地板，取得增值税专用发票，注明加工费 25 万元，乙企业无同类产品销售价格且已按规定代收代缴消费税。当月委托加工收回的漆饰地板 70%已经销售，开具增值税专用发票，注明金额 350 万元，已知实木地板消费税税率为 5%。对于上述业务的税务处理，下列说法正确的有（　　）。
A. 甲企业销售漆饰地板不再缴纳消费税
B. 乙企业应代收代缴消费税 16.5 万元
C. 甲企业销售漆饰地板应纳消费税 7 万元
D. 甲企业销售漆饰地板应纳消费税 2.5 万元
E. 乙企业应代收代缴消费税 15 万元

15. 下列项目中，不可抵扣外购应税消费品的已纳消费税税额的有（　　）。
A. 为生产高档化妆品而领用的外购已税高档香水精
B. 为生产金银镶嵌首饰而领用的外购已税珠宝玉石
C. 为生产实木地板而领用的外购已税实木地板
D. 为生产白酒而领用的外购已税白酒
E. 为生产卷烟而领用的外购已税烟丝

16. 下列各项中，外购应税消费品已纳消费税税款准予扣除的有（　　）。
A. 外购已税烟丝生产的卷烟
B. 外购已税高尔夫球杆握把生产的高尔夫球杆
C. 外购已税珠宝玉石生产的金银镶嵌首饰
D. 外购已税涂料为原料生产的涂料
E. 外购已税石脑油为原料生产的成品油

17. 以下关于白酒消费税最低计税价格的规定，正确的有（　　）。
A. 白酒消费税最低计税价格由白酒生产企业自行申报，税务机关核定
B. 白酒消费税最低计税价格由税务机关根据销售单位对外销售价格的 70%核定

C. 已核定最低计税价格的白酒，生产企业实际销售价格低于消费税最低计税价格的，按核定的最低计税价格申报纳税
D. 已核定最低计税价格的白酒，生产企业实际销售价格高于消费税最低计税价格的，按核定的最低计税价格申报纳税
E. 已核定最低计税价格的白酒，销售单位对外销售价格持续上涨或下降时间达到3个月以上，累计上涨或下降幅度在20%（含）以上的，税务机关重新核定最低计税价格

18. 下列环节既征收消费税又征收增值税的有（　　）。
A. 卷烟的零售环节
B. 白酒的批发环节
C. 金银首饰的零售环节
D. 高档化妆品的进口环节
E. 高尔夫球具的生产销售环节

19. 下列在零售环节缴纳消费税的应税消费品有（　　）。
A. 翡翠玉佛
B. 钻石胸针
C. 珊瑚珠串
D. 18K金镶嵌翡翠耳钉
E. 镀金项链

20. 以下应税消费品计税价格由国家税务总局核定，送财政部备案的有（　　）。
A. 高档化妆品
B. 摩托车
C. 卷烟
D. 小汽车
E. 游艇

21. 依据消费税的规定，下列应税消费品中，准予扣除外购已纳消费税的有（　　）。
A. 以外购已税烟丝为原料生产的卷烟
B. 以外购已税珠宝玉石为原料生产的钻石首饰
C. 以外购已税小汽车连续生产的小汽车
D. 以外购已税润滑油为原料生产的成品油
E. 以外购已税杆头、杆身和握把为原料生产的高尔夫球杆

22. 关于应税消费品出口，以下采用消费税免税但不退税政策的有（　　）。
A. 化妆品厂制作高档胭脂直接出口
B. 化妆品厂制作高档胭脂，委托外贸企业代理出口
C. 化妆品厂委托加工高档胭脂，收回后出口
D. 外贸企业从化妆品厂收购高档胭脂出口
E. 外贸企业从化妆品厂收购高档胭脂，委托其他外贸企业代理出口

23. 下列关于消费税的表述中，正确的有（　　）。
A. 钻石及钻石饰品在零售环节征收消费税
B. 经营单位同时零售金银首饰和非金银首饰的，应将两类商品划分清楚，分别核算销售额，凡划分不清楚或不能分别核算的，一律按金银首饰征收消费税
C. 金银首饰连同包装物销售的，如果包装物单独计价、单独核算，不并入金银首饰的销售额征税
D. 纳税人采用翻新改制方式销售的金银首饰，应按实际收取的不含增值税的全部价款确定计税依据征收消费税
E. 用已税珠宝玉石生产的金银镶嵌首饰，在计税时一律不得扣除珠宝玉石已纳的消费税税款

24. 下列关于金银首饰应纳消费税的表述中，正确的有（　　）。
A. 纳税人采用以旧换新方式销售的金银首饰，应按实际收取的不含增值税的全部价款确定计税依据征收消费税
B. 带料加工的金银首饰，应按实际收取的不含增值税的全部价款确定计税依据征收消费税
C. 金银首饰的清理、修理收入应该在零售环节缴纳消费税
D. 纳税人采用翻新改制方式销售的金银首饰，应按同类新金银首饰的不含增值税的价款确定计税依据征收消费税
E. 金银首饰与其他产品组成成套消费品销售的，应按成套消费品的销售金额征收消费税

25. 关于金银首饰征收消费税，下列表述正确的有（　　）。
A. 翻新改制首饰征收消费税但修理首饰不征消费税
B. 金银首饰和镀金首饰均在零售环节征收消费税
C. 金银首饰连同包装物一起销售的，不论是否单独计价，均应并入销售额征收消费税
D. 带料加工的金银首饰，其纳税义务发生时间为受托方交货的当天
E. 用于职工福利的金银首饰，其纳税义务发生时间为移送的当天

26. 以下符合批发环节征收消费税规定的有（　　）。
A. 卷烟和雪茄烟在批发环节征收消费税
B. 批发环节消费税的纳税义务发生时间为纳税人收讫销售款或者取得索取销售款凭据的当天
C. 卷烟批发企业的总分支机构不在同一地区的，由总分支机构分别向各自机构所在地申报纳税
D. 计算批发环节缴纳的消费税时，不得扣除已含的生产环节消费税税款
E. 纳税人批发卷烟和其他商品不能分别核算销售额的，由税务机关核定计算其应纳消费税税额

27. 下列关于消费税纳税地点的表述，正确的有（　　）。
A. 委托加工的应税消费品，除受托方为个人外，由受托方向机构所在地或者居住地的主管税务机关解缴消费税税款
B. 纳税人到外县（市）销售或者委托外县（市）代销自产应税消费品的，于应税消费品销售后，向机构所在地或者居住地主管税务机关申报纳税
C. 一般情况下，纳税人的总机构与分支机构不在同一县（市）的，应当向总机构所在地的主管税务机关申报纳税
D. 委托个人加工的应税消费品，由委托方向其机构所在地或者居住地主管税务机关申报纳税
E. 进口的应税消费品，由进口人向核算地海关申报纳税

28. 下列关于消费税纳税义务发生时间的表述中，正确的有（　　）。
A. 纳税人采取赊销和分期收款结算方式销售应税消费品的，其纳税义务发生时间为实际收款日期的当天
B. 纳税人自产自用的应税消费品，其纳税义务发生时间为移送使用的当天
C. 纳税人委托加工的应税消费品，其纳税义务发生时间为委托方支付加工费的当天
D. 纳税人采取直接收款方式销售应税消费品的，其纳税义务发生时间为

收讫销售款或者取得索取销售款凭据的当天

E. 纳税人进口应税消费品的，其纳税义务发生时间为报关进口的当天

29. 我国消费税征税范围的确定原则有（ ）。

A. 平衡负担
B. 引导消费
C. 产业激励
D. 保护环境
E. 持续发展

30. 根据现行税法的规定，下列消费品的生产经营环节，既征收增值税又征收消费税的有（ ）。

A. 卷烟的批发环节
B. 金银饰品的生产环节
C. 珍珠饰品的零售环节
D. 高档手表的生产环节
E. 酒类产品的批发环节

三、计算题

（一）

甲造船厂（增值税一般纳税人）2022年4月业务如下：

（1）购买一批造船用材料，取得增值税专用发票，注明金额600万元；支付材料运费，取得增值税专用发票，注明运费10万元。

（2）购入一批材料，取得增值税专用发票，注明金额80万元，将该批材料送至乙锅炉厂，委托其加工成船用锅炉，支付加工费，取得的增值税专用发票注明金额12万元。

（3）与丙广告公司签订价税合计为450万元的广告拍摄和发布合同，预付广告公司50%的款项并取得广告公司开具的与预付款相对应的增值税专用发票。

（4）当期销售自造60米长的游艇3艘，收取价税合计金额1500万元；销售自制4米长的水上娱乐摩托艇20艘，收取价税合计金额3.8万元。

（5）购买一套办公用房，取得增值税专用发票，价款600万元，增值税54万元。

其他相关资料：上述增值税专用发票均从一般纳税人处取得且符合规定并在当月抵扣，游艇的消费税税率为10%。

要求：根据上述资料，按下列序号计算回答问题。

1. 该造船厂当月销售游艇应纳消费税（ ）万元。

A. 195.00
B. 132.74
C. 133.08
D. 150.38

2. 该造船厂当月销售水上娱乐摩托艇应纳消费税（ ）万元。

A. 0
B. 0.34
C. 3.22
D. 0.38

3. 该造船厂当月可抵扣的增值税进项税额合计（ ）万元。

A. 136.00
B. 171.86
C. 157.60
D. 170.33

4. 该造船厂当月增值税销项税额合计（ ）万元。

A. 143
B. 195.49
C. 172.57
D. 173.00

（二）

甲涂料厂为增值税一般纳税人，生产施工状态下VOC含量450克/升的A涂料和VOC含量420克/升的B涂料。2022年3月发生下列业务：

(1) 销售自产 A 涂料 1000 桶，增值税专用发票金额 30 万元；销售自产 B 涂料 800 桶，增值税专用发票金额 22 万元。

(2) 将 A 涂料 200 桶赠送客户试用，10 桶用于本企业使用中的车间外墙装饰。

(3) 采用预收款方式销售 A 涂料，本月收取乙企业价税合计金额 10 万元，次月发货。

(4) 采取赊销方式销售 500 桶 A 涂料，当月收取价税合计款项 8 万元，但按照合同约定，当月应收取价税合计金额 17.55 万元。

其他相关资料：涂料消费税税率为 4%。

要求： 根据上述资料，回答下列问题。

1. 业务 (1) 应纳消费税（ ）万元。
   A. 0.88　　B. 1.20
   C. 2.08　　D. 3.01

2. 业务 (2) 应纳消费税（ ）万元。
   A. 0.25　　B. 0.24
   C. 0.23　　D. 0.22

3. 业务 (3) 3 月应纳消费税（ ）万元。
   A. 0　　B. 0.35
   C. 0.4　　D. 0.45

4. 业务 (4) 3 月应纳消费税（ ）万元。
   A. 0.28　　B. 0.32
   C. 0.62　　D. 0.70

（三）

某首饰厂（增值税一般纳税人）生产销售贵重首饰，并下设非独立核算门市部销售自产产品。2022 年 3 月发生下列业务：

(1) 向某首饰商行销售翡翠手镯和足金戒指，开具增值税专用发票，其中翡翠手镯不含税金额 60 万元、足金戒指不含税金额 50 万元。

(2) 通过非独立核算门市部向消费者销售翡翠手镯 10 只，价税合计金额 47.97 万元，该批手镯出厂价为不含税 35 万元。

(3) 通过非独立核算门市部向消费者销售钻石戒指 30 只，含税金额 15 万元，并单独收取包装钻戒配套销售的首饰盒 0.12 万元（含税）。

(4) 接受某商城带料加工一条高档足金工艺项链（无同类工艺项链的销售价格），委托方提供黄金 20 克，足金不含税价格 265.49 元/克，加工费含税 500 元。

其他相关资料：其他贵重首饰及珠宝玉石消费税税率为 10%。

要求： 根据上述资料，回答下列问题。

1. 业务 (1) 应纳消费税（ ）万元。
   A. 5　　B. 6
   C. 8　　D. 11

2. 业务 (2) 应纳消费税（ ）万元。
   A. 3.5　　B. 3.85
   C. 4.25　　D. 4.35

3. 业务 (3) 应纳消费税（ ）万元。
   A. 0.67　　B. 0.94
   C. 1.29　　D. 1.44

4. 业务 (4) 应纳消费税（ ）元。
   A. 265.49　　B. 325
   C. 302.75　　D. 342.11

（四）

甲实木地板厂为增值税一般纳税人，2022 年 3 月有关生产经营情况如下：

(1) 从油漆厂购进油漆 200 吨，每吨不含税价 1 万元，取得油漆厂开具的增值税专用发票，注明货款 200 万元、增值税 26 万元。

（2）向农业生产者收购原木30吨，收购凭证上注明支付收购货款42万元，另支付运输费用，取得运输公司（增值税一般纳税人）开具的增值税专用发票，注明运费金额2万元；原木验收入库后，又将其运往乙地板厂加工成未上漆的实木地板，取得乙厂开具的增值税专用发票，注明支付加工费8万元、增值税1.04万元，甲厂收回实木地板时乙厂代收代缴了甲厂的消费税（乙厂无同类实木地板销售价格）。

（3）甲厂将委托加工收回的实木地板的一半用于连续生产高级实木地板，当月生产高级实木地板2000箱，销售高级实木地板1500箱，取得不含税销售额450万元。

（4）当月将自产同类高级实木地板100箱用于装修职工食堂。

其他相关资料：实木地板消费税税率5%；实木地板成本利润率5%，所有发票均符合规定并在当月抵扣进项税额。

要求：根据上述资料，回答下列问题。

1. 甲厂当月发生的增值税进项税为（　　）万元。

A. 31.00　　B. 31.42
C. 32.10　　D. 33.24

2. 甲厂当月应缴纳的增值税为（　　）万元。

A. 30.98　　B. 31.57
C. 32.26　　D. 33.13

3. 甲厂被代收代缴的消费税为（　　）万元。

A. 4.37　　B. 3.55
C. 2.91　　D. 2.52

4. 甲厂当月应自行向主管税务机关申报缴纳的消费税为（　　）万元。

A. 20.12　　B. 21.84
C. 22.74　　D. 23.92

四、综合分析题

（一）

某汽车制造企业属于增值税一般纳税人，生产某种品牌的小轿车，每辆不含税平均销售价格和最高销售价格均为10万元，2022年2月发生如下业务：

（1）与某特约经销商签订了40辆小轿车的平销返利协议，协议规定按含税销售额的5%支付返还收入，当月收到经销商返回的30辆小轿车的相关销售凭证及销售货款（已扣除返还收入），考虑到与其长期业务关系，汽车制造企业开具了40辆小轿车的增值税专用发票。

（2）赠送给某协作单位3辆小轿车，并开具了增值税专用发票。

（3）用一辆小轿车与某空调生产厂家（增值税一般纳税人）交换了30台空调，用于改善办公条件，考虑双方等价交换，故均未开具增值税专用发票，也不再进行货币结算。

（4）将本企业售后服务部使用10年的2辆小轿车（每辆原购买价值为8万元），以每辆含税价格5.15万元销售给了某企业，该企业未放弃减税。

（5）提供汽车修理劳务，价税合计收取5.65万元。

（6）本月购进一批生产材料，取得增值税专用发票上注明增值税税额14万元，货款只支付70%，其余30%下月一次付清，并支付购货运输费从一般纳税人处取得增值税专用发票，金额2万元。

（7）进口一批汽车轮胎，关税完税价格为75万元，缴纳关税15万元，取得海关填发的税款专用缴款书，货已入库，本月生产小轿车领用50%。

其他相关资料：小轿车消费税税率为5%，取得的相关发票均符合规定并于当月抵扣。

要求：根据上述资料，回答下列问题。

1. 企业第（1）笔业务计算增值税的销售额为（　　）万元。

A. 285　　B. 300

C. 380　　D. 400

2. 关于第（3）笔业务正确的说法有（　　）。

A. 汽车制造企业与空调生产厂家的该项业务属于以物易物，均不用缴纳增值税，也不能抵扣进项税额

B. 汽车制造企业与空调生产厂家虽然没有开具增值税专用发票，但是也要计算销项税额，且不能抵扣进项税额

C. 汽车制造企业与空调生产厂家虽然没有开具增值税专用发票，但是也要计算销项税额，也可以抵扣进项税额

D. 汽车制造企业与空调生产厂家因为没有开具增值税专用发票，所以其是否计算销项税额以及能否抵扣进项税额要由当地税务机关确定

E. 汽车制造企业该项业务应缴纳消费税

3. 企业第（4）笔业务应纳增值税（　　）万元。

A. 0　　B. 1.3

C. 0.2　　D. 0.3

4. 企业第（7）笔业务应缴纳进口环节增值税为（　　）万元。

A. 11.70　　B. 12.00

C. 13.16　　D. 14.56

5. 企业当月应向税务机关缴纳增值税（　　）万元。

A. 32.17　　B. 32.32

C. 33.79　　D. 34.43

6. 企业当月应向税务机关缴纳消费税（　　）万元。

A. 13.2　　B. 15.75

C. 22　　D. 25.4

（二）

位于市区的甲高尔夫球具厂（以下简称"甲厂"）为增值税一般纳税人，产成品成本中外购比例60%，2022年6月有关生产经营情况如下：

（1）向农业生产者收购原木30吨，收购凭证上注明支付收购货款42万元，另支付运输费用2万元（不含增值税），取得运输公司（增值税一般纳税人）开具的增值税专用发票；原木验收入库后，当月又将其全部运往位于县城的乙高尔夫球具厂加工成木制杆头，双方签订了委托加工合同，合同注明甲厂收购原木的实际采购成本金额，并注明支付加工费12万元、增值税1.56万元，取得乙厂开具的增值税专用发票。甲厂收回木制杆头时乙厂代收代缴了甲厂的消费税，乙厂无同类应税消费品的销售价格。

（2）向丙高尔夫球具厂外购一批高尔夫球杆的金属杆身，取得的增值税专用发票，注明货款200万元、增值税26万元。

（3）甲厂将委托加工收回的木制杆头的50%领用连续加工进行烤漆；30%以22万元（不含税价）销售给另一家高尔夫球具厂；领用当期外购杆身的90%，与自产握把组合成成套产品。

（4）当月销售自产高尔夫球具1200套，取得不含税销售额450万元。

（5）当月将自产高尔夫球具100套赞助某国际高尔夫大赛；将自产高尔夫球具

10套用于本厂职工奖励。

（6）当月末盘点，因管理不善毁损库存产成品一批，账面成本8万元。

其他相关资料：高尔夫球具消费税税率10%，成本利润率10%；所有符合规定的发票均在当月抵扣。

要求： 根据上述资料，回答下列问题。

1. 甲厂当月发生的增值税进项税为（　　）万元。

A. 31.94　　B. 31.76

C. 31.82　　D. 32.05

2. 甲厂当月增值税进项税转出为（　　）万元。

A. 1.04　　B. 0.80

C. 0.77　　D. 0.62

3. 甲厂当月应纳的增值税为（　　）万元。

A. 34.36　　B. 35.40

C. 37.10　　D. 38.31

4. 甲厂当月委托加工被代收代缴的消费税为（　　）万元。

A. 5.33　　B. 5.42

C. 5.58　　D. 5.76

5. 甲厂当月应自行向税务机关申报缴纳的消费税为（　　）万元。

A. 28.72　　B. 28.99

C. 29.25　　D. 29.36

6. 以下表述正确的有（　　）。

A. 乙高尔夫球具厂代收代缴甲厂消费税时，应同时代收代缴城建税、教育费附加和地方教育附加

B. 乙高尔夫球具厂代收代缴甲厂城建税时，应使用甲厂所在地7%的城建税税率

C. 乙高尔夫球具厂代收代缴甲厂城建税时，应使用乙厂所在地5%的城建税税率

D. 委托加工收回的木制杆头连续加工高尔夫球具销售的，应计算缴纳消费税，并按生产领用量抵扣委托加工已纳的消费税

E. 委托加工收回的木制杆头对外销售的，不再缴纳消费税

同步强化练习题参考答案及解析

使用“会计云课堂”App或“微信”扫码对答案、看解析、掌握解题思路，开启轻松过关之旅。

一、单项选择题

1. B　【解析】选项A：委托加工实木地板的纳税人是委托方；选项C：零售金银首饰的纳税人是零售单位；选项D：购买跨境电子商务零售进口商品的个人作为纳税义务人。

2. C 【解析】选项A：高尔夫车不属于消费税小汽车税目的征税范围；选项B：企业购进货车或厢式货车改装生产的商务车、卫星通讯车等专用汽车不属于消费税征税范围；选项C：用中轻型商用客车底盘（车架）改装、改制的车辆属于消费税小汽车税目中的中轻型商用客车的征税范围；选项D：车身12米并且有25座的大客车不属于消费税小汽车税目的征税范围。

3. C 【解析】选项A：对于啤酒屋利用啤酒生产设备生产的啤酒，应当征收消费税；选项B：宝石坯是经采掘、打磨、初级加工的珠宝玉石半成品，因此，对生产销售宝石坯应按规定征收消费税；选项D：调味料酒不征收消费税。

4. D 【解析】生产原料中废矿物油重量必须占到90%以上。产成品中必须包括润滑油基础油，且每吨废矿物油生产的润滑油基础油应不少于0.65吨。

5. C 【解析】选项A：汽车轮胎不属于消费税征税范围；选项B：体育用发令纸不属于消费税征税范围；选项D：每只销售价格（不含增值税）在1万元（含）以上的手表为消费税征税范围内的高档手表。

6. A 【解析】本题目考点细腻。选项A：燃料油包括船用重油，纳税人生产销售船用重油应计算缴纳消费税；选项B：免征消费税；选项C：暂缓征收消费税；选项D：变压器油、导热类油等绝缘油类产品不属于润滑油，不征收消费税。

7. D 【解析】选项ABC：不属于消费税的征税范围。选项D：润滑脂属于润滑油消费税征税范围。

8. B 【解析】纳税人将应税消费品与非应税消费品以及适用不同税率的应税消费品组成成套消费品销售的，应根据组合产制品的销售金额按应税消费品中适用最高税率的应税消费品税率征收消费税。

9. D 【解析】选项A：纳税人将自产的应税消费品用于换取生产资料，按同类应税消费品的最高销售价格计算应纳消费税；选项B：纳税人将自产的应税消费品用于连续生产应税消费品，不征收消费税；选项C：自2012年9月1日起，委托方收回委托加工的应税消费品后，以高于受托方的计税价格出售的，不属于直接出售，需按照规定申报缴纳消费税，在计税时准予扣除受托方已代收代缴的消费税；选项D：催化料、焦化料属于燃料油的征收范围，应当征收消费税。

10. B 【解析】纳税人将适用税率不同的应税消费品组成成套消费品销售的，应根据组合产制品的销售金额或销售数量按应税消费品中适用最高税率的应税消费品税率征税。应纳消费税 = （200+18×2）×250+300×220 = 125000（元）= 12.5（万元）。

11. D 【解析】注意吨与克的换算，1吨 = 1000千克，1千克 = 500克×2。
从量税 = 0.8×1000×2×0.5 = 800（元）

从价税=［0.8×40000×（1+10%）+800］÷（1-20%）×20%=9000（元）
该酒厂当月应纳消费税=800+9000=9800（元）。

12. A 【解析】委托加工收回的10%按照3.6万元平价销售给职工，没有超过受托方的计税价格，不需要缴纳消费税；委托加工收回的25%以12万元的价格销售给丙卷烟厂，需要计算缴纳消费税=12×30%-10.8×25%=3.6-2.7=0.9（万元）；另有5%因管理不善发生毁损，增值税需要作进项税额转出，但消费税不作处理，即消费税不计也不抵。

13. C 【解析】纳税人通过自设非独立核算门市部销售的自产应税消费品，计税时要按非独立核算门市部对外的销售额计算消费税税额。高尔夫球具厂应纳消费税税额=67.8÷（1+13%）×10%=6（万元）。

14. B 【解析】沐浴露不属于消费税的征收范围，所以A选项不征消费税；商业企业将金银首饰销售给个人消费者的，应缴纳消费税，所以B选项正确；自产应税消费品用于继续生产应税消费品不缴纳消费税，所以C选项不征消费税；将委托加工收回的消费品以不高于受托方的计税价格直接销售的不再缴纳消费税，所以D选项不征消费税。

15. D 【解析】A型啤酒的每吨售价=（87000+6000÷1.13）÷30=3076.99（元）>3000元，适用的税率为250元/吨；包装物押金不包括供重复使用的塑料周转箱押金，B型啤酒每吨的售价=56000÷20=2800（元）<3000元，适用的税率为220元/吨。当月应缴纳的消费税=30×250+20×220=11900（元）。

16. D 【解析】外购已税消费品继续加工成应税消费品、委托加工收回的已税消费品继续加工成应税消费品、自制应税消费品继续加工成应税消费品均于出厂销售时缴纳消费税，移送连续加工环节不视同销售，不缴纳消费税；但自制应税消费品继续加工成非应税消费品的移送环节应视同销售缴纳消费税。

17. D 【解析】卷烟厂用于生产卷烟的自产烟丝不缴纳消费税；选项ABC都属于视同销售应税消费品行为，于移送使用时缴纳消费税。

18. C 【解析】ABD选项均应计算缴纳消费税；C选项不需要缴纳消费税。

19. B 【解析】从已纳消费税扣除范围看，以外购的已税杆头、杆身和握把为原料生产的高尔夫球杆属于已纳消费税扣除范围；从扣税依据看，消费税要按生产领用量抵扣，不同于增值税的购进扣税法。

20. D 【解析】委托加工的应税消费品，受托方没有同类消费品销售价格的，按照组成计税价格计算代收代缴的消费税，实行从价定率办法计算纳税的组成计税价格计算公式：组成计税价格=（材料成本+加工费）/（1-消费税比例税率）。本题要注意两点，一是材料成本的金额包括买价和运输费；二是材料成本和加工费都要使用不含增值税的金额。乙企业当月应代收代缴的消费税 =（50+1+5）/（1−5%）×5% = 2.95（万元）。

21. C　【解析】该批烟丝被代收代缴消费税税款时的组成计税价格 =（18+3）/（1−30%）= 30（万元）；销售其中的 60%的计税价格 = 30×60% = 18（万元）；甲卷烟厂收回烟丝后对外销售价格 22 万元超过了乙卷烟厂代收代缴消费税的计税价格，故应按销售额缴纳消费税，同时可以扣除该烟丝委托加工环节已纳的消费税。应缴纳的消费税 = 22×30% − 30×30%×60% = 1.2（万元）。

22. D　【解析】（1）关税完税价格 = 2000000 + 20000 + 8000 = 2028000（元），关税 = 2028000×20% = 405600（元）。（2）确定进口卷烟适用的消费税税率：每标准条进口卷烟的价格 = ［（2028000 + 405600）÷（300×250）+0.6］÷（1−36%）= 51.64（元）<70 元，适用的比例税率为 36%。（3）进口卷烟应纳消费税 = 150×300+（2028000 + 405600 + 150×300）÷（1−36%）×36% = 45000 + 1394212.5 = 1439212.5（元）。

23. D　【解析】购买跨境电子商务零售进口商品的个人作为纳税义务人。电子商务企业、电子商务交易平台企业或物流企业可作为代收代缴义务人。

24. B　【解析】刘女士所购口红未超过单次 5000 元的限值，也未超过 26000 元的年度交易限值，关税税率为 0%，但需缴纳增值税和消费税，应纳税额可以享受七折优惠。

应纳增值税 = 510/（1−15%）×13%×70% = 54.60（元）

应纳消费税 = 510/（1−15%）×15%×70% = 63（元）

合计纳税 = 54.60+63 = 117.60（元）。

25. A　【解析】当月应缴纳增值税 =（55000 + 5000 + 50000 + 70000）÷（1 + 13%）×13% − 18800 = 20707.96 − 18800 = 1907.96（元）

应缴纳消费税 =（50000+70000）÷（1+13%）×5% = 5309.73（元）

合计纳税 = 1907.96+5309.73 = 7217.69（元）。

26. B　【解析】选项 A：进口的应税消费品，纳税义务发生时间为报关进口的当天；选项 C：委托加工的应税消费品，纳税义务发生时间为纳税人提货的当天；选项 D：采取预收货款结算方式的，纳税义务发生时间为应税消费品发出的当天。只有选项 B 符合规定。

27. B　【解析】选项 A：委托加工的应税消费品，除受托方为个人外，由受托方向机构所在地或者居住地的主管税务机关解缴消费税税款；委托个人加工的应税消费品，由委托方向其机构所在地或者居住地主管税务机关申报纳税。选项 C：纳税人（卷烟批发企业除外）总机构和分支机构不在同一县（市）的，应分别向各自机构所在地的主管税务机关申报纳税。选项 D：卷烟批发企业的机构所在地，总机构与分支机构不在同一地区的，由总机构申报纳税。

28. D　【解析】卷烟批发企业总机构和分支机构不在同一县（市）的，总机构应就总分支机构的卷烟批发销售额和销售数量计算缴纳消费税，但总机构和分支机构各自缴纳增值税。这里的核心考点是卷烟批发企业纳税地点的规定。

总机构应纳消费税＝（50＋30）×11%＋（25＋14）×250/10000＝8.8＋0.98＝9.78（万元）

总机构应纳增值税＝（50+20）×13%－7＝2.10（万元）

总机构合计缴纳增值税和消费税＝9.78+2.10＝11.88（万元）。

29. D　【解析】生产企业自产石脑油、燃料油用于生产乙烯、芳烃类化工产品的，按实际耗用数量暂免征消费税。

30. D　【解析】纳税人采取分期收款结算方式的，消费税纳税义务发生时间为书面合同约定的收款日期的当天。该企业9月就该项业务应缴纳的消费税＝135.6×50%÷（1+13%）×10%＝6（万元）。

二、多项选择题

1. AD　【解析】考核消费税的特点。应税消费品中所含的消费税税额最终都要转嫁到消费者身上，由消费者承担，税负具有转嫁性，所以A选项正确；消费税税率形式和档次都具有多样性，并不单一，所以B选项错误；消费品生产企业将自产应税消费品，用于除连续生产应税消费品以外的其他方面的，于移送使用时缴纳消费税，所以C选项错误；消费税征税项目具有选择性，税目列举的消费品都属于消费税的征税范围，所以D选项正确；我国消费税原则上实行单一环节一次课征的办法，卷烟自2009年5月1日起，在原有环节上增加了批发环节的计税规定，超豪华小汽车自2016年12月1日起，在原有环节上增加零售环节的计税规定，所以E选项错误。

2. CD　【解析】选项A：零售金银首饰的纳税人是零售单位和个人；选项B：委托加工高档化妆品的纳税人是委托方；选项E：批发卷烟的纳税人是卷烟批发企业和个人。

3. AC　【解析】工业企业以外的单位和个人的下列行为视为应税消费品的生产行为，按规定征收消费税：（1）将外购的消费税非应税产品以消费税应税产品对外销售的；（2）将外购的消费税低税率应税产品以高税率应税产品对外销售的。

4. ACE　【解析】选项B：未达到不含增值税售价10000元的高档手表的条件；选项D：不属于消费税的征税范围。

5. ABC　【解析】对以蒸馏酒或食用酒精为酒基，同时符合以下条件的配制酒，按消费税税率表“其他酒”10%适用税率征收消费税：（1）具有国家相关部门批准的国食健字或卫食健字文号；（2）酒精度低于38度（含）。以发酵酒为酒基，酒精度低于20度（含）的配制酒，按“其他酒”10%适用税率征收消费税。其他配制酒，按白酒税率征收消费税。所以 ABC 选项正确。D 选项不征收消费税。E 选项按照啤酒的税目、税率征收消费税。

6. CE　【解析】选项 A：石英钟不属于消费税的征税范围；选项 B：帆艇不属于征收消费税的游艇，不征收消费税；选项 C：高档胭脂属于应征消费税的高档化妆品；选项 D：戏剧、舞台演员化妆用的油彩不属于消费税的征收范围；选项 E：果啤属于啤酒，应征收消费税。

7. BD　【解析】选项 A：进口数码相机征收增值税，不征收消费税；选项 C：烟酒经销商店销售外购的已纳消费税烟酒，不征收消费税，征收增值税；选项 E：商场零售的高档化妆品，不征收消费税，征收增值税。

8. BD　【解析】计算增值税计税销售额时，单独核算的啤酒的包装物押金，未到期的不并入销售额，每吨啤酒的增值税计税销售额 = 2850+（100+40）/（1+13%）= 2973.89（元）；确定啤酒的消费税适用税率时，要将其包装物押金价税分离并入销售额确定税率级次，每吨价格 = 2850+（100+40+50）/（1+13%）= 3018.14（元）>3000 元，适用 250 元/吨的消费税税率。

9. CDE　【解析】选项 AB 属于燃料油征税项目；选项 CDE 属于石脑油征税项目。

10. ACE　【解析】考核自产应税消费品用于其他方面的规定。纳税人用于换取生产资料和消费资料、投资入股和抵偿债务等方面的应税消费品，应当以纳税人同类消费品的最高销售价格作为计税依据计算缴纳消费税。

11. ACDE　【解析】考核委托加工应税消费品的确认条件。委托加工的应税消费品，是指由委托方提供原料和主要材料，受托方只收取加工费和代垫部分辅助材料加工的应税消费品。对于由受托方提供原材料生产的应税消费品，或者受托方先将原材料卖给委托方，然后再接受加工的应税消费品，以及由受托方以委托方名义购进原材料生产的应税消费品，不论在财务上是否作销售处理，都不得作为委托加工应税消费品，而应当按照受托方销售自制应税消费品缴纳消费税。

12. ABC　【解析】选项 D：普通护肤品不属于消费税的征税范围；选项 E：成品油生产企业生产成品油过程中作为燃料消耗掉的自产成品油免征消费税。

13. BCD　【解析】选项 A：啤酒从量计征消费税，啤酒生产企业生产销售啤酒时收取的包装物押金不征收消费税；选项 E：卷烟生产企业实际销售价格低于核定计税价格，按核定计税价格计税。

14. CE　【解析】考核委托加工应税消费品消费税的计税和扣税规则。乙企业受托加工代收代缴的消费税 =（260+25）/（1-5%）×5% = 15（万元）。甲企业销售时应纳的消费税 = 350×5% -15×70% = 7（万元）。

15. BD 【解析】选项B：在零售环节缴纳消费税的金银镶嵌首饰不得抵扣外购珠宝玉石的已纳消费税税款；选项D：酒类产品（葡萄酒、啤酒除外）一般不允许抵扣以前环节已纳的消费税税额。

16. ABE 【解析】本题考核外购应税消费品用于连续加工应税消费品准予扣除已纳消费税的范围。外购已税珠宝玉石生产的金银镶嵌首饰，不可以抵扣已税珠宝玉石的消费税；涂料不属于消费税连续加工的扣税项目。因此，正确选项为ABE。

17. ACE 【解析】选项B：白酒生产企业销售给销售单位的白酒，生产企业消费税计税价格低于销售单位对外销售价格70%以下的，白酒消费税最低计税价格的核定比例由税务机关统一确定为60%。选项CD：已核定最低计税价格的白酒，生产企业实际销售价格高于消费税最低计税价格的，按实际销售价格申报纳税；实际销售价格低于消费税最低计税价格的，按最低计税价格申报纳税。

18. CDE 【解析】卷烟、白酒应于生产、委托加工和进口环节缴纳消费税。自2009年5月1日起，对卷烟在批发环节加征一道消费税。

19. BD 【解析】金银首饰（含金、银、金基、银基及其镶嵌首饰，但不含包金、镀金首饰）、铂金首饰、钻石及钻石饰品在零售环节缴纳消费税；其他贵重首饰和珠宝玉石在出厂销售环节、委托加工环节和进口环节缴纳消费税。

20. CD 【解析】应税消费品计税价格的核定权限：（1）卷烟、小汽车的计税价格由国家税务总局核定，送财政部备案；（2）其他应税消费品的计税价格由省、自治区和直辖市税务局核定；（3）进口的应税消费品的计税价格由海关核定。

21. ADE 【解析】选项B：以已税珠宝玉石为原料生产的金银（含铂金）首饰和钻石首饰不得扣除外购珠宝玉石的已纳消费税税款。选项C：小汽车没有抵扣消费税已纳税款的规定。

22. AB 【解析】出口企业出口或视同出口适用增值税退（免）税的货物，免征消费税（选项AB），如果属于购进出口的货物，退还前一环节对其已征的消费税。

23. ABDE 【解析】选项C：金银首饰连同包装物销售的，无论包装物是否单独计价，也无论会计上如何核算，均应并入金银首饰的销售额，计征消费税。

24. AE 【解析】选项AD：纳税人采用以旧换新（含翻新改制）方式销售的金银首饰，应按实际收取的不含增值税的全部价款确定计税依据征收消费税。选项B：带料加工的金银首饰，应按受托方销售同类金银首饰的销售价格确定计税依据征收消费税；没有同类金银首饰销售价格，按照组成计税价格计算纳税。组成计税价格的计算公式为：组成计税价格＝（材料成本+加工费）/（1-金银首饰消费税税率）。选项C：金银首饰的清理、修理收入不属于消费税的征税范围。

25. ACDE 【解析】选项ACDE：符合金银首饰消费税的有关规定；选项B：镀金首饰不属于在零售环节征收消费税的金银首饰。

26. BD 【解析】批发环节征收消费税的只包括卷烟，不包括雪茄烟，所以A选项错误；卷烟批发企业的总分支机构不在同一地区的，由总机构申报缴纳消费税，所以C选项错误；纳税人批发卷烟和其他商品不能分别核算销售额的，一并征收消费税，所以E选项错误。

27. ABD 【解析】选项A：委托加工的应税消费品，除受托方为个人外，由受托方向机构所在地或者居住地的主管税务机关解缴消费税税款。选项C：纳税人（卷烟批发企业除外）的总机构与分支机构不在同一县（市）的，应当分别向各自机构所在地的主管税务机关申报纳税；但经财政部、国家税务总局或者其授权的财政、税务机关批准，可以由总机构汇总向总机构所在地的主管税务机关申报纳税。选项D：委托个人加工的应税消费品，由委托方向其机构所在地或者居住地主管税务机关申报纳税。选项E：进口的应税消费品，由进口人或者其代理人向报关地海关申报纳税。

28. BDE 【解析】选项A：采取赊销和分期收款结算方式销售应税消费品的，其纳税义务发生时间为书面合同约定的收款日期的当天，书面合同没有约定收款日期或者无书面合同的，为发出应税消费品的当天；选项C：纳税人委托加工的应税消费品，其纳税义务发生时间为纳税人提货的当天。

29. BDE 【解析】消费税征税范围确定的原则：（1）引导消费；（2）保护环境；（3）持续发展。

30. AD 【解析】选项BCE：不是消费税的纳税环节，不缴纳消费税，只缴纳增值税；选项AD：既缴纳增值税又缴纳消费税。

三、计算题

（一）

1. B 【解析】缴纳消费税的游艇长度大于8米（含）小于90米（含），销售自造60米长的游艇应纳消费税。该造船厂当月销售游艇应纳消费税额＝1500÷（1+13%）×10%＝132.74（万元）。

2. A 【解析】缴纳消费税的游艇长度大于8米（含）小于90米（含），因此，销售4米长的水上娱乐摩托艇不需要缴纳消费税。

3. C 【解析】注意区分货物、加工劳务、广告服务、运输服务等不同项目的适用税率。该造船厂当月可抵扣的增值税进项税额＝（600+80+12）×13%+10×9%+450×50%÷（1+6%）×6%+54＝157.60（万元）。

4. D　【解析】该造船厂当月增值税销项税额 =（1500+3.8）÷（1+13%）×13% = 173.00（万元）。

（二）

1. B　【解析】业务（1）应纳的消费税 = 30×4% = 1.20（万元）。
B涂料的VOC含量420克/升，施工状态下VOC含量低于420克/升（含）的涂料免征消费税。

2. A　【解析】业务（2）应纳的消费税 = 30/1000×（200+10）×4% = 0.25（万元）。

3. A　【解析】业务（3）3月应纳的消费税为0，采取预收款方式销售应税消费品，消费税纳税义务发生时间为应税消费品发出的当天。

4. C　【解析】业务（4）3月应纳的消费税 = 17.55/（1+13%）×4% = 0.62（万元）。
采取赊销方式销售应税消费品，消费税纳税义务发生时间为书面合同约定的收款日期的当天，书面合同没有约定收款日期或者无书面合同的，为发出应税消费品的当天。

（三）

1. B　【解析】业务（1）应纳的消费税 = 60×10% = 6（万元）
翡翠手镯在出厂环节缴纳消费税；足金戒指在零售环节缴纳消费税。

2. C　【解析】业务（2）应纳的消费税 = 47.97/（1+13%）×10% = 4.25（万元）
纳税人通过自设非独立核算门市部销售的自产应税消费品，应按门市部对外销售额或者销售数量征收消费税。

3. A　【解析】业务（3）应纳的消费税 =（15+0.12）/（1+13%）×5% = 0.67（万元）
直接销售给消费者的钻戒按照零售环节5%的税率计算缴纳消费税。

4. C　【解析】业务（4）应纳的消费税 = [20×265.49+500/（1+13%）]/（1-5%）×5% = 302.75（元）。

（四）

1. B　【解析】业务（1）外购油漆的进项税额26万元。
业务（2）加工费的进项税额1.04万元。
外购原木及相关运输服务进项税额 = 42×10%+2×9% = 4.38（万元）
这里考点是2019年4月1日之后收购免税农产品生产基本税率的货物，适用10%（9%+1%）扣除率计算抵扣进项税的规定和运输费凭票抵扣进项税的规定。
当期进项税合计 = 26+1.04+4.38 = 31.42（万元）。

2. A　【解析】销项税额 = 450×13% + 450/1500×100×13% = 58.5 + 3.9 = 62.40（万元）
应缴纳增值税 = 62.40 − 31.42 = 30.98（万元）。

3. D　【解析】解题关键是收购农产品的成本计算，收购农产品的账面成本 = 凭证注明收购款项 + 相关不含增值税的运杂费 − 收购款中可计算抵扣的增值税进项税。
组成计税价格 = ［42×（1−10%）+2+8］÷（1−5%）= 50.32（万元）
甲厂被代收代缴的消费税 = 50.32×5% = 2.52（万元）
因为乙厂没有同类价格，只能组价计税。在组价时注意收购原木的 42 万元收购款中计算扣除了 10%的进项税，剩余 90%（1−10%）的部分计入了采购成本；支付 2 万元运费属于采购成本的组成部分。

4. C　【解析】①销售和视同销售实木地板应纳消费税 =（450 + 450/1500×100）× 5% = 480×5% = 24（万元）
②生产领用已税实木地板应抵扣消费税 = 2.52×50% = 1.26（万元）
③应缴纳消费税 = 24 − 1.26 = 22.74（万元）。

四、综合分析题

（一）

1. D　【解析】由于汽车制造企业按照 40 辆小轿车开具了增值税专用发票，就应按发票所列销售额计算增值税销项税额和消费税，而且支付给经销商的返还收入不得从销售额中扣减，所以其计税销售额 = 40×10 = 400（万元）。

2. BE　【解析】作为汽车制造企业以物易物换出的小轿车，应核算销售额并计算增值税销项税额和消费税，但是因为没有取得增值税专用发票而不能抵扣增值税进项税额。

3. C　【解析】应缴纳增值税 = 5.15×2÷（1+3%）×2% = 0.2（万元）。

4. A　【解析】进口汽车轮胎应缴纳增值税 =（75+15）×13% = 11.70（万元）。

5. A　【解析】当期销项税额 =（40+3+1）×10×13% + 5.65÷（1+13%）×13% = 57.20+0.65 = 57.85（万元）
当期进项税额 = 14+2×9% + 11.70 = 25.88（万元）
当期应纳增值税 = 57.85 − 25.88 + 0.2 = 32.17（万元）。

6. C　【解析】企业当期应向税务机关缴纳消费税 =（40+3+1）×10×5% = 22（万元）。

（二）

1. A　【解析】计算甲厂当月发生的增值税进项税：
①外购原木进项税额 = 42×10% + 2×9% = 4.38（万元）。

2019 年 4 月 1 日后纳税人购进用于生产销售或委托加工基本税率货物的农产品，扣除率为 10%。

②外购杆身增值税进项税 26 万元。

③委托加工加工费进项税 1.56 万元。

当月发生的进项税合计 = 4.38+26+1.56 = 31.94（万元）。

2. D 【解析】甲厂当月发生的增值税进项税转出金额 = 8×60%×13% = 0.62（万元）。

3. B 【解析】计算甲厂当月应纳的增值税：

销售和视同销售高尔夫球具的销售额 = 450+450÷1200×（100+10）+22 = 450+41.25+22 = 513.25（万元）

销项税额 = 513.25×13% = 66.72（万元）

应缴纳增值税 = 66.72−31.94+0.62 = 35.40（万元）。

4. D 【解析】计算甲厂当月委托加工被代收代缴的消费税：

因为受托方乙厂没有同类价格，只能组价计税。在组价时注意收购原木的实际采购成本的计算：42 万元收购款中计算扣除了 10% 的进项税，剩余（1−10%）的部分计入了采购成本；支付 2 万元运费也要计入采购成本。

材料成本 = 42×（1−10%）+2 = 39.8（万元）

委托加工杆头消费税组成计税价格 =（39.8+12）÷（1−10%）= 57.56（万元）

委托加工收回木制杆头被代收代缴消费税 = 57.56×10% = 5.76（万元）。

5. A 【解析】计算甲厂当月应向税务机关缴纳的消费税：

委托加工收回的木制杆头以高于受托方的计税价格出售的（22 万元>57.56×30%），需按照规定申报缴纳消费税，在计税时准予扣除受托方已代收代缴的消费税。

甲厂当月可抵扣的消费税 = 5.76×（50%+30%）+200×90%×10% = 22.61（万元）

当月应纳消费税 = 450×10%+450/1200×（100+10）×10%+22×10%−22.61 = 28.72（万元）。

6. ACD 【解析】选项 B：乙高尔夫球具厂代收代缴甲厂城建税时，应使用乙厂所在地 5% 的城建税税率。选项 E：委托加工收回的木制杆头以高于受托方的计税价格出售的，需按照规定申报缴纳消费税，在计税时准予扣除受托方已代收代缴的消费税。

轻松过关®1

2022年税务师职业资格考试

应试指导及全真模拟测试

税 法（I）

（下册）

刘　颖　主编

东奥会计在线　编

北京科学技术出版社

目录 CONTENTS

第二部分　考点精讲及同步训练

第三部分　主观题演练及核心常考点

第四部分　全真模拟测试题及参考答案

第四章　城市维护建设税、教育费附加及地方教育附加

本章学习指南

一、考情概况

本章包括城市维护建设税（简称“城建税”）、教育费附加和地方教育附加的政策和计算的内容。尽管城市维护建设税、教育费附加和地方教育附加在政策规定上具有独立性，但是其具体计算依据与纳税人实纳的增值税、消费税有着密切的联系。

城市维护建设税的税率运用规则很重要，纳税人所在地不同，税率也不同。小税种的税收优惠比较重要，要灵活掌握。因此本章可以参与各种题型的命制，其中本章的政策性知识点比较容易拿分，但计算性知识点受增值税、消费税税额计算的准确度制约。本章在税法（Ⅰ）考试中的分值预计在 4 分左右。

城市维护建设税、教育费附加可以在计算企业所得税应纳税所得额时扣除，同样也是计算土地增值税的土地增值额的扣除项目，因此本章的内容也影响税法（Ⅰ）其他章节和税法（Ⅱ）、涉税服务实务的学习。

二、2022 年教材主要变化

1. 增加行政区划变更适用税率和申报时间的确定。
2. 增加和调整多项税收优惠政策。
3. 删除了一些过时政策。

三、基本结构框架

第四章 城市维护建设税、教育费附加及地方教育附加（一）

- 城市维护建设税概述 ★
- 城市维护建设税的征税范围、纳税人和税率
  - 城市维护建设税的征税范围 ★
  - 城市维护建设税的纳税人 ★
  - 城市维护建设税的税率 ★★★

- **第四章 城市维护建设税、教育费附加及地方教育附加（二）**
  - 城市维护建设税的税收优惠、计税依据与税额计算
    - 城市维护建设税的税收优惠 ★★
    - 城市维护建设税的计税依据 ★★★
    - 城市维护建设税应纳税额的计算 ★★★
  - 城市维护建设税的征收管理 ★★
  - 教育费附加与地方教育附加
    - 教育费附加与地方教育附加的计算 ★
    - 教育费附加与地方教育附加的减免规定 ★

本章核心考点精讲

2020 年 8 月 11 日第十三届全国人民代表大会常务委员会第二十一次会议通过《中华人民共和国城市维护建设税法》，自 2021 年 9 月 1 日起施行。

▶ Unit 1

第一单元　城市维护建设税概述（★）

查看本单元视频，快速 GET 知识点
使用“会计云课堂”App或“微信”扫码

城市维护建设税是对缴纳增值税、消费税的单位和个人征收的一种税。

与其他税种相比较，城市维护建设税具有以下特点：

1. 税款专款专用

这是一个阶段性的特点。城市维护建设税最初规定税款专款专用，用来保证城市的公共事业和公共设施的维护和建设。但后来配合我国预算制度改革，这一规定不再执行。2021 年 9 月 1 日城建税法实施后，这一规定被明确取消。

2. 属于附加税

城市维护建设税没有独立的征税对象，而是以增值税、消费税实际缴纳的税额之和为计税依据，随增值税、消费税征收而征收，本质上属于附加税。

3. 具有受益税性质，根据城镇规模设计税率

城镇规模越大，需要的维护和建设资金就越多。与此相适应，城建税的税率就越高，反之就越低。

4. 征收范围较广

城市维护建设税的纳税人范围涵盖了增值税、消费税的纳税人范围，征收范围较广。

经典题解

【例题 1 · 多选题】 关于城市维护建设税的特点，下列说法错误的有（　　）。

A. 地方自收自支　　　　B. 属于附加税

C. 根据城镇规模设计税率　　　　D. 征收范围较广

E. 具有收益税性质

【解析】城市维护建设税具有以下特点：(1) 税款专款专用（阶段性特点）。(2) 属于附加税。(3) 具有受益税性质，根据城镇规模设计税率，“受益”与“收益”不是等同概念。(4) 征收范围较广。

【答案】AE

▶ Unit 2

第二单元　城市维护建设税的征税范围、纳税人和税率

查看本单元视频，快速 GET 知识点
使用“会计云课堂”App 或“微信”扫码

01　城市维护建设税的征税范围（★）

城市维护建设税征收的区域范围包括城市市区、县城、建制镇，以及税法规定征收增值税、消费税的其他地区。

考点提示

城市维护建设税进口不征、出口不退、免抵要交。

对进口货物或者境外单位和个人向境内销售劳务、服务、无形资产缴纳的增值税、消费税税额，不征收城市维护建设税。即城建税“进口不征”。

对出口产品退还增值税、消费税的，不退还已缴纳的城市维护建设税和教育费附加。即城建税“出口不退”。

02　城市维护建设税的纳税人（★）

城市维护建设税的纳税人是缴纳增值税、消费税中任何一种税的单位和个人。

城市维护建设税的扣缴义务人为负有增值税、消费税扣缴义务的单位和个人，在扣缴增值税、消费税的同时扣缴城市维护建设税。

考点提示

并不是说同时缴纳增值税、消费税两种税才涉及缴纳城建税，而是指除特殊环节（进口、境外提供服务等）外，只要缴纳增值税和消费税中任何一种税，都会涉及缴纳城建税。

经典题解

【例题 2 · 单选题】根据城市维护建设税的规定，下列企业属于城市维护建设税纳税人的是（　　）。

A. 缴纳资源税的国有企业　　B. 缴纳城镇土地使用税的私营企业

C. 缴纳消费税的外商投资企业　　D. 缴纳房产税的外国企业

【解析】城建税的纳税人是缴纳增值税、消费税的单位和个人。

【答案】C

03 城市维护建设税的税率（★★★）

（一）城市维护建设税税率的基本规定

城市维护建设税采用地区差别比例税率：

1. 纳税人所在地为市区的，税率为7%；
2. 纳税人所在地为县城、镇的，税率为5%；
3. 纳税人所在地不在市区、县城或镇的，税率为1%。

考点提示

城建税纳税人按所在地在市区、县城、镇和不在上述区域适用不同税率。市区、县城、镇按照行政区划确定。

行政区划变更的，自变更完成当月起适用新行政区划对应的城建税税率，纳税人在变更完成当月的下一个纳税申报期按新税率申报缴纳。（新增）

举例：某纳税人2022年5月16日因行政区划变更完成，由镇改为市区，则5月要使用7%的市区城市维护建设税税率计算税额，在6月15日之前的申报期里，申报缴纳5月的按照新税率计算的税额。

（二）“纳税人所在地”授权地方确定

按照城建税法的规定，纳税人所在地，是指纳税人住所地或者与纳税人生产经营活动相关的其他地点，具体地点由省、自治区、直辖市确定。

【解释】随着城镇化的不断推进、城乡一体化发展以及行政区划的调整，“纳税人所在地”也随之发生变化，各地实际情况有所不同，无法在全国范围统一明确纳税人所在地，因此，就需要地方根据实际情况，具体明确本地区“纳税人所在地”的内涵。

经典题解

【真题3·单选题】城市维护建设税采用的税率形式是（　　）。（2019年）

A. 产品比例税率

B. 行业比例税率

C. 地区差别比例税率

D. 有幅度的比例税率

【解析】城市维护建设税实行地区差别比例税率。

【答案】C

【例题4·多选题】关于城市维护建设税适用税率，下列说法错误的有（　　）。

A. 纳税人所在地为市区的，适用税率7%

B. 纳税人跨地区出租不动产，按机构所在地适用税率征税

C. 委托某企业加工应税消费品，按受托方所在地适用税率征税

D. 行政区划变更的，自变更完成次月起适用新行政区划对应的城建税税率

E. 行政区划不是城市的，不缴纳城市维护建设税

【解析】选项 B，纳税人跨地区出租不动产的，在不动产所在地预缴增值税，以预缴增值税税额为计税依据，按预缴增值税所在地的城市维护建设税适用税率计算缴纳城市维护建设税。预缴增值税的纳税人在其机构所在地申报缴纳增值税时，以其实际缴纳的增值税税额为计税依据，并按机构所在地的城市维护建设税适用税率计算缴纳城市维护建设税。选项 D，行政区划变更的，自变更完成当月起适用新行政区划对应的城建税税率。选项 E，城市维护建设税征收的区域范围包括城市市区、县城、建制镇，以及税法规定征收增值税、消费税的其他地区。行政区划不是城市的，仍然需要缴纳城市维护建设税。

【答案】BDE

▶ Unit 3

第三单元　城市维护建设税的税收优惠、计税依据与税额计算

查看本单元视频，快速 GET 知识点

使用“会计云课堂”App或“微信”扫码

01　城市维护建设税的税收优惠（★★）

城建税的附加税性质，使得其与增值税、消费税的征免相呼应：城建税随同增值税、消费税的减免而减免。

（一）城建税税收优惠的两个授权

1. 根据国民经济和社会发展的需要，国务院对重大公共基础设施建设、特殊产业和群体以及重大突发事件应对等情形可以规定减征或者免征城市维护建设税，报全国人民代表大会常务委员会备案。（教材未收录）

2. 由省、自治区、直辖市人民政府根据本地区实际情况，以及宏观调控需要确定，自 2022 年 1 月 1 日至 2024 年 12 月 31 日，对增值税小规模纳税人、小型微利企业和个体工商户可以在50%的税额幅度内减征城市维护建设税、资源税、房产税、城镇土地使用税、印花税（不含证券交易印花税）、耕地占用税和教育费附加、地方教育附加。（调整）

（二）其他减免税规定

1. 水利方面的减免

为支持国家重大水利工程建设，对国家重大水利工程建设基金自 2010 年 5 月 25 日免征城市维护建设税、教育费附加。

2. 金融机构方面的减免

经中国人民银行依法决定撤销的金融机构及其分设于各地的分支机构，以其财产偿债时，对被撤销金融机构转让货物、不动产、无形资产、有价证券、票据等，免征城市维护建设税。

3. 黄金交易所和上海期货交易所的黄金交割（新增）

（1）对黄金交易所会员单位通过黄金交易所销售且发生实物交割的标准黄金，免征城市维护建设税。

（2）对上海期货交易所会员和客户通过上海期货交易所销售且发生实物交割并已出库的标准黄金，免征城市维护建设税。

4. 征管角度的减免

（1）对由于减免增值税、消费税而发生的退税，同时退还已纳的城市维护建设税、教育费附加。

（2）对增值税、消费税实行先征后返、先征后退、即征即退办法的，除另有规定外，对随增值税、消费税附征的城市维护建设税和教育费附加一律不予退（返）还。

5. 扶持创业就业的减免

（1）自2019年1月1日至2023年12月31日，实施扶持自主就业退役士兵创业就业城市维护建设税减免。

主要规定是：自主就业退役士兵从事个体经营的，自办理个体工商户登记当月起，在3年（36个月）内按每户每年12000元为限额依次扣减其当年实际应缴纳的增值税、城市维护建设税、教育费附加、地方教育附加和个人所得税。具体操作参照《财政部　税务总局　退役军人部关于进一步扶持自主就业退役士兵创业就业有关税收政策的通知》（财税〔2019〕21号）。

（2）自2019年1月1日至2025年12月31日，实施支持和促进重点群体创业就业城市维护建设税减免。（新增）

主要规定是：建档立卡贫困人口、持《就业创业证》（注明“自主创业税收政策”或“毕业年度内自主创业税收政策”）或《就业失业登记证》（注明“自主创业税收政策”）的人员，从事个体经营的，自办理个体工商户登记当月起，在3年（36个月）内按每户每年12000元为限额依次扣减其当年实际应缴纳的增值税、城市维护建设税、教育费附加、地方教育附加和个人所得税。

易错易混

城建税、教育费附加与增值税、消费税的退免税关系：

退免增值税、消费税的原因	城建税、教育费附加的征（退）处理
错征、多缴税款导致退还增值税、消费税	退还附征的城市维护建设税和教育费附加
法定减免税的实施导致退还增值税、消费税	退还附征的城市维护建设税和教育费附加
对增值税、消费税实行先征后返、先征后退、即征即退办法的	除另有规定外，对随增值税、消费税附征的城市维护建设税和教育费附加一律不予退（返）还
出口退还增值税、消费税的	不退还附征的城市维护建设税和教育费附加
当期免抵的增值税	应计征城市维护建设税和教育费附加
实行增值税期末留抵退税的	允许其从城市维护建设税和教育费附加的计税（征）依据中扣除退还的增值税税额

经典题解

【真题5·多选题】关于教育费附加减免规定，下列说法正确的有（　　）。（2021年）

A. 先征后退增值税，一般不退还附征的教育费附加

B. 先征后返增值税，一般不返还附征的教育费附加

C. 出口货物退还增值税，退还附征的教育费附加

D. 即征即退增值税，一般不退还附征的教育费附加

E. 由于减免增值税发生退税，退还附征的教育费附加

【解析】选项C：出口产品退还的增值税、消费税，不退还已缴纳的教育费附加。

【答案】ABDE

【例题6·多选题】下列各项中，符合城市维护建设税规定的有（　　）。

A. 海关对进口产品代征增值税时，应同时代征城市维护建设税

B. 对增值税实行先征后返的，应同时返还附征的城市维护建设税

C. 对出口产品退还增值税的，不退还已经缴纳的城市维护建设税

D. 纳税人延迟缴纳增值税而被加收的滞纳金，不作为城市维护建设税的计税依据

E. 税法规定对纳税人减免增值税、消费税时，相应也减免了城市维护建设税

【解析】选项A：城市维护建设税"进口不征、出口不退"，所以海关对进口产品代征增值税时，不代征城市维护建设税；选项B：对增值税实行先征后返、先征后退、即征即退的，除另有规定外，对随增值税附征的城市维护建设税，一律不予退（返）还。

【答案】CDE

记忆技巧	城建税进口不征、出口不退。进口环节增值税、消费税不随之征收城建税；出口退还增值税、消费税的，不退还已缴纳的城建税。

02 城市维护建设税的计税依据（★★★）

城市维护建设税的计税依据是纳税人实际缴纳的消费税、增值税税额。

依法实际缴纳的"两税"税额，是指纳税人依照增值税、消费税相关法律法规和税收政策规定计算的应当缴纳的"两税"税额（不含因进口货物或境外单位和个人向境内销售劳务、服务、无形资产缴纳的"两税"税额），加上增值税免抵税额，扣除直接减免的"两税"税额和期末留抵退税退还的增值税税额后的金额。具体计算公式如下：

城建税计税依据=依法实际缴纳的增值税税额+依法实际缴纳的消费税税额

依法实际缴纳的增值税税额=纳税人依照增值税相关法律法规和税收政策规定计算应当缴纳的增值税税额+增值税免抵税额-直接减免的增值税税额-留抵退税额

依法实际缴纳的消费税税额=纳税人依照消费税相关法律法规和税收政策规定计算应当缴纳的消费税税额-直接减免的消费税税额

考点提示

1. 直接减免的“两税”税额，是指依照增值税、消费税相关法律法规和税收政策规定，直接减征或免征的“两税”税额，不包括实行先征后返、先征后退、即征即退办法退还的“两税”税额。

2. 关于免抵增值税计算城建税：免抵的增值税是出口未采用退的方式，而用冲抵内销应纳税额方式少交的增值税。如果按照正常计税流程，内销应纳增值税和城建税，出口应退增值税但不退城建税，免抵退税的计税规则使内销应纳增值税与出口应退增值税对冲了，这部分金额对应的城建税是应缴纳的，所以计入城建税的计税依据。

3. 关于留抵退税的扣除：城市维护建设税的计税依据应当按照规定扣除期末留抵退税退还的增值税税额。期末留抵退税退还的增值税为企业内销未抵扣完的进项税额。如果不退税，作为可抵扣的进项税额从以后的销项税额中减除，从而减少应纳增值税和城建税的计税依据。把应在未来少交的增值税提前退还，相应的应提前减少城建税的计税依据。

4. 纳税人自收到留抵退税额之日起，应当在下一个纳税申报期从城建税计税依据中扣除。留抵退税额仅允许在按照增值税一般计税方法确定的城建税计税依据中扣除。当期未扣除完的余额，在以后纳税申报期按规定继续扣除。

5. 增值税小规模纳税人更正、查补此前按照一般计税方法确定的城市维护建设税计税依据，允许扣除尚未扣除完的留抵退税额。（新增）

易错易混

城市维护建设税计税依据的包含因素和不包含因素：

城建税计税依据的包含因素	城建税计税依据的不包含因素
1. 纳税人向税务机关依法实际缴纳的“两税”税额（注意除外情形） 2. 纳税人被税务机关查补的“两税”税额（注意除外情形） 3. 增值税免抵税额	1. 纳税人进口环节被海关代征的“两税”税额 2. 境外单位和个人向境内销售劳务、服务、无形资产向税务机关缴纳的增值税税额 3. 直接减免的“两税”税额 4. 期末留抵退税退还的增值税 5. 除“两税”以外的其他税 6. 非税款项（纳税人违反“两税”有关规定而被加收的滞纳金和罚款等）

【解释】城建税具有附加税、受益税的特点，突出体现在其计税依据的规定上。城建税以纳税人向税务机关实际缴纳的增值税、消费税为计税依据，表现出城建税是增值税、消费税的附加税。进口货物或者境外单位和个人向境内销售劳务、服务、无形资产缴纳的增值税、消费税税额，不征收城市维护建设税，是因为进口货物、劳务、服务、无形资产在进口或输入环节尚未享受过我国的市政利益，城建税的受益税性质决定了进口环节不属于城建税的纳税环节，海关对进口货物代征的增值税、消费税不是城建税的计税依据，税务机关对境外单位和个人向境内销售劳务、服务、无形资产征收的增值税也不是城建税的计税依据。

经典题解

【真题7·单选题】下列各项中，应计入城市维护建设税计税依据的是（　　）。（2020年）

A. 纳税人被税务机关查补的消费税税款

B. 纳税人因欠缴税款被加收的滞纳金

C. 退还的增值税期末留抵税额

D. 纳税人因欠缴税款被处以的罚款

【解析】（1）城市维护建设税的计税依据是纳税人实际缴纳的增值税、消费税税额，包括被税务机关查补的增值税、消费税（选项A），不包括加收的滞纳金、罚款（选项BD）。（2）对实行增值税期末留抵退税的纳税人，其退还的增值税期末留抵税额应在计税依据中扣除（选项C）。

【答案】A

【例题8·多选题】下列属于城市维护建设税计税依据的有（　　）。

A. 进口环节缴纳的增值税

B. 进口环节缴纳的关税

C. 进口环节缴纳的消费税

D. 国内销售环节缴纳的消费税

E. 出口环节缴纳的增值税

【解析】城市维护建设税的计税依据是纳税人实际缴纳的消费税、增值税税额，不包括关税。海关对进口产品代征的增值税、消费税也不征收城市维护建设税。

【答案】DE

03 城市维护建设税应纳税额的计算（★★★）

应纳税额=（实际缴纳的增值税税额+实际缴纳的消费税税额）×适用税率

经典题解

【真题9·单选题】某市区甲企业为增值税一般纳税人，当期销售货物实际缴纳增值税20万元、消费税15万元；进口货物缴纳进口环节增值税2万元。该企业当期应缴纳城市维护建设税（　　）万元。（2020年）

A. 2.45　　B. 2.59

C. 1.75　　D. 2.31

【解析】（1）城建税“进口不征”；（2）应纳税额=（实际缴纳的增值税税额+实际缴纳的消费税税额）×适用的税率=（20+15）×7%=2.45（万元）。

【答案】A

【例题10·单选题】地处市区的某内资企业为增值税一般纳税人，主要从事货物的生产与销售。2022年1月按规定缴纳了增值税100万元，同时补交上一年度增值税10万元及相应的滞纳金1.595万元、罚款20万元。该企业本月应缴纳城市维护建设税（　　）万元。

A. 5.50　　B. 7.00　　C. 7.70　　D. 9.17

【解析】城市维护建设税的计税依据是纳税人实际缴纳（含查补）的增值税、消费税税额，以及当期免抵的增值税税额，不包括被加收的滞纳金和被处的罚款等非税款项。该企业当月应缴纳城市维护建设税=（100+10）×7%=7.7（万元）。

【答案】C

【例题11·单选题】某生产企业为增值税一般纳税人（位于市区），主要经营内销和出口业务，2022年4月实际缴纳增值税40万元，出口货物免抵税额4万元。另外，进口货物缴纳增值税17万元、缴纳消费税30万元。该企业2022年4月应纳城市维护建设税（　　）万元。

A. 2.80　　B. 3.08　　C. 2.52　　D. 5.81

【解析】城市维护建设税“进口不征，出口不退”；当期出口货物免抵的增值税税额应计算缴纳城市维护建设税。该企业2022年4月应纳城市维护建设税=（40+4）×7%=3.08（万元）。

【答案】B

【例题12·单选题】位于市区的某生产企业为增值税一般纳税人，自营出口自产货物。2022年2月应纳增值税-320万元，出口货物“免抵退”税额380万元；本月税务检查时发现，2021年销售货物收入未入账，被查补增值税5万元，并处以滞纳金和罚款，2022年2月该企业应纳城市维护建设税（　　）万元。

A. 0　　B. 4.55　　C. 22.40　　D. 26.95

【解析】该企业应纳增值税-320万元，免抵退税的限度380万元，320万元<380万元，故该企业当期实纳增值税为0，应退税额320万元，免抵税额=380-320=60（万元）。该企业位于市区，城建税税率为7%，当期应纳城建税=（60+5）×7%=4.55（万元）。

【答案】B

▶ Unit 4

第四单元　城市维护建设税的征收管理（★★）

查看本单元视频，快速GET知识点
使用“会计云课堂”App或“微信”扫码

1. 城建税的纳税义务发生时间与两税的纳税义务发生时间一致，分别与两税同时缴纳。同时缴纳是指在缴纳两税时，应当在两税同一缴纳地点、同一缴纳期限内，一并缴纳对应的城建税。

2. 采用委托代征、代扣代缴、代收代缴、预缴、补缴等方式缴纳两税的，应当同时缴纳城建税。

前款所述代扣代缴，不含因境外单位和个人向境内销售劳务、服务、无形资产代扣代缴增值税情形。

考点提示

城市维护建设税的纳税义务发生时间、纳税地点、纳税期限比照增值税、消费税的相应规定，城市维护建设税分别与增值税、消费税同时缴纳。

记忆技巧 | 同时、同地、同期、同环节（进口除外）。

3. 对增值税免抵税额征收的城市维护建设税，纳税人应在税务机关核准免抵税额的下一个纳税申报期内向主管税务机关申报缴纳。（新增）

记忆技巧 | 核准免抵当期计税，下个申报期报缴。

经典题解

【真题 13·多选题】 A 省某县甲化妆品厂（增值税一般纳税人）2022 年 5 月接受位于 B 省某市区的乙化妆品厂（增值税一般纳税人）委托生产一批高档化妆品，乙厂提供原料的不含税价为 30 万元，甲厂收取不含税加工费 2 万元，甲厂无同类高档化妆品销售价格。当月该批高档化妆品加工完成并全部交付乙厂。关于上述业务的税务处理，下列说法中正确的有（　　）。（高档化妆品成本利润率 5%，消费税税率 15%）（2016 年考题改编）

A. 乙厂应自行缴纳城市维护建设税 2823.53 元

B. 甲厂应代收代缴城市维护建设税 2823.53 元

C. 甲厂应代收代缴城市维护建设税 3952.94 元

D. 甲厂应缴纳城市维护建设税 182.00 元

E. 甲厂应缴纳城市维护建设税 130.00 元

【解析】 甲厂应代收代缴的城市维护建设税 =（30+2）×10000÷（1－15%）×15%×5% = 2823.53（元）；甲厂提供加工劳务，应缴纳城市维护建设税 = 2×10000×13%×5% = 130（元）。

【答案】 BE

【例题 14·单选题】 下列关于城市维护建设税的说法中，正确的是（　　）。

A. 增值税实行即征即退办法的，随增值税附征的城市维护建设税予以退还

B. 城市维护建设税的适用税率，一律按纳税人所在地适用税率确定

C. 预缴、补缴等方式缴纳两税的，应当同时缴纳城市维护建设税

D. 城市维护建设税的计税依据是纳税人应缴纳的增值税和消费税

【解析】 选项 A：对增值税实行先征后返、先征后退、即征即退办法的，除另有规定外，对随增值税附征的城市维护建设税和教育费附加，一律不予退（返）还。选项 B：城市维护建设税的适用税率，一般按纳税人所在地适用税率确定，但是委托加工等特殊情况下，使用受托方（非纳税人）所在地的税率。选项 D：城市维护建设税的计税依据，是纳税人实际缴纳的增值税和消费税税额。

【答案】 C

▶ Unit 5

第五单元 教育费附加与地方教育附加

查看本单元视频，快速 GET 知识点
使用“会计云课堂”App或“微信”扫码

01 教育费附加与地方教育附加的计算（★）

教育费附加是以纳税人实际缴纳的增值税、消费税税额为计征依据征收的一种附加费。名义上是一种专项资金，实质上具有税的性质。

地方教育附加是指根据国家有关规定，为实施“科教兴省”战略，增加地方教育的资金投入，促进各省、自治区、直辖市教育事业发展，开征的一项地方政府性基金。

现行教育费附加计征比率为 3%，地方教育附加计征比率为 2%。

要素	教育费附加	地方教育附加
征收比率	3%	2%
征收范围	实际缴纳增值税、消费税的单位和个人	
计征依据	以实际缴纳的增值税、消费税税额为计征依据	
缴费期限	与增值税、消费税同时缴纳	
计算公式	应纳教育费附加=实际缴纳的增值税、消费税税额×3%	应纳地方教育附加=实际缴纳的增值税、消费税税额×2%

【相关链接】针对这部分的规定，教育费附加、地方教育附加与城市维护建设税可以联系起来记忆。

02 教育费附加与地方教育附加的减免规定（★）

【相关链接】一般来说，城市维护建设税和教育费附加会有相同或相似的减免税政策，可将城市维护建设税与教育费附加的优惠政策合并记忆。地方教育附加原则上不单独规定减免政策，但目前对于扶持自主就业退役士兵创业就业、支持和促进重点群体创业就业、对增值税小规模纳税人、小型微利企业和个体工商户，都规定地方教育附加额度内、幅度内的优惠政策。

考点提示

国家重大水利工程建设基金免征城市维护建设税、教育费附加，但没有免征地方教育附加的政策。

经典题解

【例题 15 · 多选题】 下列关于教育费附加的说法正确的有（　　）。

A. 教育费附加实行地区差别征收比率

B. 出口产品退还的增值税、消费税，同时退还教育费附加

C. 实行增值税先征后退政策退还已纳增值税的，同时退还教育费附加

D. 教育费附加以纳税人实际缴纳的增值税、消费税税额为计算基数

E. 境外单位向境内转让商标权向税务机关缴纳的增值税不征收教育费附加

【解析】 选项 A：教育费附加实行统一的征收比率；选项 B：出口产品退还的增值税、消费税，不退还教育费附加；选项 C：对增值税、消费税采用先征后返、先征后退、即征即退办法的，除另有规定外，对随增值税、消费税附征的城市维护建设税和教育费附加一律不予退（返）还；选项 E：境外单位和个人向境内销售劳务、服务、无形资产向税务机关缴纳的增值税税额不缴纳城建税、教育费附加和地方教育附加。

【答案】 DE

本章小结

同步强化练习题

一、单项选择题

1. 单位或个人的下列行为中，在缴纳相关税种的同时，还应缴纳城建税的是（　　）。

A. 私营企业销售货物

B. 博物馆举办文化活动的第一道门票收入

C. 企业购置车辆自用

D. 个人取得稿酬所得

2. 下列关于城市维护建设税的说法中，正确的是（ ）。

A. 只要缴纳增值税就必须同时缴纳城市维护建设税

B. 同时缴纳增值税、消费税的纳税人才能成为城市维护建设税的纳税人

C. 只要退还增值税、消费税就必须同时退还城市维护建设税

D. 城市维护建设税的纳税人是实际缴纳增值税、消费税的单位和个人

3. 某县城一家服装缝纫部（增值税小规模纳税人），主要从事服装制作。2021年12月缝纫业务共收取现金160000元；转让使用过的小型设备一台，价税合并收取5240元；出租一间办公室，收取租金3150元。该省人民政府规定对省内增值税小规模纳税人城市维护建设税按照规定幅度的最高限减税。该缝纫部当月应缴纳城市维护建设税（ ）元。

A. 0　　B. 44.65

C. 45.90　　D. 122.80

4. 2022年6月，甲省某市一卷烟厂（增值税一般纳税人）委托乙省某县城一卷烟厂（增值税一般纳税人）加工一批雪茄烟，委托方提供原材料的成本为40000元，支付加工费（不含增值税）5000元，雪茄烟消费税税率为36%，已知受托方无同类雪茄烟的销售价格。受托方代收代缴消费税时，应代收代缴城市维护建设税（ ）元。

A. 750　　B. 1057.5

C. 1050.23　　D. 1265.63

5. 单位或个人发生的下列行为，在缴纳相关税金的同时，还应缴纳城市维护建设税的是（ ）。

A. 会计师事务所提供咨询服务

B. 个人租入商铺

C. 商厦购买客货两用车自用

D. 个人取得有奖发票中奖所得

6. 由受托方代扣、代收增值税、消费税的单位和个人，其代扣、代收的城市维护建设税按（ ）适用税率执行。

A. 委托方所在地

B. 受托方所在地

C. 双方协商

D. 从高

7. 某市一企业2022年4月被查补增值税50000元、消费税20000元、所得税30000元，被加收滞纳金2000元，被处罚款8000元。该企业当月应补缴城市维护建设税（ ）元。

A. 3500　　B. 4900

C. 5600　　D. 7000

8. 位于市区的某公司2022年4月应缴纳增值税170万元，实际缴纳增值税210万元（包括缴纳以前月份欠缴的增值税40万元）。当月因享受增值税先征后退政策，获得增值税退税60万元。则该公司当月应缴纳的城市维护建设税和教育费附加合计为（ ）万元。

A. 15　　B. 17

C. 21　　D. 53

9. 位于A省某市的甲地板厂为外商投资企业，2021年8月份购进一批木材，取得增值税专用发票注明不含税价格800000元，当月委托位于B省县城的乙工厂加工成实木地板，支付不含税加工费150000元。乙工厂11月份交付50%的实木地板，12月份完工交付剩余部分。已知乙工厂无同类应税消费品的销售价格，实木地板消费税税率为5%，11月

乙工厂应代收代缴城市维护建设税（　　）元。

A. 1250　　B. 1750

C. 2500　　D. 3500

10. 某县一企业2021年11月缴纳增值税28万元（其中含有因符合免税规定而被退库3万元），缴纳消费税20万元，被查补增值税5万元、房产税2万元。则该企业当月应缴纳的城市维护建设税为（　　）万元。

A. 2.5　　B. 2.6

C. 2.75　　D. 2.8

11. 下列项目中，属于城市维护建设税计税依据的是（　　）。

A. 中外合资企业进口货物缴纳的关税

B. 个人独资企业拖欠消费税税款被加收的滞纳金

C. 个体工商户逃避缴纳增值税被处的罚款

D. 某事业单位补缴的增值税税金

12. 位于市区的某企业属于享受增值税期末留抵退税政策的纳税人。2022年3月收到留抵退还增值税18万元，当月共缴纳增值税、消费税和关税462万元，其中关税102万元、进口环节缴纳的增值税和消费税260万元。该企业3月应缴纳的城市维护建设税为（　　）万元。

A. 5.74　　B. 7

C. 14　　D. 18.27

13. 下列关于城市维护建设税和教育费附加的减免规定，表述正确的是（　　）。

A. 海关对进口产品代征增值税、消费税的，不代征城市维护建设税，但代征教育费附加

B. 对增值税、消费税实行先征后返、先征后退、即征即退办法的，除另有规定外，对随同增值税、消费税附征的城市维护建设税，一律不予退（返）还

C. 对出口产品退还增值税、消费税的，可以申请退还已征的城市维护建设税和教育费附加

D. 对因减免税而需要进行增值税、消费税退库的，可退还已征的城市维护建设税，但不可退还已征的教育费附加

14. 位于市区的某商贸企业（增值税一般纳税人），2022年4月进口一批应税消费品，关税完税价格50万美元，汇率为1美元=7元人民币，假定关税税率20%，消费税税率20%，增值税税率13%（已取得海关专用缴款书）。该批消费品当月全部内销，取得不含税收入1500万元；另外委托外贸企业出口一批商品，出口销售额1000万元（该批商品为本月从境内企业购进，买价为900万元，取得增值税专用发票）。已知以上价格均不含增值税，则该商贸企业上述业务应缴纳城市维护建设税（　　）万元。

A. 8.71　　B. 8.87

C. 9.93　　D. 10.04

15. 位于市区的某企业属于增值税期末留抵退税的纳税人。2022年3月收到留抵退还增值税10万元；简易计税项目缴纳增值税3万元、缴纳消费税12万元、资源税8万元；进口环节向海关缴纳关税22万元、进口环节缴纳的增值税16万元、进口环节消费税11万元。该企业当月应缴纳的城市维护建设税为（　　）万元。

A. 0.35　　B. 1.05

C. 2.31　　D. 2.87

16. 下列关于城市维护建设税的说法中，正确的是（　　）。
A. 城市维护建设税一律不单独加收滞纳金和罚款
B. 增值税实行即征即退的，一律退还城市维护建设税
C. 城市维护建设税原则上不单独规定减免税
D. 计税依据包括增值税、消费税的滞纳金和罚款

二、多项选择题

1. 下列各项中，不能作为城市维护建设税计税依据的有（　　）。
A. 房地产企业缴纳的土地增值税
B. 个体工商户因延迟缴纳消费税被加收的滞纳金
C. 某内资企业本月进口货物海关代征的增值税
D. 某企业本年直接免征的增值税
E. 某企业出口货物当期免抵的增值税

2. 某增值税纳税人销售产品的增值税按税法规定享受先征后返的税收优惠，下列针对其城市维护建设税的处理办法，正确的有（　　）。
A. 销售产品缴纳增值税的同时缴纳城市维护建设税
B. 返还增值税的同时返还城市维护建设税
C. 缴纳本期增值税时，按比例返还上期已缴纳的城市维护建设税
D. 返还增值税时不返还已缴纳的城市维护建设税
E. 缴纳本期增值税时不缴纳城市维护建设税

3. 下列各项中，符合城市维护建设税相关规定的有（　　）。
A. 纳税人只要缴纳增值税、消费税，就必须同时缴纳城市维护建设税
B. 因减免税而需进行增值税、消费税退库的，可同时退还城市维护建设税
C. 海关对进口产品代征增值税、消费税的，也应代征城市维护建设税
D. 对出口产品退还增值税、消费税的，不退还已缴纳的城市维护建设税
E. 纳税人缴纳了增值税、消费税之后，却不按规定缴纳城市维护建设税的，不可以对其单独加收滞纳金

4. 下列关于城市维护建设税和教育费附加的说法，正确的有（　　）。
A. 对外商投资企业、外国企业和外籍个人正常征收城市维护建设税和教育费附加
B. 纳税人所在地为农村的，不缴纳城市维护建设税
C. 城建税可以单独加收滞纳金或罚款
D. 对增值税实行即征即退政策的纳税人同时退还附征的城建税和教育费附加
E. 城建税及教育费附加随增值税、消费税的减免而减免

5. 下列关于城市维护建设税的说法中，正确的有（　　）。
A. 海关对进口产品代征消费税的，不代征城市维护建设税
B. 对于因减免税而需要进行增值税、消费税退库的，城市维护建设税可同时退库
C. 行政区划变更的，纳税人在变更完成当月的下一个纳税申报期按新税率申报缴纳

D. 对出口产品退还增值税、消费税的，同时退还已缴纳的城市维护建设税

E. 流动经营无固定纳税地点的单位和个人，不缴纳城市维护建设税

6. 下列有关城市维护建设税的表述中，正确的有（　　）。

A. 城市维护建设税按减免后实际缴纳的增值税、消费税税额计征

B. 对增值税、消费税实行先征后返办法的，城市维护建设税也可同时返还

C. 对于因减免税而需进行增值税、消费税退库的，城市维护建设税也可同时退库

D. 纳税人违反增值税、消费税有关法规而被加收的滞纳金应一并作为城市维护建设税的计税依据

E. 纳税人违反增值税、消费税有关法规而被处的罚款应一并作为城市维护建设税的计税依据

7. 下列关于城市维护建设税减免税优惠政策的说法，不正确的有（　　）。

A. 某企业出口服装退还增值税后，应同时退还相应的城市维护建设税

B. 对国家重大水利工程建设基金免征城市维护建设税

C. 某企业享受增值税先征后返的税收优惠政策，相应的城市维护建设税应同时先征后返

D. 某企业进口小汽车，海关代征了增值税和消费税，应同时代征城市维护建设税

E. 外商投资企业无须缴纳城市维护建设税

8. 根据城市维护建设税的有关规定，下列说法中正确的有（　　）。

A. 适用的税率一般应按纳税人所在地的税率执行

B. 计税依据是实际缴纳增值税、消费税的税额，不包括加收的滞纳金

C. 海关对进口产品代征增值税、消费税，不代征城市维护建设税

D. 对出口产品退还增值税、消费税的，同时退还已缴纳的城市维护建设税

E. 纳税人直接缴纳增值税、消费税的，在缴纳增值税、消费税所在地缴纳城市维护建设税

9. 机构所在地在A市的甲企业是增值税一般纳税人，2022年5月将位于B县的一处办公用房（系2016年5月1日后取得）出租，收取含税月租金40000元，则以下说法不正确的有（　　）。

A. 甲企业向A市税务局预缴出租房产增值税1100.92元

B. 甲企业向B县税务局预缴出租房产增值税1100.92元

C. 甲企业作为一般纳税人出租办公用房，不需要在B县预缴增值税

D. 甲企业在B县缴纳城建税77.06元

E. 甲企业在B县缴纳教育费附加33.03元

10. 纳税人的下列各项收入免征或不征城市维护建设税的有（　　）。

A. 蔬菜批发收入

B. 火腿肠的零售收入

C. 境外单位向境内单位转让在境内使用的专利技术的收入

D. 国家备案众创空间向在孵对象提供孵化服务取得的收入

E. 季度销售额28万元的按季纳税增值税小规模纳税人所取得的销售收入

11. 某市小规模纳税人按季度纳税，2022年第1季度不含税咨询收入30万元，转让外购不动产含税收入200万元，该不动产购入时含税价格158万元，则该纳

税人缴纳相关税收及附加正确的有（　　）。

A. 应纳增值税 2.6 万元

B. 应纳城建税 0.14 万元

C. 应纳教育费附加和地方教育附加 0.1 万元

D. 该纳税人免纳教育费附加和地方教育附加

E. 该纳税人免纳教育费附加但不免地方教育附加

12. 下列关于城市维护建设税的说法中，正确的有（　　）。

A. 增值税实行即征即退办法的，随增值税附征的城市维护建设税予以退还

B. 黄金交易所会员单位通过黄金交易所销售且发生实物交割的标准黄金，免征城市维护建设税

C. 纳税人行政区划变更的，自变更完成次月起适用新行政区划对应的城市维护建设税税率

D. 城市维护建设税的计税依据是纳税人应缴纳的增值税和消费税

E. 增值税小规模纳税人更正此前按照一般计税方法确定的城市维护建设税计税依据，允许扣除尚未扣除完的留抵退税额

同步强化练习题参考答案及解析

使用“会计云课堂”App或“微信”扫码对答案、看解析、掌握解题思路，开启轻松过关之旅。

一、单项选择题

1. A　【解析】选项B：博物馆举办文化活动的第一道门票收入免征增值税，城建税同时免征；选项CD：企业购置车辆自用缴纳车辆购置税，个人取得稿酬所得缴纳个人所得税，车辆购置税和个人所得税都不附征城建税。

2. D　【解析】选项A：对进口货物或者境外单位和个人向境内销售劳务、服务、无形资产缴纳的增值税、消费税税额，不征收城市维护建设税。选项B：并不是同时缴纳增值税、消费税的单位和个人才能成为城市维护建设税的纳税人，而是只要缴纳了增值税、消费税中的任何一种税，就可能成为城建税的纳税人。选项C：出口退还增值税、消费税，但不退还已缴纳的城市维护建设税；对增值税、消费税实行先征后返、先征后退、即征即退办法的，除另有规定外，对随增值税、消费税附征的城市维护建设税和教育费附加一律不予退（返）还。

3. B　【解析】增值税小规模纳税人提供加工、修理修配劳务适用的增值税征收率为3%，但在2021年12月减按1%征收；本题中小规模纳税人的缝纫业务取得的收入是含税的，需要换算为不含税收入后再计算应缴纳的增值税；依照3%征收率减按2%计算缴纳增值税的转让使用过的小型设备，在2021年12月时也减按1%计税；出租办公室适用5%的征收率。该纳税人所在地为县城，城市维护建设税税率为5%。该缝纫部当月应缴纳的城市维护建设税＝［（160000+5240）÷（1+1%）×1%×5%+3150÷（1+5%）×5%×5%］×50%＝44.65（元）。

4. D　【解析】受托方代收代缴的消费税＝（40000+5000）÷（1−36%）×36%＝25312.5（元）；受托方代收代缴的城建税应按受托方所在地适用的税率5%计算，因此，受托方应代收代缴城建税＝25312.5×5%＝1265.63（元）。

5. A　【解析】选项B：个人租入商铺，不征增值税、消费税，同时不征城市维护建设税；选项C：商厦购置车辆自用缴纳车辆购置税，不附征城市维护建设税；选项D：个人取得有奖发票中奖所得不论交不交个人所得税，都不缴纳城市维护建设税。

6. B　【解析】由受托方代扣、代收增值税、消费税的单位和个人，其代扣、代收的城市维护建设税按受托方所在地适用税率执行。

7. B　【解析】城市维护建设税的计税依据是纳税人实际缴纳（含查补）的消费税、增值税税额，以及当期免抵的增值税税额，不包括被加收的滞纳金和被处的罚款。该企业当月应补缴城市维护建设税＝（50000+20000）×7%＝4900（元）。

8. C　【解析】城市维护建设税和教育费附加的计征依据是纳税人实际缴纳（含查补）的消费税、增值税税额。对增值税实行先征后退政策的，除另有规定外，对随增值税附征的城建税和教育费附加，一律不予退还。该公司当月应缴纳城市维护建设税和教育费附加合计＝210×（7%+3%）＝21（万元）。

9. A　【解析】本题有四个考点：一是纳税人实际被代收代缴的消费税在受托方没有同类应税消费品销售价格的情况下，需要组价计算；二是消费税纳税义务发生时间的确定，纳税人委托加工应税消费品要按照委托方提货时间确定消费税的纳税义务发生时间；三是城建税税率的运用，要使用代收代缴方所在地适用的税率；四是对外商投资企业正常征收城建税。11月乙工厂应代收代缴城建税＝（150000+800000）/（1−5%）×5%（消费税税率）×50%×5%（城建税税率）＝1250（元）。

10. A 【解析】对纳税人减免增值税、消费税时，相应也减免城市维护建设税。该企业当月应缴纳城市维护建设税 =（28-3+20+5）×5% = 2.5（万元）。

11. D 【解析】关税、被加收的滞纳金、被处的罚款都不是城市维护建设税的计税依据；事业单位补缴的增值税应计征城市维护建设税。

12. A 【解析】该企业应缴纳的城建税 =（462-102-260-18）×7% = 5.74（万元）。

13. B 【解析】选项AC：城市维护建设税和教育费附加都有“进口不征、出口不退”的计征规则；选项D：对由于减免增值税、消费税而发生退税的，可以同时退还已征收的城市维护建设税和教育费附加。

14. B 【解析】城市维护建设税的计税依据为纳税人实际缴纳的增值税、消费税税额，包括当期免抵的增值税税额；城市维护建设税“进口不征、出口不退”。进口环节的增值税、消费税不缴纳城建税，消费品的内销需计算增值税。进口环节增值税成为内销增值税的进项税。本题为一般商贸企业，一般商贸企业委托外贸企业出口货物，增值税免税不退税。该企业位于市区，城建税税率为7%，该商贸企业进口环节增值税 = 50×7×（1+20%）/（1-20%）×13% = 68.25（万元）；应纳城市维护建设税 =（1500×13%-68.25）×7% = 8.87（万元）。

15. B 【解析】留抵退税额仅允许在按照增值税一般计税方法确定的城建税计税依据中扣除。简易计税项目增值税和消费税不能抵扣留抵退税。应缴纳的城建税 =（3+12）×7% = 1.05（万元）。

16. C 【解析】选项A：城市维护建设税可以单独加收滞纳金和罚款；选项B：对增值税、消费税采用先征后返、先征后退、即征即退办法的，除另有规定外，对随增值税、消费税附征的城市维护建设税和教育费附加一律不予退（返）还；选项D：城市维护建设税的计税依据不包括非税款项（滞纳金和罚款）。

二、多项选择题

1. ABCD 【解析】选项A：土地增值税不是城建税的计税依据；选项B：城市维护建设税的计税依据不涉及被加收的滞纳金等非税款项；选项C：进口环节海关代征增值税不代征城市维护建设税；选项D：城市维护建设税随增值税、消费税的减免而减免；选项E：城建税的计税依据为纳税人实际缴纳的增值税和消费税，包括免抵的增值税。

2. AD 【解析】对增值税、消费税实行先征后返、先征后退、即征即退办法的，除另有规定外，对随增值税、消费税附征的城市维护建设税和教育费附加，一律不予退（返）还。

3. BD　【解析】选项A：纳税人缴纳增值税、消费税的，并不一定需要同时缴纳城市维护建设税，比如对于进口环节海关代征的增值税、消费税，不征收城市维护建设税；选项C：城市维护建设税“进口不征、出口不退”；选项E：如果纳税人缴纳了增值税、消费税以后，却不按规定缴纳城市维护建设税，可以对其单独加收滞纳金，也可以单独进行罚款。

4. ACE　【解析】选项B：纳税人所在地不在市区、县城、镇的，城市维护建设税税率为1%；选项D：对增值税、消费税采用先征后返、先征后退、即征即退办法的，除另有规定外，对随增值税、消费税附征的城市维护建设税和教育费附加一律不予退（返）还。

5. ABC　【解析】选项C：行政区划变更的，自变更完成当月起适用新行政区划对应的城建税税率，纳税人在变更完成当月的下一个纳税申报期按新税率申报缴纳。选项D：对出口产品退还增值税、消费税的，不退还已缴纳的城市维护建设税。选项E：流动经营无固定纳税地点的单位和个人，在缴纳增值税、消费税所在地缴纳城市维护建设税。

6. AC　【解析】选项B：对增值税、消费税实行先征后返、先征后退、即征即退办法的，除另有规定外，城建税一律不予退（返）还；选项DE：纳税人违反增值税、消费税有关规定而被加收的滞纳金和被处的罚款等非税款项，不作为城建税的计税依据。

7. ACDE　【解析】选项AD：城市维护建设税“进口不征、出口不退”；选项C：对增值税、消费税实行先征后返、先征后退、即征即退办法的，除另有规定外，对随增值税、消费税附征的城市维护建设税，一律不予退（返）还；选项E：对外商投资企业和外国企业及外籍个人正常征收城市维护建设税。

8. ABCE　【解析】选项D：城市维护建设税“进口不征、出口不退”。

9. ACD　【解析】增值税一般纳税人异地出租2016年5月1日之后取得的不动产，应在不动产所在地预缴增值税，预征率为3%。甲企业应在B县预缴出租办公用房的增值税＝40000÷（1+9%）×3%＝1100.92（元）；在B县应纳城建税＝1100.92×5%＝55.05（元）；在B县应纳教育费附加＝1100.92×3%＝33.03（元）。

10. ACDE　【解析】这是与增值税税收优惠密切关联的题目。选项B：火腿肠零售收入属于增值税征税范围，一般情况下会随之计算缴纳城建税。选项ADE：目前适用增值税免税政策，城建税随之免征。选项C：境外单位和个人向境内销售无形资产，不征收城建税。

11. BC　【解析】小规模纳税人本季发生的全部销售额超过45万元，但扣除本期发生的销售不动产的销售额后未超过45万元的，其销售货物、劳务、服务、无形资产取得的销售额，可享受免征增值税政策，销售不动产部分应照章纳税。

应纳增值税 =（200−158）/（1+5%）×5% = 2（万元）

应纳城建税 = 2×7% = 0.14（万元）

应纳两个附加 = 2×（3%+2%）= 0.1（万元）。

12. BE 【解析】选项 A：对增值税实行先征后返、先征后退、即征即退办法的，除另有规定外，对随增值税附征的城市维护建设税和教育费附加，一律不予退（返）还。选项 C：行政区划变更的，自变更完成当月起适用新行政区划对应的城建税税率，纳税人在变更完成当月的下一个纳税申报期按新税率申报缴纳。选项 D：城市维护建设税的计税依据，是纳税人实际缴纳的增值税和消费税税额。

第五章 土地增值税

本章学习指南

一、考情概况

本章在 2017 年由税法（Ⅱ）编入税法（Ⅰ）。在现实中，土地增值税是一个小税种，但该税种在税务师的复习备考中却占据着比较重要的地位。土地增值税的综合性和被综合性都很强，其综合性体现在该税种计算过程中所涉及的税种多；其被综合性体现在该税种是企业所得税前可以扣除的税种。因此，土地增值税很容易与其他税种混合命题。本章在税法（Ⅱ）考试中的平均分值为 14 分左右，在 2017 年纳入税法（Ⅰ）考试后，本章平均分值为 18 分。预计 2022 年本章在税法（Ⅰ）考试中的分值大约为 15 分。

二、2022 年教材主要变化

1. 细化纳税人、征税范围的解释。
2. 明确房地产开发企业转让房地产扣除的税金也包括印花税。
3. 增加税收优惠政策。
4. 调整企业改制重组的相关规定。

三、基本结构框架

- 第五章 土地增值税
  - 土地增值税概述
    - 土地增值税的特点 ★
  - 纳税义务人、征税范围、税收优惠与税率
    - 纳税义务人 ★
    - 征税范围 ★★★
    - 税收优惠 ★★
    - 税率 ★
  - 计税依据
    - 应税收入 ★★★
    - 扣除项目及金额 ★★★
    - 评估价格办法及有关规定 ★
  - 应纳税额的计算与清算
    - 应纳税额的计算 ★★★
    - 房地产开发企业土地增值税的清算管理 ★★★
  - 征收管理
    - 申报纳税程序 ★★
    - 纳税地点 ★★

本章核心考点精讲

Unit 1

第一单元　土地增值税概述

查看本单元视频，快速 GET 知识点
使用“会计云课堂”App 或“微信”扫码

土地增值税的特点（★）

1. 以转让房地产取得的增值额为征税依据。

2. 征税面比较广。

3. 采用扣除法和评估法计算增值额。

（1）扣除法：一般情况下，采用扣除法计算增值额，即以纳税人转让房地产取得的收入减法定扣除项目后的余额（增值额）作为计税依据。

（2）评估法：对旧房及建筑物的转让，以及税法规定的特殊情形，如隐瞒、虚报房地产成交价格，提供扣除项目金额不实，转让房地产的成交价格低于房地产评估价格又无正当理由的，采用评估价格法确定增值额，计征土地增值税。

4. 实行超率累进税率。

5. 实行按次征收，其纳税时间、缴纳方法根据房地产转让情况而定。

Unit 2

第二单元　纳税义务人、征税范围、税收优惠与税率

查看本单元视频，快速 GET 知识点
使用“会计云课堂”App 或“微信”扫码

01 纳税义务人（★）

土地增值税的纳税义务人是转让国有土地使用权、地上建筑物及其附着物并取得收入的单位和个人。

02 征税范围（★★★）

土地增值税的课税对象是有偿转让国有土地使用权、地上建筑物及其附着物产权所取得的增值额。

（一）征税范围的一般规定

土地增值税的基本征税范围：（1）转让国有土地使用权；（2）地上建筑物及其附着物连同国有土地使用权一并转让；（3）存量房地产买卖。

【解释 1】土地增值税的基本征税范围不仅仅限于土地交易，还包括了连同土地使用权一并交易的地上建筑物及其附着物、存量房地产的交易。

【解释 2】土地增值税的征税范围具有“国有”“转让”“有偿”三个关键特征。

①只有国有土地使用权转让，才征土地增值税。转让集体土地使用权尚未纳入土地增值税的征税范围。

②只有土地使用权、地上建筑物及其附着物发生产权转让，才征土地增值税。这里要注意两个层次的理解：第一，注意转让与出让的差异：转让土地使用权的行为征土地增值税，而出让国有土地使用权的行为不征土地增值税；这里的“土地使用权出让”是指土地使用者在政府垄断的土地一级市场，通过支付土地出让金而获得一定年限的土地使用权的行为。“土地使用权转让”是指土地使用者通过出让等形式取得土地使用权后，在土地二级市场上将土地使用权再转让的行为。第二，未转让土地使用权、房产产权（如房地产出租）不征土地增值税。

③土地增值税只对有偿转让的房地产征税，对以继承、赠与等方式无偿转让的房地产，则不予征税。具体不征土地增值税的房地产赠与行为包括以下两种情况：

a. 房产所有人、土地使用权所有人将房屋产权、土地使用权赠与直系亲属或承担直接赡养义务人的行为。

b. 房产所有人、土地使用权所有人通过中国境内非营利的社会团体、国家机关将房屋产权、土地使用权赠与教育、民政和其他社会福利、公益事业的行为。其中，社会团体是指中国青少年发展基金会、希望工程基金会、宋庆龄基金会、减灾委员会、中国红十字会、中国残疾人联合会、全国老年基金会、老区促进会，以及经民政部门批准成立的其他非营利的公益性组织。

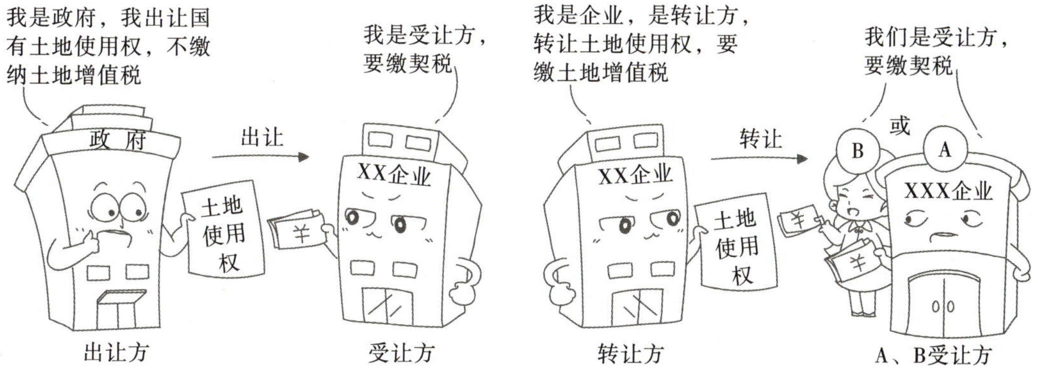

☆易错易混

这里要注意土地增值税与增值税、契税征税范围的对比记忆，三个税种在征税范围方面存在差异，其存在差异的原因主要是由于契税的纳税人是承受方，而增值税和土地增值税的纳税人是转让方。

具体情况	是否为土地增值税征税范围	是否为契税征税范围	是否为增值税征税范围
国有土地使用权出让	不是	是	是（免税）

具体情况	是否为土地增值税征税范围	是否为契税征税范围	是否为增值税征税范围
国有土地使用权的转让	是	是	是 （转让给农业生产者用于农业生产、家庭财产分割免税）
房屋买卖（含以房产抵债、投资、买房拆料或翻建新房等视同房屋买卖行为）	是	是	是
房屋赠与（含获奖、继承方式）	赠与直系亲属、承担直接赡养义务人以及公益性赠与、继承不是，上述以外均是	法定继承、夫妻间加名变名免税；国家机关、事业单位、社会团体、军事单位、非营利性机构受赠用于规定用途免税；除此之外均纳税	无偿用于公益事业或者以社会公众为对象不是；赠与直系亲属、承担直接抚养义务人或赡养义务人以及继承、受遗赠免税；上述以外均纳税
房屋交换	是 （个人交换居住用房，经核实可免税）	是 （等价互换计税依据为0）	是

（二）征税范围的若干具体规定

本部分内容的具体化规定经常在考试中出现，具体问题可归纳为应征、（暂）不征、（暂）免征三个方面。下面将经常出现的房地产若干具体情况的征免问题汇总归纳如下：

应征土地增值税的情况	不征或暂不征收土地增值税的情况	免征或暂免征收土地增值税的情况
（1）转让国有土地使用权 （2）地上建筑物及其附着物连同国有土地使用权一并转让 （3）存量房地产的买卖 （4）抵押期满以房地产抵债（发生权属转让） （5）单位之间交换房地产（有实物形态收入） （6）合作建房建成后转让的 （7）房地产开发企业的房地产投资、公司制改造、合并、分立中的房地产权属变化	（1）房地产继承（无收入） （2）房地产赠与（有直系亲属、承担直接赡养义务的人、公益性等范围限制）（无收入） （3）房地产出租（权属未变） （4）抵押期内的房地产（权属未变） （5）房地产的代建房行为（权属未变） （6）房地产评估增值（权属未变） （7）与房地产开发企业无关的重组投资、公司制改造、合并、分立中房地产权属变化	（1）个人之间互换自有居住用房地产，经当地税务机关核实 （2）合作建房建成后按比例分房自用 （3）因国家建设需要依法征用、收回的房地产 （4）建造普通标准住宅出售，增值额未超过扣除项目金额20%（含20%）的 （5）转让旧房作为改造安置住房房源、公租房房源，且增值额未超过扣除项目金额20%的 （6）个人销售住房

经典题解

【真题1·多选题】下列行为属于土地增值税征税范围的有（　　）。（2020年）

A. 抵押期间的房地产抵押　　B. 房地产的评估增值

C. 房地产的继承　　D. 将房地产捐赠给关联企业

E. 合作建房，建成后转让

【解析】选项AB：没有发生房地产权属的转移，不属于土地增值税的征税范围；选项C：房地产的继承虽然发生了权属变更，但作为房产产权、土地使用权的原所有人（被继承人）并没有因为权属变更而取得任何收入，因此，其不属于土地增值税的征税范围。

【答案】DE

【真题2·单选题】下列经济活动中，需要缴纳土地增值税的是（　　）。（2019年）

A. 甲、乙公司相互交换房产产权用于办公

B. 丙某转让其个人拥有的非唯一且不满五年的住房

C. 丁公司由有限公司整体变更为股份公司时发生的房产评估增值

D. 戊公司通过中国青少年发展基金会向某市文化宫捐赠房产一套用于青少年美术作品展览室

【解析】选项B：对个人销售住房暂免征收土地增值税。选项C：房地产评估增值，没有发生房地产权属的转让，不属于土地增值税的征收范围。选项D：房产所有人、土地使用权所有人通过中国境内非营利的社会团体、国家机关将房屋产权、土地使用权赠与教育、民政和其他社会福利、公益事业的行为，不属于土地增值税的征收范围。

【答案】A

【真题3·单选题】下列情形中，需要缴纳土地增值税的是（　　）。（2018年）

A. 个人销售商铺

B. 企业吸收合并过程中涉及房地产过户

C. 因国家建设需要而被政府收回房地产

D. 因城市实施规划而搬迁，企业自行转让原房地产

【解析】选项B：企业重组过程中原投资主体存续，对原企业将房地产转移到合并后的企业，实现吸收合并中的房地产过户，暂不征收土地增值税（涉及房地产企业的除外）。选项C：因国家建设需要而被政府征收、收回的房地产，免税。选项D：因城市实施规划、国家建设需要而搬迁，纳税人自行转让原房地产，免税。

【答案】A

【真题4·单选题】下列行为属于土地增值税征税范围的是（　　）。（2017年）

A. 村委会自行转让集体土地　　B. 企业以房地产抵债

C. 事业单位出租闲置房产　　D. 政府向国有企业划转土地使用权

【解析】土地增值税只对转让国有土地使用权的行为课税，出租房产、转让非国有土地和出让国有土地的行为均不征税。

【答案】B

【例题 5 · 多选题】下列情形中，应计算征收土地增值税的有（　　）。

A. 房产所有人将房屋产权赠与直系亲属

B. 经核实的个人之间互换自有居住用房

C. 企业将自有土地使用权交换其他企业的股权

D. 企业之间等价互换自有的房地产

E. 房地产评估增值

【解析】选项 A：房产所有人、土地使用权所有人将房屋产权、土地使用权赠与直系亲属，不予征收土地增值税。选项 BD：发生了房屋权属的转移，属于土地增值税的征税范围。对个人之间互换自有居住用房地产的，经当地税务机关核实，可以免征土地增值税。选项 C：企业将自有土地使用权交换其他企业的股权，土地使用权权属发生了改变，应征收土地增值税。选项 E：房地产的评估增值没有发生房地产权属的转移，房屋产权所有人、土地使用权所有人也未取得收入，不属于土地增值税的征税范围。

【答案】CD

03 税收优惠（★★）

1. 转让以下房屋，增值额未超过扣除项目金额之和 20% 的，免征土地增值税。

（1）建造普通标准住宅出售，其增值额未超过扣除项目金额之和 20%（含 20%）的，予以免税。超过 20% 的，应就其全部增值额按规定计税。

普通标准住宅与其他住宅的具体划分界限由各省、自治区、直辖市人民政府规定。各直辖市和省会城市的具体标准要报建设部、财政部、国家税务总局备案。

经典题解

【例题 6 · 多选题】计算缴纳土地增值税时，判定普通标准住宅的标准有（　　）。

A. 建筑容积率在 0.5 以上

B. 实际成交价低于同级别土地上住房平均交易价 1.2 倍以下

C. 建筑容积率在 1.0 以上

D. 增值额未超过扣除项目金额之和的 20%

E. 单套建筑面积在 120 平方米以下

【解析】普通标准住宅的标准：住宅小区建筑容积率在 1.0 以上；单套建筑面积在 120 平方米以下；实际成交价低于同级别土地上住房平均交易价 1.2 倍以下。

【答案】BCE

（2）对企事业单位、社会团体以及其他组织转让旧房作为改造安置住房房源或公租房房源，且增值额未超过扣除项目金额 20% 的，免征土地增值税。

2. 政府征收、收回房地产免征土地增值税。

（1）因国家建设需要而依法征收、收回的房地产，免税。

（2）因城市实施规划、国家建设需要而搬迁，纳税人自行转让原房地产，免税。

经典题解

【真题7·多选题】下列情形免征土地增值税的有（　　）。(2021年)

A. 因旧城改造而由政府主管部门根据审批通过的城市规划进行搬迁，由纳税人自行转让房地产

B. 因实施地、市级人民政府批准的建设项目而进行搬迁，由纳税人自行转让房地产

C. 因实施省级人民政府批准的建设项目而进行搬迁，由纳税人自行转让房地产

D. 企业转让旧房作为安置住房房源且增值额未超过扣除项目金额20%的

E. 因企业污染而由政府主管部门根据审批通过的城市规划进行搬迁，由纳税人自行转让房地产

【解析】选项ABCE：因城市实施规划、国家建设需要而搬迁，纳税人自行转让房地产的，免征土地增值税。因“城市实施规划”而搬迁，是指因旧城改造或因企业污染、扰民（指产生过量废气、废水、废渣和噪音，使城市居民生活受到一定危害），而由政府或政府有关主管部门根据已审批通过的城市规划确定进行搬迁的情况；因“国家建设的需要”而搬迁，是指因实施国务院、省级人民政府、国务院有关部委批准的建设项目而进行搬迁的情况。

【答案】ACDE

【例题8·多选题】下列行为中，免征土地增值税的有（　　）。

A. 企业转让职工宿舍作为改造安置住房房源，且增值额未超过扣除项目金额20%

B. 企业以分期收款方式转让房产

C. 房地产开发企业销售其开发的普通标准住宅，增值额未超过扣除项目金额20%

D. 王某转让一套居住6年的别墅

E. 个人之间互换自有居住用房产（经核实）

【解析】选项B：以分期收款方式转让房地产的，应照章缴纳土地增值税，没有免税规定。

【答案】ACDE

【例题9·多选题】关于土地增值税的优惠政策，下列说法错误的有（　　）。

A. 将空置的职工宿舍转让给政府作为改造安置住房的，应就其全部增值额按规定计税

B. 对因国家建设需要而被政府收回的房产免税

C. 对个人销售商铺暂免征收土地增值税

D. 以房地产作价入股房地产开发公司，对其将房地产变更至被投资的企业，暂不征收土地增值税

E. 建造普通标准住宅出售，其增值额未超过扣除项目金额之和20%的，予以免税。超过20%的，应就其全部增值额按规定计税

【解析】选项A：转让旧房作为改造安置住房房源且增值额未超过扣除项目金额20%的免税。选项C：对个人销售“住房”暂免征收土地增值税。选项D：改制重组中的土地增值税优惠政策不适用于房地产转移任意一方为“房地产开发企业”的情形。

【答案】ACD

3. 企业改制重组的土地增值税优惠

根据财税〔2021〕21号文件精神，为支持企业改制重组，优化市场环境，对企业在改制重组过程中涉及的土地增值税政策规定如下：

暂不征收土地增值税的改制重组	说明	例外
企业整体改制，对改制前的企业将国有土地使用权、地上的建筑物及其附着物（以下称“房地产”）转移、变更到改制后的企业	整体改制是指不改变原企业的投资主体，并承继原企业权利、义务的行为	不适用于房地产转移任意一方为房地产开发企业的情形
企业合并，且原企业投资主体存续的，对原企业将房地产转移、变更到合并后的企业	按照法律规定或者合同约定，两个或两个以上企业合并为一个企业	
企业分立，且原企业将房地产转移、变更到分立后的企业	按照法律规定或者合同约定，企业分设为两个或两个以上与原企业投资主体相同的企业	
重组投资	单位、个人在改制重组时以房地产作价入股进行投资，对其将房地产转移、变更到被投资的企业	

考点提示

企业改制重组后再转让房地产并申报缴纳土地增值税时，“取得土地使用权所支付的金额”的扣除规则。

原取得方式/扣除方式	扣除金额
出让或转让	改制前取得该宗国有土地使用权所支付的地价款和按国家统一规定缴纳的有关费用
国家作价出资入股	该宗土地作价入股时县级及以上自然资源部门批准的评估价格
按购房发票确定扣除项目金额	按照改制重组前购房发票所载金额并从购买年度起至本次转让年度止每年加计5%计算扣除项目金额，购买年度是指购房发票所载日期的当年

4. 土地增值税的其他优惠政策

（1）对个人销售住房暂免征收土地增值税。

（2）为支持筹办2020年晋江第18届世界中学生运动会、2020年三亚第6届亚洲沙滩运动会、2021年成都第31届世界大学生运动会、杭州2022年亚运会和亚残运会及其测试赛等国际综合运动会，对组委会赛后出让资产取得的收入，免征土地增值税。

04 税率（★）

考点提示

土地增值税采用四级超率累进税率，是我国唯一一个采用超率累进税率的税种。

土地增值税四级超率累进税率表

级数	增值额与扣除项目金额的比率	税率（%）	速算扣除系数（%）
1	不超过 50%的部分	30	0
2	超过 50%，未超过 100%的部分	40	5
3	超过 100%，未超过 200%的部分	50	15
4	超过 200%的部分	60	35

【解释】超率累进税率与超额累进税率的差异在于累进的依据不同，超率累进税率累进的依据是相对量——增值额与扣除项目金额的比率；而超额累进税率的累进依据是绝对量——如个人所得税综合所得计税的累进是绝对量金额的变化。为了简化计算，超率累进税率设计了速算扣除系数。关于土地增值税的税率形式，是税法（Ⅰ）税法基本原理一章常考的知识点。

经典题解

【真题 10・单选题】土地增值税采用的税率形式是（　　）。（2020 年）

A. 四级超率累进税率　　B. 五级超率累进税率

C. 七级超额累进税率　　D. 五级超额累进税率

【答案】A

▶ Unit 3

第三单元　计税依据

查看本单元视频，快速 GET 知识点

使用“会计云课堂”App或“微信”扫码

01 应税收入（★★★）

纳税人转让房地产所取得的收入，包括货币收入、实物收入和其他收入在内的全部价款及有关的经济利益，不允许从中减除任何成本费用。

1. 取得的实物收入，按取得收入时的市场价格折算成货币收入；

2. 取得的无形资产收入，要进行专门评估，在确定其价值后折算成货币收入；

3. 取得的收入为外国货币，按照取得收入的当天或当月 1 日国家公布的市场汇率折算成人民币收入。

考点提示

开发土地和新建房代收的费用是否计入收入：对于县级及县级以上人民政府要求房地产开发企业在售房时代收的各项费用，如果代收费用是计入房价中向购买方一并收取的，可作为转让房地产所取得的收入计税；如果代收费用未计入房价中，而是在房价之外单独收取的，可以不作为转让房地产的收入。

易错易混

就销售额的口径而言，土地增值税与增值税存在差异。增值税存在差额计税的销售额，土地增值税没有规定差额计税的销售额。因此在增值税差额计税的情形下，土地增值税的不含增值税收入额不能使用含税销售额作价税分离。

2016年5月1日“营改增”后，土地增值税纳税人转让房地产的土地增值税应税收入为不含增值税收入。适用增值税一般计税方法的纳税人，其转让房地产的土地增值税应税收入不含增值税销项税额；适用简易计税方法的纳税人，其转让房地产的土地增值税应税收入不含增值税应纳税额。房地产开发企业在营改增后进行房地产开发项目土地增值税清算时，按以下方法确定应税收入：土地增值税应税收入=营改增前转让房地产取得的收入+营改增后转让房地产取得的不含增值税收入。

经典题解

【例题11·单选题】某房地产开发公司为增值税一般纳税人，2016年4月30日前转让A项目部分房产，取得转让收入40000万元；2016年5月1日后转让A项目部分房产，取得含税收入50000万元。该项目已达土地增值税清算条件，该房地产公司对A项目选择“简易征收”方式缴纳增值税。该公司在土地增值税清算时应确认收入（　　）万元。

A. 90000.00　　B. 86190.48　　C. 87619.05　　D. 88543.69

【解析】房地产开发公司在营改增后进行房地产开发项目土地增值税清算时，按以下方法确定相关金额：土地增值税应税收入=营改增前转让房地产取得的收入+营改增后转让房地产取得的不含增值税收入=40000+50000÷（1+5%）=87619.05（万元）。

【答案】C

【真题12·单选题】2020年5月，某房地产开发公司销售自行开发的房地产30000平方米，取得不含税销售额60000万元；将5000平方米用于抵顶供应商等值的建筑材料；将1000平方米对外出租，取得不含税租金56万元。该房地产开发公司在计算土地增值税时的应税收入为（　　）万元。（2020年）

A. 70056.00　　B. 70000.00　　C. 60000.00　　D. 60056.00

【解析】土地增值税的应税收入=60000+60000/30000×5000=70000（万元）。

【答案】B

02 扣除项目及金额（★★★）

（一）取得土地使用权所支付的金额（适用新建房转让和存量房地产转让）

指纳税人为取得土地使用权支付的地价款和按国家统一规定缴纳的有关费用之和。其中，“取得土地使用权所支付的地价款”可以有三种形式：

1. 以出让方式取得土地使用权的，为支付的土地出让金；
2. 以行政划拨方式取得土地使用权的，为转让土地使用权时按规定补缴的出让金；
3. 以转让方式取得土地使用权的，为支付的地价款。

经典题解

【真题 13 · 单选题】 下列项目中，征收土地增值税时确定取得土地使用权所支付地价款的方法，正确的是（　　）。（2003 年）

A. 以出让方式取得土地使用权的，为支付的土地价款

B. 以行政划拨方式取得土地使用权的，为补缴的出让金

C. 以转让方式取得土地使用权的，为补缴的出让金和费用

D. 以其他方式取得土地使用权的，为建房的费用与成本

【答案】 B

【例题 14 · 单选题】 2022 年 4 月，某房地产开发公司转让在建项目，取得转让收入 20000 万元。该公司取得土地使用权时支付土地出让金 7000 万元、契税 210 万元、印花税 3.5 万元（已计入税金及附加）及登记费 0.1 万元，该公司缴纳土地增值税时可以扣除的取得土地使用权所支付的金额为（　　）万元。

A. 7213.50　　B. 7210.10

C. 7213.60　　D. 7210.00

【解析】 取得土地使用权所支付的金额是指纳税人为取得土地使用权所支付的地价款和按国家统一规定缴纳的有关费用之和。该公司缴纳土地增值税时可以扣除的取得土地使用权所支付的金额 = 7000+210+0.1 = 7210.10（万元）。

【答案】 B

（二）开发土地和新建房及配套设施的成本——简称房地产开发成本（适用新建房转让）

包括土地征用及拆迁补偿费、前期工程费、建筑安装工程费、基础设施费、公共配套设施费、开发间接费用。

营改增后，土地增值税纳税人接受建筑安装服务取得的增值税发票，应在发票的备注栏注明建筑服务发生地县（市、区）名称及项目名称，否则不得计入土地增值税扣除项目金额。

易错易混

注意区分：契税和耕地占用税分别属于土地增值税的不同扣除项目，契税属于“取得土地使用权所支付的金额”，耕地占用税属于“房地产开发成本”项目。

经典题解

【例题 15 · 多选题】 下列项目中，属于房地产开发成本的有（　　）。

A. 开发间接费用　　B. 耕地占用税

C. 公共配套设施费　　D. 借款利息费用

E. 契税

【解析】 选项 ABC 属于房地产开发成本；选项 D 属于房地产开发费用；选项 E 属于取得土地使用权所支付的金额。

【答案】 ABC

（三）开发土地和新建房及配套设施的费用——简称房地产开发费用（适用新建房转让）

房地产开发费用是指与房地产开发项目有关的销售费用、管理费用、财务费用。在计算土地增值税时，上述费用不采用据实扣除的办法，而采用以下两种计算扣除方法：

（1）纳税人能按转让房地产项目分摊利息支出并能提供金融机构贷款证明的：

允许扣除的房地产开发费用＝利息＋（取得土地使用权所支付的金额＋房地产开发成本）×5%以内

（2）纳税人不能按转让房地产项目分摊利息支出或不能提供金融机构贷款证明的：

允许扣除的房地产开发费用＝（取得土地使用权所支付的金额＋房地产开发成本）×10%以内

需要注意的是，财政部、国家税务总局还对扣除项目金额中利息支出的计算问题作了两点专门规定：

一是利息的上浮幅度按国家的有关规定执行，超过上浮幅度的部分不允许扣除；

二是对于超过贷款期限的利息部分和加罚的利息不允许扣除。

【案例精析】企业开发房地产取得土地使用权所支付的金额1000万元；房地产开发成本6000万元；向金融机构借入资金利息支出400万元（能提供贷款证明且能按房地产项目分摊），其中超过国家规定上浮幅度的金额为100万元；该省规定能提供贷款证明的利息支出以外的其他房地产开发费用的扣除比例为5%。该企业允许扣除的房地产开发费用＝（400－100）＋（1000＋6000）×5%＝650（万元）。

经典题解

【真题16·单选题】关于土地增值税扣除项目，下列说法正确的是（　　）。（2021年）

A. 超过贷款期限的利息，不超过银行同类同期贷款利率水平计算的部分允许扣除

B. 土地增值税清算时，已经计入房地产开发成本的耕地占用税，应调整至土地成本中计算扣除

C. 房地产开发过程中实际发生的合理的销售费用可以据实扣除

D. 为取得土地使用权所支付的价款和已纳契税，应计入取得土地使用权所支付的金额，按照已销售部分分摊确定可以扣除土地成本的金额

【解析】选项A：对于超过贷款期限的利息部分和加罚的利息不允许扣除。选项B：耕地占用税在取得耕地时计入房地产开发成本，清算时无须调整。选项C：房地产开发费用是指与房地产开发项目有关的销售费用、管理费用、财务费用，在计算土地增值税时，不采用据实扣除的办法，而采用计算扣除方法。

【答案】D

【真题17·单选题】甲房地产开发公司对一项开发项目进行土地增值税清算，相关资料包括：取得土地使用权支付的金额为40000万元；房地产开发成本101000万元；销售费用4500万元；管理费用2150万元；财务费用3680万元，其中包括支付给非关联企业的利息500万元，已取得发票，支付给银行贷款利息3000万元，已取得银行开具的相关证明，且未超过商业银行同类同期贷款利率计算的金额。项目所在省规定其他房地产开发费用扣除比例

为 5%。不考虑其他情况，该房地产开发公司在本次清算中可以扣除的房地产开发费用为（　　）万元。（2019 年）

A. 10050　　B. 10375　　C. 10550　　D. 10730

【解析】（1）纳税人能按转让房地产项目分摊利息支出并能提供金融机构贷款证明的，允许扣除的房地产开发费用 = 利息 +（取得土地使用权所支付的金额 + 房地产开发成本）× 5% = 3000 +（40000 + 101000）× 5% = 10050（万元）。（2）向非关联企业借款的利息支出 500 万元，不能提供金融机构贷款证明，不得直接作为利息据实扣除。

【答案】 A

【相关链接】 土地增值税可扣除的期间费用与会计核算的期间费用有明显的差异，土地增值税扣除的房地产开发费用仅仅是按照项目和规定方法计算出的费用，不是当期实际发生的期间费用。

（四）与转让房地产有关的税金（适用新建房转让和存量房地产转让）

目前包括转让房地产时缴纳的城建税、印花税。教育费附加视同税金扣除。

考点提示

（1）“营改增”后，土地增值税扣除项目涉及的增值税进项税额，允许在销项税额中计算抵扣的，不计入扣除项目；不允许在销项税额中计算抵扣的，可以计入扣除项目。

（2）企业经营活动发生的印花税等相关税费，记在“税金及附加”科目核算，因此，包括房地产开发企业在内的纳税人在转让房地产环节缴纳的印花税，可以计入扣除项目。

（3）土地增值税暂行条例和实施细则中没有地方教育附加扣除的规定。现实中各省对地方教育附加能否扣除有着不同的规定，但近三年考题均通过题干提示的方式明确是否扣除地方教育附加。考试时应注意题干提示和要求。

（4）只有与转让房地产项目有关的税金才可以在计算土地增值税的增值额时扣除。与转让房地产项目无关的税金不得列入扣除项目。

经典题解

【真题 18 · 单选题】 转让新建房计算土地增值税时，可以作为与转让房地产有关的税金扣除的是（　　）。（2018 年）

A. 契税　　B. 增值税

C. 城镇土地使用税　　D. 城市维护建设税

【解析】 与转让房地产有关的税金，包括转让房地产时缴纳的城建税、印花税。教育费附加视同税金扣除。

【答案】 D

【例题 19 · 单选题】 甲房地产开发企业将自行开发楼盘的 90% 对外出售，10% 对外出租，另将 10 年前购入的一所办公用房转让，则下列关于印花税扣除的规定不符合税法要求的是（　　）。

A. 对其出售开发楼盘的印花税可以作为计算土地增值税的税金进行扣除

B. 对其转让外购办公用房的印花税可以作为计算土地增值额的税金进行扣除

C. 对其出售开发楼盘和出租房屋的印花税可以作为计算土地增值额的税金进行扣除

D. 对其出售开发楼盘和转让外购办公用房的印花税可以作为计算土地增值额的税金进行扣除

【解析】 选项 C，房地产开发企业出租房屋的印花税与转让房地产无关，不得在计算土地增值税时扣除。

【答案】 C

（五）财政部规定的其他扣除项目（适用房地产开发企业的新建房转让）

从事房地产开发的纳税人可加计扣除 =（取得土地使用权所支付的金额+房地产开发成本）×20%

考点提示

1. 此项加计扣除仅对房地产开发企业转让新建房有效，非房地产开发企业不享受此项政策；

2. 取得土地使用权后未经开发就转让的，不得加计扣除；

3. 代县以上政府收取的费用，均不得加计扣除。具体规定为——计入收入的也可进行扣除，但不得加计 20%扣除；未计入收入的不得进行扣除，更不能加计扣除。

经典题解

【真题 20 · 多选题】 计算土地增值税时，下列费用准予从收入总额中扣除的有（　　）。（2006 年）

A. 建房贷款超期支付的利息

B. 开发小区的排污费、绿化费

C. 出售旧房过程中的评估费用

D. 取得土地使用权时办理登记的手续费

E. 按照有关规定计入房价向购买者收取的代收费用

【解析】 选项 A：对于超过贷款期限的利息部分和加罚的利息不允许扣除；选项 B：开发小区的排污费、绿化费属于基础设施费，应作为房地产开发成本扣除；选项 C：评估费用与评估价格不是等同概念，正常的评估费用可以在计算土地增值额时扣除；选项 D：应作为取得土地使用权所支付的金额扣除；选项 E：代收的计入收入的费用允许扣除，但不允许加计扣除 20%。

【答案】 BCDE

（六）旧房及建筑物的评估价格（适用存量房地产转让）

税法规定，转让旧房的，应按房屋及建筑物的评估价格、取得土地使用权所支付的地价款和按国家统一规定缴纳的有关费用以及在转让环节缴纳的税金作为扣除项目金额计征土地增值税。

1. “旧房及建筑物的评估价格”是指转让已使用过的房屋及建筑物时，由政府批准设立的房地产评估机构评定的重置成本价乘以成新度折扣率后的价格。评估价格须经当地税务机关确认。

评估价格＝重置成本价×成新度折扣率

纳税人转让旧房及建筑物，凡不能取得评估价格，但能提供购房发票的，经当地税务部门确认，根据《条例》第六条第（一）、（三）项规定的扣除项目的金额（取得土地使用权所支付的金额、新建房及配套设施的成本、费用，或者旧房及建筑物的评估价格），可按发票所载金额并从购买年度起至转让年度止每年加计5%计算扣除。计算扣除项目时“每年”按购房发票所载日期起至售房发票开具之日止，每满12个月计1年；超过1年，未满12个月但超过6个月的，可以视同为1年。

对纳税人购房时缴纳的契税，凡能提供契税完税凭证的，准予作为“与转让房地产有关的税金”予以扣除，但不作为加计5%的基数。

对于转让旧房及建筑物，既没有评估价格，又不能提供购房发票的，税务机关可以根据《税收征管法》第35条的规定，实行核定征收。

经典题解

【例题21·单选题】某国有企业2014年2月在市区购置一栋办公楼，支付价款8000万元。2022年2月，该企业将办公楼转让，取得含税收入10000万元，按含税收入签订产权转移书据。办公楼经税务机关确认的重置成本价为12000万元，成新度折扣率70%。该企业选择简易计税办法计算增值税，则其在缴纳土地增值税时计算的增值额为（　　）万元。（所在省政府允许扣除地方教育附加）

A. 1490　　B. 1585.48　　C. 1488.33　　D. 1592.07

【解析】评估价格＝12000×70%＝8400（万元）

为计算与转让房地产有关的税金，先要计算增值税，本题目涉及增值税简易计税中的差额计税规定，请认真学好增值税的内容。

增值税＝（10000－8000）/（1+5%）×5%＝95.24（万元）

与转让房地产有关的税金＝95.24×（7%+3%+2%）+10000×0.5‰＝16.43（万元）

由于土地增值税的收入没有差额作为收入的规定，与增值税差额计税的口径不同，所以不含增值税的收入要用含税销售额全额减除增值税（差额计税求得的税额）。

计算土地增值税的不含增值税收入＝10000－95.24＝9904.76（万元）

土地增值额＝9904.76－16.43－8400＝1488.33（万元）。

【答案】C

【真题22·单选题】2018年3月，某公司销售自用办公楼，不能取得评估价格，该公司提供的购房发票所载购房款为1200万元，购买日期为2008年1月1日。购入及转让环节允许扣除的相关税费80万元。该公司在计算土地增值税时允许扣除项目金额（　　）万元。（2018年）

A. 1280　　B. 1880　　C. 1895　　D. 1940

【解析】允许扣除项目金额＝1200×（1+5%×10）+80＝1880（万元）。

【答案】B

【真题23·单选题】 2017年4月，张某将2016年6月购入的商铺转让，取得收入600万元。张某持有购房增值税普通发票，注明金额350万元、税额17.5万元，无法取得商铺评估价格。张某计算缴纳土地增值税时，可以扣除旧房金额以及加计扣除共计（　　）万元。（2017年）

A. 350.00　　　　B. 367.50

C. 385.88　　　　D. 404.25

【解析】 纳税人转让旧房及建筑物，凡不能取得评估价格，但能提供购房发票的，可按发票所载金额并从购买年度起至转让年度止每年加计5%计算扣除。每满12个月计一年，本题中，2016年6月购入，2017年4月转让，不足12个月，可以扣除旧房金额及加计扣除共计=350+17.5=367.5（万元）。

【答案】 B

易错易混

契税在计算土地增值税时的扣除规则：

<table>
<tr><th colspan="2">契税支付环节</th><th>税务处理</th></tr>
<tr><td colspan="2">纳税人转让新建房或直接转让未经开发的土地使用权，取得土地使用权时支付的契税</td><td>视同“按国家统一规定缴纳的有关费用”，计入“取得土地使用权所支付的金额”中扣除</td></tr>
<tr><td rowspan="2">纳税人转让存量房，其原购入环节缴纳的契税</td><td>转让有评估价格的存量房</td><td>已经包含在旧房及建筑物的评估价格之中，故计征土地增值税时，不另作为与转让房地产有关的税金予以扣除</td></tr>
<tr><td>转让无评估价格的存量房（但能提供购房发票的）</td><td>凡能提供契税完税凭证的，准予作为“与转让房地产有关的税金”予以扣除，但不作为加计5%的基数</td></tr>
</table>

2. 对取得土地使用权时未支付地价款或不能提供已支付的地价款凭据的，不允许扣除取得土地使用权时所支付的金额。

考点提示

纳税人转让旧房及建筑物时，因纳税需要对房地产进行评估所支付的评估费可以作为计算土地增值税的扣除金额，但是因纳税人隐瞒、虚报房地产成交价格等被按照评估价格计税时发生的评估费，不允许在计算土地增值税时扣除。

【难点归纳1】《中华人民共和国土地增值税暂行条例》等规定的土地增值税扣除项目涉及的增值税进项税额，允许在销项税额中计算抵扣的，不计入扣除项目，不允许在销项税额中计算抵扣的，可以计入扣除项目。即：扣除项目中包括不得抵扣的增值税进项税额。

【难点归纳2】 对于代收费用作为转让收入计税的，在计算扣除项目金额时，可予以扣除，但不允许作为加计20%扣除的基数；对于代收费用未作为转让房地产的收入计税的，在计算增值额时不允许扣除代收费用。

即：计入房价的代收费用计收入，可予以扣除，但不能作为加计20%扣除的基数。

【难点归纳 3】 从不同转让标的看扣除项目的差异。

可从转让收入额中减除的扣除项目及适用情况如下表：

可扣除项目	适用情况
（1）取得土地使用权所支付的金额	新建房转让和存量房地产转让
（2）房地产开发成本	新建房转让
（3）房地产开发费用	新建房转让
（4）与转让房地产有关的税金	新建房转让和存量房地产转让
（5）旧房及建筑物的评估价格	存量房地产转让
（6）财政部规定的其他扣除项目	房地产开发企业的新建房转让

经典题解

【真题 24·单选题】 某企业为增值税一般纳税人，2019 年 11 月转让 5 年前自行建造的厂房，厂房对应的地价款为 600 万元，评估机构评定的重置成本价为 1450 万元，厂房 6 成新。该企业转让厂房计算土地增值税时准予扣除的项目金额是（　　）万元。（不考虑其他转让环节等相关税费）（2020 年）

A. 600.00　　B. 870.00　　C. 2050.00　　D. 1470.00

【解析】 评估价格＝重置成本价×成新度折扣率＝1450×60%＝870（万元）。该企业转让厂房计算土地增值税时准予扣除的项目金额＝600+870＝1470（万元）。

【答案】 D

【难点归纳 4】 从不同转让主体的不同转让行为看扣除项目的差异。归纳图表：

企业类型	转让房地产情况	可扣除项目
房地产开发企业	转让新建房	（1）取得土地使用权所支付的金额 （2）房地产开发成本 （3）房地产开发费用 ①纳税人能按转让房地产项目分摊利息支出并能提供金融机构贷款证明的： 允许扣除的房地产开发费用＝利息（不包括加息、罚息）＋（取得土地使用权所支付的金额+房地产开发成本）×5%以内 ②纳税人不能按转让房地产项目分摊利息支出或不能提供金融机构贷款证明的： 允许扣除的房地产开发费用＝（取得土地使用权所支付的金额+房地产开发成本）×10%以内 （4）与转让房地产有关的税金 “营改增”后：①印花税；②城建税、教育费附加 （5）财政部规定的其他扣除项目（加计扣除） 加计扣除＝（取得土地使用权所支付的金额+房地产开发成本）×20%

企业类型	转让房地产情况	可扣除项目
非房地产开发企业	转让新建房	（1）取得土地使用权所支付的金额 （2）房地产开发成本 （3）房地产开发费用 （4）与转让房地产有关的税金 “营改增”后：①印花税；②城建税、教育费附加
各类企业	转让存量房	（1）取得土地使用权所支付的金额 （2）房屋及建筑物的评估价格 评估价格=重置成本价×成新度折扣率 【考点提示】不能取得评估价格但能提供购房发票的，（1）、（2）项按发票所载金额并从购买年度起至转让年度止每年加计5%计算扣除 （3）转让环节缴纳的税金 “营改增”后：①印花税；②城建税、教育费附加；③购房时缴纳的契税（仅适用于按发票金额每年加计5%计算扣除且能提供契税完税凭证的纳税人）
	单纯转让未经开发的土地	（1）取得土地使用权所支付的金额 （2）转让环节缴纳的税金

03 评估价格办法及有关规定（调整）（★）

所谓评估价格，是指由政府批准设立的房地产评估机构根据相同地段、同类房地产进行综合评定的价格。这种评估价格亦须经当地税务机关确认。

税法规定，纳税人有下列情况之一的，需要对房地产进行评估，并以房地产的评估价格来确定转让房地产收入、扣除项目的金额：

1. 隐瞒、虚报房地产成交价格的——用评估价格确定转让收入。

2. 提供扣除项目金额不实的——按照重置成本价乘以成新度折扣率计算的房屋成本价和取得土地使用权时的基准地价评估，确定扣除项目金额。

3. 转让房地产的成交价格低于房地产评估价格，又无正当理由的——参照房地产评估价格确定转让房地产收入。

经典题解

【例题25·多选题】下列项目中，计征土地增值税时需要用评估价格来确定转让房地产收入、扣除项目金额的包括（　　）。

A. 出售新房屋及建筑物的

B. 转让房地产的成交价格低于房地产评估价格，又无正当理由的

C. 虚报房地产成交价格的

D. 以房地产进行投资联营的

E. 提供扣除项目金额不实的

【答案】BCE

▶ Unit 4

第四单元 应纳税额的计算与清算

查看本单元视频，快速 GET 知识点

使用“会计云课堂”App或“微信”扫码

01 应纳税额的计算（★★★）

（一）计算土地增值税的步骤和公式：

第一步，计算土地增值额

增值额=不含增值税收入额-扣除项目金额

第二步，计算增值率

增值率=土地增值额÷扣除项目金额×100%

第三步，根据增值率确定适用税率的档次和速算扣除系数

第四步，套用公式计算税额。公式为：

应纳税额=增值额×适用税率-扣除项目金额×速算扣除系数

经典题解

【例题26·单选题】2022年3月某房地产开发公司转让新建普通住宅一幢，取得不含税收入5000万元，转让环节可扣除的税金及附加合计54万元。该公司为取得该住宅的土地使用权支付地价款和有关税费2000万元，房地产开发成本1000万元，利息支出100万元（能够按房地产项目计算分摊并提供金融机构证明）。该公司所在地省政府规定的其他房地产开发费用的计算扣除比例为5%。该公司应缴纳土地增值税（　　）万元。

A. 0　　B. 140.25

C. 223.75　　D. 328.80

【解析】这是一个传统的考核土地增值税计算的题目，考核传统的计算步骤和各扣除项目的基本扣除规定。

（1）确定转让收入5000万元。

（2）确定转让房地产的扣除项目金额：

①取得土地使用权所支付的金额为2000万元

②房地产开发成本为1000万元

③房地产开发费用=100+（2000+1000）×5%=250（万元）

④与转让房地产有关的税金为54万元

⑤从事房地产开发的加计扣除=（2000+1000）×20%=600（万元）

⑥转让房地产的扣除项目金额=2000+1000+250+54+600=3904（万元）

（3）计算转让房地产的增值额 = 5000 - 3904 = 1096（万元）

（4）计算增值额与扣除项目金额的比率 = 1096/3904×100% = 28.07%，适用税率为 30%。

（5）应纳土地增值税 = 1096×30% = 328.80（万元）。

【答案】 D

（二）出售旧房应纳税额的计算方法

出售旧房及建筑物，首先按评估价格及有关因素计算、确定扣除项目金额，再根据上述方法计算应纳税额。具体计算步骤：

1. 计算评估价格。其公式为：

评估价格 = 重置成本价×成新度折扣率

2. 汇集扣除项目金额。

3. 计算增值额。

4. 计算增值率。依据增值率确定适用税率及速算扣除系数。

5. 依据适用税率及速算扣除系数计算应纳税额。

应纳税额 = 增值额×适用税率 - 扣除项目金额×速算扣除系数

经典题解

【例题 27·单选题】 出售旧房及建筑物计算土地增值税的增值额时，其扣除项目金额中的旧房及建筑物的评估价格应按（　　）计算。

A. 账面净值　　B. 重置成本

C. 账载原值乘以成新度折扣率　　D. 重置成本价乘以成新度折扣率

【解析】 出售旧房及建筑物计算土地增值税的增值额时，其扣除项目金额中的旧房及建筑物的评估价格应按重置成本价乘以成新度折扣率计算。

【答案】 D

【例题 28·单选题】 2022 年某企业转让一栋六成新的旧仓库，取得不含税转让收入 2000 万元，可扣除的相关税费共计 1 万元。该仓库原造价 1000 万元，重置成本价 1800 万元。该企业转让仓库应缴纳土地增值税（　　）万元。

A. 114.95　　B. 296.15

C. 313.55　　D. 476.05

【解析】 出售旧房及建筑物，首先按评估价格及有关因素确定扣除项目，再根据土地增值税的计算方法计算应纳税额；其中评估价格 = 重置成本价×成新度折扣率。本题仓库的成新度折扣率为 60%，即 6 成新，其评估价格 = 1800×60% = 1080（万元）。

该转让项目的土地增值额 = 2000 - 1080 - 1 = 919（万元）。

土地增值率 = 919/1081×100% = 85.01%，适用 40%的税率，速算扣除系数 5%。

该企业转让旧仓库应纳土地增值税 = 919×40% - 1081×5% = 313.55（万元）。

【答案】 C

考点提示

土地增值税计算的命题规律。下图为土地增值税配比型计算的基本规则示意图，运用这种方法计算是近几年的命题趋势。

关于土地增值税计算的命题，我们要关注“配比型”的命题模式。注重考核土地增值税与其他税种的关系以及土地增值税计算中已售与未售之间成本项目的分摊。近几年考试中多次考核土地增值税的已售工程与未售工程的配比计税的规则。土地增值税计算的复杂性有所增加。

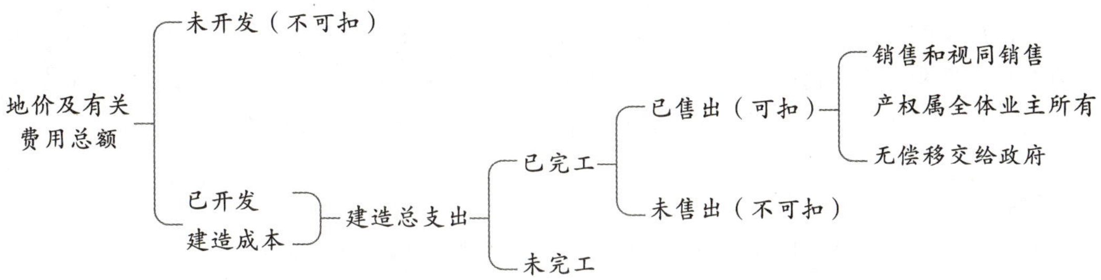

经典题解

【真题 29·单选题】 某房地产开发公司为增值税一般纳税人，自 2018 至 2020 年开发 M 地块的房地产项目，可售建筑面积 80000 平方米，2020 年 6 月竣工验收并开始销售，截止 2021 年 4 月已销售 72000 平方米，剩余可售建筑面积用于出租。该项目土地成本 20000 万元，开发成本 15000 万元，开发费用 10000 万元（其中利息支出不能提供金融机构贷款证明），与转让房地产有关的税金 782 万元。开发费用扣除比例为 10%。该公司对 M 地块的房地产项目进行土地增值税清算时，允许扣除项目金额（　　）万元。（2021 年）

A. 35432　　B. 41732

C. 39282　　D. 40157

【解析】 本题目首先要注意已售与可售的配比。销售比例 = 72000/80000×100% = 90%。土地成本、开发成本、开发费用以及加计扣除项目都要按照该比例计算扣除。

其中，纳税人不能按转让房地产项目分摊利息支出或不能提供金融机构贷款证明的：

允许扣除的房地产开发费用 =（取得土地使用权所支付的金额+房地产开发成本）×10% 以内（题目已知条件给出比例为 10%）

该公司土地增值税清算时允许扣除项目金额 = 20000×90% + 15000×90% +（20000+15000）×90%×10%+782+（20000+15000）×90%×20% = 41732（万元）。

【答案】 B

【真题 30·计算题】 A 市某机械厂为增值税一般纳税人，2020 年 3 月因企业搬迁将原厂房出售，相关资料如下：

（1）该厂房于 2004 年 3 月购进，会计账簿记载的该厂房入账的固定资产原价为 1600 万元，账面净值 320 万元。搬迁过程中该厂房购进发票丢失，该厂提供的当年缴纳契税的完税凭证，记载契税的计税金额为 1560 万元，缴纳契税 46.8 万元。

（2）转让厂房取得含税收入 3100 万元。该机械厂选择简易计税方法计税。

（3）转让厂房时评估机构评定的重置成本价为 3800 万元，该厂房 4 成新。

要求： 根据上述资料，请回答下列问题。（2020年）

（1）该机械厂转让厂房应缴纳增值税（ ）万元。

A. 147.62　　B. 77.00

C. 13.90　　D. 73.33

【解析】 近2年与增值税计算混合命题，提升了题目的综合性和难度。需要学员学好增值税。

（1）纳税人转让不动产，按照有关规定差额缴纳增值税的，如因丢失等原因无法提供取得不动产时的发票，可向税务机关提供其他能证明契税计税金额的完税凭证等资料，进行差额扣除，差额扣除时只扣除契税计税价格，不能扣除其他税费。2016年4月30日及以前缴纳契税的：增值税应纳税额=［全部交易价格（含增值税）－契税计税金额（含营业税）］÷（1+5%）×5%。（2）该机械厂转让厂房应缴纳增值税=（3100－1560）/（1+5%）×5%=73.33（万元）。

【答案】 D

（2）该机械厂转让厂房计算土地增值税时准予扣除的转让环节的税金为（ ）万元。（不考虑印花税、地方教育附加）

A. 7.33　　B. 1.39

C. 7.70　　D. 54.13

【解析】 计算可扣除的城建税和教育费附加，按照题干要求不考虑印花税和地方教育附加。准予扣除的转让环节的税金=73.33×（7%+3%）=7.33（万元）。

【答案】 A

（3）该机械厂转让厂房计算土地增值税时准予扣除项目金额为（ ）万元。

A. 1574.13　　B. 327.33

C. 1527.33　　D. 647.33

【解析】 考查能提供评估价格的扣除项目金额的确定。

评估价格=重置成本价×成新度折扣率=3800×40%=1520（万元）

准予扣除项目金额=1520+7.33=1527.33（万元）。

【答案】 C

（4）该机械厂转让厂房应缴纳土地增值税（ ）万元。

A. 1460.46　　B. 1156.46

C. 523.37　　D. 493.65

【解析】 由于有评估价格，契税含在评估价中不能单独扣除。

增值额=3100－73.33－1527.33=1499.34（万元）

增值率=1499.34/1527.33×100%=98.17%，适用税率为40%，速算扣除系数为5%。

该机械厂转让厂房应缴纳土地增值税=1499.34×40%－1527.33×5%=523.37（万元）。

【答案】 C

02 房地产开发企业土地增值税的清算管理（★★★）

要点	主要规定	
清算单位	（1）土地增值税以国家有关部门审批的房地产开发项目为单位进行清算，对于分期开发的项目，以分期项目为单位清算 （2）开发项目中同时包含普通住宅和非普通住宅的，应分别计算增值额	
清算条件	纳税人应进行土地增值税清算的三种情况	（1）房地产开发项目全部竣工、完成销售的 （2）整体转让未竣工决算房地产开发项目的 （3）直接转让土地使用权的
	主管税务机关可要求纳税人进行土地增值税清算的四种情况	（1）已竣工验收的房地产开发项目，已转让的房地产建筑面积占整个项目可售建筑面积的比例在85%以上，或该比例虽未超过85%，但剩余的可售建筑面积已经出租或自用的 （2）取得销售（预售）许可证满三年仍未销售完毕的 （3）纳税人申请注销税务登记但未办理土地增值税清算手续的 （4）省税务机关规定的其他情况
非直接销售和自用房地产的收入确定	房地产开发企业将开发产品用于职工福利、奖励、对外投资、分红、偿债、换取非货币性资产等，发生所有权转移时应视同销售房地产	收入按下列方法和顺序确认： （1）按本企业在同一地区、同一年度销售的同类房地产的平均价格确定 （2）由主管税务机关参照当地当年、同类房地产的市场价格或评估价值确定
	房地产开发企业用建造的房地产安置回迁户的，安置用房视同销售处理	
	房地产开发企业将开发的部分房地产转为企业自用或用于出租等商业用途时，产权未发生转移的	不征收土地增值税，在税款清算时不列收入，不扣除相应的成本和费用

要点	主要规定	
扣除项目规定	可据实扣除的项目	(1) 房地产开发企业开发建造的与清算项目配套的居委会和派出所用房、会所、停车场（库）、物业管理场所、变电站、热力站、水厂、文体场馆、学校、幼儿园、托儿所、医院、邮电通讯等公共设施：①建成后产权属于全体业主所有的，其成本、费用可以扣除；②建成后无偿移交给政府、公用事业单位用于非营利性社会公共事业的，其成本、费用可以扣除；③建成后有偿转让的，应计算收入，并准予扣除成本、费用 (2) 房地产开发企业销售已装修的房屋，其装修费用可以计入房地产开发成本 (3) 房地产开发企业在工程竣工验收后，根据合同约定，扣留建筑安装施工企业一定比例的工程款，作为开发项目的质量保证金，在计算土地增值税时，建筑安装施工企业就质量保证金对房地产开发企业开具发票的，按发票所载金额予以扣除 (4) 房地产开发企业为取得土地使用权所支付的契税，应视同“按国家统一规定缴纳的有关费用”，计入“取得土地使用权所支付的金额”中扣除 (5) 房地产开发企业支付给回迁户的补差价款，计入拆迁补偿费；回迁户支付给房地产开发企业的补差价款，应抵减本项目拆迁补偿费 (6) 货币安置拆迁的，房地产开发企业凭合法有效凭据计入拆迁补偿费
	可核定扣除的项目	前期工程费、建筑安装工程费、基础设施费、开发间接费用的凭证或资料不符合清算要求或不实的
	不可扣除的项目	(1) 除另有规定外，扣除的取得土地使用权所支付的金额、房地产开发成本、开发费用及与转让房地产有关的税金，须提供合法有效凭证；不能提供合法有效凭证的，不予扣除 (2) 房地产开发企业的预提费用，除另有规定外，不得扣除 (3) 房地产开发企业在工程竣工验收后，根据合同约定，扣留建筑安装施工企业一定比例的工程款，作为开发项目的质量保证金，建筑安装施工企业就质量保证金未对房地产开发企业开具发票的，扣留的质保金，不得扣除 (4) 房地产开发企业逾期开发缴纳的土地闲置费不得扣除

<table>
<tr><th>要点</th><th colspan="2">主要规定</th></tr>
<tr><td rowspan="2">土地增值税的核定征收</td><td>税务机关可以参照与房地产开发企业开发规模和收入水平相近的当地企业的土地增值税税负情况，按不低于预征率的征收率核定征收土地增值税的五种情形</td><td>（1）依照法律、行政法规的规定应当设置但未设置账簿的
（2）擅自销毁账簿或者拒不提供纳税资料的
（3）虽设置账簿，但账目混乱或者成本资料、收入凭证、费用凭证残缺不全，难以确定转让收入或扣除项目金额的
（4）符合土地增值税清算条件，未按照规定的期限办理清算手续，经税务机关责令限期清算，逾期仍不清算的
（5）申报的计税依据明显偏低，又无正当理由的
【考点提示】税务机关核定的计税价格或收入不含增值税</td></tr>
<tr><td>核定征收率的规定</td><td>为了规范核定工作，核定征收率原则上不得低于5%，各省级税务机关要结合本地实际，区分不同房地产类型制定核定征收率</td></tr>
<tr><td>清算后再转让房地产</td><td colspan="2">在土地增值税清算时未转让的房地产，清算后销售或有偿转让的，纳税人应按规定进行土地增值税的纳税申报，扣除项目金额按清算时的单位建筑面积成本费用乘以销售或转让面积计算
单位建筑面积成本费用=清算时的扣除项目总金额÷清算的总建筑面积</td></tr>
<tr><td>清算后应补税与滞纳金</td><td colspan="2">纳税人按规定预缴土地增值税后，清算补缴的土地增值税，在主管税务机关规定的期限内补缴的，不加收滞纳金</td></tr>
</table>

经典题解

【真题31·多选题】下列情形中，纳税人应进行土地增值税清算的有（ ）。（2019年）

A. 丙公司开发的住宅已销售建筑面积占整个项目可售建筑面积的65%，自用的面积占可售建筑面积的5%

B. 乙公司将未竣工决算的开发项目整体转让

C. 甲公司开发的住宅项目已销售完毕

D. 丁公司于2017年3月取得住宅项目销售（预售）许可证，截至2019年3月底仍未销售完毕

E. 戊公司开发的别墅项目销售面积已达整个项目可售建筑面积的75%

【解析】纳税人符合下列条件之一的，应进行土地增值税的清算：（1）房地产开发项目全部竣工、完成销售的（选项C）；（2）整体转让未竣工决算房地产开发项目的（选项B）；（3）直接转让土地使用权的。

【答案】BC

【真题32·多选题】下列情形中，主管税务机关可要求纳税人进行土地增值税清算的有（ ）。（2020年）

A. 纳税人申请注销税务登记但未办理土地增值税清算手续

B. 房地产开发项目全部竣工、完成销售

C. 已竣工验收的房地产开发项目，已转让的房地产建筑面积占整个项目可售建筑面积的比例未超过85%，但剩余可售建筑面积已经出租或自用

D. 取得销售（预售）许可证满2年仍未销售完毕的

E. 已竣工验收的房地产开发项目，已转让的房地产建筑面积占整个项目可售建筑面积的比例在85%以上

【解析】 选项B：属于纳税人应进行土地增值税清算的情形；选项D：取得销售（预售）许可证满3年仍未销售完毕的，主管税务机关可要求纳税人进行土地增值税清算。

【答案】 ACE

【真题33·多选题】 房地产公司将开发产品用于下列用途，属于土地增值税视同销售的有（　　）。（2018年）

A. 安置回迁　　　B. 对外出租

C. 对外投资　　　D. 奖励职工

E. 利润分配

【解析】 选项B：房地产开发公司将开发产品对外出租，开发的产品没有发生权属转移，不属于土地增值税的征税范围，不需要视同销售。

【答案】 ACDE

【例题34·单选题】 对于符合应进行土地增值税清算条件的纳税人，应当在满足条件之日起（　　）日内到主管税务机关办理清算手续。

A. 7　　　B. 10

C. 30　　　D. 90

【解析】 对于符合应进行土地增值税清算条件的纳税人，应当在满足条件之日起90日内到主管税务机关办理清算手续。2010年、2012年考过此知识点。

【答案】 D

【真题35·单选题】 关于房地产开发企业土地增值税的清算，下列说法正确的是（　　）。（2020年）

A. 对于分期开发的项目，以分期项目为单位进行清算

B. 清算审核方法包括实地审核和通讯审核

C. 主管税务机关已受理的清算申请，纳税人可无理由撤销

D. 配套建造的停车库有偿转让的，其成本、费用不得扣除

【解析】 选项B：清算审核包括案头审核、实地审核。选项C：主管税务机关已受理的清算申请，纳税人无正当理由不得撤销。选项D：配套建造的停车库有偿转让的，其成本、费用可以扣除。

【答案】 A

【例题36·单选题】 房地产开发企业在进行土地增值税清算时，下列涉税处理正确的是（　　）。

A. 纳税人提交土地增值税清算申请后，主管税务机关已受理的清算申请，纳税人可以随时撤销清算申请

B. 销售商品房未全额开具发票的，以交易双方签订的销售合同所载的售房金额及其他收益确认应税收入

C. 属于多个房地产项目共同的成本费用，应按照清算项目的建筑面积占多个项目总建筑面积的比例计算确定清算项目的扣除金额

D. 办理土地增值税清算所附送的开发成本、开发费用等支出资料不真实的，税务机关可参照当地建设工程造价管理部门公示的建安造价定额确定

【解析】 选项 A：主管税务机关已受理的清算申请，纳税人无正当理由不得撤销。选项 C：属于多个房地产项目共同的成本费用，应按清算项目“可售建筑面积”占多个项目“可售总建筑面积”的比例或其他合理的方法，计算确定清算项目的扣除金额。选项 D：房地产开发企业办理土地增值税清算所附送的“前期工程费、建筑安装工程费、基础设施费、开发间接费用”的凭证或资料不符合清算要求或不实的，税务机关可参照当地建设工程造价管理部门公布的建安造价定额资料，结合房屋结构、用途、区位等因素，核定上述四项开发成本的单位面积金额标准，并据以计算扣除。

【答案】 B

【真题 37 · 单选题】 关于房地产开发企业的土地增值税处理，下列说法正确的是（　　）。（2019 年）

A. 销售已装修的房屋，其装修费不允许在计算土地增值税时扣除

B. 建造非普通标准住宅出售的，不允许按取得土地使用权时支付的金额和房地产开发成本之和加计扣除 20%

C. 开发建造的与清算项目配套的学校，建成后无偿移交政府的，其成本、费用可以在计算土地增值税时扣除

D. 将未竣工决算的房地产开发项目整体转让的，不允许按取得土地使用权时支付的金额和房地产开发成本之和加计扣除 20%

【解析】 选项 A：房地产开发企业销售已装修的房屋，装修费用准予在计算土地增值税时扣除。选项 BD：对从事房地产开发的纳税人销售新建房允许按照取得土地使用权支付的金额和房地产开发成本之和加计扣除 20%。

【答案】 C

【真题 38 · 多选题】 下列各项中，符合土地增值税清算管理规定的有（　　）。（2016 年）

A. 纳税人按规定预缴土地增值税后，清算补缴的土地增值税，在主管税务机关规定的期限内补缴的，不加收滞纳金

B. 直接转让土地使用权的，主管税务机关可要求纳税人进行土地增值税清算

C. 对于分期开发的房地产项目，各期清算的方式应保持一致

D. 房地产开发企业未支付的质量保证金一律不得扣除

E. 房地产企业逾期开发缴纳的土地闲置费不得扣除

【解析】 选项 B：直接转让土地使用权的，纳税人应进行土地增值税的清算。选项 D：

在计算土地增值税时，建筑安装施工企业就质量保证金向房地产开发企业开具发票的，按发票所载金额予以扣除；未开具发票的，扣留的质保金不得计算扣除。

【答案】ACE

▶ Unit 5

第五单元　征收管理

查看本单元视频，快速 GET 知识点

使用“会计云课堂”App或“微信”扫码

01　申报纳税程序（★★）

根据《土地增值税暂行条例》规定，纳税人应自转让房地产合同签订之日起7日内，向房地产所在地的主管税务机关办理纳税申报，然后在税务机关核定的期限内缴纳土地增值税。

经典题解

【例题39·单选题】依据土地增值税相关规定，纳税人办理纳税申报的期限是（　　）。

A. 签订房地产建筑合同之日起30日内

B. 自转让房地产合同签订之日起7日内

C. 向有关部门办理过户登记手续之日起7日内

D. 签订房地产转让合同且收回款项之日起15日内

【答案】B

02　纳税地点（★★）

土地增值税向房地产所在地主管税务机关办理纳税申报，并在税务机关规定的期限内缴纳土地增值税。房地产所在地，是指房地产的坐落地。纳税人转让的房地产坐落地在两个或两个以上地区的，应按房地产所在地分别申报纳税。

经典题解

【例题40·单选题】土地增值税的纳税人转让的房地产坐落在两个或两个以上地区的，其申报纳税的主管税务机关是（　　）。

A. 房地产坐落地的上一级税务机关

B. 事先选择房地产坐落地的其中一方税务机关

C. 先向房屋坐落地税务机关预交，再向机构所在地税务机关缴纳

D. 分别为房地产坐落地各方的税务机关

【答案】D

本章小结

用“会计云课堂”App 扫码学习

您已成功完成“第五章”的学习，本章共 12 个考点，您都学会了吗？

为了让您对本章有更清晰的理解，加倍巩固。本书作者刘颖老师将通过“电台音频课”的方式，带您回顾重要考点。

名师点拨，高效提分。

※ 欢迎扫码免费学习。

同步强化练习题

使用“会计云课堂”App 或“微信”扫码快速做题、对答案、看解析、掌握解题思路，开启轻松过关之旅。

一、单项选择题

1. 下列各项中，应当计算征收土地增值税的是（　　）。
   A. 公司与公司之间互换房产
   B. 房地产开发公司为客户代建房产
   C. 个人之间互换居住用房地产（经核实）
   D. 双方合作建房后按比例分房自用

2. 下列各项中属于土地增值税征税范围的是（　　）。
   A. 房地产评估增值
   B. 将房产赠与直系亲属
   C. 房地产交换
   D. 房地产的出租

3. 根据土地增值税相关规定，下列行为中，需要缴纳土地增值税的是（　　）。
   A. 某人将自己一套闲置的住房出售
   B. 某人将个人的房产无偿赠与自己的子女
   C. 某房地产开发企业以建造的商品房作价入股进行对外投资
   D. 某企业通过残疾人联合会将一套房产无偿赠与当地一家福利机构

4. 下列属于房地产开发成本的是（　　）。
   A. 耕地占用税
   B. 利息支出
   C. 取得土地使用权时缴纳的契税和过户手续费
   D. 地价款

5. 房地产开发企业为取得土地使用权所支付的契税，应在（　　）项目中扣除。
   A. 取得土地使用权所支付的金额
   B. 房地产开发成本

C. 房地产开发费用

D. 与转让房地产有关的税金

6. 纳税人如果不能按转让房地产项目计算分摊利息支出，其房地产开发费用按取得土地使用权所支付的金额加开发成本之和的（　　）计算扣除。

A. 5%以内　　B. 10%

C. 10%以内　　D. 20%

7. 某房地产开发公司开发一住宅项目，取得该土地使用权所支付的金额3000万元，房地产开发成本4000万元，利息支出500万元（能提供金融机构贷款证明），所在省人民政府规定，能提供金融机构贷款证明的，其他房地产开发费用扣除比例为4%。该公司计算土地增值税时允许扣除的开发费用为（　　）万元。

A. 780　　B. 700

C. 850　　D. 500

8. 土地增值税的纳税人隐瞒、虚报房地产成交价格的，按照（　　）计算征收。

A. 最高一档税率

B. 扣除项目金额不得扣除的原则

C. 成交价格加倍，扣除项目金额减半的办法

D. 房地产评估价格

9. 某市一家商贸企业（增值税一般纳税人）2021年11月转让一块位于市区的土地使用权，签订了产权转移书据，取得含税收入560万元。2015年年初取得该土地使用权时支付地价款434万元，取得土地使用权时发生相关税费16万元。该企业选择简易计税方法计算缴纳增值税，则该企业转让土地使用权应纳土地增值税（　　）万元。（该企业所在省政府允许扣除地方教育附加）

A. 30.9　　B. 30.98

C. 35.7　　D. 31.2

10. 某工业企业2021年8月转让一幢新建办公楼取得不含增值税收入4750万元，该办公楼土地使用权费、开发成本和开发费用合计3700万元，缴纳与转让办公楼相关的除增值税之外的税金27.5万元（其中印花税税金2.5万元）。该企业应缴纳土地增值税（　　）万元。

A. 96.75　　B. 97.50

C. 306.75　　D. 307.50

11. 2021年12月，某房地产开发公司销售其新建商品房一幢，取得含增值税销售收入1.4亿元，已知该公司支付与商品房相关的土地使用权费及开发成本合计为4800万元，该公司没有按房地产项目计算分摊银行借款利息，该商品房所在地的省政府规定计征土地增值税时房地产开发费用扣除比例为10%，销售商品房缴纳增值税700万元，准予在税前扣除的与转让房地产有关的税金70万元。该公司销售商品房应缴纳的土地增值税为（　　）万元。

A. 2256.5　　B. 2445.5

C. 2548.5　　D. 2681.5

12. 某单位转让一幢2003年建造的公寓楼，当时的造价为500万元。经房地产评估机构评定，该楼的重置成本价为2000万元，成新度折扣率为六成。在计算土地增值税时，其评估价格为（　　）万元。

A. 500　　B. 1200

C. 2000　　D. 1500

13. 某生产企业2021年转让一栋九十年代末建造的办公楼，取得含增值税转让收入420万元，缴纳增值税20万元、其他可扣除的相关税费共计2.61万元。该办公楼原造价300万元，如果按现行市场价的材料、人工费计算，建造同样的

办公楼需 800 万元，该办公楼经评估有四成新，该企业转让办公楼缴纳的土地增值税为（　　）万元。

A. 23.22　　B. 25.5

C. 16.5　　D. 14.5

14. 2022 年 3 月，某企业转让一处 2018 年 7 月购置的办公用房，转让时不能取得评估价格，原购房发票（普通发票）注明购房款价税合计 300 万元，购入时缴纳契税 9 万元（可提供完税凭证），转让时缴纳增值税 5 万元，缴纳城建税、教育费附加、地方教育附加 0.5 万元，缴纳印花税 0.2 万元，上述金额和凭证均经过主管税务机关的确认，并且该省政府允许扣除地方教育附加。则该企业计算土地增值税时可扣除的金额是（　　）万元。

A. 314.7　　B. 359.7

C. 369.7　　D. 374.7

15. 以下项目在计算土地增值税时，不得扣除成本费用的是（　　）。

A. 建成后产权属于全体业主的会所

B. 建成后无偿移交给派出所用于办公的房屋

C. 建成后有偿出售的停车场

D. 建成后用于出租的商业用房

16. 以下关于土地增值税清算的规定，说法不正确的是（　　）。

A. 房地产企业用建造的本项目房地产安置回迁户的，安置用房视同销售处理

B. 回迁户支付给房地产开发企业的补差价款，应作为房地产企业的销售收入

C. 房地产开发企业逾期开发缴纳的土地闲置费，在计算土地增值税时不得扣除

D. 房地产开发企业的预提费用，除另有规定外，在计算土地增值税时不得扣除

17. 房地产开发企业取得销售（预售）许可证满（　　）仍未销售完毕的，税务机关可要求其进行土地增值税的清算。

A. 2 年　　B. 3 年

C. 5 年　　D. 8 年

18. 土地增值税纳税人应在签订房地产转让合同之日起 7 日内，到（　　）主管税务机关办理纳税申报。

A. 房地产所在地

B. 纳税人注册地

C. 纳税人核算地

D. 合同签订地

二、多项选择题

1. 以下行为应缴纳土地增值税的有（　　）。

A. 事业单位转让国有土地使用权

B. 房地产企业的代建房行为

C. 外商投资企业将接受投入的房地产再转让

D. 房地产企业将自有房地产作为投资投入某社会团体

E. 某商业企业将自有房地产作为投资投入某房地产企业

2. 下列项目中，按税法规定可以不征或免征土地增值税的有（　　）。

A. 国家机关转让自用的房产

B. 税务机关拍卖欠税单位的房产

C. 对国有企业进行评估增值的房产

D. 因为国家建设需要而被依法征用的房产

E. 工业企业将房地产投资给某房地产开发企业

3. 下列各项行为中，可以（暂）免征土地增值税的有（　　）。
A. 企业与企业之间的房地产交换
B. 私营企业的房地产评估增值
C. 无力偿还借款，以房屋抵债
D. 双方合作建房，建成后按比例分房自用的
E. 因国家建设需要收回国有土地使用权而使房地产权属发生转移

4. 在计算土地增值税应纳税额时，纳税人为取得土地使用权支付的地价款准予扣除。这里的地价款（　　）。
A. 以出让方式取得土地使用权的，为支付的土地出让金
B. 以转让方式取得土地使用权的，为实际支付的地价款
C. 以出让方式取得土地使用权的，为支付的土地出让金和契税
D. 以行政划拨方式取得土地使用权的，为补缴的土地出让金
E. 以受赠方式取得土地使用权的，为合同约定的评估价格

5. 下列各项中，应缴纳土地增值税的有（　　）。
A. 将使用过的旧房卖给某单位作为办公室
B. 将使用过的旧房赠与子女
C. 将使用过的旧房出租
D. 将使用过的旧房换取股票
E. 将使用过的旧房作为投资投入房地产开发企业

6. 下列各项中，属于房地产开发成本的项目有（　　）。
A. 取得土地使用权支付的金额
B. 土地征用费
C. 耕地占用税
D. 周转房摊销
E. “三通一平”费

7. 工业企业转让使用过的办公楼，在计算土地增值税时允许从收入中直接扣减的与转让房地产有关的税费有（　　）。
A. 教育费附加　　B. 印花税
C. 耕地占用税　　D. 城建税
E. 企业所得税

8. 转让旧房的，以下可作为扣除项目金额的有（　　）。
A. 房屋及建筑物的评估价格
B. 取得土地使用权支付的地价款和按国家规定缴纳的有关费用
C. 房地产开发成本
D. 房地产开发费用
E. 与转让房地产有关的税金

9. 纳税人转让国有土地使用权应缴纳（　　）。
A. 土地增值税　　B. 耕地占用税
C. 增值税　　D. 城市维护建设税
E. 契税

10. 计算土地增值税扣除项目金额时，下列能按转让房地产项目计算分摊的利息支出，不得扣除的有（　　）。
A. 2年以上的金融机构借款利息
B. 境外金融机构借款利息
C. 短期金融机构借款利息
D. 超过贷款期限的利息部分和加罚的利息
E. 利息超过国家规定的上浮幅度的部分

11. 符合下列（　　）情形的，纳税人应进行土地增值税清算。
A. 房地产开发项目全部竣工、完成销售的
B. 取得销售（预售）许可证满三年仍未销售完毕的
C. 整体转让未竣工决算房地产开发项目的

D. 直接转让土地使用权的
E. 转让竣工房地产建筑面积占整个项目可售建筑面积90%的

12. 纳税人转让房地产，有（　　）情形的，按照房地产评估价格计算征收土地增值税。
A. 隐瞒、虚报房地产成交价格
B. 因偷税被税务机关给予二次行政处罚
C. 房地产成交价格在1亿元以上
D. 提供扣除项目金额不实
E. 房地产商因资金紧张欠缴税款的

13. 下列各项中，符合土地增值税核定征收条件的有（　　）。
A. 符合土地增值税清算条件的
B. 擅自销毁账簿或者拒不提供纳税资料的
C. 按照法律、法规的规定应当设置但未设置账簿的
D. 虽然设置账簿但账目混乱应税收入难以确定的
E. 虽然设置账簿但账目混乱扣除项目金额难以确定的

14. 对房地产开发企业进行土地增值税清算时，下列表述正确的有（　　）。
A. 房地产开发企业的预提费用，除另有规定外，不得扣除
B. 房地产开发企业提供的开发间接费用资料不实的，不得扣除
C. 房地产开发企业提供的前期工程费的凭证不符合清算要求的，不得扣除
D. 房地产开发企业销售已装修房屋，可以扣除的装修费用不得超过房屋原值的10%
E. 房地产开发企业逾期开发缴纳的土地闲置费不得扣除

15. 房地产开发企业视同销售房地产的行为包括将开发产品用于（　　）。
A. 抵偿债务　　B. 职工奖励
C. 对外投资　　D. 对外出租
E. 自用

16. 以下关于土地增值税的说法正确的有（　　）。
A. 某房地产公司将待售的一栋花园别墅赠送给某影视明星，由于该房地产公司未取得收入，则不缴纳土地增值税
B. 纳税人建造普通标准住宅出售，增值额超过扣除项目金额20%的，应就超过部分增值额计税
C. 超过贷款期限的利息部分和加罚的利息不允许在房地产开发费用中扣除
D. 房地产开发企业销售已装修的房屋，其装修费用可以计入房地产开发成本
E. 房地产开发企业开发建造的与清算项目配套的会所，建成后产权属于全体业主所有的，其成本、费用可以扣除

17. 下列关于土地增值税的说法，错误的有（　　）。
A. 增值额未超过扣除项目金额20%的房地产开发项目，免征土地增值税
B. 对取得土地使用权时未支付地价款或不能提供已支付地价款凭据的，在计征土地增值税时按评估价扣除土地使用权金额
C. 某公司将一栋仓库交换取得另一家公司的厂房，由于该公司未取得收入，则不缴纳土地增值税
D. 超过贷款期限的利息部分和加罚的利息，不允许在房地产开发费用中扣除

E. 房地产开发企业支付给回迁户的补差价款计入拆迁补偿费

18. 符合下列情形的，纳税人应进行土地增值税清算的有（　　）。

A. 房地产开发项目全部竣工、完成销售的

B. 取得销售（预售）许可证满三年仍未销售完毕的

C. 整体转让未竣工决算房地产开发项目的

D. 直接转让土地使用权的

E. 转让的房屋建筑面积占整个项目可售建筑面积比例虽未超过 85% 但剩余可售建筑面积自用的

19. 下列关于土地增值税的说法，正确的有（　　）。

A. 房地产开发企业销售已装修的房屋，其装修费用可以计入房地产开发成本中扣除

B. 纳税人转让的房地产坐落在两个或两个以上地区的，应按房地产所在地分别申报纳税

C. 房地产开发企业开发建造的与清算项目配套的属于全体业主所有的会所用房，其成本、费用可以扣除，但是邮电通讯等公共设施不计收入，其成本、费用也不可以扣除

D. 房地产开发企业将开发的房地产出租而产权未发生转移的，不征收土地增值税，清算时不计收入也不扣成本和费用

E. 回迁户支付给房地产开发企业的补差价款，应抵减本项目拆迁补偿费

20. 以下关于土地增值税的规定正确的有（　　）。

A. 房地产开发企业为取得土地使用权所支付的契税应计入“取得土地使用权所支付的金额”扣除

B. 房地产开发企业支付给回迁户的补差价款，计入拆迁补偿费

C. 房地产开发企业扣留建筑安装施工企业一定比例的质量保证金，应计入收入征税

D. 房地产开发企业将自建房地产转为自用时，应视同销售征收土地增值税

E. 回迁户支付给房地产开发企业的补差价款，应计入房地产开发企业的收入

21. 下列行为中，属于土地增值税征税范围的有（　　）。

A. 房地产评估增值

B. 个人之间交换自有居住用房

C. 房产所有人将房屋产权赠送给直系亲属

D. 房地产开发企业以自建商品房进行投资

E. 房地产开发企业以自建商品房安置回迁户

22. 关于房地产开发企业土地增值税税务处理，下列说法正确的有（　　）。

A. 房地产开发企业逾期开发缴纳的土地闲置费不得计入扣除项目进行扣除

B. 土地增值税清算时已经计入房地产开发成本的利息支出，应调整至财务费用中计算扣除

C. 土地增值税清算时未开具销售发票或未全额开具销售发票的，未开具部分可以不计入房地产转让收入

D. 房地产开发企业为取得土地使用权所支付的契税，应计入“取得土地使用权所支付的金额”中予以扣除

E. 房地产开发企业同一项目在“营改增”前后都有收入，进行土地增值税清算时以全部含增值税金额作为转让房地产收入

23. 下列关于房地产开发企业土地增值税清算的说法，正确的有（　　）。
A. 房地产开发企业逾期开发缴纳的土地闲置费可以扣除
B. 对于分期开发的房地产项目，清算方式应保持一致
C. 货币安置拆迁的，房地产开发企业凭合法有效凭据计入拆迁补偿费
D. 房地产开发企业销售已装修房屋，可以扣除的装修费用不得超过房屋原值的10%
E. 房地产开发企业为取得土地使用权所支付的契税，应计入“取得土地使用权所支付的金额”中扣除

三、计算题

（一）

李某系某市居民，于2015年2月以38万元购得一临街商铺，同时支付相关税费1万元，购置后一直对外出租。2022年1月，将临街商铺改租为卖，以含税价80万元转让给他人并签订产权转移书据，经相关评估机构评定，房屋的重置成本价为70万元，成新度折扣率为80%。所在省政府允许扣除地方教育附加。（其他相关资料：产权转移书据——房屋所有权转让书据印花税税率为0.05%）

要求：根据上述资料，回答下列问题。

1. 李某转让商铺应缴纳的增值税为（　　）万元。
A. 2　　B. 2.1
C. 3.81　　D. 4

2. 李某转让商铺应缴纳的城建税、教育费附加、地方教育附加、印花税合计为（　　）万元。
A. 0.25　　B. 0.48
C. 0.46　　D. 0.28

3. 李某转让商铺计算土地增值税时可扣除项目金额为（　　）万元。
A. 56.92　　B. 57.14
C. 57.68　　D. 56.28

4. 李某转让商铺应缴纳的土地增值税为（　　）万元。
A. 6.52　　B. 6.69
C. 6.81　　D. 7.02

（二）

某房地产开发公司系增值税一般纳税人，于2018年10月受让一宗土地使用权，依据受让合同支付地价款8000万元（已取得财政部门监制的财政票据），当月办妥土地使用证并支付了相关税费。自2018年11月起至2021年12月末，该房地产开发公司使用受让土地60%（其余40%尚未使用）的面积开发建造一栋写字楼并在2021年11月至2022年2月期间全部销售，依据销售合同共计取得含税销售收入18900万元。在开发过程中，根据建筑承包合同支付给建筑公司的不含税劳务费和材料费共计6200万元，开发销售期间发生管理费用700万元、销售费用400万元、利息费用500万元（只有70%能够提供金融机构的证明）。
（其他相关资料：该公司所在省政府允许扣除地方教育附加。该公司发生与转让写字楼相关并可以抵扣的增值税进项税799.52万元，发生转让环节印花税9万元，当地适用的城市维护建设税税率为5%；教育费附加征收比率为3%；地方教育附加征收比率为2%；契税税率为

3%；其他开发费用扣除比例为 4%）

要求：根据上述资料，回答下列问题。

1. 该房地产开发公司增值税销项税额为（ ）万元。
   A. 1164.22　　B. 519.05
   C. 720.05　　D. 900

2. 该房地产开发公司计算土地增值额时可扣除的城市维护建设税和两个附加合计为（ ）万元。
   A. 90　　B. 72
   C. 51.91　　D. 36.47

3. 该房地产开发公司计算土地增值额时可扣除的“取得土地使用权所支付的金额”为（ ）万元。
   A. 4944　　B. 5240
   C. 6030　　D. 8240

4. 该房地产开发公司销售写字楼应缴纳的土地增值税为（ ）万元。
   A. 1123.33　　B. 1056.53
   C. 1059.23　　D. 963.43

（三）

某房地产开发企业是增值税一般纳税人，拟对其开发的位于县城一房地产项目进行土地增值税清算，该项目相关信息如下：

（1）2016 年 2 月以 10000 万元竞得国有土地一宗，并按规定缴纳契税。

（2）该项目《建筑工程施工许可证》注明开工日期为 2016 年 3 月，2021 年 8 月竣工，发生房地产开发成本 7000 万元；开发费用 3400 万元。

（3）该项目所属派出所用房建成后已无偿移交给政府，开发成本中归属于派出所用房的开发成本 200 万元。

（4）2021 年 12 月，该项目销售完毕，取得含税销售收入 42000 万元。

（其他相关资料：契税税率 4%，利息支出无法提供金融机构证明，当地省政府规定的房地产开发费用扣除比例为 10%，企业对该项目选择简易计税方法计征增值税，该企业所在省政府允许扣除地方教育附加，该企业购买建筑服务发生印花税 10 万元，转让房地产发生印花税 20 万元）

要求：根据上述资料，回答下列问题。

1. 计算土地增值税时允许扣除的城市维护建设税额、教育费附加和地方教育附加合计金额为（ ）万元。
   A. 152.38　　B. 200
   C. 220　　D. 240

2. 计算土地增值税时允许扣除的开发费用金额为（ ）万元。
   A. 1680　　B. 1700
   C. 1740　　D. 1760

3. 计算土地增值税时允许扣除项目金额的合计数为（ ）万元。
   A. 22820　　B. 22840
   C. 22940　　D. 23130

4. 计算该房地产开发项目应缴纳的土地增值税额为（ ）万元。
   A. 5722　　B. 5726
   C. 5731　　D. 5752

同步强化练习题参考答案及解析

使用“会计云课堂”App或“微信”扫码对答案、看解析、掌握解题思路，开启轻松过关之旅。

一、单项选择题

1. A 【解析】选项A应当征收土地增值税；选项B不属于土地增值税的征税范围；选项C免征土地增值税；选项D暂免征收土地增值税。

2. C 【解析】选项ABD，房地产评估增值、将房地产赠与直系亲属、房地产的出租不属于土地增值税的征税范围；选项C，房地产交换属于土地增值税的征税范围。

3. C 【解析】选项A，2008年11月1日起，个人转让居住用房暂免征收土地增值税；选项B，房产赠与直系亲属不征土地增值税；选项C，应征土地增值税；选项D，通过非营利社会团体的公益性赠与不缴纳土地增值税。

4. A 【解析】选项A，耕地占用税属于房地产开发成本中土地征用及拆迁补偿费项目。

5. A 【解析】房地产开发企业为取得土地使用权所支付的契税，应视同“按国家统一规定缴纳的有关费用”，计入“取得土地使用权所支付的金额”中扣除。

6. C 【解析】这里注意不要忽视有“以内”的字样。

7. A 【解析】允许扣除的开发费用=500+（3000+4000）×4%=780（万元）。

8. D 【解析】纳税人有下列情形之一的，按照房地产评估价格计算征收：（1）隐瞒、虚报房地产的成交价格的；（2）提供的扣除项目金额不实的；（3）转让房地产的成交价格低于房地产评估价格，又无正当理由的。

9. A 【解析】第一步，确定应纳增值税及不含增值税转让收入。
应纳增值税=（560-434）/（1+5%）×5%=6（万元）
不含增值税转让收入=560-6=554（万元）
第二步，确定扣除项目金额。
取得土地使用权支付金额=434+16=450（万元）
可扣除税金=6×（7%+3%+2%）+560×0.5‰=0.72+0.28=1（万元）
扣除项目金额合计=450+1=451（万元）

第三步，增值额=554-451=103（万元）

第四步，增值额与扣除项目金额之比=103÷451×100%=22.84%，适用税率30%。

第五步，应纳土地增值税税额=103×30%=30.9（万元）。

10. C 【解析】土地增值额=4750-（3700+27.5）=1022.5（万元）

增值额与扣除项目金额之比=1022.5/（3700+27.5）×100%=27.43%，适用税率30%。

土地增值税额=1022.5×30%=306.75（万元）。

11. C 【解析】不含增值税销售收入=14000-700=13300（万元），扣除项目合计=土地使用权费及开发成本4800+房地产开发费用4800×10%+相关税金70+加计扣除费用4800×20%=4800+480+70+960=6310（万元），土地增值额=13300-6310=6990（万元），增值额与扣除项目金额比例=6990/6310×100%=110.78%，适用税率50%，速算扣除系数为15%。土地增值税额=6990×50%-6310×15%=2548.5（万元）。

12. B 【解析】转让旧房使用评估价格计算扣除项目金额的，要用重置成本价与成新度折扣率计算评估价格，评估价格=2000×60%=1200（万元）。

13. A 【解析】出售旧房及建筑物，首先按评估价格及有关因素确定扣除项目，再根据土地增值税的计算方法计算应纳税额；其中评估价格=重置成本价×成新度折扣率。本题办公楼的成新度折扣率为40%，即4成新，其评估价格=800×40%=320（万元）。不含增值税的转让收入=420-20=400（万元），扣除项目金额合计=320+2.61=322.61（万元），土地增值额=400-322.61=77.39（万元），增值额与扣除项目金额的比率=77.39/322.61×100%=23.99%，适用税率30%。该企业转让办公楼应纳土地增值税=77.39×30%=23.22（万元）。

14. C 【解析】可按发票所载金额从购买年度起至转让年度止每年加计5%计算扣除，“每年”是指按购房发票所载日期起至售房发票开具之日止，每满12个月计一年；超过一年，未满12个月但超过6个月的，可以视同为一年，本题视同为4年。购房时缴纳的契税能提供契税完税凭证的，准予作为“与转让房地产有关的税金”予以扣除，但不作为加计5%的基数。城建税、教育费附加、地方教育附加、印花税均可扣除。该企业计算土地增值税时可扣除的金额=300×（1+5%×4）+9+0.5+0.2=369.7（万元）。

15. D 【解析】选项ABC均可在计算土地增值税扣除项目时凭有效凭证扣除；选项D尚未实现销售，不能在计算土地增值税时扣除其成本费用。

16. B 【解析】回迁户支付给房地产开发企业的补差价款，应抵减本项目拆迁补偿费。

17. B　【解析】房地产开发企业取得销售（预售）许可证满三年仍未销售完毕的，税务机关可要求其进行土地增值税的清算。

18. A　【解析】土地增值税纳税人应在签订房地产转让合同之日起7日内，到房地产所在地税务机关办理纳税申报。

二、多项选择题

1. ACDE　【解析】土地增值税的纳税人是转让国有土地使用权、地上建筑物及其附着物产权，并取得收入的单位和个人。选项B，不缴纳土地增值税。

2. CD　【解析】转让国有土地使用权、地上建筑物及其附着物并取得收入的单位和个人，包括机关、企业事业单位，应缴纳土地增值税。选项AB属于应纳土地增值税的情况；选项E应视同转让房地产缴纳土地增值税。

3. DE　【解析】房地产评估增值，没有发生房地产权属的转移，不属于土地增值税的征收范围；企业与企业之间的房地产交换和无力偿还借款以房屋抵债，没有（暂）免征土地增值税的规定。

4. ABD　【解析】这里考核考生对不同情况下地价款含义的理解。选项ABD符合税法规定。取得土地使用权支付金额不适用评估价格。

5. ADE　【解析】选项ADE都发生了房地产权属的转移，且取得了收入，应缴纳土地增值税。选项B发生了房地产权属的转移但未取得收入。选项C未发生房地产权属的转移，不属于土地增值税的征税范围。

6. BCDE　【解析】取得土地使用权所支付的金额与土地征用费不是一个概念，不能选A选项；BCDE选项均属于房地产开发成本。

7. ABD　【解析】工业企业转让房地产在计算土地增值税时可以扣除的税金包括印花税、城建税、教育费附加（视同税金）。耕地占用税在取得耕地时计入开发成本，不属于与转让房地产有关的税金。

8. ABE　【解析】转让旧房的，可作为扣除项目金额扣除的项目有：房屋及建筑物的评估价格、取得土地使用权支付的地价款和按国家规定缴纳的有关费用、与转让环节有关的税金。不涉及房地产开发成本和开发费用。

9. ACD　【解析】纳税人转让国有土地使用权应缴纳增值税；就其实际缴纳的增值税额缴纳城市维护建设税；就其土地增值额缴纳土地增值税。耕地占用税在占用耕地建设建筑物、构筑物或者从事非农业建设时一次性缴纳，在土地再转让时不再涉及，不能选B选项。契税不由转让方缴纳，不能选E选项。

10. DE 【解析】财政部、国家税务总局对扣除项目金额中利息支出的计算问题作了两点专门规定：一是利息的上浮幅度按国家的有关规定执行，超过上浮幅度的部分不允许扣除；二是对于超过贷款期限的利息部分和加罚的利息不允许扣除。

11. ACD 【解析】纳税人应进行土地增值税清算的情形有：房地产开发项目全部竣工、完成销售的；整体转让未竣工决算房地产开发项目的；直接转让土地使用权的。取得销售（预售）许可证满三年仍未销售完毕的，以及转让竣工房地产建筑面积占整个项目可售建筑面积85%以上的，税务机关可要求纳税人进行土地增值税清算。

12. AD 【解析】纳税人有下列情形之一的，按照房地产评估价格计算征收土地增值税：（1）隐瞒、虚报房地产的成交价格的；（2）提供的扣除项目金额不实的；（3）转让房地产的成交价格低于房地产评估价格，又无正当理由的。

13. BCDE 【解析】符合土地增值税清算条件，企业未按照规定的期限办理清算手续，经税务机关责令限期清算，逾期仍不清算的，应核定征收。

14. AE 【解析】BC选项是税法列举"房地产开发企业办理土地增值税清算所附送的前期工程费、建筑安装工程费、基础设施费、开发间接费用的凭证或资料不符合清算要求或不实的，税务机关可参照当地建设工程造价管理部门公布的建安造价定额资料，结合房屋结构、用途、区位等因素，核定上述四项开发成本的单位面积金额标准，并据以计算扣除"的情况。D选项涉及的房地产开发企业销售已装修的房屋，其装修费用可以计入房地产开发成本，没有规定扣除比例。

15. ABC 【解析】房地产开发企业将开发产品用于职工福利、奖励、对外投资、分红、偿债、换取非货币性资产等，发生所有权转移时应视同销售房地产。将开发的部分房地产转为企业自用或用于出租等商业用途时，产权未发生转移的情况下，不征收土地增值税，在税款清算时不列收入，不扣除相应的成本和费用。

16. CDE 【解析】不征收土地增值税的赠与仅包括：（1）赠与直系亲属和直接承担赡养义务的人；（2）通过中国境内非营利的社会团体、国家机关将房屋产权、土地使用权赠与教育、民政和其他社会福利、公益事业的。房地产公司将花园别墅赠送给影视明星的行为不符合不征税的"赠与"规定，而属于视同销售，应征收土地增值税，A选项错误。纳税人建造普通标准住宅出售，增值额未超过扣除项目金额20%的，免征土地增值税；增值额超过扣除项目金额20%的，应就其"全部"增值额按规定计税，B选项错误。财政部、国家税务总局对扣除项目金额的利息支出计算问题作了专门规定，超过贷款期限的利息部分和加罚的利息不允许在房地产开发费用中扣除，C选项正确。房地产开发企业销售已装修的房屋，其装修费用可以计入房地产开发成本，D选项正确。房地产开发企业开发建造的与清算项目配套的居委会和派出所用房、会所、停车场（库）、物业管理场所、变电站、热力站、水厂、文体场馆、学校、幼儿园、托儿所、医院、邮电通讯等公共设施，建成后产权属于全体业主所有的，其成本、费用可以扣除，E 选项正确。

17. ABC 【解析】选项 A 错误在于缺少一个关键条件——纳税人建造普通标准住宅出售的，其增值额未超过扣除项目金额20%（含 20%）的，免征土地增值税。选项 B 错误，对取得土地使用权时未支付地价款或不能提供已支付地价款凭据的，在计征土地增值税时不允许扣除。选项 C 错误，公司之间互换房地产的，视为各自取得实物收入，应计算缴纳土地增值税。选项 DE 正确。

18. ACD 【解析】纳税人应进行土地增值税清算的情形有：房地产开发项目全部竣工、完成销售的；整体转让未竣工决算房地产开发项目的；直接转让土地使用权的。取得销售（预售）许可证满三年仍未销售完毕的，以及转让的房屋建筑面积占整个项目可售建筑面积比例虽未超过 85%但剩余可售建筑面积自用的，税务机关可要求纳税人进行土地增值税清算。选项 ACD 为应该清算的；选项 BE 为税务机关可要求其清算的。

19. ABDE 【解析】选项 ABDE 正确；选项 C 错误，房地产开发企业开发建造的与清算项目配套的居委会和派出所用房、会所、停车场（库）、物业管理场所、变电站、热力站、水厂、文体场馆、学校、幼儿园、托儿所、医院、邮电通讯等公共设施，建成后产权属于全体业主所有的，其成本、费用可以扣除。

20. AB 【解析】选项 A：房地产开发企业为取得土地使用权所支付的契税，应视同“按国家统一规定缴纳的有关费用”，计入“取得土地使用权所支付的金额”中扣除。选项 BE：房地产开发企业支付给回迁户的补差价款，计入拆迁补偿费；回迁户支付给房地产开发企业的补差价款，应抵减本项目拆迁补偿费。选项 C：房地产开发企业在工程竣工验收后，根据合同约定，扣留建筑安装施工企业一定比例的工程款，作为开发项目的质量保证金。质量保证金开具发票的，按发票所载金额予以扣除；未开具发票的，扣留的质保金不得计算扣除。

21. BDE 【解析】选项 A：房地产评估增值，没有发生房地产权属的转移，不征收土地增值税；选项 B：个人之间互换自有居住用房地产，经当地税务机关核实，免征土地增值税；选项 C：房产所有人将房屋产权赠送给直系亲属，不征土地增值税；选项 D：房地产开发企业以其建造的商品房进行投资和联营，属于征收土地增值税的范围；选项 E：房地产企业自建商品房安置回迁户，安置用房视同销售处理，属于征收土地增值税的范围。

22. ABD 【解析】选项 C：土地增值税清算时，未开具发票或者未全额开具发票的，以交易双方签订的销售合同所载的售房金额及其他收益确认收入。选项 E：营改增前的收入，本身不含增值税；营改增后的收入，应该按照不含增值税金额作为转让房地产收入。

23. BCE 【解析】选项A，房地产开发企业逾期开发缴纳的土地闲置费不得扣除；选项D，房地产企业发生的装修费用可以作为开发成本扣除，没有扣除比例规定。

三、计算题

（一）

1. A 【解析】增值税=（80-38）/（1+5%）×5%=2（万元）。

2. D 【解析】城建税和两个附加=2×（7%+3%+2%）=0.24（万元）
印花税=80×0.05%=0.04（万元）
合计金额=0.24+0.04=0.28（万元）。

3. D 【解析】可扣除项目金额=70×80%+0.28=56.28（万元）。

4. A 【解析】增值额=80-2-56.28=21.72（万元）
增值率=21.72/56.28×100%=38.59%<50%，适用30%的税率。
应缴纳土地增值税=21.72×30%=6.52（万元）。

（二）

1. A 【解析】该房地产开发公司增值税销项税额=（18900-8000×60%）÷（1+9%）×9%=1164.22（万元）。

2. D 【解析】该房地产开发公司计算土地增值额时可扣除的城市维护建设税和两个附加合计=（1164.22-799.52）×（5%+3%+2%）=36.47（万元）。

3. A 【解析】该房地产开发公司计算土地增值额时可扣除的取得土地使用权支付金额=8000×60%+8000×3%×60%=4944（万元）。

4. B 【解析】该房地产开发公司计算土地增值额时可扣除的开发费用=500×70%+（4944+6200）×4%=795.76（万元）
转让收入=18900-1164.22=17735.78（万元）
扣除项目金额=4944+6200+36.47+795.76+9+（4944+6200）×20%=14214.03（万元）
土地增值额=17735.78-14214.03=3521.75（万元）
增值率=3521.75÷14214.03×100%=24.78%，适用30%的税率。
该房地产开发公司销售写字楼应缴纳的土地增值税=3521.75×30%=1056.53（万元）。

（三）

1. B 【解析】该项目应缴纳的增值税额=42000/（1+5%）×5%=2000（万元）
允许扣除的城市维护建设税、教育费附加和地方教育附加=2000×（5%+3%+2%）=200（万元）。

2. C　　【解析】允许扣除的取得土地使用权所支付的金额＝10000×（1+4%）＝10400（万元）

允许扣除的开发成本＝7000（万元）

允许扣除的开发费用＝（10400+7000）×10%＝1740（万元）。

3. B　　【解析】加计扣除金额＝（10400+7000）×20%＝3480（万元）

允许扣除项目金额的合计数＝10400＋7000＋1740＋200＋20＋3480＝22840（万元）。

注意：在转让房地产环节缴纳的印花税 20 万元可以计入扣除项目。

4. A　　【解析】不含税收入＝42000－2000＝40000（万元）

增值额＝40000－22840＝17160（万元）

增值率＝17160/22840×100%＝75.13%，适用税率 40%，速算扣除系数为 5%。

应缴纳的土地增值税额＝17160×40%－22840×5%＝5722（万元）。

第六章　资源税

本章学习指南

一、考情概况

本章属于税务师考试税法（Ⅰ）的次重点章，主要内容为资源税的政策和应纳税额的计算。本章内容简单，重点、考点比较明显，资源税的征收范围、资源税的计算与税收优惠、资源税的纳税义务发生时间和纳税地点等都是经常命题的考点。

本章在复习时要注意把握好资源税与增值税的关系，资源税具备与增值税混合命制计算题和综合分析题的条件。凡是需要同时计算资源税和增值税的应税资源产品，在计算增值税时，大多适用基本税率，但是天然气、煤成（层）气、地热适用9%的较低税率。

从历年考试情况来看，本章可以命制各种题型。2017 年～2019 年平均分值为 17 分，但 2020 年本章分值畸低，原因是 2020 年 9 月 1 日才开始实施新的资源税法，教材上市时政策规定尚不具体，导致 2020 年教材收录的资源税新政策很有限，仅有客观题 5 分，随着资源税法实施后的政策细化，2021 年本章分值趋于正常，预计 2022 年本章分值在 15 分左右。

二、2022 年教材主要变化

1. 补充了税收优惠中的一些概念说明。
2. 调整可以在 50%的税额幅度内享受减征资源税的“适用主体”。
3. 新增海上开采的原油和天然气资源税由海洋石油税务管理机构征收管理。

三、基本结构框架

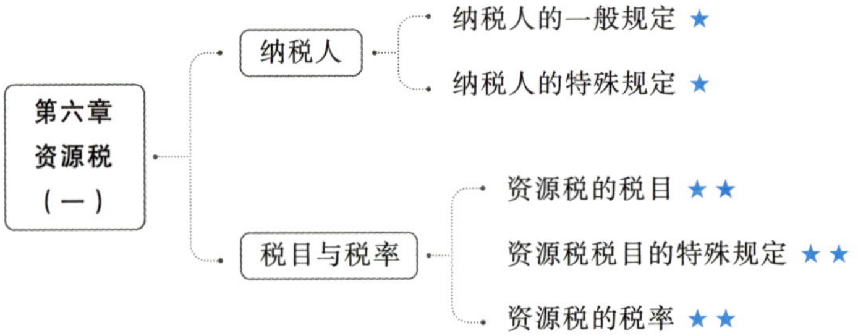

- 第六章 资源税（二）
  - 税收优惠
    - 法定减免 ★★★
    - 国务院规定的免征或者减征 ★
    - 省、自治区、直辖市决定的减税与免税 ★★
    - 其他税收优惠政策 ★★
  - 计税依据和应纳税额的计算
    - 资源税的计税依据 ★★★
    - 资源税应纳税额的计算 ★★★
  - 征收管理 ★★

本章核心考点精讲

▶ Unit 1

第一单元 纳税人

查看本单元视频，快速 GET 知识点

使用“会计云课堂”App或“微信”扫码

01 纳税人的一般规定（★）

在中华人民共和国领域和中华人民共和国管辖的其他海域开发应税资源的单位和个人，为资源税的纳税人。

纳税人开采或者生产应税产品自用的，应当依照规定缴纳资源税；但是，自用于连续生产应税产品的，不缴纳资源税。

考点提示

纳税人自用应税产品应当缴纳资源税的情形，包括纳税人以应税产品用于非货币性资产交换、捐赠、偿债、赞助、集资、投资、广告、样品、职工福利、利润分配或者连续生产非应税产品等。

易错易混

行为	是否计税	
	增值税	资源税
自产应税产品连续加工应税产品	×	×
自产应税产品连续加工非应税产品，如自采原油加工汽油	×	√
自产应税产品用于非生产项目，如自采矿泉水用于职工福利、个人消费、投资、分配、抵债、赠与、以物易物等	√	√

【解释】能否成为资源税的纳税人要受开采地点、开采品目和用途的限制。

第一，缴纳资源税的资源开采地点是中华人民共和国领域和中华人民共和国管辖的其他海域，这会带来资源税进口不征，出口不退的规则：进口应税资源不征收资源税；对出口应税资源也不退还已纳的资源税。

第二，资源产品有应税与非应税的区别。

第三，资源税与消费税自产自用的税收政策基本一致。

02 纳税人的特殊规定（★）

2011年11月1日前已依法订立中外合作开采陆上、海上石油资源合同的，在该合同有效期内，继续依照国家有关规定缴纳矿区使用费，不缴纳资源税；合同期满后，依法缴纳资源税。

经典题解

【真题1·多选题】资源税的纳税义务人包括（　　）。（2012年）

A. 在中国境内开采并销售煤炭的个人

B. 在中国境内生产销售天然气的国有企业

C. 在中国境内生产自用应税资源的个人

D. 进口应税资源的国有企业

E. 进口应税资源的外商投资企业

【解析】资源税的纳税人是在中华人民共和国领域及管辖的其他海域开发应税资源的单位和个人，强调境内开采、进口不征，选项DE不符合“在中华人民共和国领域及管辖的其他海域开采”的标准，不征收资源税；本题正确选项是ABC。

【答案】ABC

【相关链接】城市维护建设税和教育费附加、地方教育附加也有“进口不征、出口不退”的计税（征）规则。

▶ Unit 2

第二单元 税目与税率

查看本单元视频，快速 GET 知识点
使用“会计云课堂”App或“微信”扫码

01 资源税的税目（★★）

资源税的税目包括能源矿产、金属矿产、非金属矿产、水气矿产和盐5大类，在5个税目下面又设有若干子目。目前所列的税目有164个，涵盖了所有已经发现的矿种和盐。

部分应税资源的征税对象规定为原矿，部分应税资源的征税对象规定为选矿，还有一部分应税资源的征税对象规定为原矿或选矿。

资源税税目税率表

税目			征税对象	税率
能源矿产	原油		原矿	6%
能源矿产	天然气、页岩气、天然气水合物		原矿	6%
能源矿产	煤		原矿或者选矿	2%~10%
能源矿产	煤成（层）气		原矿	1%~2%
能源矿产	铀、钍		原矿	4%
能源矿产	油页岩、油砂、天然沥青、石煤		原矿或者选矿	1%~4%
能源矿产	地热		原矿	1%~20%或者每立方米1~30元
金属矿产	黑色金属	铁、锰、铬、钒、钛	原矿或者选矿	1%~9%
金属矿产	有色金属	铜、铅、锌、锡、镍、锑、镁、钴、铋、汞	原矿或者选矿	2%~10%
金属矿产	有色金属	铝土矿	原矿或者选矿	2%~9%
金属矿产	有色金属	钨	选矿	6.5%
金属矿产	有色金属	钼	选矿	8%
金属矿产	有色金属	金、银	原矿或者选矿	2%~6%
金属矿产	有色金属	铂、钯、钌、锇、铱、铑	原矿或者选矿	5%~10%
金属矿产	有色金属	轻稀土	选矿	7%~12%
金属矿产	有色金属	中重稀土	选矿	20%
金属矿产	有色金属	铍、锂、锆、锶、铷、铯、铌、钽、锗、镓、铟、铊、铪、铼、镉、硒、碲	原矿或者选矿	2%~10%

续表

税目			征税对象	税率
非金属矿产	矿物类	高岭土	原矿或者选矿	1%~6%
		石灰岩	原矿或者选矿	1%~6%或者每吨（或者每立方米）1~10元
		磷	原矿或者选矿	3%~8%
		石墨	原矿或者选矿	3%~12%
		萤石、硫铁矿、自然硫	原矿或者选矿	1%~8%
		天然石英砂、脉石英、粉石英、水晶、工业用金刚石、冰洲石、蓝晶石、硅线石（矽线石）、长石、滑石、刚玉、菱镁矿、颜料矿物、天然碱、芒硝、钠硝石、明矾石、砷、硼、碘、溴、膨润土、硅藻土、陶瓷土、耐火粘土、铁矾土、凹凸棒石粘土、海泡石粘土、伊利石粘土、累托石粘土	原矿或者选矿	1%~12%
		叶蜡石、硅灰石、透辉石、珍珠岩、云母、沸石、重晶石、毒重石、方解石、蛭石、透闪石、工业用电气石、白垩、石棉、蓝石棉、红柱石、石榴子石、石膏	原矿或者选矿	2%~12%
		其他粘土（铸型用粘土、砖瓦用粘土、陶粒用粘土、水泥配料用粘土、水泥配料用红土、水泥配料用黄土、水泥配料用泥岩、保温材料用粘土）	原矿或者选矿	1%~5%或者每吨（或者每立方米）0.1~5元
	岩石类	大理岩、花岗岩、白云岩、石英岩、砂岩、辉绿岩、安山岩、闪长岩、板岩、玄武岩、片麻岩、角闪岩、页岩、浮石、凝灰岩、黑曜岩、霞石正长岩、蛇纹岩、麦饭石、泥灰岩、含钾岩石、含钾砂页岩、天然油石、橄榄岩、松脂岩、粗面岩、辉长岩、辉石岩、正长岩、火山灰、火山渣、泥炭	原矿或者选矿	1%~10%
		砂石	原矿或者选矿	1%~5%或者每吨（或者每立方米）0.1~5元
	宝玉石类	宝石、玉石、宝石级金刚石、玛瑙、黄玉、碧玺	原矿或者选矿	4%~20%

续表

税目		征税对象	税率
水气矿产	二氧化碳气、硫化氢气、氦气、氡气	原矿	2%~5%
	矿泉水	原矿	1%~20%或者每立方米 1~30 元
盐	钠盐、钾盐、镁盐、锂盐	选矿	3%~15%
	天然卤水	原矿	3%~15%或者每吨（或者每立方米）1~10 元
	海盐	——	2%~5%

考点提示

资源税征税范围的易考点

税目	具体规定	
	包括的范围	特别提示
原油	天然原油	不包括人造石油
天然气	专门开采或与原油同时开采的天然气	能源矿产中的煤成（层）气不属于天然气税目。煤炭开采企业因安全生产需要抽采的煤成（层）气免征资源税
煤	煤原矿和煤选矿	不包括其他煤炭制品

记忆技巧

注意区分征税对象是原矿还是选矿：

原矿——油水热气，铀和钍；选矿——钠镁钾锂的盐，稀钨钼；

原矿或选矿——上述除外。

【相关链接】2007 年 1 月 1 日起，对煤层气抽采企业的增值税一般纳税人抽采销售煤层气实行增值税先征后退政策。先征后退税款由企业专项用于煤层气技术的研究和扩大再生产，不征收企业所得税。煤层气是指赋存于煤层及其围岩中与煤炭资源伴生的非常规天然气，也称煤矿瓦斯。在计算抽采煤层气增值税“先征”环节时适用较低税率（9%）。

经典题解

【真题 2 · 多选题】根据《中华人民共和国资源税法》规定，下列资源属于资源税征税对象的有（　　）。（2020 年）

A. 锰矿原矿　　B. 人造石油

C. 钼矿原矿　　D. 钨矿原矿

E. 海盐

【解析】选项 B：原油属于资源税的征税对象，但人造石油不属于资源税征税范围。钼矿和钨矿只有选矿列入征税对象，原矿未列入资源税征税对象范围。

【答案】AE

【例题 3 · 多选题】根据资源税法规定，下列各项应计算缴纳资源税的有（　　）。

A. 进口的天然气

B. 与原油同时开采的天然气

C. 煤炭开采企业因安全生产需要抽采的煤成（层）气

D. 自采原煤

E. 引火炭

【解析】选项 AE 不属于资源税的征税范围。选项 C 免征资源税。

【答案】BD

02 资源税税目的特殊规定（★★）

《资源税税目税率表》体现出有些应税资源是以原矿为征税对象的，按照原矿规定了税率，也有一些应税资源以选矿为征税对象，按照选矿规定了税率。由于纳税人在销售应税资源时可能是以自采原矿（经过采矿过程采出后未进行选矿或者加工的矿石）直接销售，或者自用于应当缴纳资源税情形的，也可能是以自采原矿洗选加工为选矿产品（通过破碎、切割、洗选、筛分、磨矿、分级、提纯、脱水、干燥等过程形成的产品，包括富集的精矿和研磨成粉、粒级成型、切割成型的原矿加工品）销售，或者将选矿产品自用于应当缴纳资源税情形的，征税对象的确定规则如下：

情形	征税对象的确定	税率的规定
自采原矿销售或自用于应纳资源税情形的	按照原矿计征资源税	原矿和选矿的适用税率应分别确定
自采原矿洗选加工为选矿产品销售或将选矿产品自用于应纳资源税情形的	按照选矿产品计征资源税，在原矿移送环节不缴纳资源税	
无法区分原生岩石矿种的粒级成型砂石颗粒	按照砂石税目征收资源税	

03 资源税的税率（★★）

1. 资源税税率的基本规定：资源税采取从价定率或者从量定额的办法计征。具体来说，资源税按不同的资源品目分别实行固定税率和幅度税率。原矿和选矿的适用税率应分别确定。

税率规定		应税资源范围	备注
固定税率	固定比例税率	原油、天然气、页岩气、天然气水合物、铀、钍、钨、钼、中重稀土	—
幅度税率	幅度比例或幅度定额税率	地热、石灰岩、其他粘土、砂石、矿泉水、天然卤水	具体的适用税率由省级（含自治区、直辖市，下同）人民政府提出，报同级人大常委会决定，并报全国人民代表大会常务委员会和国务院备案
	幅度比例税率	其他应税资源	

【解释】资源税主要采用比例税率从价计征，部分应税资源的税率形式适用幅度比例税率或幅度定额税率，在幅度内具体税率的选择权不在中央而在地方（省级政府提出，报同级人大常委会决定，并报全国人民代表大会常务委员会和国务院备案）。

2. 从高适用税率的两类情况：

纳税人行为	分别按适用税率纳税的要求	从高适用税率的情况
开采或者生产不同税目应税产品	应当分别核算不同税目应税产品的销售额或者销售数量	未分别核算或者不能准确提供不同税目应税产品的销售额或者销售数量
开采或者生产同一税目下适用不同税率应税产品	应当分别核算不同税率应税产品的销售额或者销售数量	未分别核算或者不能准确提供不同税率应税产品的销售额或者销售数量

▶ Unit 3

第三单元 税收优惠

查看本单元视频，快速 GET 知识点

使用"会计云课堂"App或"微信"扫码

考点提示

资源税税收优惠分为四个层次：（1）资源税法明确的法定减免；（2）国务院规定的政策减免；（3）省、自治区、直辖市规定的特殊减免；（4）其他税收优惠政策。考生要注意辨析把握。

01 法定减免（★★★）

1. 原油、天然气优惠政策

免税政策	减税政策
开采原油以及在油田范围内运输原油过程中用于加热的原油、天然气	（1）从低丰度油气田开采的原油、天然气，减征20%资源税 （2）高含硫天然气、三次采油和从深水油气田开采的原油、天然气，减征30%资源税 （3）稠油、高凝油减征40%资源税

经典题解

【例题4·单选题】关于资源税税收优惠，下列说法正确的是（　　）。

A. 从深水油气田开采的原油、天然气减征20%资源税

B. 从低丰度油气田开采的原油、天然气减征30%资源税

C. 开采原油过程中用于加热的原油免征资源税

D. 开采原油过程同时开采的天然气免征资源税

【解析】选项A：从深水油气田开采的原油、天然气资源税减征30%；选项B：从低丰度油气田开采的原油、天然气资源税减征20%；选项D：与原油同时开采的天然气照章缴纳资源税。

【答案】C

【例题5·单选题】2022年3月，某原油开采企业（增值税一般纳税人）销售原油取得不含税销售额3560万元，开采过程中加热使用原油1吨，用10吨原油与汽车生产企业换取一辆汽车，原油不含税平均销售价格0.38万元/吨，原油资源税税率6%，该企业当月应纳资源税（　　）万元。

A. 182.56　　B. 213.60

C. 213.83　　D. 213.85

【解析】开采原油过程中用于加热的原油，免税；换取汽车的原油视同销售计算缴纳资源税。该企业当月应纳资源税＝（3560+0.38×10）×6%＝213.83（万元）。

【答案】C

【例题6·单选题】某企业从低丰度油气田开采原油、天然气，原油销售价格每吨6000元（不含增值税，下同），天然气每立方米2元。2022年2月，该企业开采原油25万吨，当月销售20万吨，开采过程中加热用2万吨，将3万吨原油赠送给协作单位；开采天然气700万立方米，当月销售600万立方米，待售100万立方米。已知原油、天然气的资源税税率均为6%，该企业当月应纳资源税（　　）万元。

A. 9084.5　　B. 8364.2

C. 8352　　D. 6681.6

【解析】开采原油过程中，用于加热的原油免税；从低丰度油气田开采的原油、天然气资源税减征 20%。该企业当月应纳资源税 = [（20+3）×6000×6%+600×2×6%]×（1-20%）= 8352×（1-20%）= 6681.6（万元）。

【答案】D

2. 除原油、天然气外应税资源优惠政策

（1）煤炭开采企业因安全生产需要抽采的煤成（层）气免征资源税；

（2）从衰竭期矿山开采的矿产品，减征 30%资源税。

衰竭期矿山，是指设计开采年限超过 15 年，且剩余可开采储量下降到原设计可开采储量的 20%以下或者剩余开采年限不超过 5 年的矿山。衰竭期矿山以开采企业下属的单个矿山为单位确定。（新增）

02 国务院规定的免征或者减征（★）

根据国民经济和社会发展需要，国务院对有利于促进资源节约集约利用、保护环境等情形可以规定免征或者减征资源税，报全国人民代表大会常务委员会备案。

03 省、自治区、直辖市决定的减税与免税（★★）

1. 有下列情形之一的，省、自治区、直辖市可以决定免征或者减征资源税：

（1）纳税人开采或者生产应税产品过程中，因意外事故或者自然灾害等原因遭受重大损失；

（2）纳税人开采共伴生矿、低品位矿、尾矿。

前面规定的免征或者减征资源税的具体办法，由省、自治区、直辖市人民政府提出，报同级人民代表大会常务委员会决定，并报全国人民代表大会常务委员会和国务院备案。

2. 自 2022 年 1 月 1 日至 2024 年 12 月 31 日，由省、自治区、直辖市人民政府根据本地区实际情况，以及宏观调控需要确定，对增值税小规模纳税人、小型微利企业和个体工商户可以在50%的税额幅度内减征资源税（不含水资源税）。（调整）

04 其他税收优惠政策（★★）

1. 自 2014 年 12 月 1 日至 2023 年 8 月 31 日，对充填开采置换出来的煤炭，资源税减征 50%。

2. 纳税人享受资源税优惠政策，实行“自行判别、申报享受、有关资料留存备查”的办理方式，另有规定的除外。纳税人对资源税优惠事项留存材料的真实性和合法性承担法律责任。

纳税人开采或者生产同一应税产品，其中既有享受减免税政策的，又有不享受减免税政策的，按照免税、减税项目的产量占比等方法分别核算确定免税、减税项目的销售额或者销售数量。

纳税人开采或者生产同一应税产品同时符合两项或者两项以上减征资源税优惠政策的，除另有规定外，只能选择其中一项执行。

经典题解

【真题 7 · 单选题】关于资源税税收优惠，下列说法正确的是（　　）。（2021 年）

A. 纳税人开采低品位矿，由省、自治区、直辖市税务机关决定免征或减征资源税

B. 纳税人享受资源税优惠政策，实行“自行判别、审核享受、留存备查”办理方式

C. 纳税人开采或者生产同一应税产品，同时符合两项或两项以上减征资源税优惠政策的，可以同时享受各项优惠政策

D. 由省、自治区、直辖市提出的免征或减征资源税的具体办法，应报同级人民代表大会常务委员会决定，并报全国人民代表大会常务委员会和国务院备案

【解析】选项 A：纳税人开采低品位矿的免征或者减征资源税的具体办法，由省、自治区、直辖市人民政府提出，报同级人民代表大会常务委员会决定，并报全国人民代表大会常务委员会和国务院备案。选项 B：纳税人享受资源税税收优惠，实行“自行判别、申报享受、有关资料留存备查”的办理方式，另有规定的除外。选项 C：纳税人开采或者生产同一应税产品同时符合两项或者两项以上减征资源税优惠政策的，除另有规定外，只能选择其中一项执行。

【答案】D

【例题 8 · 多选题】下列纳税人开采的应税资源产品的减免税规定，由省、自治区、直辖市人民政府提出，报同级人民代表大会常务委员会决定，并报全国人民代表大会常务委员会和国务院备案的有（　　）。

A. 煤炭开采企业因安全生产需要抽采的煤成（层）气免征资源税

B. 纳税人开采的低品位矿、尾矿的免征或者减征

C. 从衰竭期矿山开采的矿产品减征 30% 资源税

D. 纳税人开采共伴生矿的免征或者减征

E. 稠油、高凝油减征 40% 资源税

【解析】选项 ACE 属于资源税法直接规定的免税、减税政策。

【答案】BD

▶ Unit 4

第四单元　计税依据和应纳税额的计算

查看本单元视频，快速 GET 知识点
使用“会计云课堂”App 或“微信”扫码

01 资源税的计税依据（★★★）

资源税的计税依据为应税产品的销售额或销售数量。

实行从价计征的，应纳税额按照应税资源产品（以下称“应税产品”）的销售额乘以

具体适用税率计算。实行从量计征的，应纳税额按照应税产品的销售数量乘以具体适用税率计算。

计税依据	举例
从价计征——销售额	原油、天然气、煤、宝玉石类非金属矿产、二氧化碳气
从量计征——销售数量	税目税率表无直接规定，只有选择性规定
可以选择实行从价计征或者从量计征的，具体计征方式由省、自治区、直辖市人民政府提出，报同级人民代表大会常务委员会决定，并报全国人民代表大会常务委员会和国务院备案	地热、石灰岩、其他粘土、砂石、矿泉水、天然卤水

（一）从价定率征收的计税依据

1. 销售额的基本规定

实行从价定率征收资源税的销售额，包括纳税人销售应税产品向购买方收取的全部价款，不包括增值税税额。

2. 运杂费用的扣减

计入销售额中的相关运杂费用，凡取得增值税发票或者其他合法有效凭据的，准予从销售额中扣除。相关运杂费用是指应税产品从坑口或者洗选（加工）地到车站、码头或者购买方指定地点的运输费用、建设基金以及随运销产生的装卸、仓储、港杂费用。

计征资源税时运杂费的处理：

销售应税产品收取运杂费	是否并入销售额	
与销售额合并收取	有运杂费支付凭证	销售额减除运杂费后计税（不并入）
	无运杂费支付凭证	按销售额计税（并入）
单独收取未并入销售额	与销售额无关（不并入）	

3. 特殊情形下销售额的确定

（1）纳税人开采或者生产不同税目应税产品的，应当分别核算不同税目应税产品的销售额或者销售数量；纳税人开采或者生产同一税目下适用不同税率应税产品的，应当分别核算不同税率应税产品的销售额或者销售数量。未分别核算或者不能准确提供销售额或者销售数量的，从高适用税率。

（2）纳税人开采或者生产应税产品自用的，应当依照规定缴纳资源税；但是，自用于连续生产应税产品的，不缴纳资源税。

考点提示

从价定率征收资源税的计税依据

情形	计税依据的确定	计税依据不包含的因素
一般销售	向购买方收取的全部价款	(1) 收取的符合条件的运杂费用 (2) 增值税税额
纳税人申报的应税产品销售额明显偏低且无正当理由的，或者有自用应税产品行为而无销售额的	主管税务机关可以按下列方法和顺序确定其应税产品销售额： (1) 按纳税人最近时期同类产品的平均销售价格确定 (2) 按其他纳税人最近时期同类产品的平均销售价格确定 (3) 按后续加工非应税产品销售价格，减去后续加工环节的成本利润后确定 (4) 按应税产品组成计税价格确定 组成计税价格=成本×（1+成本利润率）÷（1-资源税税率） 上述公式中的成本利润率由省、自治区、直辖市税务机关确定 (5) 按其他合理方法确定	——

（二）从量定额征收的计税依据

应税产品的销售数量，包括纳税人开采或者生产应税产品的实际销售数量和自用于应当缴纳资源税情形的应税产品数量。课税数量确定的几种基本情况：

具体情况	课税数量的确定
凡直接对外销售的	实际销售数量
凡自产自用（包括用于非生产项目和生产非应税产品）应缴纳资源税的	自用应税产品数量

（三）资源税销售额、销售数量的扣减——体现“税不重征”

纳税人外购应税产品与自采应税产品混合销售或者混合加工为应税产品销售的，在计算应税产品销售额或者销售数量时，准予扣减外购应税产品的购进金额或者购进数量；当期不足扣减的，可结转下期扣减。纳税人应当准确核算外购应税产品的购进金额或者购进数量，未准确核算的，一并计算缴纳资源税。

项目/扣减情形	具体规定
外购后混合销售	纳税人以外购原矿与自采原矿混合为原矿销售，或者以外购选矿产品与自产选矿产品混合为选矿产品销售的，在计算应税产品销售额或者销售数量时，直接扣减外购原矿或者外购选矿产品的购进金额或者购进数量 **【案例精析】** A 矿业公司 2022 年 1 月 8 日购入 150 万元（不含增值税，下同）的铁原矿（已取得增值税专用发票），与自采的铁原矿混合进行销售，销售额为 480 万元。已知当地铁原矿税率为 4%，则 A 矿业公司在计算应税产品销售额时，准予扣减外购铁原矿购进金额 150 万元，应纳资源税税额 =（铁原矿销售金额 - 准予扣减的外购铁原矿购进金额）×税率 =（480-150）×4% = 13.2（万元）。
外购后混产销售	纳税人以外购原矿与自采原矿混合洗选加工为选矿产品销售的，在计算应税产品销售额或者销售数量时，按照下列方法进行扣减： 准予扣减的外购应税产品购进金额（数量）= 外购原矿购进金额（数量）×（本地区原矿适用税率÷本地区选矿产品适用税率） **【案例精析】** A 矿业公司 2022 年 1 月 8 日购入 150 万元（不含增值税，下同）的铁原矿（已取得增值税专用发票），与自采的铁原矿混合洗选加工为铁选矿进行销售，销售额为 520 万元。已知当地铁原矿税率为 4%，铁选矿税率为 2%，则 A 矿业公司在计算应税产品销售额时，准予扣减的外购铁选矿购进金额 = 150×（4%÷2%）= 300（万元），应纳资源税税额 =（铁选矿销售金额 - 准予扣减的外购铁选矿购进金额）×税率 =（520-300）×2% = 4.4（万元）。
扣减依据	应当依据外购应税产品的增值税发票、海关进口增值税专用缴款书或者其他合法有效凭据
扣减限度	（1）“准予扣减的外购应税产品购进数量”的扣减限额以“计税销售数量”减至 0 为限，当期不足扣减或未扣减的，可结转下期扣减 （2）“准予扣减的外购应税产品购进金额”为按规定准予扣减的外购应税产品购进金额，当期不足扣减或未扣减的，可结转下期扣减

经典题解

【真题 9 · 单选题】 关于准予扣减外购应税资源产品已纳从价定率征收的资源税，下列说法正确的是（　　）。（2021 年）

A. 纳税人以外购原矿与自采原矿混合为原矿销售的，未准确核算外购应税产品购进金额的，由主管税务机关根据具体情况核定扣减

B. 纳税人以外购原矿与自采原矿混合加工为选矿产品销售的，以扣减外购原矿购进金额后的余额确定计税依据，当期不足扣减的，可结转下期扣减

C. 纳税人以外购原矿与自采原矿混合加工为选矿产品销售的，以扣减外购原矿购进金额后的余额确定计税依据，当期不足扣减的，不得结转下期扣减

D. 纳税人以外购原矿与自采原矿混合为原矿销售的，以扣减外购原矿购进金额后的余额确定计税依据，当期不足扣减的，可以结转下期扣减

【解析】 选项A：纳税人应当准确核算外购应税产品的购进金额或者购进数量，未准确核算的，一并计算缴纳资源税。选项BC：纳税人以外购原矿与自采原矿混合洗选加工为选矿产品销售的，在计算应税产品销售额时，按照下列方法进行扣减：

准予扣减的外购应税产品购进金额=外购原矿购进金额×（本地区原矿适用税率÷本地区选矿产品适用税率）

当期不足扣减的，可结转下期扣减。

【答案】 D

02 资源税应纳税额的计算（★★★）

资源税的应纳税额，按照从价定率或者从量定额的办法，分别以应税产品的销售额乘以纳税人具体适用的比例税率或者以应税产品的课税数量乘以纳税人具体适用的定额税率计算。

（一）从价定率应纳税额的计算

应纳税额=计税销售额×适用税率

（二）从量定额应纳税额的计算

应纳税额=课税数量×适用的单位税额

考点提示

1. 资源税应纳税额的计算关键是要确定从价计征的销售额和从量计征的课税数量。从以往考试出题情况看，往往把资源税应纳税额的计算与税收优惠混合在一起考核，所以考生在应纳税额计算过程中还要特别注意有无减征、免征规定。

2. 资源税具有单一环节一次课征的特点，只在开采后出厂销售或移送自用环节纳税，其他批发、零售环节不再纳税。

3. 考生要关注资源税与增值税的关系。资源税很容易与增值税混合出综合分析题。考生应注意：凡是需要同时计算资源税和增值税的应税资源产品，在计算增值税时，大多适用13%的基本税率，但是天然气、煤成（层）气、地热适用9%的较低税率。

经典题解

【例题10·单选题】 2021年9月，某锡矿开采企业开采锡矿原矿300吨。本月销售锡矿原矿200吨，取得不含税销售额500万元；剩余锡矿原矿100吨移送加工选矿80吨，本月全部销售，取得不含税销售额240万元。锡矿原矿和锡矿选矿资源税税率分别为6.5%和5%。该企业当月应缴纳资源税（　　）万元。

A. 41.25　　B. 53.10　　C. 15.60　　D. 44.50

【解析】 同一征税对象（资源品目）的原矿和选矿的适用税率应分别确定，税额分别计算。该企业当月应缴纳资源税=500×6.5%+240×5%=44.50（万元）。

【答案】 D

【真题 11·单选题】甲煤矿 2021 年 3 月销售原煤取得不含税销售额 2400 万元；将自产的原煤与外购的原煤混合加工为选煤并在本月全部对外销售，取得不含税销售额 1520 万元，外购该批原煤取得增值税专用发票注明金额 800 万元、税额 104 万元。甲煤矿所在地与外购原煤所在地原煤资源税税率均为 7%，选煤资源税税率均为 5%，甲煤矿本月应缴纳资源税（　　）万元。（2021 年）

A. 218.40　　B. 188.00

C. 204.00　　D. 244.00

【解析】准予扣减的外购应税产品购进金额＝外购原矿购进金额×（本地区原矿适用税率÷本地区选矿产品适用税率）＝800×7%÷5%＝1120（万元）

甲煤矿本月应缴纳资源税＝2400×7%＋（1520－1120）×5%＝188（万元）。

【答案】B

【真题 12·计算题】某锡矿开采企业为增值税一般纳税人，2021 年 4 月发生以下业务：

（1）销售自采锡矿原矿 30 吨，取得不含税销售额 75 万元，另收取从坑口到车站的运输费、装卸费合计 1 万元（已取得增值税发票）；

（2）将自采锡矿原矿 20 吨移送加工锡矿选矿 16 吨，当月全部销售，取得不含税销售额 48 万元；

（3）购进锡矿原矿，取得增值税专用发票注明金额 10 万元。将该批购进的锡矿原矿与自采锡矿原矿混合为原矿，当月全部销售，取得不含税销售额 50 万元，该批自采锡矿原矿同类产品不含税销售额 35 万元；

（4）将自采锡矿原矿 5 吨用于抵偿债务，同类锡矿原矿最高售价 2.55 万元/吨（不含税）、平均售价 2.5 万元/吨（不含税）。

已知：锡矿原矿和锡矿选矿的资源税税率分别为 5%和 4.5%。

要求：根据上述资料，回答下列问题。（2021 年）

（1）业务（1）应缴纳资源税（　　）万元。

A. 3.75　　B. 3.36

C. 3.80　　D. 3.79

【解析】应税产品从坑口或者洗选（加工）地到车站、码头或者购买方指定地点的运输费用、建设基金以及随运销产生的装卸、仓储、港杂费用，凡取得增值税发票或者其他合法有效凭据的，不计入资源税的计税销售额。业务（1）应缴纳资源税＝75×5%＝3.75（万元）。

【答案】A

（2）业务（2）应缴纳资源税（　　）万元。

A. 2.50　　B. 0

C. 2.16　　D. 4.66

【解析】自采原矿洗选加工为选矿产品销售，按照选矿产品计征资源税，在原矿移送环节不缴纳资源税。业务（2）应缴纳资源税＝48×4.5%＝2.16（万元）。

【答案】C

（3）业务（3）应缴纳资源税（　　）万元。

A. 2.50　　　　B. 0.25

C. 2.00　　　　D. 0.75

【解析】纳税人以外购原矿与自采原矿混合为原矿销售，在计算应税产品销售额时，直接扣减外购原矿的购进金额。业务（3）应缴纳资源税=（50-10）×5%=2（万元）。

【答案】C

（4）业务（4）应缴纳资源税（　　）万元。

A. 0.56　　　　B. 0.64

C. 0.63　　　　D. 0

【解析】纳税人以应税产品抵偿债务，应视同销售，缴纳资源税。有同类应税产品销售价格的，按照同类产品的“平均”销售价格确定计税销售额。业务（4）应缴纳资源税=2.5×5×5%=0.63（万元）。

【答案】C

▶ Unit 5

第五单元　征收管理（★★）

查看本单元视频，快速 GET 知识点

使用“会计云课堂”App或“微信”扫码

征管要点	具体规定
纳税义务发生时间	（1）销售应税产品，收讫销售款或者取得索取销售款凭据的当日 （2）自用应税产品，移送应税产品的当日
纳税期限	资源税按月或者按季申报缴纳；不能按固定期限计算缴纳的，可以按次申报缴纳： （1）按月或者按季申报缴纳的，自月度或者季度终了之日起15日内，向税务机关申报缴纳 （2）按次申报缴纳的，自纳税义务发生之日起15日内，向税务机关申报缴纳
纳税地点	矿产品的开采地或者海盐的生产地
征管机构	（1）一般应税产品：开采地或者生产地的税务机关 （2）海上开采的原油和天然气：海洋石油税务管理机构

记忆技巧　资源税纳税的属地性很强，强调开采地或生产地。但海上开采的原油和天然气有特殊的征管机构。

经典题解

【例题 13 · 单选题】 2021 年年初，A 省甲铜矿企业兼并了 B 省乙铜矿企业，并将其作为下属非独立核算生产单位。2021 年 3 月，甲铜矿企业共计销售铜选矿 700 吨，取得不含增值税销售额 2800 万元，60%为乙铜矿企业移送，已知 A 省铜选矿资源税税率为 6%，B 省铜选矿资源税税率为 5%。甲铜矿企业 2021 年 3 月在 A 省应缴纳资源税（　　）万元。

A. 168　　　　B. 151.2

C. 67.2　　　　D. 56

【解析】 应税资源产品应在开采地或者生产地纳税。甲铜矿企业当月在 A 省应纳的资源税＝2800×（1−60%）×6%＝67.2（万元）。

【答案】 C

【真题 14 · 多选题】 根据资源税规定，下列说法正确的有（　　）。（2021 年）

A. 外购应税产品与自采应税产品混合加工为选矿产品销售的，计税销售额中直接扣减外购应税产品的购进金额

B. 资源税的纳税地点为应税产品的销售地

C. 煤炭开采企业因安全生产需要抽采的煤成（层）气免征资源税

D. 从衰竭期矿山开采的矿产品减征 40%资源税

E. 自用应税产品的纳税义务发生时间为移送应税产品的当日

【解析】 多知识点组合命题是近两年税务师考试的命题特点。选项 A：纳税人以外购原矿与自采原矿混合洗选加工为选矿产品销售的，在计算应税产品销售额时，按照规定的公式计算扣减金额。选项 B：纳税人应当向应税矿产品的开采地或海盐的生产地缴纳资源税。选项 D：从衰竭期矿山开采的矿产品减征 30%资源税。

【答案】 CE

本章小结

同步强化练习题

使用“会计云课堂”App 或“微信”扫码快速做题、对答案、
看解析、掌握解题思路，开启轻松过关之旅。

一、单项选择题

1. 下列关于资源税的说法，正确的是（　　）。
   A. 纳税人出口应税产品，不退还资源税
   B. 进口金属矿原矿的私营企业属于资源税纳税人
   C. 人造石油属于资源税征税范围
   D. 铀、钍属于金属矿产

2. 根据资源税的有关规定，开采或生产下列资源应征收资源税的是（　　）。
   A. 氧气资源
   B. 天然原油
   C. 木材资源
   D. 人造石油

3. 以下资源项目中，适用固定比例税率的是（　　）。
   A. 原油　　B. 地热
   C. 砂石　　D. 矿泉水

4. 下列企业既是增值税纳税人又是资源税纳税人的是（　　）。
   A. 零售有色金属矿产品的贸易企业
   B. 进口有色金属矿产品的企业
   C. 在境内开采并销售有色金属矿产品的企业
   D. 在境外开采并销售有色金属矿产品的企业

5. 某油田开采原油 80 万吨，2022 年 2 月销售原油 70 万吨，非生产性自用 5 万吨，另有 2 万吨采油过程中用于加热，3 万吨待售。已知该油田每吨原油不含税售价为 5000 元，适用的资源税税率为 6%，则该油田当月应纳的资源税税额为（　　）万元。
   A. 21000　　B. 22500
   C. 23100　　D. 24000

6. 某油气田开采企业（增值税一般纳税人）2022 年 2 月开采天然气 300 万立方米，开采成本为 400 万元，全部对外销售，取得含增值税销售额为 510.3 万元，则该油气田企业当月应纳资源税（　　）万元。（天然气资源税税率 6%）
   A. 30.62　　B. 21.24
   C. 24　　D. 28.09

7. 某油气田原油价格每吨 6000 元（不含增值税，下同），天然气每立方米 2 元。2022 年 2 月，该油气田开采原油 25 万吨，当月销售 20 万吨，开采过程中加热用 2 万吨，将 3 万吨原油赠送给协作单位；开采天然气 700 万立方米，当月销售 600 万立方米，待售 100 万立方米，原油、天然气的资源税税率均为 6%，该油气田当月应纳资源税（　　）万元。
   A. 9084　　B. 8364
   C. 8352　　D. 7272

8. 某油气田开采企业 2022 年 3 月销售天然气 90 万立方米，取得不含增值税收入 1353500 元，天然气的资源税税率为 6%，该企业 2022 年 3 月销售天然气应缴纳的资源税为（ ）元。

A. 81202.57　　B. 81210

C. 82140　　D. 82331.37

9. 下列开采项目中，免征资源税的是（ ）。

A. 开采稠油

B. 三次采油开采的原油

C. 煤炭开采企业因为安全生产需要抽采煤成（层）气

D. 从衰竭期矿山开采矿产品

10. 纳税人开采以下资源，资源税法直接规定免征资源税的是（ ）。

A. 煤炭开采企业因安全生产需要抽采的煤成（层）气

B. 纳税人开采尾矿

C. 纳税人开采共伴生矿

D. 纳税人开采石墨

11. 某油气田开采的原油国内市场平均销售价格为每吨 5000 元（不含增值税，下同），天然气每立方米销售价格为 2 元。2022 年 2 月，该油气田开采原油 30 万吨，当月按照平均销售价格销售 20 万吨，开采原油过程中用于加热的原油 2 万吨，将剩余的 8 万吨原油用于出口，价格每吨 5500 元；专门开采天然气 500 万立方米，当月销售 400 万立方米，待售 100 万立方米。原油、天然气的资源税税率均为 6%，该油气田 2 月应纳资源税（ ）万元。

A. 7200　　B. 5040

C. 7740　　D. 8688

12. 根据资源税法的规定，以下减征 40% 资源税的是（ ）。

A. 从低丰度油气田开采的原油、天然气

B. 高含硫天然气、三次采油和从深水油气田开采的原油、天然气

C. 稠油、高凝油

D. 从衰竭期矿山开采的矿产品

13. 资源税计税销售额按应税产品组成计税价格确定时，公式中的成本利润率由（ ）确定。

A. 国务院

B. 财政部

C. 国家税务总局

D. 省、自治区、直辖市税务机关

14. 关于资源税税率，下列说法正确的是（ ）。

A. 有色金属选矿一律实行幅度比例税率

B. 开采不同应税产品的，未分别核算或不能准确提供不同应税产品的销售额或销售数量，从高适用税率

C. 原油和天然气税目不同，适用税率也不同

D. 实行幅度税率的，具体适用税率由省级人民政府提出，报全国人民代表大会常委会决定

15. 甲公司 2022 年 1 月 12 日购入 200 万元（不含增值税，下同）的铜原矿，已取得增值税专用发票，与自采的铜原矿混合进行销售，销售额为 600 万元。已知当地铜原矿税率为 5%，则甲公司应纳资源税（ ）万元。

A. 10　　B. 20

C. 30　　D. 40

16. 乙公司 2022 年 1 月 20 日购入 300 万元（不含增值税，下同）的锰原矿，已取得增值税专用发票，与自采的锰原矿混合洗选加工为锰选矿进行销售，销售额为 600 万元。已知当地锰原矿税率为 8%，锰选矿税率为 5%，则乙公司应纳

资源税（　　）万元。

A. 15　　B. 11

C. 9　　D. 6

17. 丙公司2022年1月20日购入100吨的石灰岩原矿，已取得增值税专用发票，与自采的石灰岩原矿混合洗选加工为石灰岩选矿300吨进行销售，已知当地石灰岩原矿税率为4元/吨，选矿税率为2元/吨，则丙公司应纳资源税（　　）元。

A. 600　　B. 200

C. 400　　D. 800

18. 以下关于资源税的表述不正确的是（　　）。

A. 深水油气田，是指水深超过300米的油气田

B. 纳税人应当在机构所在地缴纳资源税

C. 资源税按月或者按季申报缴纳；不能按固定期限计算缴纳的，可以按次申报缴纳

D. 海上开采的原油和天然气资源税由海洋石油税务管理机构征收管理

二、多项选择题

1. 下列关于资源税税目的说法，正确的有（　　）。

A. 包括天然原木，不包括加工的板材

B. 包括天然原油，不包括人造石油

C. 非金属矿产，包括煤

D. 水气矿产，包括矿泉水

E. 包括进口的天然气

2. 下列各项中，属于资源税征税范围的有（　　）。

A. 进口的天然气

B. 在我国境内陆地专门开采的天然气

C. 煤层气

D. 与原油同时开采的天然气

E. 在我国管辖海域专门开采的天然气

3. 下列情形应缴纳资源税的有（　　）。

A. 开采销售轻稀土

B. 自采石灰岩用于投资

C. 外购煤粉加工蜂窝煤

D. 生产销售海盐

E. 生产销售选煤

4. 根据资源税的有关规定，下列各项中应当征收资源税的有（　　）。

A. 用于非生产项目的自产应税产品

B. 用于连续生产应税产品的自产应税产品

C. 用于连续生产非应税产品的自产应税产品

D. 用于出口的自产应税产品

E. 用于出厂销售的自产应税产品

5. 我国某煤矿开采销售原煤，应缴纳的相关税费有（　　）。

A. 资源税

B. 增值税

C. 消费税

D. 城市维护建设税

E. 教育费附加

6. 根据资源税法的规定，以下关于资源税的说法正确的有（　　）。

A. 《税目税率表》中规定征税对象为原矿或者选矿的，应当分别确定具体适用税率

B. 资源税按照《税目税率表》实行从价计征或者从量计征

C. 资源税应税产品为矿产品的，包括原矿和选矿产品

D. 未分别核算或者不能准确提供不同税目应税产品的销售额或者销售数量的，从高适用税率

E. 纳税人开采或者生产应税产品自用于连续生产应税产品的，移送时缴纳资源税

7. 以下属于《资源税税目税率表》能源矿产税目的有（　　）。

A. 原油

B. 页岩气

C. 二氧化碳气

D. 油页岩

E. 铀

8. 以下属于《资源税税目税率表》水气矿产税目的有（　　）。

A. 硫化氢气

B. 页岩气

C. 二氧化碳气

D. 天然气水合物

E. 矿泉水

9. 根据资源税法的规定，以下减征30%资源税的有（　　）。

A. 从低丰度油气田开采的原油、天然气

B. 高含硫天然气

C. 从深水油气田开采的原油

D. 稠油、高凝油

E. 从衰竭期矿山开采的矿产品

10. 以下各项，可以由省、自治区、直辖市决定免征或者减征资源税的有（　　）。

A. 纳税人开采或者生产应税产品过程中，因意外事故或者自然灾害等原因遭受重大损失

B. 纳税人开采共伴生矿

C. 纳税人开采低品位矿、尾矿

D. 纳税人用选矿工艺生产选矿

E. 纳税人从衰竭期矿山开采的矿产品

11. 以下说法符合资源税征收管理规定的有（　　）。

A. 纳税人销售应税产品，纳税义务发生时间为收讫销售款或者取得索取销售款凭据的当日

B. 自用应税产品的，纳税义务发生时间为移送应税产品的当日

C. 纳税人应当向应税产品开采地或者生产地的税务机关申报缴纳资源税

D. 资源税按月或者按季申报缴纳，不能按固定期限计算缴纳的，可以按次申报缴纳

E. 资源税纳税人按月或者按季申报缴纳的，应当自月度或者季度终了之日起10日内，向税务机关办理纳税申报并缴纳税款

12. 甲采石场是增值税小规模纳税人（按季申报缴纳增值税和资源税），2021年第4季度开采砂石800吨，销售了750吨，每吨不含税价格200元，当地省政府规定砂石实行定额征收资源税且砂石资源税税率为4元/吨，甲采石场享受小规模纳税人增值税的优惠政策和最高幅度减征资源税的优惠政策，则甲采石场当期应纳税额的正确表述有（　　）。

A. 应纳增值税0元

B. 应纳增值税4368.93元

C. 应纳资源税1500元

D. 应纳资源税1600元

E. 应纳资源税3000元

三、计算题

（一）

A 石化企业为增值税一般纳税人，2021 年 3 月发生以下业务：

（1）从国外某石油公司进口原油 50000 吨，支付不含税价款折合人民币 9000 万元，其中包含包装费及保险费折合人民币 10 万元。

（2）开采原油 10000 吨，并将开采的原油对外销售 6000 吨，取得含税销售额 2263.39 万元，另外支付运输费用 6.96 万元。

（3）将开采的原油 1000 吨以 0.2 万元/吨的成本价销售给 B 关联公司，B 关联公司按照 0.38 万元/吨的 A 石化企业正常的对外含税平均售价销售。

（4）用开采的原油 2000 吨加工生产汽油 1300 吨。

（其他相关资料：上述业务均已取得相关合法票据，原油的资源税税率为 6%）

要求：根据上述资料，回答下列问题。

1. 业务（1）应缴纳资源税（　　）万元。

A. 0　　B. 270.3
C. 540　　D. 540.6

2. 业务（2）应缴纳资源税（　　）万元。

A. 120.11　　B. 120
C. 120.18　　D. 135.80

3. 业务（3）应缴纳资源税（　　）万元。

A. 12　　B. 20.18
C. 22.8　　D. 0

4. 业务（4）应缴纳资源税（　　）万元。

A. 26.23　　B. 40.35
C. 41.83　　D. 45.6

（二）

某内资原煤生产企业为增值税一般纳税人，按月申报缴纳资源税。2021 年 12 月发生以下业务：

（1）开采原煤 12000 吨。采取分期收款方式销售原煤 9000 吨，每吨不含税单价 500 元，购销合同约定，本月应收取 1/3 的价款，但实际只收取不含税价款 120 万元。另支付销售活动中不含税运费，并取得运输企业（增值税一般纳税人）开具给本企业的增值税专用发票，发票金额 4 万元。

（2）为职工宿舍供暖，使用本月开采的原煤 200 吨；另将本月开采的原煤 500 吨无偿赠送给某有长期业务往来的客户。

（3）将自采原煤 300 吨加工成选煤，销售选煤取得不含增值税销售额 30 万元。

（4）外购原煤 350 吨，增值税专用发票上注明单价 490 元/吨（不含增值税），将外购原煤和自采原煤混合生产选煤并销售，取得不含增值税销售额 50 万元，另向购买方收取运输费用 3 万元（能提供相关发票）。

（其他相关资料：该企业所在地原煤的资源税税率为 6%，选煤资源税税率为 5%）

要求：根据上述资料，回答下列问题。

1. 业务（1）销售原煤当月应缴纳资源税（　　）万元。

A. 6.96　　B. 7.2
C. 8　　D. 9

2. 业务（2）应缴纳资源税（　　）万元。

A. 0.6　　B. 1.5
C. 1.75　　D. 2.1

3. 业务（3）销售选煤应缴纳资源税（ ）万元。

A. 0.9　B. 1.5

C. 1.8　D. 2

4. 业务（4）销售选煤应缴纳资源税（ ）万元。

A. 1.47　B. 2

C. 2.5　D. 3

同步强化练习题参考答案及解析

使用“会计云课堂”App 或“微信”扫码对答案、看解析、掌握解题思路，开启轻松过关之旅。

一、单项选择题

1. A　【解析】选项 A：资源税出口不退。选项 B：资源税进口不征。选项 C：人造石油不属于资源税征税范围。选项 D：铀、钍属于能源矿产。

2. B　【解析】氧气资源、木材资源、人造石油都不属于资源税的征税范围。

3. A　【解析】选项 BCD 采用幅度比例或幅度定额税率。

4. C　【解析】选项 AB 缴纳增值税但不缴纳资源税；选项 C 既缴纳增值税又缴纳资源税；选项 D 不属于我国资源税和增值税的纳税人。

5. B　【解析】开采原油销售和非生产性自用的原油都应缴纳资源税，开采原油过程中用于加热的原油免征资源税。该油田应纳资源税 =（70+5）×5000×6% = 22500（万元）。

6. D　【解析】该油气田企业当月应纳资源税 = 510.3÷（1+9%）×6% = 28.09（万元）。

7. C　【解析】开采原油过程中，用于加热的原油免税。该油气田当月应纳资源税 =（20+3）×6000×6% +600×2×6% = 8352（万元）。

8. B　【解析】应纳资源税 = 1353500×6% = 81210（元）。

9. C　【解析】选项 A：稠油、高凝油减征 40%资源税；选项 B：三次采油开采的原油减征 30%资源税；选项 D：从衰竭期矿山开采的矿产品，减征 30%资源税。

10. A　【解析】选项 BC：省、自治区、直辖市可以决定免征或者减征资源税；选项 D：为应征税项目，但若开采过程中因意外事故或者自然灾害等原因遭受重大损失的，省、自治区、直辖市可以决定免征或者减征资源税。

11. D　|【解析】原油、天然气采用从价定率方法计征资源税，按照原油和天然气的不含增值税销售额计税；开采原油过程中用于加热的原油免税。该油气田2月应纳资源税＝（20×5000＋8×5500）×6%＋400×2×6%＝8640＋48＝8688（万元）。

12. C　|【解析】根据资源税法规定，从低丰度油气田开采的原油、天然气，减征20%资源税；高含硫天然气、三次采油和从深水油气田开采的原油、天然气，减征30%资源税；稠油、高凝油减征40%资源税；从衰竭期矿山开采的矿产品，减征30%资源税。

13. D　|【解析】资源税组成计税价格公式中的成本利润率由省、自治区、直辖市税务机关确定。

14. B　|【解析】选项A：有色金属选矿有的适用幅度比例税率，有的适用固定比例税率。选项C：原油和天然气属于能源矿产税目下的二级子税目，适用税率均为6%。选项D：实行幅度税率的，具体适用税率由省、自治区、直辖市人民政府统筹考虑该应税资源的品位、开采条件以及对生态环境的影响等情况，在《税目税率表》规定的税率幅度内提出，报同级人民代表大会常务委员会决定，并报全国人民代表大会常务委员会和国务院备案。

15. B　|【解析】应纳资源税＝（600－200）×5%＝20（万元）。

16. D　|【解析】准予扣减的外购锰选矿购进金额＝300×（8%÷5%）＝480（万元），应纳资源税税额＝（锰选矿销售金额－准予扣减的外购锰选矿购进金额）×税率＝（600－480）×5%＝6（万元）。

17. B　|【解析】准予扣减的外购石灰岩选矿购进数量＝100×（4÷2）＝200（吨），应纳资源税税额＝（石灰岩选矿销售数量－准予扣减的外购石灰岩选矿购进数量）×税率＝（300－200）×2＝200（元）。

18. B　|【解析】纳税人应当在矿产品的开采地或者海盐的生产地缴纳资源税。

二、多项选择题

1. BD　|【解析】原木不属于资源税的征税范围；煤属于能源矿产，不属于非金属矿产；进口的天然气不征收资源税。

2. BCDE　|【解析】在我国领域及管辖的其他海域专门开采或与原油同时开采的天然气应缴纳资源税；煤成（层）气属于资源税的征收范围。资源税进口不征、出口不退，所以选项A不征收资源税。

3. ABDE　|【解析】选项C：不属于资源税的征税范围。

4. ACDE 【解析】选项B：纳税人开采或者生产应税产品自用于连续生产应税产品的，不征收资源税。

5. ABDE 【解析】原煤属于资源税的征税范围，应缴纳资源税，且属于有形动产，应缴纳增值税，并随增值税税额征收城市维护建设税、教育费附加。原煤不属于消费税的征税范围。

6. ABCD 【解析】选项E，纳税人开采或者生产应税产品自用的，应当依照规定缴纳资源税；但是，自用于连续生产应税产品的，不缴纳资源税。

7. ABDE 【解析】选项C属于水气矿产。

8. ACE 【解析】选项BD属于能源矿产。

9. BCE 【解析】从低丰度油气田开采的原油、天然气，减征20%资源税；高含硫天然气、三次采油和从深水油气田开采的原油、天然气，减征30%资源税；稠油、高凝油减征40%资源税；从衰竭期矿山开采的矿产品，减征30%资源税。

10. ABC 【解析】选项D表述过于泛泛，不能确定具体品目就不能确定征免，更不属于省、自治区、直辖市可以决定免征或者减征资源税的范围；选项E是资源税法直接规定的减征资源税的情形，从衰竭期矿山开采的矿产品，减征30%资源税。

11. ABCD 【解析】资源税纳税人按月或者按季申报缴纳的，应当自月度或者季度终了之日起15日内，向税务机关办理纳税申报并缴纳税款；按次申报缴纳的，应当自纳税义务发生之日起15日内，向税务机关办理纳税申报并缴纳税款。

12. AC 【解析】季度销售额未超过45万元，小规模纳税人免征增值税；对增值税小规模纳税人可以在50%的税额幅度内减征资源税，该采石场享受最高减征幅度，资源税的计算用销售数量作为计税依据，应纳资源税＝750×4×（1－50%）＝1500（元）。

三、计算题

（一）

1. A 【解析】资源税是对在中华人民共和国领域及管辖的其他海域开发应税资源的单位和个人征收的一种税。缴纳资源税的资源开采地点是“境内”，这会带来资源税进口不征，出口不退的规则：进口应税资源不征收资源税；对出口应税资源也不退还已纳的资源税。

2. C 【解析】实行从价定率征收资源税的销售额，包括纳税人销售应税产品向购买方收取的全部价款，不包括增值税税额。

应缴纳的资源税额＝2263.39/（1+13%）×6%＝120.18（万元）。

3. B 【解析】纳税人申报的应税产品销售额明显偏低且无正当理由的，首先按照纳税人最近时期同类产品的平均销售价格确定销售额。应缴纳的资源税额=1000×0.38/（1+13%）×6%=20.18（万元）。

4. B 【解析】将开采的资源税应税产品连续加工非应税产品的，于移送时缴纳资源税。应缴纳的资源税额=2000×0.38/（1+13%）×6%=40.35（万元）。

（二）

1. D 【解析】业务（1）销售原煤当月应缴纳的资源税=9000×500/3×6%/10000=9（万元）

这里注意资源税的纳税义务发生时间的规定的应用，纳税人销售应税产品，纳税义务发生时间为收讫销售款或者取得索取销售款凭据的当日。而采取分期收款方式销售原煤，取得索取销售款凭据在税法中主要体现在合同约定上，即按照合同约定的本期应收的金额计算资源税。

2. D 【解析】应缴纳的资源税=（200+500）×500×6%/10000=2.1（万元）

用于职工福利和赠送的原煤都应计算缴纳资源税。自用应税产品的，纳税义务发生时间为移送应税产品的当日。

3. B 【解析】业务（3）应缴纳的资源税=30×5%=1.5（万元）

自采原煤连续加工选煤销售的，用选煤销售额乘以选煤的税率计算资源税额。

4. A 【解析】业务（4）准予扣减的外购选煤购进金额=（350×490/10000）×（6%÷5%）=20.58（万元）

该企业业务（4）销售选煤应缴纳的资源税=（50－20.58）×5%=1.47（万元）

单独收取的运输费用不属于销售额的组成部分。

第七章　车辆购置税

本章学习指南

一、考情概况

本章属于税法（Ⅰ）中的小税种章节，内容包括车辆购置税的税收政策和应纳税额的计算。车辆购置税属于中央税，其收入为中央固定收入。本税种一般可命制单项选择题和多项选择题，也可以针对进口自用的车辆，将车辆购置税的计算与进口环节增值税、关税、消费税相结合命制计算题或综合分析题。本章复习时要注意不同渠道取得车辆的不同计税规则及特殊的税收征管规定，还要特别注意征税范围、税额计算与增值税、消费税的关联度与差异性。预计本章今年分值为 7 分。

二、2022 年教材主要变化

将购置挂车减半征收车辆购置税的优惠政策时间延长到 2023 年 12 月 31 日。

三、基本结构框架

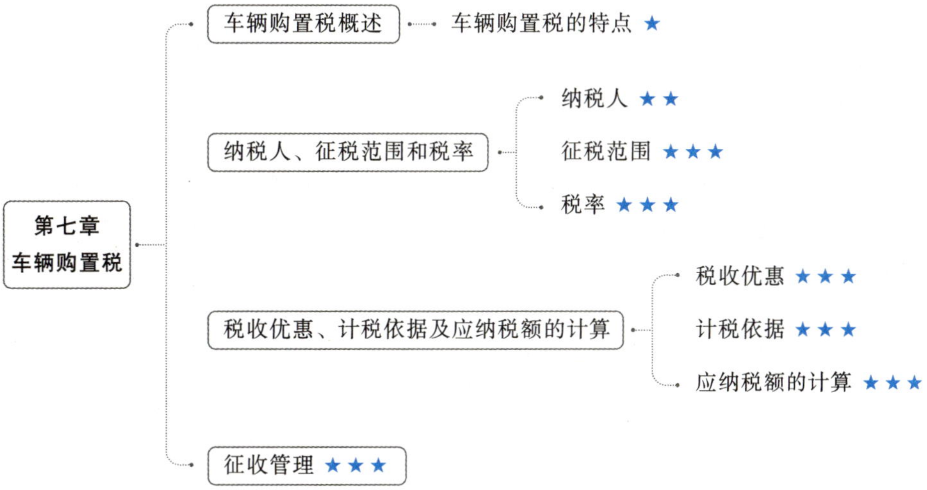

本章核心考点精讲

Unit 1

第一单元　车辆购置税概述

查看本单元视频，快速 GET 知识点
使用“会计云课堂”App 或“微信”扫码

车辆购置税的特点（★）

车辆购置税是以在中国境内购置规定的车辆为课税对象、在特定的环节向车辆购置者征收的一种税。车辆购置税于 2001 年 1 月 1 日开始在我国实施，是通过“费改税”方式由车辆购置附加费演变而来的。2018 年 12 月 29 日第十三届全国人民代表大会常务委员会第七次会议通过的《中华人民共和国车辆购置税法》自 2019 年 7 月 1 日起施行。

车辆购置税的特点包括：（1）征收范围有限；（2）征收环节单一；（3）征税目的特定；（4）采取价外征收。

【相关链接】我国的城市维护建设税、耕地占用税的征收也具有特定的目的。

经典题解

【例题 1 · 多选题】以下关于车辆购置税的说法正确的有（　　）。

A. 在特定的环节向车辆购置者征收

B. 以在中国境内外购置规定的车辆为课税对象

C. 征税目的特定

D. 具有价外征收，转嫁税负的特点

E. 就其性质而言，属于间接税的范畴

【解析】选项 B：车辆购置税以在中国境内购置规定的车辆为课税对象；选项 D：车辆购置税具有价外征收，不转嫁税负的特点；选项 E：就其性质而言，属于直接税的范畴。

【答案】AC

Unit 2

第二单元　纳税人、征税范围和税率

查看本单元视频，快速 GET 知识点
使用“会计云课堂”App 或“微信”扫码

01　纳税人（★★）

1. 车辆购置税的纳税人是指在中华人民共和国境内购置汽车、有轨电车、汽车挂车、排气量超过 150 毫升的摩托车的单位和个人。其中购置是指以购买、进口、自产、受赠、获奖或者其他方式取得并自用应税车辆的行为。

车辆购置税的应税行为是从各种渠道取得并使用应税车辆的行为，其行为标志是“自用”。应税行为包括以下几种情况：

应税行为	解释
购买自用行为	包括购买自用国产应税车辆和购买自用进口应税车辆。当纳税人购置应税车辆时，就发生了应税行为，就要依法纳税
进口自用行为	指直接进口或者委托代理进口自用应税车辆的行为。不包括境内购买的进口车辆
受赠使用行为	指接受他人馈赠，作为受赠人在接受自用（包括接受免税车辆）后，就发生了应税行为，就要承担纳税义务
自产自用行为	指纳税人将自己生产的应税车辆作为最终消费品自己消费使用，其消费行为已构成了应税行为
获奖自用行为	包括从各种奖励形式中取得并自用应税车辆的行为
其他自用行为	指除上述以外其他方式取得并自用应税车辆的行为，如拍卖、抵债、走私、罚没等方式取得并自用的应税车辆

易错易混

纳税人进口自用应税车辆，是指纳税人直接从境外进口或者委托代理进口自用的应税车辆，不是指购买别的单位进口的车辆，即不包括在境内购买的进口车辆。在境内购买自用的进口车辆与进口自用车辆的计税依据是不同的。

2. 已经办理免税、减税手续的车辆因转让、改变用途等原因不再属于免税、减税范围的：发生转让行为的，受让人为车辆购置税纳税人；未发生转让行为的，车辆所有人为车辆购置税纳税人。

经典题解

【例题 2 · 单选题】下列人员中，属于车辆购置税纳税义务人的是（　　）。

A. 应税车辆的拍卖者

B. 应税车辆的承租者

C. 应税车辆的出口者

D. 应税车辆的受赠者

【答案】D

【例题 3 · 单选题】已经办理免税、减税手续的车辆因转让不再属于免税、减税范围的，车辆购置税的纳税人是（　　）。

A. 转让人　　B. 受让人

C. 所有人　　D. 管理人

【解析】已经办理免税、减税手续的车辆因转让、改变用途等原因不再属于免税、减税范围的：发生转让行为的，受让人为车辆购置税纳税人；未发生转让行为的，车辆所有人为车辆购置税纳税人。

【答案】B

02 征税范围（★★★）

车辆购置税法列举了应税车辆，并通过规范性文件方式明确了不属于应税范围的车辆。

列举的应税车辆	不属于应税范围的车辆
汽车、有轨电车、汽车挂车、排气量超过150毫升的摩托车	地铁、轻轨等城市轨道交通车辆，装载机、平地机、挖掘机、推土机等轮式专用机械车，以及起重机（吊车）、叉车、电动摩托车、排气量150毫升（含）以下的摩托车

考点提示

车辆购置税应税车辆的范围大于消费税应税车辆的范围。

易错易混

增值税、消费税与车辆购置税应税行为辨析：

行为	增值税	消费税	车辆购置税
自产小汽车（含中轻型商用客车）用于销售、捐赠、投资、偿债；进口小汽车（含中轻型商用客车）非自用	√	√	×
自产、进口卡车、货车用于销售、捐赠、投资、偿债	√	×	×
自产、进口小汽车（含中轻型商用客车）自用	√	√	√
自产、进口卡车、货车、有轨电车、汽车挂车自用	√	×	√
购置、受赠、获奖、接受投资小汽车、卡车、货车、有轨电车、汽车挂车等车辆自用	×	×	√

考点提示

车辆购置税征税区域是“中华人民共和国境内”——是指应税车辆的取得自用地在中华人民共和国境内。在中华人民共和国境内购置汽车、有轨电车、汽车挂车、排气量超过150毫升的摩托车的单位和个人，为车辆购置税的纳税人。

经典题解

【真题4·多选题】下列车辆属于车辆购置税应税车辆的有（　　）。(2020年)

A. 汽车挂车　　B. 电动摩托车

C. 叉车　　D. 有轨电车

E. 汽车

【解析】车辆购置税的征税对象包括汽车、有轨电车、汽车挂车、排气量超过150毫升的摩托车。地铁、轻轨等城市轨道交通车辆，装载机、平地机、挖掘机、推土机等轮式专用机械车，以及起重机（吊车）、叉车、电动摩托车，不属于应税车辆。

【答案】ADE

【真题5·多选题】下列行为需要缴纳车辆购置税的有（　　）。(2019年)

A. 某医院接受某汽车厂捐赠小客车用于医疗服务

B. 某汽车厂将自产小轿车用于日常办公

C. 某幼儿园租赁客车用于校车服务

D. 某物流企业接受汽车生产商投资的运输车辆自用

E. 某轮胎制造企业接受汽车生产商抵债的小汽车自用

【解析】车辆购置税的征税范围是指在中华人民共和国境内购置应税车辆的行为。具体包括：购买自用行为、进口自用行为、受赠使用行为、自产自用行为、获奖自用行为等。选项C：租入车辆不属于车辆购置税的应税行为。

【答案】ABDE

【真题6·单选题】下列关于车辆购置税的说法中，错误的是（　　）。(2016年)

A. 车辆购置税实行比例税率

B. 外国公民在中国境内购置车辆免税

C. 车辆购置税属于直接税范畴

D. 受赠使用的新车需要缴纳车辆购置税

【解析】车辆购置税的纳税人是指在中华人民共和国境内购置应税车辆的单位和个人。除另有规定外，外国公民在中国境内购置车辆没有免税的规定。

【答案】B

03 税率（★★★）

我国车辆购置税实行统一比例税率（指一个税种只设置一个比例税率），税率为10%。

考点提示

建议考生记忆车辆购置税的税率。

▶ Unit 3

第三单元　税收优惠、计税依据及应纳税额的计算

查看本单元视频，快速 GET 知识点
使用“会计云课堂”App或“微信”扫码

01 税收优惠（★★★）

税收优惠	具体规定
法定减免	1. 依照法律规定应当予以免税的外国驻华使馆、领事馆和国际组织驻华机构及其有关人员自用车辆免税 2. 中国人民解放军和中国人民武装警察部队列入装备订货计划的车辆免税 3. 悬挂应急救援专用号牌的国家综合性消防救援车辆免税 4. 设有固定装置的非运输专用作业车辆免税 5. 城市公交企业购置的公共汽电车辆免税
其他减免	1. 根据国民经济和社会发展的需要，国务院规定并报全国人民代表大会常务委员会备案的其他免征车辆购置税的车辆： （1）回国服务的在外留学人员用现汇购买1辆个人自用国产小汽车 （2）长期来华定居专家进口1辆自用小汽车 （3）防汛部门和森林消防部门用于指挥、检查、调度、报汛（警）、联络的由指定厂家生产的设有固定装置的指定型号的车辆 （4）“母亲健康快车”项目的流动医疗车 （5）北京2022年冬奥会和冬残奥会组织委员会新购置车辆 （6）原公安现役部队和原武警黄金、森林、水电部队改制后换发地方机动车牌证的车辆（公安消防、武警森林部队执行灭火救援任务的车辆除外） 2. 自2018年7月1日至2023年12月31日，对购置挂车减半征收车辆购置税（调整） 3. 自2021年1月1日至2022年12月31日，对购置的新能源汽车免征车辆购置税。免征车辆购置税的新能源汽车是指纯电动汽车、插电式混合动力（含增程式）汽车、燃料电池汽车 4. 农用三轮车免征车辆购置税

经典题解

【真题7·单选题】下列行为中，不免征车辆购置税的是（　　）。（2020年）

A. 长期来华定居专家进口1辆自用小汽车

B. 购置农用三轮车自用

C. 购置汽车挂车自用

D. 回国服务的在外留学人员用现汇购买1辆个人自用国产小汽车

【解析】选项 ABD：均免征车辆购置税。选项 C：减半征收车辆购置税。

【答案】C

【例题 8 · 单选题】下列车辆需要缴纳车辆购置税的是（　　）。

A. 设有固定装置的雷达导向车

B. 外国驻华使馆自用车辆

C. 机动车挂车

D. 森林消防设有固定装置的指定型号的专用指挥车

【解析】选项 ABD：均免征车辆购置税。

【答案】C

【例题 9 · 单选题】某市经批准从事城市公交经营的甲公交公司 2022 年 3 月对新设的公交线路购置了 10 辆公交巴士和 10 辆无轨电车，其中 10 辆公交巴士的含增值税购置价格合计 113 万元，10 辆无轨电车含增值税购置价格合计 102.6 万元；当月该公交公司为管理部门从一般纳税人处购入办公用小轿车 2 辆，含增值税购置价格合计 47.46 万元，支付车辆保险费 1 万元并取得保险公司开具的票据。则甲公交公司上述业务应纳的车辆购置税为（　　）万元。

A. 4.2　　　　B. 14.2

C. 23.28　　　　D. 0

【解析】对城市公交企业购置的公共汽电车辆免征车辆购置税。但公交公司非客运经营车辆不属于免税范围。保险费是由保险公司开具的发票，不计入车辆购置税的计税依据。甲公交公司应纳的车辆购置税 = 47.46÷（1+13%）×10% = 4.2（万元）。

【答案】A

02 计税依据（★★★）

车辆购置税实行从价定率、价外征收的方法计算应纳税额，应税车辆的价格即计税价格就成为车辆购置税的计税依据。但是由于应税车辆的来源不同，计税价格的组成也就不一样，所以车辆购置税计税依据的构成也就不同。车辆购置税计税依据的基本规定如下：

应税行为	计税依据
购买自用应税车辆	为纳税人实际支付给销售者的全部价款，不包括增值税税款 《车辆购置税法》实施后，纳税人购买自用应税车辆的计税价格，依据纳税人购买应税车辆时相关凭证载明的价格确定。如果题目给出的是含增值税价格，则： 计税价格 = 实际支付给销售者的含增值税价款÷（1+增值税税率或征收率）

应税行为	计税依据
进口自用应税车辆	纳税人进口自用的应税车辆以组成计税价格为计税依据： 1. 组成计税价格＝关税完税价格+关税+消费税 2. 组成计税价格＝（关税完税价格+关税）÷（1-消费税税率） 【考点提示】如果进口车辆是不属于消费税征税范围的卡车、货车等，则组成计税价格公式简化为：组成计税价格＝关税完税价格+关税 **【相关链接】**进口自用应税车辆计征车辆购置税的计税依据，与进口方计算进口环节增值税的计税依据一致。要注意以下几个问题： 1. 纳税人应如实提供有关报关和完税证明资料，主管税务机关应按海关审查确认的有关进口车辆的完税证明资料组成计税价格计算应纳税额 2. 纳税人进口应税车辆自用的，由进口自用方纳税；如果进口车辆用于销售、抵债、以物易物等方面，不属于进口自用应税车辆的行为，不征收车辆购置税
自产自用应税车辆	按照纳税人生产的同类应税车辆（车辆配置序列号相同的车辆）的销售价格确定，不包括增值税税款 没有同类应税车辆销售价格的，按照组成计税价格确定。组成计税价格计算公式如下： 组成计税价格＝成本×（1+成本利润率） 属于应征消费税的应税车辆，其组成计税价格中应加计消费税税额 上述公式中的成本利润率，由国家税务总局各省、自治区、直辖市和计划单列市税务局确定
其他方式取得自用应税车辆	纳税人以受赠、获奖或者其他方式取得自用应税车辆的计税价格，按照购置应税车辆时相关凭证载明的价格确定，不包括增值税税款；无法提供相关凭证的，参照同类应税车辆市场平均交易价格确定其计税价格 原车辆所有人为车辆生产或者销售企业，未开具机动车销售统一发票的，按照车辆生产或者销售同类应税车辆的销售价格确定应税车辆的计税价格。无同类应税车辆销售价格的，按照组成计税价格确定应税车辆的计税价格
减免税条件消失车辆	已经办理免税、减税手续的车辆因转让、改变用途等原因不再属于免税、减税范围的，计税价格以免税、减税车辆初次办理纳税申报时确定的计税价格为基准，每满 1 年扣减 10%；未满 1 年的，计税价格为免税车辆的原计税价格；使用年限 10 年（含）以上的，计税价格为 0 计税依据＝初次办理纳税申报时确定的计税价格×（1-使用年限×10%） 应纳税额＝初次办理纳税申报时确定的计税价格×（1-使用年限×10%）×10%-已纳税额 【考点提示 1】应纳税额不得为负数 【考点提示 2】使用年限的计算方法是，自纳税人初次办理纳税申报之日起，至不再属于免税、减税范围的情形发生之日止。使用年限取整计算，不满一年的不计算在内

考点提示

1. 按照2019年7月国家税务总局网站及12366的举例说明，车辆实际销售价格外做装饰的装饰费不是车辆购置税计税价格的组成部分，不用缴纳车辆购置税。如果没有做装饰，4S店将实际销售价格分解为车辆价格和装饰费，分别开具机动车销售统一发票和普通发票（或者不开发票），则分解出来的不是真正意义上的装饰费，而是实际销售价格的组成部分，应予缴税。

2. 纳税人申报的应税车辆计税价格明显偏低，又无正当理由的，由税务机关依照《中华人民共和国税收征收管理法》的规定核定其应纳税额。

记忆技巧　购买自用发票价；进口自用要组价；自产自用同类价，没有同类就组价；其他自用凭证价，无凭无据市均价。

经典题解

【真题10·单选题】 关于车辆购置税的计税依据，下列说法正确的是（　　）。（2021年）

A. 获奖自用应税车辆的计税依据为组成计税价格

B. 购买自用应税车辆的计税依据为支付给销售者的含增值税的价款

C. 受赠自用应税车辆的计税依据为组成计税价格

D. 进口自用应税车辆的计税依据为组成计税价格

【解析】 选项AC：纳税人以受赠、获奖或者其他方式取得自用应税车辆的计税价格，按照购置应税车辆时相关凭证载明的价格确定，不包括增值税税款；无法提供相关凭证的，参照同类应税车辆市场平均交易价格确定其计税价格。选项B：纳税人购买自用应税车辆的计税价格，为纳税人实际支付给销售者的全部价款，不包括增值税税款。

【答案】 D

【真题11·多选题】 纳税人进口应税车辆自用，应计入车辆购置税计税依据的有（　　）。（2020年）

A. 进口环节的关税额

B. 进口环节的消费税额

C. 应税车辆运抵我国境内输入地点起卸前的运费

D. 应税车辆的成交价格

E. 进口环节的增值税额

【解析】 选项E：进口自用应税车辆计征车辆购置税的计税依据=组成计税价格=关税完税价格+关税+消费税，不含进口环节的增值税。

【答案】 ABCD

【真题12·单选题】 以受赠方式取得自用应税车辆时无法提供相关凭证，缴纳车辆购置税的计税价格是参照同类应税车辆的（　　）。（2020年）

A. 生产企业成本价格　　B. 市场最低交易价格

C. 市场最高交易价格　　D. 市场平均交易价格

【解析】纳税人以受赠、获奖或者其他方式取得自用应税车辆的计税价格，按照购置应税车辆时相关凭证载明的价格确定，不包括增值税税款；无法提供相关凭证的，参照同类应税车辆市场平均交易价格确定。

【答案】D

03 应纳税额的计算（★★★）

（一）购买自用应税车辆应纳税额的计算

经典题解

【例题13·单选题】2022年2月王某从汽车4S店（增值税一般纳税人）购置了一辆排气量为1.8升的乘用车，支付购车款（含增值税）248600元，取得“机动车销售统一发票”，支付车辆装饰费5650元并取得4S店开具的票据。王某应缴纳的车辆购置税为（　　）元。

A. 20000　　B. 21500

C. 22000　　D. 22500

【名师点题】购买车辆自用的车购税计税依据属于高频考点，尤其是新的车辆购置税法规定的计税依据是支付给销售者的全部价款（不含增值税），车辆装饰费不是购车价款的组成部分。

【解析】王某应缴纳的车辆购置税＝248600÷（1+13%）×10%＝22000（元）。

【答案】C

（二）进口自用应税车辆应纳税额的计算

经典题解

【例题14·单选题】某4S店2021年11月进口10辆商务车，海关核定的关税完税价格为40万元/辆，当月销售4辆，2辆作为样车放置在展厅销售，1辆4S店自用，1辆用于抵偿50万元债务，其余待售，该4S店应纳车辆购置税（　　）万元。（商务车关税税率为25%，消费税税率为12%）

A. 5.68　　B. 11.36

C. 17.04　　D. 22.72

【解析】该4S店进口商务车10辆，销售的4辆和抵债的1辆由使用该车辆者上牌前缴纳车辆购置税；剩余待售车辆及展厅商务车样车不需缴纳车购税，该4S店仅对其自用车辆缴纳车辆购置税。该4S店应纳车辆购置税＝40×（1+25%）÷（1−12%）×10%＝5.68（万元）。

【答案】A

（三）自产自用应税车辆应纳税额的计算

经典题解

【例题 15 · 单选题】某汽车制造厂将排气量为 2.0 升的自产 A 型汽车 4 辆转作本厂固定资产，3 辆对外抵偿债务，3 辆奖励给本厂优秀员工。本厂同类 A 型汽车对外不含增值税销售价格为 190000 元/辆。该汽车制造厂应纳车辆购置税（　　）元。

A. 57000　　　　B. 76000

C. 133000　　　　D. 190000

【解析】自产自用的汽车需要缴纳车辆购置税；对外抵债的汽车由接受并自用的一方缴纳车辆购置税；奖励员工的汽车由取得并自用的员工缴纳车辆购置税。该汽车制造厂应纳车辆购置税 = 190000×4×10% = 76000（元）。

【答案】B

（四）其他自用应税车辆应纳税额的计算

经典题解

【真题 16 · 多选题】某汽车贸易公司 2021 年 5 月从甲汽车制造厂购进气缸容量为 3.6 升的小汽车 20 辆，不含税价格为 40 万元/辆。该贸易公司本月销售 12 辆，含税销售收入 58.76 万元/辆；以 1 辆小汽车抵偿乙企业的债务，债务重组合同规定，按贸易公司对外销售价格抵偿乙企业的债务，并开具增值税专用发票，乙企业将其作为管理部门接待用车。已知消费税税率为 25%，对上述业务的税务处理，正确的有（　　）。（2021 年）

A. 甲汽车制造厂应纳消费税 320 万元

B. 乙企业债务重组取得的小汽车应缴纳车辆购置税 5.2 万元

C. 贸易公司销售小汽车不缴纳消费税

D. 贸易公司抵偿乙企业债务的小汽车应按照最高价计算缴纳消费税

E. 贸易公司销售小汽车应缴纳消费税 62.4 万元

【解析】这是将消费税与车辆购置税的相关政策结合在一起考查的题目，体现近几年的命题风格。选项 A：甲汽车制造厂应纳消费税 = 40×20×25% = 200（万元）。选项 B：纳税人以受赠、获奖或者其他方式取得自用应税车辆的计税价格，按照购置应税车辆时相关凭证载明的价格确定，不包括增值税税款；乙企业以债务重组方式从贸易公司取得贸易公司对外售价的应税车辆的增值税专用发票，应缴纳车辆购置税 = 58.76÷（1+13%）×10% = 5.2（万元）。选项 CDE：小汽车在生产、委托加工或者进口环节缴纳消费税，只有超豪华小汽车（不含税零售价≥130 万元），在零售环节（本题属于此环节）加征一道，所以贸易公司销售、抵债不缴纳消费税。

【答案】BC

【例题 17 · 单选题】某高校校友会接受汽车制造公司捐赠的客货两用车一辆，该车是未使用过的新车，在市场上非常畅销，捐赠者未开具机动车销售统一发票，则以下表述正确的是（　　）。

A. 该车享受法定免税政策

B. 该车减半征收车辆购置税

C. 按照车辆生产企业销售同类应税车辆的销售价格确定计税价格

D. 直接计算组成计税价格确定计税价格

【解析】 纳税人受赠使用应税车辆的，原车辆所有人为车辆生产或者销售企业，未开具机动车销售统一发票的，按照车辆生产或者销售同类应税车辆的销售价格确定应税车辆的计税价格。无同类应税车辆销售价格的，按照组成计税价格确定应税车辆的计税价格。

【答案】 C

（五）减免税条件消失车辆应纳税额的计算

经典题解

【例题 18 · 单选题】 某单位于 2020 年 1 月初购买了一辆设有固定装置的非运输专用作业车辆，初次办理纳税申报时的计税价格为 180000 元。2022 年 1 月，该单位拆除固定装置将该车辆改为经营性的运输用途，并于 1 月 10 日办理了相关手续。该单位应纳车辆购置税（　　）元。

A. 12000　　B. 14400　　C. 18000　　D. 18864

【解析】 设有固定装置的非运输专用作业车辆免征车辆购置税，拆除固定装置并改为经营性的运输用途，免税条件消失，则应按初次办理纳税申报时确定的计税价格的一定比例确定计税价格征税。该单位应纳车辆购置税 = 180000×（1−2×10%）×10% = 14400（元）。

【答案】 B

▶ Unit 4

第四单元　征收管理（★★★）

查看本单元视频，快速 GET 知识点
使用"会计云课堂"App或"微信"扫码

这部分内容考点琐碎，主要知识点列表如下：

主要知识点	具体规定
纳税申报	1. 车辆购置税实行一车一申报制度，但免税车辆转让或改变用途还需重新申报 【考点提示】免征车辆购置税的新能源汽车，后续转让、交易时不再补缴车辆购置税 2. 纳税人办理纳税申报时应当如实填报《车辆购置税纳税申报表》，同时提供车辆合格证明和车辆相关价格凭证 3. 车辆合格证明为整车出厂合格证或者《车辆电子信息单》 4. 车辆相关价格凭证，是指境内购置车辆为机动车销售统一发票或者其他有效凭证，进口自用车辆为《海关进口关税专用缴款书》或者海关进出口货物征免税证明；属于应征消费税车辆的还包括《海关进口消费税专用缴款书》。提供这些凭证的目的是准确确定计税依据

主要知识点	具体规定
纳税环节	车辆购置税是对应税车辆的购置使用行为课征，征收环节单一，实行一次课征制度。征税环节为使用环节（最终消费环节）。具体而言，车辆购置税是在应税车辆注册登记前的使用环节征收
纳税地点	纳税人购置应税车辆，需办理车辆登记的，应当向车辆登记地的主管税务机关申报纳税；购置不需办理车辆登记的应税车辆，应当向纳税人所在地的主管税务机关申报纳税，具体而言：单位纳税人向其机构所在地的主管税务机关申报纳税，个人纳税人向其户籍所在地或者经常居住地的主管税务机关申报纳税
纳税期限	纳税人应当自纳税义务发生之日起60日内申报缴纳车辆购置税。具体而言：纳税人购买自用的应税车辆，自购买之日起60日内申报纳税；进口自用的应税车辆，应当自进口之日起60日内申报纳税；自产、受赠、获奖和以其他方式取得并自用的应税车辆，应当自取得之日起60日内申报纳税 纳税义务发生时间，按照下列情形确定： 1. 购买自用应税车辆的为购买之日，即车辆相关价格凭证的开具日期 2. 进口自用应税车辆的为进口之日，即《海关进口增值税专用缴款书》或者其他有效凭证的开具日期 3. 自产、受赠、获奖或者以其他方式取得并自用应税车辆的为取得之日，即合同、法律文书或者其他有效凭证的生效或者开具日期
退税制度	1. 必携带资料：《车辆购置税退税申请表》、纳税人身份证明 2. 已缴纳车辆购置税的车辆，可能退税的情形及资料要求： 退车退税——车辆退回生产企业或者销售企业的，还需携带生产企业或销售企业开具的退车证明和退车发票 3. 其他依据规定应当退税的，根据具体情形提供相关资料
退税计算	1. 已征车辆购置税的车辆退回车辆生产或销售企业，纳税人申请退还车辆购置税的，应退税额计算公式如下： 应退税额=已纳税额×（1-使用年限×10%）（应退税额不得为负数） 使用年限的计算方法是，自纳税人缴纳税款之日起，至申请退税之日止 2. 其他原因退税——其他依据法律法规规定应予退税的情形 例如：误征退税，符合免税条件但已征税的，应退回全部已征车购税税款
完税或者免税电子信息更正	纳税人名称、车辆厂牌型号、发动机号、车辆识别代号（车架号）、证件号码等应税车辆完税或者免税电子信息与原申报资料不一致的，纳税人可以到税务机关办理完税或者免税电子信息更正，但是不包括以下情形： 1. 车辆识别代号（车架号）和发动机号同时与原申报资料不一致 2. 完税或者免税信息更正影响到车辆购置税税款 3. 纳税人名称和证件号码同时与原申报资料不一致 税务机关核实后，办理更正手续，重新生成应税车辆完税或者免税电子信息，并且及时传送给公安机关交通管理部门

经典题解

【真题19·单选题】关于车辆购置税征收管理，下列说法正确的是（　　）。（2021年）

A. 纳税人应向车辆销售地主管税务机关申报纳税

B. 纳税期限是自纳税义务发生之日起60日内

C. 纳税人按年缴纳车辆购置税

D. 纳税义务发生时间为纳税人购置应税车辆的次日

【解析】选项A：纳税人购置应税车辆，需要办理车辆登记的，向车辆登记地的主管税务机关申报纳税；不需要办理车辆登记的，单位纳税人向其机构所在地的主管税务机关申报纳税，个人纳税人向其户籍所在地或者经常居住地的主管税务机关申报纳税。选项C：车辆购置税实行一次性征收。选项D：车辆购置税的纳税义务发生时间为纳税人购置应税车辆的“当日”。

【答案】B

【真题20·单选题】根据车辆购置税的规定，下列说法错误的是（　　）。（2019年）

A. 实行一次课征制度

B. 进口自用的应税车辆应当自进口之日起60日内申报纳税

C. 在应税车辆注册登记前的使用环节纳税

D. 税款于纳税人使用后两年内一次缴清

【解析】选项D：车辆购置税税款于纳税人办理纳税申报时一次缴清。

【答案】D

【真题21·多选题】根据车辆购置税的相关规定，下列说法正确的有（　　）。（2019年）

A. 进口应税车辆的计税依据是组成计税价格

B. 在境内销售应税车辆的，应缴纳车辆购置税

C. 直接进口自用应税车辆的，应缴纳车辆购置税

D. 已税车辆退回经销商的，纳税人可申请退税

E. 受赠应税车辆的，捐赠方是车辆购置税纳税人

【解析】选项BE：车辆购置税的纳税人是在境内“购置”并自用应税车辆的单位和个人，销售方和捐赠方不缴纳车辆购置税。

【答案】ACD

【真题22·单选题】王某2018年2月购置A型小汽车一辆，缴纳车辆购置税10000元。2020年3月因车辆质量原因将小汽车退回汽车经销商，王某可申请退还车辆购置税（　　）元。（2020年）

A. 8000　　B. 7000　　C. 10000　　D. 0

【解析】已税车辆退回生产企业或者销售企业的，纳税人申请退税时，主管税务机关自纳税人缴纳税款之日起，按已缴纳税款每满1年扣减10%计算退税额；未满1年的，按已缴纳税款全额退税。王某可申请退还车辆购置税＝10000×（1－10%×2）＝8000（元）。

【答案】A

【真题 23 · 多选题】根据车辆购置税规定，下列说法正确的有（　　）。（2021 年）

A. 悬挂应急救援专用号牌的国家综合性消防救援车辆免税

B. 纳税义务发生时间为纳税人购置应税车辆的次日

C. 已办理免税手续的车辆不再属于免税范围的需纳税

D. 不需要办理车辆登记的单位纳税人，向机构所在地主管税务机关纳税

E. 将已纳车辆购置税的车辆退回车辆生产企业，可以申请退税

【解析】这是将车购税的税收优惠与征管规定结合在一起的题目。选项 B：纳税义务发生时间为纳税人购置应税车辆的当日。

【答案】ACDE

本章小结

用“会计云课堂”App 扫码学习

您已成功完成“第七章”的学习，本章共 8 个考点，您都学会了吗？

为了让您对本章有更清晰的理解，加倍巩固。本书作者刘颖老师将通过“电台音频课”的方式，带您回顾重要考点。

名师点拨，高效提分。

※ 欢迎扫码免费学习。

同步强化练习题

使用“会计云课堂”App 或“微信”扫码快速做题、对答案、看解析、掌握解题思路，开启轻松过关之旅。

一、单项选择题

1. 已经办理免税、减税手续的车辆因改变用途原因不再属于免税、减税范围的，车辆购置税的纳税人是（　　）。

A. 转让人

B. 受让人

C. 所有人

D. 管理人

2. 某单位 2022 年 1 月从汽车 4S 店（增值税一般纳税人）购进一辆轿车自用，机动车销售统一发票上注明不含增值税车价款 250000 元，另外由 4S 店对该车进行贴膜和内部精品装饰，装饰费开具增值税普通发票，不含税金额 3000 元。该单位应纳车辆购置税（　　）元。

A. 12650　　B. 25000
C. 25300　　D. 26000

3. A公司2021年7月接受捐赠10辆小汽车并自用，取得载明价格的相关凭证上注明不含增值税价格为100000元/辆，小汽车的成本为80000元/辆，成本利润率为8%，小汽车的消费税税率是9%，则该公司应纳的车辆购置税税额为（　　）元。
A. 86400　　B. 100000
C. 94945.05　　D. 80000

4. 某4S店2022年3月进口10辆商务车，海关核定的关税完税价格为30万元/辆，当月销售5辆，3辆作为样车放置在展厅待售，1辆该4S店自用，1辆为抵偿门面房租金而赠给出租单位（由出租单位上牌照使用）。该4S店应纳车辆购置税（　　）万元。（商务车关税税率为25%，消费税税率为12%）
A. 3　　B. 4.26
C. 8.52　　D. 21.30

5. 纳税人进口自用应税车辆，自进口之日起60日内申报缴纳车辆购置税，“进口之日”是指（　　）。
A. 成交的当天
B. 《海关进口增值税专用缴款书》或者其他有效凭证的开具日期
C. 交易合同上注明的日期
D. 登记注册的当天

6. 某市经批准从事城市公交经营的甲公交公司2022年1月对新设的公交线路购置了15辆公交巴士，含增值税购置价格合计271.2万元；当月该公交公司为职工食堂从一般纳税人处购买小货车1辆，支付价税合计金额9.04万元，其中含车辆装饰费0.54万元，但售车方未对该车进行装饰。则甲公交公司上述业务应纳的车辆购置税为（　　）万元。
A. 0　　B. 0.75
C. 0.8　　D. 0.85

7. 自产、受赠、获奖和以其他方式取得并自用应税车辆的，应当自取得之日起（　　）内申报缴纳车辆购置税。
A. 15日　　B. 30日
C. 60日　　D. 90日

8. 依据车辆购置税的有关规定，下列说法中正确的是（　　）。
A. 车辆购置税实行统一比例税率
B. 车辆购置税的纳税地点一律为纳税人所在地
C. 车辆购置税是对购置所有车辆的使用行为征税
D. 车辆购置税的征税环节为车辆的出厂环节

9. 以下关于车辆购置税的表述，错误的是（　　）。
A. 建筑公司购买自用的混凝土泵车免征车辆购置税
B. 对购置新能源汽车减半征收车辆购置税
C. 对购置挂车减半征收车辆购置税
D. 纳税人购买自用的应税车辆，应当自购买之日起60日内申报纳税

10. 外国驻我国某外交官2020年7月从一般纳税人处购买我国生产的轿车自用，支付含税价款20万元、支付保险费800元，取得保险公司开具的发票；2021年8月外交官将该轿车转让给我国某公民使用，成交价11万元。对上述业务税务处理正确的是（　　）。
A. 2020年该外交官购买轿车时应缴纳车辆购置税1.77万元，2021年转让轿车时我国公民不缴纳车辆购置税

B. 2020年该外交官购买轿车时免予缴纳车辆购置税，2021年转让轿车时我国公民应缴纳车辆购置税1.77万元

C. 2020年该外交官购买轿车时应缴纳车辆购置税1.77万元，2021年转让轿车时我国公民应缴纳车辆购置税0.97万元

D. 2020年该外交官购买轿车时免予缴纳车辆购置税，2021年转让轿车时我国公民应缴纳车辆购置税1.59万元

11. 下列属于车辆购置税减免税范围的是（　　）。

A. 冠军运动员获奖自用的小汽车

B. 回国服务的留学人员进口1辆个人自用的外国小汽车

C. 设有固定装置的非运输专用作业车辆

D. 突出贡献专家购置自用的小汽车

12. 下列关于车辆购置税申报与缴纳的说法，正确的是（　　）。

A. 车辆购置税的征税环节是最终消费环节

B. 购买已缴纳车辆购置税的旧机动车自用也要缴纳车辆购置税

C. 车辆购置税的纳税地点是销售应税车辆的4S店所在地的税务机关

D. 免税车辆不需要办理车辆购置税申报手续

13. 张某于2021年1月购买一辆小轿车自用，当月缴纳了车辆购置税2万元，2022年2月，因该车存在严重质量问题，张某与厂家协商退货，并向税务机关申请车辆购置税的退税。张某可得到的车辆购置税退税是（　　）万元。

A. 0.5

B. 1

C. 1.8

D. 2

14. 2022年1月，甲企业从某拍卖公司通过拍卖购进两辆轿车自用，其中一辆是未上牌照的新车，相关凭证上载明不含税成交价60000元；另一辆是已使用6年的轿车，不含税成交价50000元（从原车主取得了完税证明）。甲企业应纳车辆购置税（　　）元。

A. 6000

B. 5000

C. 11000

D. 0

15. 依据车辆购置税的有关规定，下列说法中正确的是（　　）。

A. 纳税人购买自用的应税车辆，自购买之日起60日内申报纳税

B. 车辆购置税税款可以分期缴付

C. 车辆购置税采用10%和20%两档比例税率

D. 车辆购置税的征税环节为车辆的出厂环节

16. 纳税人自产自用的应税车辆，按照纳税人生产的同类应税车辆的销售价格（不包括增值税税款）确定计税依据。同类应税车辆指的是（　　）。

A. 相同名称的车辆

B. 相同型号的车辆

C. 相同设计的车辆

D. 车辆配置序列号相同的车辆

二、多项选择题

1. 下列行为属于车辆购置税应税行为的有（ ）。
   A. 购买应税车辆自用的行为
   B. 销售应税车辆的行为
   C. 自产自用应税车辆的行为
   D. 以获奖方式取得并自用应税车辆的行为
   E. 转让二手车辆的行为

2. 下列车辆，不属于车辆购置税征税范围的有（ ）。
   A. 地铁 B. 叉车
   C. 挖掘机 D. 起重机
   E. 汽车挂车

3. 下列车辆，属于车辆购置税征税范围的有（ ）。
   A. 排气量200毫升的摩托车
   B. 有轨电车
   C. 汽车挂车
   D. 越野汽车
   E. 电动自行车

4. 下列情形中应计算缴纳车辆购置税的有（ ）。
   A. 中国公民进口旧车自用
   B. 汽车贸易公司进口汽车销售
   C. 汽车制造厂将自产汽车转为自用
   D. 长期来华定居专家进口1辆自用小汽车
   E. 中国公民获奖取得小汽车自用

5. 关于车辆购置税的计税价格，下列说法正确的有（ ）。
   A. 进口自用的应税小汽车的计税价格包括关税完税价格和关税，不包括消费税
   B. 汽车销售公司使用保险公司发票代收的保险费应并入计税价格计征车辆购置税
   C. 汽车4S店装饰车辆而收取的车辆装饰费应并入计税价格计征车辆购置税
   D. 自产自用的应税小汽车计税价格按照纳税人生产的同类应税车辆的销售价格确定
   E. 进口自用的应税大卡车，其计税价格包括关税完税价格和关税

6. 下列项目中，不属于车辆购置税计税价格组成部分的有（ ）。
   A. 销售方代收的保险费
   B. 增值税
   C. 车船税
   D. 不含增值税的价款
   E. 车辆牌照费用

7. 下列车辆免征车辆购置税的有（ ）。
   A. 汽车挂车
   B. 小客车
   C. 新能源汽车
   D. 设有固定装置的非运输专用作业车辆
   E. 来华工作的外籍专家使用的车辆

8. 根据车辆购置税的现行规定，下列说法错误的有（ ）。
   A. 购买自用汽车挂车的计税依据是支付的全部价款（不含增值税税款）
   B. 进口自用小轿车的计税依据不含关税
   C. 受赠自用大客车的计税依据是市场同类车辆销售价格中的最高售价
   D. 免税国产车辆已使用10年以上，若免税条件消失的，不再征收车辆购置税
   E. 自产自用排气量100毫升的摩托车的计税价格，按照纳税人生产的同类车辆的销售价格确定，不包括增值税税款

9. 下列行为中，不享受车辆购置税优惠政策的有（ ）。
   A. 城市公交企业购置公共汽电车

B. 中国公民李先生购买自用超豪华汽车
C. 英国驻华领事馆购买自用车辆
D. 武警部队购置列入装备订货计划的车辆
E. 汽车生产企业将自产汽车自用于接待客户

10. 下列关于车辆购置税的说法中，正确的有（ ）。
A. 进口自用的应税小汽车的计税价格包括关税完税价格和关税，不包括消费税
B. 已税车辆退回生产企业或销售企业的，纳税人申请退税时，未满 1 年的，按已缴纳税款全额退税
C. 免税条件消失的车辆，自初次办理纳税申报之日起，使用年限未满 10 年的，计税依据为最新核发的同类型车辆最低计税价格
D. 购买小汽车时支付的增值税，不计入车辆购置税的计税价格
E. 车辆购置税实行从价定率的办法计算应纳税额

11. 下列车辆免征车辆购置税的有（ ）。
A. 运输企业购置的汽车挂车
B. 城市公交企业购置的公共汽电车辆
C. 个体工商户购置的排气量 250 毫升的摩托车
D. 设有固定装置的非运输专用作业车辆
E. 长期来华定居专家进口的 1 辆自用小汽车

12. 关于车辆购置税的申报与缴纳，下列说法正确的有（ ）。
A. 免税条件消失的车辆，纳税人不用重新办理纳税申报
B. 车辆购置税是对应税车辆的购置行为课税，征税环节为最终消费环节
C. 车辆购置税的纳税地点为应税车辆登记地或纳税人所在地的主管税务机关
D. 纳税人购买自用的应税车辆，自购买之日起 30 日内申报纳税
E. 车辆购置税税款于纳税人办理纳税申报时一次缴清

13. 下列关于车辆购置税的说法，正确的有（ ）。
A. 车辆购置税实行一车一申报制度
B. 设有固定装置的非运输专用作业车辆免征车辆购置税
C. 外国驻华使馆大使夫人自用车辆免征车辆购置税
D. 新能源汽车免征车辆购置税
E. 回国服务留学人员购买进口小汽车自用免征车辆购置税

14. 关于车辆购置税的申报与缴纳，下列说法正确的有（ ）。
A. 纳税人购买自用的应税车辆，自购买之日起 60 日内申报纳税
B. 车辆购置税在应税车辆注册登记前的使用环节征收
C. 车辆购置税的纳税地点包括应税车辆登记地、纳税人所在地
D. 进口自用应税车辆，应当自进口之日起 60 日内申报纳税
E. 车辆购置税由交通管理部门负责征收

15. 关于车辆购置税的纳税地点，下列说法中正确的有（ ）。
A. 购置需要办理车辆登记的应税车辆，纳税地点是纳税人所在地
B. 购置需要办理车辆登记的应税车辆，应当向购买地主管税务机关申报纳税
C. 购置需要办理车辆登记的应税车辆，纳税地点是车辆登记地
D. 购置不需要办理车辆登记的应税车辆，应当向纳税人所在地主管税务机关申报纳税
E. 购置不需要办理车辆登记的应税车辆，纳税地点是车辆购买地

同步强化练习题参考答案及解析

使用“会计云课堂”App 或“微信”扫码对答案、看解析、
掌握解题思路，开启轻松过关之旅。

一、单项选择题

1. C　【解析】已经办理免税、减税手续的车辆因转让、改变用途等原因不再属于免税、减税范围的：发生转让行为的，受让人为车辆购置税纳税人；未发生转让行为的，车辆所有人为车辆购置税纳税人。

2. B　【解析】按照国家税务总局 2019 年 7 月的公开解释，实际发生的装饰费不是车辆购置税计税价格的组成部分。应纳车辆购置税 $=250000\times10\%=25000$（元）。

3. B　【解析】受赠自用的车辆，计税依据按照购置应税车辆时相关凭证载明的价格确定，不包括增值税税款。
该公司应缴纳车辆购置税 $=100000\times10\times10\%=100000$（元）。

4. B　【解析】该 4S 店进口商务车 10 辆，销售的 5 辆和抵债的 1 辆由使用者缴纳车辆购置税；展厅待售的不需要缴纳车辆购置税；该 4S 店仅对其自用的 1 辆缴纳车辆购置税。该 4S 店应纳车辆购置税 $=30\times(1+25\%)/(1-12\%)\times10\%=4.26$（万元）。

5. B　【解析】纳税人进口自用应税车辆，自进口之日起 60 日内申报缴纳车辆购置税，“进口之日”是指《海关进口增值税专用缴款书》或者其他有效凭证的开具日期。

6. C　【解析】城市公交企业购置的公共汽电车辆免征车辆购置税。但公交公司非客运经营车辆不属于免税范围。向售车单位支付的未实质装饰的车辆装饰费计入车辆购置税的计税依据。甲公交公司应纳的车辆购置税 $=9.04\div(1+13\%)\times10\%=0.8$（万元）。

7. C　【解析】自产、受赠、获奖和以其他方式取得并自用应税车辆的，应当自取得之日起60 日内申报纳税。

8. A　【解析】选项 B：纳税人购置需要办理车辆登记的应税车辆，应当向车辆登记地的主管税务机关申报纳税；购置不需办理车辆登记的应税车辆，应当向纳税人所在地的主管税务机关申报纳税。选项 C：车辆购置税是对“应税车辆”

的购置使用行为课征。选项 D：车辆购置税是在应税车辆注册登记前的使用环节征收。

9. B　【解析】选项 A：混凝土泵车属于设有固定装置的非运输专用作业车辆，免征车辆购置税；选项 B：对购置的新能源汽车免税。

10. D　【解析】外国驻华使馆、领事馆和国际组织驻华机构及其有关人员自用车辆免征车辆购置税；但转让给我国公民，则免税条件消失，要依法缴纳车辆购置税。

免税条件消失的车辆，自初次办理纳税申报之日起，使用年限未满 10 年的，计税价格以免税车辆初次办理纳税申报时确定的计税价格为基准，每满 1 年扣减 10%；未满 1 年的，计税价格为免税车辆的原计税价格；使用年限 10 年（含）以上的，计税价格为 0。

2021 年我国公民应缴纳车辆购置税 = 20÷（1+13%）×（1−10%）×10% = 1.59（万元）。

11. C　【解析】选项 AD 都不属于车辆购置税减免税的范围；选项 B 回国服务的留学人员购买 1 辆个人自用的国产小汽车可享受免税，进口车不免；选项 C 免征车辆购置税。

12. A　【解析】选项 B：购置已征车辆购置税的车辆自用，不再征收车辆购置税。选项 C：纳税人购置应税车辆，应当向车辆登记地的主管税务机关申报纳税；购置不需要办理车辆登记的应税车辆，应当向纳税人所在地的主管税务机关申报缴纳车辆购置税。选项 D：符合免税条件的车辆仍需办理纳税申报。

13. C　【解析】纳税人将已征车辆购置税的车辆退回车辆生产企业或者销售企业的，可以向主管税务机关申请退还车辆购置税。退税额以已缴税款为基准，自缴纳税款之日至申请退税之日，每满 1 年扣减 10%。张某购买该车满 1 年不满 2 年，可得到的退税 = 2×（1−10%）= 1.8（万元）。

14. A　【解析】通过拍卖取得自用的新车应缴纳车辆购置税；由于车辆购置税采用一次课征制，使用过的轿车在第一次被购进使用时已经缴纳过车辆购置税，所以将该轿车再次购进使用并取得完税证明，就不需要再缴纳车辆购置税了。甲企业应纳车辆购置税 = 60000×10% = 6000（元）。

15. A　【解析】选项 B：车辆购置税税款于纳税人办理纳税申报时一次缴清；选项 C：车辆购置税采用 10% 的比例税率；选项 D：车辆购置税的征税环节为最终消费环节。

16. D　【解析】纳税人自产自用的应税车辆，按照纳税人生产的同类应税车辆（车辆配置序列号相同的车辆）的销售价格确定，不包括增值税税款。

二、多项选择题

1. ACD 【解析】车辆购置税的应税行为中不包括应税车辆的销售行为。

2. ABCD 【解析】地铁、轻轨等城市轨道交通车辆，装载机、平地机、挖掘机、推土机等轮式专用机械车，以及起重机（吊车）、叉车、电动摩托车、排气量150毫升（含）以下的摩托车，不属于车辆购置税应税车辆。

3. ABCD 【解析】车辆购置税法规定，车辆购置税的征税范围包括汽车、有轨电车、汽车挂车、排气量超过150毫升的摩托车。

4. ACE 【解析】选项B：不属于自用行为，不征收车辆购置税；选项D：长期来华定居专家进口1辆自用小汽车免征车辆购置税。

5. DE 【解析】选项A：进口自用的应税小汽车的计税价格包括关税完税价格、关税和消费税，但不包括增值税。选项B：汽车销售公司使用保险公司发票代收的保险费，属于提供代收服务，代收款项不应并入计税价格中计征车辆购置税。选项C：汽车4S店装饰车辆而收取的车辆装饰费不属于车辆购置税计税价格的组成部分。

6. ABCE 【解析】纳税人购买自用的应税车辆，其计税价格为纳税人购买应税车辆而支付给销售者的全部价款，不包括增值税税款及销售方代办保险等而向购买方收取的保险费。

7. CD 【解析】根据车辆购置税法及相关规定，新能源汽车和设有固定装置的非运输专用作业车辆免税；选项AB：汽车挂车、小客车没有免税优惠；选项E：长期来华定居专家进口的1辆自用小汽车免税，不同时具备“长期来华定居”“进口”“自用”条件的专家，其使用的车辆不能享受免税的优惠。

8. BCE 【解析】选项B：进口自用小轿车的计税依据是组成计税价格，包括关税完税价格、关税、消费税。选项C：《车辆购置税法》规定：纳税人以受赠、获奖或者其他方式取得自用应税车辆的计税价格，按照购置应税车辆时相关凭证载明的价格确定，不包括增值税税款；无法提供相关凭证的，参照同类应税车辆市场平均交易价格确定其计税价格。选项E：排气量未超过150毫升的摩托车不属于车辆购置税的征税范围。

9. BE 【解析】选项BE：应照章缴纳车辆购置税，没有车辆购置税优惠政策。

10. BDE 【解析】选项A：进口自用的应税小汽车的计税价格包括关税完税价格、关税和消费税，但不包括增值税；选项C：对免税条件消失的车辆，自初次办理纳税申报之日起，使用年限未满10年的，计税依据为初次办理纳税申报时确定的计税价格按每满1年扣减10%，超过10年的，计税依据为0。

11. BDE　【解析】设有固定装置的非运输专用作业车辆、城市公交企业购置的公共汽电车辆和长期来华定居专家进口的 1 辆自用小汽车均属于免税范围。

12. BCE　【解析】选项 A：免税条件消失的车辆应重新申报纳税，自初次办理纳税申报之日起，使用年限未满 10 年的，计税价格以免税车辆初次办理纳税申报时确定的计税价格为基准，每满 1 年扣减 10%；未满 1 年的，计税价格为免税车辆的原计税价格；使用年限 10 年（含）以上的，计税价格为 0。选项 D：纳税人购买自用的应税车辆，自购买之日起60 日内申报纳税。

13. ABD　【解析】选项 C：外国驻华使馆及有关人员自用的车辆免征车辆购置税，大使夫人自用车辆不免税；选项 E：回国服务留学人员用现汇购买的 1 辆国产小汽车自用免征车辆购置税。

14. ABCD　【解析】选项 E：车辆购置税由税务机关负责征收。

15. CD　【解析】纳税人购置应税车辆，需要办理车辆登记的，应当向车辆登记地的主管税务机关办理纳税申报；不需要办理车辆登记的，向纳税人所在地主管税务机关办理纳税申报。

第八章　环境保护税

本章学习指南

一、考情概况

环境保护税是以往排污费“费改税”而规范形成的小税种，政策比较独立，可命制单项选择题和多项选择题，也可以作为纳税人经营过程中的一个计税项目而出现在综合分析题中。本章一些环保计量的表述属于技术层面的概念，考生平时接触较少，会觉得比较陌生。本章需记忆的知识点多，复习时要注意环保税的特点、征税范围、计税依据、税率规定和应纳税额计算，也要熟悉纳税义务发生时间、纳税地点的规定。预计 2022 年本章分值在 6 分左右。

二、2022 年教材主要变化

调整因排放污染物种类多等原因不具备监测条件的排污单位，其应税污染物排放量的计算方法。

三、基本结构框架

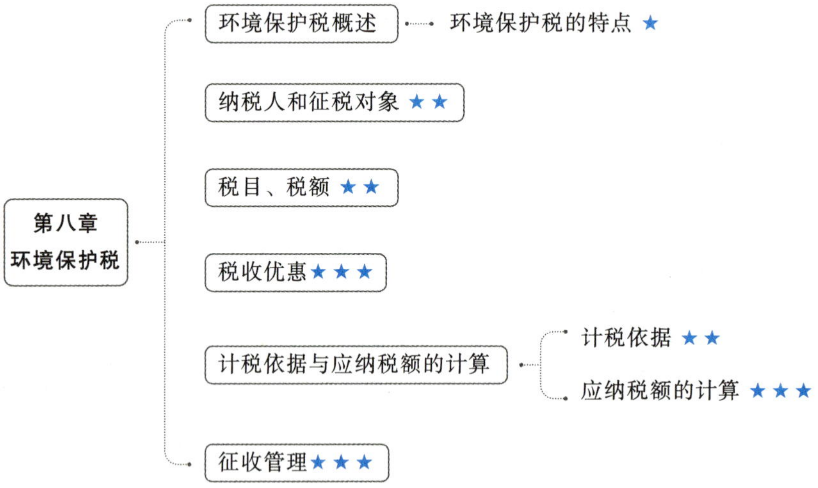

本章核心考点精讲

▶ Unit 1

第一单元 环境保护税概述

查看本单元视频，快速 GET 知识点
使用“会计云课堂”App或“微信”扫码

环境保护税，也有人称之为生态税、绿色税，我国从 1979 年就确立了排污费制度。通过收费这一经济手段促使企业加强环境治理、减少污染物排放、补充环境治理经费，对防治污染、保护环境起到了重要作用。但是排污费制度存在法律层级比较低、执法刚性不足、行政干预较多、强制性和规范性较为缺乏等问题。雾霾治理的紧迫、水污染防治的难题等种种环境保护问题加剧，这都倒逼环保税开征步伐加快。

为了保护和改善环境，减少污染物排放，推进生态文明建设，第十二届全国人民代表大会常务委员会第二十五次会议于 2016 年 12 月 25 日通过了《中华人民共和国环境保护税法》，这是我国第四部经过立法机关正式立法的税收实体法。环境保护税作为“费改税”开征的税种，自 2018 年 1 月 1 日起施行。

环境保护税（简称“环保税”）是对在中华人民共和国领域和中华人民共和国管辖的其他海域，直接向环境排放应税污染物的企业事业单位和其他生产经营者征收的一种税。

环境保护税的特点（★）

1. 征税项目为四类重点污染物；
2. 纳税人主要是企事业单位和其他经营者；
3. 直接排放应税污染物是必要条件；
4. 税额为全国统一定额税和浮动定额税结合；
5. 税收收入全部归地方。

▶ Unit 2

第二单元 纳税人和征税对象（★★）

查看本单元视频，快速 GET 知识点
使用“会计云课堂”App或“微信”扫码

在中华人民共和国领域和中华人民共和国管辖的其他海域，直接向环境排放应税污染物的企业事业单位和其他生产经营者为环境保护税的纳税人，应当依法缴纳环境保护税。

考点提示

1. 所称应税污染物，是指《环境保护税税目税额表》《应税污染物和当量值表》规定的大气污染物、水污染物、固体废物和噪声。

2. 直接排放应税污染物是计征环保税的必要条件，即环保税的纳税人有直接向环境排放应税污染物的行为。

有下列情形之一的，不属于直接向环境排放污染物，不缴纳相应污染物的环境保护税：

（1）企业事业单位和其他生产经营者向依法设立的污水集中处理、生活垃圾集中处理场所排放应税污染物的。

（2）企业事业单位和其他生产经营者在符合国家和地方环境保护标准的设施、场所贮存或者处置固体废物的。

依法设立的城乡污水集中处理、生活垃圾集中处理场所超过国家和地方规定的排放标准向环境排放应税污染物的，应当缴纳环境保护税。

【解释】企业事业单位和其他生产经营者向依法设立的污水集中处理、生活垃圾集中处理场所排放应税污染物的，不缴纳环境保护税；依法设立的城乡污水集中处理、生活垃圾集中处理场所超过国家和地方规定的排放标准向环境排放应税污染物的，应当缴纳环境保护税。这是从两类排污主体——直接产生污染物的单位与集中处理污染物的单位，两个角度阐述政策。

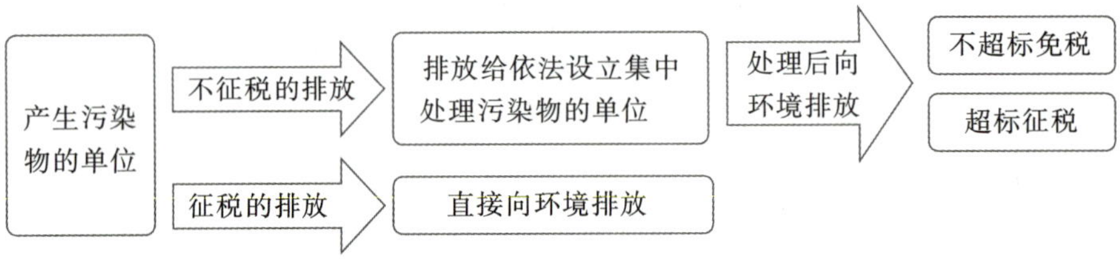

（3）禽畜养殖场依法对禽畜养殖废弃物进行综合利用和无害化处理的。

经典题解

【真题1·多选题】下列情形符合环境保护税不征税规定的有（　　）。（2021年）

A. 企事业单位向依法设立的污水集中处理场所排放应税污染物

B. 禽畜养殖场依法对禽畜养殖废弃物进行综合利用和无害化处理

C. 企事业单位向依法设立的生活垃圾集中处理场所排放应税污染物

D. 纳税人排放应税大气污染物浓度值低于国家和地方规定的污染物排放标准

E. 企事业单位在符合国家和地方环境保护标准的设施、场所贮存或处置固体废物

【答案】ABCE

【真题2·单选题】下列情形中，应缴纳环境保护税的是（　　）。（2019年）

A. 企业向依法设立的污水集中处理场所排放应税污染物

B. 个体户向依法设立的生活垃圾集中处理场所排放应税污染物

C. 事业单位在符合国家环境保护标准的设施贮存固体废物

D. 企业在不符合地方环境保护标准的场所处置固体废物

【解析】根据环境保护税的规定，有下列情形之一的，不属于直接向环境排放污染物，不缴纳相应污染物的环境保护税：（1）企业事业单位和其他生产经营者向依法设立的污水集中处理、生活垃圾集中处理场所排放应税污染物的（选项AB）。（2）企业事业单位和其他生产经营者在符合国家和地方环境保护标准的设施、场所贮存或者处置固体废物的（选项C）。

【答案】D

【真题 3 · 单选题】下列污染物中，不属于环境保护税征税对象的是（　　）。（2018 年）

A. 大气污染物　　　　B. 光污染

C. 噪声污染　　　　D. 固体废物

【解析】环境保护税所称应税污染物，是指《环境保护税税目税额表》《应税污染物和当量值表》规定的大气污染物、水污染物、固体废物和噪声。

【答案】B

▶ Unit 3

第三单元　税目、税额（★★）

查看本单元视频，快速 GET 知识点

使用“会计云课堂”App 或“微信”扫码

环境保护税实行定额税率，依照环境保护税法所附《环境保护税税目税额表》执行。

税目		计税单位	税额	备注
大气污染物		每污染当量	1.2 元至 12 元	——
水污染物		每污染当量	1.4 元至 14 元	——
固体废物	煤矸石	每吨	5 元	——
	尾矿	每吨	15 元	
	危险废物	每吨	1000 元	
	冶炼渣、粉煤灰、炉渣、其他固体废物（含半固态、液态废物）	每吨	25 元	
噪声	工业噪声	超标 1~3 分贝	每月 350 元	1. 一个单位边界上有多处噪声超标，根据最高一处超标声级计算应纳税额；当沿边界长度超过 100 米有两处以上噪声超标，按照两个单位计算应纳税额 2. 一个单位有不同地点作业场所的，应当分别计算应纳税额，合并计征 3. 昼、夜均超标的环境噪声，昼、夜分别计算应纳税额，累计计征 4. 声源一个月内超标不足 15 天的，减半计算应纳税额 5. 夜间频繁突发和夜间偶然突发厂界超标噪声，按等效声级和峰值噪声两种指标中超标分贝值高的一项计算应纳税额
		超标 4~6 分贝	每月 700 元	
		超标 7~9 分贝	每月 1400 元	
		超标 10~12 分贝	每月 2800 元	
		超标 13~15 分贝	每月 5600 元	
		超标 16 分贝以上	每月 11200 元	

考点提示

1. 大气污染物税目中不包括温室气体二氧化碳。

2. 固体废物税目也包含半固态、液态废物。

3. 应纳环保税的噪声只包括工业噪声。

4. 大气污染物和水污染物的税额下限为每污染当量1.2元和1.4元，税额上限则设定为下限的10倍，分别为每污染当量12元和14元。应税大气污染物和水污染物的具体适用税额的确定和调整，由省、自治区、直辖市人民政府统筹考虑本地区环境承载能力、污染物排放现状和经济社会生态发展目标要求，在《环境保护税税目税额表》规定的税额幅度内提出，报同级人民代表大会常务委员会决定，并报全国人民代表大会常务委员会和国务院备案。

经典题解

【例题4·多选题】下列征收环境保护税的有（　　）。

A. 一氧化碳　　B. 二氧化碳

C. 石棉尘　　D. 建筑施工噪声

E. 煤矸石

【解析】选项B：二氧化碳不属于环保税的污染物范围。选项D：目前只对工业企业厂界噪声超标的情况征收环境保护税。

【答案】ACE

【例题5·多选题】环境保护税的税目中，由省、自治区、直辖市人民政府统筹考虑后在规定的幅度内按规定程序确定具体适用税额的有（　　）。

A. 大气污染物　　B. 水污染物

C. 固体废物　　D. 液态废物

E. 噪声

【解析】环境保护税的税率确定规则属于考生必须掌握的重要考点。应税大气污染物和水污染物的具体适用税额的确定和调整，由省、自治区、直辖市人民政府统筹考虑后在规定的税额幅度内按规定程序确定。

【答案】AB

▶ Unit 4

第四单元　税收优惠（★★★）

查看本单元视频，快速GET知识点

使用“会计云课堂”App或“微信”扫码

1. 下列情形，暂予免征环境保护税：

（1）农业生产（不包括规模化养殖）排放应税污染物的；

（2）机动车、铁路机车、非道路移动机械、船舶和航空器等流动污染源排放应税污染物的；

（3）依法设立的城乡污水集中处理、生活垃圾集中处理场所排放相应应税污染物，不超过国家和地方规定的排放标准的；

（4）纳税人综合利用的固体废物，符合国家和地方环境保护标准的；

（5）国务院批准免税的其他情形，由国务院报全国人民代表大会常务委员会备案。

2. 纳税人排放应税大气污染物或者水污染物的浓度值低于国家和地方规定的污染物排放标准30%的，减按75%征收环境保护税。纳税人排放应税大气污染物或者水污染物的浓度值低于国家和地方规定的污染物排放标准50%的，减按50%征收环境保护税。

纳税人任何一个排放口排放应税大气污染物、水污染物的浓度值，以及没有排放口排放应税大气污染物的浓度值，超过国家和地方规定的污染物排放标准的，依法不予减征环境保护税。

考点提示

排放标准和浓度值是两个不同的概念，不要混淆。

【相关链接】依法设立的城乡污水集中处理、生活垃圾集中处理场所排放相应应税污染物，不超过国家和地方规定的排放标准的，暂予免征环境保护税；超过国家和地方规定的排放标准向环境排放应税污染物的，应当缴纳环境保护税。上述政策要从两类排污主体角度理解，详细理解思路归纳列表如下：

<table>
<tr><th>排污主体</th><th>排放对象</th><th>环境保护税</th><th>备注</th></tr>
<tr><td rowspan="3">企业事业单位和其他生产经营者</td><td>向依法设立的城乡污水集中处理、生活垃圾集中处理场所排放</td><td>不征</td><td>——</td></tr>
<tr><td rowspan="2">向环境排放</td><td>减征</td><td>浓度值低于规定标准</td></tr>
<tr><td>应征</td><td>浓度值不低于规定标准</td></tr>
<tr><td rowspan="3">依法设立的城乡污水集中处理、生活垃圾集中处理场所</td><td rowspan="3">向环境排放</td><td>免征</td><td>不超排放标准</td></tr>
<tr><td>减征</td><td>超排放标准但浓度值低于标准（现实几乎无此情况）</td></tr>
<tr><td>应征</td><td>超排放标准且超浓度值标准</td></tr>
</table>

经典题解

【真题6·单选题】下列行为，免征环境保护税的是（　　）。（2021年）

A. 生活垃圾填埋场排放应税污染物

B. 水泥厂排放应税大气污染物低于国家规定的污染物排放标准50%的

C. 符合国家和地方环境保护标准的综合利用固体废物

D. 规模化养殖场排放应税污染物

【解析】选项A：不超过国家和地方规定的排放标准的，暂予免征环境保护税；超过国家和地方规定的排放标准的，照章征税。选项B：减按50%征收环境保护税。选项D：农业生产（不包括规模化养殖）排放应税污染物的，暂予免征环境保护税；规模化养殖场排放应税污染物的，照章征税。

【答案】C

【例题 7 · 多选题】下列情形，暂予免征环境保护税的有（　　）。

A. 规模化种植蔬菜排放应税污染物

B. 规模化养殖生猪排放应税污染物

C. 非道路移动机械排放应税污染物

D. 机动车排放应税污染物

E. 纳税人噪声声源一个月内累计昼间超标不足 15 昼或者累计夜间超标不足 15 夜

【解析】选项 B 需要缴纳环保税；选项 E 减半征收环保税。

【答案】ACD

【例题 8 · 单选题】某公司一污水排放口排放污水中包含总铜（浓度值低于规定标准 32%）和总锌（浓度值超过规定标准 8%），则下列说法正确的是（　　）。

A. 总铜浓度值低于国家和地方规定的污染物排放标准 30%，减按 75% 征收环境保护税

B. 总铜浓度值低于国家和地方规定的污染物排放标准 30%，减按 50% 征收环境保护税

C. 总铜和总锌均享受减按 75% 征收环保税的优惠政策

D. 该公司不能享受环境保护税优惠政策

【解析】纳税人任何一个排放口排放应税大气污染物、水污染物的浓度值，以及没有排放口排放应税大气污染物的浓度值，超过国家和地方规定的污染物排放标准的，依法不予减征环保税。该公司排放口中总铜浓度值符合减征标准，但总锌浓度值超过规定标准，排放浓度超标，不能享受环保税优惠政策。

【答案】D

3. 纳税人噪声声源一个月内累计昼间超标不足 15 昼或者累计夜间超标不足 15 夜的，分别减半计算应纳税额。

▶ Unit 5

第五单元　计税依据与应纳税额的计算

查看本单元视频，快速 GET 知识点

使用“会计云课堂”App 或“微信”扫码

01 计税依据（★★）

（一）计税依据确定的基本方法

应税污染物的计税依据，按照下列方法确定：

1. 应税大气污染物按照污染物排放量折合的污染当量数确定；
2. 应税水污染物按照污染物排放量折合的污染当量数确定；
3. 应税固体废物按照固体废物的排放量确定；
4. 应税噪声按照超过国家规定标准的分贝数确定。

【解释】污染当量，是指根据污染物或者污染排放活动对环境的有害程度以及处理的技术经济性，衡量不同污染物对环境污染的综合性指标或者计量单位。同一介质相同污染当量的不同污染物，其污染程度基本相当。

应税大气污染物、水污染物的污染当量数，以该污染物的排放量除以该污染物的污染当量值计算。每种应税大气污染物、水污染物的具体污染当量值，依照《中华人民共和国环境保护税法》所附《应税污染物和当量值表》执行。

经典题解

【真题 9·单选题】关于环境保护税计税依据，下列说法正确的是（　　）。(2020 年)

A. 应税大气污染物以排放量为计税依据

B. 应税固体废物以固体废物产生量为计税依据

C. 应税噪声以分贝数为计税依据

D. 应税水污染物以污染物排放量折合的污染当量数为计税依据

【解析】（1）选项 A：应税大气污染物的计税依据为污染物排放量折合的污染当量数；（2）选项 B：应税固体废物按照固体废物的排放量确定计税依据；（3）选项 C：应税噪声按照超过国家规定标准的分贝数确定计税依据。

【答案】D

【例题 10·多选题】环境保护税的计税单位有（　　）。

A. 每污染当量

B. 每吨

C. 每千克指数

D. 每立方米

E. 超标分贝

【解析】环境保护税的计税单位包括每污染当量、每吨、超标分贝。

【答案】ABE

（1）应税大气污染物、水污染物按照污染物排放量折合的污染当量数确定计税依据。

污染当量数以该污染物的排放量除以该污染物的污染当量值计算。计算公式为：

应税大气污染物、水污染物的污染当量数 = 该污染物的排放量 ÷ 该污染物的污染当量值

经典题解

【例题 11】某企业 2022 年 3 月向大气直接排放二氧化硫 10000 千克，根据大气污染物污染当量值表，二氧化硫的污染当量值为 0.95 千克，其污染当量数为：10000/0.95 = 10526.32。

【解释】由于纳税人每一排放口或者没有排放口的应税大气污染物、水污染物不止一种，征收环保税的规则也有具体的规定：

征税项目	计税规则	
每一排放口或者没有排放口的应税大气污染物	按照污染当量数从大到小排序	对前三项污染物征收环境保护税
每一排放口的应税水污染物	按照《环境保护税法》所附《应税污染物和当量值表》，区分第一类水污染物和其他类水污染物，按照污染当量数从大到小排序	对第一类水污染物按照前五项征收环境保护税
		对其他类水污染物按照前三项征收环境保护税

考点提示

省、自治区、直辖市人民政府根据本地区污染物减排的特殊需要，可以增加同一排放口征收环境保护税的应税污染物项目数，不仅仅局限于前三项或前五项，但须报同级人民代表大会常务委员会决定，并报全国人民代表大会常务委员会和国务院备案。

（2）应税固体废物按照固体废物的排放量确定计税依据。

固体废物的排放量为当期应税固体废物的产生量减去当期应税固体废物的贮存量、处置量、综合利用量的余额。计算公式为：

固体废物的排放量=当期固体废物的产生量-当期固体废物的综合利用量-当期固体废物的贮存量-当期固体废物的处置量

【解释】固体废物的贮存量、处置量，是指在符合国家和地方环境保护标准的设施、场所贮存或者处置的固体废物数量；固体废物的综合利用量，是指按照国务院发展改革、工业和信息化主管部门关于资源综合利用要求以及国家和地方环境保护标准进行综合利用的固体废物数量。

纳税人有下列情形之一的，以其当期应税固体废物的产生量作为固体废物的排放量：

①非法倾倒应税固体废物。

②进行虚假纳税申报。

（3）应税噪声按照超过国家规定标准的分贝数确定计税依据。

工业噪声按超过国家规定标准的分贝数确定每月税额，超过国家规定标准的分贝数是指实际产生的工业噪声与国家规定的工业噪声排放标准限值之间的差值。

（二）应税大气污染物、水污染物、固体废物的排放量和噪声分贝数的确定方法

应税大气污染物、水污染物、固体废物的排放量和噪声的分贝数，按照下列方法和顺序计算：

1. 纳税人安装使用符合国家规定和监测规范的污染物自动监测设备的，按照污染物自动监测数据计算。

2. 纳税人未安装使用污染物自动监测设备的，按照监测机构出具的符合国家有关规定和监测规范的监测数据计算。

3. 因排放污染物种类多等原因不具备监测条件的，按照如下方法确定：

排污单位类型	计算方法（新增）
属于排污许可管理的排污单位	适用生态环境部发布的排污许可证申请与核发技术规范中规定的排（产）污系数、物料衡算方法计算应税污染物排放量；排污许可证申请与核发技术规范未规定相关排（产）污系数的，适用生态环境部发布的排放源统计调查制度规定的排（产）污系数方法计算应税污染物排放量
不属于排污许可管理的排污单位	适用生态环境部发布的排放源统计调查制度规定的排（产）污系数方法计算应税污染物排放量

4. 不能按照上述第1项至第3项规定的方法计算的，按照省、自治区、直辖市人民政府生态环境主管部门规定的抽样测算的方法核定计算。

经典题解

【真题12·多选题】下列情形中，以纳税人当期应税大气污染物、水污染物产生量作为排放量计征环境保护税的有（ ）。（2018年）

A. 未依法安装使用污染物自动监测设备

B. 通过暗管方式违法排放污染物

C. 篡改、伪造污染物监测数据

D. 损毁或擅自移动污染物自动监测设备

E. 规模化养殖以外的农业生产排放污染物

【解析】纳税人有下列情形之一的，以其当期应税大气污染物、水污染物的产生量作为污染物的排放量：（1）未依法安装使用污染物自动监测设备或者未将污染物自动监测设备与生态环境主管部门的监控设备联网；（2）损毁或者擅自移动、改变污染物自动监测设备；（3）篡改、伪造污染物监测数据；（4）通过暗管、渗井、渗坑、灌注或者稀释排放以及不正常运行防治污染设施等方式违法排放应税污染物；（5）进行虚假纳税申报。

【答案】ABCD

02 应纳税额的计算（★★★）

环境保护税应纳税额按照下列方法计算：

应税污染物	计税依据的确定	环保税计算公式
应税大气污染物	污染当量数=污染物排放量（千克）/污染当量值	应纳税额=污染当量数×适用税额

应税污染物	计税依据的确定	环保税计算公式
应税水污染物	1. 一般污水 污染当量数=污染物排放量（千克）/污染当量值 【考点提示】污染物排放量与污水排放量不是等同概念。按照环保税申报要求，采用监测机构监测方法计算污染物排放量的，污染物排放量=污水排放量×实测浓度值÷1000（注：将污染物排放量换算成千克） 2. PH 值、大肠菌群数、余氯量 污染当量数=污水排放量（吨）÷该污染物的污染当量值（吨） 3. 色度 污染当量数=污水排放量（吨）×色度超标倍数÷色度的污染当量值（吨·倍） 4. 畜禽养殖业的水污染物 污染当量数=畜禽养殖场的月均存栏量÷污染当量值 5. 小型企业和第三产业排放的水污染物 污染当量数=污水排放量（吨）÷污染当量值（吨） 6. 医院排放的水污染物 ①污染当量数=医院床位数÷污染当量值 ②污染当量数=污水排放量÷污染当量值	应纳税额=污染当量数×适用税额
应税固体废物	固体废物排放量=当期固体废物的产生量-当期固体废物的综合利用量-当期固体废物的贮存量-当期固体废物的处置量	应纳税额=固体废物排放量×适用税额
应税噪声	超标分贝数=实际产生工业噪声分贝数-排放标准限值	应纳税额为超过国家规定标准的分贝数对应的具体适用税额

经典题解

【例题 13】某企业 2022 年 3 月向大气直接排放二氧化硫、氟化物各 100 千克，一氧化碳 200 千克、氯化氢 80 千克，假设当地大气污染物每污染当量税额 1.2 元，该企业只有一个排放口。已知二氧化硫的污染当量值为 0.95 千克，氟化物的污染当量值为 0.87 千克，一氧化碳的污染当量值为 16.7 千克，氯化氢的污染当量值为 10.75 千克。计算该企业当月环境保护税的应纳税额。

【答案及解析】

第一步：计算各污染物的污染当量数。

污染当量数=该污染物的排放量÷该污染物的污染当量值

二氧化硫污染当量数=100/0.95=105.26

氟化物污染当量数=100/0.87=114.94

一氧化碳污染当量数＝200/16.7＝11.98

氯化氢污染当量数＝80/10.75＝7.44

第二步：按污染当量数给4项污染物排序，确定排序前三项的污染物。

氟化物污染当量数（114.94）>二氧化硫污染当量数（105.26）>一氧化碳污染当量数（11.98）>氯化氢污染当量数（7.44）

该企业只有一个排放口，排序选取计税的前三项污染物为：氟化物、二氧化硫、一氧化碳。

第三步：就排序的前三项污染物的污染当量数之和及规定的定额税率计算应纳税额。

应税大气污染物的应纳税额＝污染当量数×适用税额

应纳税额＝（114.94+105.26+11.98）×1.2＝278.62（元）。

【例题14·单选题】某养殖场2022年2月月均养牛存栏量为100头，污染当量值为0.1头，假设当地水污染物适用税额为每污染当量2.8元，当月应纳环境保护税税额（　　）元。

A. 0　　B. 28　　C. 280　　D. 2800

【解析】不管什么行业，只要排放大气污染物或水污染物，都要首先注意计算污染当量数，一般只用除法计算，特殊情况下在除之前有乘浓度值或超标倍数的情形。

畜禽养殖业水污染物污染当量数＝畜禽养殖场的月均存栏量÷污染当量值

水污染物污染当量数＝100÷0.1＝1000；应纳税额＝1000×2.8＝2800（元）。

【答案】D

【真题15·单选题】甲企业2021年3月在生产过程中产生固体废物600吨，其中按照国家和地方环境保护标准综合利用200吨。已知该固体废物单位税额为每吨5元。该企业排放固体废物应缴纳环境保护税（　　）元。（2021年）

A. 4000　　B. 2000　　C. 3000　　D. 1000

【解析】固体废物的排放量＝当期固体废物的产生量－当期固体废物的综合利用量－当期固体废物的贮存量－当期固体废物的处置量。该企业排放固体废物应缴纳环境保护税＝（600－200）×5＝2000（元）。

【答案】B

【例题16】某工业企业厂界长度超过100米，有两处以上噪声源，昼间噪声标准限值为65分贝，夜间噪声标准限值为55分贝。经监测，其4月份噪声超标天数为10天，昼间最高分贝为75，夜间最高分贝为60。该企业4月份噪声污染应缴纳多少环境保护税？（超标4~6分贝，税额每月700元；超标7~9分贝，税额每月1400元；超标10~12分贝，税额每月2800元）

【答案及解析】应税噪声的应纳税额为超过国家规定标准的分贝数对应的具体适用税额。当沿边界长度超过100米有两处以上噪声超标，按照两个单位计算应纳税额。声源一个月内超标不足15天的减半计算应纳税额。该企业4月噪声超标仅10天，不足15天，应减半计算应纳税额。

昼间超标值：75－65＝10（分贝）；

夜间超标值：60－55＝5（分贝）；

该企业4月应缴环保税＝（2800+700）×50%×2＝3500（元）。

▶ Unit 6

第六单元　征收管理（★★★）

查看本单元视频，快速 GET 知识点
使用“会计云课堂”App或“微信”扫码

项目	具体规定
纳税义务发生时间	纳税人排放应税污染物的当日
纳税地点	应税污染物排放地，其具体指： 应税大气污染物、水污染物：排放口所在地 应税固体废物、应税噪声：产生地
纳税期限	按月计算、按季申报缴纳。不能按固定期限计算缴纳的，可以按次申报缴纳 纳税人按季申报缴纳的，应当自季度终了之日起 15 日内，向税务机关办理纳税申报并缴纳税款 纳税人按次申报缴纳的，应当自纳税义务发生之日起 15 日内，向税务机关办理纳税申报并缴纳税款
职责分工	税务机关发现纳税人的纳税申报数据资料异常或者纳税人未按照规定期限办理纳税申报的，可以提请生态环境主管部门进行复核，生态环境主管部门应当自收到税务机关的数据资料之日起 15 日内向税务机关出具复核意见。税务机关应当按照生态环境主管部门复核的数据资料调整纳税人的应纳税额

经典题解

【真题 17 · 单选题】 关于环境保护税征收管理，下列说法正确的是（　　）。（2021 年）

A. 环境保护税不能够按固定期限计算缴纳的，可以按次申报缴纳

B. 纳税义务发生时间为纳税人排放应税污染物后 15 日内

C. 环境保护税能够按固定期限计算缴纳的，按月计算并申报缴纳

D. 生态环境主管部门应负责应税污染物监测管理和纳税人识别

【解析】 选项 AC：环境保护税按月计算、按季申报缴纳，不能按固定期限计算缴纳的，可以按次申报缴纳。选项 B：环境保护税纳税义务发生时间为纳税人排放应税污染物的当日。选项 D：生态环境主管部门负责对污染物监测管理，制定和完善污染物监测规范。税务机关应当依据生态环境主管部门交送的排污单位信息进行纳税人识别。

【答案】 A

【真题 18 · 单选题】 环境保护税的申报缴纳期限是（　　）。（2018 年）

A. 15 日　　　　B. 一年

C. 一个月　　　　D. 一个季度

【解析】 环境保护税按月计算、按季申报缴纳，不能按固定期限计算缴纳的，可以按次申报缴纳。

【答案】 D

【例题 19 · 多选题】以下符合环境保护税政策规定的有（　　）。

A. 环境保护税的纳税义务发生时间为纳税人排放应税污染物的当日

B. 纳税人应当向机构所在地的税务机关申报缴纳环境保护税

C. 环境保护税按月计算，按季申报缴纳

D. 纳税人按季度申报缴纳的，应当自纳税义务发生的季度终了之日起 15 日内，向税务机关办理纳税申报并缴纳税款

E. 纳税人按次申报缴纳的，应当自纳税义务发生的次月 15 日内，向税务机关办理纳税申报并缴纳税款

【解析】选项 B：纳税人应当向应税污染物排放地的税务机关申报缴纳环境保护税。选项 E：纳税人按次申报缴纳的，应当自纳税义务发生之日起 15 日内，向税务机关办理纳税申报并缴纳税款。

【答案】ACD

【例题 20 · 多选题】纳税人应当向应税污染物排放地的税务机关申报缴纳环境保护税。应税污染物排放地是指（　　）。

A. 应税大气污染物排放口所在地

B. 排放应税水污染物企业所在地

C. 应税固体废物产生地

D. 应税固体废物堆放地

E. 应税噪声产生地

【解析】纳税人应当向应税污染物排放地的税务机关申报缴纳环境保护税。应税污染物排放地是指应税大气污染物、水污染物排放口所在地；应税固体废物产生地；应税噪声产生地。

【答案】ACE

本章小结

用“会计云课堂”App 扫码学习

您已成功完成“第八章”的学习，本章共 7 个考点，您都学会了吗？

为了让您对本章有更清晰的理解，加倍巩固。本书作者刘颖老师将通过“电台音频课”的方式，带您回顾重要考点。

名师点拨，高效提分。

※ 欢迎扫码免费学习。

同步强化练习题

使用“会计云课堂”App 或“微信”扫码快速做题、对答案、看解析、掌握解题思路，开启轻松过关之旅。

一、单项选择题

1. 企业事业单位和其他生产经营者向依法设立的污水集中处理、生活垃圾集中处理场所排放应税污染物的（　　）。
   A. 属于直接向环境排放污染物，应缴纳相应污染物的环境保护税
   B. 不属于直接向环境排放污染物，但应缴纳相应污染物的环境保护税
   C. 属于直接向环境排放污染物的特殊行为，享受环境保护税免税政策
   D. 不属于直接向环境排放污染物，不缴纳相应污染物的环境保护税

2. 下列各种噪声中，属于环境保护税征税范围的是（　　）。
   A. 建筑噪声　　B. 工业噪声
   C. 生活噪声　　D. 交通噪声

3. 应税污染物中应税固体废物的计税依据（　　）。
   A. 按照固体废物的污染当量数确定
   B. 按照固体废物的排放量确定
   C. 按照固体废物的污染值确定
   D. 按照固体废物的体积或容积确定

4. 每一排放口或者没有排放口的应税大气污染物，按照污染当量数从大到小排序，征收环境保护税的污染物项目是（　　）。
   A. 第一项　　B. 前二项
   C. 前三项　　D. 前五项

5. 以下关于环境保护税的税率规定，正确的是（　　）。
   A. 环境保护税采用定额税率
   B. 环境保护税全部应税污染物适用税额的确定和调整均由省、自治区、直辖市人民政府统筹考虑，在规定的税额幅度内提出
   C. 环境保护税全部应税污染物适用税额的确定和调整均需国家税务总局决定
   D. 环境保护税全部应税污染物适用税额的确定和调整均需报国务院备案

6. 某纳税人直接向河流排放总铅 6000 千克（自动监测仪读数），已知总铅污染当量值为 0.025 千克，假定其所在省公布的水污染物环保税税率为每污染当量 4 元，则该纳税人应纳的环保税为（　　）元。
   A. 600　　B. 24000
   C. 680000　　D. 960000

7. 某餐饮公司，通过安装水流量计测得 2022 年 2 月污水排放量为 80 吨，已知饮食娱乐服务业污染当量值为 0.5 吨污水。假设当地水污染物适用税额为每污染当量 2.8 元，当月应纳环境保护税（　　）元。
   A. 224　　B. 336
   C. 448　　D. 560

8. 某县医院，床位126张，每月按时消毒，无法计量月污水排放量，污染当量值为0.14床，假设当地水污染物适用税额为每污染当量2.1元，当月应纳环境保护税（　　）元。
A. 900　　B. 1120
C. 1890　　D. 2170

9. 假设某企业2022年3月产生煤矸石1000吨，其中综合利用的煤矸石250吨（符合国家相关规定），在符合国家和地方环境保护标准的设施贮存200吨。煤矸石环保税适用税额为每吨5元，该企业当月就煤矸石应缴纳环境保护税（　　）元。
A. 1950　　B. 2250
C. 2550　　D. 2750

10. 下列情形应申报缴纳环境保护税的是（　　）。
A. 家庭养鸡6羽排放应税污染物
B. 存栏300头奶牛的养牛场排放应税污染物
C. 船舶行驶排放应税污染物
D. 企业直接向依法成立的垃圾集中处理中心运送应税污染物

11. 纳税人排放应税大气污染物或者水污染物的浓度值低于国家和地方规定的污染物排放标准一定比例的，减按75%征收环境保护税。该比例是（　　）。
A. 20%　　B. 30%
C. 50%　　D. 60%

12. 纳税人排放应税大气污染物或者水污染物的浓度值低于国家和地方规定的污染物排放标准50%的，（　　）。
A. 减按30%征收环境保护税
B. 减按50%征收环境保护税
C. 减按75%征收环境保护税
D. 享受免税

13. 依法负责应税污染物监测管理，制定和完善污染物监测规范的部门是（　　）。
A. 工商行政管理部门
B. 税务主管部门
C. 生态环境主管部门
D. 区县政府

14. 某工业企业昼间噪声标准限值为65分贝，夜间噪声标准限值为55分贝。经监测，其4月份噪声超标天数为10天，昼间最高分贝为71.4，夜间最高分贝为63。该企业4月份噪声污染应缴纳环境保护税为（　　）元。（超标4~6分贝，税额每月700元；超标7~9分贝，税额每月1400元）
A. 1050　　B. 1400
C. 2100　　D. 2800

15. 以下需要缴纳环保税的是（　　）。
A. 建筑噪声
B. 汽车尾气
C. 农业种植排放应税污染物
D. 规模化饲养排放应税污染物

二、多项选择题

1. 环境保护税的特点包括（　　）。
A. 征税项目为各种污染物
B. 纳税人主要是企事业单位和其他经营者
C. 直接排放应税污染物是必要条件
D. 税额为浮动定额税
E. 税收收入全部归地方

2. 企事业单位和其他生产经营者有下列（　　）情形的，不缴或免缴相应污染物的环境保护税。
   A. 向依法设立的污水集中处理、生活垃圾集中处理场所排放应税污染物的
   B. 在符合国家和地方环境保护标准的设施、场所贮存或者处置固体废物的
   C. 贮存或者处置固体废物超过国家和地方环境保护标准30%的
   D. 综合利用的固体废物，符合国家和地方环境保护标准的
   E. 船舶和航空器等流动污染源排放应税污染物的

3. 下列直接向环境排放污染物的主体中，属于环境保护税纳税人的有（　　）。
   A. 事业单位　B. 自然人
   C. 家庭　D. 个体工商户
   E. 股份制企业

4. 环境保护税的计税单位有（　　）。
   A. 每污染当量
   B. 每吨
   C. 每千克指数
   D. 超标分贝
   E. 排放量

5. 环境保护税法中所称的应税污染物包括（　　）。
   A. 大气污染物　B. 水污染物
   C. 光污染物　D. 建筑噪声
   E. 固体废物

6. 下列排放物中，属于环境保护税征收范围的有（　　）。
   A. 尾矿　B. 二氧化硫
   C. 二氧化碳　D. 交通噪声
   E. 一氧化碳

7. 下列情形，暂予免征环境保护税的有（　　）。
   A. 农业种植排放应税污染物的
   B. 规模化养殖排放应税污染物的
   C. 机动车排放应税污染物的
   D. 铁路机车排放应税污染物的
   E. 依法设立的城乡污水集中处理场所超过国家和地方规定的排放标准排放应税污染物的

8. 以下符合环境保护税政策规定的有（　　）。
   A. 环境保护税的纳税义务发生时间是季度终了之日起15日内
   B. 纳税人应当向应税污染物排放地的税务机关申报缴纳环境保护税
   C. 不能按固定期限计算缴纳的，可以按次申报缴纳环境保护税
   D. 生态环境主管部门和税务机关应当建立涉税信息共享平台和工作配合机制
   E. 环境保护税按季度计算和申报缴纳

9. 纳税人应当向应税污染物排放地的税务机关申报缴纳环境保护税。应税污染物排放地是指（　　）。
   A. 排放应税大气污染物、水污染物企业所在地
   B. 应税大气污染物、水污染物排放口所在地
   C. 应税固体废物产生地
   D. 应税噪声产生地
   E. 应税噪声检测地

10. 关于环境保护税，下列说法正确的有（　　）。
   A. 环境保护税纳税人不包括家庭和个人
   B. 环境保护税税率为统一定额税率
   C. 环境保护税纳税义务发生时间为纳税人排放应税污染物的当日
   D. 纳税人应当向机构所在地的税务机关申报缴纳环境保护税
   E. 环境保护税按月计算和申报缴纳

同步强化练习题参考答案及解析

使用“会计云课堂”App 或“微信”扫码对答案、看解析、掌握解题思路，开启轻松过关之旅。

一、单项选择题

1. D　|　【解析】企业事业单位和其他生产经营者向依法设立的污水集中处理、生活垃圾集中处理场所排放应税污染物的，不属于直接向环境排放污染物，不缴纳相应污染物的环境保护税。

2. B　|　【解析】环境保护税征税范围中的噪声，仅指工业噪声。

3. B　|　【解析】应税污染物的计税依据中，应税固体废物按照固体废物的排放量确定。

4. C　|　【解析】每一排放口或者没有排放口的应税大气污染物，按照污染当量数从大到小排序，对前三项污染物征收环境保护税。

5. A　|　【解析】环境保护税四大税目中的两个——应税大气污染物和水污染物的具体适用税额的确定和调整，由省、自治区、直辖市人民政府统筹考虑本地区环境承载能力、污染物排放现状和经济社会生态发展目标要求，在《环境保护税法》所附《环境保护税税目税额表》规定的税额幅度内提出，报同级人民代表大会常务委员会决定，并报全国人民代表大会常务委员会和国务院备案。

6. D　|　【解析】污染当量数 = 污染物排放量/污染当量值 = 6000/0.025 = 240000
应纳环保税 = 污染当量数×具体适用税额 = 240000×4 = 960000（元）。

7. C　|　【解析】水污染物污染当量数 = 80÷0.5 = 160，应纳税额 = 160×2.8 = 448（元）。

8. C　|　【解析】水污染物污染当量数 = 126÷0.14 = 900，应纳税额 = 900×2.1 = 1890（元）。

9. D　|　【解析】固体废物的计税依据需要用减法计算：固体废物排放量 = 当期固体废物的产生量 - 当期固体废物的综合利用量 - 当期固体废物的贮存量 - 当期固体废物的处置量
煤矸石排放量 = 1000 - 250 - 200 = 550（吨）
环境保护税应纳税额 = 550×5 = 2750（元）。

10. B　【解析】选项A：农业生产（不包括规模化养殖）排放应税污染物的暂免征收环保税。选项C：机动车、铁路机车、非道路移动机械、船舶和航空器等流动污染源排放应税污染物的暂免征收环保税。选项D：不属于直接向环境排放应税污染物，不需要缴纳环保税。

11. B　【解析】纳税人排放应税大气污染物或者水污染物的浓度值低于国家和地方规定的污染物排放标准30%的，减按75%征收环境保护税。

12. B　【解析】纳税人排放应税大气污染物或者水污染物的浓度值低于国家和地方规定的污染物排放标准50%的，减按50%征收环境保护税。

13. C　【解析】生态环境主管部门依法负责应税污染物监测管理，制定和完善污染物监测规范。

14. A　【解析】应税噪声超标的分贝数不是整数的，按四舍五入取整。昼间超标值＝71.4－65＝6.4（分贝），取6分贝；夜间超标值＝63－55＝8（分贝）；声源一个月内超标不足15天的减半计算应纳税额。该企业4月应缴环保税＝（1400+700）×50%＝1050（元）。

15. D　【解析】选项A不属于环保税的征税范围；选项BC暂免征收环保税。

二、多项选择题

1. BCE　【解析】环境保护税的特点包括：（1）征税项目为四类重点污染物；（2）纳税人主要是企事业单位和其他经营者；（3）直接排放应税污染物是必要条件；（4）税额为全国统一定额税和浮动定额税结合；（5）税收收入全部归地方。

2. ABDE　【解析】选项AB：属于不缴环境保护税的情形。选项DE：属于免缴环境保护税的情形。选项C：企业事业单位和其他生产经营者贮存或者处置固体废物不符合国家和地方环境保护标准的，应当缴纳环境保护税。

3. ADE　【解析】环境保护税的纳税人是指在中华人民共和国领域和中华人民共和国管辖的其他海域，直接向环境排放应税污染物的企业事业单位和其他生产经营者。

4. ABD　【解析】环境保护税的计税单位包括每污染当量、每吨、超标分贝。

5. ABE　【解析】环境保护税的应税污染物的范围属于比较重要的考点。所称应税污染物，是指《环境保护税税目税额表》《应税污染物和当量值表》规定的大气污染物、水污染物、固体废物和噪声。噪声仅包括工业噪声。

6. ABE　【解析】环境保护税征税范围的应税污染物是指规定的大气污染物（不包括二氧化碳，但包括一氧化碳和二氧化硫）、水污染物、固体废物（含尾矿、半固态废物等）和噪声（仅包括工业噪声）。

7. ACD　【解析】下列情形，暂予免征环境保护税：（1）农业生产（不包括规模化养殖）排放应税污染物的；（2）机动车、铁路机车、非道路移动机械、船舶和航空器等流动污染源排放应税污染物的；（3）依法设立的城乡污水集中处理、生活垃圾集中处理场所排放相应应税污染物，不超过国家和地方规定的排放标准的；（4）纳税人综合利用的固体废物，符合国家和地方环境保护标准的；（5）国务院批准免税的其他情形。

8. BCD　【解析】选项 A：不要混淆纳税义务发生时间与申报缴纳税款时间。环保税的纳税义务发生时间为纳税人排放应税污染物的当日。选项 E：环境保护税按月计算，按季申报缴纳。

9. BCD　【解析】纳税人应当向应税污染物排放地的税务机关申报缴纳环境保护税。应税污染物排放地是指应税大气污染物、水污染物排放口所在地；应税固体废物产生地；应税噪声产生地。

10. AC　【解析】选项 B：环境保护税税额为全国统一定额税和浮动定额税结合。选项 D：纳税人应当向应税污染物排放地的税务机关申报缴纳环境保护税。选项 E：环境保护税按月计算，按季申报缴纳。不能按固定期限计算缴纳的，可以按次申报缴纳。

第九章 烟叶税

本章学习指南

一、考情概况

烟叶税是独立成章的小税种，尽管在政策规定上比较简单，但其税额计算与增值税计算抵扣进项税额存在一定的关系。本章可以参与各种题型的命制，一般可命制客观题，也具有与增值税收购烟叶的进项税抵扣、烟丝和卷烟的消费税委托加工成本确定等考点混合命制主观题的可能性。本章记忆性的政策性知识点多，烟叶税的计算和征收管理规定易成为命题点，2022 年分值预计在 3 分左右。

二、2022 年教材主要变化

没有实质性变化。

三、基本结构框架

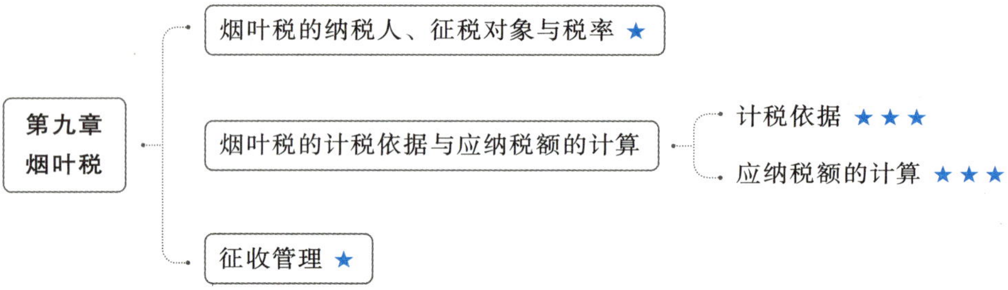

本章核心考点精讲

烟叶税是以纳税人收购烟叶的收购金额为计税依据征收的一种税。烟叶税属于商品税，其诞生既是税制改革的结果，也是国家对烟草消费实行“寓禁于征”政策的体现。

▶ Unit 1

第一单元　烟叶税的纳税人、征税对象与税率（★）

查看本单元视频，快速 GET 知识点
使用"会计云课堂"App或"微信"扫码

税法要素	规定及提示
纳税人	在中华人民共和国境内收购烟叶的单位 【考点提示】烟叶税的纳税人不包括个人
征税对象	晾晒烟叶、烤烟叶 【考点提示】不能使用生烟叶、熟烟叶的表述
税率	烟叶税实行比例税率，税率为20% 【考点提示】以往考试一般不提供烟叶税的税率，建议记忆

▶ Unit 2

第二单元　烟叶税的计税依据与应纳税额的计算

查看本单元视频，快速 GET 知识点
使用"会计云课堂"App或"微信"扫码

01　计税依据（★★★）

按照2018年7月1日开始实施的《中华人民共和国烟叶税法》，烟叶税的计税依据为纳税人收购烟叶实际支付的价款总额。

纳税人收购烟叶实际支付的价款总额包括纳税人支付给烟叶生产销售单位和个人的烟叶收购价款和价外补贴。其中，价外补贴统一按烟叶收购价款的10%计算。

收购烟叶实际支付的价款总额＝收购价款＋价外补贴＝收购价款×（1＋10%）（统一规定的价外补贴）

易错易混

"收购烟叶实际支付的价款总额"这一概念，对于烟叶税、增值税和消费税有着不同的含义。

税种及目的	收购烟叶实际支付的价款总额的确定规则
烟叶税——收购烟叶计算烟叶税	向单位和个人收购烟叶时，计算烟叶税价外补贴统一规定为收购价款的10% 收购烟叶实际支付的价款总额＝收购价款＋价外补贴＝收购价款×（1＋10%）

税种及目的	收购烟叶实际支付的价款总额的确定规则
增值税——收购烟叶计算抵扣进项税	烟叶收购单位，应将价外补贴与烟叶收购价格在同一张农产品收购发票或者销售发票上分别注明，否则，价外补贴不得计算增值税进项税额进行抵扣。即： 收购烟叶实际支付的价款总额=收购价款+实际价外补贴（与价款同票分别注明）
消费税——收购烟叶加工烟丝	收购烟叶实际支付的价款总额=收购价款+实际价外补贴

02 应纳税额的计算（★★★）

应纳税额的计算公式：

应纳税额=收购烟叶实际支付的价款总额×税率

=收购价款×（1+10%）×20%

经典题解

【例题1·单选题】某卷烟厂为增值税一般纳税人，2022年3月收购烟叶5000千克，实际支付的收购价款为65万元、价外补贴5万元，已开具烟叶收购发票。烟叶税税率20%。关于烟叶税的税务处理，下列表述正确的是（　　）。

A. 卷烟厂自行缴纳烟叶税14.30万元

B. 卷烟厂自行缴纳烟叶税14.00万元

C. 卷烟厂自行缴纳烟叶税13.00万元

D. 卷烟厂代扣代缴烟叶税14.00万元

【解析】在中华人民共和国境内收购烟叶的单位为烟叶税的纳税人。卷烟厂自行缴纳烟叶税=实际支付的价款总额×税率=65×（1+10%）×20%=14.30（万元）。

【答案】A

【真题2·综合分析题】甲卷烟厂为增值税一般纳税人，主要生产销售A牌卷烟，2020年1月发生如下经营业务：

（1）向农业生产者收购烟叶，实际支付价款360万元、另支付10%价外补贴，按规定缴纳了烟叶税，开具合法的农产品收购凭证。另支付运费，取得运输公司（小规模纳税人）开具的增值税专用发票，注明运费5万元。

（2）将收购的烟叶全部运往位于县城的乙企业加工烟丝，取得增值税专用发票，注明加工费40万元、代垫辅料10万元，本月收回全部委托加工的烟丝，乙企业已代收代缴相关税费。

（已知：烟丝消费税税率为30%）（2020年考题节选）

要求：根据上述资料，回答下列问题。

（1）业务（1）甲厂应缴纳烟叶税（　　）万元。

A. 36.00　　B. 72.00　　C. 79.20　　D. 43.20

【解析】业务（1）甲厂应缴纳烟叶税＝360×（1+10%）×20%＝79.2（万元）。

【答案】C

（2）业务（2）乙企业应代收代缴消费税（　　）万元。

A. 227.23　　B. 177.86　　C. 206.86　　D. 162.43

【解析】这里需要运用会计成本核算的知识。

材料成本＝收购价款+实际价外补贴－计算抵扣的增值税进项税+烟叶税+不含税运费＝360×（1+10%）×（1+20%）×（1－10%）+5＝432.68（万元）

公式中第一个10%为价外补贴；20%为烟叶税税率；第二个10%为增值税进项税的扣除率（9%+1%）；最后的5万元为不含税运费。

业务（2）乙企业应代收代缴消费税＝（432.68+40+10）÷（1－30%）×30%＝206.86（万元）。

【答案】C

▶ Unit 3

第三单元　征收管理（★）

查看本单元视频，快速GET知识点

使用“会计云课堂”App或“微信”扫码

税法要素	规定及提示
纳税地点	应当向烟叶收购地的主管税务机关申报纳税
纳税义务发生时间	纳税人收购烟叶的当天
纳税期限	烟叶税按月计征，纳税人应当于纳税义务发生月终了之日起15日内申报并缴纳税款 【考点提示】按照《民法典》第十章，第201条：按照年、月、日计算期间的，开始的当日不计入，自下一日开始计算

烟叶税的征收管理，依照《中华人民共和国烟叶税法》及《中华人民共和国税收征收管理法》的有关规定执行。

经典题解

【真题3·多选题】关于烟叶税，下列说法正确的有（　　）。（2021年）

A. 计税依据是烟叶的收购价款

B. 从价定率计算应纳税额

C. 纳税地点为烟叶生产所在地

D. 烟叶税作为一般纳税人购进农产品进项税额的计算基数

E. 纳税人是烟叶生产销售方

【解析】 选项A：烟叶税的计税依据为纳税人收购烟叶实际支付的价款总额。选项C：纳税地点为烟叶收购地。选项E：在中华人民共和国境内收购烟叶的单位为烟叶税纳税人。

【答案】 BD

【真题4·单选题】 关于烟叶税征收管理，下列说法正确的是（　　）。（2021年）

A. 纳税期限是按季度计征

B. 纳税义务时间是收购烟叶的当天

C. 纳税地点是销售地主管税务机关

D. 缴库期限是纳税义务发生月终了之日起10日内

【解析】 选项A：烟叶税按月计征。选项C：纳税人收购烟叶，应当向“烟叶收购地”的主管税务机关申报缴纳烟叶税。选项D：纳税人应当于纳税义务发生月终了之日起15日内申报并缴纳烟叶税。

【答案】 B

【例题5·单选题】 根据现行烟叶税法规定，下列说法正确的是（　　）。

A. 烟叶税实行定额税率

B. 烟叶税的纳税地点为烟叶收购地

C. 烟叶税的纳税人是销售烟叶的单位

D. 烟叶税纳税人应当于纳税义务发生月终了之日起10日内申报并缴纳税款

【解析】 选项A：烟叶税实行比例税率，税率为20%；选项C：烟叶税的纳税人是在中华人民共和国境内收购烟叶的单位；选项D：烟叶税按月计征，纳税人应当于纳税义务发生月终了之日起15日内申报并缴纳税款。

【答案】 B

本章小结

用“会计云课堂”App扫码学习

您已成功完成“第九章”的学习，本章共4个考点，您都学会了吗？

为了让您对本章有更清晰的理解，加倍巩固。本书作者刘颖老师将通过“电台音频课”的方式，带您回顾重要考点。

名师点拨，高效提分。

※ 欢迎扫码免费学习。

同步强化练习题

使用“会计云课堂”App 或“微信”扫码快速做题、对答案、看解析、掌握解题思路，开启轻松过关之旅。

一、单项选择题

1. 某烟草公司（增值税一般纳税人）收购烟叶，支付烟叶生产者收购价款 55000 元、价外补贴 6000 元，并开具了收购发票，则其应纳烟叶税（　　）元。
   A. 12200
   B. 10800
   C. 11000
   D. 12100

2. 甲市烟草公司去乙县收购烟叶，其烟叶税的纳税地点是（　　）。
   A. 甲市
   B. 乙县
   C. 甲市和乙县各缴纳 50%
   D. 该省税务机关指定地点

3. 下列关于烟叶税的说法中，符合《烟叶税法》规定的是（　　）。
   A. 烟叶税的纳税义务发生时间为收购烟叶的当天
   B. 纳税人应当自纳税义务发生之日起 30 日内申报纳税
   C. 烟叶税的纳税地点是烟叶收购单位所在地
   D. 烟叶税的计税依据是纳税人实际支付给烟叶生产销售单位和个人的烟叶收购价款和实际支付的价外补贴

二、多项选择题

1. 以下关于烟叶税的规定正确的有（　　）。
   A. 收购烟叶的单位和个人为烟叶税的纳税人
   B. 烟叶税的征税对象包括生烟叶、熟烟叶、烤烟叶
   C. 烟叶税实行比例税率，税率为 20%
   D. 纳税人应当自纳税义务发生之日起 15 日内申报纳税
   E. 烟叶税的征收管理依照《烟叶税法》和《税收征收管理法》执行

2. 甲县某烟草公司去相邻的乙县收购烟叶，2021 年 12 月 9 日支付烟叶收购价款 80 万元，另对烟农支付了价外补贴，下列纳税事项的表述中，正确的有（　　）。
   A. 烟草公司应在 2022 年 1 月 10 日前申报缴纳烟叶税
   B. 烟草公司收购烟叶的纳税义务发生时间是 2021 年 12 月 9 日
   C. 烟草公司 12 月收购烟叶应缴纳烟叶税 17.6 万元

D. 烟草公司应向甲县主管税务机关申报缴纳烟叶税

E. 烟草公司对烟农代扣代缴烟叶税

3. 2021 年 8 月 5 日，甲市某烟草公司向乙县某烟叶种植户收购了一批烟叶，收购价款 100 万元、价外补贴 10 万元。下列关于该笔烟叶交易涉及烟叶税征收管理的表述中，符合税法规定的有（　　）。

A. 纳税人为烟草公司

B. 应向甲市主管税务机关申报纳税

C. 应纳税额为 22 万元

D. 烟叶税的纳税义务发生时间为 8 月 5 日

E. 应在 9 月 15 日前申报纳税

4. 2022 年 5 月，甲烟叶收购单位向烟农收购晾晒烟叶，当月全部领用加工烟丝，在收购发票上注明收购价款 20 万元，同时在发票中注明另支付价外补贴 1.6 万元。则以下表述正确的有（　　）。

A. 烟农是烟叶税的纳税人

B. 甲单位是烟叶税的纳税人

C. 应纳烟叶税 4.4 万元

D. 甲单位可抵扣增值税进项税 2.64 万元

E. 甲单位可抵扣增值税进项税 2.6 万元

同步强化练习题参考答案及解析

使用“会计云课堂”App 或“微信”扫码对答案、看解析、掌握解题思路，开启轻松过关之旅。

一、单项选择题

1. D　【解析】该烟草公司应纳烟叶税 = 55000×（1+10%）×20% = 12100（元）。

2. B　【解析】纳税人应当向烟叶收购地（乙县）的主管税务机关申报缴纳烟叶税。

3. A　【解析】选项 B：烟叶税按月计征，纳税人应当于纳税义务发生月终了之日起 15 日内申报并缴纳税款。选项 C：烟叶税应当向烟叶收购地的主管税务机关申报缴纳。选项 D：纳税人收购烟叶实际支付的价款总额包括纳税人支付给烟叶生产销售单位和个人的烟叶收购价款和价外补贴。其中，价外补贴统一按烟叶收购价款的 10% 计算。

二、多项选择题

1. CE　【解析】选项 A：我国境内收购烟叶的单位为烟叶税的纳税人，不包括个人。选项 B：烟叶税的征税范围是指晾晒烟叶、烤烟叶。选项 D：烟叶税按月计征，纳税人应当于纳税义务发生月终了之日起 15 日内申报并缴纳税款。

2. BC　【解析】选项 AB：烟叶税按月计征，纳税人应当于纳税义务发生月终了之日起 15 日内申报并缴纳税款。该烟草公司收购烟叶的纳税义务发生时间为收购烟叶的当天（2021 年 12 月 9 日），那么应于 2022 年 1 月 15 日前（含当天）申报缴纳烟叶税。选项 C：纳税人收购烟叶实际支付的价款总额包括纳税人支付给烟叶生产销售单位和个人的烟叶收购价款和价外补贴。其中，价外补贴统一按烟叶收购价款的 10%计算。其应纳烟叶税 = 80×（1+10%）×20% = 17.6（万元）。选项 D：纳税人收购烟叶应当向烟叶收购地（乙县）的主管税务机关申报纳税。选项 E：收购烟叶的烟草公司是烟叶税的纳税人，烟农不是烟叶税纳税人，不存在代扣代缴烟农烟叶税的政策。

3. ACDE　【解析】选项 A：烟草公司作为收购单位，是烟叶税的纳税人。选项 B：纳税人应当向烟叶收购地（乙县）的主管税务机关申报缴纳烟叶税。选项 C：应纳烟叶税 = 100×（1+10%）×20% = 22（万元）。选项 D：烟叶税的纳税义务发生时间为纳税人收购烟叶的当日。选项 E：烟叶税按月计征，纳税人应当于纳税义务发生月终了之日起 15 日内申报并缴纳税款。

4. BCE　【解析】选项 AB：在中华人民共和国境内收购烟叶的单位（甲单位）为烟叶税的纳税人。选项 C：应纳烟叶税 = 20×（1+10%）×20% = 4.4（万元）。选项 DE：计算抵扣增值税进项税 = （20+1.6+4.4）×10% = 2.6（万元）。

第十章　关　税

本章学习指南

一、考情概况

本章属于税法（Ⅰ）教材中的小税种章，考生实务中一般对本章业务接触较少。从以往考试命题的情况看，本章惯常在关税完税价格、关税的税额计算、关税税收优惠等方面出题，由于关税的完税价格和关税税额是计算进口环节增值税、消费税的必要条件，因此本章与税额计算有关的知识点对进口环节税收的计算具有重要影响。本章不仅可命制单项选择题和多项选择题，也可以与增值税、消费税混合在一起命制计算题或综合分析题。预计 2022 年本章分值在 5 分左右。

二、2022 年教材主要变化

1. 新增“2022 年我国对部分商品的进出口关税进行的调整”。
2. 新增公式定价进口货物完税价格确定。
3. 调整税收优惠政策。

三、基本结构框架

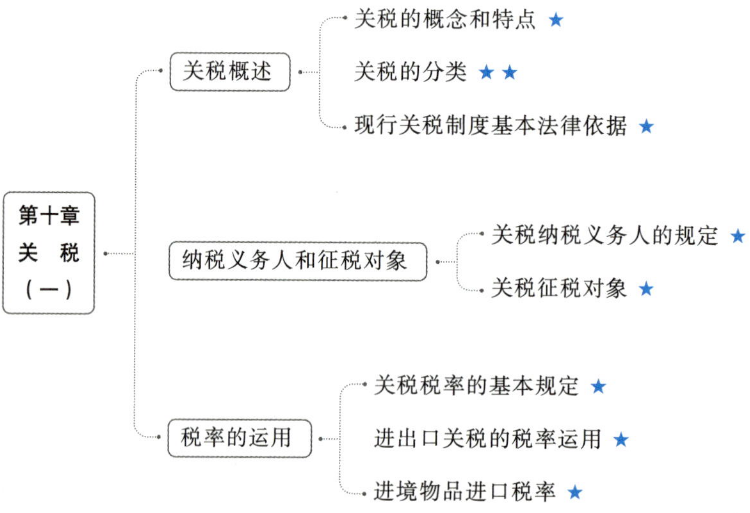

- 第十章 关 税（二）
  - 关税减免及管理
    - 法定减免税 ★★
    - 特定减免税 ★★
    - 临时减免税 ★
    - 进出口货物减免税管理 ★★
  - 关税完税价格
    - 一般进口货物的关税完税价格 ★★★
    - 特殊进口货物的完税价格 ★★
    - 公式定价进口货物完税价格确定 ★★
    - 出口货物的完税价格 ★
    - 进境物品的完税价格 ★
  - 关税应纳税额计算
    - 关税的税额计算公式 ★★
    - 税额计算应注意的问题 ★★
  - 关税的征收管理 ★★

本章核心考点精讲

▶ Unit 1

第一单元　关税概述

查看本单元视频，快速 GET 知识点
使用“会计云课堂”App或“微信”扫码

01 关税的概念和特点（★）

1. 关税的概念

关税是由海关根据国家制定的有关法律，以准许进出口的货物和准许进出境的物品为征税对象而征收的一种税收。

2. 关税的特点

关税除了具有一般税收的特点外，还具有如下特点：

（1）征收的对象是准许进出口（境）的货物和物品；

（2）关税是单一环节的价外税(关税的完税价格中不包括关税)；

（3）有较强的涉外性（关税与国家的经济、外交政策紧密相关）。

考点提示

关税只对有形货品征收，对无形货品不征收。

经典题解

【例题 1·单选题】关于关税特点的说法，正确的是（　　）。

A. 关税的高低对进口国的生产影响较大，对国际贸易影响不大

B. 关税是单一环节的价内税

C. 关税是单一环节的价外税

D. 关税不仅对进出口的货物征税，还对进出境的劳务征税

【解析】关税高低既影响进口国的生产、经济的发展，也影响国际贸易，所以 A 选项错误；关税是单一环节的价外税，所以 B 选项错误，C 选项正确；关税征收的对象是准许进出口（境）的货物和物品，D 选项错误。

【答案】C

02 关税的分类（★★）

分类标准	具体关税分类
按征税对象	进口关税、出口关税 【考点提示】 （1）进口关税分为正税和附加税。附加税不是一个独立的税种，是从属于进口正税的。附加税的征收有不同目的，也有不同的名称，如反倾销税、反补贴税、报复关税、紧急进口税等 （2）目前，各国一般不对出口产品征收关税，但是基于限制本国某些产品或资源品的输出，对部分出口货物征收出口关税
按征税标准	从量税、从价税 【考点提示】各国常用的征税标准还有复合税、选择税、滑准税
按征税性质 （主要适用于进口关税）	普通关税、优惠关税、差别关税 【考点提示】 （1）普通关税与优惠关税的税率差别一般较大 （2）优惠关税一般有特定优惠关税、普遍优惠关税和最惠国待遇三种 （3）一般意义上的差别关税主要分为加重关税、反补贴关税、报复关税、反倾销关税等

经典题解

【真题 2·多选题】差别关税实际上是保护主义政策的产物，是保护一国产业所采取的特别手段。差别关税主要分为（　　）。（2006 年）

A. 加重关税　　B. 优惠关税

C. 反补贴关税　　D. 报复关税

E. 反倾销关税

【解析】一般意义上的差别关税主要分为加重关税、反补贴关税、报复关税、反倾销关税等。

【答案】ACDE

【例题 3 · 多选题】以下关于关税分类的相关说法中，正确的有（　　）。

A. 按征税标准分类，关税可分为普通关税、优惠关税和差别关税

B. 按征税对象分类，可将关税分为进口关税、出口关税

C. 反倾销税、反补贴税、报复关税、紧急进口税都属于进口关税的附加税

D. 选择税的优点在于它能平衡物价，保护国内产业发展

E. 普通关税与优惠关税的税率差别一般较大

【解析】(1) 选项 A：按征税标准分类，可将关税分为从量税、从价税。此外，各国常用的征税标准还有复合税、选择税、滑准税。普通关税、优惠关税和差别关税属于按照征税性质的分类。(2) 选项 D：滑准税的优点在于它能平衡物价，保护国内产业发展。

【答案】BCE

【真题 4 · 单选题】在关税税则中，预先按产品的价格高低分档制定若干不同的税率，根据进出口商品价格的变动而增减进出口税率的关税是（　　）。(2012 年)

A. 选择税　　B. 滑准税　　C. 复合税　　D. 差别税

【解析】在税则中预先按产品的价格高低分档制定若干不同的税率，然后根据进出口商品价格的变动而增减进出口税率的关税是滑动税，又称滑准税。

【答案】B

03 现行关税制度基本法律依据（★）

我国关税以《中华人民共和国海关法》为法律依据，以《中华人民共和国进出口关税条例》以及《中华人民共和国进出口税则》和《中华人民共和国海关关于入境旅客行李物品和个人邮递物品征收进口税办法》为基本法规。其减免税管理依据《中华人民共和国海关进出口货物减免税管理办法》执行。

▶ Unit 2

第二单元　纳税义务人和征税对象

查看本单元视频，快速 GET 知识点

使用"会计云课堂"App 或"微信"扫码

01 关税纳税义务人的规定（★）

具体情况	纳税义务人
进口货物	收货人
出口货物	发货人
进出境物品	所有人和推定所有人（携带人、收件人等）

02 关税征税对象（★）

关税的征税对象是准许进出口（境）的货物和物品。货物是指贸易性商品；物品指入境旅客随身携带的行李物品、个人邮递物品、各种运输工具上的服务人员携带进口的自用物品、馈赠物品以及其他方式进境的个人物品。

考点提示

货物和物品在计征关税时有不同的计税规则。

▶ Unit 3

第三单元　税率的运用

查看本单元视频，快速 GET 知识点

使用“会计云课堂”App 或“微信”扫码

01 关税税率的基本规定（★）

1. 进口关税税率规定

我国进口关税设有最惠国税率、协定税率、特惠税率、普通税率、关税配额税率等税率形式。对进口货物在一定期限内可以实行暂定税率。

进口税率形式	适用情形
最惠国税率	适用原产于与我国共同适用最惠国待遇条款的世界贸易组织成员的进口货物，或原产于与我国签订含有相互给予最惠国待遇条款的双边贸易协定的国家或地区进口的货物，以及原产于我国境内的进口货物
协定税率	适用原产于与我国签订含有关税优惠条款的区域性贸易协定的国家或地区的进口货物
特惠税率	适用原产于与我国签订含有特殊关税优惠条款的贸易协定的国家或地区的进口货物
普通税率	适用于原产于上述国家或地区以外的其他国家或地区的进口货物，以及原产地不明的进口货物 【考点提示】按照普通税率征税的进口货物，经国务院关税税则委员会特别批准，可以适用最惠国税率
暂定税率	是在海关进出口税则规定的进口优惠税率基础上，基于高质量发展、保民生等方面的需要对进口的某些特定货物实施的更为优惠的关税税率
配额税率	指对实行关税配额管理的进口货物，关税配额内的，适用关税配额税率；关税配额外的，按不同情况分别适用于最惠国税率、协定税率、特惠税率或普通税率

【相关链接】上述进口关税税率的选择适用是根据货物的不同原产地而确定的，进口同一货物，其原产地不同，关税税率也不同。

考点提示

2022年我国对部分商品的进出口关税进行以下调整：（新增）

（1）自2022年1月1日起，对954项商品（不含关税配额商品）实施进口暂定税率；自2022年7月1日起，取消7项信息技术协定扩围产品进口暂定税率。

（2）自2022年1月1日起，继续对小麦等8类商品实施关税配额管理，税率不变。其中，对尿素、复合肥、磷酸氢铵3种化肥的配额税率继续实施进口暂定税率，税率不变。继续对配额外进口的一定数量棉花实施滑准税，税率不变。

2. 出口关税税率规定

我国出口税则为一栏税率，即出口税率。国家仅对少数产品征收出口关税。自2022年1月1日起继续对铬铁等106项出口商品征收出口关税。（调整）

考点提示

对关税税率的理解要注意以下几方面：

第一，进口适用税率的选择是根据货物的不同原产地而确定的，适用最惠国税率、协定税率、特惠税率的国家或地区的名单，由国务院关税税则委员会决定。进口商品绝大部分采用从价定率的征税方法，对部分商品实行从量税、复合税和滑准税。滑准税是一种特殊的从价定率征税方法。

第二，征收出口关税的货物项目很少，一般采用的都是从价定率征税的方法。

第三，原产地不明的进口货物实行普通税率。

02 进出口关税的税率运用（★）

1. 进出口货物，应当适用海关接受该货物申报进口或者出口之日实施的税率征税。

2. 特殊进出口方式的货物或违规货物的税率规定：

具体情况	适用税率
进口货物到达之前，经海关核准先行申报的	适用装载此货物的运输工具申报进境之日实施的税率
进口转关运输货物	适用指运地海关接受该货物申报进口之日实施的税率；货物运抵指运地前，经海关核准先行申报的，应当适用装载该货物的运输工具抵达指运地之日实施的税率
出口转关运输货物	适用启运地海关接受该货物申报出口之日实施的税率
经海关批准，实行集中申报的进出口货物	适用每次货物进出口时海关接受该货物申报之日实施的税率
因超过规定期限未申报而由海关依法变卖的进口货物	适用装载该货物的运输工具申报进境之日实施的税率
因纳税义务人违反规定需要追征税款的进出口货物	适用违反规定的行为发生之日实施的税率；行为发生之日不能确定的，适用海关发现该行为之日实施的税率

3. 已申报进境并且放行的保税货物、减免税货物、租赁货物或者已申报进出境并且放行的暂时进出境货物，有下列情形之一需缴纳税款的，应当适用海关接受纳税义务人再次填写报关单申报办理纳税及有关手续之日实施的税率：

（1）保税货物经批准不复运出境的；

（2）保税仓储货物转入国内市场销售的；

（3）减免税货物经批准转让或者移作他用的；

（4）可以暂不缴纳税款的暂时进出境货物，不复运出境或者进境的；

（5）租赁进口货物，分期缴纳税款的。

4. 纳税人补征或者退还进出口货物税款，应当按照前述规定确定适用的税率。

经典题解

【例题 5 · 单选题】 2021 年 12 月 1 日，某企业按照特定减免税办法经批准免税进口一批货物，12 月 8 日该货物报关入境；后来该企业因经营范围改变，于 2022 年 2 月 12 日经海关批准转让该货物，2 月 20 日海关接受了企业再次填写的报关单，当日办理相关补税手续。该批货物补征关税时适用的关税税率为（　　）。

A. 2021 年 12 月 1 日的税率

B. 2021 年 12 月 8 日的税率

C. 2022 年 2 月 12 日的税率

D. 2022 年 2 月 20 日的税率

【解析】 已申报进境并且放行的减免税的进口货物，后因情况改变经海关批准转让或移作他用需予补税的，应按照海关接受纳税人再次填写报关单申报办理纳税及有关手续之日实施的税率征税。因此，该批货物补征关税时适用的关税税率为 2022 年 2 月 20 日的税率。

【答案】 D

【例题 6 · 单选题】 下列关于我国关税税率运用的表述中，正确的是（　　）。

A. 经海关批准，实行集中申报的进出口货物，应当适用海关接受该货物第一次申报之日实施的税率

B. 因超过规定期限未申报而由海关依法变卖的进口货物，适用变卖之日实施的税率

C. 出口转关运输货物，应当适用指运地海关接受该货物申报出口之日实施的税率

D. 进口仪器到达前，经海关核准先行申报的，适用装载此仪器的运输工具申报进境之日实施的税率

【解析】 选项 A：经海关批准，实行集中申报的进出口货物，应当适用每次货物进出口时海关接受该货物申报之日实施的税率。选项 B：因超过规定期限未申报而由海关依法变卖的进口货物，其税款计征应当适用装载该货物的运输工具申报进境之日实施的税率。选项 C：出口转关运输货物，应当适用启运地海关接受该货物申报出口之日实施的税率。

【答案】 D

03 进境物品进口税率（★）

准许应税进口的旅客行李物品，个人邮递物品以及其他个人自用物品，除另有规定的以外，均由海关按照《入境旅客行李物品和个人邮递物品征收进口税税率表》征收进口税。进口税，包括关税，进口环节海关代征增值税和代征消费税。

自 2019 年 4 月 9 日起，对进境物品进口税税目税率进行调整。调整事项如下：

1. 将进境物品进口税税目 1、2 的税率分别调降为 13%、20%。

2. 将税目 1“药品”注释修改为“对国家规定减按 3%征收进口环节增值税的进口药品，按照货物税率征税”。

附：中华人民共和国进境物品进口税税率表：

税目序号	物品名称	税率（%）
1	书报、刊物、教育用影视资料；计算机、视频摄录一体机、数字照相机等信息技术产品；食品、饮料；金银；家具；玩具；游戏品、节日或其他娱乐用品；药品	13
2	运动用品（不含高尔夫球及球具）、钓鱼用品；纺织品及其制成品；电视摄像机及其他电器用具；自行车；税目 1、税目 3 中未包含的其他商品	20
3	烟、酒；贵重首饰及珠宝玉石；高尔夫球及球具；高档手表；高档化妆品	50

注：①对国家规定减按 3%征收进口环节增值税的进口药品，按照货物税率征税。

②税目 3 所列商品的具体范围与消费税征收范围一致。

考点提示

上述旅客行李物品和个人邮递物品进口税（简称“行邮税”）的税率，是将关税、增值税、消费税合并计算的比率。

▶ Unit 4

第四单元 关税减免及管理

查看本单元视频，快速 GET 知识点
使用“会计云课堂”App或“微信”扫码

关税减免分为法定减免、特定减免、临时减免。

01 法定减免税（★★）

考点提示

考生在复习这部分内容时，要注意区分减免税的不同类型。

1. 下列进出口货物，免征关税：

（1）关税税额在人民币 50 元以下的一票货物；

（2）无商业价值的广告品和货样；

（3）外国政府、国际组织无偿赠送的物资；

（4）在海关放行前损失的货物；

（5）规定数额以内的物品；

（6）进出境运输工具装载的途中必需的燃料、物料和饮食用品。

2. 下列进出口货物，可以暂不缴纳关税：

暂时进境或者暂时出境的下列货物，在进境或者出境时纳税义务人向海关缴纳相当于应纳税款的保证金或者提供其他担保的，可以暂不缴纳关税，并应当自进境或者出境之日起 6 个月内复运出境或者复运进境；需要延长复运出境或者复运进境期限的，纳税义务人应当根据海关总署的规定向海关办理延期手续。

（1）在展览会、交易会、会议及类似活动中展示或者使用的货物；

（2）文化、体育交流活动中使用的表演、比赛用品；

（3）进行新闻报道或者摄制电影、电视节目使用的仪器、设备及用品；

（4）开展科研、教学、医疗活动使用的仪器、设备及用品；

（5）在第（1）项至第（4）项所列活动中使用的交通工具及特种车辆；

（6）货样；

（7）供安装、调试、检测设备时使用的仪器、工具；

（8）盛装货物的容器；

（9）其他用于非商业目的的货物。

3. 因品质或者规格原因，出口货物（进口货物）自出口之日（进口之日）起 1 年内原状复运进境（出境）的，不征收进口（出口）关税。

4. 有下列情形之一的，纳税义务人自缴纳税款之日起 1 年内，可以申请退还关税，并应当以书面形式向海关说明理由，提供原缴款凭证及相关资料：

（1）已征进口关税的货物，因品质或者规格原因，原状退货复运出境的；

（2）已征出口关税的货物，因品质或者规格原因，原状退货复运进境，并已重新缴纳因出口而退还的国内环节有关税收的；

（3）已征出口关税的货物，因故未装运出口，申报退关的。

02 特定减免税（★★）

特定减免税也称政策性减免税。在法定减免税之外，国家按照国际通行规则和我国实际情况，对特定进出口货物减免关税的政策，称为特定或政策性减免税。特定减免税货物一般有地区、企业和用途的限制，海关需要进行后续管理，也需要减免税统计。

特定减免税：

1. 科教用品；
2. 残疾人专用品；
3. 慈善捐赠物资；
4. 重大技术装备；
5. 集成电路产业和软件产业。

考点提示

1. 对科学研究机构、技术开发机构、学校、党校（行政学院）、图书馆进口国内不能生产或性能不能满足需求的科学研究、科技开发和教学用品，免征进口关税和进口环节增值税、消费税。（新增）

2. 对出版物进口单位为科研院所、学校、党校（行政学院）、图书馆进口用于科研、教学的图书、资料等，免征进口环节增值税。（新增）

03 临时减免税（★）

临时减免税是法定和特定减免税以外的其他减免税，由国务院对某个单位、某类商品、某个项目或某批进出口货物的特殊情况，给予特别照顾，一案一批，专文下达的减免税。

经典题解

【例题 7 · 单选题】下列关于关税税务处理的说法，正确的是（　　）。

A. 外国企业无偿赠送进口的物资免征关税

B. 已征出口关税的货物，因品质或者规格原因，原状退货复运进境，并已重新缴纳因出口而退还的国内环节有关税收的，纳税义务人自缴纳税款之日起 5 年内，可以申请退还关税

C. 进出境运输工具装载的途中必需的燃料、物料和饮食用品免征关税

D. 已征进口关税的货物，因品质或规格原因，原状退货复运出境的，纳税人自缴纳税款之日起 3 年内可以申请退还关税

【解析】选项 A：外国政府、国际组织无偿赠送的物资免征关税，但是外国企业无偿赠送进口的物资要照章征收关税，不在法定免征关税的范围里。选项 B：已征出口关税的货物，因品质或者规格原因，原状退货复运进境，并已重新缴纳因出口而退还的国内环节有关税收的，纳税义务人自缴纳税款之日起 1 年内，可以申请退还关税。选项 D：已征进口关税的货物，因品质或规格原因，原状退货复运出境的，纳税人自缴纳税款之日起 1 年内可以申请退还关税。

【答案】C

【例题 8 · 多选题】关于关税减免税，下列说法正确的有（　　）。

A. 外国政府、国际组织无偿赠送的物资免征关税

B. 进出境运输工具装载的娱乐设施暂免征收关税

C. 我国关境外自然人无偿向中国红十字会总会捐赠的直接用于慈善事业的物资免征关税

D. 科学研究机构进口的国内不能生产的科学研究用品实行特定减免关税

E. 在海关放行前遭受损失的货物免征关税

【解析】选项 B：进出境运输工具装载的途中必需的燃料、物料和饮食用品（不含娱乐设施）免征关税。

【答案】ACDE

【例题9·多选题】依据关税的有关规定，下列进口货物中可享受法定免税的有（　　）。

A. 有商业价值的进口货样

B. 外国政府无偿赠送的物资

C. 贸易公司进口的残疾人专用品

D. 关税税额在人民币50元以下的一票货物

E. 科教用品

【解析】无商业价值的广告品和货样免征关税，有商业价值的进口货样没有法定免征关税的规定，所以选项A不正确；有关单位进口残疾人专用品属于特定减免范围而不属于法定减免范围，贸易公司进口的残疾人专用品仍然要缴纳关税，所以选项C不正确；科教用品属于特定减免关税范围，所以选项E不正确。

【答案】BD

04 进出口货物减免税管理（★★）

新版《中华人民共和国海关进出口货物减免税管理办法》于2021年3月1日起正式实施。

要点	具体规定
减免税办理	进出口货物减免税申请人（以下简称“减免税申请人”）应当向其主管海关申请办理减免税审核确认、减免税货物税款担保、减免税货物后续管理等相关业务
监管年限	除海关总署另有规定外，进口减免税货物的监管年限为： （1）船舶、飞机：8年 （2）机动车辆：6年 （3）其他货物：3年 【考点提示1】监管年限自货物进口放行之日起计算 【考点提示2】除海关总署另有规定外，在海关监管年限内，减免税申请人应当按照海关规定保管、使用进口减免税货物，并依法接受海关监管
监管期内定期报告	在海关监管年限内，减免税申请人应当于每年6月30日（含当日）以前向主管海关提交《减免税货物使用状况报告书》，报告减免税货物使用状况。超过规定期限未提交的，海关按照有关规定将其列入信用信息异常名录
监管解除管理	减免税货物海关监管年限届满的，自动解除监管。对海关监管年限内的减免税货物，减免税申请人要求提前解除监管的，应当向主管海关提出申请，并办理补缴税款手续

要点	具体规定
减免税货物办理抵押、转让、移作他用或其他处置管理	（1）在海关监管年限内，减免税申请人要求以减免税货物向银行或者非银行金融机构办理贷款抵押的，应当向主管海关提出申请，随附相关材料，并以海关依法认可的财产、权利提供税款担保 （2）在海关监管年限内，减免税申请人需要将减免税货物转让给进口同一货物享受同等减免税优惠待遇的其他单位的，应当按照规定办理减免税货物结转手续 （3）在海关监管年限内，减免税申请人需要将减免税货物转让给不享受进口税收优惠政策或者进口同一货物不享受同等减免税优惠待遇的其他单位的，应当事先向主管海关申请办理减免税货物补缴税款手续。进口时免予提交许可证件的减免税货物，按照国家有关规定需要补办许可证件的，减免税申请人在办理补缴税款手续时还应当补交有关许可证件。有关减免税货物自办结手续之日起，解除海关监管

经典题解

【真题 10 · 单选题】 以关税特定减免税方式进口的科教用品，海关监管的年限为（　　）年。（2020 年）

A. 6　　B. 8　　C. 10　　D. 3

【解析】 除海关总署另有规定外，进口减免税货物的监管年限为：（1）船舶、飞机：8 年；（2）机动车辆：6 年；（3）其他货物：3 年。

【答案】 D

▶ Unit 5

第五单元　关税完税价格

查看本单元视频，快速 GET 知识点

使用“会计云课堂”App 或“微信”扫码

01 一般进口货物的关税完税价格（★★★）

《中华人民共和国海关审定进出口货物完税价格办法》中规定，进口货物的完税价格由海关以货物的成交价格为基础审查确定，并应当包括该货物运抵中华人民共和国境内输入地点起卸前的运输及其相关费用、保险费。

进口货物完税价格的确定方法	适用情况
成交价格估价方法	以进口货物成交价格为基础进行调整
海关估价方法	进口货物成交价格不符合规定条件或成交价格不能确定

（一）成交价格估价方法

正常情况下，进口货物以成交价格为基础进行调整，从而确定进口货物的完税价格。进口货物的成交价格，是指卖方向我国境内销售该货物时买方为进口该货物向卖方实付、应付的，并且按照《完税价格办法》有关规定调整后的价款总额，包括直接支付的价款和间接支付的价款。

1. 对进口货物成交价格而言，相关交易应是真实的；价格应是能确定的、完整的、不扭曲的。进口货物完税价格所包含的因素可用以下图表表示：

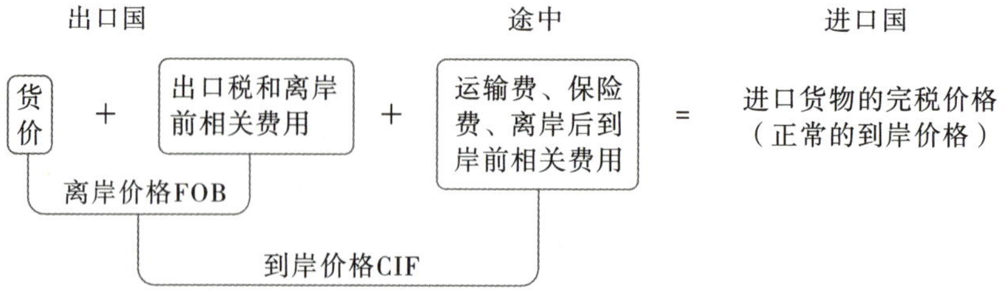

【归纳】进口货物完税价格的构成及调整（重要）

完税价格的构成因素	不计入完税价格的因素
基本构成：货价+运抵口岸前的运输及其相关费用和保险费 综合考虑可能调整到完税价格中的项目： （1）买方负担、支付的中介佣金、经纪费 （2）买方负担的包装、容器的费用 （3）买方付出的其他经济利益 （4）与进口货物有关、买方必须支付的且构成进口条件的特许权使用费	（1）向自己的采购代理人支付的购货佣金和劳务费用 （2）货物进口后发生的安装、运输费用和技术服务的费用等 （3）进口关税和国内税收

易错易混

考生应注意区分中介佣金、卖方佣金和购货佣金：

中介佣金、卖方佣金：支付给中介、卖方代理人的佣金，实际也是购买货物的一项支出——计入进口货物的完税价格。

购货佣金：买方为购买进口货物向自己的采购代理人支付的劳务费用——不计入进口货物的完税价格。

记忆技巧

进口货物关税完税价格：
包含中介佣金但不含购货佣金；
包含境外运费但不含境内运费；
包含境内保修费但不含维修费。

【相关链接】进口货物的成交价格，因有不同的成交条件而有不同的价格形式，常用的价格条款，有 FOB、CFR、CIF 三种：

FOB（含义为“船上交货价”或“离岸价格”）

CFR（含义为“成本加运费”或“离岸加运费价格”），公式：FOB+运费=CFR

CIF（含义为“成本加运费、保险费”或“到岸价格”）

无论采用何种成交价格，从价计算进口关税都要以合理、完整的 CIF 价格作为完税价格。

经典题解

【真题 11·单选题】2017 年 3 月，某贸易公司进口一批货物。合同中约定成交价格为人民币 600 万元，支付境内特许销售权费用人民币 10 万元、卖方佣金人民币 5 万元。该批货物运抵境内输入地点起卸前发生的运费和保险费共计人民币 8 万元。该批货物关税完税价格为（ ）万元。（2017 年）

A. 623.00　　B. 615.00

C. 613.00　　D. 610.00

【解析】进口货物的完税价格包括货物的货价、货物运抵我国境内输入地点起卸前的运输及相关费用、保险费。卖方佣金和与进口货物有关、买方必须支付并构成进口条件的特许权使用费都要计入进口货物完税价格。关税完税价格=600+10+5+8=623（万元）。

【答案】A

【例题 12·单选题】下列费用中，不计入进口货物关税完税价格的是（ ）。

A. 包装材料费用

B. 进口关税

C. 由买方负担的经纪费

D. 与货物视为一体的容器费用

【解析】选项 B：进口关税不计入关税完税价格。

【答案】B

【真题 13·多选题】依据关税的有关规定，特许权使用费应计入完税价格的有（ ）。（2007 年）

A. 特许权使用费用于支付该进口货物的专有技术

B. 特许权使用费用于支付该进口货物的商标权

C. 支付的特许权使用费与该货物无关

D. 支付的特许权使用费不构成该货物向境内销售的条件

E. 支付的特许权使用费用于进口软件的著作权

【解析】作为该货物向中国境内销售的条件，买方必须支付的、与该货物有关的特许权使用费应计入关税的完税价格中，但符合下列情形之一的除外：(1) 特许权使用费与该货物无关；(2) 特许权使用费的支付不构成该货物向境内销售的条件。

【答案】ABE

2. 进口货物完税价格中包含了保险费、运费和其他费用。

进口货物完税价格中的运输及其相关费用和保险费的规定归纳为下表：

进口运载或成交方式		运输及其相关费用的确定	保险费的确定
一般进口	实际支付了运保费	进口货物的运输及其相关费用，应当按照买方实际支付或者应当支付的费用计算	进口货物的保险费，应当按照实际支付的费用计算
	运费无法确定；保险费无法确定或未实际发生	海关应当按照该货物进口同期的正常运输成本审查确定	（货价+运费）×3‰
运输工具作为进口货物，利用自身动力进境的		海关在审查确定完税价格时，不再另行计入运输及其相关费用	参照一般进口规定
邮运进口的货物		应当以邮费作为运输及其相关费用、保险费	

考点提示

进口货物完税价格（CIF）的完整确认，是考生必须掌握的内容。进口货物完税价格（CIF）不仅是计算进口关税的依据，也是进口环节增值税、消费税以及进口自用规定车辆的车辆购置税等税款的计税价格的组成部分。

经典题解

【真题 14 · 多选题】关于关税政策的说法，正确的有（　　）。（2010 年）

A. 进口货物完税价格的确定首先应按相同货物成交价格估算

B. 进口货物的关税完税价格不包括关税

C. 无商业价值的货样免征关税

D. CFR 是到岸价格的价格术语简称

E. CIF 的含义是成本加运费、保险费的价格术语简称，又称到岸价格

【解析】进口货物的完税价格应首先由海关以货物的成交价格为基础审查确定，选项 A 错误；进口关税是价外税，关税完税价格不包括关税，选项 B 正确；无商业价值的货样免征关税，属于法定减免税，选项 C 正确；CFR 是成本加运费或离岸价格加运费的简称，又称离岸加运费价格，选项 D 错误；“CIF”是“成本加运费、保险费”的价格术语的简称，习惯上又称“到岸价格”，选项 E 正确。

【答案】BCE

【例题 15】（非考试标准题型）某进出口公司从美国进口一批化工原料共 500 吨，货物以境外口岸离岸价格成交，每吨折合人民币为 20000 元，买方按每吨 500 元人民币承担原料包装费，另按每吨 1000 元人民币支付中介佣金，并向自己的采购代理人支付购货佣金 5000 元人民币。已知该货物运抵中国海关境内输入地点起卸前的运费、保险费和其他劳务费用为每吨 2000 元人民币，进口后另发生运费和装卸费用共计 300 元人民币，计算进口该批化工原料关税的完税价格为多少元？

【解析】计入进口货物关税完税价格的金额，包括货价、支付的佣金（不包括买方向自

己的采购代理人支付的购货佣金)、买方负担的包装费和容器费、进口途中的运费、保险费等相关费用(不包括进口后发生的运费和装卸费)。

【答案】关税完税价格 = (20000+500+1000+2000) ×500 = 11750000(元)。

【真题 16 · 单选题】某医疗器械厂(增值税一般纳税人),2019 年 8 月进口一批医疗器械。该批医疗器械成交价格 202 万元,支付购货佣金 3 万元,运抵我国海关境内输入地点起卸前发生运费 8 万元,保险费无法确定。该厂进口该批医疗器械应缴纳关税( )万元。(医疗器械进口关税税率 30%)(2019 年)

A. 60.60　　B. 61.50　　C. 63.19　　D. 63.90

【解析】(1)购货佣金不应计入关税完税价格。(2)进口货物的保险费无法确定的,海关应按照货价和运费两者总额的 3‰计算保险费。(3)该厂进口该批医疗器械应缴纳关税 = (202+8) × (1+3‰) ×30% = 63.19(万元)。

【答案】C

(二)进口货物海关估价方法

对于进口货物的成交价格不符合规定条件或成交价格不能确定,在客观上无法采用货物的实际成交价格时,如易货贸易、寄售、捐赠、赠送等不存在成交价格的进口货物,海关与纳税义务人进行价格磋商后,依次以下列方法审查确定该货物的完税价格:

1. 相同货物的成交价格估价方法;
2. 类似货物的成交价格估价方法;
3. 倒扣价格估价方法;
4. 计算价格估价方法;
5. 合理估价方法。

合理估价方法不允许使用的价格:(1)境内生产的货物在境内的销售价格;(2)可供选择的价格中较高的价格;(3)货物在出口地市场的销售价格;(4)以计算价格估价方法中所含价值或费用之外的价值或者费用计算的相同或者类似货物的价格;(5)出口到第三国或者地区的货物的销售价格;(6)最低限价或者武断、虚构的价格。

考点提示

完税价格的估定方法应依次使用,但是应进口商的要求,倒扣价格估价方法和计算价格估价方法的使用次序可以颠倒。

记忆技巧 | 必须一是一、二是二;可以颠三倒四。

经典题解

【真题 17 · 多选题】海关对进口货物估价时可以采用的方法有( )。(2017 年)

A. 向第三国出口的价格估价方法

B. 相同货物成交价格估价方法

C. 倒扣价格估价方法

D. 计算价格估价方法

E. 成本加成法

【解析】对于进口货物的成交价格不符合规定条件或成交价格不能确定，在客观上无法采用货物的实际成交价格时，与纳税人进行磋商后，由海关照章估价确定。海关估价依次使用的方法包括：（1）相同货物的成交价格估价方法；（2）类似货物的成交价格估价方法；（3）倒扣价格估价方法；（4）计算价格估价方法；（5）合理估价方法。

【答案】BCD

【真题18·多选题】如果进口货物的成交价格不符合规定条件，由海关估定完税价格。下列关于进口货物完税价格估定的说法，正确的有（　　）。（2011年）

A. 纳税人可以与海关进行价格磋商

B. 完税价格估定方法的使用次序不可以颠倒

C. 海关估定完税价格时，应根据纳税人的意愿选择估价方法

D. 按照相同货物成交价格估价时，如果多批相同货物完全符合条件，应采用其中最低的价格

E. 采用倒扣价格法时，按照进口货物、相同或类似进口货物在境内的销售价格为基础

【解析】选项B：完税价格的估定方法应依次使用，但是应进口商的要求，倒扣价格估价方法和计算价格估价方法的使用次序可以颠倒；选项C：完税价格的估定需要按照规定的程序和顺序进行，一般情况下，不能由纳税人随意愿选择。

【答案】ADE

02 特殊进口货物的完税价格（★★）

（一）特殊进口行为的货物完税价格

这一部分内容容易命制选择题，具体规定见下表：

具体情况	完税价格的审定和估定
运往境外修理的货物，出境时已向海关报明，并在海关规定期限内复运进境	以境外修理费、料件费为基础审查确定完税价格
运往境外加工的货物，出境时已向海关报明，并在海关规定期限内复运进境	以境外加工费、料件费、复运进境的运输及相关费用、保险费为基础审查确定完税价格
经海关批准的暂时进境的货物应当缴纳税款的	按一般进口货物完税价格确定的有关规定，审查确定完税价格 对于国际奥委会及其相关实体或其境内机构按暂时进口货物方式进口的奥运物资，未在规定时间内复运出境的，须补缴进口关税和进口环节海关代征税（进口汽车以不低于新车90%的价格估价征税），但直接用于赛事并消耗完毕、毁损等或无偿捐赠给政府和特定体育组织、公益组织并能提供北京冬奥组委证明文件的情形除外

具体情况		完税价格的审定和估定
租赁方式进口货物	租金方式对外支付	海关审定的租金（利息应当计入）
	留购的租赁货物	海关审定的留购价格
	纳税义务人申请一次性缴纳税款	可以选择申请按照列明的方法确定完税价格，或者按照海关审查确定的租金总额作为完税价格
予以补税的减免税货物		海关审定的原进口时的价格扣除折旧部分

易错易混

减免税货物补税的两类情况

（1）减免税货物因转让、提前解除监管以及减免税申请人发生主体变更、依法终止情形或者其他原因需要补征税款的，补税的完税价格以货物原进口时的完税价格为基础，按照减免税货物已进口时间与监管年限的比例进行折旧，其计算公式如下：

$$补税的完税价格=减免税货物原进口时的完税价格\times\left(1-\frac{减免税货物已进口时间}{监管年限\times 12}\right)$$

减免税货物已进口时间自货物放行之日起按月计算。不足1个月但超过15日的，按1个月计算；不超过15日的，不予计算。

（2）减免税申请人将减免税货物移作他用，需要补缴税款的，补税的完税价格以货物原进口时的完税价格为基础，按照需要补缴税款的时间与监管年限的比例进行折旧，其计算公式如下：

$$补税的完税价格=减免税货物原进口时的完税价格\times\frac{需要补缴税款的时间}{监管年限\times 365}$$

上述计算公式中需要补缴税款的时间为减免税货物移作他用的实际时间，按日计算，每日实际使用不满8小时或者超过8小时的均按1日计算。

记忆技巧　转除人变按月补；移作他用按日补。

【相关链接】予以补税的减免税货物的计税依据要与税率规则相结合进行复习。

已申报进境并且放行的减免税的进口货物，经批准转让或挪作他用需补税的，应当适用海关接受纳税人再次填写报关单申报办理纳税及有关手续之日实施的税率征税。

经典题解

【例题19·单选题】某科技公司2020年2月7日经批准进口一套特定免税设备用于研发项目，2022年4月27日经海关批准，该公司将设备出售，取得销售收入240万元，该设备进口时经海关审定的完税价格为320万元，已提折旧60万元。2022年4月该公司应补缴关税（　　）万元。（关税税率为10%）

A. 8.00　　B. 8.89

C. 24.00　　D. 28.00

【解析】该公司已进口使用该设备的时间为27个月，其中不足1个月但超过15日的，按照1个月计算，不超过15日的，不予计算。设备监管年限为3年（36个月）。则该公司应补缴关税=320×（1-27/36）×10%=8（万元）。

【答案】A

【真题20·单选题】关于进口货物的关税完税价格，下列说法正确的是（　　）。（2021年）

A. 留购的租赁货物，以海关审定的租金为关税完税价格

B. 以租赁方式进口的货物，以海关审定的成交价格为关税完税价格

C. 留购的租赁货物，以海关审定的留购价格为关税完税价格

D. 以租赁方式进口的货物，以海关审定的购买价格为关税完税价格

【解析】选项AC：留购的租赁货物，以海关审定的留购价格为关税完税价格。选项BD：租赁方式进口的货物，以租金方式对外支付的，在租赁期间以海关审查确定的租金作为关税完税价格，利息应当予以计入。

【答案】C

【真题21·多选题】关于以租赁方式进口设备的关税税务处理，下列说法正确的有（　　）。（2019年）

A. 租赁进口设备，必须在申请进境时一次性缴纳全部关税

B. 租赁期满，企业留购该设备的不缴纳关税

C. 在租赁期间可暂时申请不缴纳关税

D. 在租赁期间以海关审查确定的租金（包括利息）作为完税价格

E. 纳税人申请一次性缴纳税款的，可以选择以海关审查确定的租金总额作为完税价格

【解析】选项CD：租赁方式进口货物中，以租金方式对外支付的租赁货物，在租赁期间以海关审查确定的租金作为完税价格，利息应当予以计入。选项B：留购的租赁货物，以海关审定的留购价格作为完税价格，缴纳关税。选项AE：纳税义务人申请一次性缴纳税款的，可以选择申请按规定方法确定完税价格或者按照海关审查确定的租金总额作为完税价格。

【答案】DE

【真题22·单选题】某企业2015年4月向境外企业租赁一台大型设备，租期1年，支付租金10万元，另支付境内运费、保险费2万元。2016年4月，企业决定将该设备买下，双方成交价格60万元，海关审定的留购价格65万元，以上金额均为人民币。该企业2016年4月应缴纳关税（　　）万元。（关税税率10%）（2016年）

A. 6.50　　B. 6.00

C. 1.20　　D. 1.00

【解析】留购的租赁货物，以海关审定的留购价格作为完税价格。该企业2016年4月应缴纳关税=65×10%=6.50（万元）。

【答案】A

【例题23·单选题】某生产企业2022年5月将机器运往境外修理，出境时已向海关报明，并在海关规定期限内复运进境。已知机器原值为120万元，已提折旧40万元，报关出境前发生运费和保险费1万元，境外修理费5万元，修理料件费1.2万元；复运进境发生的运

费和保险费 1.5 万元，以上金额均为人民币。该机器再次报关入境时应申报缴纳关税（　）万元。（关税税率 10%）

A. 8.77　　B. 0.77　　C. 8.87　　D. 0.62

【解析】 运往境外修理的货物，出境时已向海关报明并在规定期限内复运进境的，以境外修理费、料件费为基础确定完税价格。因此应纳关税 =（5+1.2）×10% = 0.62（万元）。

【答案】 D

【例题 24 · 单选题】 2022 年 3 月，某公司将货物运往境外加工，出境时已向海关报明，并在海关规定期限内复运进境。已知货物价值 120 万元，境外加工费和料件费 30 万元，复运进境的运费 1 万元、保险费 0.39 万元。关税税率 10%。该公司上述业务应缴纳关税（　）万元。

A. 3.10　　B. 3.14　　C. 10.14　　D. 15.14

【解析】 运往境外加工的货物，出境时已向海关报明，并在海关规定期限内复运进境，以境外加工费、料件费、复运进境的运输及相关费用、保险费为基础审查确定完税价格。该公司上述业务应缴纳关税 =（30+1+0.39）×10% = 3.14（万元）。

【答案】 B

（二）进口软件介质的完税价格

进口载有专供数据处理设备用软件的介质，具有下列情形之一的，应当以介质本身的价值或者成本为基础审查确定完税价格：①介质本身的价值或者成本与所载软件的价值分列；②介质本身的价值或者成本与所载软件的价值虽未分列，但是纳税义务人能够提供介质本身的价值或者成本的证明文件，或者能提供所载软件价值的证明文件。

含有美术、摄影、声音、图像、影视、游戏、电子出版物的介质不适用上述规定。

03 公式定价进口货物完税价格确定（新增）（★★）

公式定价，是指在向中华人民共和国境内销售货物所签订的合同中，买卖双方未以具体明确的数值约定货物价格，而是以约定的定价公式确定货物结算价格的定价方式。结算价格是指买方为购买该货物实付、应付的价款总额。

对同时符合下列条件的进口货物，以合同约定定价公式所确定的结算价格为基础确定完税价格：

（1）在货物运抵中华人民共和国境内前或保税货物内销前，买卖双方已书面约定定价公式——书面有约定；

（2）结算价格取决于买卖双方均无法控制的客观条件和因素——客观有原因；

（3）自货物申报进口之日起6个月内，能够根据合同约定的定价公式确定结算价格——6个月内能按公式确定；

（4）结算价格符合《中华人民共和国海关审定进出口货物完税价格办法》中成交价格的有关规定——定价合规定。

公式定价货物进口时结算价格不能确定，以暂定价格申报的，纳税义务人应当向海关办理税款担保——不确定要暂定办担保。

经典题解

【例题25·单选题】按照公式定价进口货物完税价格规定要求，自货物申报进口之日起一定时限内，能够根据合同约定的定价公式确定结算价格，该时限是（　　）。

A. 30天内　　B. 60天内　　C. 90天内　　D. 6个月内

【解析】自货物申报进口之日起6个月内，能够根据合同约定的定价公式确定结算价格。

【答案】D

04 出口货物的完税价格（★）

出口货物的完税价格由海关以该货物的成交价格为基础审查确定，并应当包括货物运至中华人民共和国境内输出地点装载前的运输及其相关费用、保险费。

1. 以成交价格为基础的完税价格

出口货物的成交价格，是指该货物出口销售时，卖方为出口该货物应当向买方直接收取和间接收取的价款总额。

下列税收、费用不计入出口货物的完税价格：

（1）出口关税；

（2）在货物价款中单独列明的货物运至中华人民共和国境内输出地点装载后的运输及其相关费用、保险费（出口货物的运保费最多算至离境口岸）。

2. 出口货物海关估定方法

出口货物的成交价格不能确定的，海关经了解有关情况，并与纳税义务人进行价格磋商后，依次以下列价格审查确定该货物的完税价格：

（1）同时或者大约同时向同一国家或者地区出口的相同货物的成交价格；

（2）同时或者大约同时向同一国家或者地区出口的类似货物的成交价格；

（3）根据境内生产相同或者类似货物的成本、利润和一般费用（包括直接费用和间接费用）、境内发生的运输及其相关费用、保险费计算所得的价格；

（4）按照其他合理方法估定的价格。

经典题解

【例题26·多选题】关于出口货物关税完税价格的说法，正确的有（　　）。

A. 出口关税不计入完税价格

B. 在输出地点装载前发生的运费，应包含在完税价格中

C. 离岸后到岸前的运输费应包含在完税价格中

D. 出口货物完税价格包含境内输出地点装载后的保险费

E. 出口货物成交价格无法确定的，无须与纳税人进行价格磋商，一律采用相同货物成交价格估定

【解析】选项C：出口货物运保费只能算至离岸前。选项D：出口货物关税完税价格不包括境内输出地点装载后的运输及其相关费用、保险费。选项E：出口货物的成交价格不能确定的，海关经了解有关情况，并与纳税义务人进行价格磋商后，依次以下列价格审查确定

该货物的完税价格：（1）同时或者大约同时向同一国家或者地区出口的相同货物的成交价格；（2）同时或者大约同时向同一国家或者地区出口的类似货物的成交价格；（3）根据境内生产相同或者类似货物的成本、利润和一般费用（包括直接费用和间接费用）、境内发生的运输及其相关费用、保险费计算所得的价格；（4）按照其他合理方法估定的价格。

【答案】AB

05 进境物品的完税价格（★）

（一）个人进境物品关税完税价格的一般规定

个人进境物品的关税完税价格，依照海关总署根据《中华人民共和国海关关于入境旅客行李物品和个人邮递物品征收进口税办法》（海关总署令第47号）、《国务院关税税则委员会关于调整进境物品进口税有关问题的通知》（税委会〔2019〕17号），公布《中华人民共和国进境物品完税价格表》，来确定商品归类和完税价格。

（二）跨境电子商务零售进口商品的税收政策

要点	具体规定
纳税人与扣缴义务人	购买跨境电子商务零售进口商品的个人作为纳税义务人 电子商务企业、电子商务交易平台企业或物流企业可作为代收代缴义务人
计征限额和计税规则	2019年1月1日起，跨境电子商务零售进口商品的单次交易限值为人民币5000元，个人年度交易限值为人民币26000元 在限值以内进口的跨境电子商务零售进口商品，关税税率暂设为0%；进口环节增值税、消费税暂按法定应纳税额的70%征收 【归纳】单次和年度限值均不超的免关税，但进口环节增值税、消费税7折征收；超单次交易限值但不超年度限值且订单下仅一件商品时，可以自跨境电商零售渠道进口，全额照章缴纳关税、增值税、消费税；超过年度交易限值的，应按一般贸易管理，全额照章缴纳关税、增值税、消费税
交易限制	已经购买的电商进口商品属于消费者个人使用的最终商品，不得进入国内市场再次销售；原则上不允许网购保税进口商品在海关特殊监管区域外开展“网购保税+线下自提”模式

经典题解

【真题27·多选题】根据跨境电子商务零售进口商品征税规定，下列说法正确的有（　　）。（2020年）

A. 跨境电子商务零售进口商品缴纳行邮税

B. 购买跨境电子商务零售进口商品的个人作为纳税人

C. 电子商务交易平台可作为进口环节税款代收代缴义务人

D. 跨境电子商务零售进口商品超过单次交易限值，按照一般贸易方式全额征税

E. 物流企业可作为进口环节税款代收代缴义务人

【解析】 选项A：跨境电子商务零售进口商品按照货物征收关税和进口环节增值税、消费税；选项D：完税价格超过5000元单次交易限值但低于26000元年度交易限值，且订单下仅一件商品时，可以自跨境电商零售渠道进口，按照货物税率全额征收关税和进口环节增值税、消费税，交易额计入年度交易总额，但年度交易总额超过年度交易限值的，应按一般贸易管理。

【答案】 BCE

▶ Unit 6

第六单元　关税应纳税额计算

查看本单元视频，快速GET知识点

使用“会计云课堂”App或“微信”扫码

01 关税的税额计算公式（★★）

1. 从价税应纳税额的计算

关税税额=应税进（出）口货物数量×单位完税价格×税率

2. 从量税应纳税额的计算

关税税额=应税进（出）口货物数量×单位货物税额

3. 复合税应纳税额的计算

我国目前实行的复合税都是先计征从量税，再计征从价税。

关税税额=应税进（出）口货物数量×单位货物税额+应税进（出）口货物数量×单位完税价格×税率

4. 滑准税应纳税额的计算

关税税额=应税进（出）口货物数量×单位完税价格×滑准税税率

滑准税属于一种特殊的比例税，其税率随完税价格的变化而变化。

考点提示

关税税额计算公式较多，按照不同税率形式使用不同公式。从价税应纳税额的计算是需要重点掌握的，还要注意与进口货物在进口环节海关代征的增值税、消费税的组成计税价格公式一起记忆。

02 税额计算应注意的问题（★★）

（1）在进行从价计算关税时要注意考虑五个方面的问题：一是CIF（成本、保险费、运费）的金额是否完整并符合规定；二是运往境外修理的货物、减免税货物改变用途需补税等的特殊完税价格的把握；三是计算时涉及外汇牌价的要使用人民币计价；四是注意税率的运用；五是要注意是否涉及税收优惠。

（2）从以往考试命题情况看，关税的计算通常和进口增值税、消费税混合在一起计算进口环节税金，考生要注意关税与增值税、消费税计算的关联性，还要注意进口环节不征收城市维护建设税和教育费附加以及地方教育附加。

经典题解

【例题 28 · 单选题】坐落在市区的某日化厂为增值税一般纳税人，2022 年 3 月进口一批高档香水精，出口地离岸价格 85 万元，境外运费及保险费共计 5 万元，海关于 3 月 16 日开具了税款缴款书，日化厂缴纳进口环节税金后海关放行；日化厂将进口的高档香水精的 80% 用于生产高档化妆品。本月从国内购进材料取得增值税专用发票，注明价款 120 万元、增值税 15.6 万元，销售高档化妆品取得不含税销售额 500 万元。该日化厂本月销售环节应纳税金及附加合计（　　）万元。（本月取得的增值税抵扣凭证合规并在本月抵扣，高档化妆品消费税税率为 15%，关税税率为 50%，不考虑地方教育附加）

A. 114.13　　B. 100.46　　C. 94.85　　D. 93.16

【解析】进口关税 =（85+5）×50% = 90×50% = 45（万元）；

进口环节消费税 =（90+45）÷（1−15%）×15% = 23.82（万元）；

进口环节增值税 =（90+45）÷（1−15%）×13% = 20.65（万元）；

销售环节缴纳的增值税 = 500×13%−20.65−15.6 = 28.75（万元）；

销售环节缴纳的消费税 = 500×15%−23.82×80% = 55.94（万元）；

缴纳城市维护建设税和教育费附加 =（28.75+55.94）×（7%+3%）= 8.47（万元）；

本月销售环节应纳税金及附加合计 = 28.75+55.94+8.47 = 93.16（万元）。

【答案】D

【真题 29 · 单选题】某企业进口一批材料，货物价款 95 万元，进口运费和保险费 5 万元，报关进口后发现其中的 10% 有严重质量问题并将其退货，出口方为补偿该企业，发送价值 10 万元（含进口运费、保险费 0.5 万元）的无代价抵偿物，进口关税税率为 20%，该企业应缴纳进口关税（　　）万元。（2010 年）

A. 18.00　　B. 20.00　　C. 22.00　　D. 22.10

【解析】无代价抵偿货物，即进出口货物在征税放行后，因发现货物残损、短少、品质不良或者规格不符等原因退货的，由进出口货物的发货人、承运人或者保险公司免费补偿或者更换的相同货物，进出口时不征收关税。该企业共应缴纳进口关税 =（95+5）×20% = 20（万元）。

【答案】B

▶ Unit 7

第七单元　关税的征收管理（★★）

查看本单元视频，快速 GET 知识点
使用“会计云课堂”App 或“微信”扫码

要点	主要规定
关税的申报	1. 进口货物应自运输工具申报进境之日起 14 日内，由纳税人向货物进境地海关申报 2. 出口货物应在货物运抵海关监管区后装货的 24 小时以前，由纳税人向货物出境地海关申报

要点	主要规定
关税的缴纳	1. 纳税义务人应当自海关填发税款缴款书之日起15日内，向指定银行缴纳税款 2. 关税纳税人因不可抗力或在国家税收政策调整的情形下，不能按期缴纳税款的，依法提供税款担保后，可以向海关办理延期缴纳税款手续，延期纳税最长不超过6个月
关税滞纳金、保全和强制措施	1. 征收关税滞纳金。滞纳金自关税缴纳期限届满之日起至纳税义务人缴清关税之日止，按滞纳税款万分之五的比例按日征收 关税滞纳金金额=滞纳关税税额×滞纳金征收比率×滞纳天数 滞纳金的起征点为50元 2. 进出口货物的纳税义务人在规定的纳税期限内有明显的转移、藏匿其应税货物以及其他财产迹象的，海关可以责令纳税义务人提供担保；纳税义务人不能提供纳税担保的，海关可以采取下列税收保全措施： （1）书面通知纳税义务人开户银行或者其他金融机构暂停支付纳税义务人相当于应纳税款的存款 （2）扣留纳税义务人价值相当于应纳税款的货物或者其他财产 3. 强制措施。如纳税义务人、担保人自缴纳税款期限届满之日起3个月仍未缴纳税款，经直属海关关长或者其授权的隶属海关关长批准，海关可以采取强制扣缴、变价抵缴等强制措施 【考点提示】海关采取强制措施时，对上述纳税义务人、担保人未缴纳的滞纳金同时强制执行。进出境物品的纳税义务人，应当在物品放行前缴纳税款
关税的退还	海关发现多征税款的，应当立即通知纳税义务人办理退税手续。纳税义务人应当自收到海关通知之日起3个月内办理有关退税手续
关税补征和追征	1. 非因纳税人违反海关规定造成短征关税的，称为补征。海关发现的，自缴纳税款或货物放行之日起1年内补征 2. 由于纳税人违反海关规定造成短征关税的，称为追征。海关发现的，自纳税人应缴纳税款或者货物放行之日起3年内追征，并从缴纳税款或者货物放行之日起按日加收少征或者漏征税款万分之五的滞纳金
关税纳税争议	1. 纳税义务人、担保人对海关确定纳税义务人、确定完税价格、商品归类、确定原产地、适用税率或者计征汇率、减征或者免征税款、补税、退税、征收滞纳金、确定计征方式以及确定纳税地点有异议的，应当按照海关作出的相关行政决定依法缴纳税款 2. 纳税争议的申诉程序和期限：纳税义务人自海关填发税款缴款书之日起60日内，应向原征税海关的上一级海关书面申请复议。逾期申请复议的，海关不予受理；海关复议机关应当自受理申请之日起60日内作出复议决定，并以复议决定书的形式正式答复纳税义务人；纳税义务人对海关复议决定仍然不服的，可以自收到复议决定书之日起15日内，向人民法院提起诉讼

经典题解

【真题 30 · 多选题】关于关税征收管理，下列说法正确的有（　　）。（2021 年）

A. 纳税人因不可抗力原因不能按期缴纳税款的，延期纳税最长不超过 6 个月

B. 进口货物放行后，海关发现少征税款的，应当自缴纳税款或者货物放行之日起 1 年内向纳税人补征

C. 进出口货物的纳税人，应当自海关填发税款缴款书之日起 14 日内缴纳税款

D. 纳税人逾期缴纳关税的，由海关征收滞纳金

E. 已征出口关税的货物，因故未装运出口申请退关的，纳税人可以自缴纳税款之日起 1 年内，申请退还关税

【解析】选项 C：进出口货物纳税义务人，应当自海关填发税款缴款书之日起 15 日内，向指定银行缴纳税款。

【答案】ABDE

【真题 31 · 单选题】如果纳税义务人、担保人自缴款期限届满之日起（　　）仍未缴纳税款，经直属海关关长或者其授权的隶属海关关长批准，海关可以采取强制措施。（2018 年）

A. 15 日　　B. 30 日　　C. 3 个月　　D. 6 个月

【解析】纳税义务人、担保人自缴款期限届满之日起 3 个月仍未缴纳税款，经直属海关关长或者其授权的隶属海关关长批准，海关可以采取强制扣缴、变价抵缴等强制措施。

【答案】C

【例题 32 · 单选题】因纳税义务人违反规定而造成少征或者漏征关税的，海关可以自纳税人应缴纳税款或者货物放行之日起（　　）追征。

A. 1 年内　　B. 3 年内　　C. 10 年内　　D. 无限期

【解析】因纳税义务人违反规定而造成少征或者漏征关税的，海关可以自纳税人应缴纳税款或者货物放行之日起 3 年内追征。

【答案】B

本章小结

用“会计云课堂”App 扫码学习

您已成功完成“第十章”的学习，本章共 20 个考点，您都学会了吗？

为了让您对本章有更清晰的理解，加倍巩固。本书作者刘颖老师将通过“电台音频课”的方式，带您回顾重要考点。

名师点拨，高效提分。

※ 欢迎扫码免费学习。

同步强化练习题

使用“会计云课堂”App 或“微信”扫码快速做题、对答案、看解析、掌握解题思路，开启轻松过关之旅。

一、单项选择题

1. 关税中最主要的征税形式是（　　）。
   A. 进口关税
   B. 出口关税
   C. 差别关税
   D. 普遍优惠制

2. 下列进口货物税率形式中，适用原产于与我国签订含有关税优惠条款的区域性贸易协定的国家或地区的进口货物的税率是（　　）。
   A. 最惠国税率
   B. 协定税率
   C. 特惠税率
   D. 配额税率

3. 在海关监管年限内，减免税申请人应当于每年的规定日期以前向主管海关提交《减免税货物使用状况报告书》，报告减免税货物使用状况。该规定日期是（　　）。
   A. 3 月 31 日
   B. 4 月 30 日
   C. 5 月 31 日
   D. 6 月 30 日

4. 进口货物因有不同的成交条件而有不同的价格形式，CFR 的含义是（　　）。
   A. 船上交货价
   B. 成本加运费
   C. 到岸价格
   D. 成本加运费、保险费

5. 下列项目中，属于进口关税完税价格组成部分的是（　　）。
   A. 进口人向自己的境外采购代理人支付的购货佣金
   B. 进口人向中介机构支付的经纪费
   C. 进口设备报关后的安装调试费用
   D. 货物运抵境内输入地点起卸之后的运输费用

6. 下列各项中，符合关税完税价格有关规定的是（　　）。
   A. 运往境外加工的货物，出境时已向海关报明，并在海关规定期限内复运进境的，应以该货物进境时的到岸价格为完税价格
   B. 准予暂时进境的施工机械应当缴纳税款的，按其离岸价格为完税价格
   C. 转让进口时免税的旧货物需补税时，以该货物原入境的成交价格为完税价格
   D. 运输工具作为进口货物，利用自身动力进境的，海关在审查确定完税价格时，不再另行计入运输及其相关费用

7. 依据关税的有关规定，以租金方式对外支付的进口租赁货物，在租赁期间作为完税价格的是（　　）。
   A. 海关审定的租金（含利息）

B. 海关审定的采购价格
C. 一般进口货物估定的完税价格
D. 货物成交价格

8. 海关在采用相同货物的成交价格估价方法对进口货物估价时，如果有多个相同货物完全符合条件，应当以（　　）为基础估定进口货物的关税完税价格。
A. 最低的成交价格
B. 最高的成交价格
C. 平均的成交价格
D. 加权平均价格

9. 出口货物的关税完税价格应该包括（　　）。
A. 离境口岸至境外口岸之间的运费
B. 离境口岸至境外口岸之间的保险费
C. 工厂至离境口岸之间的运费、保险费
D. 出口关税

10. 除海关总署另有规定外，减免税进口货物中的机动车辆的监管年限为（　　）。
A. 3 年
B. 5 年
C. 6 年
D. 8 年

11. 根据现行关税政策的规定，下列进口货物中，享受法定减免税的是（　　）。
A. 科教用品
B. 残疾人专用品
C. 重大技术装备
D. 海关放行前损失的货物

12. 某演出公司进口舞台设备一套，实付金额折合人民币 185 万元，其中包含单独列出的进口后设备安装费 10 万元、中介经纪费 5 万元；运输费、保险费无法确定，海关按该货物进口同期的正常运输成本审查确定的运费 25 万元。该公司进口舞台设备的关税完税价格为（　　）万元。
A. 195.59　　B. 200.6
C. 175　　D. 200

13. 某公司将一台价值 150 万元人民币的机械设备运往境外修理，出境时向海关报明，并在规定期限内复运进境，已知该公司支付境外修理费 7000 美元，料件费 2500 美元，复运进境的运输费 2000 美元、保险费 400 美元。当期汇率 1 美元 = 6.7 元人民币，该设备适用关税税率 7%，则该公司将该设备复运进境时应缴纳的进口关税为（　　）元。
A. 5581.1　　B. 5393.5
C. 4455.5　　D. 4408.6

14. 某企业为增值税一般纳税人，2022 年 5 月从国外进口一批材料，货价 80 万元，买方支付购货佣金 1 万元，运抵我国输入地点起卸前运费及保险费 5 万元；从国外进口一台设备，货价 10 万元，境外运费和保险费 2 万元，与设备有关的软件特许权使用费 3 万元；企业缴纳进口环节相关税金后海关放行。材料关税税率 20%，设备关税税率 10%。该企业应缴纳进口环节税金合计（　　）万元。
A. 33.53　　B. 35.24
C. 34.26　　D. 33.91

15. 2020 年 6 月 1 日某公司由于承担国家重要工程项目，经批准免税进口了一套电子设备。使用 2 年后项目完工，2022 年 6 月 1 日公司经批准将该设备出售给了国内另一家公司，并向海关申报办理补税手续。已知该电子设备进口时，海关审定的完税价格为 300 万元，2020 年进口时该设备适用的关税税率为 9%，2022 年海关接受该公司申报办理补缴关税手续时，该设备适用的关税税率为

7%，按规定该公司应补缴关税（　　）万元。

A. 7　　B. 9

C. 21　　D. 27

16. 某县进出口企业（增值税一般纳税人）于 2022 年 4 月进口设备一批，合同规定货款 50000 美元，进口海运费 1000 美元，买方另支付进口货物保险费 100 美元，向设备代理中介支付中介费 500 美元，企业按规定缴纳了进口环节的税款，并取得海关填发的税款缴款书，进口后将此批设备以人民币 600000 元含税价格销售。则其内销环节各项税金及附加合计为（　　）元。（设备关税税率 6%，当期汇率 1 美元 = 6.8 元人民币，需考虑地方教育附加）

A. 22742.82

B. 21178.51

C. 23716.64

D. 14032.58

17. 按海关有关规定，进出口货物完税后，如发现非因纳税人违反海关规定而造成少征或者漏征税款的，海关应当自纳税人缴纳税款或者货物放行之日起（　　）内，向纳税人补征关税。

A. 半年　　B. 一年

C. 二年　　D. 三年

18. 关税滞纳金的起征点为（　　）元。

A. 20　　B. 30

C. 50　　D. 60

19. 以下符合财政部、海关总署、税务总局发布《关于完善跨境电子商务零售进口税收政策的通知》（财关税〔2018〕49 号）规定的是（　　）。

A. 完税价格超过 5000 元单次交易限值但低于 26000 元年度交易限值，且订单下仅一件商品时，应按一般贸易管理

B. 年度交易总额超过年度交易限值的，应按一般贸易管理

C. 已经购买的电商进口商品，可进入国内市场再次销售

D. 原则上允许网购保税进口商品在海关特殊监管区域外开展“网购保税+线下自提”模式

20. 下列关于关税征收管理的说法，正确的是（　　）。

A. 进口货物自运输工具申报进境之日起 14 日内，向货物进境地海关申报

B. 出口货物在货物运抵海关监管区后装货的 24 小时以后，向货物出境地海关申报

C. 关税的延期缴纳税款期限，最长不得超过 12 个月

D. 进出境货物放行后，海关发现少征或者漏征税款，应当自缴纳税款或者货物放行之日起 2 年内，向纳税义务人补征关税

21. 自 2022 年 1 月 1 日起，继续对配额外进口的一定数量棉花实施（　　）。

A. 配额内税率，税率不变

B. 暂定税率，税率调整

C. 差别关税

D. 滑准税，税率不变

二、多项选择题

1. 以下关于关税的描述正确的有（　　）。
   A. 关税的征税主体是国家
   B. 其他税收主要是由税务机关负责征收，而关税是由海关负责征收
   C. 关税是对有形的货品征税，对无形的货品不征关税
   D. 关税具有较强的涉外性
   E. 进口关税属于价内税

2. 按征税对象进行分类，可将关税分为（　　）。
   A. 进口关税
   B. 出口关税
   C. 普通关税
   D. 从价税
   E. 从量税

3. 按征税标准分类，可将关税分为（　　）。
   A. 价内税
   B. 价外税
   C. 壁垒税
   D. 从价税
   E. 从量税

4. 下列各项中，属于我国关税纳税人的有（　　）。
   A. 进口货物的发货人
   B. 进口货物的收货人
   C. 出口货物的发货人
   D. 出口货物的收货人
   E. 进出境物品的送货人

5. 下列情形已申报进境并且放行的暂时进境货物中，需要缴纳税款的，应当适用海关接受纳税义务人再次填写报关单申报办理纳税及有关手续之日实施的税率的有（　　）。
   A. 保税货物经批准不复运出境的
   B. 保税仓储货物转入国内市场销售的
   C. 减免税货物经批准转让或者移作他用的
   D. 可以暂不缴纳税款的暂时进境货物，按规定复运出境的
   E. 租赁进口货物，分期缴纳税款的

6. 进口货物的成交价格不符合规定条件或者成交价格不能确定，在客观上无法采用货物的实际成交价格时，海关经了解有关情况，并与纳税义务人进行价格磋商后，可以按顺序采用（　　）估定该货物的完税价格。
   A. 相同货物成交价格估价方法
   B. 类似货物成交价格估价方法
   C. 倒扣价格估价方法
   D. 计算价格估价方法
   E. 相同货物的最高价格估价方法

7. 根据关税的现行规定，下列表述正确的有（　　）。
   A. 出口货物的关税完税价格不包含出口关税
   B. 进口货物的保险费无法确定时，海关应按照货价的5%计算保险费
   C. 进口货物成交价格“FOB”的含义是“船上交货价”的价格术语简称，又称“离岸价格”
   D. 进口货物成交价格“CFR”的含义是“到岸价格”的价格术语简称
   E. 进口货物成交价格“CIF”的含义是“成本加运费、保险费”的价格术语简称，又称“到岸价格”

8. 根据关税的现行规定，有下列（　　）情形的，应当视为对买方处置或者使用进口货物进行了限制。
   A. 进口货物只能用于展示或者免费赠送的

B. 进口货物只能销售给指定第三方的
C. 进口货物只能在进口后手续齐全，才可以销售的
D. 进口货物加工为成品后只能销售给卖方或者指定第三方的
E. 其他经海关审查，认定买方对进口货物的处置或者使用受到限制的

9. 下列关于关税完税价格的说法，正确的有（　　）。
A. 出口货物关税的完税价格不包含出口关税
B. 进口货物的保险费无法确定时，海关应按照货价的5%计算保险费
C. 进口货物的关税完税价格不包括进口关税
D. 经海关批准的暂时进境货物应当缴纳税款的，应当按照一般进口货物完税价格确定的有关规定审查确定完税价格
E. 出口货物的完税价格，由海关以该货物的成交价格为基础审查确定，并应包括货物运至我国境内输出地点装载前的运输及其相关费用、保险费

10. 下列关于进口货物关税完税价格确定的说法，正确的有（　　）。
A. 经海关批准暂时进境的货物应当缴纳税款的，按照一般进口货物完税价格确定的有关规定，审查确定完税价格
B. 租赁方式进口的货物中，以租金方式对外支付的租赁货物，在租赁期间以海关审定的租金作为完税价格
C. 进口运输工具，利用自身动力进境的，不再另行计入运费
D. 如果进口货物的保险费未实际发生，则无须计算保险费
E. 邮运进口的货物，应当以邮费作为运输及其相关费用、保险费

11. 下列有关关税处理的表述中，正确的有（　　）。
A. 对留购的租赁货物，以海关审定的留购价格作为关税完税价格
B. 对以租金方式对外支付的租赁货物，在租赁期间以海关审定的租金作为关税完税价格
C. 运往境外修理的机械器具，出境时已向海关报明，并且在海关规定的期限内复运进境的，应当以境外修理费和料件费为基础审查确定完税价格
D. 减税或免税进口的货物需补税时，应当以海关审定的该货物原进口时的价格，扣除折旧部分作为完税价格
E. 对于进口的有商业价值的货样免征关税

12. 关于关税政策的说法，正确的有（　　）。
A. 进口货物完税价格的确定首先应由海关估价
B. 关税是价内税，进口货物关税完税价格包含关税
C. 关税税额在人民币50元以下的一票货物免征关税
D. “CFR”的含义是到岸价格的价格术语简称
E. “CIF”的含义是“成本加运费、保险费”的价格术语简称，又称“到岸价格”

13. 关于关税的减免税，下列表述正确的有（　　）。
A. 无商业价值的广告品视同货物进口征收关税

B. 在海关放行前损失的货物免征关税
C. 进出境运输工具装载的途中必需的物料免征关税
D. 关税税额在人民币 50 元以下的一票货物免征关税
E. 因品质或者规格原因，出口货物自出口之日起 1 年内原状复运进境的，不征收进口关税

14. 下列进出口货物，法定免征关税的有（　　）。
A. 关税税额在人民币 100 元以下的一票货物
B. 有商业价值的广告品和货样
C. 外国企业无偿赠送的物资
D. 在海关放行前损失的货物
E. 进出境运输工具装载的途中必需的燃料、物料和饮食用品

15. 下列选项中，符合关税相关规定的有（　　）。
A. 海关对法定减免税货物一般不进行后续管理
B. 税款滞纳天数的计算自关税缴纳期限届满之日起，至纳税人缴清关税之日止，周末或法定节假日可以扣除
C. 进口货物自运输工具申报进境之日起 15 日内，应由进口货物的纳税义务人向货物进境地海关申报
D. 海关需要对特定减免税货物进行后续管理
E. 出口货物在货物运抵海关监管区后装货的 24 小时前，应由出口货物的纳税义务人向货物出境地海关申报

同步强化练习题参考答案及解析

一、单项选择题

1. A　【解析】进口关税是关税中最主要的一种征税形式。

2. B

3. D　【解析】在海关监管年限内，减免税申请人应当于每年 6 月 30 日（含当日）以前向主管海关提交《减免税货物使用状况报告书》，报告减免税货物使用状况。

4. B　【解析】CFR 含义为“成本加运费”或“离岸加运费价格”，公式：FOB+运费=CFR。

5. B　【解析】计入关税完税价格的佣金不包括进口人向自己的境内外采购代理人

支付的购货佣金，但是包括进口人向中介机构支付的经纪费。进口设备报关后的安装调试费用和货物运抵境内输入地点起卸后的运输费用都属于进口后发生的费用，不应计入进口货物关税的完税价格。

6. D 【解析】选项A：运往境外加工的货物，出境时已向海关报明，并在海关规定期限内复运进境的，应以境外加工费、料件费、复运进境运输费及相关费用、保险费为基础审查确定完税价格；选项B：准予暂时进境的施工机械应当缴纳税款的，按一般进口货物完税价格确定的有关规定，审查确定完税价格；选项C：转让进口的免税旧货物需补税时，以海关审定的该货物原进口时的价格扣除折旧部分作为完税价格。

7. A 【解析】租赁方式进口的货物中，以租金方式对外支付的租赁货物，在租赁期间以海关审定的租金作为完税价格，利息应当予以计入。

8. A 【解析】海关在采用相同货物的成交价格估价方法对进口货物估价时，如果有多个相同货物完全符合条件，应当以最低的成交价格为基础估定进口货物的关税完税价格。

9. C 【解析】出口货物的关税完税价格包括货物运至我国境内输出地点装载前的运输及其相关费用、保险费，如果出口货物的成交价格中单独列明了离境口岸至境外口岸之间的运费、保险费的，该运费、保险费应当扣除。

10. C 【解析】除海关总署另有规定外，减免税进口货物的监管年限为：①船舶、飞机：8年；②机动车辆：6年；③其他货物：3年。监管年限自货物进口放行之日起计算。

11. D 【解析】选项ABC均属于特定减免关税的情形，只有选项D属于法定减免关税的范畴。

12. B 【解析】计入进口货物关税完税价格的金额，包括货价、支付的佣金（不包括买方向自己的采购代理人支付的购货佣金）、买方负担的包装费和容器费、进口途中的运费、保险费等相关费用（不包括进口后发生的运费、保险费和装卸费）。关税完税价格＝185－10＋25＋（185－10＋25）×3‰＝200.6（万元）。

13. C 【解析】运往境外修理的机械器具、运输工具或其他货物，出境时已向海关报明，并在海关规定期限内复运进境的，应当以境外修理费和料件费为基础确定完税价格。进口关税＝（7000＋2500）×7%×6.7＝4455.5（元）。

14. D 【解析】买方支付的购货佣金1万元不计入关税完税价格；与设备有关的特许权使用费应计入完税价格。

进口关税＝（80＋5）×20%＋（10＋2＋3）×10%＝18.5（万元）；

进口增值税＝（80＋5＋10＋2＋3＋18.5）×13%＝15.41（万元）；

该企业应缴纳进口环节税金合计＝18.5＋15.41＝33.91（万元）。

15. A | 【解析】需要扣除的折旧不是该设备的账面折旧，而是按照该设备使用期占监管期的比例计算分摊的设备完税价格。机器设备的监管期为 3 年，补税时适用的关税税率不是原进口时的税率，而是海关接受纳税人再次填写报关单申报办理纳税及有关手续之日实施的税率。应补缴关税税额 = 300×［1-（2×12）/（3×12）］×7% = 7（万元）。

16. A | 【解析】进口关税完税价格 = 成交价格+进口海运费+进口保险费+买方支付中介费 =（50000+1000+100+500）×6.8 = 350880（元）；

应缴纳的关税 = 350880×6% = 21052.80（元）；

进口环节应缴纳增值税 =（350880+21052.80）×13% = 48351.26（元）；

内销环节增值税销项税额 = 600000÷（1+13%）×13% = 69026.55（元）；

应缴纳增值税 = 69026.55-48351.26 = 20675.29（元）；

应缴纳城市维护建设税和教育费附加、地方教育附加 = 20675.29×（5%+3%+2%）= 2067.53（元）；

内销环节合计纳税 = 20675.29+2067.53 = 22742.82（元）。

17. B | 【解析】补征关税的期限是缴纳税款或货物放行之日起1 年内。

18. C | 【解析】关税滞纳金的起征点为50 元。

19. B | 【解析】选项 A，完税价格超过 5000 元单次交易限值但低于 26000 元年度交易限值，且订单下仅一件商品时，可以自跨境电商零售渠道进口，按照货物税率全额征收关税和进口环节增值税、消费税，交易额计入年度交易总额；选项 C，已经购买的电商进口商品属于消费者个人使用的最终商品，不得进入国内市场再次销售；选项 D，原则上不允许网购保税进口商品在海关特殊监管区域外开展“网购保税+线下自提”模式。

20. A | 【解析】选项 B：出口货物在货物运抵海关监管区后装货的 24 小时以前，向货物出境地海关申报纳税；选项 C：关税的延期缴纳税款期限，最长不得超过 6 个月；选项 D：进出境货物放行后，海关发现少征或者漏征税款，应当自缴纳税款或者货物放行之日起 1 年内，向纳税义务人补征关税。

21. D | 【解析】新增知识点。自 2022 年 1 月 1 日起，继续对小麦等 8 类商品实施关税配额管理，税率不变。其中，对尿素、复合肥、磷酸氢铵 3 种化肥的配额税率继续实施进口暂定税率，税率不变。继续对配额外进口的一定数量棉花实施滑准税，税率不变。

二、多项选择题

1. ABCD | 【解析】选项 AB：关税及其他税收的征税主体都是国家，不同的是其他税收主要是由税务机关征收，而关税是由海关征收；选项 C：关税的征税对象是货物和物品，是对有形的货品征税，对无形的货品不征关税；选项 D：关税

政策、关税措施往往和经济政策、外交政策紧密相关，具有较强的涉外性；选项E：进口关税属于价外税。

2. AB　【解析】按征税对象进行分类，可将关税分为进口关税、出口关税。

3. DE　【解析】按征税标准分类，可将关税分为从量税、从价税。此外各国常用的征税标准还有复合税、选择税、滑准税。

4. BC　【解析】进口货物的收货人、出口货物的发货人、进出境物品的所有人和推定所有人，是关税的纳税义务人。

5. ABCE　【解析】已申报进境并且放行的保税货物、减免税货物、租赁货物或者已申报进出境并且放行的暂时进出境货物，有下列情形之一需缴纳税款的，应当适用海关接受纳税义务人再次填写报关单申报办理纳税及有关手续之日实施的税率：（1）保税货物经批准不复运出境的；（2）保税仓储货物转入国内市场销售的；（3）减免税货物经批准转让或者移作他用的；（4）可以暂不缴纳税款的暂时进出境货物，不复运出境或者进境的；（5）租赁进口货物，分期缴纳税款的。

6. ABCD　【解析】进口货物的成交价格不符合规定条件或者成交价格不能确定，在客观上无法采用货物的实际成交价格时，海关经了解有关情况，并与纳税义务人进行价格磋商后，依次以下列方法审查估定该货物的完税价格：（1）相同货物成交价格估价方法；（2）类似货物成交价格估价方法；（3）倒扣价格估价方法；（4）计算价格估价方法；（5）合理估价方法。

7. ACE　【解析】进口货物的保险费无法确定时，海关应按照“货价加运费”两者总额的3‰计算保险费，B选项错误；进口货物成交价格“CFR”的含义是“成本加运费”的价格术语的简称，又称“离岸加运费价格”，D选项错误。

8. ABDE　【解析】有下列情形之一的，应当视为对买方处置或者使用进口货物进行了限制：（1）进口货物只能用于展示或者免费赠送的；（2）进口货物只能销售给指定第三方的；（3）进口货物加工为成品后只能销售给卖方或者指定第三方的；（4）其他经海关审查，认定买方对进口货物的处置或者使用受到限制的。

9. ACDE　【解析】选项B：当进口货物的保险费无法确定时，海关应当按照“货价加运费”两者总额的3‰计算保险费。

10. ABCE　【解析】选项D：如果进口货物的保险费未实际发生，应按货价和运费两者总额的3‰计算保险费。

11. ABCD　【解析】选项E：对于进口的无商业价值的货样免征关税，但是有商业价值的货样不能免征关税。

12\. CE 【解析】选项A：进口货物的完税价格应首先由海关以货物的成交价格为基础审查确定。选项B：关税是单一环节价外税，进口货物关税完税价格不包含关税。选项D：CFR的含义是“成本加运费”的价格术语简称，又称“离岸加运费价格”；CIF是到岸价格。

13\. BCDE 【解析】选项A：无商业价值的广告品和货样是关税法定免税的项目。

14\. DE

15\. ADE 【解析】选项B：滞纳金自关税缴纳期限届满之日起，至纳税人缴清关税之日止，按滞纳税款万分之五的比例按日征收，周末或法定节假日不予扣除；选项C：进口货物自运输工具申报进境之日起14日内，由进口货物纳税义务人向货物进境地海关申报。

03

第三部分
主观题演练及核心常考点

跨章节主观题演练

近三年，税法（Ⅰ）命题模式比较固定，计算题一般不跨章考核，综合分析题跨章考核。跨章节综合分析题主要考核以增值税为主的综合分析题和以土地增值税为主的综合分析题。由于重要考点之间可以有很多不同的搭配组合，一般涉及增值税、消费税、城建税及附加、关税、车辆购置税、土地增值税，而跨章节解题又容易顾此失彼，所以结合以往命题规律，首先在这里提示考生应注意的考点，并列示较为经典的考点组合，之后通过10道练习题，让考生掌握跨章节组合考点应有的解题思路。

核心常考点总结

跨章节命题的章节	跨章节的核心常考点
第2章　增值税	（1）增值税的征税范围 （2）应税项目的税率和征收率 （3）增值税的减税、免税 （4）销售额与销项税额 （5）视同销售 （6）凭票抵扣、计算抵扣、核定抵扣进项税额 （7）不得抵扣进项税的政策和进项税额转出的应用 （8）增值税期末留抵退税计算 （9）兼营和混合销售的税务处理 （10）简易计税办法应纳税额的计算 （11）免抵退税的计算和免退税的计算 （12）纳税义务发生时间 （13）加计抵减的计算
第3章　消费税	（1）消费税的税目辨析 （2）消费税的纳税环节 （3）消费税的计税依据 （4）应纳税额计算的一般规定 （5）自产自用应税消费品的计税规则 （6）委托加工应税消费品的计税规则 （7）消费税的抵税规则 （8）金银首饰消费税的计税规则

跨章节命题的章节	跨章节的核心常考点
第 3 章　消费税	(9) 卷烟的双环节计税规则 (10) 超豪华小汽车双环节计税规则 (11) 纳税义务发生时间 (12) 纳税地点
第 4 章　城市维护建设税、教育费附加及地方教育附加	(1) 城建税的纳税人和纳税环节 (2) 城建税税率的运用 (3) 城建税、教育费附加及地方教育附加计税（征）依据的确定 (4) 城建税、教育费附加及地方教育附加的税费金额计算
第 5 章　土地增值税	(1) 收入的形式与金额确定 (2) 不同转让标的各个扣除项目规定 (3) 不同转让主体的各个扣除项目规定 (4) 扣除项目金额的配比计算 (5) 视同销售规定
第 6 章　资源税	(1) 征税范围的基本划分 (2) 税收优惠与税额计算的结合 (3) 资源税纳税地点与税额计算的结合
第 7 章　车辆购置税	(1) 购买自用应税车辆的车购税计税依据 (2) 进口自用应税车辆的车购税计税依据 (3) 车购税税收优惠与应纳税额的计算 (4) 车购税的退税计算
第 9 章　烟叶税	烟叶税的计税依据与税额计算
第 10 章　关税	进口货物的关税完税价格

跨章节考点组合解题思路与考点链接提示

（一）关税、增值税、消费税、城建税、教育费附加、地方教育附加组合

1. 进口环节税金的计算是后续计算的基础

①进口关税的完税价格（CIF）和关税税额的计算，直接影响进口增值税和消费税的组价。

②从价计税和复合计税的应税消费品进口环节计算增值税和消费税的组成计税价格是同样的数字。

③进口环节海关代征的增值税符合条件的会构成企业进一步生产销售的进项税。

④进口环节海关代征的消费税可能会构成企业进一步生产销售时按领用量抵扣已纳消费税的基础。

2. 国内采购环节进项税的计算要有准确的判断

①当用于同一用途（如集体福利）的货物有着不同的来源（如外购和自产）时，正是检验考生对不可抵扣进项税和视同销售确认销项税的运用。

②凭票抵扣进项税和计算抵扣进项税的规则要熟练运用，收购烟叶进项税的抵扣要与进一步加工生产烟丝的计算结合起来复习。

③部分行业开展增值税进项税额核定扣除，这种方式在实际计算上体现出按照销售实耗核定扣除。

④不可抵扣进项税首先要把握范围，再就是要会运用分摊的方式计算不可抵扣的进项税额，用来分摊计算的是不能划分的进项税（固定资产、不动产、无形资产除外），凡能直接划分的，不必用分摊的方式计算。

⑤掌握增值税异常凭证对增值税、消费税计算的影响。

3. 已抵扣过进项税的货物在改变用途、发生非正常损失等情况下需要作进项税转出

①进项税的转出要注意已抵扣过进项税的免税农产品因管理不善发生毁损，需要还原成原来的买价，用毁损免税农产品账面价值除以（1-扣除率）。只有免税农产品计算抵扣进项税的才使用还原买价的步骤，凭票抵扣进项税的项目的进项税转出不需要还原。

②计算出口退税时，对于计算出来的“免抵退税不得免征和抵扣税额”，一方面要作进项税转出；另一方面要增加出口货物的销售成本，影响损益和企业所得税的计算。

4. 确定视同销售的销售额要细心

①仔细审题，看是否在题目给出的条件中“藏”有同类货物的销售价格，有可能在某一个给定的业务中存在同类货物的销售价格。

②如果对不属于消费税征税范围的货物进行组价，组成计税价格公式中的成本利润率一般为10%；如果是需要缴纳消费税的货物，成本利润率会在题目中告知。

5. 注意价外费用

价外费用一般都是含税的，另外需要并入销售额计税的包装物押金一般也是含税的，除非题目中明确该项费用不含税。

6. 兼营与混合销售要区分

兼营的税务处理原则是分清销售额分别计税。分不清的，税率（征收率）从高从重。混合销售的税务处理原则是按主营项目性质确定税率（特殊混合销售行为除外）。

7. 增值税税率的适用

①记忆增值税税率、征收率、预征率。

②增值税的9%税率不涉及应税劳务，只涉及货物、服务、不动产和土地使用权。

③增值税的征收率不仅仅小规模纳税人适用，在特定情形下一般纳税人也适用。

8. 建筑服务、不动产租赁、不动产转让（非房企）的增值税

预缴是高频考点，把握一般计税方法“建2、租3、转让5”和简易计税方法“建3、租5、转让5”口诀的具体公式运用，这部分建议考生听课来归纳、理解、记忆。

9. 不要恐惧免抵退税的计算

①免抵退税的计算实际并不难，只是考生接触这样的业务少，且对公式理解不透，才凭空增加了一些神秘感。免抵退税中的最大难点是“免抵退税不得免征和抵扣税额抵减额”，这一点理解了，就战胜了免抵退税计算最大的拦路虎。

②要注意在计算免抵退税过程中，对于不曾实际发生过进项税的免税购进料件，在作进项税转出时需要调整剔税过程和退免税限度。

③免抵退税计算中的免抵税额和留抵税额要分清，前者是通过免抵退税政策享受到的优惠额；后者是应纳增值税的负数，留到下期继续抵扣。

④采用免抵退税方法计算增值税出口退税的生产企业，其出口自产应税消费品，消费税采用的是免税不退税的政策。

⑤建议掌握境外旅客购物离境退税的11%、8%退税率的应用及退税计算。

10. 消费税已纳税额的扣除

①消费税已纳税额的扣除采用的是按生产领用量扣税的方法（委托加工收回加价出售除外），只能扣有对应关系的已纳消费税，并且有严格的扣税规则。要把握与增值税的购进扣税法扣税依据、范围、时点的不同。

②当期投入生产的应税消费品可抵扣的已纳消费税大于当期应纳消费税的，按当期应纳消费税的数额申报抵扣，不足抵扣部分结转下一期申报抵扣。

11. 委托加工方式下委托方与受托方的税务处理

①委托加工既涉及增值税计算（加工费和辅料）又涉及消费税计算。

②委托加工一般会涉及组成计税价格的计算，组价时使用的材料成本可能需要考生有一定的会计基础，即要知道材料成本所包含的内容。这一点容易与收购免税农产品结合在一起命题。

12. 不同方式下的销售额

①从价计税的应税消费品，计算增值税销项税的销售额与计算消费税的销售额一般是一样的数字。但在用自产应税消费品换取生产资料或消费资料、投资入股、抵偿债务时出现差别，这种情况下，消费税使用最高销售价格，增值税使用平均销售价格。

②在使用同类商品价格时，增值税使用平均价格；消费税一般使用平均价格，特殊情况下使用最高价格。

13. 纳税义务发生时间

①纳税义务发生时间是计算增值税销项税或应纳税额的时间规定，也是计算消费税的时间规定，除了委托加工应税消费品等特殊情况外，增值税纳税义务发生时间与消费税纳税义务发生时间是一致的。

②是否按照规定时间计税和规定的期限缴纳税款，可以和滞纳金的计算相联系。

14. 城建税的计税依据是实缴的“两税”税额

①城建税随“两税”的减免而减免，“两税”因减免导致的退税会造成城建税的退税。

②城建税、教育费附加和地方教育附加的计税（征）依据中要扣除退还的增值税期末留抵退税额。

③城建税进口（含进口货物、劳务、服务和无形资产）不征、出口不退。

④行政区化变更城建税税率变化的税务处理。

（二）增值税与资源税的组合

1. 资源税征税范围

①缴纳资源税的货物都属于增值税征税范围，发生销售行为也需缴纳增值税。

②资源税进口不征、出口不退。这点与城建税的规则一样。

③资源税对列举资源的原矿或选矿产品的销售或自用征税，立法后，原矿和选矿产品分别规定不同的税率。

④资源税具有一次课征制的特点，出厂销售、自用于非生产项目和生产非应税产品需要征收资源税，批发零售环节不涉及资源税。外购已税资源混合销售或连续加工应税产品销售的，资源税税不重征，有扣税规则。

2. 税率问题

①缴纳资源税的应税产品在计征增值税时，除天然气、煤成（层）气、地热适用9%的增值税税率之外，其他应税产品如原油、煤炭等都适用13%的增值税基本税率。但是以应税产品为原料加工的产品中有适用增值税低税率的货物，如出于减轻百姓税负的目的，用原煤加工的居民用煤炭制品（煤球、蜂窝煤等）以及用海盐加工的食用盐，这几项产品不属于资源税的征税范围，但属于增值税的征税范围，适用9%的增值税低税率。

②资源税税率以比例税率为主，少量项目可适用定额税率；增值税采用比例税率。

3. 出题套路

①开采原煤的单位出于安全需要同时抽采煤层气、加工居民用煤炭制品的资源税和增值税混合计算。

②外购已税原矿或选矿产品连续生产，不重复征收资源税的计算规则。

4. 优惠政策

资源税税收优惠要与计算结合，尤其是原油、天然气的开采、自用等，有一些特殊的减税政策，要与计算结合起来复习。

（三）与土地增值税相关的税种组合

1. 计算土地增值税的应税收入是不含增值税的收入，这里要注意增值税以差额作为计税依据所计算出增值税额与土地增值税应税收入的关系。如果增值税的差额计税没有学到位，在计算土地增值税应税收入时就难以理解，需要回过头再次学习巩固增值税相关内容。

2. 计算土地增值税的土地增值额时可扣除项目和不可扣除项目必须掌握，地方教育附加能否扣除要看题目提示。

3. 近几年没有考土地增值税与税法（Ⅱ）中的印花税、契税等税种的组合计算。但考生还是应该做好跨科目考查基本计算的预案。今年教材中明确，房地产企业转让新建房的印花税可以单独扣除。

（四）与车辆相关的税种组合

1. 生产销售或进口小汽车（含中轻型商用客车）需要缴纳增值税和消费税。

2. 生产销售或进口卡车、货车等车辆需要缴纳增值税。

3. 购置应税车辆自用在车辆注册登记前需要缴纳车辆购置税。

4. 小汽车（含中轻型商用客车）车辆购置税进口环节的计税依据与进口环节增值税、

消费税的计税依据相同，但进口环节关税、增值税、消费税向海关缴纳，而进口车辆的车购税向税务机关缴纳。

5. 购买自用车购税的计税依据与计算增值税销项税的计税依据有微妙差异，车购税的计税依据在税法中未提及价外费用。

跨章节主观题

使用“会计云课堂”App或“微信”扫码快速做题、对答案、看解析、掌握解题思路，开启轻松过关之旅。

（一）

本题目考查筷子生产企业增值税与消费税的知识点组合

甲筷子生产企业（以下简称“甲企业”）是增值税一般纳税人，2021年12月经营情况如下：

（1）从林场收购加工木筷的粗树枝一批，支付价款30万元，还从林场收购毛竹一批，支付价款20万元，均开具农产品收购发票并于当月全部领用。

（2）进口一台生产设备，设备价格55万元，运抵我国口岸前发生运费4万元、保险费1万元，关税税率5%，取得海关填发的专用缴款书，完税后通关，将设备运往企业，取得一般纳税人开具的增值税专用发票，注明运费金额1万元。

（3）甲企业销售自产描金工艺木筷取得销售收入（不含税，下同）58万元；销售木制一次性筷子取得销售收入10万元；销售竹制描花工艺筷子取得销售收入40万元；销售竹制一次性筷子取得销售收入15万元。

（4）甲企业在经营中支付桥、闸通行费4万元，取得非财政通行费票据。

（其他相关资料：木制一次性筷子的消费税税率为5%）

要求：根据上述资料，按顺序回答下列问题。

1. 业务（1）可抵扣的增值税进项税（　　）万元。

A. 3.5　　B. 6.5

C. 4.5　　D. 5

2. 业务（2）进口环节应缴纳的税金合计（　　）万元。

A. 10.26　　B. 11.19

C. 11.00　　D. 11.38

3. 甲企业可抵扣的增值税进项税合计（　　）万元。

A. 12.97　　B. 11.57

C. 13.12　　D. 13.47

4. 甲企业应向税务机关缴纳的增值税额（　　）万元。
A. 2.52　　B. 2.76
C. 4.42　　D. 3.18

5. 甲企业应向税务机关缴纳的消费税（　　）万元。
A. 0.5　　B. 1.25
C. 3.25　　D. 6.15

6. 以下表述正确的有（　　）。
A. 海关应代征甲企业进口设备的增值税和城建税
B. 甲企业进口设备增值税的纳税义务发生时间为报关进口的当天
C. 甲企业进口设备，应当自海关填发海关进口增值税专用缴款书之日起 15 日内缴纳增值税
D. 甲企业应向核算地税务机关缴纳消费税
E. 甲企业可选择以 1 个月或者 1 个季度为 1 个纳税期缴纳增值税

（二）

本题目考查增值税、资源税的混合计算

甲企业为煤炭开采企业，是增值税一般纳税人，2021 年 12 月发生如下业务：
(1) 甲企业开采原煤 1600 吨，当期销售原煤 800 吨，取得不含增值税销售额 340000 元（含向购买方收取的从坑口到购买方指定地点的运费 8000 元）；将部分未税原煤移送加工洗煤，销售洗煤取得不含增值税销售额 300000 元。
(2) 甲企业采煤过程中因安全生产需要抽采的煤成（层）气 40000 立方米，当月全部销售取得不含增值税销售额 40000 元。
(3) 甲企业外购工作服等劳保用品取得增值税专用发票，金额 20000 元，增值税 2600 元；从小规模纳税人处购买小工具一批，取得增值税专用发票，价款 45000 元，增值税 450 元；支付业务（1）原煤从坑口到买方指定地点运费，取得增值税专用发票，金额 8000 元，增值税 720 元。
(4) 与乙天然气企业签订易货合同，用开采的原煤换取乙企业（增值税一般纳税人）自采天然气，双方按照市场含税价 9605 元互开增值税专用发票；甲企业将换入的天然气 20%用于职工食堂动力，80%用于采煤动力。
（其他相关资料：上述应抵扣的发票均符合抵扣要求；甲企业原煤资源税税率为 5%，洗煤资源税税率为 4%）

要求：根据上述资料，按顺序回答下列问题。

1. 业务（1）应纳的资源税为（　　）元。
A. 28600　　B. 29000
C. 25280　　D. 31600

2. 甲企业应缴纳的资源税合计为（　　）元。
A. 25760.25　　B. 29025
C. 29080.25　　D. 29425

3. 甲企业可抵扣的增值税进项税为（　　）元。

A. 3770　　B. 4404.46

C. 4563.07　　D. 3684.46

4. 甲企业增值税的销项税额合计为（　　）元。

A. 83200　　B. 83993.07

C. 89505　　D. 87905

5. 甲企业应纳的增值税为（　　）元。

A. 79430　　B. 79588.61

C. 83500.54　　D. 85100.54

6. 根据上述业务，下列说法正确的有（　　）。

A. 业务（2）减半征收资源税

B. 换出的原煤应确认销项税额

C. 换出的原煤无须确认销项税额

D. 换入的天然气的进项税额准予全额抵扣

E. 外购的工作服的进项税额准予抵扣

（三）

本题目考查增值税、城建税及附加、土地增值税的计算

某县城一家房地产开发企业（增值税一般纳税人）2021 年 1 月向政府部门支付土地使用权价款 1750 万元，取得一宗土地的使用权并缴纳契税 52.5 万元，已取得相应的财政票据和契税完税凭证，将其中 80%的面积用于开发建造 10 栋住宅楼。当年建成后，80%的建筑面积于 11 月直接对外销售，取得含增值税销售收入 7648 万元；其余部分自 11 月暂时对外出租，本年度内取得含增值税租金收入 63 万元。与该住宅楼开发相关的成本、费用如下：

（1）房地产开发成本 2250 万元。

（2）发生管理费用 450 万元、销售费用 280 万元、利息费用 370 万元（利息费用虽未超过同期银行贷款利率，但不能准确按转让房地产项目计算分摊）。

（3）该企业建造过程中全部可抵扣的增值税进项税合计为 350 万元，出租房产过程中未直接发生增值税进项税。

（其他相关资料：当地政府规定，房地产开发企业发生的管理费用、销售费用、财务费用在计算土地增值税增值额时的扣除比例为 9%，不考虑印花税）

要求：根据上述资料，按顺序回答下列问题。

1. 该房地产开发企业增值税的销项税额合计数为（　　）万元。

A. 539.01　　B. 544.21

C. 521.09　　D. 636.69

2. 该房地产开发企业应缴纳的城市维护建设税和教育费附加、地方教育附加合计数为（　　）万元。

A. 19.42　　B. 18.90

C. 17.11　　D. 28.67

3. 该房地产开发企业计算土地增值税的增值额时，允许扣除的取得土地使用权支付金额和房地产开发成本合计数为（　　）万元。

A. 3403.6　　B. 3242

C. 2953.6　　D. 4052.5

4. 该房地产开发企业计算土地增值税的增值额时，允许扣除的房地产开发费用为（　　）万元。

A. 306.32　　B. 291.78

C. 265.82　　D. 1100

5. 该房地产开发企业的土地增值额为（　　）万元。

A. 3863.67　　B. 3279.95

C. 2900.91　　D. 3272.95

6. 该房地产开发企业应缴纳的土地增值税为（　　）万元。

A. 1439.99　　B. 1117.38

C. 949.96　　D. 1120.13

（四）

本题目考查以契税为基础的增值税差额计税、土地增值税的混合计算

甲市某机械厂为增值税一般纳税人，2021 年 3 月因企业搬迁将原厂房出售，相关资料如下：

（1）该厂房于 2005 年 3 月购进，会计账簿记载的该厂房入账的固定资产原价为 1600 万元，账面净值 320 万元。搬迁过程中该厂房购进发票丢失，该厂提供的当年缴纳契税的完税凭证，记载契税的计税金额为 1560 万元，缴纳契税 46.8 万元。

（2）转让厂房取得含税收入 3100 万元。该机械厂选择简易计税方法计税。

（3）转让厂房时评估机构评定的重置成本价为 3800 万元，该厂房 4 成新。

要求：根据上述资料，按顺序回答下列问题。（不考虑印花税、地方教育附加）

1. 该机械厂转让厂房应缴纳的增值税为（　　）万元。

A. 73.33　　B. 147.62

C. 77　　D. 69.62

2. 该机械厂转让厂房计算土地增值税时准予扣除的转让环节的税金为（　　）万元。

A. 7.70　　B. 7.33

C. 14.76　　D. 6.96

3. 该机械厂转让厂房计算土地增值税时准予扣除项目金额合计为（　　）万元。

A. 1527.7　　B. 1527.33

C. 1534.76　　D. 1526.96

4. 该机械厂转让厂房应缴纳的土地增值税为（　　）万元。

A. 556.10　　B. 527.76

C. 523.54　　D. 523.37

（五）

本题目考查增值税和车辆购置税的混合计算

甲市旅游公司为增值税一般纳税人，2021年5月发生以下业务：

（1）取得含税旅游费收入共计480万元，其中向境外旅游公司支付境外旅游费34.98万元，向境内其他单位支付旅游交通费40万元（含税，下同）、住宿费20万元、门票费10万元、签证费1万元，支付本单位导游餐饮住宿费共计3万元，旅游公司选择按照扣除支付给其他单位相关费用后的余额为计税销售额，并开具增值税普通发票。

（2）将2017年6月在邻县购买的一套门市房对外出租，本月一次性收取6个月含税租金18万元。

（3）该公司购买办公用品、电脑系统等，取得增值税专用发票注明进项税额10万元。

（4）该公司一台旅游车因管理不善报废，该车购进时已抵扣进项税额8万元（已计提加计抵减额），净值49.23万元，该车报废前评估价格45万元。

（5）当月向乙汽车厂（增值税一般纳税人）购置一辆中型巴士，乙汽车厂开具机动车销售统一发票，注明不含增值税金额25万元，乙汽车厂另收取车辆装饰费1万元，开具增值税普通发票。

（其他相关资料：该公司适用增值税进项税额加计抵减政策且上月末无加计抵减额余额，本月取得的相关票据均符合税法规定并在本月抵扣）

要求：根据上述资料，回答下列问题。

1. 该公司应代扣代缴境外旅游公司的增值税税额（　　）万元。

A. 0　　B. 1.98

C. 2.89　　D. 4.02

2. 以下说法，正确的有（　　）。

A. 该公司应转出的进项税额为8万元

B. 车辆装饰费应计入车辆购置税的计税依据中

C. 该公司应转出的进项税额为6.40万元

D. 出租门市房在邻县预缴增值税时适用3%预征率

E. 出租门市房在邻县预缴增值税时适用5%预征率

3. 该公司门市房出租在邻县应预缴增值税（　　）万元。

A. 0.08　　B. 0.25

C. 0.50　　D. 0.83

4. 该公司应缴纳的车辆购置税（　　）万元。

A. 0　　B. 1.3

C. 2.5　　D. 2.6

5. 该公司增值税的销项税合计（　　）万元。

A. 21.26　　B. 22.66

C. 23.16　　D. 24.06

6. 该公司当月应向甲市税务机关缴纳增值税（　　）万元。

A. 24.96　　B. 21.36

C. 18.02　　D. 14.28

（六）

本题目考查进口环节关税、增值税、资源税、城建税的混合计算

位于县城的某石油企业为增值税一般纳税人，2021 年 6 月发生以下业务：

（1）进口原油 5000 吨，支付买价折合人民币 2000 万元、运抵我国境内输入地点起卸前的运输费用 60 万元，保险费无法确定，缴纳相关税金后海关放行（取得进口增值税专用缴款书）。

（2）从低丰度油气田开采原油 9000 吨，当月销售 6000 吨，取得不含税销售收入 2703 万元。

（3）支付购销运费，取得增值税专用发票注明的运费 9 万元、税额 0.81 万元。

（4）当月向乙汽车厂（增值税一般纳税人）退还一辆质量存在问题的小轿车并索回购车款。12 个月前购置时，取得乙汽车厂开具的普通发票，注明含增值税价款 24 万元，同时代收车辆保险费 0.6 万元。

（其他相关资料：假定原油的资源税税率为 6%、进口关税税率为 1%，相关票据均符合规定并在当月抵扣）

要求：根据上述资料，回答下列问题。

1. 当月进口原油向海关缴纳的税金合计数为（　　）万元。

A. 291.95　　B. 328.12

C. 375.42　　D. 377.02

2. 该企业当期的销项税额（　　）万元。

A. 350.14　　B. 351.39

C. 352.27　　D. 358.17

3. 当月向税务机关缴纳的增值税为（　　）万元。

A. 79.29　　B. 88.36

C. 97.96　　D. 102.36

4. 当月应缴纳的城市维护建设税、教育费附加为（　　）万元。

A. 5.97　　B. 6.34

C. 7.12　　D. 9.38

5. 当月应缴纳的资源税为（　　）万元。

A. 126.24　　B. 129.74

C. 162.18　　D. 170.41

6. 当月可向税务机关申请退还车辆购置税（　　）万元。

A. 2.21　　B. 2.18

C. 1.96　　D. 1.91

（七）

本题目考查房地产企业土地增值税的计算

某房地产开发公司是增值税一般纳税人，2021年5月，拟对其开发的位于市区的写字楼项目进行土地增值税清算。该项目资料如下：

（1）2016年1月以8000万元竞得国有土地一宗，并按规定缴纳契税。

（2）2016年3月开始动工建设，发生房地产开发成本15000万元，其中包括装修费用4000万元。

（3）发生利息支出3000万元，但不能提供金融机构贷款证明。

（4）2021年3月，该项目全部销售完毕，共计取得含税销售收入42000万元。

（5）该项目已预缴土地增值税450万元。

（其他相关资料：契税税率为5%，当地省政府规定的房地产开发费用的扣除比例为10%，计算土地增值税时允许扣除的有关税金及附加共计240万元，该公司对该项目选择简易计税方法计缴增值税）

要求：根据上述资料，按照下列序号回答问题。

1. 计算该项目土地增值税时允许扣除的取得土地使用权支付的金额（　　）万元。

A. 8000　　B. 8240

C. 8400　　D. 8640

2. 计算该项目应缴纳的增值税额（　　）万元。

A. 1619.04　　B. 2000

C. 3467.89　　D. 3600

3. 计算该项目土地增值税时允许扣除的开发费用（　　）万元。

A. 2300　　B. 2340

C. 2400　　D. 2460

4. 计算该项目土地增值税时允许扣除项目金额的合计数（　　）万元。

A. 25980　　B. 27560

C. 30660　　D. 31020

5. 该房地产开发项目应补缴土地增值税额（　　）万元。

A. 2352　　B. 2382

C. 2432　　D. 2512

6. 以下关于土地增值税清算的表述，正确的有（　　）。

A. 房地产开发项目全部竣工、完成销售的，应进行清算

B. 整体转让未竣工决算房地产开发项目的，不必进行清算

C. 取得销售（预售）许可证满三年仍未销售完毕的，应进行清算

D. 房地产开发企业的预提费用，除另有规定外，不得扣除

E. 清算补缴土地增值税的，应加收滞纳金

（八）

本题目考查增值税、消费税出口退税的计算

位于市区的甲企业是一家摩托车生产企业，生产两轮摩托；位于县城的乙企业为外贸企业，专营进出口业务。上述企业（均为增值税一般纳税人）均没有留抵税额。2022 年 4 月，甲乙两企业往来业务如下：

（1）甲企业自行申报进口一批摩托车零件，支付给国外的买价 120 万元、包装费 2 万元，支付到达我国海关前的装卸费、运输费、保险费 8 万元，支付购货佣金 3 万元，由甲企业向海关缴纳税金后（取得海关进口增值税专用缴款书），海关放行。

（2）甲企业当月销售自产 A 型摩托车 200 辆，取得不含税收入 100 万元，并将 5 辆 A 型摩托车赠送协作单位；支付运输公司（增值税一般纳税人）运费，取得增值税专用发票列明金额 2 万元。

（3）甲企业将一座 2020 年 7 月购置的仓库以 230 万元不含税价格转让，购买时取得增值税专用发票注明不含税价格 200 万元，增值税 10 万元。

（4）乙企业收购甲企业 B 型摩托车 80 辆出口，甲企业给乙企业开具增值税专用发票，金额 40 万元，增值税额 5.2 万元，乙企业申报该批摩托车出口的离岸价格合计 45 万元。

（其他相关资料：①甲企业进口零件的关税税率为 6%；②生产销售的 A、B 型摩托车适用消费税税率均为 10%；③摩托车增值税出口退税率 13%；④假定相关可抵扣进项税均在当期抵扣，当期出口业务均完成报关及收汇过程）

要求：根据上述资料，回答下列问题。

1. 甲企业进口摩托车零件进口环节税金合计（　　）万元。

A. 17.91　　B. 20.31

C. 22.81　　D. 25.71

2. 甲企业当月应纳消费税（　　）万元。

A. 10.25　　B. 14.25

C. 14　　D. 10

3. 甲企业业务（2）、（3）增值税销项税额合计（　　）万元。

A. 34.03　　B. 36.33

C. 38.13　　D. 39.63

4. 甲企业当月可抵扣的全部进项税额的合计数（　　）万元。

A. 18.09　　B. 21.23

C. 26.76　　D. 26.09

5. 甲企业当月应向税务机关缴纳增值税（　　）万元。

A. 21.33　　B. 33.85

C. 21.14　　D. 15.94

6. 以下说法正确的有（　　）。

A. 乙企业出口摩托车采用免抵退税方式计算增值税出口退税

B. 乙企业出口摩托车采用免退税方式计算增值税出口退税

C. 乙企业申请退还的增值税 5.2 万元

D. 乙企业申请退还的消费税 4 万元

E. 乙企业出口退免税计税依据是离岸价格

（九）

本题目考查造船厂的增值税与消费税的计算

甲造船厂（增值税一般纳税人）2021 年 12 月业务如下：

（1）购买一批造船用材料，取得增值税专用发票注明金额 600 万元；支付材料运费，取得增值税专用发票注明运费 10 万元。

（2）购入一批材料，取得增值税专用发票注明金额 80 万元，将该批材料送至乙锅炉厂，委托其加工成船用锅炉，支付加工费，取得的增值税专用发票注明金额 12 万元。

（3）与丙广告公司签订价税合计为 450 万元的广告设计和发布合同，预付广告公司 50% 的款项并取得广告公司开具的与预付款相对应的增值税专用发票。

（4）当月销售自造 60 米长的游艇 3 艘，收取价税合计金额 1500 万元；销售自制 4 米长的水上娱乐摩托艇 40 艘，收取价税合计金额 82 万元。

（5）以 630 万元含税价格转让一套 2014 年 6 月购置的办公用房，无法提供购买时发票，但能提供契税完税凭证，契税计税金额 525 万元。

（其他相关资料：上述增值税专用发票均从一般纳税人处取得且均在当月抵扣；选择简易计税方法计算转让办公用房的增值税；游艇的消费税税率为 10%）

要求：根据上述资料，按顺序回答下列问题。

1. 该造船厂当月销售游艇应纳的消费税（　　）万元。

A. 0　　B. 132.74

C. 150　　D. 172.41

2. 该造船厂当月销售水上摩托艇应纳的消费税（　　）万元。

A. 0　　B. 7.26

C. 10.66　　D. 9.43

3. 该造船厂当月可抵扣的增值税进项税合计数（　　）万元。

A. 102.7　　B. 102.04

C. 103.6　　D. 104.36

4. 业务（5）转让办公用房应缴纳的增值税（　　）万元。

A. 31.5　　B. 30

C. 5　　D. 5.25

5. 该造船厂当月增值税的销项税额（　　）万元。

A. 172.57　　B. 182

C. 187　　D. 187.25

6. 该造船厂当月应纳的增值税（　　）万元。

A. 84.3　　B. 79.3

C. 78.4　　D. 83.4

（十）

本题目考查餐饮企业增值税、城建税、教育费附加及地方教育附加的计算

位于市区的某餐饮企业为增值税一般纳税人。2022 年 5 月经营业务如下：

（1）当月取得餐饮服务收入价税合计 848 万元，通过税控系统实际开票价款为 390 万元。

（2）当月向消费者发行餐饮储值卡 3000 张，取得货币资金 300 万元；当月消费者使用储值卡购买了该餐饮企业委托外部工厂生产的点心礼盒，确认不含税收入 100 万元。

（3）转让其拥有的一个餐饮品牌的连锁经营权，取得不含税收入 300 万元。

（4）当月进项税额合计 40 万元，其中包含：由于仓库管理员失职丢失的一批食品，进项税额为 3 万元；外购用于企业周年庆典的装饰用品，进项税额为 4 万元；外购用于发放给员工的手机，进项税额为 2 万元。

（其他相关资料：该企业符合增值税加计抵减的条件，上期末加计抵减额余额为 6 万元）

要求：根据上述资料，按照下列顺序计算回答问题。

1. 计算业务（1）的销项税额为（　　）万元。

A. 22.08　　B. 48

C. 50.88　　D. 25.92

2. 计算业务（2）的销项税额为（　　）万元。

A. 6　　B. 13

C. 25　　D. 8

3. 计算业务（3）的销项税额为（　　）万元。

A. 0　　B. 16.98

C. 18　　D. 27

4. 计算当期计提的加计抵减额为（　　）万元。

A. 5.25　　B. 3.5

C. 4.65　　D. 6

5. 计算当期应缴纳的增值税为（　　）万元。

A. 44　　B. 38.75

C. 37.35　　D. 32.75

6. 计算当期应缴纳的城市维护建设税、教育费附加及地方教育附加为（　　）万元。

A. 3.93　　B. 5.28

C. 4.65　　D. 4.48

跨章节主观题参考答案及解析

使用“会计云课堂”App或“微信”扫码对答案、看解析、掌握解题思路，开启轻松过关之旅。

（一）

1. D　【解析】业务（1）可抵扣的增值税进项税=（30+20）×（9%+1%）=5（万元）。

收购农产品加工筷子，由于筷子增值税税率是13%，所以计算抵扣进项税时适用10%（9%+1%）的扣除率。

2. B　【解析】业务（2）海关征收关税=（55+4+1）×5%=3（万元）。

业务（2）海关代征甲企业进口环节的增值税=（55+4+1+3）×13%=8.19（万元）。

进口环节应缴纳税金合计=3+8.19=11.19（万元）。

3. D　【解析】业务（2）通关后运费进项税=1×9%=0.09（万元）。

业务（4）桥、闸通行费进项税=4÷（1+5%）×5%=0.19（万元）。

桥、闸通行费按照5%计算抵扣进项税。

甲企业可抵扣的进项税=0.09+0.19+5+8.19=13.47（万元）。

4. A　【解析】甲企业当期销项税=（58+10+40+15）×13%=15.99（万元）。

甲企业应向税务机关缴纳的增值税=15.99-13.47=2.52（万元）。

5. A　【解析】甲企业应向税务机关缴纳的消费税=10×5%=0.5（万元）。

描金工艺木筷、竹制描花工艺筷子和竹制一次性筷子不属于消费税的征税范围，只有木制一次性筷子需要缴纳消费税。

6. BC 【解析】选项 A：进口环节海关代征的增值税不缴纳城建税；选项 D：甲企业应当向其机构所在地的主管税务机关申报纳税；选项 E：甲筷子生产企业是一般纳税人，不能对纳税期限做一个月或一个季度的选择。

（二）

1. A 【解析】甲企业销售原煤和洗煤应纳资源税＝（340000－8000）×5%＋300000×4%＝16600＋12000＝28600（元）。
从坑口到买方指定地点的 8000 元运费，在业务（3）中明确对外支付且取得增值税专用发票，注意从资源税销售额中减除。

2. B 【解析】甲企业因安全生产需要抽采的煤成（层）气免征资源税。
甲企业换出原煤应纳资源税＝9605/（1＋13%）×5%＝425（元）。
甲企业应缴纳的资源税合计＝28600＋425＝29025（元）。

3. B 【解析】甲企业可抵扣的增值税进项税＝2600＋450＋720＋9605/（1＋9%）×9%×80%＝4404.46（元）。
天然气适用低税率 9%。可抵扣进项税不包含用于职工福利 20% 的进项税。

4. D 【解析】销项税额＝（340000＋300000）×13%＋40000×9%＋9605/（1＋13%）×13%＝87905（元）。
注意销售额的口径，增值税与资源税不同。增值税的销售额包含向购买方收取的全部价款和价外费用。

5. C 【解析】应纳增值税＝87905－4404.46＝83500.54（元）。

6. BE 【解析】选项 A：甲企业因安全生产需要抽采的煤成（层）气免征资源税。选项 D：换入的天然气用于集体福利的部分其对应的进项税额不得抵扣。

（三）

1. B 【解析】该房地产开发企业的增值税销项税额＝（7648－1750×80%×80%）/（1＋9%）×9%＋63/（1＋9%）×9%＝（7648－1120）/（1＋9%）×9%＋63/（1＋9%）×9%＝539.01＋5.20＝544.21（万元）。
要注意增值税纳税申报表的口径，还要注意房地产开发企业中的一般纳税人销售其开发的房地产项目（选择简易计税方法的房地产老项目除外），向政府支付的土地价款在计算增值税时可以扣除的规定。

2. A 【解析】该房地产开发企业应缴纳的城市维护建设税和教育费附加、地方教育附加＝（544.21－350）×（5%＋3%＋2%）＝19.42（万元）。

3. C　【解析】可以扣除的取得土地使用权支付金额 =（1750+52.5）×80%×80% = 1153.6（万元）。
开发成本 = 2250×80% = 1800（万元）。
取得土地使用权只进行了80%面积的实际开发，开发的面积中，只有80%的比例实现了销售，所以需要乘以2个80%；但是开发成本是实际开发投入的，80%的比例实现了销售，所以需要乘以1个80%。
该房地产开发企业计算土地增值税的增值额时，允许扣除的取得土地使用权支付金额和房地产开发成本合计数 = 1153.6+1800 = 2953.6（万元）。

4. C　【解析】该房地产开发企业计算土地增值税的增值额时，允许扣除的房地产开发费用 = 2953.6×9% = 265.82（万元）。
房地产开发费用的扣除比例要注意题目给定的条件，本题给出了9%的比例。没有明确给出比例的按照该类情形的上限扣除。

5. D　【解析】准予扣除的税金 =（539.01−350×80%）×（5%+3%+2%）= 25.90（万元）。
土地增值税条例和细则中没有扣除地方教育附加的规定，现实中各省的处理有所不同，因此考试时要注意看题目给的条件和要求，本题第2问明确要求计算地方教育附加，因此要考虑计算扣除。
计算企业整体应纳的增值税时，350万元作为进项税抵扣。但是计算土地增值税中可以扣除的税金及附加的基数时，进项税需要配比按照销售比例（80%）确定扣除，以此为基础计算出城建税和附加的基数，可以保证计算出的城建税和附加的扣除与销售额的配比性。
加计扣除 = 2953.6×20% = 590.72（万元）。
允许扣除项目合计 = 2953.6+265.82+25.90+590.72 = 3836.04（万元）。
增值额 = 7648−539.01−3836.04 = 3272.95（万元）。

6. B　【解析】增值率 = 3272.95÷3836.04×100% = 85.32%，适用税率为40%，速算扣除系数为5%。
土地增值税额 = 3272.95×40%−3836.04×5% = 1117.38（万元）。

（四）

1. A　【解析】该机械厂转让厂房应缴纳增值税 =（3100−1560）/（1+5%）×5% = 73.33（万元）。
纳税人转让不动产，按照有关规定差额缴纳增值税的，如因丢失等原因无法提供取得不动产时的发票，可向税务机关提供其他能证明契税计税金额的完税凭证等资料，进行差额扣除。2016年4月30日及以前缴纳契税的：增值税应纳税额 =［全部交易价格（含增值税）−契税计税金额（含营业税）］÷（1+5%）×5%。

2. B 【解析】该机械厂转让厂房计算土地增值税时准予扣除的转让环节的税金＝73.33×（7%+3%）＝7.33（万元）。

注意审题，题目没有要求计算印花税和地方教育附加。

3. B 【解析】评估价格＝重置成本价×成新度折扣率＝3800×40%＝1520（万元）。

准予扣除项目金额＝1520+7.33＝1527.33（万元）。

4. D 【解析】土地增值额＝3100－73.33－1527.33＝1499.34（万元）。

增值率＝1499.34/1527.33×100%＝98.17%，适用税率为40%，速算扣除系数为5%，该机械厂转让厂房应缴纳土地增值税＝1499.34×40%－1527.33×5%＝523.37（万元）。

（五）

1. A 【解析】应代扣代缴境外旅游公司的增值税税额为零。

境外单位向境内单位或个人销售完全在境外发生的服务，不属于在境内销售服务，无须在我国缴纳（被扣缴）增值税。

2. CD 【解析】选项AC：已抵扣进项税额的固定资产、无形资产或者不动产，发生不得抵扣进项税额情形的，按照下列公式计算不得抵扣的进项税额：不得抵扣的进项税额＝固定资产、无形资产或者不动产净值×适用税率＝49.23×13%＝6.40（万元）。选项B：车辆装饰费不计入车辆购置税的计税依据中。选项DE：纳税人应按照3%的预征率向不动产所在地主管税务机关预缴税款。

3. C 【解析】旅游公司出租门市房在邻县应预缴增值税＝18/（1+9%）×3%＝0.50（万元）。

4. C 【解析】应纳车购税＝25×10%＝2.5（万元）。

车辆装饰费不计入车购税的计税依据。

5. B 【解析】该旅游公司提供的旅游服务的销项税额＝（480－34.98－40－20－10－1）/（1+6%）×6%＝21.17（万元）。

出租不动产销项税额＝18/（1+9%）×9%＝1.49（万元）。

纳税人提供租赁服务采取预收款方式的，其纳税义务发生时间为收到预收款的当天。

销项税额合计＝21.17+1.49＝22.66（万元）。

6. D 【解析】加计抵减前应纳税额＝22.66+6.4－10－25×13%＝15.81（万元）。

当月可抵减加计抵减额＝（10－6.4＋25×13%）×15%＝6.85×15%＝1.03（万元）。

该公司当月应向甲市税务机关缴纳增值税＝15.81－1.03－0.5＝14.28（万元）。

（六）

1. A 【解析】进口原油应缴纳的关税 =（2000+60）×（1+3‰）×1% = 20.66（万元）。
【提示】我国目前对进口原油征收从量关税。本题给出的从价定率条件只为考试出题，简单了解即可。考试时按照题目中给出的条件计算。
进口原油应缴纳的增值税 = ［（2000+60）×（1+3‰）+20.66］×13% = 271.29（万元）。
进口税金合计 = 20.66+271.29 = 291.95（万元）。

2. B 【解析】销售原油的增值税销项税额 = 2703×13% = 351.39（万元）。

3. A 【解析】应向税务机关缴纳的增值税 = 351.39−271.29−0.81 = 79.29（万元）。

4. B 【解析】应缴纳的城市维护建设税和教育费附加 = 79.29×（5%+3%）= 6.34（万元）。

5. B 【解析】应缴纳的资源税 = 2703×6%×（1−20%）= 129.74（万元）。

6. D 【解析】应申请退还车辆购置税 = 24/（1+13%）×10%×（1−10%）= 1.91（万元）。

（七）

1. C 【解析】该项目清算土地增值税时允许扣除的取得土地使用权支付的金额 = 8000+8000×5% = 8400（万元）。

2. B 【解析】应缴纳的增值税额 = 42000÷（1+5%）×5% = 2000（万元）。
房开企业采用简易计税方法计算增值税时，不能扣减竞拍土地价款。

3. B 【解析】允许扣除的开发费用 =（15000+8400）×10% = 2340（万元）。

4. C 【解析】允许扣除项目金额的合计数 = 8400+15000+2340+240+（8400+15000）×20% = 30660（万元）。

5. A 【解析】应缴纳土地增值税税额的计算：
增值额 = 42000÷（1+5%）−30660 = 9340（万元）。
增值率 = 9340÷30660×100% = 30.46%，适用税率30%。
应补缴土地增值税税额 = 9340×30%−450 = 2352（万元）。

6. AD 【解析】选项B：整体转让未竣工决算房地产开发项目的，应进行清算；选项C：取得销售（预售）许可证满三年仍未销售完毕的，税务机关可要求其进行清算；选项E：纳税人按规定预缴土地增值税后，清算补缴的土地增值税，在主管税务机关规定的期限内补缴的，不加收滞纳金。

（八）

1. D　【解析】甲企业进口摩托车零件应向海关缴纳关税 =（120+2+8）×6% = 7.8（万元）。

甲企业进口摩托车零件应向海关缴纳增值税 =（120+2+8）×（1+6%）×13% = 17.91（万元）。

进口环节税金合计 = 7.8+17.91 = 25.71（万元）。

2. B　【解析】销售和赠送的摩托车应纳消费税。注意不要遗漏销售给乙企业 B 型摩托车应纳的消费税。

甲企业当月应纳消费税 = 100/200×（200+5）×10%+40×10% = 14.25（万元）。

3. A　【解析】甲企业业务（2）、（3）增值税销项税额合计 = 100/200×（200+5）×13%+230×9% = 34.03（万元）。

4. A　【解析】甲企业当月可抵扣的全部进项税的合计数 = 17.91+2×9% = 18.09（万元）。

5. C　【解析】甲企业当月应向税务机关缴纳增值税 = 34.03+5.2−18.09 = 21.14（万元）。

注意不要遗漏销售给乙企业 B 型摩托车应确认的增值税销项税额。

6. BCD　【解析】外贸企业收购摩托车出口采用免退税的方法。乙企业出口退免税计税依据是收购时取得的增值税专用发票注明的金额。

乙企业申请退还增值税 = 40×13% = 5.2（万元）。

乙企业申请退还消费税 = 40×10% = 4（万元）。

（九）

1. B　【解析】缴纳消费税的游艇艇身长度大于 8 米（含）小于 90 米（含），销售自造 60 米长的游艇应纳消费税。

该造船厂当月销售游艇应纳消费税 = 1500÷（1+13%）×10% = 132.74（万元）。

2. A　【解析】销售摩托艇应纳消费税为 0。

缴纳消费税的游艇艇身长度大于 8 米（含）小于 90 米（含），因此，销售 4 米长的水上娱乐摩托艇不需要缴纳消费税。

3. C　【解析】注意区分货物、加工劳务、设计服务、广告服务、运输服务等不同项目的适用税率。

该造船厂当月可抵扣的增值税进项税 =（600+80+12）×13%+10×9%+450×50%÷（1+6%）×6% = 89.96+0.9+12.74 = 103.6（万元）。

4. C　【解析】转让"营改增"前购置的不动产，如因丢失等原因无法提供取得不动产时的发票，可向税务机关提供其他能证明契税计税金额的完税凭证等资料，进行差额扣除，增值税计税公式：

增值税应纳税额 =［全部交易价格（含增值税）-契税计税金额（含营业税）］÷（1+5%）×5% =（630-525）/（1+5%）×5% = 5（万元）。

5. B 【解析】当月增值税销项税 =（1500+82）÷（1+13%）×13% = 182（万元）。

6. D 【解析】当月应纳增值税 = 182-103.6+5 = 83.4（万元）。

（十）

1. B 【解析】业务（1）的销项税额 = 848÷（1+6%）×6% = 48（万元）。

2. B 【解析】业务（2）的销项税额 = 100×13% = 13（万元）。

纳税人现场制作食品并直接销售给消费者，按照“餐饮服务”缴纳增值税，销售委托外部工厂生产的货物，应按照“销售货物”缴纳增值税。

3. C 【解析】业务（3）的销项税额 = 300×6% = 18（万元）。

4. A 【解析】当期计提的加计抵减额 =（40-3-2）×15% = 5.25（万元）。

5. D 【解析】当期的销项税额 = 48+13+18 = 79（万元）。

当期可抵扣的进项税额 = 40-3-2 = 35（万元）。

应缴纳增值税 = 79-35-5.25-6 = 32.75（万元）。

6. A 【解析】当期应缴纳的城市维护建设税和两个附加 = 32.75×（7% + 3% + 2%）= 3.93（万元）。

04

第四部分

全真模拟测试题及参考答案

2022年税务师职业资格考试

全真模拟测试题（一）

使用“会计云课堂”App或“微信”扫码快速做题、对答案、看解析、掌握解题思路，开启轻松过关之旅。

● 建议答卷时长 150分钟　● 答卷开始时间 ______　● 答卷结束时间 ______

扫码做题

一、单项选择题

共40题，每题1.5分。每题的备选项中，只有1个最符合题意。

1. 税收法律关系的客体是（　　）。
   A. 纳税人　　B. 征收机关
   C. 税目　　D. 税收利益

2. 以下关于税法的概念和特点的表述中，正确的是（　　）。
   A. 从立法过程看，税法属于习惯法
   B. 从法律性质看，税法属于义务性法规
   C. 从内容看，税法具有单一性
   D. 从调整对象看，税法调整的是税收分配关系

3. 以下不符合税收合作信赖主义原则的表述是（　　）。
   A. 税收合作信赖主义原则在很大程度上汲取了民法“诚实信用”原则的合理思想
   B. 没有充足的依据，税务机关不能对纳税人是否依法纳税有所怀疑
   C. 税务机关的合作信赖表示可以是正式的，也可以是私下的
   D. 税收合作信赖主义原则与税收法律主义原则存在一定的冲突

4. 下列增值税一般纳税人支付的运费中，不允许抵扣进项税额的是（　　）。
   A. 食品企业收购农民自产的农产品支付的运输费用
   B. 企业出口来料加工的货物所支付的出口海运费用
   C. 制造企业外购用于生产捐赠产品的材料所支付的运输费用
   D. 生产企业向小规模纳税人购买货物所支付的运输费用

5. 某洗衣坊（增值税小规模纳税人，选择按月缴纳增值税）2022年1月取得洗衣收入143300元（含税，下同）；当月转让一台使用过3年的洗衣机，取得收入2500元；出租一间办公室取得租金收入8400元，该洗衣坊当月应纳增值税（　　）元。
   A. 1843.56　　B. 1867.36
   C. 1526.72　　D. 4622.33

6. 某生产活动板房企业为增值税一般纳税人，2022年3月销售自产的活动板房并

同时负责安装，合同规定活动板房金额20万元（不含增值税，下同），安装费2万元，上述业务采用一般计税方法，则该企业上述业务增值税销项税额为（　　）万元。

A. 2.78　　B. 2.86

C. 2.66　　D. 1.98

7. 下列增值税应税服务项目中，应按照“租赁服务”计征增值税的是（　　）。

A. 飞机干租

B. 融资性售后回租

C. 船舶期租

D. 宾馆的住宿服务

8. 纳税人受托对垃圾、污泥、污水、废气等废弃物进行专业化处理，以下表述正确的是（　　）。

A. 专业化处理后未产生货物的，收取的处理费用免增值税

B. 专业化处理后未产生货物的，收取的处理费用适用6%的增值税税率

C. 专业化处理后产生货物，且货物归属委托方的，受托方收取的费用免增值税

D. 专业化处理后产生货物，且货物归属受托方的，受托方收取的处理费用适用货物的增值税税率

9. 列明的某边销茶生产企业是增值税一般纳税人，2021年12月向茶农收购茶青（茶叶鲜叶），支付收购款20万元，全部领用于生产边销茶和花茶，当月购买制茶机械，取得增值税专用发票，价款30万元，增值税3.9万元。当月销售边销茶销售额25万元（不含增值税，下同），销售精制花茶销售额45万元，当月该企业应纳增值税为（　　）万元。

A. 0　　B. 0.66

C. 2.06　　D. 2.19

10. 按照“营改增”政策规定，将机动车车身广告位出租给其他单位用于发布广告的，适用的增值税征税项目是（　　）。

A. 商务辅助服务

B. 生活服务

C. 经营租赁服务

D. 文化体育服务

11. 机构所在地在A市的甲企业是增值税一般纳税人，2022年3月在A市取得含税咨询收入250000元，发生可抵扣的进项税额8000元，将位于B市的一处办公用房（2016年5月1日以后取得）出租，收取含税月租金40000元，则甲企业3月在A市缴纳增值税（　　）元。

A. 8352.78　　B. 9033.82

C. 8470.18　　D. 6150.94

12. 某口罩生产企业是增值税一般纳税人，2021年3月销售口罩，取得不含增值税销售额100万元，将一批市场不含税价10万元的口罩直接捐赠给养老院，将一批市场不含税价5万元的口罩换取一台包装设备。则该企业增值税销项税额（　　）万元。

A. 10.39　　B. 13

C. 13.65　　D. 14.95

13. 使（领）馆馆员个人购买货物和服务，除车辆和房租外，每人每年申报退税销售金额（含税价格）不超过一定限度，该限度是（　　）。

A. 3万美元

B. 8万元人民币

C. 15万元人民币

D. 18万元人民币

14. 李女士在2022年1月首次通过跨境电商平台购买名牌香水1瓶（30毫升），电商平台对该香水海外代购报价500元，该价格是海外代购商品的海关口径实际

交易价格，假定进口高档化妆品关税税率3%，消费税税率15%，则电商平台应代收代缴李女士消费税（　　）元。

A. 61.76　　B. 63.62

C. 78.94　　D. 90.88

15. 下列产品中，属于消费税征税范围的是（　　）。

A. 宝石坯

B. 香皂

C. 变压器油

D. 高尔夫车

16. 根据现行消费税的规定，下列说法正确的是（　　）。

A. 纳税人将自产的应税消费品用于换取生产资料，按同类消费品的平均价格计算应纳消费税

B. 纳税人通过自设非独立核算门市部销售的自产应税消费品，应按移送门市部数量征收消费税

C. 纳税人销售应税消费品同时收取的包装物租金缴纳增值税，不缴纳消费税

D. 某化妆品厂将自产高档香水精移送生产洗发水，移送环节需缴纳消费税但不需缴纳增值税

17. 根据消费税相关规定，下列关于消费税纳税义务发生时间表述正确的是（　　）。

A. 分期收款结算方式下，消费税纳税义务发生时间为实际收款日期

B. 赊销方式下，消费税纳税义务发生时间为收到货款当天

C. 预收货款结算方式下，消费税纳税义务发生时间为收到货款当天

D. 自产自用应税消费品的，消费税纳税义务发生时间为移送使用的当天

18. 以下关于白酒的消费税最低计税价格的规定，不正确的是（　　）。

A. 白酒生产企业销售给销售单位的白酒，其消费税计税价格为销售单位对外销售价格（不含增值税）70%以下的，税务机关应核定消费税最低计税价格

B. 白酒消费税最低计税价格由白酒生产企业自行申报，税务机关核定

C. 已核定最低计税价格的白酒，销售单位对外销售价格持续上涨或下降时间达到2个月以上、累计上涨或下降幅度在30%（含）以上，税务机关重新核定最低计税价格

D. 白酒生产企业未按照规定上报销售单位销售价格的，主管税务局应按照销售单位的销售价格征收消费税

19. 以下关于消费税的说法，不正确的是（　　）。

A. 果啤属于啤酒，应征消费税

B. 未经打磨、倒角的木制一次性筷子，不征收消费税

C. 合成宝石按规定应征收消费税

D. 车身长度大于7米（含），并且座位在10~23座（含）以下的商用客车，不征收消费税

20. 下列关于消费税的纳税地点，说法不正确的是（　　）。

A. 自产自用的应税消费品，除另有规定外，应向纳税人核算地主管税务机关申报纳税

B. 进口的应税消费品，由进口人或由其代理人向报关地海关申报纳税

C. 纳税人委托个人加工的应税消费品，由委托方向其机构所在地或者居住地主管税务机关申报纳税

D. 纳税人委托加工的应税消费品，除受托方为个人外，由受托方向其机构所在地或者居住地主管税务机关申报纳税

21. 境内位于某市的A企业向境外B企业购买一项商标权，合同规定总金额折合人民币200万元，则A企业向境外付款时，下列扣缴税款符合规定的是（　　）。
A. 扣缴B企业增值税0万元、城建税0万元
B. 扣缴B企业增值税11.32万元、城建税0.79万元
C. 扣缴B企业增值税11.32万元、城建税0万元
D. 扣缴B企业增值税0万元、城建税0.79万元

22. 位于某县的甲地板厂为外商投资企业（增值税一般纳税人），2022年5月份购进一批木材，取得的增值税专用发票注明不含税价款800000元，当月委托位于邻省某市的乙工厂加工成实木地板，支付不含税加工费150000元。乙工厂2022年5月份交付50%的实木地板，2022年6月份完工交付剩余部分。已知乙工厂无同类实木地板销售价格，实木地板消费税税率为5%，乙工厂在2022年5月应代收代缴城市维护建设税（　　）元。
A. 1250　　B. 1750
C. 2500　　D. 3500

23. 以下符合烟叶税规定的是（　　）。
A. 在中华人民共和国境内销售烟叶的单位和个人为烟叶税的纳税人
B. 在中华人民共和国境内收购烟叶的单位和个人为烟叶税的纳税人
C. 烟叶税实行比例税率，税率为20%
D. 烟叶税的纳税义务发生时间为纳税人收购烟叶的次日

24. 纳税人开采以下资源，资源税法直接规定免征资源税的是（　　）。
A. 煤炭开采企业因安全生产需要抽采的煤成（层）气
B. 纳税人开采尾矿
C. 纳税人开采共伴生矿
D. 纳税人出口铁矿石

25. 以下关于资源税法的表述不正确的是（　　）。
A. 以正列举的方式统一规范了税目
B. 对于无法区分原生岩石矿种的粒级成型砂石颗粒，按照砂石税目征收资源税
C. 对取用地表水或者地下水的单位和个人试点征收水资源税
D. 非金属矿产以原矿为征税对象

26. 根据资源税法的规定，以下减征40%资源税的是（　　）。
A. 从低丰度油气田开采的原油
B. 高含硫天然气
C. 高凝油
D. 从衰竭期矿山开采的矿产品

27. 根据资源税法的规定，以下矿产资源以原矿为征税对象的是（　　）。
A. 原油
B. 宝石
C. 金、银
D. 铝土矿

28. 某企业2021年5月从汽车4S店（增值税一般纳税人）购进一辆轿车自用，机动车销售统一发票上注明不含增值税车价款180000元，另外由4S店对该车进行装饰，装饰费开具增值税普通发票，不含税金额5000元。该企业应纳车辆购置税（　　）元。
A. 17500　　B. 18000
C. 18500　　D. 19000

29. 关于车辆购置税，下列说法正确的是（　　）。
A. 购置已税二手车需要缴纳车辆购置税

B. 纳税人购买应税车辆，自购买之日起 10 日内申报纳税
C. 已缴纳车辆购置税的车辆，发生车辆退回生产企业的，全额申请退税
D. 纳税人进口自用应税车辆，以组成计税价格为计税依据计算纳税

30. 下列人员中，属于车辆购置税纳税义务人的是（　　）。
A. 应税车辆的制造者
B. 应税车辆的销售者
C. 应税车辆的出口者
D. 应税车辆的受赠者

31. 下列房地产交易行为中，应当计算缴纳土地增值税的是（　　）。
A. 经税务机关核实的县城居民之间互换自有居住用房屋
B. 非营利的慈善组织将合作建造的房屋转让
C. 房地产公司出租高档住宅
D. 房地产开发企业代客户进行房地产开发，开发完成后向客户收取代建收入

32. 位于县城的某商贸公司（增值税一般纳税人）2021 年 4 月销售一栋旧办公楼，取得含增值税收入 1000 万元，缴纳印花税 0.5 万元。因无法取得评估价格，公司提供了购房发票，该办公楼购于 2016 年 1 月，购价为 600 万元，缴纳契税 18 万元（能提供契税完税凭证）。已知该公司选择简易计税办法计算增值税，则该公司销售办公楼计算土地增值税时，可扣除项目金额的合计数为（　　）万元。（计算土地增值税时允许在与转让房地产有关的税金中扣除地方教育附加）
A. 699.6　　B. 740.1
C. 770.40　　D. 783.7

33. 为了规范核定工作，各省级税务机关要结合本地实际，区分不同房地产类型制定核定征收率，土地增值税核定征收率原则上不得低于一定比率，这一比率是（　　）。
A. 1%　　B. 3%
C. 5%　　D. 10%

34. 下列情形中，纳税人应当进行土地增值税清算的是（　　）。
A. 直接转让土地使用权的
B. 取得销售（预售）许可证满 1 年仍未销售完毕的
C. 转让未竣工决算房地产开发项目 50%股权的
D. 房地产开发项目尚未竣工但已销售面积为 50%的

35. 以下关于关税减免的表述中，不正确的是（　　）。
A. 外国政府无偿赠送的物资免征关税
B. 有商业价值的货样免征关税
C. 关税税额在人民币 50 元以下的一票货物免征关税
D. 海关放行前损失的货物免征关税

36. 某科技公司 2019 年 5 月 7 日经批准进口一套特定免税设备用于研发项目，2021 年 10 月 27 日经海关批准，该公司将设备出售，取得销售收入 240 万元，该设备进口时经海关审定的完税价格为 320 万元，已提折旧 60 万元。2021 年 10 月该公司应补缴关税（　　）万元。（关税税率为 10%，海关规定的监管年限为 3 年）
A. 5.33　　B. 16.53
C. 4.00　　D. 26.00

37. 2021 年 4 月，甲企业进口一批货物，海关审定货价折合人民币 2000 万元，支付到达我国境内输入地点起卸前的运费折

合人民币30万元，境内运费5万元，境外技术培训费用4万元，该批货物进口关税税率为10%，保险费无法确定，甲企业进口该批货物应缴纳关税（　　）万元。

A. 200　　B. 203

C. 203.61　　D. 204.01

38. 以下应计算缴纳环境保护税的是（　　）。

A. 工业企业排放一氧化碳

B. 工业企业排放二氧化碳

C. 建筑噪声

D. 汽车排放尾气

39. 某企业是环保税的纳税人，该企业有一个污水排放口，2021年5月排放总铅500千克，污染当量值0.025千克，假定其所在省公布的环保税税率为每污染当量4.2元，则该纳税人应纳的环保税为（　　）元。

A. 35200　　B. 65000

C. 84000　　D. 100800

40. 下列情形应缴纳环境保护税的是（　　）。

A. 家庭养鸡10只排放应税污染物

B. 存栏500头奶牛的养牛场排放应税污染物

C. 飞机飞行排放应税污染物

D. 企业直接向依法成立的垃圾处理中心运送应税污染物

二、多项选择题

共20题，每题2分。每题的备选项中，有2个或2个以上符合题意，至少有1个错项。错选，本题不得分；少选，所选的每个选项得0.5分。

41. 课税对象构成了税收实体法诸要素中的基础性要素，主要因为（　　）。

A. 课税对象反映具体的征税范围，代表征税的广度

B. 课税对象体现着各种税的征税范围

C. 课税对象规定着计算各种应征税款的依据

D. 其他要素的内容一般都是以课税对象为基础确定的

E. 课税对象是一种税区别于另一种税的最主要标志

42. 以下关于税率的说法正确的有（　　）。

A. 比例税率的基本特点是税率不随课税对象数额的变动而变动

B. 比例税率计算简便但有悖于税收公平原则

C. 超倍累进税率在不同情况下实际可成为超额累进税率或超率累进税率

D. 全额累进税率有利于鼓励纳税人增加收入

E. 定额税率不受课税对象价值量变化的影响，其税负可呈现累退性

43. 以下符合海南自由贸易港试行启运港退税政策规定的有（　　）。

A. 启运港必须是海南省海口港区

B. 启运港可以是天津市天津港

C. 经停港可以是营口市营口港

D. 离境港为海南省洋浦港区

E. 危险品不适用启运港退税政策

44. 动物诊疗机构销售、提供的下列货物、服务中，免征增值税的有（　　）。

A. 动物疾病预防、诊断、治疗服务

B. 动物绝育手术

C. 销售动物食品和用品

D. 动物清洁、美容服务

E. 动物代理看护服务

45. 下列进项税额不得抵扣的有（　　）。
A. 捐赠给目标脱贫地区农机的进项税额
B. 因管理不善被盗原材料的进项税额
C. 销售按简易办法征税货物对应的进项税额
D. 外购货物用于集体福利的进项税额
E. 用于希望小学公益捐赠货物的进项税额

46. 下列关于增值税纳税义务发生时间的表述中，正确的有（　　）。
A. 以预收款方式销售货物的，为收到预收款的当天
B. 委托他人代销货物的，为货物发出的当天
C. 采用赊销方式销售货物的，一般为合同约定的收款日期的当天
D. 销售应税劳务的，为提供劳务同时收到销售款或取得索取销售款凭据的当天
E. 纳税人发生视同销售货物行为（委托代销和销售代销货物除外），为货物移送的当天

47. 以下表述符合增值税规定的有（　　）。
A. 拍卖行受托拍卖取得的手续费或佣金收入，按照“经纪代理服务”缴纳增值税
B. 纳税人通过省级土地行政主管部门设立的交易平台转让补充耕地指标不缴纳增值税
C. 按固定期限纳税的小规模纳税人可以选择以1个月或1个季度为纳税期限，一经选择，一个会计年度内不得变更
D. 境外教育机构与境内从事学历教育的学校开展中外合作办学，提供学历教育服务取得的收入免征增值税
E. 已成为一般纳税人后，除另有规定外，不得转为小规模纳税人

48. 下列外购应税消费品已缴纳的消费税，可以从本企业应纳消费税税额中扣除的有（　　）。
A. 从酒厂购进已税蒸馏酒为原料生产配制酒
B. 从工业企业购进已税素板生产的实木地板
C. 从工业企业购进已税石脑油为原料生产的应税成品油
D. 进口高档香水精连续加工调制生产高档香水
E. 进口烟丝连续生产卷烟

49. 下列环节既征消费税又征增值税的有（　　）。
A. 高档手表的零售环节
B. 鞭炮焰火的批发环节
C. 超豪华小汽车的批发环节
D. 高档化妆品的生产销售环节
E. 实木地板的生产销售环节

50. 啤酒生产企业甲（增值税一般纳税人）2021年5月将200吨自产啤酒以每吨2500元的不含增值税价格销售给与自身有关联关系的啤酒销售企业乙（增值税一般纳税人），每吨收取包装物押金200元。乙啤酒销售企业将该批啤酒以每吨2900元的不含增值税价格配送给各大超市，每吨收取包装物押金300元，则以下关于消费税税额计算正确的有（　　）。（甲类啤酒消费税税率250元/吨；乙类啤酒消费税税率220元/吨）
A. 甲企业应纳消费税为0
B. 甲企业应纳消费税4.4万元
C. 甲企业应纳消费税5万元
D. 乙企业应纳消费税为0
E. 乙企业应纳消费税5万元

51. 以下按照“其他酒”适用10%的税率征收消费税的有（　　）。
A. 以蒸馏酒为酒基，具有国家相关部

门批准的国食健字文号，且酒精度低于38度（含）的配制酒

B. 以食用酒精为酒基，具有国家相关部门批准的卫食健字文号，且酒精度低于38度（含）的配制酒

C. 以发酵酒为酒基，酒精度低于20度（含）的配制酒

D. 调味料酒

E. 葡萄酒

52. 以下情形缴纳的增值税、消费税，不缴纳城市维护建设税的有（　　）。

A. 进口高档化妆品，海关代征的增值税、消费税

B. 境内批发进口化妆品，税务机关征收的增值税

C. 境外单位向境内销售劳务、服务，税务机关征收的增值税

D. 境外单位向境内销售无形资产，税务机关征收的增值税

E. 境外单位向境内转让位于境内的不动产，税务机关征收的增值税

53. 下列各项中，符合城市维护建设税规定的有（　　）。

A. 海关对进口产品代征增值税时，应同时代征城市维护建设税

B. 对增值税实行先征后返的，应同时返还附征的城市维护建设税

C. 对出口产品退还增值税的，不退还已经缴纳的城市维护建设税

D. 纳税人延迟缴纳增值税而被加收的滞纳金，不作为城市维护建设税的计税依据

E. 税法规定对纳税人减免增值税、消费税时，相应也减免了城市维护建设税

54. 以下各项中，省、自治区、直辖市可以决定免征或者减征资源税的有（　　）。

A. 纳税人开采或者生产应税产品过程中，因意外事故或者自然灾害等原因遭受重大损失

B. 纳税人开采共伴生矿

C. 纳税人开采低品位矿

D. 纳税人从衰竭期矿山开采的矿产品

E. 纳税人开采尾矿

55. 下列选项中，符合关税相关规定的有（　　）。

A. 进出境运输工具装载的途中必需的燃料、物料，免征关税

B. 税款滞纳天数的计算自关税缴纳期限届满之日起，至纳税人缴清关税之日止，周末或法定节假日可以扣除

C. 进口货物自运输工具申报进境之日起15日内，应由进口货物的纳税义务人向货物进境地海关申报

D. 海关需要对特定减免税货物进行后续管理

E. 出口货物的完税价格不包括出口关税

56. 下列关于消费税的表述，错误的有（　　）。

A. 消费税的纳税期限分为1日、3日、5日、10日、15日、1个月或1个季度

B. 纳税人以1个月或1个季度为1个纳税期的，自期满之次日起15日内申报纳税

C. 纳税人总机构和分支机构不在同一县的（卷烟批发企业除外），应分别向各自机构所在地税务机关申报纳税

D. 委托加工应税消费品，由受托方（受托方为个人除外）向其机构所在地或者居住地主管税务机关解缴消费税

E. 出口企业出口自产的适用增值税退（免）税的货物，在出口环节免征并退还消费税

57. 关于车辆购置税的申报与缴纳，下列说法正确的有（　　）。

A. 车辆购置税税款于纳税人办理纳税申报时一次缴清

B. 车辆购置税在应税车辆注册登记前缴纳

C. 车辆购置税的纳税地点为应税车辆登记地或纳税人所在地

D. 纳税人购买自用的应税车辆，自购买之日起30日内申报纳税

E. 进口自用应税车辆，应当自进口之日起60日内申报纳税

58. 房地产开发企业进行土地增值税清算时，下列各项中，允许在计算增值额时扣除的有（　　）。

A. 加罚的利息

B. 已售精装修房屋的装修费用

C. 逾期开发土地缴纳的土地闲置费

D. 未取得建筑安装施工企业开具发票的扣留质量保证金

E. 取得土地使用权时支付的契税

59. 下列情况符合现行关税规定的有（　　）。

A. 进口货物，应当按照海关接受该货物申报进口之日实施的税率征税

B. 出口货物，应当按照海关接受该货物申报出口之日实施的税率征税

C. 因纳税义务人违反规定需要追征税款的进出口货物，直接按照海关发现该行为之日实施的税率征税

D. 可以暂不缴纳税款的暂时进境货物，不复运出境需缴纳税款的，应当按照海关接受纳税义务人再次填写报关单申报办理纳税及有关手续之日实施的税率征税

E. 进口货物到达前，经海关核准先行申报的，应当按照装载此货物的运输工具申报进境之日实施的税率征税

60. 下列排放物中，属于环境保护税征税范围的有（　　）。

A. 尾矿　　B. 建筑噪声

C. 危险废物　　D. 二氧化碳

E. 二氧化硫

三、计算题

共8题，每题2分。每题的备选项中，只有1个最符合题意。

（一）

某市甲卷烟厂为增值税一般纳税人，主要生产A牌卷烟，2021年4月发生如下业务：

（1）从烟农手中购进一批烟叶，收购发票显示实际支付收购价40万元、支付2.2万元价外补贴，将其委托乙企业加工成烟丝，取得乙企业开具的增值税专用发票，注明加工费金额5.9万元，乙企业没有同类烟丝的销售价格。

（2）将烟丝全部领用生产A牌卷烟，以每标准条60元（不含增值税，下同）的价格销售给丙批发商200标准箱（每箱250标准条）。

（3）丙批发商将卷烟以每标准条100元的价格全部批发销售给丁零售商。

其他相关资料：烟丝消费税税率30%。生产环节甲类卷烟比例税率56%、定额税率0.003元/支；乙类卷烟比例税率36%、定额税率0.003元/支。卷烟批发环节比例税率11%、定额税率0.005元/支。税务机关采集A牌卷烟批发环节价格为每标准条100元，国家税务总局核定的同类卷烟的批发环节毛利率为

29%，税务机关对甲卷烟厂销售A牌卷烟核定了最低计税价格。

要求：根据上述资料，回答下列问题。

61. 甲卷烟厂收购烟叶可抵扣的增值税进项税（ ）万元。

A. 5.1　　B. 5.28

C. 5.32　　D. 5.4

62. 甲卷烟厂提货时被代收代缴的消费税（ ）万元。

A. 20.8　　B. 21.5

C. 22.2　　D. 22.7

63. 甲卷烟厂实际应自行申报缴纳消费税（ ）万元。

A. 88.8　　B. 111

C. 179.6　　D. 201.8

64. 丙批发商应纳消费税（ ）万元。

A. 30　　B. 45

C. 60　　D. 75

（二）

某生物制药企业厂界长度超过100米，有两处以上噪声源，2022年5月，其应税污染物排放情况如下：

（1）噪声超标天数为16天，昼间最高分贝为77.6，夜间最高分贝为60。

（2）生产过程中产生医疗废物90吨，当期在符合国家和地方环境保护标准的场所和设施中贮存了20吨、处置了10吨，按有关部门要求和环境保护标准综合利用了15吨。

（3）将生产过程中产生的水污染物20千克排放给依法设立的污水处理厂。

其他相关资料：昼间噪声标准限值为65分贝，夜间噪声标准限值为55分贝。超标4~6分贝，税额每月700元；超标7~9分贝，税额每月1400元；超标10~12分贝，税额每月2800元；超标13~15分贝，税额每月5600元。医疗废物属于固体废物中的危险废物，税额标准1000元/吨。水污染物污染当量值为0.02千克，税额标准5元/污染当量。

要求：根据上述资料，回答下列问题。

65. 业务（1）应缴纳环境保护税（ ）元。

A. 0　　B. 3150

C. 6300　　D. 12600

66. 业务（2）应缴纳环境保护税（ ）元。

A. 0　　B. 45000

C. 60000　　D. 75000

67. 业务（3）应缴纳环境保护税（ ）元。

A. 0　　B. 5000

C. 100　　D. 50000

68. 以下关于污染物排放量和噪声分贝数的确定方法，不符合环保税法规定的是（ ）。

A. 纳税人安装使用符合国家规定和监测规范的污染物自动监测设备的，按照污染物自动监测数据计算

B. 纳税人未安装使用污染物自动监测设备的，按照监测机构出具的符合国家有关规定和监测规范的监测数据计算

C. 因排放污染物种类多等原因不具备监测条件的，按照同类企业计税标准核定计算

D. 不能按规定的方法计算的，按照省、自治区、直辖市人民政府生态环境主管部门规定的抽样测算的方法核定计算

四、综合分析题

共12题，每题2分。由单项选择题和多项选择题组成。错选，本题不得分；少选，所选的每个选项得0.5分。

（一）

甲县A矿业联合企业是增值税一般纳税人。2021年12月发生如下业务：

（1）以每吨350元（不含增值税）的价格销售自产铁选矿5万吨，并将1万吨用于对外投资。

（2）将上月购入的150万元（不含增值税）的铁原矿（已取得增值税专用发票并在上月抵扣），与自采的铁原矿混合洗选加工为铁选矿进行销售，销售额为520万元（不含增值税）。

（3）支付勘探服务费，取得增值税专用发票，注明税额68万元；购买开采设备，取得增值税专用发票，注明税额210万元。

（4）承租一栋楼房，一楼作为职工食堂兼管理流程展示厅，二楼以上由企业研发机构使用。合同约定，租期5年，不含税租金共计180万元，按年支付。本月支付第一年租金，取得增值税专用发票，注明金额36万元，税额3.24万元。

（5）进口一批生产工具，成交价格折合人民币300万元，海运费4万元人民币，保险费无法查明。取得海关填发的税款专用缴款书并缴纳相关税费。

（6）转让一座位于乙县的2019年5月自建的器材库，含增值税转让价545万元。

其他相关资料：当地铁原矿税率为4%，铁选矿税率为2%，生产工具进口关税税率5%，本月取得的相关票据均符合税法规定并在本月申报抵扣进项税额。

要求：根据上述资料，回答下列问题。

69. 业务（1）应纳的资源税（　　）万元。

A. 35　　B. 42

C. 49　　D. 56

70. 业务（2）应纳的资源税（　　）万元。

A. 4.4　　B. 7.4

C. 8.8　　D. 14.8

71. 业务（3）和业务（4）准予从销项税额中抵扣的进项税额（　　）万元。

A. 275.16　　B. 278

C. 279.62　　D. 281.24

72. 业务（5）该企业应纳的进口环节税金（　　）万元。

A. 56.70　　B. 56.87

C. 57.21　　D. 57.80

73. 业务（6）在乙县预缴的增值税（　　）万元。

A. 15　　B. 19.75

C. 25　　D. 25.95

74. 以下说法正确的有（　　）。

A. 业务（1）增值税销项税额227.5万元

B. 业务（2）增值税销项税额67.6万元

C. 如果该企业进口铁原矿，应缴纳关税、增值税、资源税

D. 省级人民政府可根据宏观调控需要，决定增值税小规模纳税人在50%的幅度内减征资源税

E. 该企业当月应向甲县税务机关缴纳的增值税36.79万元

（二）

2022年2月，某市税务机关拟对辖区内某房地产开发公司（一般纳税人）开发的房地产项目进行土地增值税清算。该房地产开发公司提供房地产开发项目的资料如下：

（1）2018年8月支付政府8000万元土地出让金（取得合规的财政票据），取得用于该房地产开发项目的土地，并缴纳契税。

（2）2018年9月开始动工建造，发生开发成本5000万元，其中，银行贷款凭证显示利息支出1000万元。

（3）2021年7月项目开始销售，至2021年底，已销售可售建筑面积的80%，共计取得含税收入24000万元；可售建筑面积的20%投资入股某酒店，约定共担风险、共享利益。

（4）公司已按照规定的预征率预缴了土地增值税1200万元。

其他相关资料：该开发项目可抵扣的增值税进项税额为1000万元；当地适用的契税税率为5%，省级政府规定其他开发费用的扣除比例为5%且允许扣除地方教育附加，房地产销售印花税合计11万元。

要求：根据上述资料，回答下列问题。

75. 该公司清算土地增值税时允许扣除的为取得土地使用权所支付的金额是（　　）万元。

A. 6400　　B. 6720

C. 8000　　D. 8400

76. 该公司上述项目增值税的销项税额是（　　）万元。

A. 1816.51　　B. 1980

C. 1440　　D. 1321.10

77. 该公司清算土地增值税时允许扣除的税金及附加合计是（　　）万元。

A. 97.98　　B. 108.98

C. 112.60　　D. 117.92

78. 该公司计算土地增值税时可扣除项目金额合计为（　　）万元。

A. 16608.98　　B. 1117.98

C. 16197.98　　D. 16717.98

79. 该公司清算土地增值税时应补缴的土地增值税为（　　）万元。

A. 2301.26　　B. 2498.21

C. 2599.36　　D. 2604.31

80. 以下说法正确的有（　　）。

A. 房地产开发企业逾期开发缴纳的土地闲置费不得扣除

B. 税务机关应对清算补缴的土地增值税一律加收滞纳金

C. 回迁户支付给房地产开发企业的补差价款，应计入房地产企业的转让收入

D. 房地产开发企业销售已装修的房屋，其装修费用可以计入房地产开发成本

E. 房地产开发企业扣留建筑企业的质保金，凡不能取得发票的，该金额不得扣除

答案速查

我做对了 ______ 题　我得了 ______ 分

一、单项选择题

序号	1	2	3	4	5	6	7	8	9	10
答案	D	B	C	B	A	A	A	B	B	C
序号	11	12	13	14	15	16	17	18	19	20
答案	A	D	D	A	A	D	D	C	B	A
序号	21	22	23	24	25	26	27	28	29	30
答案	C	B	C	A	D	C	A	B	D	D
序号	31	32	33	34	35	36	37	38	39	40
答案	B	C	C	A	B	A	C	A	C	B

二、多项选择题

序号	41	42	43	44	45	46	47	48	49	50
答案	BDE	ABCE	BCDE	AB	ABCD	CDE	ACDE	BCDE	DE	CD
序号	51	52	53	54	55	56	57	58	59	60
答案	ABCE	ACD	CDE	ABCE	ADE	BE	ABCE	BE	ABDE	ACE

三、计算题

序号	（一）				（二）			
	61	62	63	64	65	66	67	68
答案	A	C	C	C	D	B	A	C

四、综合分析题

序号	（一）						（二）					
	69	70	71	72	73	74	75	76	77	78	79	80
答案	B	A	D	B	D	BDE	D	A	B	A	C	ADE

参考答案及解析

“使用“会计云课堂”App或“微信”扫码对答案、看解析、掌握解题思路，开启轻松过关之旅。

扫码看解析

一、单项选择题

1. D 【解析】税收法律关系的客体，是指税收法律关系主体的权利义务所指向的对象，一般认为，税收法律关系的客体就是税收利益，包括物和行为两大类。

2. B 【解析】选项A：从立法过程来看，税法属于制定法。选项C：从内容看，税法具有综合性。选项D：从调整对象看，税法调整的是税收分配中形成的权利义务关系，而不是税收分配关系。

3. C 【解析】税务机关的合作信赖表示应该是正式的，纳税人不能根据税务人员个人私下作出的表示，而认为是税务机关的决定。选项C不符合税收合作信赖主义原则。

4. B 【解析】来料加工出口货物享受增值税免税不退税政策，其支付的运输费用不能抵扣进项税额。

5. A 【解析】2022年1月，小规模纳税人按3%征收率计税的项目减按1%的征收率计征增值税。该洗衣坊当月应纳增值税 $=(143300+2500)\div(1+1\%)\times 1\%+8400\div(1+5\%)\times 5\%=1443.56+400=1843.56$（元）。

6. A 【解析】纳税人销售活动板房、机器设备、钢结构件等自产货物的同时提供建筑、安装服务，不属于混合销售，应分别核算货物和建筑服务的销售额，分别适用不同的税率或者征收率。该企业此项业务销项税额 $=20\times 13\%+2\times 9\%=2.78$（万元）。

7. A 【解析】选项B：融资性售后回租业务按照“贷款服务”缴纳增值税；选项C：水路运输的程租、期租业务，属于水路运输服务；选项D：属于生活服务——餐饮住宿服务。

8. B 【解析】选项AB，专业化处理后未产生货物的，收取的处理费用属于“现代服务”中的“专业技术服务”适用6%的增值税税率。选项C，专业化处理后产生货物，且货物归属委托方的，受托方属于提供“加工劳务”，其收取的处理费用适用13%的增值税税率。选项D，专业化处理后产生货物，且货物归属受托方的，受托方属于提供“专业技术服务”，其收取的处理费用适用6%的增值税税率；受托方将产生的货物用于销售时，适用货物的增值税税率。

9. B 【解析】对符合规定的边销茶生产企业销售自产的边销茶及经销企业销售的边销茶免征增值税。用于免税项目对应的茶青不得抵扣进项税额，但机器设备可全额抵扣进项税额。该企业可抵扣进项税额=20×（9%+1%）×45/（25+45）+3.9=5.19（万元）；应纳增值税=45×13%-5.19=0.66（万元）。

10. C 【解析】将建筑物、构筑物等不动产或者飞机、车辆等有形动产的广告位出租给其他单位或者个人用于发布广告，按照经营租赁服务缴纳增值税。

11. A 【解析】甲企业应在B市预缴出租办公用房的增值税税款=40000÷（1+9%）×3%=1100.92（元）；甲企业在A市缴纳增值税=250000÷（1+6%）×6%-8000+40000÷（1+9%）×9%-1100.92=8352.78（元）。

12. D 【解析】对外捐赠、换取包装设备的口罩需要计算增值税销项税。该企业增值税销项税=（100+10+5）×13%=14.95（万元）。

13. D 【解析】使（领）馆馆员个人购买货物和服务，除车辆和房租外，每人每年申报退税销售金额（含税价格）不超过18万元人民币。每人每年申报退税销售金额（含税价格）超过18万元人民币的部分，不适用增值税退税政策。

14. A 【解析】电商平台应代收代缴李女士消费税=500/（1-15%）×15%×70%=61.76（元）。

15. A 【解析】选项A：宝石坯属于消费税征税范围；选项B：香皂不属于高档化妆品的征税范围；选项C：变压器油、导热类油等绝缘油类产品不属于润滑油，不征收消费税；选项D：电动汽车以及沙滩车、雪地车、卡丁车、高尔夫车等均不属于消费税征税范围，不征消费税。

16. D 【解析】选项A：纳税人将自产的应税消费品用于换取生产资料，按同类消费品的最高销售价格计算应纳消费税；选项B：纳税人通过自设非独立核算门市部销售的自产应税消费品，应按门市部对外销售额、销售数量征收消费税；选项C：纳税人销售应税消费品同时收取的包装物租金缴纳增值税，也缴纳消费税。

17. D 【解析】选项AB：应为书面合同约定的收款日期的当天，书面合同没有约定收款日期或无书面合同的，为发出应税消费品的当天；选项C：纳税人采取预收货款结算方式的，其纳税义务发生时间为发出应税消费品的当天。

18. C 【解析】已核定最低计税价格的白酒，销售单位对外销售价格持续上涨或下降时间达到3个月以上、累计上涨或下降幅度在20%（含）以上，税务机关重新核定最低计税价格。

19. B 【解析】未经打磨、倒角的木制一次性筷子，应征收消费税。

20. A 【解析】纳税人自产自用的应税消费品，除另有规定外，应向纳税人机构所在地或者居住地主管税务机关申报纳税。

21. C 【解析】扣缴增值税＝200/（1+6%）×6%＝11.32（万元）；对进口货物或者境外单位和个人向境内销售劳务、服务、无形资产缴纳的增值税、消费税税额，不征收城市维护建设税。

22. B 【解析】本题将消费税的纳税义务发生时间、税额计算与城建税的税率应用、税额计算结合在一起考查。乙工厂在2022年5月应代收代缴城建税＝（150000+800000）/（1−5%）×5%×50%×7%＝1750（元）。

23. C 【解析】选项AB：在中华人民共和国境内收购烟叶的单位为烟叶税的纳税人。选项D：烟叶税的纳税义务发生时间为纳税人收购烟叶的当日。

24. A 【解析】选项BC：省、自治区、直辖市可以决定免征或者减征资源税；选项D：为应征税矿产品，资源税“出口不退、不免”。

25. D 【解析】非金属矿产的征税对象是原矿或者选矿。

26. C 【解析】从低丰度油气田开采的原油、天然气，减征20%资源税；高含硫天然气、三次采油和从深水油气田开采的原油、天然气，减征30%资源税；稠油、高凝油，减征40%资源税；从衰竭期矿山开采的矿产品，减征30%资源税。

27. A 【解析】根据资源税法规定，选项BCD以原矿或选矿为征税对象；选项A以原矿为征税对象。

28. B 【解析】应纳车辆购置税＝180000×10%＝18000（元）。

29. D 【解析】选项A：由于车辆购置税采用一次课征制，购置已经缴纳过车辆购置税的二手车自用不再缴纳车辆购置税。选项B：纳税人购买自用的应税车辆，自购买之日起60日内申报纳税。选项C：纳税人将已征车辆购置税的车辆退回车辆生产企业或者销售企业的，可以向主管税务机关申请退还车辆购置税。退税额以已缴税款为基准，自缴纳税款之日至申请退税之日，每满一年扣减百分之十。

30. D 【解析】车辆购置税的纳税人是指在我国境内购置应税车辆的单位和个人。其中购置是指购买自用行为、进口自用行为、受赠自用行为、自产自用行为、获奖自用行为或者其他方式取得并自用的行为。

31. B 【解析】土地增值税的计税关键是产权的转移，选项B发生了房屋、土地权属的转移，选项CD没有，因此选项B要计算缴纳土地增值税。选项A：个人互换自有住房，经当地税务机关核实，免征土地增值税。

32. C 【解析】可扣除项目金额的合计数＝600×（1＋5%×5）＋18＋0.5＋（1000－600）÷（1+5%）×5%×（5%+3%+2%）＝770.40（万元）。

33. C 【解析】为了规范核定工作，土地增值税核定征收率原则上不得低于5%，各省级税务机关要结合本地实际，区分不同房地产类型制定核定征收率。

34. A 【解析】符合下列情形之一的，纳税人应进行土地增值税的清算：（1）房地产开发项目全部竣工、完成销售的；（2）整体转让未竣工决算房地产开发项目的；（3）直接转让土地使用权的。

35. B 【解析】选项B：无商业价值的广告品和货样，免征关税。

36. A 【解析】该公司已进口使用该设备的时间为30个月，其中不足1个月但超过15日的，按照1个月计算，不超过15日的，不予计算。由于监管年限为3年（36个月），则该公司应补缴关税＝320×（1－30/36）×10%＝5.33（万元）。

37. C 【解析】按照法规规定：如果进口货物的保险费无法确定或未实际发生，海关应该按照“货价加运费”两者总额的3‰计算保险费。甲企业进口该批货物应缴纳关税＝（2000+30）×（1+3‰）×10%＝203.61（万元）。

38. A 【解析】二氧化碳不属于环保税的征税范围；《环境保护税税目税额表》所列的噪声仅包括工业噪声，不含建筑噪声；汽车排放尾气暂免征收环保税。

39. C 【解析】污染当量数＝污染物排放量/污染当量值＝500/0.025＝20000
应纳环保税＝污染当量数×具体适用税额＝20000×4.2＝84000（元）。

40. B 【解析】选项A：农业生产（不包括规模化养殖）排放应税污染物的暂免征收环保税。选项C：机动车、铁路机车、非道路移动机械、船舶和航空器等流动污染源排放应税污染物的暂免征收环保税。选项D：不属于直接向环境排放应税污染物，不需要缴纳环保税。

二、多项选择题

41. BDE 【解析】课税对象是构成税收实体法诸要素中的基础性要素，是因为：课税对象是一种税区别于另一种税的最主要标志；课税对象体现着各种税的征税范围；其他要素的内容一般都是以课税对象为基础确定的。

42. ABCE 【解析】全额累进税率在各级征税对象数额的分界处税负相差悬殊，不利于鼓励纳税人增加收入，D 选项错误。

43. BCDE 【解析】按照《关于海南自由贸易港试行启运港退税政策的通知》，启运港为营口市营口港、大连市大连港、锦州市锦州港、秦皇岛市秦皇岛港、天津市天津港、烟台市烟台港、青岛市青岛港、日照市日照港、苏州市太仓港、连云港市连云港港、南通市南通港、泉州市泉州港、广州市南沙港、湛江市湛江港、钦州市钦州港。离境港为海南省洋浦港区。上述启运港均可作为经停港。危险品不适用启运港退税政策。

44. AB 【解析】动物诊疗机构提供的动物疾病预防、诊断、治疗和动物绝育手术等动物诊疗服务，属于相关免税规定所称“家禽、牲畜、水生动物的配种和疾病防治”。动物诊疗机构销售动物食品和用品，提供动物清洁、美容、代理看护等服务，应按照现行规定缴纳增值税。

45. ABCD 【解析】选项 ABCD 都不能抵扣进项税，因为选项 A 是用于免税项目不能抵扣进项税，选项 BCD 是明确规定不得抵扣进项税的项目。这些项目不可能有销项税相对应，增值税计算的一个技巧就在于不能抵扣没有销项税对应的进项税。选项 E：用于公益捐赠的货物（用于目标脱贫地区的扶贫捐赠除外），需要视同销售计算销项税，也可以抵扣进项税。

46. CDE 【解析】选项 A：以预收款方式销售货物的，增值税纳税义务发生时间一般为货物发出的当天。选项 B：委托他人代销货物的，增值税纳税义务发生时间为收到代销单位的代销清单或者收到全部或者部分货款的当天；未收到代销清单及货款的，为发出代销货物满 180 天的当天。

47. ACDE 【解析】选项 B：纳税人通过省级土地行政主管部门设立的交易平台转让补充耕地指标，按照销售无形资产缴纳增值税，税率为 6%。

48. BCDE 【解析】选项 A：外购蒸馏酒连续加工生产配制酒不得抵扣已纳消费税。

49. DE 【解析】选项 AB：高档手表、鞭炮焰火应于生产销售、委托加工或进口环节缴纳消费税；选项 C：超豪华小汽车应于生产销售、委托加工或进口环节以及零售环节缴纳消费税。

50. CD 【解析】啤酒生产企业销售的啤酒，不得以其向关联企业的啤酒销售公司销售的价格作为确定消费税税额的标准，而应当以其关联企业啤酒销售公司的对外销售价格（含包装物及包装物押金）作为确定消费税税额的标准，并依此确定啤酒的消费税单位税额。乙企业销售每吨啤酒的销售价格 = 2900+300÷（1+13%）= 3165.49（元）>3000 元，所以甲企业应按照 250 元/吨的税额计算消费税，应纳消费税 = 200×250÷10000 = 5（万元），乙企业不缴纳消费税。

51. ABCE 【解析】选项 ABC：对以蒸馏酒或食用酒精为酒基，同时符合以下条件的配制酒，按消费税税率表“其他酒”适用 10%的税率征收消费税：（1）具有国家相关部门批准的国食健字或卫食健字文号；（2）酒精度低于 38 度（含）。法规同时规定，以发酵酒为酒基，酒精度低于 20 度（含）的配制酒，按“其他酒”适用 10%税率征收消费税。其他配制酒，按白酒税率征收消费税。选项 D：不属于消费税征税范围，不征消费税。选项 E：葡萄酒属于其他酒，按照 10%的税率计征消费税。

52. ACD 【解析】对进口货物或者境外单位和个人向境内销售劳务、服务、无形资产缴纳的增值税、消费税税额，不征收城市维护建设税。选项 B：货物进口后批发零售缴纳的增值税需要缴纳城建税。

53. CDE 【解析】选项 A：城市维护建设税“进口不征、出口不退”，所以海关对进口产品代征增值税时，不代征城市维护建设税；选项 B：对增值税实行先征后返、先征后退、即征即退办法的，除另有规定外，对随增值税附征的城市维护建设税，一律不予退（返）还。

54. ABCE 【解析】选项 D：是资源税法直接规定的减征资源税的情形。从衰竭期矿山开采的矿产品，减征 30%资源税。

55. ADE 【解析】选项 B：滞纳金自关税缴纳期限届满之日起，至纳税人缴清关税之日止，按滞纳税款 0.5‰的比例按日征收，周末或法定节假日不予扣除；选项 C：进口货物自运输工具申报进境之日起 14 日内，由进口货物纳税义务人向货物进境地海关申报。

56. BE 【解析】选项 B：纳税人以 1 个月或 1 个季度为 1 个纳税期的，自期满之日起 15 日内申报纳税。选项 E：出口企业出口或视同出口自产的适用增值税退（免）税的货物，消费税出口免税但不退税。

57. ABCE 【解析】选项 D：纳税人购买自用的应税车辆，自购买之日起 60 日内申报纳税。

58. BE 【解析】选项 B：房地产开发企业销售已装修的房屋，其装修费用可以计入房地产开发成本扣除。选项 E：取得土地使用权时支付的契税计入取得土地使用权支付金额中扣除。选项 ACD 均不得扣除。

59. ABDE 【解析】选项 C：因纳税义务人违反规定需要追征税款的进出口货物，应当按照违反规定的行为发生之日实施的税率征税，行为发生之日不能确定的，按照海关发现该行为之日实施的税率征税。

60. ACE 【解析】环境保护税征税范围的应税污染物是指规定的大气污染物（不包括二氧化碳）、水污染物、固体废物和噪声（仅包括工业噪声）。

三、计算题

（一）

61. A 【解析】收购烟叶可抵扣增值税进项税。
烟叶税＝40×（1+10%）×20%＝8.8（万元）。
进项税＝（40+2.2+8.8）×10%＝5.1（万元）。

62. C 【解析】
委托加工材料成本＝40+2.2+8.8−5.1＝45.9（万元）。
组成计税价格＝（45.9+5.9）/（1−30%）＝74（万元）。
被代收代缴消费税＝74×30%＝22.2（万元）。

63. C 【解析】
核定A牌卷烟每条最低计税价格＝100×（1−29%）＝71（元/条），属于甲类卷烟。
应纳消费税＝（71×200×250×56%+150×200）/10000＝201.8（万元）。
实际应自行申报缴纳消费税＝201.8−22.2＝179.6（万元）。

64. C 【解析】丙批发商应纳消费税＝（100×200×250×11%+250×200）/10000＝60（万元）。

（二）

65. D 【解析】应税噪声的应纳税额为超过国家规定标准的分贝数对应的具体适用税额。应税噪声超标的分贝数不是整数值的，按四舍五入取整。当沿边界长度超过100米有两处以上噪声超标，按照两个单位计算应纳税额。
昼间超标值：77.6−65＝12.6（分贝），取13分贝；
夜间超标值：60−55＝5（分贝）；
业务（1）环保税应纳税额＝（5600+700）×2＝12600（元）。

66. B 【解析】业务（2）环保税应纳税额＝（90−20−10−15）×1000＝45000（元）。

67. A 【解析】企业事业单位和其他生产经营者向依法设立的污水集中处理、生活垃圾集中处理场所排放应税污染物的，不属于向环境直接排放应税污染物，不缴纳环境保护税。

68. C 【解析】因排放污染物种类多等原因不具备监测条件的排污单位，其应税污染物排放量计算方法如下：（1）属于排污许可管理的排污单位，适用生态环境部发布的排污许可证申请与核发技术规范中规定的排（产）污系数、物料衡算方法计算应税污染物排放量；排污许可证申请与核发技术规范未规定相关排（产）污系数的，适用生态环境部发布的排放源统计调查制度规定的排（产）污系数方法计算应税污染物排放量。（2）不属于排污许可管理的排污单位，适用生态环境部发布的排放源统计调查制度规定的排（产）污系数方法计算应税污染物排放量。

四、综合分析题

（一）

69. B 【解析】资源税在应税产品销售或自用环节计算缴纳，以资源税应税产品赠与、投资，视同应税产品销售缴纳资源税。

业务（1）应纳资源税=（5+1）×350×2%=42（万元）。

70. A 【解析】业务（2）A矿业企业在计算应税产品销售额时，准予扣减的外购铁选矿购进金额=150×（4%÷2%）=300（万元），应纳资源税税额=（铁选矿销售金额-准予扣减的外购铁选矿购进金额）×税率=（520-300）×2%=4.4（万元）。

71. D 【解析】兼用于职工福利的租入固定资产可全额抵扣进项税额。

业务（3）和业务（4）准予从销项税额中抵扣的进项税额=68+210+3.24=281.24（万元）。

72. B 【解析】业务（5）该企业应纳的进口关税=（300+4）×（1+0.3%）×5%=15.25（万元）。

该企业被海关代征的进口环节增值税=（300+4）×（1+0.3%）×（1+5%）×13%=41.62（万元）。

进口环节税金=15.25+41.62=56.87（万元）。

73. D 【解析】业务（6）在乙县预缴的增值税=545/（1+5%）×5%=25.95（万元）。

74. BDE 【解析】

业务（1）增值税销项税额=（5+1）×350×13%=273（万元）。

业务（2）增值税销项税额=520×13%=67.6（万元）。

业务（6）转让不动产增值税销项税额=545/（1+9%）×9%=500×9%=45（万元）。

该企业当月增值税的销项税额=273+67.6+45=385.6（万元）。

该企业当月应向甲县税务机关缴纳的增值税=385.6-281.24-41.62-25.95=36.79（万元）。

（二）

75. D 【解析】该公司清算土地增值税时允许扣除的为取得土地使用权所支付的金额=8000+8000×5%=8400（万元）。

76. A 【解析】该公司增值税的销项税额=（24000÷80%-8000）÷（1+9%）×9%=1816.51（万元）。

77. B 【解析】该公司清算土地增值税时允许扣除的税金及附加=（1816.51-1000）×（7%+3%+2%）+11=108.98（万元）。

78. A　【解析】扣除项目金额＝8400（取得土地使用权所支付的金额）＋（5000－1000）（开发成本）＋［1000＋（8400＋4000）×5%］（开发费用）＋108.98（与转让房地产有关的税金）＋（8400＋4000）×20%（加计扣除）＝8400＋4000＋1620＋108.98＋2480＝16608.98（万元）。

79. C　【解析】不含税收入＝24000÷80%－1816.51＝28183.49（万元）

增值额＝28183.49－16608.98＝11574.51（万元）

增值率＝11574.51÷16608.98×100%＝69.69%

适用税率40%，速算扣除系数5%。

应纳土地增值税＝11574.51×40%－16608.98×5%＝3799.36（万元）

应补缴土地增值税＝3799.36－1200＝2599.36（万元）。

80. ADE　【解析】选项B：根据规定，纳税人按规定预缴土地增值税后，清算补缴的土地增值税，在主管税务机关规定的期限内补缴的，不加收滞纳金。选项C：回迁户支付给房地产开发企业的补差价款，应抵减本项目拆迁补偿费。

2022年税务师职业资格考试

全真模拟测试题（二）

使用“会计云课堂”App或“微信”扫码快速做题、对答案、看解析、掌握解题思路，开启轻松过关之旅。

- 建议答卷时长 150分钟
- 答卷开始时间 ________
- 答卷结束时间 ________

扫码做题

一、单项选择题

共40题，每题1.5分。每题的备选项中，只有1个最符合题意。

1. 以下关于税法构成要素的表述正确的是（　　）。
   A. 税法构成要素中的基础性要素是纳税人
   B. 制定列举税目的优点是界限明确、便于查找
   C. 税率代表课税的深度，税目代表课税的广度
   D. 税收附加和加成都加重了纳税人负担，这两种措施的目的是相同的

2. 边际税率是指（　　）。
   A. 税法直接规定的税率
   B. 实际缴纳税额占课税对象实际数额的比例
   C. 在增加一些收入时，增加的这部分收入所缴纳的税额占增加的收入的比例
   D. 全部税额与全部收入之比

3. 以下属于税额式减免的项目是（　　）。
   A. 扣除项目　　B. 免征额
   C. 核定减免率　　D. 跨期结转

4. 张三于2021年12月1日将一幢高档别墅出租给李四用于居住，一次性收取年租金60万元，则张三应纳增值税（　　）万元。
   A. 0　　B. 0.9
   C. 0.86　　D. 2.86

5. 我国A省的甲公司是增值税一般纳税人，2022年1月，该公司财务部为本公司业务员张某办理赴我国B省某港口城市差旅费核算报销，张某提交去程的铁路车票，票面金额500元；返程的船票，票面金额400元，往返铁路车票和船票均注明了张某身份信息，甲公司就上述业务，可抵扣的进项税额为（　　）元。
   A. 26.21　　B. 47.59
   C. 52.93　　D. 74.31

6. 下列项目中，属于视同销售货物，应缴纳增值税的是（　　）。
   A. 某生产企业外购货物用于个人消费
   B. 某家具厂委托商店代销家具

C. 某运输企业外购棉大衣用于职工福利

D. 某歌厅购进一批饮料用于交际应酬

7. 按照“营改增”政策规定，车辆停放服务适用的增值税征税项目是（　　）。

A. 商务辅助服务

B. 生活服务

C. 不动产经营租赁服务

D. 交通运输服务

8. 甲公司将买入价为20万元的股票无偿转让给乙公司，则按照“金融商品转让”计算缴纳增值税时，以下说法正确的是（　　）。

A. 甲公司以0元为卖出价，乙公司再转让时以0元为买入价

B. 甲公司以0元为卖出价，乙公司再转让时以20万元为买入价

C. 甲公司以20万元为卖出价，乙公司再转让时以0元为买入价

D. 甲公司以20万元为卖出价，乙公司再转让时以20万元为买入价

9. 某软件开发企业（增值税一般纳税人）2022年3月销售自行开发生产的软件产品，取得不含税销售额68000元，已开具增值税专用发票；本月购进材料取得增值税专用发票上注明的增值税额为1200元；支付运费取得运输企业（增值税一般纳税人）开具的增值税专用发票上列示运输费用金额300元。该企业上述业务实际负担的增值税为（　　）元。

A. 10200　　B. 2040

C. 7613　　D. 2010

10. 2022年3月某企业（增值税一般纳税人）向农业生产者收购一批农业初级产品用于生产13%税率的货物，并于当月领用，收购凭证注明金额10000元，则该项业务可计算抵扣的进项税额为（　　）元。

A. 1300　　B. 1100

C. 900　　D. 1000

11. 中外合作油（气）田开采的原油、天然气按实物征收增值税，征收率为（　　）。

A. 1%　　B. 2%

C. 3%　　D. 5%

12. 位于B市的甲建筑企业是增值税一般纳税人，2022年3月跨市提供建筑服务，在A市取得含税建筑收入600000元，该建筑收入适用增值税一般计税方法，则甲企业应在建筑服务发生地A市预缴增值税税款（　　）元。

A. 11009.17　　B. 10810.81

C. 16216.22　　D. 17142.86

13. 以下不符合“营改增”行业销售额规定的是（　　）。

A. 存款利息，以利息收入全额为销售额

B. 贷款服务，以提供贷款服务取得的全部利息及利息性质的收入为销售额

C. 金融商品转让，按照卖出价扣除买入价后的余额为销售额

D. 航空运输企业的销售额，不包括代收的机场建设费和代售其他航空运输企业客票而代收转付的价款

14. 2022年3月某酒厂（增值税一般纳税人）生产白酒100吨全部对外销售，取得不含税销售额480万元，同时收取品牌使用费15万元，销售白酒时收取包装物押金5万元，本月没收3个月前销售白酒时收取的包装物押金3万元。该酒厂当月应纳消费税（　　）万元。（白酒消费税税率20%+0.5元/500克）

A. 106　　B. 106.88

C. 108.65　　D. 109.54

15. 某金融公司（增值税一般纳税人）2021 年第四季度转让债券卖出价为 1000 万元（含增值税价格，下同），该债券是 2020 年 9 月购入的，买入价为 700 万元；2021 年 1 月取得利息 30 万元，缴纳了增值税。该公司 2021 年第三季度转让金融商品亏损 15 万元。则第四季度转让债券的销项税额是（　　）万元。

A. 56.60　　B. 17.15
C. 16.98　　D. 16.13

16. 企业生产的下列消费品，无须缴纳消费税的是（　　）。

A. 地板企业生产用于装修本企业办公室的实木地板
B. 汽车企业生产用于本企业管理部门的轿车
C. 化妆品企业生产用于抵偿债务的高档化妆品
D. 卷烟企业生产用于连续生产卷烟的烟丝

17. 纳税人委托加工应税消费品，其消费税纳税义务发生时间为（　　）。

A. 受托人完工的当天
B. 受托人开具发票的当天
C. 纳税人支付加工费的当天
D. 纳税人提货的当天

18. 2022 年 1 月，白酒生产企业甲将自产 A 品牌白酒以 20 元/瓶的价格（不含增值税，下同）销售给包销本企业白酒的商业机构乙 10000 瓶，每瓶 500 克，甲与乙存在关联关系。甲按规定向税务机关上报乙上月销售 A 品牌白酒的平均销售价格是 60 元/瓶，税务机关对甲核定了最低计税价格，则甲当月应纳消费税（　　）元。（白酒消费税比例税率 20%，定额税率 0.5 元/500 克）

A. 45000　　B. 77000
C. 89000　　D. 125000

19. 某酒厂（一般纳税人）2022 年 6 月份生产一种新型粮食白酒，直接用于端午节职工福利 2 吨，已知该种白酒无同类产品出厂价，生产成本每吨 38000 元，成本利润率为 10%，粮食白酒定额税率为 0.5 元/500 克，比例税率为 20%。该厂当月应缴纳的增值税和消费税合计为（　　）元。

A. 36430　　B. 37310
C. 38090　　D. 40590

20. 某纳税人 2022 年 5 月进口卷烟 20 标准箱，关税完税价格折合人民币 255000 元，假定关税税率 25%，其进口环节缴纳的税金合计为（　　）元。（甲类卷烟消费税税率 56%+0.003 元/支；乙类卷烟消费税税率 36%+0.003 元/支）

A. 571312.50　　B. 572046.38
C. 584369.23　　D. 600562.5

21. 纳税人生产销售下列产品，应缴纳消费税的是（　　）。

A. 船用重油
B. 燃料电池
C. 航空煤油
D. 导热类油

22. 位于市区的某企业属于增值税期末留抵退税的纳税人。2021 年 12 月收到留抵退还增值税 6 万元，当月实际缴纳消费税 17 万元、企业所得税 20 万元。该企业当月应缴纳的城市维护建设税为（　　）万元。

A. 0.77　　B. 1.19
C. 1.61　　D. 2.59

23. 位于市区的生产企业为增值税一般纳税人，经营内销与出口业务。2022 年 4 月申报期申报应缴纳增值税 38 万元，3 月已经税务机关核准的出口货物免抵税额 7 万元。另外，进口货物缴纳增值税 14

万元、消费税 25 万元。该企业 4 月申报期应缴纳的城市维护建设税为（　　）万元。

A. 2.66　　B. 3.15

C. 4.13　　D. 5.88

24. 某天然气田企业为增值税一般纳税人。2022 年 5 月销售自采天然气 600 万立方米，取得含税收入 392.4 万元，将 50 万立方米天然气换取一套检测设备，资源税税率 6%。该天然气田企业当月应缴纳资源税（　　）万元。

A. 25.51　　B. 23.54

C. 23.40　　D. 21.60

25. 依据我国资源税法相关规定，下列应缴纳资源税的是（　　）。

A. 煤球、引火碳

B. 人造石油

C. 从低丰度油气田开采的天然气

D. 燃气公司进口的天然气

26. 以下关于资源税税率的表述中，不正确的是（　　）。

A. 资源税法继续采用固定税率和幅度税率两类税率

B. 资源税的税率形式有比例税率和定额税率两种

C.《税目税率表》中规定征税对象为原矿或者选矿的，应当分别确定具体适用税率

D. 水资源税根据当地水资源状况、取用水类型和经济发展等情况实行固定税率

27. 山西省 A 采矿厂是增值税小规模纳税人，2021 年第 2 季度在衰竭期矿山开采刚玉，销售刚玉取得销售额 424200 元，当地刚玉原矿资源税税率 4%，并按照最高优惠比例给予其资源税优惠政策，则该厂当期应纳资源税（　　）元。（该厂刚玉征税对象为原矿）

A. 8484　　B. 5938.8

C. 2545.2　　D. 11877.6

28. 根据资源税法规定，以下矿产以原矿或选矿为征税对象的是（　　）。

A. 天然气水合物　　B. 中重稀土

C. 矿泉水　　D. 砂石

29. 2021 年 2 月，陈某从某汽车销售公司（增值税一般纳税人）购买轿车一辆供自己使用，销售公司将款项分解成含增值税价款 230000 元（开具机动车销售统一发票）和车辆装饰费 7300 元（销售公司开具普通发票），销售公司并没有对该车进行装饰。则陈某应纳车辆购置税（　　）元。

A. 23000　　B. 21000

C. 20469.03　　D. 20353.98

30. 下列关于车辆购置税的说法，正确的是（　　）。

A. 纳税人购置自用的应税车辆，应自购买之日起 15 日内申报纳税

B. 纳税人进口自用的应税车辆，应自进口之日起 30 日内申报纳税

C. 纳税人购置需办理车辆登记手续的应税车辆，向车辆登记地的税务机关申报纳税

D. 纳税人购置无须办理车辆登记手续的应税车辆，向车辆销售商所在地的税务机关申报纳税

31. 下列行为中，应计算缴纳土地增值税的是（　　）。

A. 将房屋产权赠与直系亲属的

B. 双方合作建房后按比例分房自用的

C. 以房地产抵债而发生房地产产权转让的

D. 将房屋出租的

32. 某单位转让一幢2000年建造的公寓楼，当时的造价为500万元。经房地产评估机构评定，该楼的重置成本价为2000万元，成新度折扣率为六成。在计算土地增值税时，该楼的评估价格为（　　）万元。

A. 500　　B. 1200

C. 2000　　D. 1500

33. 对房地产开发企业进行土地增值税清算时，下列表述正确的是（　　）。

A. 房地产开发企业的预提费用，除另有规定外，不得扣除

B. 对清算补缴的土地增值税，须加收滞纳金

C. 纳税人应在满足清算条件之日起60日内到主管税务机关办理清算手续

D. 房地产开发企业销售已装修房屋，可以扣除的装修费用不得超过房屋价值的10%

34. 房地产开发企业以外的其他纳税人，应自签订房地产转让合同之日起的一定时限之内，到房地产所在地的主管税务机关进行土地增值税纳税申报，这一规定时限是（　　）。

A. 7日　　B. 10日

C. 15日　　D. 30日

35. 某汽车贸易公司2021年6月进口20辆小轿车，海关审定的关税完税价格为20万元/辆，当月销售10辆，取得含税销售收入350万元；3辆该公司自用；1辆用于抵偿债务，合同约定的含税价格为40万元；其他6辆待售。该汽车贸易公司应纳车辆购置税（　　）万元。（小轿车关税税率为28%，消费税税率为9%）

A. 8.44　　B. 11.25

C. 30.95　　D. 36.57

36. 下列各项中，符合关税对特殊进口货物完税价格有关规定的是（　　）。

A. 运往境外修理的机械器具，出境时已向海关报明，并在海关规定的期限内复运进境的，应以修理后进境时的到岸价格为完税价格

B. 准予暂时进境的施工机械应当缴纳税款的，按同类货物到岸价格的50%作为完税价格

C. 免税进口的货物需补税时，应当以该货物原进口时的价格为完税价格

D. 留购的租赁货物，以海关审定的留购价格为完税价格

37. 按照关税政策规定，纳税义务人因不可抗力或者在国家税收政策调整的情形下，不能按期缴纳税款的，依法提供纳税担保后，可以延期缴纳税款。延期纳税最长不超过（　　）。

A. 1个月　　B. 3个月

C. 6个月　　D. 9个月

38. 应税大气污染物和水污染物实行各省浮动定额税制，税额上限是下限的（　　）。

A. 3倍　　B. 5倍

C. 10倍　　D. 15倍

39. 纳税人排放应税大气污染物或者水污染物的浓度值低于国家和地方规定的污染物排放标准一定比例的，减按75%征收环境保护税。该比例是（　　）。

A. 20%　　B. 30%

C. 50%　　D. 60%

40. 某企业2021年6月产生煤矸石1000吨，其中综合利用的煤矸石250吨（符合国家相关规定），在符合国家和地方环境保护标准的设施贮存100吨。煤矸石环保税适用税额为每吨5元，该企业当月煤矸石应缴纳的环境保护税（　　）元。

A. 1950　　B. 2250

C. 2550　　D. 3250

二、多项选择题

共 20 题，每题 2 分。每题的备选项中，有 2 个或 2 个以上符合题意，至少有 1 个错项。错选，本题不得分；少选，所选的每个选项得 0.5 分。

41. 下列各项属于税务规范性文件特征的有（　　）。
A. 属于立法行为
B. 适用主体的非特定性
C. 不具有可诉性
D. 可溯及既往
E. 具有向后发生效力的特征

42. 2021 年 3 月，中共中央办公厅、国务院办公厅印发《关于进一步深化税收征管改革的意见》，指出要推动修订的法律法规和规章有（　　）。
A. 税收征收管理法
B. 关税法
C. 增值税法
D. 反洗钱法
E. 发票管理办法

43. 以下符合增值税电子专用发票相关政策的有（　　）。
A. 电子专票由各省税务局监制
B. 采用电子签名代替发票专用章
C. 其法律效力、基本用途、基本使用规定等与增值税纸质专用发票不同
D. 税务机关向新办纳税人收费提供税务 UKey
E. 受票方索取纸质专票的，开票方应当开具纸质专票

44. 按照现行政策，以下各项免征增值税的有（　　）。
A. 北京冬奥组委取得的与中国集邮总公司合作发行纪念邮票收入
B. 卫生健康委委托进口的抗艾滋病病毒药物
C. 医药企业生产销售的抗癌药物
D. 从事农产品批发、零售的纳税人销售鲜活肉蛋产品
E. 纳税人提供公共交通运输服务取得的收入

45. 根据增值税规定，下列行为属于视同销售情形的有（　　）。
A. 将购进的货物用于个人消费
B. 将购进的货物分配给股东或者投资者
C. 将购进的货物作为投资，提供给其他单位
D. 将购进的货物用于集体福利
E. 将购进的货物无偿赠送关联单位或者个人

46. 下列各项中，企业购进货物的进项税额不能从销项税额中抵扣的有（　　）。
A. 用于生产免税产品
B. 用于装修职工浴室
C. 转售给其他企业
D. 用于对外投资
E. 用于股东分红

47. 以下属于增值税法定免税项目的有（　　）。
A. 直接用于科学研究、科学试验和教学的进口仪器、设备
B. 外国企业无偿援助的进口物资和设备
C. 医药公司进口供残疾人使用的物品
D. 药店销售避孕药品和用具
E. 其他个人销售其家庭使用过的旧彩电

48. 下列应税消费品中，准予扣除已纳消费税的有（　　）。

A. 以已税珠宝玉石为原料生产的金基镶嵌首饰
B. 以已税烟丝为原料生产的卷烟
C. 以已税小汽车改造生产小汽车
D. 以已税润滑油为原料生产的润滑油
E. 以已税溶剂油为原料生产的溶剂油

49. 按照消费税计税价格的核定权限，以下由国家税务总局核定消费税计税价格，并送财政部备案的有（　　）。
A. 卷烟
B. 白酒
C. 啤酒
D. 金银首饰
E. 小汽车

50. 下列各项中，符合应税消费品销售数量规定的有（　　）。
A. 生产销售应税消费品的，为应税消费品的销售数量
B. 自产自用应税消费品的，为应税消费品的生产数量
C. 委托加工应税消费品的，为纳税人收回的应税消费品数量
D. 进口应税消费品的，为海关核定的应税消费品进口征税数量
E. 自产应税消费品对外赠送的，为应税消费品的移送数量

51. 下列关于消费税纳税地点的表述中，正确的有（　　）。
A. 纳税人销售应税消费品，除国家另有规定外，应当向纳税人机构所在地或居住地主管税务机关申报纳税
B. 纳税人总机构和分支机构不在同一县的（卷烟批发企业除外），应分别向各自机构所在地申报纳税
C. 纳税人销售应税消费品，除国家另有规定外，应向购买方所在地主管税务机关申报纳税
D. 委托加工应税消费品，由受托方（受托方为个人除外）向其机构所在地或者居住地主管税务机关解缴消费税税款
E. 纳税人到外县销售自产应税消费品的，于应税消费品销售后，向纳税人机构所在地或者居住地主管税务机关申报缴纳消费税

52. 某筷子厂系增值税一般纳税人，2021年5月销售木制一次性筷子，开具的增值税专用发票上注明的价款为80万元，销售竹制一次性筷子和木制工艺筷子，开具普通发票上注明价款10.17万元，将成本价为10万元的木制一次性筷子移送本地自设非独立核算的门市部，当月全部出售，开具普通发票注明价款为18.08万元。当月可抵扣的增值税进项税额为10万元，则下列表述正确的有（　　）。（木制一次性筷子消费税税率为5%）
A. 竹制一次性筷子不征收消费税
B. 木制工艺筷子属于应征消费税项目
C. 该厂本月应缴纳的消费税为4.5万元
D. 该厂本月应缴纳的消费税为4.8万元
E. 该厂本月应缴纳的增值税为3.65万元

53. 下列各项中，须退还附征的城市维护建设税的有（　　）。
A. 错征税款导致退还增值税、消费税的
B. 法定减免的实施导致退还增值税、消费税的
C. 因采用先征后返、先征后退、即征即退办法导致退还增值税、消费税的
D. 出口退还增值税、消费税的
E. 出口企业经税务局核准当期免抵增值税的

54. 位于市区的某收购农产品生产植物油并自营出口的企业，2022年4月申报期增

值税应纳税额为-280万元，出口货物的“免抵退”税额为400万元。下列各项中，符合税法相关规定的有（　　）。

A. 该企业属于农产品增值税核定抵扣进项税额的试点范围

B. 该企业4月申报期申报应退增值税税额为280万元

C. 若该企业5月申报期申报的应纳增值税为0，则应申报缴纳的教育费附加为0万元

D. 若该企业5月申报期申报的应纳增值税为0，则应申报缴纳的城市维护建设税为8.4万元

E. 若该企业5月申报期申报的应纳增值税为0，则应申报缴纳的城市维护建设税和教育费附加合计数为12万元

55. 根据资源税法的规定，以下减征30%资源税的有（　　）。

A. 从低丰度油气田开采的原油、天然气

B. 高含硫天然气

C. 从深水油气田开采的原油、天然气

D. 从衰竭期矿山开采的矿产品

E. 稠油、高凝油

56. 某汽车进出口企业进口小汽车30辆，每辆关税完税价格折合人民币12万元，该企业销售26辆，取得不含增值税销售额520万元，将3辆放置在展厅展示待售，1辆本企业自用，假定关税税率20%、消费税税率9%，则以下表述错误的有（　　）。

A. 该企业应纳进口环节关税72万元

B. 该企业应纳进口环节增值税67.6万元

C. 该企业应纳进口环节消费税46.8万元

D. 该企业应纳车辆购置税6.33万元

E. 该企业应纳税金均向海关缴纳

57. 下列情形中，纳税人应当进行土地增值税清算的有（　　）。

A. 直接转让土地使用权的

B. 取得销售（预售）许可证满3年仍未销售完毕的

C. 整体转让未竣工决算房地产开发项目的

D. 房地产开发项目尚未竣工但已销售面积为50%的

E. 纳税人申请注销税务登记但未办理土地增值税清算手续的

58. 按照现行关税的规定，下述表述正确的有（　　）。

A. 向自己的采购代理人支付的购货佣金不计入进口货物关税完税价格

B. 对科学研究机构进口国内不能生产的科学研究用品，免征进口关税

C. 出口货物应在货物运抵海关监管区后装货的24小时以前，由纳税人向货物出境地海关申报

D. 纳税义务人因不可抗力不能按期缴纳税款的，经依法提供纳税担保，可延期纳税，但最长不得超过3个月

E. 外国政府、国际组织、外国企业无偿赠送的物资免征关税

59. 以下符合烟叶税法规定的有（　　）。

A. 征收烟叶税的烟叶是指烤烟叶、晾晒烟叶

B. 烟叶税的税率为20%

C. 纳税人应当向烟叶收购地的主管税务机关申报缴纳烟叶税

D. 烟叶税的纳税义务发生时间为纳税人收购烟叶的当日

E. 烟叶税按次计征，纳税人应当于纳税义务发生之日起15日内申报并缴纳税款

60. 以下符合环境保护税政策规定的有（　　）。

A. 环保税的纳税义务发生时间是季度终了之日起 15 日内
B. 纳税人应当向应税污染物排放地的税务机关申报缴纳环境保护税
C. 不能按固定期限计算缴纳的，可以按次申报缴纳
D. 生态环境主管部门和税务机关应当建立涉税信息共享平台和工作配合机制
E. 纳税人向海洋排放污染物不需要缴纳环境保护税

三、计算题

共 8 题，每题 2 分。每题的备选项中，只有 1 个最符合题意。

（一）

A 市甲财产保险公司是增值税一般纳税人，2022 年 4 月发生下列业务：

（1）办理机动车辆保险，收取保险费 300 万元；办理符合免税规定的出口货物保险，收取保险费 200 万元。

（2）将产品展示厅兼用作职工餐厅，该展示厅原值 240 万元，净值 210 万元。

（3）以实物赔付方式承担机动车辆保险责任，自行向车辆修理劳务提供方（增值税一般纳税人）购进车辆修理劳务，支付修理费 70 万元；从一般纳税人处为公司各类保险业务购买办公用品支付 50 万元。

（4）为提供各类保险业务向乙企业（增值税一般纳税人）租入门面房，租期 2 年，一次性支付 1 年租金 48 万元。

其他相关资料：上述收支金额均不含增值税，购进业务均取得增值税专用发票且于当月申报抵扣进项税。乙企业是位于 B 县的企业，其出租给甲公司的门面房位于 A 市，为 2017 年自建。

要求：根据上述业务，回答下列问题。

61. 甲公司当期增值税的销项税额（　　）万元。

A. 9　　B. 18
C. 27　　D. 30

62. 甲公司业务（2）进项税额转出的金额（　　）万元。

A. 0　　B. 10
C. 18.9　　D. 21.6

63. 甲公司当期可抵扣的进项税额（　　）万元。

A. 0　　B. 15.4
C. 17.32　　D. 19.92

64. 乙企业当期在 A 市预缴的增值税（　　）万元。

A. 2.20　　B. 2.40
C. 3.96　　D. 1.44

（二）

某煤矿开采企业（增值税一般纳税人）从衰竭期矿山开采原煤，2022 年 2 月，发生下列业务：

（1）开采原煤 4 万吨，当月销售 3 万吨，收取价款 1350 万元（不含增值税，下同），并按照全部价款开具了增值税发票；支付从矿区到购买者要求的指定码头的运费 3 万元、港杂费 2 万元，取得运输公司和港口开具的发票（上述费用包含在收取的价款中）。

（2）将自采原煤 1 万吨与外购原煤 1 万吨加工洗选后销售，取得洗选煤销售额 1600 万元；外购原煤单价 420 元/吨（取

得增值税专用发票）。

（3）因安全生产需要抽采煤层气并将部分销售，销售额20万元。

其他相关资料：该地区原煤资源税率6%；洗选煤资源税率3%，当地煤层气资源税率2%。

要求：根据上述业务，回答下列问题。

65. 业务（1）应纳资源税（　　）万元。

A. 56.49　　B. 56.70

C. 80.70　　D. 81.00

66. 业务（2）应纳资源税（　　）万元。

A. 15.96　　B. 22.80

C. 24.78　　D. 31.92

67. 业务（3）应纳资源税（　　）万元。

A. 0　　B. 0.28

C. 0.4　　D. 1

68. 该企业销售原煤和洗选煤的增值税销项税额（　　）万元。

A. 382.85　　B. 328.90

C. 328.25　　D. 383.50

四、综合分析题

共12题，每题2分。由单项选择题和多项选择题组成。错选，本题不得分；少选，所选的每个选项得0.5分。

（一）

某县房地产开发公司（增值税一般纳税人）于2018年1月受让一宗土地使用权，依据受让合同支付政府地价款7000万元（已取得合规财政票据），当月办妥手续并支付相关税费。自2018年2月起至2021年10月末，该房地产开发公司使用受让土地开发建造一栋写字楼并在2021年11月至2022年2月期间销售建筑面积的80%，其余面积出租。依据销售写字楼合同共计取得含税销售收入20000万元。在开发过程中，根据建筑承包合同支付给建筑公司的不含税劳务费和材料费共计6000万元，开发销售期间发生管理费用600万元、销售费用500万元、利息费用500万元（不能够提供金融机构的证明）。主管税务机关要求该房地产开发公司对该房地产项目进行清算。

其他相关资料：该房地产开发公司建造该写字楼发生的增值税进项税合计为1000万元；当地契税税率为3%；房地产开发费用扣除比例按照相关规定上限执行；该房地产企业采购合同缴纳印花税3万元，租赁合同缴纳印花税4万元，售房合同缴纳印花税10万元。

要求：根据上述资料，回答下列问题。

69. 税务机关可要求纳税人进行土地增值税清算的条件包括（　　）。

A. 已竣工验收的房地产开发项目，已转让的房地产建筑面积占整个项目可售建筑面积的比例在85%以上的

B. 已竣工验收的房地产开发项目，已转让的房地产建筑面积占整个项目可售建筑面积的比例虽未超过85%，但剩余的可售建筑面积已经出租或自用的

C. 取得销售（预售）许可证满2年仍未销售完毕的

D. 房地产开发项目竣工3年以上的

E. 直接转让土地使用权的

70. 该房地产开发公司销售写字楼的增值税销项税额为（　　）万元。

A. 1073.39　　B. 1188.99

C. 1255.96　　D. 1651.38

71. 该房地产开发公司计算土地增值额时可扣除的“取得土地使用权所支付的金额”为（　　）万元。

A. 7210　　B. 7000

C. 5768　　D. 5600

72. 该房地产开发公司计算土地增值税可扣除的城建税及教育费附加合计为（　　）万元。

A. 95.12　　B. 67.23

C. 31.12　　D. 18.90

73. 该房地产开发公司的土地增值额为（　　）万元。

A. 5031.49　　B. 5212.31

C. 5041.49　　D. 5651.11

74. 该房地产开发公司销售写字楼应缴纳的土地增值税为（　　）万元。

A. 1575.15　　B. 1542.35

C. 1521.25　　D. 1509.45

（二）

P 市的甲酒厂为增值税一般纳税人，生产 A 粮食白酒、B 粮食白酒、糠麸白酒及高级套装白酒。A 粮食白酒最高销售价格 2 万元/吨（不含增值税）；A 粮食白酒平均销售价格 1.9 万元/吨（不含增值税）。2021 年 6 月份发生以下经济业务：

（1）销售 A 粮食白酒 35 吨，不含税售价每吨 1.9 万元，另收取包装物押金 0.26 万元，全部款项存入银行。

（2）用自产 A 粮食白酒 2 吨，为职工食堂换取一批粮油蔬菜，双方互相开具普通发票。

（3）用 3 吨自产 A 粮食白酒在端午节前馈赠关系单位。

（4）从一般纳税人处外购糠麸白酒 4 吨，不含税金额共计 1 万元，取得增值税专用发票，全部用于勾兑 A 粮食白酒。

（5）向农场收购免税高粱 16 吨，收购凭证注明收购单价 0.39 万元/吨，委托乙酒厂（增值税一般纳税人）为其加工白酒 5 吨，支付不含税加工费 2 万元，并取得增值税专用发票。乙酒厂的同类白酒不含增值税价格 1.6 万元/吨，代收了甲酒厂消费税。

（6）甲酒厂委托加工收回的白酒全部用于连续调制生产高级套装白酒 5.5 吨，不含税售价每吨 3 万元，当月全部销售。

（7）以 2 万元/月（含增值税）租金将 2017 年 6 月取得的位于 W 市的一处办公用房出租，一次性收取 12 个月的含税租金 24 万元。

其他相关资料：假定上述增值税专用发票均符合规定并在当月抵扣；甲酒厂采用投入产出法核定农产品进项税额，高级套装白酒的高粱单耗数量为 2.6。白酒消费税税率 20%+0.5 元/500 克。

要求：根据上述资料，回答下列问题。

75. 甲酒厂上述第（1）（2）（3）笔业务合计应纳的消费税为（　　）万元。

A. 18.89　　B. 19.12

C. 19.29　　D. 20.02

76. 甲酒厂上述第（5）笔业务中，受托方代收代缴的消费税为（　　）万元。

A. 2　　B. 2.10

C. 2.24　　D. 2.53

77. 甲酒厂本月可抵扣的增值税进项税合计为（　　）万元。

A. 1.03　　B. 1.10

C. 2.25　　D. 3.86

78. 甲酒厂出租不动产应向 P 市实际缴纳的增值税为（　　）万元。

A. 1.78　　B. 1.89

C. 1.32　　D. 2.11

79. 甲酒厂本月向 P 市税务局实际缴纳的增

值税合计为（　　）万元。

A. 1.98　　B. 11.21

C. 1.32　　D. 12.34

80. 关于上述业务的税务处理，不正确的有（　　）。

A. 甲酒厂从农场收购免税高粱，应按照税务机关批准使用的收购凭证上注明收购价款的13%计算抵扣进项税

B. 乙酒厂受托加工白酒在交货时应按组成计税价格计算代收代缴甲酒厂的消费税

C. 甲酒厂异地出租办公用房，适用3%的预征率

D. 甲酒厂应向W市税务局预缴增值税1.14万元

E. 甲酒厂应向W市税务局预缴增值税0.66万元

答案速查

我做对了 ________ 题　　我得了 ________ 分

一、单项选择题

序号	1	2	3	4	5	6	7	8	9	10
答案	C	C	C	A	C	B	C	D	B	D
序号	11	12	13	14	15	16	17	18	19	20
答案	D	A	A	D	D	D	D	B	B	A
序号	21	22	23	24	25	26	27	28	29	30
答案	A	B	B	C	C	D	B	D	B	C
序号	31	32	33	34	35	36	37	38	39	40
答案	C	B	A	A	A	D	C	C	B	D

二、多项选择题

序号	41	42	43	44	45	46	47	48	49	50
答案	BCE	ADE	ABE	ABDE	BCE	AB	ADE	BD	AE	ACDE
序号	51	52	53	54	55	56	57	58	59	60
答案	ABDE	ADE	AB	ABDE	BCD	BCDE	AC	ABC	ABCD	BCD

三、计算题

序号	（一）				（二）			
	61	62	63	64	65	66	67	68
答案	B	A	C	D	A	A	A	D

四、综合分析题

序号	（一）						（二）					
	69	70	71	72	73	74	75	76	77	78	79	80
答案	AB	B	C	C	A	D	C	B	A	C	D	ABD

参考答案及解析

“使用“会计云课堂”App或“微信”扫码对答案、看解析、掌握解题思路，开启轻松过关之旅。

扫码看解析

一、单项选择题

1. C　【解析】选项A：税法构成要素中的基础性要素是课税对象；选项B：制定列举税目的优点是界限明确，但税目过多不便于查找；选项D：税收附加和加成都加重了纳税人负担，但这两种措施的目的不相同。

2. C　【解析】边际税率是指在增加一些收入时，增加的这部分收入所纳税额同增加收入之间的比例。

3. C　【解析】选项ABD属于税基式减免。

4. A　【解析】其他个人，采取一次性收取租金形式出租不动产取得的租金收入，可在对应的租赁期内平均分摊，分摊后的月租金收入未超过15万元的，免征增值税。

5. C　【解析】铁路旅客运输进项税额=票面金额÷（1+9%）×9%；公路、水路等其他旅客运输进项税额=票面金额÷（1+3%）×3%，甲公司上述业务可抵扣的进项税额=500/（1+9%）×9%+400/（1+3%）×3%=52.93（元）。

6. B　【解析】选项B：属于将货物交付他人代销，应视同销售计算缴纳增值税。选项ACD：外购货物用于职工福利和个人消费（含交际应酬），不视同销售，不得抵扣进项税额。

7. C　【解析】车辆停放服务、道路通行服务（包括过路费、过桥费、过闸费等）等按照不动产经营租赁服务缴纳增值税。

8. D　【解析】纳税人无偿转让股票时，转出方以该股票的买入价为卖出价，按照“金融商品转让”计算缴纳增值税；在转入方将该股票再转让时，以原转出方的卖出价为买入价，按照“金融商品转让”计算缴纳增值税。

9. B 【解析】考核运费进项税额的确定，软件开发企业销售自产软件产品的税收优惠。
应纳增值税税额 = 68000×13% − 1200 − 300×9% = 7613（元）
实际税负 = 7613÷68000×100% = 11.20%
实际税负超过3%的部分实行即征即退。
实际负担税额 = 68000×3% = 2040（元）。

10. D 【解析】可抵扣进项税额 = 10000×10% = 1000（元）。

11. D 【解析】中外合作油（气）田开采的原油、天然气按实物征收增值税，征收率为5%。

12. A 【解析】甲企业应在A市预缴增值税税款 = 600000÷（1+9%）×2% = 11009.17（元）。

13. A 【解析】选项A：存款利息不征收增值税。

14. D 【解析】该酒厂当月应纳消费税 = ［480+（15+5）/（1+13%）］×20% + 100×0.1 = 109.54（万元）
白酒"吨"与"克"的换算，1吨 = 1000千克，白酒定额税率为0.5元/500毫升（或克），所以每吨定额税率 = 0.5×2000 = 1000（元）= 0.1（万元）。

15. D 【解析】含税销售额 = 1000 − 700 − 15 = 285（万元）
第四季度转让债券的销项税额 = 285÷（1+6%）×6% = 16.13（万元）。

16. D 【解析】选项ABC均应在移送使用时缴纳消费税；选项D不缴纳消费税。

17. D 【解析】纳税人委托加工应税消费品，其消费税纳税义务发生时间为纳税人提货的当天。

18. B 【解析】白酒生产企业销售给销售单位的白酒，生产企业消费税计税价格为销售单位对外销售价格70%以下的，消费税最低计税价格由税务机关核定，核定比例统一确定为60%。
纳税人应按下列公式计算白酒消费税计税价格：
当月该品牌、规格白酒消费税计税价格 = 该品牌、规格白酒销售单位上月平均销售价格×核定比例
应纳消费税 = 10000×0.5+60×60%×10000×20% = 77000（元）。

19. B 【解析】自产产品用于职工福利的，视同销售缴纳增值税和消费税。
注意吨与克的换算，1吨 = 1000千克；1千克 = 1000克
从量消费税 = 2×2000×0.5 = 2000（元）
从价消费税 = ［2×38000×（1+10%）+2000］÷（1 − 20%）×20% = 21400（元）
该厂当月应纳消费税 = 2000+21400 = 23400（元）
该厂当月应纳增值税 = ［2×38000×（1+10%）+23400］×13% = 13910（元）

或者 = ［2×38000×（1+10%）+2000］÷（1−20%）×13% = 13910（元）
当月应缴纳增值税、消费税合计 = 23400+13910 = 37310（元）。

20. A 【解析】进口关税 = 255000×25% = 63750（元）
先判断进口卷烟消费税适用税率：
（255000+63750+150×20）÷（1−36%）÷（20×250）= 100.55（元/条）>70 元/条，适用 56% 比例税率。
卷烟进口消费税 =（255000+63750+150×20）÷（1−56%）×56%+150×20 = 409500+3000 = 412500（元）
卷烟进口增值税 =（255000+63750+150×20）÷（1−56%）×13% = 95062.50（元）
进口环节税金合计 = 63750+412500+95062.50 = 571312.50（元）。

21. A 【解析】选项 A：燃料油包括船用重油，纳税人生产销售船用重油应计算缴纳消费税；选项 B：免征消费税；选项 C：暂缓征收消费税；选项 D：变压器油、导热类油等绝缘油类产品不属于润滑油，不征收消费税。

22. B 【解析】留抵退税额仅允许在按照增值税一般计税方法确定的城建税计税依据中扣除。
该企业当月应缴纳的城建税 = 17×7% = 1.19（万元）。

23. B 【解析】海关对进口产品代征的增值税、消费税，不征收城建税。应缴纳的城市维护建设税 =（38+7）×7% = 3.15（万元）。

24. C 【解析】从价定率计算资源税的销售额为纳税人销售应税产品向购买方收取的全部价款，但不包括收取的增值税税额。用于换取设备的天然气需要计算缴纳资源税。该天然气田企业当月应纳资源税 = 392.4÷（1+9%）÷600×（600+50）×6% = 23.40（万元）。

25. C 【解析】选项 AB：不属于资源税征税范围；选项 D：进口的应税资源不征收资源税。

26. D 【解析】水资源税根据当地水资源状况、取用水类型和经济发展等情况实行差别税率。

27. B 【解析】该厂当期应纳资源税 = 424200×4%×（1−30%）×50% = 5938.8（元）。

28. D 【解析】根据资源税法规定，选项 AC 以原矿为征税对象；选项 B 以选矿为征税对象；选项 D 以原矿或选矿为征税对象。

29. B 【解析】陈某应纳车辆购置税 =（230000+7300）/（1+13%）×10% = 21000（元）。

30. C 【解析】选项 A：纳税人购买自用的应税车辆，应自购买之日起60 日内申报纳税；选项 B：纳税人进口自用的应税车辆，应自进口之日起60 日内申报纳税；选项 D：纳税人购置无须办理车辆登记手续的应税车辆，应当向纳税人所在地的主管税务机关申报纳税。

31. C 【解析】选项 AD：不征土地增值税；选项 B：暂免征收土地增值税。

32. B 【解析】用评定的重置成本价与成新度折扣率计算评估价格。该楼的评估价格 = 2000×60% = 1200（万元）。

33. A 【解析】选项 B：清算补缴的土地增值税，在主管税务机关规定的期限内补缴的，不加收滞纳金。选项 C：纳税人应在满足清算条件之日起90 日内到主管税务机关办理清算手续。选项 D：房地产开发企业销售已装修的房屋，其装修费用可以全额计入房地产开发成本扣除。

34. A 【解析】房地产开发企业以外的其他纳税人，应自签订房地产转让合同之日起的7 日内，到房地产所在地的主管税务机关进行土地增值税纳税申报。

35. A 【解析】虽然贸易公司进口小轿车 20 辆，但是只对其自用的 3 辆计征车辆购置税。抵债的小轿车由取得小轿车自用的一方纳税，汽车贸易公司不纳税；已售的小轿车由购买自用方纳税。因此，该汽车贸易公司应缴纳车辆购置税 = 3×（20+20×28%）÷（1-9%）×10% = 8.44（万元）。

36. D 【解析】选项 A：运往境外修理的货物，出境时已向海关报明，并在海关规定的期限内复运进境的，应以境外修理费和料件费为基础审查确定完税价格；选项 B：准予暂时进境的施工机械应当缴纳税款的，按一般进口货物完税价格确定的有关规定，审查确定完税价格；选项 C：减税或免税进口的货物需补税时，应当以海关审定的该货物原进口时的价格，扣除折旧部分作为完税价格。只有选项 D 表述正确。

37. C 【解析】纳税义务人因不可抗力或者在国家税收政策调整的情形下，不能按期缴纳税款的，依法提供纳税担保后，可以延期缴纳税款。延期纳税最长不超过6 个月。

38. C 【解析】应税大气污染物和水污染物实行各省浮动定额税制，税额上限是下限的10 倍。

39. B 【解析】纳税人排放应税大气污染物或者水污染物的浓度值低于国家和地方规定的污染物排放标准30%的，减按 75%征收环境保护税。

40. D 【解析】应税固体废物的计税依据需要用减法计算：固体废物排放量 = 当期固体废物的产生量 - 当期固体废物的综合利用量 - 当期固体废物的贮存量 - 当期固体废物的处置量。煤矸石排放量 = 1000 - 250 - 100 = 650（吨）
环境保护税应纳税额 = 650×5 = 3250（元）。

二、多项选择题

41. BCE　【解析】税务规范性文件的特征是：（1）属于非立法行为的行为规范；（2）适用主体的非特定性；（3）不具有可诉性；（4）具有向后发生效力的特征。

42. ADE　【解析】2022年教材新增内容。2021年3月，中共中央办公厅、国务院办公厅印发《关于进一步深化税收征管改革的意见》，指出："健全税费法律法规制度。全面落实税收法定原则，加快推进将现行税收暂行条例上升为法律。完善现代税收制度，更好发挥税收作用，促进建立现代财税体制。推动修订税收征收管理法、反洗钱法、发票管理办法等法律法规和规章。加强非税收入管理法制化建设。"

43. ABE　【解析】电子专票属于增值税专用发票，其法律效力、基本用途、基本使用规定等与增值税纸质专用发票相同。税务机关向新办纳税人免费发放税务UKey，并依托增值税电子发票公共服务平台，为纳税人提供免费的电子专票开具服务。

44. ABDE

45. BCE　【解析】选项AD：将购进的货物用于集体福利或者个人消费的，不属于增值税视同销售的情形。

46. AB　【解析】生产免税产品没有销项税额，所以不能抵扣进项税额。装修职工浴室属于将外购货物用于集体福利，不能抵扣进项税额。转售给其他企业、用于对外投资、股东分红的购进货物可以抵扣进项税额，也需要计算销项税额。

47. ADE　【解析】选项B：外国政府、国际组织无偿援助的进口物资和设备免税，但外国企业无偿援助的进口物资和设备不属于法定免税范畴；选项C：由残疾人的组织直接进口供残疾人专用的物品免税，医药公司进口上述物品不属于免税范畴。

48. BD　【解析】选项ACE：不涉及已纳消费税的抵扣。

49. AE　【解析】卷烟和小汽车的计税价格由国家税务总局核定并送财政部备案。

50. ACDE　【解析】选项B：自产应税消费品连续生产应税消费品的，不纳税；用于其他方面的，移送使用时按移送使用数量纳税。

51. ABDE　【解析】纳税人销售的应税消费品及自产自用的应税消费品，除国家另有规定外，应当向纳税人机构所在地或居住地主管税务机关申报纳税。

52. ADE　【解析】竹制一次性筷子和木制工艺筷子不征收消费税；移送自设非独立核算门市部的木制一次性筷子按照门市部实际对外销售额计征消费税。

该厂应缴纳消费税＝［80+18.08÷（1+13%）］×5%＝4.80（万元）
该厂应缴纳增值税＝80×13%+10.17÷（1+13%）×13%+18.08÷（1+13%）×13%-10＝13.65-10＝3.65（万元）。

53. AB

54. ABDE 【解析】城建税、教育费附加及地方教育附加与其他税种的混合计算，已成为近些年城建税命题的经常性模式。考核考生对跨章节知识点的把握能力。
首先，以购进农产品为原料生产销售液体乳及乳制品、酒及酒精、植物油都属于农产品核定抵扣进项税额的试点范围，所以A选项正确。
其次，增值税应纳税额的绝对值为280万元小于400万元出口货物的“免抵退”税额，应退税额为280万元，所以B选项正确，同时计算出该企业的免抵税额＝400-280＝120（万元）。
再次，对增值税免抵税额征收的城建税，纳税人应在税务机关核准免抵税额的下一个纳税申报期内向主管税务机关申报缴纳（教育费附加同城建税）。5月申报期该企业计算城建税和教育费附加的基数仅为该企业的免抵税额，教育费附加＝120×3%＝3.6（万元），所以C选项错误；城建税＝120×7%＝8.4（万元），所以D选项正确；应缴纳的城市维护建设税和教育费附加合计＝3.6+8.4＝12（万元），所以E选项正确。

55. BCD 【解析】从低丰度油气田开采的原油、天然气，减征20%资源税；高含硫天然气、三次采油和从深水油气田开采的原油、天然气，减征30%资源税；稠油、高凝油减征40%资源税；从衰竭期矿山开采的矿产品，减征30%资源税。

56. BCDE 【解析】该企业应纳关税＝12×30×20%＝72（万元）；进口环节增值税＝12×（1+20%）/（1-9%）×30×13%＝61.71（万元）；进口环节消费税＝12×（1+20%）/（1-9%）×30×9%＝42.73（万元）；应纳车辆购置税＝12×（1+20%）/（1-9%）×10%＝1.58（万元）。进口30辆小汽车的进口环节关税、增值税、消费税向海关缴纳，1辆自用小汽车的车辆购置税向税务机关缴纳。

57. AC 【解析】符合下列情形之一的，纳税人应进行土地增值税的清算：（1）房地产开发项目全部竣工、完成销售的；（2）整体转让未竣工决算房地产开发项目的；（3）直接转让土地使用权的。

58. ABC 【解析】选项D：关税纳税义务人因不可抗力或者在国家税收政策调整的情形下，不能按期缴纳税款的，经依法提供纳税担保后，可以延期缴纳税款，但最长不得超过6个月。选项E：外国政府、国际组织无偿赠送的物资免征关税，但是外国企业赠送的物资不符合法定减免税的规定。

59. ABCD 【解析】选项E：烟叶税按月计征，纳税人应当于纳税义务发生月终了之日起15日内申报并缴纳税款。

60. BCD 【解析】选项A：不要混淆纳税义务发生时间与申报缴纳税款时间。环保税的纳税义务发生时间为纳税人排放应税污染物的当日。选项E：纳税人在我国领域或其他海域直接向环境排放应税污染物，属于环保税的征税范围。

三、计算题

（一）

61. B 【解析】甲公司当期增值税的销项税额＝300×6%＝18（万元）
为出口货物提供的保险服务免征增值税。

62. A 【解析】甲公司业务（2）进项税额转出0万元。
不动产兼用于职工福利，进项税可以抵扣，不需要转出。

63. C 【解析】以实物赔付方式承担机动车辆保险责任的，自行向车辆修理劳务提供方购进的车辆修理劳务，其进项税额可以按规定从保险公司销项税额中抵扣。修理费可抵扣进项税＝70×13%＝9.1（万元）
租入不动产兼用于免税项目，进项税可以抵扣，可抵扣进项税＝48×9%＝4.32（万元）
购买办公用品的进项税，需要按照征免税销售额比例分摊，可抵扣办公用品的进项税＝50×13%×300/（300+200）＝3.9（万元）
当期可抵扣进项税额＝9.1+4.32+3.9＝17.32（万元）。

64. D 【解析】乙企业当期在A市预缴的增值税＝48×3%＝1.44（万元）。

（二）

65. A 【解析】注意从衰竭期矿山开采的原煤，减征30%资源税。
应纳资源税＝［1350－（3+2）］×（1－30%）×6%＝56.49（万元）。

66. A 【解析】业务（2）混产销售。
准予扣减的购进金额＝420×6%/3%＝840（万元）。
应纳资源税＝（1600－840）×（1－30%）×3%＝15.96（万元）。

67. A 【解析】业务（3）因安全生产需要抽采煤层气免征资源税。

68. D 【解析】该企业销售原煤、洗选煤增值税的销售额包括收取的全部价款和价外费用。
销项税额＝（1350+1600）×13%＝383.50（万元）。

四、综合分析题

（一）

69. AB 【解析】主管税务机关可要求纳税人进行土地增值税清算的四种情况：

（1）已竣工验收的房地产开发项目，已转让的房地产建筑面积占整个项目可售建筑面积的比例在85%以上，或该比例虽未超过85%，但剩余的可售建筑面积已经出租或自用的；（2）取得销售（预售）许可证满3年仍未销售完毕的；（3）纳税人申请注销税务登记但未办理土地增值税清算手续的；（4）省税务机关规定的其他情况。

70. B　【解析】该房地产开发公司增值税销项税额=（20000-7000×80%）÷（1+9%）×9%=1188.99（万元）

不动产转让的增值税税率为9%，房地产开发企业一般纳税人计算增值税销项税额时，可从销售额中扣减支付给政府的土地价款，扣减比例是销售的建筑面积占可售面积的比例。支付土地款需取得财政票据。这一扣减的政策原理是平衡政府收取土地价款无法提供增值税专用发票抵扣进项税的情况。

71. C　【解析】该房地产开发公司取得土地使用权支付的全部金额=7000×（1+3%）=7210（万元）

土地增值税取得土地使用权支付的金额包括契税，与增值税扣除的土地价款不是等同口径。

可扣除的取得土地使用权支付的金额=7210×80%=5768（万元）

由于销售面积仅为80%，按照80%的比例计算扣除。

72. C　【解析】可扣除的城建税及教育费附加=（1188.99-1000×80%）×（5%+3%）=31.12（万元）

增值税进项税配比扣减，题干要求仅算城建税和教育费附加，按照题干要求计算。

73. A　【解析】可扣除的开发成本=6000×80%=4800（万元）

可扣除的开发费用=（5768+4800）×10%=1056.80（万元）

加计扣除=（5768+4800）×20%=2113.60（万元）

扣除项目金额合计=5768+4800+1056.8+31.12+2113.60+10=13779.52（万元）

售房印花税可以扣除。（教材新增政策）

该房地产开发公司的不含税转让收入金额=20000-1188.99=18811.01（万元）

注意要用含税收入减除销项税的方法计算不含税收入。

土地增值额=18811.01-13779.52=5031.49（万元）。

74. D　【解析】增值率=5031.49÷13779.52×100%=36.51%；适用30%的税率。

该房地产开发公司销售写字楼应缴纳的土地增值税=5031.49×30%=1509.45（万元）。

（二）

75. C　【解析】分解计算：

业务（1）：计税销售额=1.9×35+0.26÷（1+13%）=66.73（万元）

白酒包装物押金收到就要价税分离计入销售额。

增值税销项税 = 66.73×13% = 8.67（万元）

消费税 = 35×1000/10000+66.73×20% = 16.85（万元）

业务（2）：换取消费资料需用最高销售价格计算消费税，增值税使用平均销售价格。

消费税 = 2×1000/10000+2×2×20% = 1（万元）

增值税销项税 = 1.9×2×13% = 0.49（万元）

换入用于职工福利的货物不得抵扣增值税进项税，该业务取得普通发票更不能抵扣增值税进项税。

业务（3）：计税销售额 = 1.9×3 = 5.70（万元）

增值税销项税 = 5.70×13% = 0.74（万元）

消费税 = 3×1000/10000+5.70×20% = 1.44（万元）

业务（4）：增值税进项税 = 1×13% = 0.13（万元）

业务（5）：加工费增值税进项税 = 2×13% = 0.26（万元）

代收代缴的消费税按照乙酒厂同类价格计算，不必组价。

代收代缴的消费税 = 5×1000/10000+1.6×5×20% = 2.10（万元）

业务（6）：计税销售额 = 3×5.5 = 16.50（万元）

增值税销项税 = 16.5×13% = 2.15（万元）

核定抵扣进项税计算过程：

高粱耗用数量 = 5.5×2.6 = 14.3（吨）

允许抵扣农产品进项税 = 14.3×0.39×13%/（1+13%） = 0.64（万元）

消费税 = 5.5×1000/10000+16.5×20% = 3.85（万元）

业务（7）：甲酒厂向W市税务局预缴增值税 = 24/（1+9%）×3% = 0.66（万元）

甲酒厂向P市税务局申报出租不动产的增值税销项税 = 24/（1+9%）×9% = 1.98（万元）

扣除W市预缴税款后，在P市实际纳税 = 1.98-0.66 = 1.32（万元）。

甲酒厂上述第（1）（2）（3）笔业务合计应纳的消费税 = 16.85+1+1.44 = 19.29（万元）。

76. B 【解析】第（5）笔业务中，受托方乙酒厂代收代缴的消费税为2.10万元。

77. A 【解析】甲酒厂当期进项税 = 0.13+0.26+0.64 = 1.03（万元）。

78. C 【解析】甲酒厂出租不动产应向P市实际缴纳的增值税为1.32万元。

79. D 【解析】甲酒厂当期销项税 = 8.67+0.49+0.74+2.15+1.98 = 14.03（万元）

当期应纳增值税 = 14.03-1.03 = 13（万元）

在P市实际缴纳增值税 = 13-0.66 = 12.34（万元）。

80. ABD

❖湖南天闻新华印务有限公司